Renée Schroeder
mit Ursel Nendzig

Wie Wildkräuter wirken

Mit Rezepten für Cremen, Tees und Tinkturen

Wie wir die Heilkraft der Pflanzen nutzen können und was die Wissenschaft dazu weiß

KNEIPP
VERLAG WIEN

Der Leierhof mit Blick auf das Lammertal
und das Tennengebirge

Inhalt

Alle Pflanzen auf einen Blick

Alle Rezepturen im Überblick

Extrakte und Tinkturen

Tees

Kräuter- und Gewürzmischungen

Salben

Kosmetische Cremen

Oxymele

Elixiere

Seifen

Raumsprays mit Hydrolaten

Extras aus der Kräuterküche

Vorwort

Warum ein weiteres Kräuterbuch?

Eine berechtigte Frage. Es gibt schon viele – sehr viele – Bücher über Kräuter. Das freut mich, denn es ist offenbar ein Thema, das viele Menschen interessiert. Das kann ich sehr gut nachvollziehen. Kräuter sind faszinierend! Sie wachsen meistens direkt in unserer Umgebung, begleiten uns Menschen schon seit jeher und ihnen werden heilsame, teils sagenhafte Kräfte nachgesagt.

Seit ich mich selbst mit Kräutern beschäftige, habe ich sehr viele dieser Bücher in der Hand gehabt. Es gibt jene, die sich rein auf die Botanik beziehen, die Pflanzen beschreiben und sehr wissenschaftlich sind. Auf der anderen Seite des Spektrums gibt es Bücher, die Heilsversprechen abgeben, doch auf keiner soliden wissenschaftlichen Basis fußen.

Damit sind wir mitten in der Antwort auf die Frage: Warum ein weiteres Kräuterbuch? Wenn es doch schon so viele gibt, warum machen wir dann noch ein weiteres? Wie unterscheidet sich dieses Kräuterbuch von allen anderen?

Weil dieses Buch eindeutig anders ist.

Erstens:

Es geht einen entscheidenden Schritt weiter, nämlich jenen aus der traditionellen Heillehre in die wissenschaftliche, evidenzbasierte Anwendung von althergebrachten Kräutern. Das bedeutet: Wir verlassen den Bereich, in dem wir uns auf Hörensagen, Beobachten oder Fühlen beziehen – sprich: den Bereich der „überlieferten Volksmedizin“ – und betreten den erforschten Boden der Wissenschaft. Hier werden Inhaltsstoffe bestimmt, ihre Wirkung auf definierte biochemische Reaktionen gemessen und anschließend in Tierversuchen und in Studien an Menschen getestet.

Zweitens:

Dieses Buch betritt auch optisch eine neue Dimension. Wir schauen die Kräuter durch ein Digitalmikroskop an und vergrößern sie bis zu 200-fach. Was wir dabei entdecken, ist eine erstaunliche Schönheit. Eine Schönheit, die uns bis jetzt verborgen geblieben war. Die Millimeter-Dimension nehmen wir zwar mit unseren Augen wahr, wir können in dieser Größe aber keine Strukturen erkennen. Wir sehen auf den Mikroskopbildern in diesem Buch feingliedrige Härchen, filigrane Strukturen und winzige Tropfen ätherischer Öle. Die Schönheit dieser verborgenen Welt ist atemberaubend in ihrer Ästhetik und liefert gleichzeitig die Erklärung dafür, wie Brennnesseln brennen, warum Lavendel duftet und woran der Pollen haftet.

Drittens:

Dieses Buch ist, anders als viele andere, auch als Lehrbuch gedacht. Mein Ziel ist es, die grundlegenden Komponenten der Heilkräuter leicht verständlich für jede und jeden zugänglich zu machen. Für diejenigen, die weiter in die Materie eintauchen wollen, habe ich die originalen wissenschaftlichen Quellen, auf die ich mich berufe, angegeben. Die Rezepte, die ich auf Basis der wissenschaftlichen Erkenntnisse zusammengestellt habe, ermöglichen es allen, wohltuende Kräuteranwendungen selbst herzustellen – ganz egal, ob er oder sie an der wissenschaftlichen Erklärung für die Wirkung interessiert ist oder nicht.

Eine Sache ist mir so wichtig, dass ich sie hier ins Vorwort stelle. Denn sie bildet die Grundlage für fast alles, worum es in diesem Buch geht. Es ist die Fähigkeit, zwischen Korrelation und Kausalität unterscheiden zu können.

Nur, weil zwei Ereignisse zur gleichen Zeit oder zeitnah zueinander stattfinden, heißt das nicht, dass sie in einem kausalen Zusammenhang stehen. Bei einer Kausalität bewirkt eine Variable die Änderung der anderen Variablen. Bei einer Korrelation ist das nicht der Fall. Es gibt zwar einen statistischen Zusammenhang der Ereignisse, dieser ist jedoch nicht zwangsläufig und hat meistens andere Gründe.

Ein Beispiel: Ich trinke seit einem Monat jeden Tag Kamillentee und stelle fest, dass ich seither sehr gut schlafe. Das ist eine Korrelation. Besteht aber zwischen diesen beiden Dingen, dem Teetrinken und dem guten Schlaf, auch ein kausaler Zusammenhang? Verändert sich mein Schlaf, weil ich Kamillentee trinke, oder ist es ein Zufall? Es kann durchaus sein, dass die beiden Dinge kausal miteinander verknüpft sind, der Schlaf also besser wird, WEIL ich Kamillentee trinke. Es kann aber auch sein, dass es ganz einfach gleichzeitig passiert. Was fehlt? Das Kontrollexperiment. Wird es nicht durchgeführt, ist die Theorie nicht tragfähig.

Korrelationen werden uns oft als Kausalitäten verkauft und – bewusst oder unbewusst – dazu benutzt, uns zu manipulieren und zu beeinflussen. Es wird viel Missbrauch damit getrieben, viel Geld verdient und viel Unsicherheit geschürt. Es lohnt sich, darauf zu achten und kritisch gegenüber Behauptungen zu sein, die ohne Erklärung in den Raum gestellt werden.

Wie gesagt:
Dieses Buch ist eindeutig anders.

Meine wilde Wiese

Wie ich das Paradies entdeckte

„Das geht doch nicht!“

Dieser Satz verfolgt mich schon mein ganzes Leben. „Das kannst du doch nicht machen!“, hörte ich mit der Erwartung, dass ich mich bremsen lassen würde. Als junges Mädchen, in Brasilien, als ich lieber mit den Buben auf der Straße als mit Mädchen Puppen spielte. Als ich diesen Gott, den alle anbeteten, für unfähig und ungerecht hielt. Als Studentin, in Wien, als ich mich für die männlich dominierte Welt der Chemie entschied und allen Zweiflern zum Trotz nicht nur das Studium, sondern eine Universitätskarriere hinlegte. Als ich mit den Kindern, als sie zwei und vier Jahre alt waren, nach Amerika arbeiten ging. Als ich die ehrenwerte Akademie der Wissenschaft verließ, weil ich entsetzt war, wie dort mit Frauen umgegangen wurde.

„Das kannst du doch nicht machen!“, hörte ich immer wieder. Und jedes Mal dachte ich mir: „Woher wollen die Leute das eigentlich wissen?“, und nahm mir vor, zu beweisen, dass es eben doch geht, dass man es sehr wohl machen kann. Immer wieder bin ich mit dem sprichwörtlichen Kopf gegen die Wand gelaufen, nur um festzustellen, dass die Wand auf einmal verschwunden war. Genauso ist es mir mit den Wildkräutern und ihren Anwendungen ergangen.

Als ich 2018 die Wissenschaftswelt, meine Professur am Biozentrum der Universität Wien, mein „Lieblingsmolekül“, die RNA, die vielen Hypothesen, die damit zusammenhängen, und meine vielen sonstigen

Funktionen zurückließ, machte ich einen klaren Schnitt. Ich beschloss, das Projekt, das meine Kinder auf die Beine gestellt hatten, zu unterstützen und mit meiner Pensionierung ein neues Kapitel aufzuschlagen, mit 65 Jahren ganz von vorne anzufangen. Schließlich lag mein ganzes Leben noch vor mir. Ich verließ die Großstadt und die Welt, in der ich eine Menge Herzblut gelassen, in der ich viele Wände mit dem Kopf zum Verschwinden gebracht hatte, wo aber auch Anerkennung, Erfolge und Durchbrüche gewesen waren und wurde – „Das geht doch nicht!“ – Kräuterbäuerin, oder besser „Kräuterhexe“.

Eineinhalb Jahre Landwirtschaftsschule und ein komplexer Eigentumserwerb machten mich zur „Leierbäuerin“. Der Leierhof liegt direkt an der gewundenen Passstraße, die zur Postalm hinaufführt und die Bundesländer Salzburg und Oberösterreich miteinander verbindet. Der Hof war verlassen und bestand aus einem verfallenen Gebäude, umgeben von 33 Hektar Wiese und Wald auf 1100 Metern Seehöhe. Dafür mit einem Blick, der einem den Atem raubt. Gemeinsam mit meinen Söhnen Fabian und Constantin baute ich ein neues Haus, den neuen Leierhof. Die Ortschaft Abtenau lag vor uns mit jenem atemberaubenden Bergpanorama vom Dachstein bis zum Watzmann.

Mit dem Hof kam die Überlegung, was wir mit der Landwirtschaft anfangen sollten. Wer landwirtschaftliche Fläche besitzt, so ist es Gesetz, muss diese bewirtschaften.

Ich entdeckte auf den Wiesen wilde Kräuter, die hier in den Jahren, die der Hof nicht bewirtschaftet wurde, wachsen durften. Ich entdeckte Schafgarbe, Rotklee, Johanniskraut, Ackerschachtelhalm, Dost und unzählige mehr – und ich beschloss, dass genau das im Zentrum unseres landwirtschaftlichen Tuns stehen sollte: die wilde Wiese.

Bei der Landwirtschaftskammer hörten wir wieder diesen mir nur allzu bekannten Satz: „Das geht doch nicht!“ Sie wollten wissen, was die Wiese denn sei. Eine Weide? Eine Heuwiese? Nein, sagte ich. Eine wilde Wiese. Diese Kategorie gab es nicht. Eine Bienenwiese? Auch nicht, denn Bienenwiesen werden mit bestimmten Samen für genau definierte Blumen besäht. Wir aber wollten experimentieren, um herauszufinden, welche Bedingungen für eine hohe Vielfalt an Pflanzen und Tieren die besten seien, einmal jährlich mulchen und dann alles liegen lassen, damit sich Humus bildet, die Wiese nicht austrocknet, Insekten sich vermehren können und möglichst wilde Bedingungen herrschen. „Das geht doch nicht,“ – da war er wieder – „der Boden erstickt, weil er nicht genug Licht und Sauerstoff bekommt.“ Außerdem, so wurde mir gesagt, würde der Schnee im Winter nicht haften und es bestünde Lawinengefahr.

Meine wilde Wiese ist jedes Jahr spannend. Immer mehr, immer verschiedenere Kräuter wachsen hier, und jedes Jahr sind es andere, die sich, je nach Wetter, durchsetzen. Ganz zu schweigen von den vielen Insekten – Bienen, Schmetterlinge, Heuschrecken –, den Vögeln und den Schlangen, die sich auf der wilden Wiese wohlfühlen. Und immer wieder Überraschungen, neue Pflanzen, die wir entdecken. Jeder Gang über die Wiese ist eine Entdeckungsreise. Ein Paradies, wo es duftet, raschelt, wo sich ständig etwas bewegt und wo vieles gedeiht, was man erst bei genauem Hinschauen entdeckt, dann, wenn man sich in der Wunderwelt der wilden Wiese verliert.

Die wilde Wiese im Lauf des Jahres

Die Wiesen rund um den Leierhof sind meistens von November bis März/April mit Schnee bedeckt. Auch wenn der Schnee immer weniger wird. Sobald im Frühjahr der Schnee schmilzt, erwacht die Wiese zu neuem Leben. Der Anblick der ersten Maulwurfhügel bedeutet: Bald kommen die neuen Pflanzen. Als Erstes blüht der Huflattich. Ich pflücke ihn aber nicht, denn er ist in seiner Wildform ziemlich giftig, enthält mutagene und krebserregende Pyrolizidinalkaloide. Für die Apotheke werden Stämme verwendet, welche die giftigen Stoffe nicht oder nur stark vermindert beinhalten. Der Huflattich ist jedenfalls eine Ausnahmepflanze, denn sie blüht, bevor sie Blätter bekommt.

Die ersten Kräuter, die am Leierhof in der Saison gesammelt werden, sind Schlüsselblumen, frische Brennnesselblätter, Kerbel und Giersch fürs Kräutersalz.

Im Mai beginnt die Saison erst richtig. Dann werden am Waldrand die Fichtenwipfel geerntet, die zartgrünen jungen Triebe der Fichtenbäume. Es ist anstrengend, braucht viel Zeit und Geduld – nur die kleinen Wipfel sind interessant. Dazu kommen die vielen Ameisenhaufen am Waldrand und die dort lebenden Ameisen, die in meine Sandalen (eine Angewohnheit, die ich seit meiner Jugend in Brasilien nicht abgelegt habe) krabbeln, beißen und dabei Ameisensäure freisetzen. Es brennt, tut aber gut, wenn es nachlässt. Genauso wie wenn ich mit kurzer Hose Brennnesseln ernte und meine Beine abends glühen, weil die Brennnesselhärchen neben Ameisensäure auch Histamin und die Neurotransmitter Acetylcholin und Serotonin enthalten. Acetylcholin ist gut für das Kurzzeitgedächtnis, während Serotonin an der Regulation von Prozessen wie Appetit oder Schlafrhythmus beteiligt ist und gut für die Gefäße ist.

Informationen wie diese begeistern mich, seit ich hier oben am Berg in die Wissenschaft der Kräuter eintauche. Ich bin und bleibe Biochemikerin und die wissenschaftliche Herangehensweise kann man nicht einfach ablegen.

2020

Rotklee
2019

Ich recherchiere, hinterfrage, und lese Artikel von wissenschaftlichen Studien, die dank der modernen Technik hoch oben in den Bergen genauso leicht zugänglich sind wie in der Bibliothek am Institut der Universität. Wenn ich dann von einem Kraut überzeugt bin, landet es in meinem Labor am Berg, in meiner „Kräuterküche". Diese ist mit Möbeln aus meinem ehemaligen Labor ausgestattet. Da stehen neben Laborwaagen, Kochern, Glasgefäßen und Pipetten auch ein Autoklav zum Sterilisieren von Instrumenten. Dazwischen aber, und das ist das Besondere, lagern duftende Blüten, von frisch geerntet bis getrocknet, füllen sich Regale mit Seifen und Gläsern, mit Tiegeln und Tees und in großen Kolben eingelegte Wurzeln.

Im Herbst kommt die Ernte der Wurzeln dran, die erst aus der Erde gezogen werden dürfen, wenn sich die Pflanze fast ganz zurückgezogen hat. Zu lange darf ich nicht warten, denn sonst findet man die Wurzeln von Baldrian, Sonnenhut, Beinwell und Blutwurzen nicht mehr. Diese potenten Heilmittel nutze ich, um Alkoholauszüge herzustellen. Als letzte Pflanze wird vor dem Winter die Hagebutte geerntet. Den größten Teil überlassen wir den Vögeln als Winterfutter, den anderen Teil pflücken wir, sobald der erste Frost gekommen ist – dann werden nicht so wohlschmeckende Gerb- und Bitterstoffe abgebaut.

Und schließlich hält am Leierhof der Winter Einzug. Auf dem Schnee, der die wilden Wiesen bedeckt, sind Spuren von Rehen und Hasen zu sehen, die sich mit den Vögeln die Hagebutten teilen. Hasen und Vögel sind unterwegs, auf der Suche nach Nahrung. Für uns ist der Winter nicht nur die Zeit, in der wir in der Kräuterküche Tees und Salben produzieren, sondern auch die Zeit, um sich der Forschung zu widmen und immer mehr über die Wirkungsweisen der Pflanzen und Kräuter auf der wilden Wiese zu lernen.

Stress muss sein

Pflanzen haben zwei Arten von Stoffwechsel: den Primärstoffwechsel für das Wachstum und die Vermehrung. Und den Sekundärstoffwechsel, um sich gegen vielerlei Stressoren zu wehren. Für den Überlebenskampf, wenn man so möchte. Das ist ein Grund dafür, dass „verhätschelte“ Kulturpflanzen wesentlich weniger Wirkstoffe produzieren als wild gewachsene.

Wildpflanzen weisen im Vergleich zu Kulturpflanzen oder domestizierten Pflanzen häufig höhere Mengen an Sekundärmetaboliten auf. Das sind organische Verbindungen, die nicht direkt am Wachstum, der Entwicklung oder der Fortpflanzung der Pflanze beteiligt sind. Stattdessen spielen sie eine Rolle bei Abwehrmechanismen gegen Pflanzenfresser, Krankheitserreger und Umweltstress. Und diese Wirkstoffe werden meistens nur bei Gebrauch produziert.

In freier Wildbahn sind Pflanzen einer Vielzahl von Herausforderungen durch Pflanzenfresser und Schädlinge sowie der Konkurrenz mit benachbarten Pflanzen ausgesetzt. Um in ihrer natürlichen Umgebung zu überleben und zu gedeihen, haben Wildpflanzen komplexe chemische Abwehrmechanismen entwickelt.

Diese sekundären Metaboliten können als Abschreckungsmittel, Toxine oder Abwehrmittel wirken und der Pflanze helfen, Pflanzenfressern zu widerstehen und Krankheitserreger abzuwehren.

Wenn Pflanzen gedüngt werden, das „Unkraut“ rundherum abgezupft wird, womöglich noch mit Pestiziden und Herbiziden gespritzt, dann können sie wunderbar wachsen. Werden groß und blühen und vermehren sich. Ganz ohne Stress. Sie können ihre Energie ganz in den Primärstoffwechsel einsetzen, denn sie brauchen keinen Sekundärstoffwechsel. Sie können schließlich ganz stressfrei wachsen. Den Sekundärstoffwechsel können sie ausschalten.

Erkenntnisse aus der Wissenschaft zeigen, dass pflanzliche Sekundärmetaboliten nicht nur eine Reihe nützlicher Naturstoffe darstellen, sondern auch ein wichtiger Bestandteil des pflanzlichen Abwehrsystems gegen pathogene Angriffe und Umweltstress sind (Tasiu, 2018). Mit bemerkenswerten biologischen Aktivitäten werden pflanzliche Sekundärmetaboliten zunehmend als Arzneimittelzutaten und Lebensmittelzusatzstoffe für therapeutische, aromatische und kulinarische Zwecke verwendet. Verschiedene genetische und umweltbedingte Faktoren können die Biosynthese und Akkumulation von Sekundärmetaboliten beeinflussen.

Wissenschaftliche Erkenntnisse wie diese sind es, die die Faszination für meine wilde Wiese täglich wachsen lassen. Es steckt aber noch mehr dahinter, als „nur“ Nutzen aus diesem Wissen zu ziehen, um Produkte herzustellen. Die wilde Wiese hat in mir auch ein Bewusstsein für den Kultur- und Lebensraum der Alpen geschärft. Die Landwirtschaft im alpinen Raum steht ebenfalls unter Stress – und dieser hat keine positiven Aspekte. Zunehmende Intensivierung und Mechanisierung setzen der Biodiversität des Alpenraums empfindlich zu. Bäuerinnen und Bauern stehen unter enormem wirtschaftlichem Druck und sind dabei den Folgen des Klimawandels und der zunehmenden Globalisierung schutzlos ausgeliefert.

Hier ist meine Antwort auf diese Herausforderungen:

Gemeinsam mit meiner Familie, Gleichgesinnten, Freundinnen und Freunden den Leierhof mit der Ernte und Verarbeitung von wilden Heilkräutern sowie der Entwicklung neuer pflanzlicher Arzneiprodukte zu einem wirtschaftlich erfolgreichen Projekt zu machen – und gleichzeitig die natürliche Diversität der Pflanzen und Tiere zu erhalten. Man komme mir jetzt besser nicht mit: „Das geht doch nicht!“

Naturheilkunde

Eine Frage der Vereinbarkeit

Die Verwendung von Heilpflanzen ist eine der wichtigsten kulturellen Errungenschaften der Menschheit: Wir haben erkannt, dass wir aktiv gegen Krankheiten ankämpfen können und diese nicht eine unabwendbare Strafe Gottes sind. Diese jahrtausendealte Sammlung an Erfahrungen ist heute eine fast unerschöpfliche Quelle für die Suche nach Wirkstoffen für die moderne Medizin.

Leider hat der Erfolg der modernen Medizin dafür gesorgt, dass die Verwendung von Heilkräutern eine untergeordnete Rolle bekommen hat, die traditionellen Behandlungsmethoden als veraltet und esoterisch betrachtet werden – und der sogenannten „Alternativmedizin" zugeschrieben werden.

„Alternativmedizin" ist ein sehr schlechter und falscher Begriff, weil er impliziert, dass die Verwendung von althergebrachten Heilmitteln mit der modernen Medizin unvereinbar ist. Der Begriff ist trennend und sollte überwunden werden. Komplementärmedizin oder traditionelle Medizin ist ein viel besserer Begriff, weil er verbindend ist. Tatsache ist, dass beide Methoden ihre Vorteile, Erfolge und Nachteile haben. Beide Ansätze sollten untrennbar verbunden werden und gegenseitig ihre Vorteile nutzen.

Mein Ziel ist es deshalb, beide Ansätze mit einer Brücke zu verbinden, und ich hoffe, dass die Pharmakognosie mit wissenschaftlichen Methoden den traditionellen Arzneien wieder jenen Stellenwert wiedergibt, der ihnen gebührt.

Die Methode der Wissenschaft mit ihren zentralen Konzepten wie der Hypothese, dem Experiment, dem Peer-Review und der genauen Vorgabe, wie klinische Studien durchgeführt werden sollen, ist dabei die Grundlage für den Erfolg der modernen Medizin. Schaut man aber genauer in die Geschichte der Medizin, waren es oft zufällige Beobachtungen und geniale Intuition von Wissenschaftlern und Wissenschaftlerinnen, die entscheidende Ideen lieferten – und die viele Hypothesen, die anschließend wissenschaftlich bearbeitet wurden, überhaupt erst hervorbrachten.

Genau darin liegt die besondere Bedeutung der Heilkräuterlehre: Sie ist eine unerschöpfliche Quelle von Beobachtungen für die Generierung von Hypothesen! Die Überprüfung ebendieser Hypothesen muss danach jedoch auf Basis von wissenschaftlichen Experimenten und Studien erfolgen.

Es ist also nur ein scheinbarer Widerspruch zwischen Wissenschaftlichkeit (moderne Medizin) und Überlieferung (Naturheilkunde).

Heilkräuter sind fast jedem zugänglich. Diese Eigenschaft macht sie besonders interessant: Jede und jeder kann sich seine eigene Heilkräuterapotheke zulegen. Dazu braucht es nicht viel mehr, als mit offenen

Augen über eine blühende Wiese zu gehen – und, natürlich: das Wissen darüber, welches Kraut welche Wirkung hat.

Dieses Wissen ist auch leicht vermittelbar. Weil es Spaß macht, bei einem Spaziergang Heilkräuter zu finden, weil sie zur allgemeinen Gesundheit und zum individuellen Wohlbefinden beitragen.

Phytotherapie: naturwissenschaftlich basierte Medizin

Die World Health Organization (WHO) definiert als Phytopharmaka Arzneimittel, „deren wirksame Bestandteile ausschließlich aus pflanzlichem Material bestehen, wie beispielsweise Pflanzenpulver, Pflanzensekrete, ätherische Öle oder Pflanzenextrakte". Eine weitere heute gängige Definition beschreibt Phytotherapie als eine Methode, die bei der Behandlung und Prävention von Krankheiten ausschließlich Arzneimittel anwendet, die aus pflanzlichen Ausgangsstoffen hergestellt werden, und dabei medizinisch-naturwissenschaftlichen Grundsätzen folgt.

Phytotherapie ist also nicht mehr – und nicht weniger – als die Pflanzenheilkunde, bei der nachweislich wirksame Medikamente und Pflanzenextrakte hergestellt werden. Diese sind meist standardisiert und unterliegen in Österreich dem strengen Arzneimittelgesetz. Daher müssen sie wie alle isolierten oder chemisch-synthetischen Medikamente auch zugelassen bzw. registriert werden.

Das Arzneimittelgesetz sorgt dafür, dass wichtige medizinische Richtlinien erfüllt sind. Das bedeutet auch, dass die Arzneimittelsicherheit (Pharmakovigilanz) ein essenzielles Thema in der Phytotherapie ist, da pflanzliche Wirkstoffe chemisch hergestellten in ihrer Wirkung um nichts nachstehen.

Phytotherapie ist also nicht, wie häufig angenommen, ein alternatives Heilkonzept.

Sie wird vielmehr der naturwissenschaftlich basierten Medizin zugerechnet. Die Anwendungsgebiete der Phytotherapie umfassen sowohl akute wie auch chronische Erkrankungen und so haben pflanzliche Medikamente auch ein ähnliches Risikoprofil wie klassische Arzneimittel.

Aber sehen wir uns die Wirkung der pflanzlichen Inhaltsstoffen in Medikamenten noch einmal genauer an. Pflanzen enthalten sogenannte Vielstoffgemische. Die Wirkung von Heilpflanzen beruht also nicht auf einer einzelnen Substanz, sondern entfaltet sich durch das Zusammenspiel vieler Inhaltsstoffe. Genauso verhält es sich folglich mit den aus ihnen hergestellten Phytotherapeutika. Damit deren Wirkung auch garantiert werden kann, wird in der Herstellung darauf geachtet, dass in jeder Arzneidosis die gleiche Menge an wirksamkeitsbestimmenden Substanzen enthalten ist. Das ist nicht einfach und bei Verwendung von wild gesammelten Pflanzen nicht möglich.

Damit diese Stoffe ihre volle heilende Wirkung entfalten können, erfordert ihre Produktion ein besonderes Maß an Qualität – vom Anbau und Ursprung der Pflanze bis hin zur hochmodernen Verarbeitung. Sicherheit und Qualität in der Phytotherapie sind streng kontrolliert. Denn trotz ihrer guten Verträglichkeit können Phytotherapeutika Wechsel- oder Nebenwirkungen haben. Johanniskraut kann zum Beispiel unter Umständen die Wirkung einiger Medikamente, wie etwa Verhütungsmittel, herabsetzen. Und bei Menschen mit heller Haut kann Johanniskraut die Empfindlichkeit gegenüber Sonnenlicht erhöhen. Die Einnahme von pflanzlichen Arzneimitteln sollte daher immer dem behandelnden Arzt mitgeteilt werden.

Kräuterheillehre und Evidenz

Die Kräuterheilkunde stützt sich auf unterschiedliche Arten der Evidenz, um ihre Verwendung zu legitimieren.

Einerseits gibt es das überlieferte Wissen. Viele pflanzliche Arzneimittel werden seit Jahrhunderten von verschiedenen Kulturen auf der ganzen Welt verwendet. Diese gesammelte Erfahrung, die über Generationen mündlich oder durch Texte weitergegeben wurde, ist eine wichtige Quelle der Evidenz für die Wirksamkeit und Sicherheit pflanzlicher Heilmittel.

Andererseits gibt es die Erkenntnisse wissenschaftlicher Forschung. Diese kann objektive und reproduzierbare Beweise liefern, um Behauptungen über Wirksamkeit

und Sicherheit zu stützen oder zu widerlegen. Dafür stehen der modernen Forschung unterschiedliche Methoden zur Verfügung. Diese können grob aufgeteilt werden: Zum einen in die Analyse der chemischen Zusammensetzung von Kräutern, um die metabolische Wirkweise dieser Stoffe zu ergründen. Zum anderen in Tierversuchen und klinischen Studien am Menschen zur Untersuchung der Wirkungen und Sicherheit von Kräuterpräparaten.

Insgesamt ist die Evidenz für Pflanzenheilkunde vielfältig und komplex. Während traditionelles Wissen und anekdotische Beweise nützliche Ausgangspunkte sein können, ist strenge wissenschaftliche Forschung notwendig, um zuverlässige Informationen über die Sicherheit und Wirksamkeit natürlicher Heilmittel zu liefern.

Damit eine traditionelle pflanzliche Arznei ohne eine hochwertige klinische Studie zugelassen wird, muss die Zubereitung seit mindestens 30 Jahren in Verwendung gewesen sein, und mindestens 15 Jahre im Europäischen Wirtschaftsraum.

Aus Beobachtungen allein können keine allgemeingültigen Aussagen über die Wirksamkeit und Sicherheit von Heilmitteln gemacht werden.

Häufig ist es der Fall, dass überliefertes Wissen über Heilkräuter Ausgangspunkt für eine wissenschaftliche Betrachtung war. Dieses Wissen wurde dann als Hypothese formuliert und wissenschaftlich untersucht. Die typische Vorgehensweise ist, die chemischen Inhaltsstoffe mithilfe von Massenspektrometrie zu identifizieren, um in der einschlägigen Literatur Hinweise auf die metabolische Wirkungsweise im Körper zu finden. Ist etwas über die Inhaltsstoffe bekannt, kann man Schlüsse über die chemischen Vorgänge machen. Auch über die Toxizität der Inhaltsstoffe kann man dadurch einiges lernen.

Dadurch erhärtet sich die Evidenz, dass das Kraut tatsächlich wirksam ist. Nur auf Basis solcher Studien sollten aber noch keine endgültigen Schlüsse gezogen werden. Man weiß noch nichts über Nebenwirkungen oder Langzeitwirkungen.

Wichtig ist dabei natürlich auch die Dosierung, denn wie schon Paracelsus sagte: „Allein die Dosis macht, dass ein Ding kein Gift ist."

Da klinische Studien sehr aufwendig und oft nicht finanzierbar sind, gibt es für viele Heilkräuter weder klare Dosierungsvorschriften noch eindeutige statistisch relevante Ergebnisse über deren Wirkung.

Warum Empirie nicht reicht: Placebo und Nocebo

Die Genesung einer kranken Person nach Einnahme eines Krauts ist keine hinreichende Evidenz für dessen Wirkung! Mit anderen Worten, aus der zeitlichen Nähe zwischen Einnahme eines Krauts und der Genesung kann man nicht deren kausalen Zusammenhang ableiten. Hier sind wir wieder bei der wichtigen Unterscheidung von Kausalität und Korrelation (siehe Vorwort), der Ursache für einen weit verbreiteten Trugschluss: Erstens können Menschen spontan heilen, unabhängig von der Einnahme des Krautes. Die zeitliche Nähe zur Einnahme eines Heilkrauts ist also reiner Zufall. Es sei jedoch gesagt: Der Umkehrschluss ist gültig. Wenn keine Genesung eintritt, kann man daraus schließen, dass das Kraut nicht wirksam ist (zu gegebener Dosierung). Daher erlaubt die Falsifizierung der Hypothese die Aussage, dass ein Heilkraut nicht wirksam ist. Andererseits, und noch viel wichtiger, ist der Placeboeffekt.

Der Placeboeffekt ist ein Phänomen, bei dem eine Person eine Verbesserung ihres Zustands erfährt, nachdem sie eine Behandlung ohne therapeutische Wirkung erhalten hat.

Es wird angenommen, dass diese Verbesserung eher auf dem Glauben der Person an die Behandlung als auf eine physiologische oder biochemische Wirkung zurückzuführen ist. Der Placeboeffekt resultiert aus den natürlichen Heilungsprozessen des Körpers, bedingt durch psychologische Faktoren wie Erwartungen, Überzeugungen und Konditionierung.

Glaubt eine Person, dass sie eine Behandlung erhält, die ihr hilft, kann ihr Gehirn Endorphine und andere Chemikalien freisetzen, die helfen können, Schmerzen zu lindern und die Stimmung zu verbessern. In einigen Fällen kann der Placeboeffekt so stark sein, dass er einen erheblichen Teil des beobachteten Behandlungseffekts ausmacht.

Der Mensch neigt aber dazu, überall kausale Zusammenhänge zu suchen – und findet sie auch dort, wo keine sind: „Wishful thinking" ist eine Falle, auf die ständig geachtet werden muss. Auch in der Wissenschaft wünscht der Forscher, dass seine Hypothese richtig ist, und übersieht vielleicht Ereignisse, die gegen die Hypothese sprechen.

Klinische Studien sind wissenschaftliche Untersuchungen, an denen menschliche Teilnehmer beteiligt sind, um die Sicherheit, Wirksamkeit neuer oder bestehender medizinischer Praktiken wie Medikamente, Therapien oder Verfahren zu bewerten. Die Grundsätze klinischer Studien zielen darauf ab, sicherzustellen, dass die Ergebnisse reproduzierbar sind. Das erreicht man durch die Einhaltung wissenschaftlicher Prinzipien: Eine wohldefinierte Hypothese, ein Studiendesign, das strengen Kriterien entspricht (meist eine Doppelblindstudie), sowie eine geeignete Datenerhebung, -analyse und -interpretation.

In einer Doppelblindstudie werden die Teilnehmenden nach dem Zufallsprinzip in zwei Gruppen geteilt: in eine Behandlungsgruppe und eine Kontrollgruppe. Die Behandlungsgruppe erhält die experimentelle Behandlung, während die Kontrollgruppe ein Placebo oder eine Standardbehandlung erhält. Das Entscheidende in diesem Studiendesign ist, dass weder die Teilnehmer noch die an der Studie beteiligten Forscher wissen, welcher Behandlungsgruppe ein Teilnehmer zugeordnet wurde. Dies geschieht, um Verzerrungen (Bias) zu minimieren und die Zuverlässigkeit der Ergebnisse zu erhöhen.

Wenn die Ermittler wüssten, welche Teilnehmer in der Behandlungsgruppe waren, könnten sie diesen Teilnehmern versehentlich mehr Aufmerksamkeit oder Sorgfalt schenken, wodurch die Ergebnisse möglicherweise verfälscht würden. Wenn die Teilnehmer wüssten, zu welcher Gruppe sie gehörten, könnten sie ihr Verhalten ändern oder Symptome anders melden, je nach ihren Erwartungen an die Behandlung.

Durch die Verwendung eines doppelblinden Studiendesigns können Forschende sicherstellen, dass die Ergebnisse der Studie nicht durch Erwartungen oder Vorurteile der Teilnehmenden oder Forschenden beeinflusst werden und so den Placeboeffekt ausblenden.

Genauso, wie eine positive Erwartungshaltung zu einer Verbesserung der Symptome führen kann, kann eine negative Erwartung zu Beschwerden führen.

Genau dieser Effekt wurde im Übrigen in klinischen Studien zu Coronaimpfungen untersucht: Bei mehreren Studien mit freiwilligen Teilnehmenden meldete ein Drittel der Probanden, die ein Placebo (also ein Präparat ohne Wirkstoff) erhalten hatten, negative Impfreaktionen. Das zeigt eindeutig, dass der Noceboeffekt zu berücksichtigen (und eine Begründung, warum ein Impfzwang zu unterlassen) ist.

Welche Wirkstoffe sind drin?

Ein Verständnis über die Wirkweise eines Krauts zu gewinnen ist eine weitere wichtige Form der Evidenz. Sind die Inhaltsstoffe des Heilkrauts bekannt und kennt man deren Rolle im Metabolismus des Körpers, erhöht das nicht nur die Plausibilität der Effektivität des Arzneimittels, sondern lässt auch Aussagen über die Dosierung zu.

Zur Bestimmung der aktiven Inhaltsstoffe eines Krauts werden die Wirkstoffe zuallererst extrahiert. Hierbei werden Lösungsmittel verwendet. Danach werden die Verbindungen gereinigt. Dies beinhaltet die Trennung der extrahierten Verbindungen von anderen Verbindungen, etwa mittels Chromatografie. Mit Techniken wie Massenspektrometrie (hier werden Moleküle anhand ihres Masse-Ladungs-Verhältnisses quantifiziert) oder Kernspinresonanzspektroskopie können dann die gereinigten Verbindungen analysiert werden, um ihre chemische Struktur zu bestimmen. Sobald die Verbindungen identifiziert und ihre chemische Struktur bestimmt wurden, können sie unter Verwendung von In-vitro- oder In-vivo-Assays (siehe unten und S. 25) auf Aktivität getestet werden.

Welche Wirkstoffe wirken wie?

Die Identifizierung, Isolierung, Charakterisierung und Untersuchung von Wirkstoffen aus Pflanzen, Tieren und Mikroorganismen, um ihre pharmakologischen Eigenschaften und therapeutischen Anwendungen zu verstehen: Das ist Pharmakognosie. Dieser Zweig der Pharmazie befasst sich also mit der Erforschung und Anwendung von natürlichen Arzneimitteln.

Die Pharmakognosie kombiniert verschiedene Disziplinen: Botanik, Chemie, Biochemie und Pharmakologie. So kann sie erforschen, welche Wirkungen einzelne Wirkstoffe auf den menschlichen Körper haben. Daraus resultieren Hypothesen für die Entwicklung neuer Medikamente für die Medizin und auch für die Naturkosmetik. Wenn es um die evidenzbasierte Entwicklung neuer natürlicher Arzneimittel geht, ist die Pharmakognosie zuständig.

Pharmakologische Eigenschaften von Pflanzen, wie etwa Wirkungsmechanismen, werden in Studien erforscht und dabei werden vor allem auch die Sicherheit und die Toxizität bestimmt. Darauf folgt die Entwicklung von Therapien für die menschliche Gesundheit, welche erst entscheiden wird, ob der Wirkstoff und die daraus entwickelten Medikamente nützlich sind. Bevor ein neues natürliches Medikament zugelassen wird, werden die Qualitätsstandards festgelegt und die Analysenmethoden für die Qualitätskontrolle festgelegt.

GOLDENE REGEL

Es gibt in der traditionellen Medizin eine „goldene Regel", deren Ursprung mir unbekannt, die jedoch durchaus schlüssig ist. Sie besagt, dass auf drei Wochen Einnahme eines Krauts eine Pause folgen soll oder man zu einem anderen Kraut wechseln soll, das einen anderen Wirkstoff, aber die gleiche Wirkung hat.

NATURHEILKUNDE UND KREBS

Ich habe ganz bewusst alle wissenschaftlichen Arbeiten und Studien über die Wirkung von Naturprodukten gegen Krebs ausgelassen. Ich möchte ja niemanden zum Versuch animieren, Krebs mit Naturheilkunde zu behandeln. Krebs ist eine potenziell tödliche Krankheit, die mit den bestmöglichen Medikamenten und medizinischen Therapien behandelt werden sollte.

ASSAY

Ein Assay ist ein standardisiertes Testverfahren, das unter kontrollierten Bedingungen Stoffe oder Prozesse untersucht, z. B. die Wirkung von Medikamenten, Enzymaktivität oder Molekülkonzentrationen. Dank hoher Präzision, Empfindlichkeit und Reproduzierbarkeit sind Assays zentral für Forschung und Diagnostik.

Die Wirkstoffe

Wunderbare chemische Verbindungen

Die wichtigsten Wirkstoffe der Pflanzen und ihre chemische Gruppenzugehörigkeit werden hier möglichst einfach und verständlich dargestellt werden. Diese kurze Einführung in die Wirkstoffe der Heilkräuter soll Klarheit verschaffen – oder zumindest ein etwas geordnetes Bild davon vermitteln – und diese wunderbaren chemischen Verbindungen leichter zugänglich und bekannt machen.

Dabei werden die Wirkstoffe nach ihrer Gewinnungsmethode (ätherische Öle), nach ihrer chemischen Zugehörigkeit (Alkaloide, Flavonoide, Glykoside, Phenole, Terpene) oder nach ihrer Wirkung (Bitterstoffe, Gerbstoffe, Saponine, Schleimlöser, Antioxidantien) eingeteilt. Etliche Wirkstoffe gehören mehreren Gruppen an: Thymol ist beispielsweise ein terpenoides Phenolderivat und Bestandteil des ätherischen Öls.

Sekundärmetaboliten und sekundärer Stoffwechsel

Bereits im einführenden Kapitel „Meine wilde Wiese“ sind die beiden Stoffwechselarten von Pflanzen beschrieben (siehe S. 13): der Primärstoffwechsel, der für Wachstum und Vermehrung sorgt, und der Sekundärstoffwechsel. Zweiterer dient der Herstellung von Abwehrstoffen und überlebensnotwendigen Wirkstoffen, um sich gegen vielerlei Stressoren zu wehren. Pflanzen haben sozusagen einen eigenen Stoffwechsel für den Überlebenskampf, der meist nur nach Bedarf eingeschaltet wird.

Wildpflanzen weisen im Vergleich zu Kulturpflanzen oder domestizierten Pflanzen häufig höhere Mengen an Sekundärmetaboliten auf. Sekundärmetaboliten sind organische Verbindungen, die nicht direkt am Wachstum, an der Entwicklung oder der Fortpflanzung der Pflanze beteiligt sind – sie sind aber ein essenzieller Faktor des pflanzlichen Abwehrsystems gegen Pflanzenfresser, Krankheitserreger und Umweltstress, wie etwa Dürre und UV-Licht. Das ist genau der Grund, warum Wildpflanzen im Vergleich zu Kulturpflanzen so wirkungsvoll sind. Und es ist auch der wichtigste Grund dafür, warum ich mich für die Verwendung von Wildkräutern entschieden habe und gegen eine Anpflanzung und Zucht von Kräutern.

In freier Wildbahn sind Pflanzen einer Vielzahl von Herausforderungen durch Pflanzenfresser und Schädlinge sowie der Konkurrenz mit benachbarten Pflanzen ausgesetzt. Um in ihrer natürlichen Umgebung zu überleben und zu gedeihen, haben Wildpflanzen komplexe chemische Abwehrmechanismen entwickelt. Diese sekundären Metaboliten können als Abschreckungsmittel, Toxine oder Abwehrmittel wirken und der Pflanze helfen, Pflanzenfressern zu widerstehen und Krankheitserreger abzuwehren.

Wenn Pflanzen gedüngt werden, das „Unkraut“ rundherum abgezupft wird, womöglich noch mit Pestiziden und Herbiziden gespritzt, dann können sie wunderbar wachsen. Sie werden groß, blühen und vermehren sich. Ganz ohne Stress. Sie können ihre Energie ganz in den Primärstoffwechsel einsetzen, denn sie brauchen keinen Sekundärstoffwechsel. Sie können ja ganz stressfrei wachsen. Den Sekundärstoffwechsel können sie zurückschalten.

Einteilung nach Gewinnungsmethode

Ätherische Öle

Dies sind leicht flüchtige Pflanzenstoffe, die durch Wasserdampfdestillation gewonnen werden können. Chemisch gesehen sind ätherische Öle ein Gemisch aus verschiedenen organischen Verbindungen, die untereinander löslich sind, wie Kohlenwasserstoffe, Alkohole, Ketone, Terpene, Sesquiterpene und aromatische Verbindungen. Bereits im 3. Jahrtausend vor unserer Zeitrechnung haben die Perser die Destillation zur Gewinnung von Duftstoffen benützt. Von den alten Ägyptern wurden sie zur Mumifizierung verwendet. Ätherische Öle sind leicht entzündlich, verdampfen leicht, sind in Wasser meistens nicht löslich und starke Duftstoffe. Sie dienen den Pflanzen, je nach Geruch, als Lockmittel oder als Abwehrmittel für Nützlinge oder Schädlinge und haben oft antibakterielle Wirkungen.

Wie zum Beispiel:

Chamazulen ist eine blauviolette Komponente der Kamillenblüten, ein polyzyklischer aromatischer Kohlenwasserstoff und ein Terpenderivat. Der Name ist zusammengesetzt aus Chamille, azul (blau) und „-en".

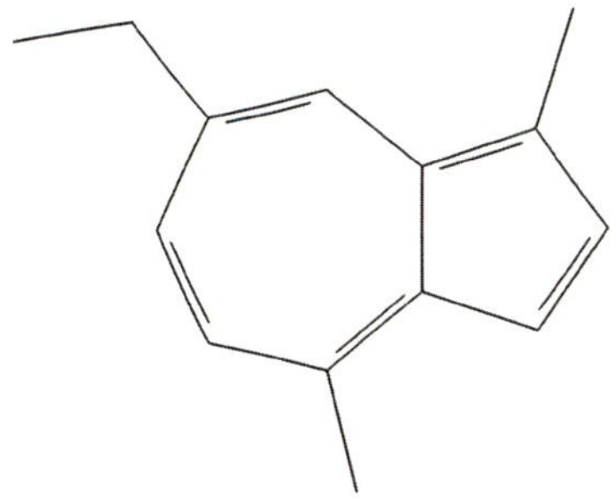

CHAMAZULEN

Thymol ist ein Bestandteil des ätherischen Öls des Thymians, Oreganos, Majorans und vieler anderer Pflanzen. Chemisch gesehen ist es ein terpenoides Phenolderivat. Thymol hat stark desinfizierende, antibakterielle und fungizide Wirkung und wird in sehr vielen Präparaten verwendet, etwa in Zahnpasta, Mundwasser, Mitteln zur Handdesinfektion und zur Behandlung von Hautpilzen.

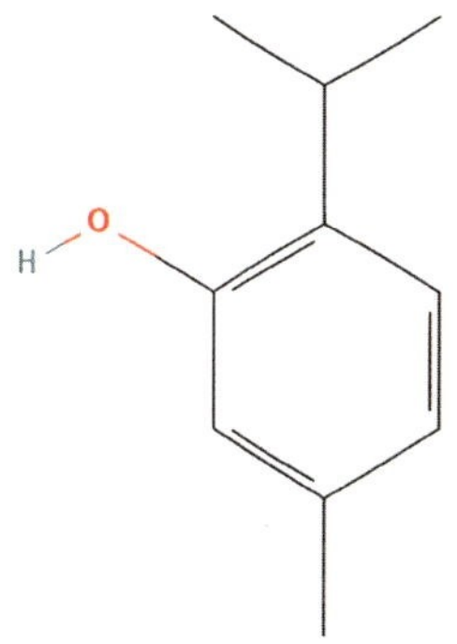

THYMOL

Einteilung nach chemischer Zugehörigkeit

Alkaloide

Diese sehr heterogene Gruppe von Pflanzenstoffen wurde nicht genau definiert. Der Name stammt aus einer Zeit, in der chemische Strukturen noch nicht bekannt waren, und bedeutet auf Arabisch und Griechisch „alkali-ähnlich“. Das zeigt bereits, dass der Name nicht sehr spezifisch ist. Alkaloide sind Sekundärmetaboliten, die meist bitter schmecken (alkalisch) und gegen Pflanzenfresser helfen sollten. Sie kommen aber auch in Pilzen (zum Beispiel Mutterkornalkaloid) oder in Tieren vor (wie Bufotenin in der Kröte).

Wie zum Beispiel:

Zu den Alkaloiden gehört das Colchicin aus den Herbstzeitlosen, das Capsaicin aus dem Cayennepfeffer oder unser geliebtes Coffein. Theobromin und Theophyllin sind auch Alkaloide. Das Morphin aus der Opiumpflanze war das erste isolierte Alkaloid, ist hochwirksam gegen Schmerzen und gehört zu den Opiaten. Alkaloide wirken oft auf unser zentrales und vegetatives Nervensystem und können sehr giftig sein.

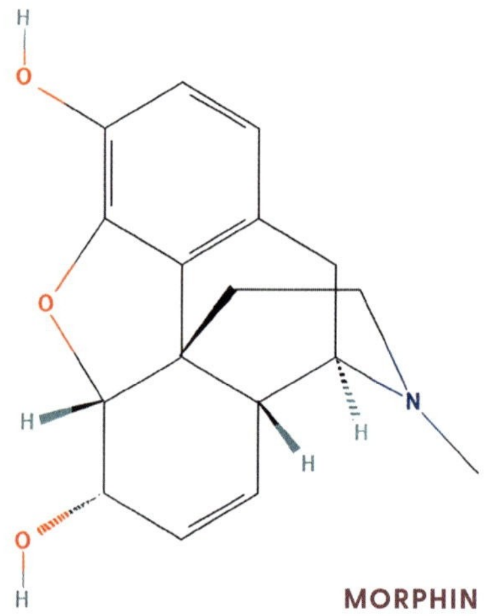

MORPHIN

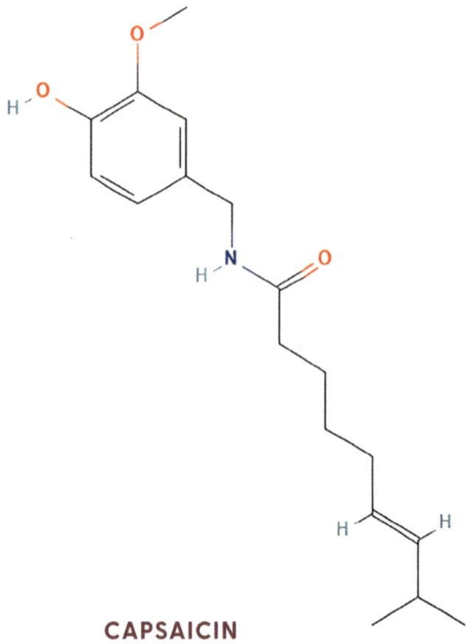

CAPSAICIN

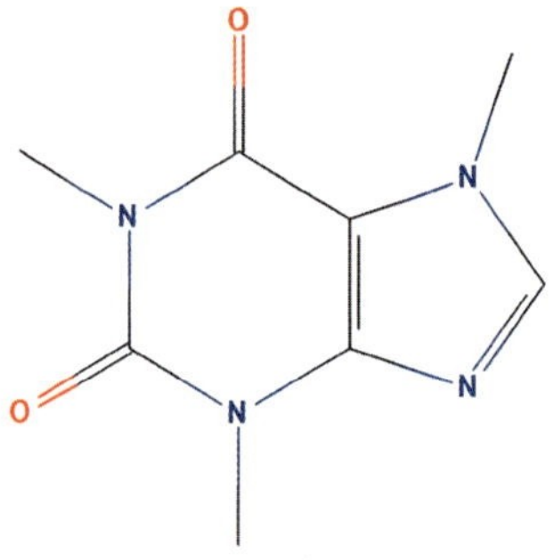

COFFEIN

AM STÄNGEL DES BEINWELLS sind die Trichome erkennbar, weiße stachelige Haare

Flavonoide

Sie gehören zu den Polyphenolen und haben das Flavon als Grundstrukturelement. Sie sind eine umfangreiche Gruppe von Pflanzenstoffen: Über 8000 sind mittlerweile charakterisiert, meist handelt es sich um Bestandteile der Blütenfarbstoffe. Am Flavon hängen unterschiedliche Verbindungen, meistens Glykoside (Zuckerderivate). Da diese Stoffe bunt sind, können sie gut UV-Licht absorbieren und Radikale binden, was ihnen häufig eine antioxidative Eigenschaft verleiht.

Wie zum Beispiel:

Quercetin ist eines der bekanntesten Flavonoide, dessen antioxidative Wirkung mehrfach gezeigt wurde. Es gilt als Parade-„Anti-Aging“-Verbindung, denn es verlangsamt den Alterungsprozess und kann vor vielen Krankheiten schützen, die durch freie Radikale (oxidativer Stress) entstehen. Kapern, Liebstöckel, Zwiebeln, Heidelbeeren und viele mehr enthalten Quercetin. Spannend ist, dass wild gewachsene Heidelbeeren mehr als doppelt so viel Quercetin enthalten als gezüchtete Heidelbeeren.

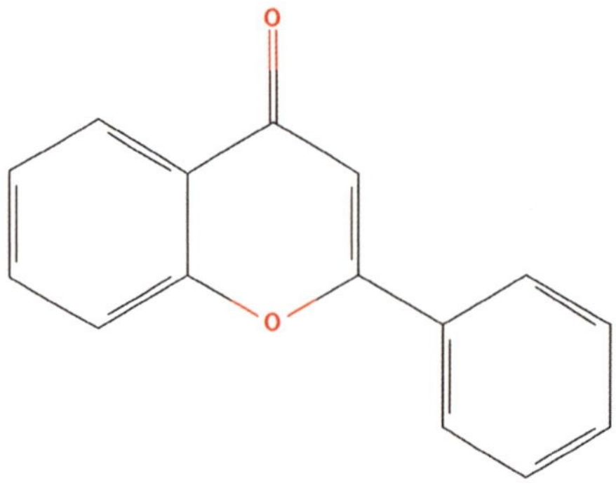

FLAVON

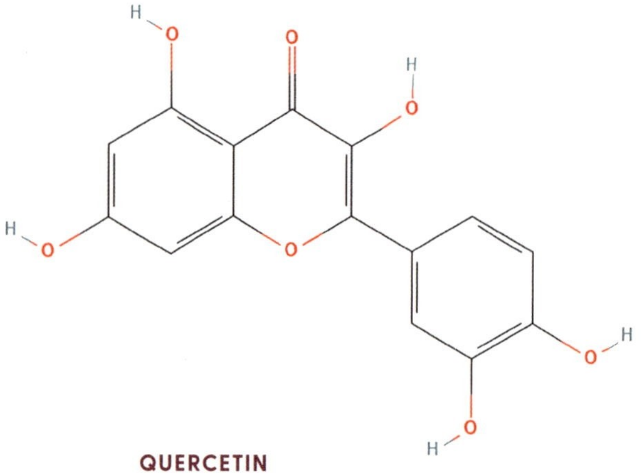

QUERCETIN

Luteolin wird derzeit intensiv erforscht, denn es hat in etlichen In-vitro-Studien und in Tierversuchen ein breites Spektrum an Aktivitäten gezeigt, die sehr relevant gegen Entzündungen, gegen neurodegenerative Erkrankungen, gegen Krebs sowie immunstärkend sind und noch etliche weitere positive Wirkungen versprechen. Luteolin ist ein Antagonist des Adenosinrezeptors A2A, was seine schlaffördernde Eigenschaft erklärt. Außerdem erhöht es die Aufnahme von Monoaminen (Neurotransmitter) in die Nervenzellen.

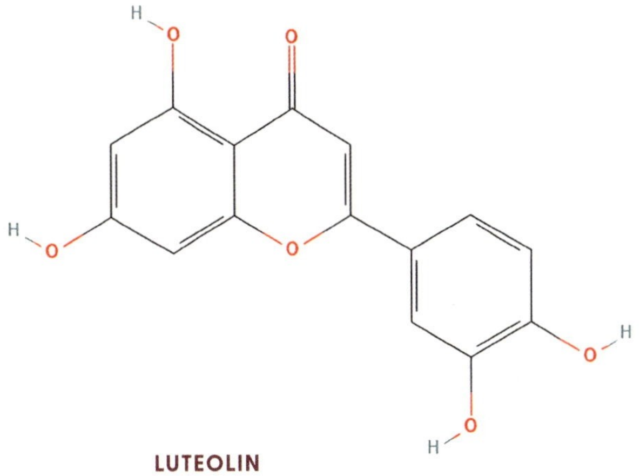

LUTEOLIN

Isoflavonoide

Sie gehören zur Klasse der Flavone und sind Derivate des Isoflavons. Da ihre chemische Struktur Ähnlichkeit mit den menschlichen Steroidhormonen (Östrogene, Androgene) zeigen, entfalten sie bei hoher Konzentration eine hormonelle Wirkung auf den Menschen. Sie werden daher Phytoöstrogene genannt. Sie kommen vor allem in Rotklee und Soja vor.

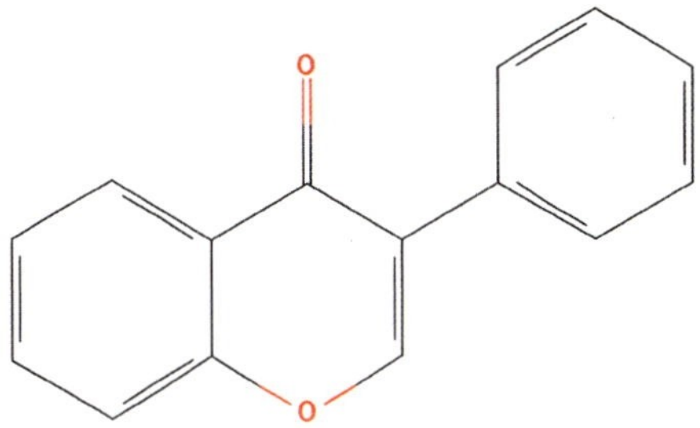

ISOFLAVON

IN VITRO UND IN VIVO

„In vitro" bedeutet, dass Experimente außerhalb eines Lebewesens durchgeführt werden, etwa in einem Reagenzglas oder einer Petrischale, um Prozesse unter kontrollierten Bedingungen zu untersuchen.

„In vivo" bedeutet, dass Experimente direkt im lebenden Organismus durchgeführt werden, um natürliche Prozesse im Körper unter realistischen Bedingungen zu erforschen.

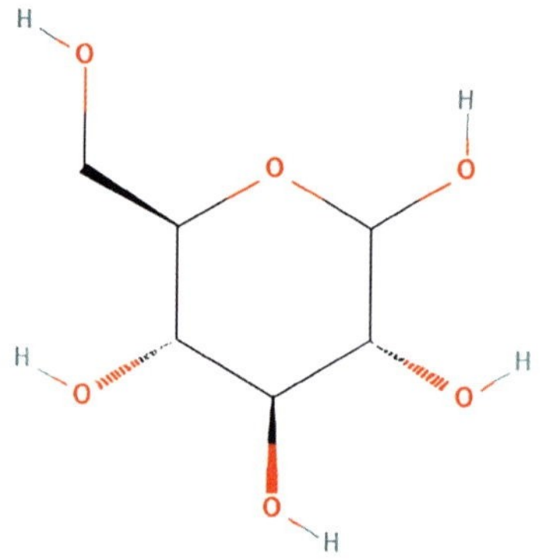

GLUCOSE (BEISPIEL FÜR EINEN ZUCKER)

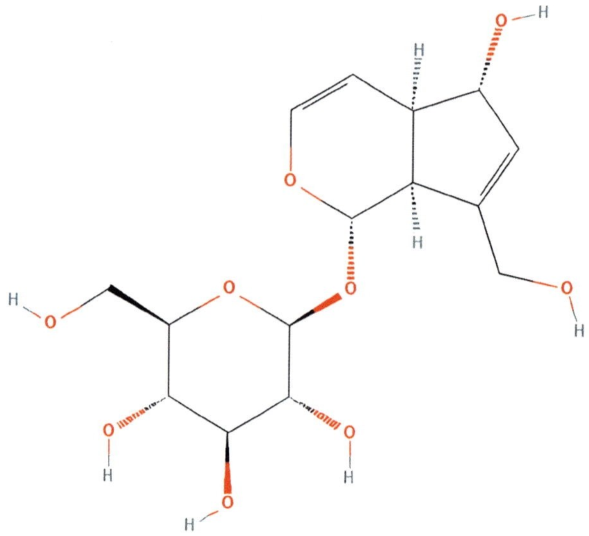

AUCUBIN

Glykoside

Diese chemischen Verbindungen bestehen aus einem Zuckerrest (Glykon) und einem Nicht-Zuckerrest (Aglykon), die über einen Sauerstoff -O- verbunden sind. Das können beim Glykon ganz unterschiedliche Zucker sein. Das Aglykon liefert eine alkoholische Gruppe (-OH), die eine glykosidische Bindung eingeht, ein Vollacetal. Das Aglykon kann sehr unterschiedlich sein, es muss aber eine alkoholische OH-Gruppe enthalten.

Wie zum Beispiel:

Inulin ist ein Vielfachzucker (Polysacharid), der aus langen Ketten von bis zu 100 Fructoseeinheiten besteht, und am Ende eine Glucose besitzt. Inulin ist ein Energiespeicherstoff für viele Pflanzen, wir Menschen können es aber nicht verdauen, weil wir das dazu nötige Enzym nicht haben. Daher wirkt es beim Menschen als Ballaststoff. Es gilt auch als präbiotisches Nahrungsergänzungsmittel, weil manche Bakterien (zum Beispiel Bifidus-Bakterien) das Inulin gut abbauen und verwerten können, womit diese Bakterien sich dann bevorzugt in unserem Darm vermehren können.

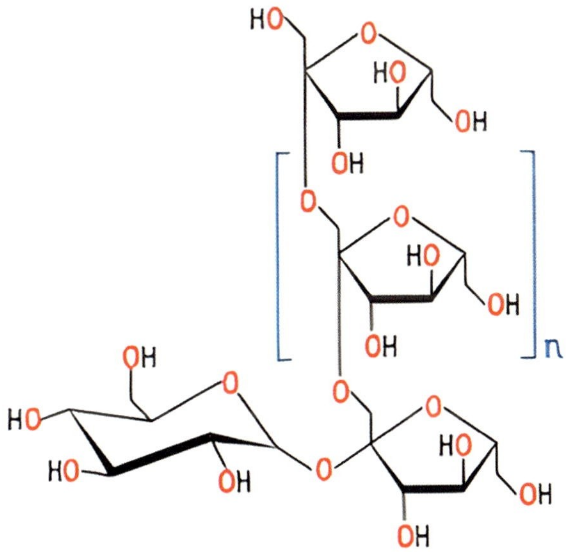

INULIN

Aucubin ist ein Glykosid. Das Aglykon (Aucubigenin) mit einer Glucose ist ebenfalls ein Glykosid und gehört zu den Iridoidglykosiden. Es kommt im Spitzwegerich (Plantago lanceolata), im Augentrost (Euphrasia officinalis) und in der Königskerze (Verbascum) vor. Aucubin ist dafür verantwortlich, dass der Spitzwegerichsaft nicht schimmelt, denn er wirkt antibiotisch. Es ist weiterhin für die Verminderung des Juckreizes beim Auflegen von Spitzwegerichblättern verantwortlich.

Phenole und Polyphenole

Dabei handelt es sich um eine große Gruppe von Naturstoffen, die eine oder mehrere Phenolgruppen enthalten. Ein Phenol ist ein aromatischer Ring (Phenylgruppe) mit einer OH-Gruppe, auch Hydroxygruppe genannt. Polyphenole enthalten mindestens zwei Phenolgruppen.

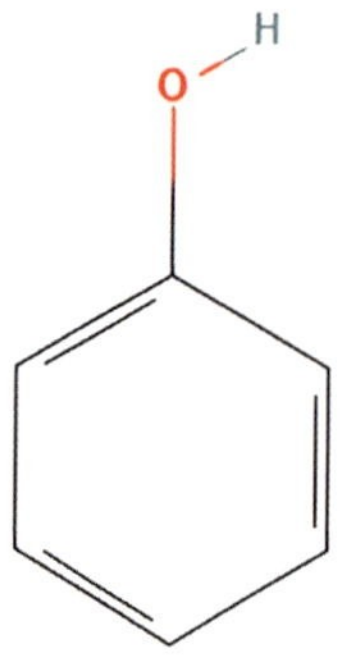

PHENOL

Wie zum Beispiel:

Resveratrol ist ein Polyphenol, das in den Schalen der roten Weintrauben und daher im Rotwein zu finden ist. Es wird als Nahrungsergänzungsmittel mit allgemein günstigen Eigenschaften gegen Herz-Kreislauf-Probleme verwendet, dessen Wirkung konnte jedoch medizinisch noch nicht eindeutig gezeigt werden.

RESVERATROL

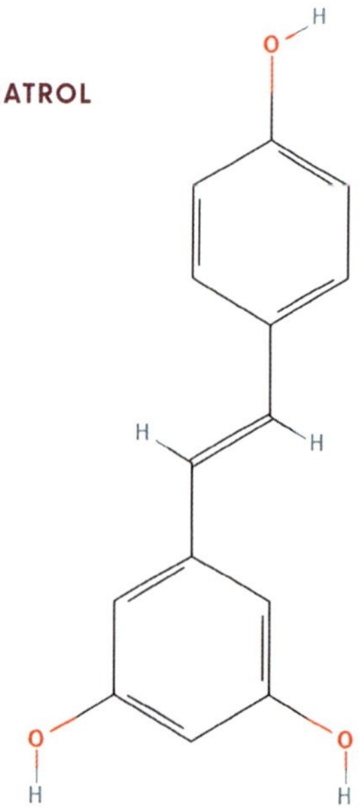

Curcumin ist ein Polyphenol mit intensiv gelb-oranger Farbe, das in der indischen Ayurveda-Therapie eine wichtige Rolle spielt. Es wird hauptsächlich zum Färben von Lebensmitteln verwendet. Seine medizinische Wirkung wurde noch nicht evident genug erforscht.

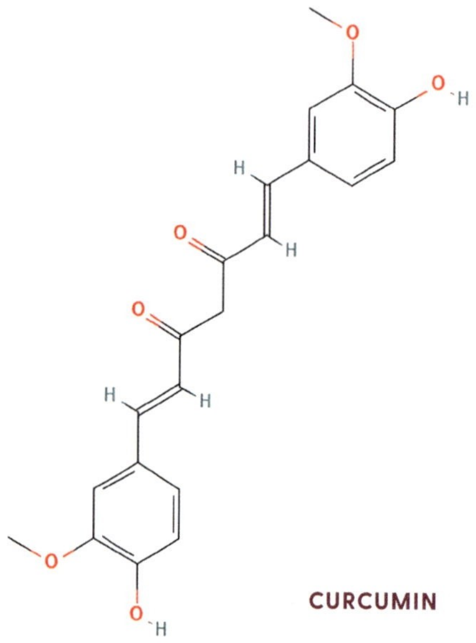

CURCUMIN

Sesquiterpenlaktone

Dabei handelt es sich um Terpenderivate, die eine Laktongruppe haben (intramolekulares Carbonsäureester) und sind mit 5000 Substanzen eine sehr umfangreiche Gruppe. Sie spielen eine wichtige Rolle bei der Abwehr von Fressfeinden der Pflanzen. Berühmt ist das Artemisinin vom Beifuß, ein Wirkstoff gegen Malaria.

Wie zum Beispiel:

Artemisinin ist ein Sesquiterpen, das gegen Malaria verwendet wird. Für dessen Isolierung wurde die Chinesin Tu Youyou 2015 mit dem Nobelpreis für Medizin ausgezeichnet.

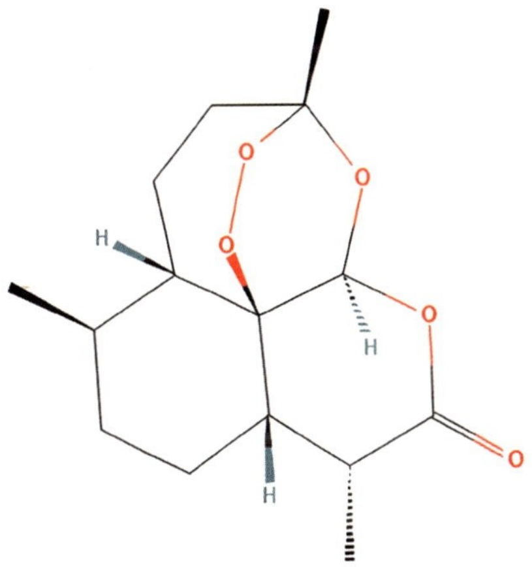

ARTEMISININ

Terpene

Diese sehr umfangreiche Klasse von Molekülen ist durch ihre chemische Synthese definiert. Als Terpene werden chemische Stoffe bezeichnet, deren Synthese aus Isopren aufgebaut wird.

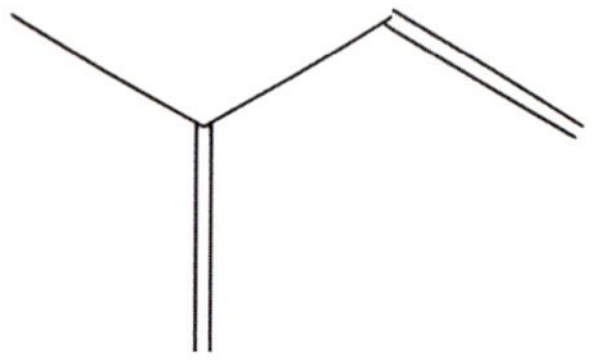

ISOPREN:
DIE EINHEIT, AUS DER TERPENE HERGESTELLT WERDEN

Wie zum Beispiel:

Humulon ist ein Hydroxy-Phloroglucin mit drei isoprenoiden Seitenketten. Die entzündungshemmende Wirkung des Humulon wurde als Unterdrückung der Transkription des der Cyclooxygenase-2 (COX-2) zugehörigen Gens nachgewiesen, womit die Bildung von Prostaglandinen inhibiert wird. Das gelbe Pulver auf den Hopfenblüten enthält Humulon.

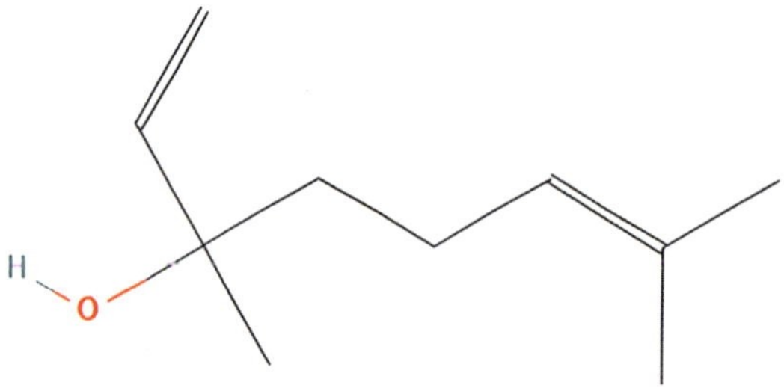

LINALOOL

Linalool ist ein einwertiger, tertiärer Alkohol aus der Gruppe der acyclischen Monoterpene. Linalool ist eine farblose Flüssigkeit mit frischem, blumigem Geruch.

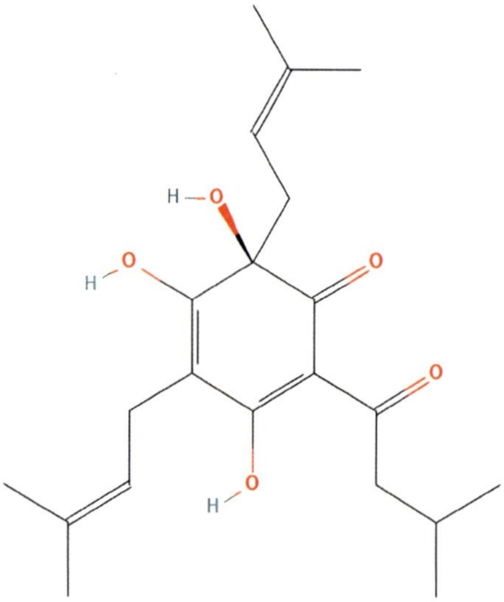

HUMULON

GETROCKNETE HOPFENBLÜTE MIT DEM GELBEN PULVER,
DAS HUMULON ENTHÄLT

Einteilung nach Wirkung

Antioxidantien

Antioxidantien sind chemische Stoffe, die freie Sauerstoffradikale binden können. Chemisch gesehen ist ein Radikal ein Atom mit einem freien Elektron, dem also ein Elektron fehlt. Radikale sind daher besonders reaktionsfreudig (auch reaktive Sauerstoffspezies ROS genannt). Das Radikal sucht sich gerne ein zweites Elektron eines benachbarten Moleküls und schädigt dieses dabei. Sauerstoffradikale (zum Beispiel O_2-) entstehen durch UV-Strahlen, aber auch durch normale chemische Reaktionen in unserem Körper. Das ist zunächst kein Problem, weil unser Körper Radikalfänger hat, welche diese neutralisieren. Wenn wir jedoch nicht ganz fit sind, Entzündungen haben, starken Belastungen und psychischem Stress ausgesetzt sind, dann kommen unsere Oxidantien und Antioxidantien aus dem Gleichgewicht. Wir haben dann zu viele freie Radikale im Körper, die anderen Molekülen Schaden zufügen können. Diese Sauerstoffradikale entstehen etwa beim Rauchen, beim Sonnenbaden, durch Luftverschmutzung, durch den Kontakt mit vielen Chemikalien. Das bezeichnet man als „oxidativen Stress". Radikale beschleunigen den Alterungsprozess.

Das Gegenmittel gegen Sauerstoffradikale (Oxidantien) sind die Antioxidantien, die in der Lage sind, diese Radikale zu binden und zu neutralisieren. Antioxidantien sind zum Beispiel Vitamin C, Vitamin A, E und B2, Carotinoide, Anthocyane und viele pflanzliche Polyphenole. Diese sind in vielen bunten Lebensmitteln enthalten.

Der ORAC-Wert (Oxygen Radical Absorbance Capacity) gibt die Fähigkeit eines Lebensmittels an, diese Radikale zu binden und zu neutralisieren. Die Lebensmittel mit den höchsten ORAC-Werten sind Holunderbeeren, schwarze Johannisbeeren, Heidelbeeren und noch andere exotische Beeren. Hervorzuheben sind die ORAC-Werte von Salbei und Thymian.

**DIE HEIDELBEERE UNTER DEM MIKROSKOP.
NICHT ZU SEHEN: IHR HOHES ANTIOXIDATIVES POTENZIAL.**

AUCH INSEKTEN LIEBEN die kugeligen Blüten des Rotklees, die Antioxidantien enthalten

Bitterstoffe

Sie sind chemisch gesehen keine einheitliche Gruppe. Was sie gemeinsam haben, ist, dass sie im Mund an einen Rezeptor namens T2R binden, der, wenn durch den Bitterstoff aktiviert, den bitteren Geschmack auslöst. Bitterstoffe aktivieren auch reflexartig die Speichel-, Magen- und Gallensekretion und wirken daher appetitanregend und verdauungsfördernd.

Gerbstoffe

Sie werden auch Tannine genannt und sind chemische Verbindungen, die historisch bei der Ledererzeugung zum „Gerben" von Tierhäuten verwendet werden. Dadurch wird die Haut (Leder) haltbar gemacht, weil keine Bakterien und Pilze mehr darauf wachsen können. Chemisch gesehen wechselwirken Gerbstoffe mit Eiweißmolekülen (Proteinen) und vernetzen diese so, dass sie wasserunlöslich werden, verklumpen und dabei eine undurchlässige Schicht bilden, durch die Bakterien und Pilze nicht mehr durchdringen können. Das hilft bei der Blutstillung und Wundheilung, indem sie eine schützende antimikrobielle Membran bilden. Diese zusammenziehende (adstringierende) oder austrocknende Wirkung hilft auch bei Hals-, Magen- und Darmentzündungen.

Tannine

Der Begriff ist gleichbedeutend mit Gerbstoffen und kommt vom französischen „tanin".

Saponine

Diese chemisch sehr heterogene Gruppe von Stoffen verdankt ihren Namen der Eigenschaft, stabilen Schaum zu bilden, wenn sie in Wasser geschüttelt werden. Sie verhalten sich ähnlich wie Seifen („sapon", lat. „Seife"). Sie haben eine reinigende Wirkung, die auch als „Detergens" (lat. „abwischen") bezeichnet wird. Sie vermischen sich mit vielen anderen Stoffen, weil sie in der Lage sind, sowohl wasserlösliche als auch nicht wasserlöslich Stoffe zu binden.

Saponine bestehen stets aus zwei Komponenten: einem wasserlöslichen Zuckeranteil (oft Glucose, Galactose, Rhamnose, Xylose oder Arabinose) und einem „Nicht-Zucker-Anteil", dem sogenannten Aglykon. Dieser nicht wasserlösliche Teil ist sehr unterschiedlich, meistens ein Steroid, ein Steroidalkaloid oder ein Terpen.

Saponine sind in sehr vielen Pflanzen enthalten und haben die Aufgabe, die Pflanzen gegen Pilz- und Insektenbefall zu schützen: Sie bilden die „Defensive". Saponine haben schleimlösende Eigenschaften und werden daher als „Expektorans" verwendet, was so viel bedeutet wie: „den Auswurf des Bronchialschleims erleichtern".

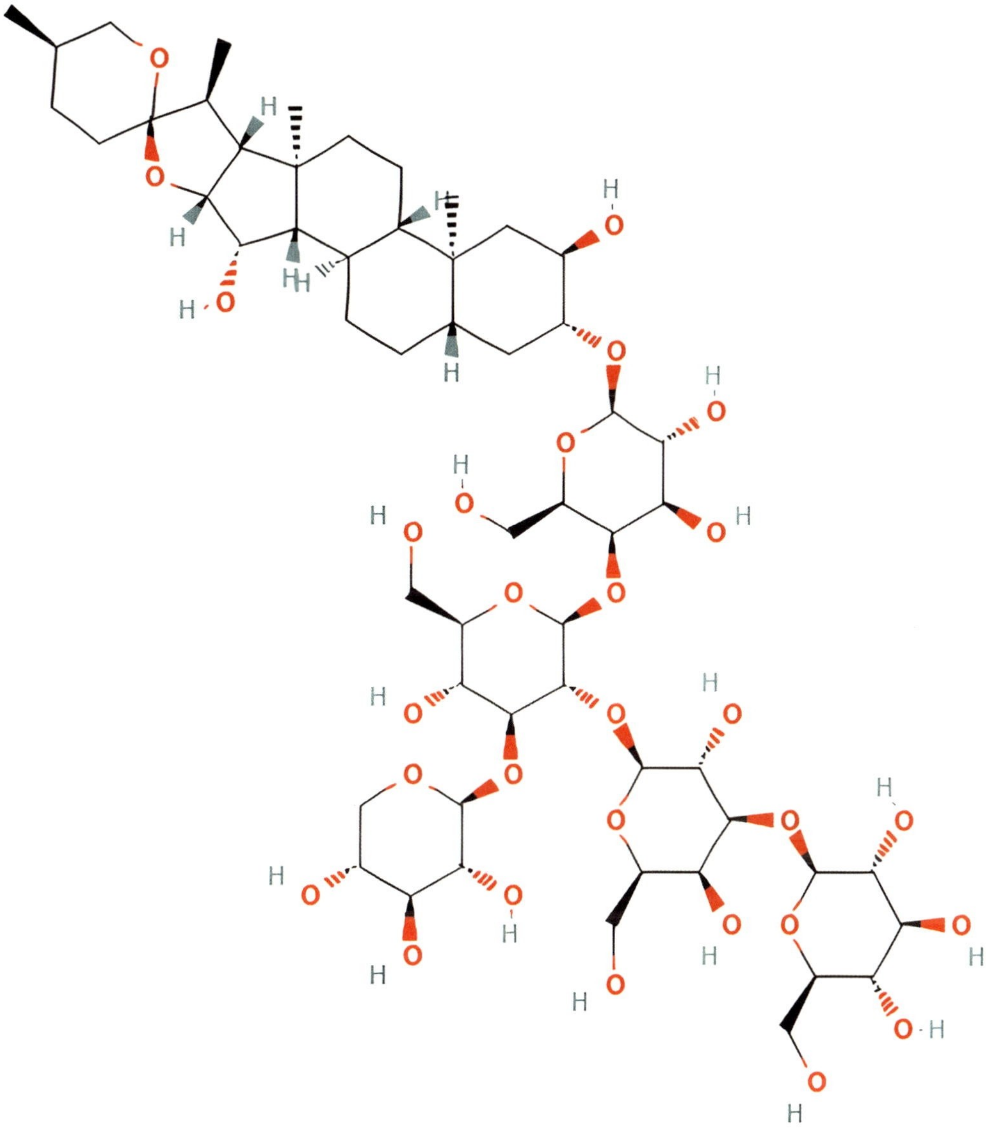

DIGITONIN. EIN SAPONIN AUS DEM FINGERHUT. ES LÖST DIE MEMBRANEN DER ROTEN BLUTKÖRPERCHEN (HÄMOLYSE) AUF, WAS ZU SEINER GIFTIGKEIT FÜHRT.

Die Wildkräuter

Die Wirkung nachweisen

Im Folgenden stelle ich 60 Pflanzen – Kräuter, Sträucher, Bäume – vor, die auf oder um meine wilde Wiese wachsen. Fast alle davon sind in der Naturheilkunde von Bedeutung und zum Teil bereits ausgiebig erforscht. Als Wissenschaftlerin hat es mich natürlich ganz besonders interessiert, welche heilsamen Eigenschaften bereits nachgewiesen sind und welche auf volkskundliche Überlieferung beruhen – zumindest nach heutigem Wissensstand. Die jeweils angegebenen Quellen sind im Anhang (S. 232) aufgelistet und online abrufbar.

Um den Grad der wissenschaftlichen Evidenz zu untermauern, habe ich vier Stufen eingeführt. Diese werden mit den folgenden Symbolen gekennzeichnet.

Stufe 1: reine traditionelle Überlieferung, keine wissenschaftlichen Untersuchungen

Stufe 2: traditionelle Überlieferung und Analyse der Inhaltsstoffe

STUFE 3

STUFE 4

Stufe 3: Traditionelle Überlieferung, Analyse der Inhaltsstoffe inklusive ihrer biochemischen Wirkungsmechanismen in vitro (siehe S. 25) oder an Tierversuchen. Es fehlen die randomisierten Studien am Menschen. Das bedeutet aber nicht, dass sie nicht wirken. Sie sind einfach nicht genug untersucht.

Stufe 4: Traditionelle Überlieferung, Analyse der Inhaltsstoffe, deren Wirkung am Menschen mit randomisierten Studien wurde gezeigt und von pharmakologischen Kommissionen empfohlen.

Die Wirkung sichtbar machen

Die Fotografien habe ich mit einem digitalen Mikroskop der Firma Keyence, Modell VHX-970F, aufgenommen. Hauptsächlich deshalb, weil ich mehr sehen wollte als die altbekannten botanischen Zeichnungen oder Fotografien vom Wegesrand – die durchaus ihre Berechtigung haben, vor allem, wenn es darum geht, sie in der Natur wiederzuerkennen. Ich bin der Ansicht, dass diese Art, Wildkräuter zu zeigen, außergewöhnlich und augenöffnend ist.

Die meisten Aufnahmen sind 20-fach bis zu 100-fach vergrößert – so kommen die Besonderheiten gut zur Geltung, Farbe und Beschaffenheit der Pflanze sind so weit vergrößert, wie man sie mit dem reinen Auge nicht mehr auflösen kann. Die feinen Härchen, zarten Strukturen und Tröpfchen ätherischer Öle so groß zu sehen bringt uns die Wirkungsweise der Heilpflanzen auf optisch sehr nachvollziehbare Weise näher.

IN DEN BLÜTEN
entwickeln sich
Samen mit langen
Pappushaaren

Arnika

Arnica montana

Arnica montana ist eine genügsame Pflanze, die ohne Weiteres auch bei uns in den Bergen wächst. Sie steht außerdem unter Naturschutz.

Geschichtliches

In der Antike war die Arnika nicht als Heilpflanze bekannt. Hildegard von Bingen dürfte die Erste gewesen sein, die Arnika ins Repertoire der Heilpflanzen aufgenommen hat. In Österreich ist sie so beliebt, dass sie geschützt werden musste, um nicht durch Überpflücken ausgerottet zu werden.

Inhaltsstoffe

Neben den üblichen Inhaltsstoffen, die in den meisten Heilkräutern zu finden sind (Flavonoide, Triterpene, Cumarine und ätherische Öle), enthält die Arnika hohe Mengen an Helenalin und Dihydrohelenalin: zwei Sesquiterpenlaktone, die ziemlich toxisch sind.

Wirkung und Anwendung

Obwohl die Arnika zu den Giftpflanzen zählt, ist sie 2001 zur Arzneipflanze des Jahres gewählt worden. Es wird ausdrücklich empfohlen, Arnikaextrakte nur äußerlich zu verwenden. In der Volksmedizin wurde sie zur Wundheilung empfohlen, sollte aber auf keinen Fall auf offene Wunden aufgetragen werden. Helenalin kann zu starken allergischen Reaktionen führen. Bei Gaben an Ratten wurden Herzschäden beobachtet.

Was sagt die Wissenschaft?

Es gibt so gut wie keine Daten oder wissenschaftlichen Studien zur Wirkung und Anwendung von *Arnica montana* als Heilpflanze. Von der europäischen Agentur für Medizin wird darauf hingewiesen, dass Arnika nur äußerlich angewandt werden soll. Die Toxizität von Helenalin kommt daher, dass der gesamte Stoffwechsel förmlich heruntergefahren wird. Der Grund dürfte sein, dass die Synthese von wichtigen Baustoffen für die DNA-Synthese signifikant erniedrigt wird (Gertsch J, 2003; Grippo A, 1992).

Mir persönlich ist die Arnika zu giftig.

DIE FEINEN LINIEN
führen die Bestäuber
zum Nektar

EIN WINZIGES TIERCHEN
hat sich mit
unters Mikroskop
geschmuggelt

Augentrost

Euphrasia rostkoviana

Seinen Namen hat der Augentrost von seiner angeblichen Wirkung auf Augengesundheit und Sehkraft. Die Wissenschaft hat das (bisher) noch nicht bestätigt.

Geschichtliches

Die griechische Nymphe Euphrosyne hat dieser schönen Pflanze den Namen gegeben, weil sie den Ruf hatte, den Blick freimachen zu können.

Inhaltsstoffe

Der Augentrost enthält einige Wirkstoffe, deren Wirkungen teilweise aus anderen Pflanzen bekannt sind, z. B. Iridoidglykoside (Aucubin, Catalpol, Euphrosid), Flavonoide (Apigenin, Luteolin, Kaempferol, Quercetin) Phenolsäuren (Kaffeesäure, Cumarsäure), Polyphenole, Tannine, Lignane und Sterole (Benedec 2024).

Wirkung und Anwendung

Der Augentrost wird in der Volksmedizin zur Linderung von Augenentzündungen verwendet.

Was sagt die Wissenschaft?

Die Wirkung von Augentrost ist wissenschaftlich nicht bestätigt. Es gibt dazu nicht genug Studien. Keine der Kommissionen für pflanzliche Arzneimittel hat den Augentrost empfohlen, weil es keine Nachweise für seine Wirkung gibt. Aus hygienischen Gründen sollten auch keine selbst erzeugten Präparate verwendet werden. Fertige Präparate, welche den hygienischen Standards entsprechen, können verwendet werden, weil es auch keine negativen Wirkungen gibt.

Um den blühenden Augentrost auf einer bunten Wiese zu finden, braucht man gute Augen.

DIE WINZIGEN BALDRIANBLÜTEN sind weiß bis rosa gefärbt

Baldrian

Valeriana officinalis

Der Baldrian verspricht, was sich viele wünschen: guten und erholsamen Schlaf. Studien legen nahe, dass er das auch halten kann.

Geschichtliches

Der Baldrian hat als Heilpflanze eine lange Tradition. Bereits zur Zeit der alten Griechen haben Hippokrates und Plinius ihn als Heilpflanze gegen etliche Beschwerden gelobt. Als „Valeriana" wurde er im Mittelalter bezeichnet und vielseitig gegen Infektionskrankheiten wie die Pest, gegen Verdauungsprobleme oder gegen offene Wunden verwendet. Hildegard von Bingen verwendete ihn gegen Gicht. Seine beruhigende Wirkung wurde erst im 19. Jahrhundert entdeckt. Wegen seines strengen Geruchs wurde er auch als Hexenkraut bezeichnet.

Inhaltsstoffe

Baldrian (als getrocknete Droge) enthält bis zu 1 % ätherische Öle mit dem charakteristischen Geruch, der von der Isovaleriansäure kommt. Weiters enthält er Phenolcarbonsäuren, darunter Valerensäure, Valtrat, Kaffeesäure und Hesperidinsäure.

Wirkung und Anwendung

Baldrian ist eines der am meisten verwendeten pflanzlichen Beruhigungsmittel. Er wirkt schlaffördernd, entspannend und krampflösend. Baldrian macht nicht müde, er fördert die Konzentration und kann deshalb gegen Prüfungsangst angewendet werden. Verwendet werden fast ausschließlich die Wurzeln des Baldrians, jedoch eignen sich die Blüten ebenfalls als Tee, sind aber wesentlich milder. Präparate aus Baldrian haben nur selten Nebenwirkungen und machen nicht süchtig. Valerensäure stimuliert bestimmte GABAA-Rezeptoren des Gehirns, was zur Linderung von Unruhezuständen, Herzbeschwerden und Einschlafstörungen beiträgt. Der Baldrian wird oft mit Melisse und Hopfen kombiniert.

Was sagt die Wissenschaft?

Die Wirksamkeit von Baldrian für die Verkürzung der Einschlafzeit und für die Verbesserung der Schlafqualität mit verbesserter Befindlichkeit wurde mittels mehrerer Humanstudien wissenschaftlich belegt. Dazu gab es 60 Studien mit insgesamt 6894 Teilnehmenden. Baldrianextrakte gelten somit als sicher und wirksam (Marder M et al, 2003; Khom S et al, 2007).

Der Baldrian gehört zu den wichtigsten Heilpflanzen zur Beruhigung und zur Schlafförderung.

Rezepturen mit Baldrian:
Winterbluestee (S. 194)

HIER DEUTLICH ZU ERKENNEN:
die weißfilzige Unterseite

Beifuß

Artemisia annua

Der Nobelpreis für Physiologie und Medizin wurde 2015 der chinesischen Pharmakologin Tu Youyou für ihre Arbeiten mit dem Beifuß verliehen.

Sie isolierte daraus den Pflanzenstoff Artemisinin, welcher gegen den Parasiten Malaria eingesetzt wurde. Damit konnte das Leben vieler Millionen Menschen gerettet bzw. verbessert werden.

Geschichtliches

Der Beifuß erhielt bereits im alten Griechenland seinen Namen: Die Pflanze war der griechischen Göttin Artemis geweiht.

Inhaltsstoffe

Der Beifuß ist sehr reich an sekundären Metaboliten wie Monoterpene, Sesquiterpene, Phenole und viele Bitterstoffe (Artemisinin), ätherische Öle und Flavonoide. Ihre Eigenschaften wurden intensiv erforscht.

Wirkung und Anwendung

Verdauungsunterstützung: Beifuß wird in einigen Kulturen als Verdauungshilfe verwendet. Er kann als Tee oder Gewürz (in der Küche) eingesetzt werden, um Verdauungsbeschwerden zu lindern. In China wird der Beifuß auf 20.000 Hektar gezüchtet. Das Medikament Coartem/Riamet von Novartis enthält das Artesiminin-Derivat Artemether und wird für die Behandlung von 100–200 Millionen Malariapatienten pro Jahr verwendet.

Was sagt die Wissenschaft?

Der Krankheitserreger der Malaria, Plasmodium, dringt in die menschlichen Blutzellen, die Erythrozyten, ein, vermehrt sich dort und ernährt sich vom Hämoglobin, welches für den Sauerstofftransport notwendig ist. Das dabei freiwerdende Eisen aktiviert das Artemisinin, das dann den Malariaerreger tötet (Ma N, 2020; Septembre-Malaterre A, 2020).

DIE HÄNGENDEN VIOLETTEN BLÜTENBLÄTTER
sind mit feinen Härchen übersät

Beinwell

Symphytum officinale

Die Wirkstoffe sind beim Beinwell unter der Erde: Die Wurzel enthält die Wirkstoffe, die das Wachstum der Knochenzellen beschleunigt.

Geschichtliches

Der Name Beinwell sagt bereits, wofür das Kraut verwendet wurde: Es tut den Knochen gut. „Symphytum" kommt aus dem Griechischen und bedeutet „zusammenwachsen": Beinwell wird schon seit über 2000 Jahren in der Wundheilung und gegen schmerzende Gelenke verwendet.

Inhaltsstoffe

Die Beinwellwurzel enthält circa 0,6–0,8 % Allantoin, circa 0,04–0,6 % Pyrrolizidinalkaloide (PA), 4–6 % Gerbstoffe sowie verschiedene Kohlenhydrate, die als Schleimstoffe wie Inulin und Stärke wirken. Ferner finden sich in der Wurzel auch Triterpensaponine, Glykopeptide, Sterole und Phenolcarbonsäuren (u. a. Salicyl- und Rosmarinsäure).

Wirkung und Anwendung

Derzeit ist nur die Beinwellwurzel als pflanzliches Arzneimittel zur symptomatischen Behandlung von leichten Verstauchungen und Prellungen anerkannt. Die Anwendung dieser potenten entzündungshemmenden und schmerzstillenden Droge ist wegen des hohen Anteils an toxischen Pyrrolizidinalkaloiden eingeschränkt, denn diese schädigen die Leber. Die Kommission E empfiehlt die Anwendung maximal für 4–6 Wochen im Jahr. Es gibt jedoch bereits eine Beinwellsorte, bei der die Gene für die Pyrrolizidinalkaloid-Synthese mittels der CRISPR-Cas9-Technologie genetisch editiert wurden (Zakkaria MM et al 2021).

Was sagt die Wissenschaft?

Wissenschaftliche Publikationen zu Symphytum oder auf Englisch Comfrey gibt es nicht genug, um die Anwendung ohne Bedenken zu empfehlen. Es fehlen mechanistische Studien, um den Wirkungsmechanismus zu verstehen. Es gibt ein paar Arbeiten, die darauf hinweisen, dass Beinwell tatsächlich das Knochenwachstum beschleunigen könnte (Dey D et al, 2020).

Der Beinwell blüht außerordentlich schön und fällt auf, weil er von sehr vielen Insekten besucht wird, besonders von den Hummeln.

Rezepturen mit Beinwell:
Beinwellwurzel in Olivenöl (S. 187), Beinwellsalbe (S. 198), G'schmeidigsalbe (S. 198)

CHARAKTERISTISCH FÜR DIE BIRKE
ist die helle und weiche Rinde

Birke

Betula pendula

Heilsam die Blätter und Rinde, giftig die Knospen, allergen die Pollen: Die Birke ist im zweifelhaften Sinne vielseitig.

Geschichtliches

Extrakte aus der Birke (Blätter und Rinde) werden seit Jahrhunderten zur Heilung von vielen unterschiedlichen Beschwerden verwendet. Ihre Wirkung ist schon lange bekannt. Die Ureinwohnenden Nordamerikas wickelten Birkenrinde um die Wunden, um deren Heilung zu beschleunigen.

Inhaltsstoffe

Birkenblätter enthalten Flavonoide, Saponine, Gerbstoffe und Phenolcarbonsäuren. Bedeutend ist der hohe Gehalt an Triterpenen wie Betulin, der sich in der Birkenrinde befindet. Birkenpollen enthalten viele Allergene. Das Bet-v1-Antigen gilt als problematisch, weil viele Menschen dagegen allergisch sind. Wichtig zu erwähnen ist, dass die Knospen der Birken giftig sind: Extrakte der Birkenknospen werden derzeit als potenzielle Antikrebs-Therapeutika untersucht und haben eine stark cytotoxische Wirkung (Isodorov V, 2018).

Wirkung und Anwendung

Die Birke wird auch als Nierenbaum bezeichnet, weil ein Tee aus seinen Blättern bei Harnwegsinfektionen hilft. Triterpene und Betulin aus der Birkenrinde verbessern die Wundheilung durch Hemmung der Entzündung und Beschleunigung des Wachstums von Hautzellen (Ebeling S, 2014).

Was sagt die Wissenschaft?

Die Birke ist ein echter Star in der Wissenschaft. Der Wirkmechanismus ihrer Inhaltsstoffe ist für etliche ihrer Komponenten geklärt. Sie gilt auch als Lieferantin von medizinischen Wirkstoffen. Birkenrindenextrakte als Beschleuniger von Wundheilung bei Verbrennungen wurden durch klinische Studien bestätigt.

Intensiv werden die Birkenpollen-Allergene untersucht. Das Bet-v1-Antigen, welches stark an das Immunglobulin E bindet ruft bei fast 20 % der europäischen Bevölkerung Reaktionen hervor, welche die Lebensqualität negativ beeinflussen (Bauernfeind C, 2024).

Die Birke ist ein Star der Wissenschaft.

AUF DER WIESE VERSTECKT
ist die Blüte mit vier Kronblättern

Blutwurz

Potentilla erecta

Ehre, wem Ehre gebührt: Vom interdisziplinären Studienkreis „Entwicklungsgeschichte der Arzneipflanzenkunde“ wurde sie zur Arzneipflanze des Jahres 2024 gekürt.

Geschichtliches

Historisch wurde die Blutwurz zur Wundheilung verwendet. Sie ist eine Heilpflanze, die unter ihrem traditionellen Namen Tormentil in mittelalterlichen Kräuterbüchern beschrieben wird. Es gibt keine Hinweise, dass sie im Altertum Verwendung fand. Ich habe Berichte gehört, dass Soldaten im Krieg Blutwurz-Wurzeln auf ihre Wunden legten, um die Blutung zu stillen. Diese sollen gegen Infektionen gewirkt und eine Wundheilung beschleunigt haben.

Die Blutwurz wächst bis weit in den Norden Europas hoch zu den subarktischen Regionen. Da dort im Sommer besonders viel Licht auf die Pflanzen scheint, müssen sie sich vor dieser arktischen Dauerbeleuchtung schützen und produzieren besonders viele Flavonoide. Daher stammen seine guten antioxidativen Eigenschaften.

Inhaltsstoffe

Über 50 Wirkstoffe wurden in der Wurzel der Blutwurz nachgewiesen. Der Hauptanteil sind Tannine (Gerbsäuren, die zu den Flavonoiden gehören), bis zu 15–20 % Tormentill- und Ellaginsäuren. Die hydrolysierbaren Tannine wie Ellagitanninsäure und Agrimoniin finden derzeit in der Forschung großes Interesse, vor allem bezüglich ihrer Wirkung auf Schleimhäute im Mund und im Darm. Ebenso wurden Triterpenoide und Proanthocyanidine gefunden. Die Wurzel der Blutwurz enthält Phenolsäuren, der alkoholische Auszug der Wurzel ist tiefrot. Die vielen Gerbstoffe (Tannine) haben schleimlösende und antibakterielle Eigenschaften.
Die oberen Pflanzenteile enthalten etliche organische Säuren und Phenolcarbonsäuren wie Kaffeesäure (3,4-Dihydroxyzimtsäure), Gallussäure und Salicylsäure und Flavonoide.

Um die Blutwurz auf einer wilden Wiese zu finden, muss man sehr genau schauen, weil die kleinen vierblättrigen gelben Blüten sich ganz unten – unter den anderen Pflanzen – verstecken. Um eine schöne große Wurzelknolle zu finden, muss also bereits eine ziemlich große Fläche vom Boden mit den Blüten bedeckt sein.

Wirkung und Anwendung

Agrimoniin wirkt als Gerbstoff gegen Durchfall, weil es die obere Zellschicht des Darms verdichtet und den Wasserauslass verringert. Es gibt auch eine Forschungsarbeit, die zeigt, dass ein alkoholischer Extrakt der Blutwurz die Wundheilung bei diabetischen Ratten signifikant verbessert hat (Kaan et al, 2020). Das bedeutet, dass die Wurzel, die reich an Phenolsäuren ist, entzündungshemmende und wundheilende Wirkungen zeigt. Anwendung mit guter Erfahrungssicherheit betrifft besonders die Mund- und Halsgesundheit, da alkoholische Extrakte bei Halsschmerzen, Zahnfleischentzündungen und Karies gute und schnelle Wirkung zeigen. Es gibt von der Europäischen Arzneimittel-Agentur EMA eine Monografie über den traditionellen Gebrauch der Blutwurz gegen Durchfall und Darmentzündungen (EMA, Blutwurz).

Der rote Farbstoff des Rhizoms der Blutwurz wurde als Färbemittel für Wolle verwendet und ergibt eine gelbbraune bis rote Farbe.

Was sagt die Wissenschaft?

Die Blutwurz ist wissenschaftlich derzeit noch nicht genug erforscht, um eindeutige Aussagen machen zu können. Eine gute Zusammenfassung ist im Paper von Melzig und Böttger zu finden (Melzig M et al, 2020). Daten aus In-vitro- und In-vivo-Untersuchungen (siehe S. 25) bestärken die traditionelle Anwendung zur Behandlung von Durchfall und Schleimhautentzündungen, obwohl es an ausreichenden klinischen Studien mangelt.

Derzeit wird der Einsatz von Blutwurz gegen chronische diabetische Wunden wissenschaftlich erforscht. Nicht heilende diabetische Wunden haben hohe Mengen an Entzündungsstoffen, die die Heilung verhindern. Es gibt erste Hinweise, dass ein Blutwurzextrakt gute entzündungshemmende Eigenschaften hat, was zu einer verbesserten Wundheilung beitragen könnte.

Rezepturen mit Blutwurz:
Potentilla-Mundspray (S. 213)

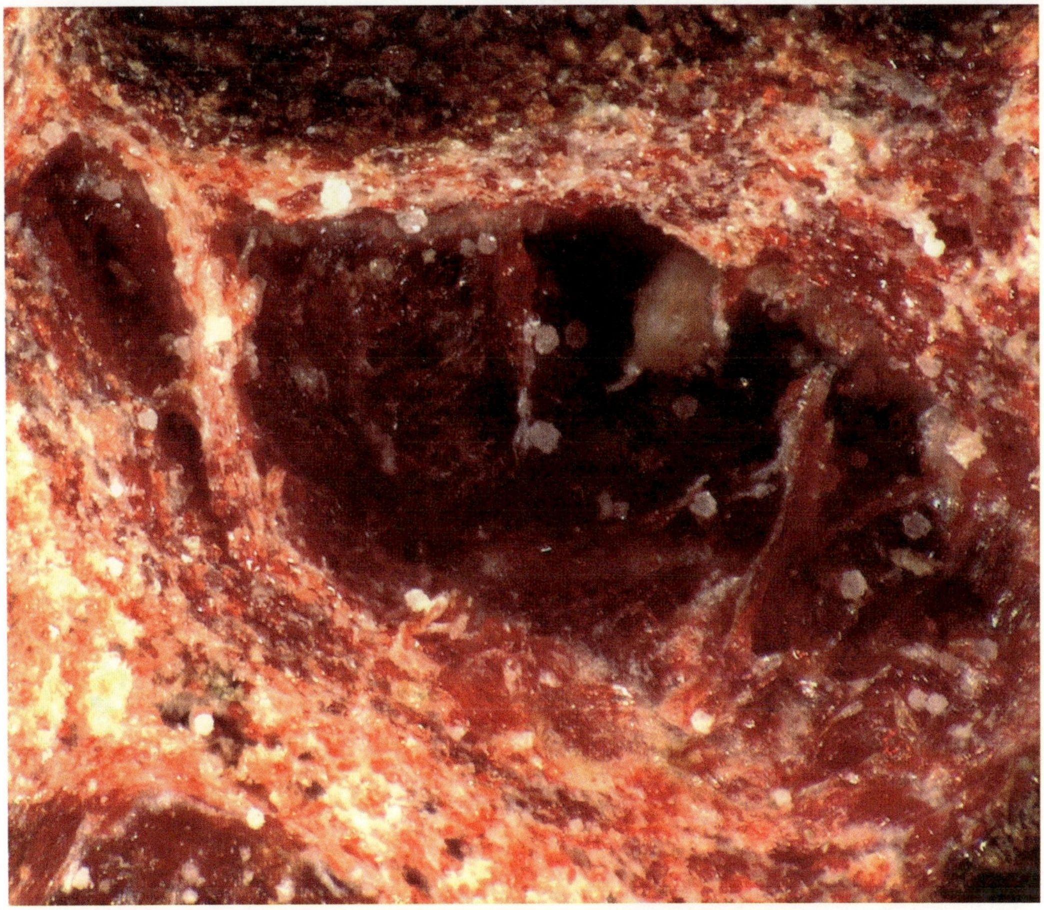

150-FACH VERGRÖSSERTER
Blick in die dunkelrote Wurzel

AUFGESCHNITTEN
zeigt sich die blutrote Färbung der Wurzel

WIE SKULPTUREN wirken die Samen unter dem Mikroskop

Bockshornklee

Trigonella foenum-graecum

So alt wie die Menschheit und aktueller denn je: Bockshornklee wusste schon vor Jahrtausenden zu überzeugen.

Geschichtliches

Die Geschichte des Bockshornklees kann man fast mit der Menschheitsgeschichte gleichsetzen. Bereits in der Halaf-Kultur zur Kupferzeit (circa 5000 Jahre vor unserer Zeitrechnung) soll der Bockshornklee domestiziert worden sein. Auch im Grab des Pharaos Tutenchamun wurde Bockshornklee gefunden.

Inhaltsstoffe

Der Bockshornklee ist sehr reich an wertvollen Wirkstoffen wie Alkaloide (Trigonelline), Flavonoide (Quercetin, Luteolin), der Aminosäure 4-Hydroxy-Isoleucin, Saponine und Steroidsaponine. Auch schmeckt Bockshornklee gut, weswegen er als Gewürz verwendet werden kann. Seine Samen sind ein vollwertiges Nahrungsmittel, reich an Proteinen, wertvollen Fettsäuren, Ballaststoffen, Mineralien und Vitaminen (Haxhiraj, 2024).

Wirkung und Anwendung

Dem Bockshornklee hat man schon länger nachgesagt, dass er gegen Diabetes Typ 2 wirkt, indem er den Blutzuckerspiegel senkt und die Insulinsensitivität erhöht. Der blutzuckersenkende Effekt des Bockshornklees wird den Ballaststoffen zugeschrieben (Galactomannan), dem Trigonellin und den Flavonoiden. Das 4-Hydroxy-Isoleucin reguliert die Insulinsekretion und wirkt direkt auf die Zellen der Bauchspeicheldrüse.

Dem Trigonellin werden einige weitere Eigenschaften zugesprochen. Dafür liegen Patente vor: als Haarwuchsmittel (Patent EP0289639A1) sowie als Muskelstimulans (Patent EP2440206B1).

Was sagt die Wissenschaft?

Der Bockshornklee wird und wurde intensiv erforscht, vor allem die Wirkung seiner Inhaltsstoffe zur Behandlung der Diabetes Typ 2. Etliche Studien bestärken dessen Anwendung. In einer EMA-Monografie wird er bei der traditionellen Anwendung gegen Appetitlosigkeit und bei leichten Entzündungen der Haut empfohlen.

Kurz: Am besten, man macht den Bockshornklee zum regelmäßigen Bestandteil in der Küche, als Gewürz und als Samen.

Der Bockshornklee ist eine wahre Quelle der Gesundheit.

Rezepturen mit Bockshornklee:
Magic Drink mit Bockshornkleesamen (S. 197), Bockshornkleesamen mit Mariendistel (S. 197)

DOPPELTE BLÜTENHÜLLE
mit weiß behaarten Kelchblättern

Kleine Braunelle

Prunella vulgaris

Sie ist überall: auf Wiesen, Weiden und Wegesrändern. Das erntet Anerkennung: Von der Loki Schmidt Stiftung wurde sie zur Blume des Jahres 2023 gewählt.

Geschichtliches

Die Braunelle hat in der Traditionellen Chinesischen Medizin eine mehrere Tausend Jahre lange Geschichte als fiebersenkendes Heilkraut. In den letzten Jahren nimmt die Bedeutung der Kleinen Braunelle auch im Westen stark zu, wegen ihrer reichhaltigen chemischen Zusammensetzung als erneuerbare Quelle für Rohstoffe für die Pharmazie.

Inhaltsstoffe

Die Inhaltsstoffe dieses Krauts sind ziemlich genau bestimmt worden: Es ist eine reichhaltige Quelle für Polysaccharide, Flavonoide (Hesperidin), Triterpenoide, Steroide und deren Glykoside, Phenolsäuren, Rosmarinsäure und ätherische Öle.

Wirkung und Anwendung

Im Mittelalter wurde die Kleine Braunelle gegen Diphterie verwendet. Heute spielt sie weder in der traditionellen noch in der modernen Medizin eine Rolle.

Die Rosmarinsäure ist ein Komplex aus Kaffee- und Milchsäure mit einem ziemlich breiten Wirkungsspektrum. Sie hat antioxidative Wirkung und schützt vor freien Radikalen. In der Kosmetik wird die Rosmarinsäure als UV-Schutz verwendet. Neuere Studien zeigen auch, dass die Braunelle antivirale, antibakterielle, entzündungshemmende, immunregulatorische, blutzucker- und blutdrucksenkende Wirkungen hat.

Was sagt die Wissenschaft?

Die Braunelle wird immer wichtiger als Quelle für pflanzliche Wirkstoffe, vor allem für die Rosmarinsäure (Zholdasbayev ME, 2023). Als Heilpflanze ist sie zu wenig untersucht.

Die Kleine Braunelle ist hart im Nehmen und überlebt häufiges Mähen und Betretenwerden.

BRENNNESSEL-STÄNGEL
mit Brennhärchen und Samen

Brennnessel

Urtica dioica

Die Heilpflanze des Jahres 2022 kann mehr als brennen. Sie ist eine essbare Pflanze mit breiter medizinischer Relevanz und industrieller Bedeutung.

Die meisten Menschen machen einen großen Bogen um die Brennnessel wegen ihrer etwas brennenden Stiche. Das ist schade, denn diese Heilpflanze kann sehr viel für unsere Gesundheit und die Umwelt beitragen. Sie ist stark und tut der Tier- und der Pflanzenwelt gut! Wir sollten lernen, sie zu lieben und nutzen.

Wir sollten die Brennnessel verehren, denn sie ist eine Alleskönnerin!

Geschichtliches

Die Brennnessel gehört zu den ältesten Nutz- und Heilpflanzen. Viele Mythen und durchaus nette Geschichten gibt es über dieses Kraut. Etwa jene, dass bereits die alten pflanzenkundigen Griechen die Samen der Brennnessel mit Pfeffer gemischt haben, um die Libido zu stärken. Und dass deswegen die katholische Kirche im Mittelalter den Priestern und Nonnen verboten hat, Brennnesselsamen zu essen. Die alten Römer haben die Brennnessel dem Kriegsgott Mars zugeordnet. Mein Nachbar nennt die Brennnesselsamen Alpen-Viagra.

Warum brennen die Brennnesseln eigentlich? Am Stängel sind kleine Härchen, die Brennhaare. Berührt man sie, brechen die Härchen und scheiden eine scharfe Flüssigkeit aus, die auf der Haut zu schmerzenden und ätzenden Pusteln führt. Diese Flüssigkeit enthält etliche biogene Amine, die lebenswichtige Neurotransmitter sind, nämlich Histamin, Acetylcholin und Serotonin. Brennen tut vor allem die Ameisensäure und das Natriumformiat (ein Salz der Ameisensäure). Wer schon einen Ameisenbiss erlebt hat, weiß, wie die Ameisensäure brennt.

Inhaltsstoffe

Die grünen Pflanzenteile enthalten Flavonoide, Polyphenole, Carotinoide, viele Elemente wie Eisen, Magnesium, Kalzium, Kalium, Natrium und Vitamine A, C und E. Die Brennnessel ist sehr eiweißreich, was sie zu einem guten Nahrungsmittel macht. Die Samen sind reich an Linolsäure (eine essenzielle mehrfach ungesättigte Omega-6-Fettsäure) und an Phytohormonen, denen man eine Wirkung auf die Keimdrüsen zuschreibt.

Wirkung und Anwendung

Die Brennnessel ist eine äußerst potente Heilpflanze und unglaublich vielseitig anwendbar. Sie hat diuretische (harntreibende), antiphlogistische (entzündungshemmende), neuroprotektive und antiglykämische Wirkungen, die wissenschaftlich nachgewiesen werden konnten.

Der Brennnesseltee ist ein Allheilmittel, weil er den Körper entgiftet. Er erhöht die Harnausscheidung und ist allgemein reinigend. Außerdem wirkt er heilend bei Akne, Harnwegserkrankungen, Arthrose, Arthritis, Rheumatismus und bei Bluthochdruck. Er hilft allgemein auch bei Herzkreislaufproblemen. Die Wurzeln werden gegen Prostatahyperplasie verwendet.

Die Brennnessel ist eine der gesündesten Wildpflanzen in Mitteleuropa. Sie gilt als ein Vitalisierungsmittel für Leber, Bauchspeicheldrüse, Magen, Darm und Galle und bei Eisenmangel, denn sie erleichtert dem Körper dessen Aufnahme. Aufgrund ihrer entzündungshemmenden und antibakteriellen Wirkung ist sie auch bei Rheuma und Gichterkrankungen hilfreich. In der Kosmetik wird sie gegen Haarausfall verwendet.

Damit aber nicht genug. Die Brennnessel ist einfach sehr vielseitig einsetz- und verwendbar. Sie verbessert zum Beispiel die Bodenqualität, ist ein ideales Schmetterlingsfutter, ihre Samen sind Eiweißbomben, ihre Blätter eine wunderbare Vitamin-C-Quelle und als Tee reinigt sie uns innerlich und äußerlich. Man kann damit sogar Ostereier färben.

Die Brennnesseljauche ist für die Gärtnerei ein wichtiger Dünger und Schädlingsbekämpfer.

Was sagt die Wissenschaft?

Es gibt mehr als 800 wissenschaftliche Arbeiten über die heilende Wirkung der Brennnessel gegen Arthrose, Bluthochdruck, Prostatahyperplasie und gegen Haarausfall. Zusätzlich wirkt die Brennnessel blutzuckersenkend. In einem Artikel werden viele Studien zusammengefasst (Dhouibi R et al, 2020).
Es gibt außerdem eine HMPPA-Monografie (HMPPA, Brennnessel).

Die Brennnessel ist eine der gesündesten Wildpflanzen in Mitteleuropa.

Rezepturen mit Brennnessel:
Brennnesseltee (S. 194), BDS-Tee (S. 193), Nierenfreund (S. 194), Brennnesseloxymel (S. 207), Brennnesselsamensalz (S. 196), Wildkräutersalz (S. 196), Bergtee (S. 193), Avocadoöl-Brennnessel-Seife (S. 219), Haarseife Brennnessel und Zitrone (S. 222)

DIE FEINEN STACHELN
sind verantwortlich für das Brennen

NOCH NÄHER BETRACHTET
zeigen sich die Besonderheiten der Pflanze

FEINE WINZIGE HÄRCHEN
auf den Früchten der Brombeere

Brombeere

Rubis fruticosus

Sie vermochte es schon vor Hunderten von Jahren, die Fantasie über ihre Verwendungsmöglichkeiten anzustacheln.

Geschichtliches

Die antiken griechischen Ärzte verschrieben das Brombeerkraut gegen Gicht. Und die amerikanischen Ureinwohner stellten aus dem Stamm Fasern her, aus denen eine starke Schnur erzeugt wurde. Eine andere Verwendung bestand darin, eine riesige Barrikade rund um das Dorf zu errichten, die aus Stapeln dorniger Brombeerstöcke bestand und effektiv zum Schutz vor Eindringlingen diente.

Inhaltsstoffe

Brombeeren können guten Gewissens als „Superfood" bezeichnet werden, so vollgeladen mit Vitaminen, Mineralien, Ballaststoffen und vor allem Antioxidantien wie sie sind. Brombeerblätter sind ebenso wertvolle Bestandteile von Tees, nicht nur wegen des Geschmackes, sondern auch wegen ihres Gehalts an Gerbstoffen, Flavonoiden und an wohlschmeckenden organischen Säuren wie Ascorbinsäure, Apfelsäure, Bernsteinsäure und Zitronensäure.

Wirkung und Anwendung

Brombeerblätter sind als Tee nicht nur geschmacklich beliebt, ihre Gerbstoffe sind auch hilfreich bei (leichtem) Durchfall. Ich denke: Brombeeren sollten einfach so oft wie möglich Bestandteil der Nahrung sein. Sie sind voll Antioxidantien und Vitaminen, die wir brauchen.

Was sagt die Wissenschaft?

Die Wissenschaft hat den gesundheitlichen Nutzen von Obstkonsum im Allgemeinen sehr genau untersucht. Die WHO empfiehlt, täglich mindestens 400 g Obst zu konsumieren, denn es ist bewiesen, dass dadurch den heutigen chronischen Krankheiten wie Herz-Kreislauf-Problemen, Krebs und allgemeinen Stoffwechselkrankheiten vorgebeugt werden kann (Martins SM, 2023). Die Inhaltsstoffe sind genauestens untersucht. Brombeeren sind besonders schmackhaft, sollten aber möglichst frisch gegessen werden, denn die Haltbarkeit ist nicht sehr lang.

Ich nutze Brombeerblätter für den Tee – und die Beeren als Superfood.

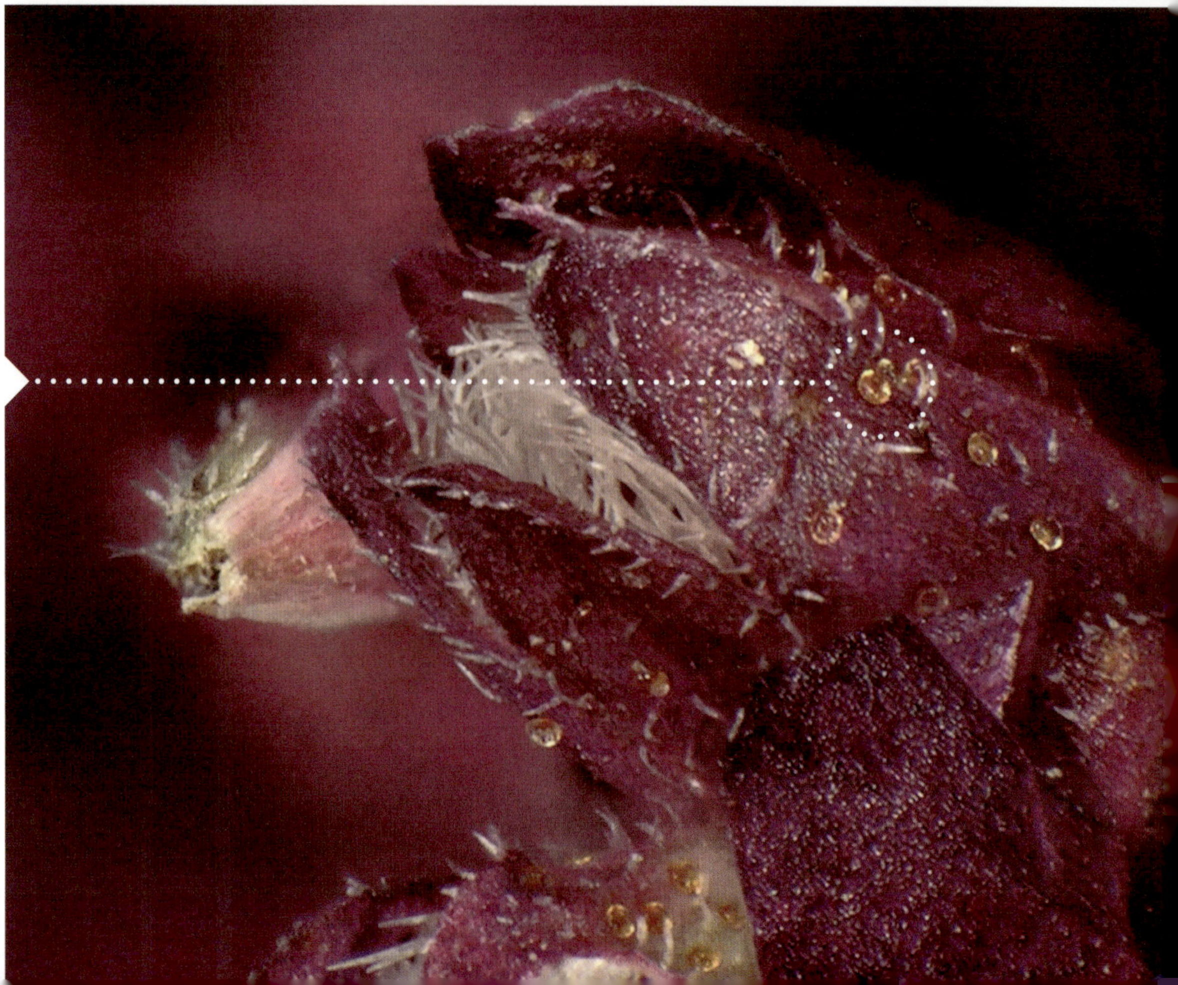

DIE ÄTHERISCHEN ÖLTRÖPFCHEN sind in dieser 100-fachen Vergrößerung sichtbar

Dost

Origanum vulgare

Dieses wunderschöne Kraut gehört in jedes Wildkräutersalz und ist leicht beim Bergwandern am Wegrand zu finden. Es ist Gewürz und Medizin in einem und macht gute Laune.

Geschichtliches

Die alten Ägypter benannten den Dost nach dem Gott des Jenseits, Osiris, der für das Totenreich und die Wiedergeburt steht. Im Mittelalter wurde er zur Geburtshilfe eingesetzt. Der Aberglaube, dass sein starker Duft Hexen und Dämonen vertreibe, führt heute noch auf dem Land in Österreich dazu, dass zu Maria Himmelfahrt, am 15. August, nach wie vor Sträuße mit Dost gebunden, geweiht und im Stall aufgehängt werden, um vor Hexen zu schützen.

Inhaltsstoffe

Die Dostblätter enthalten viele ätherische Öle wie Carvacrol, Thymol und Eugenol. Phenolische Säuren, vor allem die Rosmarinsäure, sind ein wichtiger Bestandteil. Ebenso enthält er Flavonoide (Luteolin, Apigenin und Quercetin), Gerbstoffe und Bitterstoffe (Soltani S, 2020).

Die Dosternte ist jedes Jahr ein Highlight, denn seine ätherischen Öle sind fast betäubend, so gut riechen sie. Der Dost ist auch immer umgeben von Bienen und Schmetterlingen, die auch vom Duft angezogen werden.

Wirkung und Anwendung

Dost wird vor allem in Mittelmeerländern als Pizzagewürz verwendet. Obwohl er reichlich in den Alpen zu finden ist, wird er hier noch nicht so intensiv angenommen. Man assoziiert seinen Duft mit sommerlicher Urlaubsstimmung.

In der Volksmedizin wird der Dost gegen Verdauungsbeschwerden, bei Atemwegserkrankungen und als Stimmungsaufheller empfohlen. Dost wird medizinisch vor allem für die Atemwege genutzt. Er wirkt entkrampfend und löst den Schleim, was zu einer Erleichterung beim Abhusten führen kann. Er wirkt bei Blähungen ebenso wie bei Regelschmerzen entkrampfend und schmerzmindernd.

Was die Anregung der Verdauung und des Appetits kann der Dost wegen seiner leicht bitteren Stoffe gute Ergebnisse liefern. Die Wirkungsweise seiner ätherischen Öle gegen bakterielle Infektionen wird derzeit untersucht: Vor allem deren synergistische Wirkung in Kombination mit Antibiotika ist interessant, weil die ätherischen Öle den Antibiotikaresistenzmechanismus der Bakterien schwächen – und zwar bei multiresistenten Staphylokokken und bei dem im Magen schwer zu behandelnde Helicobacter pylori. Somit wird auch eine Anwendung von Dostsalben gegen Wundinfektionen vorgeschlagen.

Für die gute Stimmung sind wahrscheinlich seine Flavonoide zuständig, das Rutin ist beruhigend, das Quercetin angstlösend und das Hyperosid, das auch im Johanniskraut vorkommt, wirkt stimmungsaufhellend. Ein Dostbad ist auch gut für leichte Hautirritationen.

Was sagt die Wissenschaft?

Die Inhaltsstoffe des Dosts sind mehrfach bestimmt worden und deren Wirkungsmechanismen sind im Labor gut untersucht. Systematische klinische Studien am Menschen sind noch unzureichend, deren statistische Evidenz ist derzeit noch zu gering.

Rezepturen mit Dost:
Wildkräutersalz (S. 196), Bergtee (S. 193)

FRISCHE BLÜTEN
kurz nach der Ernte. Sie sitzen dicht gebündelt zusammen

GETROCKNETE DOSTBLÜTEN
mit faszinierenden Einzelheiten

IHR ELFENBEIN-FARBENES INNERES zeigt hier die Eibischwurzel

Echter Eibisch

Althaea officinalis

Der Eibisch, oft auch Hibiskus genannt, gehört zu den so wunderschönen Malvengewächsen.

Geschichtliches

Die Eibischwurzeln wurden bereits vor dem 11. Jahrhundert medizinisch gegen Reizhusten und Erkältung in Form von Sirup und Lutschtabletten eingesetzt. Ebenfalls wurden die Wurzeln, vor allem Gummi arabicum, zur Herstellung von Klebstoff verwendet. In Frankreich stellte man damit eine Süßspeise (Pâte de guimauve), in England die Marshmallows her.

Inhaltsstoffe

Der dominante Wirkstoff der Eibischwurzel sind Schleimstoffe, bestehend aus hochmolekularen Polysacchariden mit D-Galactose, L-Rhamnose, D-Glucuronsäure, D-Galakturonsäure, D-Glucan sowie Pektine, Stärke, Mono- und Disaccharide. Kein Wunder, dass diese Wurzeln süß schmecken. Sie enthalten auch Flavonoide, Phenolsäuren, Cumarine und Phytosterole (EMA, Eibisch).

Wirkung und Anwendung

Sehr beliebt ist die Anwendung der Eibischwurzel als Sirup, Tee oder Lutschtabletten gegen Reizhusten und Reizbeschwerden im Mund und Rachen. Es wird angenommen, dass die Schleimstoffe dafür verantwortlich sind. Sie ist seit Langem fester Bestandteil der Volksmedizin.

Was sagt die Wissenschaft?

Die Europäische Arzneimittel-Agentur EMA hat Eibischwurzelpräparate als traditionelles pflanzliches Arzneimittel zur Verwendung als linderndes Präparat zur symptomatischen Behandlung von Mund- oder Rachenreizungen und damit verbundenem trockenem Husten sowie zur symptomatischen Linderung leichter Magen-Darm-Beschwerden als wirksam und sicher bewertet. Dazu gibt es auch genügend klinische Studien (EMA, Eibisch).

KLEINES, ZARTES
Fichtenwipferl in
saftigem Grün

Fichte

Picea abies

Vor allem die jungen, hellgrünen Triebe, die im Frühjahr an den Vorderseiten der Äste wachsen – die Maiwipfel –, finden in der Naturheilkunde Verwendung. Die Fichte ist ein fester Bestandteil der alpinen Naturapotheke und ihre Bedeutung wird in Zukunft noch wachsen, denn die Forschung läuft auf Hochtouren.

Fichten sind ein sehr wichtiger wirtschaftlicher Faktor für Österreichs Forstwirtschaft. Sie werden hauptsächlich in Monokulturen gezüchtet, sie wachsen schnell, ihr Wuchs ist gerade und das Holz vielseitig verwendbar. Dieses wird zur Herstellung von Papier, Zellstoff, Bauholz, Möbeln und – was ich besonders schön finde – auch zum Bau von Streich- und Zupfinstrumente verwendet.

Geschichtliches

Die Fichte hat eine lange Tradition in der alpinen Volksmedizin. Wirtschaftlich ist sie in Europa hauptsächlich als Holzlieferant bedeutend. Ganz wichtig ist die Fichte für die Stabilisierung steiler Berghänge in den Alpen.

Die Fichte spielte im 18. und 19. Jahrhundert eine bedeutende kulturelle und emotionalisierende Rolle, insbesondere in Österreich und Deutschland, da sie als Symbol für Natur, Heimat und nationale Identität verstanden wurde. Dies geschah im Kontext der Romantik, einer kulturellen Bewegung, die Gefühle, Individualität und die Natur feierte. In Caspar David Friedrichs Gemälden ist die Fichte ein wiederkehrendes Objekt.

Jemanden hinter die Fichte führen bedeutet, jemandem falsche Tatsachen vorzuspiegeln. Diese Redensart ist seit dem 16. Jahrhundert belegt.

Inhaltsstoffe

Sprossen, Nadeln und das Harz (Terpentin) liefern die meisten heilbringenden Inhaltsstoffe. Die ätherischen Öle der Fichte bestehen zum Großteil aus den Monoterpenen Alpha- und Beta-Pinen. Diese werden nicht nur therapeutisch, sondern auch zur Herstellung von Terpentinöl (für die Ölmalerei) und Kolophonium (für Bögen von Streichinstrumenten) verwendet. Das Bornylacetat, ein Essigsäureester des Terpens Borneol, ist für den typischen Geruch der Fichtennadeln verantwortlich. Das Fichtenharz, auch weißes Pech genannt, besteht hauptsächlich aus Harzsäuren, Terpentinöl und Wasser. Harzsäuren bestehen aus sehr unterschiedlichen Di- und Triterpenen, die schlecht wasserlöslich sind (Garzoli, 2021).

Wirkung und Anwendung

Als Heilpflanze hat die Fichte eine sehr lange Tradition. Ihre Wirkstoffe haben zudem ein breites Wirkungsspektrum: antiseptisch, entzündungshemmend, durchblutungsfördernd, schweißtreibend und schleimlösend. Ebenso breit ist ihr Anwendungsgebiet: gegen Bronchitis, Husten, Halsschmerzen, Lungenprobleme und Atembeschwerden.

Die ätherischen Öle der Fichte finden eine breite Anwendung als Luftreiniger und Duft, zur Unterstützung einer freien Atmung, bei Stress, gegen innere Unruhe und Nervosität, als Aufguss in der Sauna, als Fichtenbad gegen Muskelschmerzen und vieles mehr. Eine lange Tradition hat der Fichtenwipfelsirup gegen Husten (siehe Rezeptur). Die Fichtenpechsalbe wird in der Volksmedizin für die Wundheilung verwendet, denn die ätherischen Öle wirken antibakteriell, was gegen Wundinfektionen hilft (Eichenauer E, 2024).

Was sagt die Wissenschaft?

Es gibt sehr viele exzellente Artikel über die therapeutische Wirkung von Fichtennadeln und Fichtenharz, inklusive kleiner humaner Studien, welche die traditionellen Anwendungen bestätigen. Derzeit werden alkoholische Extrakte der Fichte, die Pinene enthalten, als potenzielle Antioxidantien für die kosmetische und pharmazeutische Industrie erforscht.

Rezepturen mit Fichte:
Fichtenwipfeloxymel in Waldhonig (S. 208)
Fichtenwipfelsirup (S. 226)

GETROCKNETE
Fichtenwipfel unter dem Mikroskop

LÄUSE SAUGEN
den Röhrensaft der Fichte und scheiden Honigtau aus

DER STRAHLENFÖRMIGE
Blütenkopf der Bergflockenblume

Flockenblume

Centaurea jacea

Die Flockenblume ist ein Indikator für die Gesundheit einer Wiese. Wird sie zu viel gemäht und gedüngt, ist die Flockenblume weg. Damit ist sie eine Zeugin für nachhaltige Wirtschaft.

Geschichtliches

Früher gehörte die Flockenblume zu den bekanntesten Heilpflanzen, heute hat sie kaum noch Bedeutung für die Volksmedizin. In manchen Ländern wie Russland, Schottland oder Türkei ist sie jedoch nach wie vor fester Bestandteil der Pflanzenarzneimittel als Diuretikum (zur Entwässerung).

Inhaltsstoffe

Die Flockenblume ist wissenschaftlich wenig untersucht. Der Inhalt von etlichen Flockenblumenarten wurde schon analysiert. Es finden sich dort die üblichen Stoffe wie Sesquiterpenlaktone, Flavonoide, Lignane, Alkaloide, Phenolsäuren, Terpene und Steroide (Sharonova 2021).

Wirkung und Anwendung

Die Flockenblume wird vor allem als Tee eingenommen, um die Nieren anzuregen. Andere Anwendung sind derzeit noch nicht gut genug belegt.

Was sagt die Wissenschaft?

Derzeit werden Flockenblumen für die Entwicklung von möglichen Arzneimitteln gegen Typ-2-Diabetes untersucht. Extrakte der Flockenblumen hemmen Enzyme, die für den Abbau von Kohlehydraten verantwortlich sind (Alpha-Glucosidase und Alpha-Amylase), was zu einer Reduktion des Glucoselevels im Blut führt. Diese Forschung ist jedoch noch nicht weit genug, um bereits genug Evidenz für deren Wirkung zu bestätigen (Fattaheian-Dehkordi S, 2021).

UNAUFFÄLLIG ZARTGRÜN
sind die Blüten des Frauenmantels

Frauenmantel

Alchemilla vulgaris

Der Frauenmantel hat eine einzigartige Besonderheit: In der Nacht geben die Blätter Wasser ab, das sich als Tröpfchen auf den Blättern sammelt.

Diese Tröpfchen, genannt Guttationstropfen, können geerntet werden, denn sie enthalten einige Wirkstoffe. In der Spätantike verwendeten Alchemisten diese Tröpfchen, um das Elixier des „Steins der Weisen" herzustellen.

Geschichtliches

Der Frauenmantel wurde bereits von Dioskurides als Liebeszauber bezeichnet und in der Volksheilkunde gegen Frauenleiden (wie der Name es bereits verrät) verwendet. Wissenschaftlich ist er sehr wenig untersucht und kann somit nicht als wissenschaftlich erforschtes Heilkraut bezeichnet werden.

Inhaltsstoffe

Die Inhaltsstoffe sind wenig untersucht. Der Frauenmantel enthält Gerbstoffe (Agrimoniin) und Flavonoide.

Wirkung und Anwendung

Anerkannt ist die Verwendung des Frauenmantels als Tee gegen leichte Durchfallerkrankungen. Dafür wird zur Blütezeit das Kraut als Ganzes gesammelt und getrocknet. Diese Anwendung wird auch von der ESCOP (European Scientific Cooperative on Phytotherapy) bestätigt. Die Wirkung gegen Durchfall stammt vom Agrimoniin, das wie die meisten Gerbstoffe die Proteine der oberen Zellschicht verändert, wodurch sie klumpen und eine dichte Schicht aufbauen, die den Wasserverlust vermindert. Der gleiche Mechanismus ist auch für die Blutstillung verantwortlich.

Was sagt die Wissenschaft?

Es gibt etliche Artikel zu den Inhaltsstoffen und deren Wirkungsmechanismen, jedoch keine wirklich belastbaren Studien (Jakimiuk K, 2024).

Rezepturen mit Frauenmantel:
Frauentee (S. 193)

DIE LEICHT GEZACKTE FORM
des Gierschblattes zeigt sich unter dem Mikroskop

Giersch

Aegopodium podagraria

Den Giersch kann man nicht wirklich bekämpfen – sofern man ihn als Unkraut einstuft. Deswegen ist mein Tipp: Am besten als frisches Gemüse betrachten und einfach essen. Er ist sehr gesund und schmeckt gut.

Geschichtliches

Bereits im Mittelalter wurde der Giersch mehr geschätzt als heute und aktiv angepflanzt.

Inhaltsstoffe

Der Giersch ist sehr reich an guten Inhaltsstoffen wie Carotinoide, Cumarine, Flavonoide, ätherischen Ölen und vor allem Falcarindiol, ein Polyacetylen, welches in vielen Wurzeln vorkommt.

Wirkung und Anwendung

Er ist nicht nur eine gesunde Nahrungsquelle, sondern hilft wegen seiner guten Inhaltsstoffe gegen etliche durch schlechte Gewohnheiten bedingte Beschwerden. Giersch ist mehr als nur Salat, denn er ist sehr gesund: Seine frischen Blätter enthalten Vitamin C, Carotin und Mineralien wie Calcium, Magnesium, Eisen. Er hilft gegen viele zivilisatorische Beschwerden: Er hat entzündungshemmende, harntreibende und blutreinigende Eigenschaften. Das hilft gegen entzündliche Ablagerungen, bei Gicht und Rheuma. In der Traditionellen Chinesischen Medizin wird er gegen Diabetes empfohlen.

Was sagt die Wissenschaft?

Es gibt nicht viele wissenschaftliche Artikel über die Anwendung und Wirkung von Giersch. Die Inhaltsstoffe sind relativ gut untersucht. Die antifungale Wirkung des Polyacetylens Falcarindiol wurde auf molekularer Ebene mechanistisch bestimmt, jedoch nur im Labor. Am besten sind die Antioxidantien untersucht. Aus den Ergebnissen dieser Studie könnte man schließen, dass der Giersch gut gegen Altersschäden wirkt (Engelhardt L, 2022; Lukaszewska NZ, 2020).

Rezepturen mit Giersch:
Wildkräutersalz (S. 196)

ZUNGEN- UND RÖHRENBLÜTEN
der Blütenkörbchen der Goldrute

Goldrute

Solidago virgaurea

Die Goldrute ist nicht wirklich eine alpine Heilpflanze, sondern ein ziemlich invasiver Neophyt.

Geschichtliches

Die Goldrute kommt aus Nordamerika und wurde erst im 17. Jahrhundert in Europa heimisch. Eine Zeit lang wurde sie als Zierpflanze kultiviert. In Europa stellt sie ein Problem dar: Sie wächst fast überall – auf Schutt, in Auwäldern, am Rand von Gewässern – und verdrängt so heimische Pflanzen. Sie bringt aber auch Vorteile für das Ökosystem, indem sie Futter für Bienen und Insekten liefert und deren Saison durch Nahrungsbereitstellung verlängert. Sie speichert außerdem viel CO_2 und enthält wertvolle Inhaltsstoffe für Pharma- und Naturstoffindustrie. Die Goldrute ist ein Modellbeispiel für Studien, wie mit neuen Pflanzen umgegangen werden sollte, um Nutzen und Schaden für das Ökosystem und die Wirtschaft im Gleichgewicht zu halten.

Inhaltsstoffe

Sie enthält Verbindungen, welche die Bodenstruktur und ihre Nährstoffbestandteile verändern und so das Wachstum, die Keimung und das Überleben einheimischer Pflanzen beeinflussen können. Sie enthält eine hohe Menge ätherischen Ölen, Flavonoiden, Terpenoiden und Phenolsäuren. Auch der Goldrutenhonig ist reich an sekundären Naturstoffen. 0,5–4 % der Trockenmasse macht der Farbstoffgehalt aus, hauptsächlich Quercetin und Astragalin, die als Nahrungsergänzungsmittel einen hohen Absatz finden.

Wirkung und Anwendung

In der traditionellen Medizin wird die Goldrute gegen Nieren- und Blasenleiden verwendet, denn sie ist stark harntreibend. Auch heute wird sie noch dafür verwendet und empfohlen. Sie wurde auch als Färbepflanze eingesetzt und gilt heute als Quelle für wertvolle Naturstoffe (Poljuha D, 2024).

Was sagt die Wissenschaft?

Es gibt viele Untersuchungen über die Inhaltsstoffe der Goldrute und deren Wirkungsmechanismen. Die Europäische Arzneimittel-Agentur empfiehlt sie als Mittel gegen Harnwegsinfektionen und zur Durchspülung der Nieren und Blase (HMPC, Goldrute).

UNVERWECHSEL-BAR
ist die Form des Gundermannblattes

Gundermann

Glechoma hederacea

Bis 1516 wurde mit der Gundelrebe Bier gebraut. Dann kam das Reinheitsgebot, das nur Hopfen, Malz, Wasser und Hefe für die Bierherstellung erlaubte – und den Gundermann verdrängte.

Geschichtliches

Bei den Germanen war der Gundermann ein Kraut gegen Pest und Hexen – das sagt einiges über die damalige Zeit aus. Es gibt nur wenige Überlieferungen über die heilende Wirkung des Gundermanns, er wurde eher zur allgemeinen Stärkung verwendet.

Inhaltsstoffe

Die oberirdischen Teile des Gundermanns sind reich an Phenolsäuren wie Rosmarinsäure und an Flavonoiden wie Rutin, Apigenin, Quercetin und Luteolin (Stawinska N, 2023). Eine sehr intensive neue Studie entdeckte etliche Terpene, die signifikante antineuroinflammatorische und neurotrophe Aktivität in vitro aufweisen (Dong Hyun K, 2022). Der Gundermann enthält auch ätherische Öle, die gut riechen, und Bitterstoffe, die für das Bierbrauen früher wichtig waren.

Wirkung und Anwendung

Der Gundermann fand wegen seiner ätherischen Öle und den enthaltenen Bitterstoffen vor allem als Gewürz Verwendung. Seine frischen Blätter wurden als Gemüse gekocht. Die Flavonoide, allen voran das Apigenin, sind für die antioxidative Wirkung verantwortlich.

Was sagt die Wissenschaft?

Die wissenschaftlichen Untersuchungen über den Gundermann sind noch am Anfang, aber die hohe Anzahl an entdeckten Wirkstoffen und deren antioxidative und neuroprotektive Wirkungen machen ihn zu einem guten Kandidaten für neue Medikamente. Studien an Menschen gibt es bisher keine.

WIE EIN KUNSTWERK sehen die violetten, dichten Quirle der Günselblüte aus

Günsel

Ajuga reptans

Der kriechende Günsel ist eine wunderschöne Heilpflanze, die heute leider kaum mehr Verwendung findet.

Geschichtliches

Früher wurde der Günsel in etlichen alten Heilpflanzenschriften erwähnt (Leonhart Fuchs 1543 und Hieronymus Bock 1546) und als Tee gegen Rheuma, Durchfall und Magengeschwüre sowie als Salbe gegen Entzündungen auf der Haut verwendet.

Inhaltsstoffe

Die Inhaltsstoffe des Kriechenden Günsels und ihre Wirkungen wurden genau untersucht (Göger G et al, 2021): Seine Hauptkomponenten sind Iridoidglykoside, Diterpene, Phyto-Ecdysteroide, Anthocyanine, Hydroxycyaminsäuren (Koffeinsäure), Flavonoide (Apigenin, Luteolin, Quercetin, Rutin) und Polyphenole.

Wirkung und Anwendung

In der Volksheilkunde wird berichtet, dass der Günsel antibakteriell, antioxidativ, blutdrucksenkend, entzündungshemmend, schmerzlindernd und wundheilend wirkt. Am besten belegt sind seine entzündungshemmenden und schmerzstillenden Wirkungen. Die Pflanze ist essbar, schmeckt jedoch bitter. Am besten sind die Frühjahrsknospen, die nach Chicorée schmecken.

Was sagt die Wissenschaft?

Der Kriechende Günsel hat erst vor Kurzem wegen seiner Inhaltsstoffe wissenschaftliches Interesse geweckt. Die Aktivität von Günselextrakten wurde mit dem Analgetikum Diclofenac verglichen und zeigte durchaus das Potenzial, eventuell gegen Gelenksschmerzen infolge von Arthrose und rheumatischer Arthritis Anwendung zu finden (Toiu A et al 2019). Dazu fehlen jedoch klinisch relevante Studien.

Rezepturen mit Günsel:
G'schmeidigsalbe (S. 198), Halswohlspray (S. 212)

DIE STECHENDEN HÄRCHEN
des Hagebuttenkerns sind für den Juckreich verantwortlich

Hagebutte

Rosa cannina

Wenn die Rosen ihre Blätter abwerfen, kommt erst ihr wahrer Schatz zum Vorschein – Hagebutten sind wertvoll für Mensch und Natur.

Geschichtliches

Die Hagebutte wurde bereits in der Steinzeit gesammelt. Von den Sumerern gibt es ebenfalls bereits eine Abbildung der Hagebutte auf einer Tontafel, die 4000 Jahre alt ist. Die alten Griechen widmeten sie der Göttin Aphrodite.

Inhaltsstoffe

Die Hagebutten sind vor allem eine sehr wichtige und wohlschmeckende Quelle von Vitamin C, aber auch Vitamin A, B1 und B2 sind darin enthalten. Das Rosenöl ist reich an mehrfach ungesättigten Fettsäuren.

Wirkung und Anwendung

Ein Tee aus Hagebuttenschalen schmeckt köstlich, ist reich an Vitamin C – und da er leicht harntreibend ist, hilft er bei Nieren- und Blasenleiden. Er ist außerdem reich an Säuren und Pektin, ist etwas abführend und daher bei Gicht und Rheuma zu empfehlen. Ganz besonders sind die Hagebuttenkerne, aus denen ein Mehl gewonnen werden kann, das ausreichend Vitamin C für den ganzen Winter spenden kann.

Was sagt die Wissenschaft?

Die Hagebutte interessiert die Wissenschaft wegen ihrer Anwendung als Nahrungs-, Arznei- und Kosmetikprodukt. Sie hat gesundheitsfördernde, antioxidative, entzündungshemmende Eigenschaften, die vor allem ihrem Reichtum an Phenolsäuren, Carotenoiden, Tocopherol und Vitaminen zugeschrieben werden (Negrean OR, 2024).

Auf meinen Wiesen dienen die Hagebutten vor allem den Vögeln als wichtige vitaminreiche Nahrung im Winter.

Rezepturen mit Hagebutten:
Hagebuttenkernmehl (S. 197)

IM GETROCKNETEN HEU MIT
Blättern und Stängeln zeigt sich die Vielfalt der Wiese

Heu

Foenum

Heu ist natürlich keine Heilpflanze – dennoch haben Heupackungen eine sehr wohltuende und heilende Wirkung.

Geschichtliches

Heubäder und Heupackungen gehören zu einer Kneippkur und haben ihren Ursprung in der Volksmedizin.

Inhaltsstoffe

Im Heu findet man natürlich die Inhaltsstoffe der Pflanzen, die Bestandteil des Heus sind. Man kann daher keine genauen Angaben machen. Erwähnenswert sind jedoch die in den Pflanzen enthaltenen ätherischen Öle und Cumarine, die beim Erwärmen freiwerden.

Wirkung und Anwendung

Dem Cumarin und den Schleimstoffen werden die Wirkung des Heus zugeschrieben. Das Cumarin wirkt, etwa in einer Heupackung, anregend auf die Haut und das Bindegewebe, indem es in die Haut eindringt. Außerdem beruhigt Heu die Nerven. Die Schleimstoffe schützen die Haut. Heubäder wurden traditionell zur Entspannung, Schmerzlinderung und Förderung der Durchblutung verwendet.

Was sagt die Wissenschaft?

Zur Wirkung von Heuanwendungen auf die Gesundheit gibt es keine aktuellen klinischen Studien. Heu wird jedoch in der Volksmedizin seit über 100 Jahren verwendet. Ich persönlich möchte diese wohltuenden Anwendungen aber auf keinen Fall missen. Heu gehört also zum Wohlbefinden, besser bekannt als „Wellness", und nicht zur evidenzbasierten Medizin – das kann aber noch kommen.

Heupackung

Frisches Wildblumengras ernten, das noch ziemlich viele grüne Blätter und Blüten enthält, gut trocknen lassen und mehrmals wenden. Das Heu dann in kleine Säckchen aus Baumwolle oder Vlies (circa 50 x 50 cm) füllen und zusätzlich beruhigende getrocknete Kräuter beimengen. Wir geben eine Handvoll Lavendelblüten und Zitronenmelisse dazu.

Die Heupackung befeuchten und erwärmen (am besten mit etwas heißem Wasser oder über einen Topf mit kochendem Wasser geben) und warm bis heiß (ca. 42 °C) für ½–1 Stunde auf die gewünschte Stelle auflegen (Brust, Leber, Nacken, Rücken) und gut zudecken, damit die Wärme lange hält.

FASZINIEREND BIS INS DETAIL sind die Ober- und Unterlippen des Hohlzahns

Hohlzahn

Galeopsis speciosa

Der Hohlzahn wird vor allem von den Bienen geschätzt. Die „Unterlippe" seiner Blüte dient den Insekten als „Landebahn".

Geschichtliches

Bei uns in Europa ist er wenig bekannt als Heilkraut. In Asien, besonders in Sibierien, jedoch ist er fester Bestandteil der traditionellen Medizin.

Inhaltsstoffe

Der Hohlzahn ist reich an Kieselsäure, Saponinen, Gerb- und Bitterstoffen, Flavonoiden und besitzt wertvolle Mineralien wie Zink, Silizium, Selen, Eisen und Phosphor.

Wirkung und Anwendung

Die Schleimstoffe sind für die schleimlösende und harntreibende Eigenschaft verantwortlich. Als Tee gegen Atemwegsbeschwerden findet er ebenfalls Anwendung. Er ist wissenschaftlich bei uns im Westen so gut wie gar nicht als Heilpflanze untersucht. Aus seinen Inhaltsstoffen könnte man ableiten, dass der Hohlzahn antioxidative und entzündungshemmende Eigenschaften haben muss. Er ist also nicht einfach Unkraut, und es ist zu erwarten, dass er doch in Zukunft mehr Bedeutung als Lieferant von medizinischen Produkten bekommen wird.

Ich schätze ihn als Bestandteil von Tees. Er ist aber sehr unangenehm zu bearbeiten, weil die getrockneten Blüten sehr viele Stacheln haben, man muss daher mit ziemlich dicken Handschuhen arbeiten. Da geht leider ein wichtiger Aspekt des Genusses beim Teemischen verloren.

Was sagt die Wissenschaft?

Über den Hohlzahn als Heilkraut gibt es so gut wie keine wissenschaftlichen Studien. In der Industrie wird er aber als Quelle für medizinische Rohstoffe verwendet.

Die Blüten des bunten Hohlzahns würden jeden Schönheitswettbewerb gewinnen.

FILIGRAN UND VERZWEIGT: die getrocknete Blüte des Holunders

Holunder

Sambucus nigra

Kaum eine andere Pflanze hat so viel Aberglauben genährt wie der Hollerstrauch. Der schwarze Holunder wird heute noch als magisch verehrt. Fun Fact: Der Elderstab in „Harry Potter und die Heiligtümer des Todes" ist aus Holunderholz hergestellt.

Geschichtliches

In Europa hat der Holunderbaum als mystisches Gewächs eine lange Tradition. Die Germanen glaubten, er sei der Sitz der Göttin Holda, die Haus und Hof beschützt – in Grimms Märchen wurde Holda zur Frau Holle. Sowohl die nordische Göttin Freya als auch die Göttin Frigg wohnten im Hollerbusch und schützten Haus und Hof. Es wird bis heute erzählt, dass ein Hollerstrauch, der von selbst an einem neuen Haus wächst, Glück bringe – und dass es Unglück bringe, ihn auszureißen. In den letzten Jahren wurde mir dies mehrmals erzählt, da sich bereits drei Holundersträucher an meinem Haus angesiedelt haben.

Der Hollerstrauch wird auch als „Bauernapotheke" oder „Apotheke des Einödbauern" bezeichnet. Er ist ein wichtiger Bestandteil jedes alpinen Bauernhofs.

Inhaltsstoffe

Die Blüten und Beeren sind aufgrund ihres hohen Gehalts an bioaktiven Verbindungen besonders begehrt. Holunderblüten enthalten viele Terpenoide, bis zu 90 % des ätherischen Öls. Holunderblüten sind auch reich an phenolischen Verbindungen, insbesondere Flavonolglykoside wie Quercetin, Kaempferol, Rutin und Astragalin. Außerdem enthalten sie Kalium. Die Beeren sind ebenfalls reich an Flavonoiden, Polyphenolen und Triterpenoiden, vor allem Ursolsäure und Oleanolsäure, ebenso Anthocyane (Sambucin, Sambucyanin und Chrysanthemin). Die Holunderbeeren gehören zu den Früchten mit dem höchsten Gehalt an antioxidativ wirkenden Stoffen. Die Beeren enthalten auch beträchtliche Mengen an Vitamin B_2, C und Folsäure (HMPPA, Holunder).

Wirkung und Anwendung

Schwarzer Holunder kann dank der enthaltenen Polyphenole oxidativem Stress vorbeugen, den Blutdruck senken und Herz-Kreislauf-Erkrankungen, Diabetes mellitus und neurodegenerativen Erkrankungen vorbeugen. Er tut das, indem er die Aktivität antioxidativer Enzyme, einschließlich Glutathion, erhöht. Traditionell wurden seit Langem sowohl die Blüten als auch die Beeren gegen grippale Infekte erfolgreich angewendet. Der hohe Gehalt an Antioxidantien erwirkt signifikante antioxidative Wirkung und schützt vor oxidativem Stress. In jüngster Zeit wird das Gehirn als Hauptort der guten Wirkungen des Hollers entdeckt, denn seine Antioxidantien zeigen einen deutlichen neuroprotektiven Effekt (Merecz-Sadowska A, 2024).

Holunderblütenextrakte sind reich an Polyphenolen, und es gibt einige Studien, die zeigen, dass diese den Glucosestoffwechsel regulieren können, indem sie die Enzyme Alpha-Glucosidase und Alpha-Amylase hemmen. Das könnte eine antidiabetische Wirkung entfalten, solange sie nicht als Sirup konsumiert werden.

Sowohl die Beeren als auch die Blüten des Holunders tragen zur Gesundheit bei.

VORSICHT: Die Holunderbeeren enthalten, vor allem wenn sie nicht ganz reif sind, das giftige cyanogene Glykosid Sambunigrin. Daher sollten die Beeren sowie deren Saft vor dem Konsum erhitzt werden. Deren roher Verzehr kann zu Übelkeit mit Erbrechen führen. In früheren Jahrhunderten hat man tatsächlich die Wurzel und die Rinde als Brech- und Abführmittel verwendet.

Was sagt die Wissenschaft?

Etliche humane Studien mit genügenden Kontrollen belegen die Wirkung von Holunderbeeren- und -blütenextrakten gegen Grippe, wobei eine deutlich schnellere Genesung erreicht werde konnte. Die wissenschaftlichen Studien über den Holler haben in den letzten Jahren enorm zugenommen, ein Zeichen, dass deren Inhalte sich immer mehr bewähren. Ihre neuroprotektiven Eigenschaften werden intensiv erforscht in der Hoffnung, etwas gegen den hohen Anstieg an neurodegenerativen Erkrankungen zu finden (Merecz-Sadowska A, 2024).

Rezepturen mit Holunder:
Holler-Gin (S. 211)

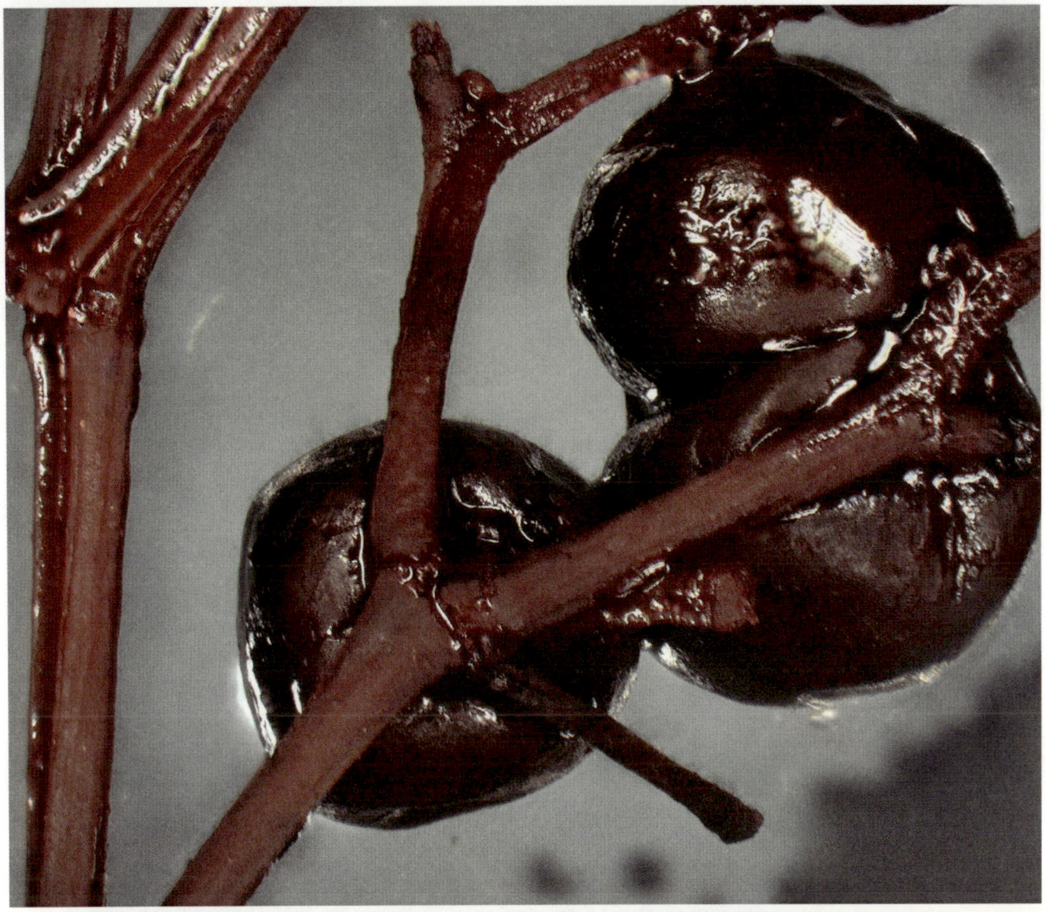

DIE BEEREN
des Holunders sind prall gefüllt

DIE HOLUNDER-BLÜTE
enthält bioaktive Verbindungen

UNSCHEINBAR sind die grün-gelben Rispen der weiblichen Hopfenblüte

Hopfen

Humulus lupulus

Der Hopfen ist wohl das beste Männerkraut. Sie lieben ihn – und er tut ihnen auch wirklich gut.

Geschichtliches

In der antiken Medizin war er noch nicht in Verwendung. Doch bereits im frühen Mittelalter wurde der Hopfen in Klostergärten hauptsächlich zur Konservierung von Getränken genutzt. Mit Hopfen Bier zu brauen ist eine Erfindung der Mönche. Im Hochmittelalter beschrieb der arabische Arzt Abdullah Ibn al-Baytar erstmals die schlaffördernde Wirkung von Hopfen. Erst im 20. Jahrhundert etablierte sich der Hopfen als Heilpflanze. 2007 wurde der Hopfen vom Studienkreis Entwicklungsgeschichte der Arzneipflanzenkunde der Universität Würzburg zur Arzneipflanze des Jahres gekürt.

Inhaltsstoffe

Für die Medizin sind die Hopfenzapfen der weiblichen Blüten wichtig. Sie sind reich an den Bitterstoffen Humulon (Alpha-Hopfenbittersäure) und Lupulon (Beta-Hopfenbittersäure), die dem sogenannten Hopfenharz das charakteristische Aroma und den bitteren Geschmack verleihen. Sie sind auch dafür zuständig, dass Bier, das goldene Getränk, vor Bakterien und Schimmel geschützt ist. Der Gehalt an Alpha-Säuren gilt als primäres Qualitätsmerkmal des Hopfens und bestimmt auch den Preis des Hopfens.

Fast ebenso wichtig für die Qualität und den Geschmack des Biers sind die ätherischen Öle des Hopfens. Diese sind vor allem Monoterpene und Sesquiterpene. Die wichtigsten Aromen des Hopfens sind das Myrcen für den typisch hopfenwürzigen Geruch und das Linalool, das eher blumig bis zitrusartig ist.

Die Lupulindrüsen von Hopfenzapfen scheiden prenylierte Flavonoide aus, die ein breites Spektrum an biologischen Aktivitäten aufweisen und daher therapeutisches Potenzial für den Menschen haben. Hopfen enthält das stärkste bisher bekannte Phytoöstrogen, das 8-Prenylnaringenin, welches als Agonist am Östrogenrezeptor wirkt (Zanardi et al, 2022). Das Xanthohumol und die Humulone sind für die schlaffördernde Wirkung verantwortlich (Meissner O, 2006).

Wirkung und Anwendung

Der Hopfen hat ein breites Wirkungsspektrum. Am bekanntesten ist er natürlich als Basiskraut für die Bierbrauerei. Seine Bitterstoffe sind verdauungsfördernd. Er hat entzündungshemmende und antibakterielle Wirkung. Ganz außergewöhnlich sind aber auch seine Phytoöstrogene, welche den Hopfen zum Menopausen-Kraut machen. Er unterstützt die Frauen in den Wechseljahren bei Hitzewallungen und Schweißausbrüchen. Bei Menstruationsbeschwerden wirkt er auch etwas schmerzlindernd und ist oft Bestandteil von Frauentees.

Genau untersucht ist auch seine schlaffördernde Wirkung, vor allem in Kombination mit Baldrian. Er wirkt nicht sofort, die Schlafqualität soll sich erst nach 3–4 Wochen verbessern. Der Hopfen ist daher Bestandteil von abendlichen Tees oder vom Hopfenoxymel. Wichtig ist auch, dass der Hopfentee mindestens 15 Minuten ziehen und ohne Zucker getrunken werden sollte. Wem er zu bitter ist, kann frischen Zitronensaft zugeben.

Der Hopfen enthält auch beruhigende Inhaltsstoffe, die bei innerer Unruhe, Ängsten und Nervosität helfen. Es gibt außerdem Evidenz dafür, dass Hopfen für die Pflege der Haut von Bedeutung ist. So kann er gegen Psoriasis helfen und in Form einer Hopfenseife Gutes tun. Hopfen ist auch leicht schmerzstillend und daher Bestandteil einer G'schmeidigsalbe, welche wohltuend für die Gelenke ist.

Was sagt die Wissenschaft?

Der Hopfen ist eine sehr genau untersuchte Pflanze. In jüngster Zeit ist das Interesse an Hopfen aufgrund seiner prenylierten Flavonoiden, die außergewöhnliche Östrogenaktivitäten aufweisen, gestiegen. Der entzündungshemmende Hopfenextrakt hat gute Wirkung gegen Psoriasis gezeigt (Gendrisch F et al, 2021). Seine schlaffördernde Wirkung ist in humanen Studien gezeigt und wird über eine Regulierung der GABA-Rezeptoren im Gehirn erreicht (Min B, 2021).

Der Hopfen hat weit mehr Anwendungsgebiete als nur die Bierbrauerei.

Rezepturen mit Hopfen:
Winterbluestee (S. 194), Hopfenoxymel (S. 207), Hopfenseife (S. 218), G'schmeidigsalbe (S. 198)

DIESES GELBE PULVER
sorgt für den würzig-bitteren Geschmack

ES SORGT FÜR DAS SCHÄUMEN
von Bier und die entspannende Wirkung von Hopfen

DIE FEINEN VERZWEIGUNGEN
der Flechte sind hier gut zu erkennen

Isländisch Moos

Cetraria islandica

Streng genommen ist es kein Moos, sondern eine Flechte. Im Falle von Isländisch Moos bilden ein Pilz und eine Alge eine Symbiose.

Geschichtliches

In Island und Norwegen wird das Isländische Moos schon seit Langem als heilbringend betrachtet: In der Heilkräuterliteratur wird es erstmals bei Valerius Cordus im 16. Jahrhundert erwähnt.

Inhaltsstoffe

Verwendet wird das frische Kraut im Ganzen, das zu mehr als 50 % aus wasserlöslichen stärkeähnlichen Polysacchariden (Mehrfachzucker) wie Lichenin und Isolichenin besteht. Diese sind nur in heißem Wasser löslich und erstarren beim Abkühlen zu einem Gel. Weitere Inhaltsstoffe sind die bitter schmeckenden Flechtensäuren (Cetrarsäure, Protocetrarsäure und Fumarprotocetrarsäure), Chinone und Carotinoide.

Wirkung und Anwendung

Die Schleimstoffe der Flechte beruhigen und schützen die Atemwege und den Hals bei Schleimhautreizungen und helfen auch bei Gastritis. Den Flechtensäuren wurde eine antibiotische Wirkung nachgewiesen. Am häufigsten wird das Isländische Moos als Pastillen zum Lutschen oder als Hustensaft verabreicht, die auch bei Kinderstudien gute Erfolge bei Reizhusten gezeigt haben.

Was sagt die Wissenschaft?

Das Isländische Moos wird vom Komitee der HMPC bei Schleimhautreizungen im Mund- und Rachenraum und bei trockenem Reizhusten empfohlen und ist als traditionelle Arznei anerkannt (HMPPA, Isländisches Moos). Es gibt auch einige In-vitro-Studien, die antibakterielle, antioxidative, immunmodulierende und entzündungshemmende Wirkungen von Extrakten aus Isländisch Moos nachweisen, aber noch keine klinischen Studien am Menschen (Sanchez M, 2022).

UNTER DEM MIKROSKOP
sind feine schwarze Linien sichtbar

Johanniskraut

Hypericum perforatum L.

Es ist das Nummer-eins-Kraut gegen milde Depressionen und gegen Verbrennungen – aber nicht nur.

Geschichtliches

Bereits in der Antike wurden Wunden und Verbrennungen mit Johanniskraut behandelt. Es ist Bestandteil der Traditionellen Chinesischen und Iranischen Medizin. Paracelsus (1525) bezeichnete das Johanniskraut als Heilmittel gegen Verzweiflung. Es wurde im 16. Jahrhundert bei Exorzismen und Hexenprozessen verwendet. Da es am Höhepunkt der Lichttage, am 24. Juni, blüht, wird es als Pflanze des Lichts bezeichnet. In der Literatur begegnet man ebenfalls diesem Heilkraut in Liebeszaubertränken (zum Beispiel in Shakespeares Sommernachtstraum).

VORSICHT! Das Johanniskraut ist ein tolles Heilkraut, es muss aber mit großer Vorsicht genommen werden, damit es keine schweren Nebenwirkungen entfaltet! Auf keinen Fall soll man selbst damit experimentieren. Bitte gewissenhaft damit umgehen!

Inhaltsstoffe

Es sind mehr als 150 Inhaltsstoffe von Johanniskraut bekannt, die am besten untersuchten sind Hypericin und Hyperforin. Das Hyperforin ist im Wesentlichen für die antidepressive Wirkung und für die Aktivierung des Leberstoffwechsels zuständig. Das Hypericin und das Pseudohypericin haben ebenfalls antidepressive Wirkung und sie sind fotosensibilisierend.

Die ätherischen Öle in Form des Rotöls unterstützen vor allem die Wundheilung bei Verbrennungen und sie sind auch beruhigend. Flavonoide (Quercetin, Rutosid und Biapigenin) sind Antioxidantien, regulieren das Immunsystem und sind entzündungshemmend im Magen-Darm-Bereich. Das Johanniskraut enthält auch den Gerbstoff Catechin, der positiv auf die Darmschleimhaut wirkt.

Wirkung und Anwendung

Die beiden wichtigsten Anwendungen von Johanniskraut sind gegen leichte Depressionen und gegen Verbrennungen, bei Psoriasis und zur Wundheilung. Wie das Johanniskraut seine antidepressive Wirkung entfaltet, ist sehr intensiv erforscht worden: Das Hyperforin hemmt die Wiederaufnahme von mehreren Neurotransmittern, Serotonin, Dopamin, GABA und L-Glutamat. Die dadurch erhöhte Konzentration der Botenstoffe führt zur Reduktion ihrer Rezeptoren. Das Hypericin dagegen erhöht den Abbau von Dopamin. In jeder Küche sollte ein Fläschchen rotes Johanniskrautöl stehen, um bei Verbrennungen sofort reagieren zu können!

VORSICHT bei Einnahme von Medikamenten!

Das Johanniskraut hat eine weitere wichtige Wirkung: Es regt den Stoffwechsel in der Leber an, indem es das sogenannte P450-System aktiviert, welches für den Abbau vieler Stoffe verantwortlich ist. Dadurch sinkt die Konzentration einiger Medikamente im Blut. Das Johanniskraut hilft der Leber bei der Entgiftung. Im Jahr 2020 wurden zwei Artikel veröffentlicht, in denen berichtet wurde, dass Johanniskraut zur Abstoßung von transplantierten Herzen führte (Nicolussi et al, 2020). Die Patienten nahmen Cyclosporin, welches eingenommen wird, damit das Immunsystem neu transplantierte Organ nicht abstößt. Verantwortlich dafür war höchstwahrscheinlich das Hyperforin. Auch die Antibabypille wird schneller abgebaut, sodass es zum Eisprung und zur Schwangerschaft kommen kann.

VORSICHT bei Sonne! Ebenfalls zu beachten ist, dass das Johanniskraut fotosensibilisierend ist, das bedeutet, dass man empfindlicher bei Sonnenbestrahlung ist, weil das UV-Licht absorbiert wird. Das Rotöl hilft bei Verbrennungen und bei Sonnenbrand, aber man darf auf keinen Fall in die Sonne gehen, wenn man sich damit eingeschmiert hat.

Was sagt die Wissenschaft?

In der PubMed-Datenbank findet man über 3000 Artikel zum Johanniskraut, über 1000 davon über seine antidepressive Wirkung. Johanniskraut ist eindeutig wissenschaftlich als Heilkraut etabliert (HMPPA, Johanniskraut).

Um das echte Johanniskraut zu erkennen, zerreibe ich einfach die Blüten zwischen den Fingern – färben sie sich rot, ist es das echte Kraut!

Rezepturen mit Johanniskraut:
Johanniskrautsalbe (S. 200), G'schmeidigsalbe (S. 198), Johanniskrautblüten in Distelöl (S. 188), Johanniskrautseife (S. 220), Winterbluestee (S. 194)

Johanniskraut ist eine wahre Wunderwaffe bei leichten Verbrennungen.

BEI DEN SCHWARZEN PUNKTEN
handelt es sich um Öldrüsen

SIE ENTHALTEN ROTÖL
mit dem bekannten rötlichen Farbstoff

DIE GETROCKNETEN BLÜTEN
der Kamille

Kamille

Matricaria chamomilla L.

Da die Kamillenblüte an die Sonne erinnert, war sie den Ägyptern heilig und wurde dem Sonnengott Ra gewidmet.

Geschichtliches

Die Kamille wird bereits seit Jahrtausenden für medizinische Zwecke verwendet. Der Name stammt vom Lateinischen „matricis“, was Gebärmutter bedeutet. Das weist daraufhin, dass die Kamille früher gegen Frauenleiden verwendet wurde. Der Botaniker und Arzt Leonhart Fuchs hat in seinem Werk „Das New Kreüterbuch“ im Jahre 1543 die Kamille als Heilmittel für Leber- und Gallenleiden empfohlen. Die Germanen opferten die Kamille Baldur, dem Gott des Lichts und des Friedens. Die Kamille war 1987 die erste Arzneipflanze des Jahres; 2002 wurde sie zur Heilpflanze des Jahres gewählt.

Inhaltsstoffe

Die phytochemische Zusammensetzung der Kamillenextrakte wurde intensiv analysiert. Es finden sich darin über 120 Stoffe. Etliche davon sind Terpene und Terpenoide, vor allem Chamazulen, Bisabolol, Farnesen. Außerdem enthält die Kamille viele phenolische Verbindungen wie Flavonoide, Phenolcarbonsäuren, Polysaccharide, Schleimstoffe und Cumarine.

Anwendung

Zur Anwendung und am bekanntesten sind die Blüten der Kamille, die vor allem in Form von Tee gegen Blähungen, Verdauungsstörungen, Magen-Darm-Beschwerden verwendet werden. Die Kamille findet auch bei Entzündungen der Haut und der Mundschleimhaut Anwendung.

Was sagt die Wissenschaft?

In der PubMed-Datenbank befinden sich sehr viele (fast 1000!) wissenschaftliche Artikel, welche die Inhaltsstoffe und deren Wirkungen untersuchen. In diesen wurden die meisten Inhaltsstoffe und deren Wirkung nachgewiesen. Die Kamillenextrakte zeigten antioxidative, antibakterielle, antifungale und entzündungshemmende Wirkungen. Auch gegen Insektenstiche konnten diese Extrakte wirken. Diese Experimente konnten die traditionellen Anwendungen bestätigen und, wenn in Kapseln konzentriert, konnten zusätzlich antidepressive, antiallergische und antidiabetische Aktivitäten nachgewiesen werden (El Mihyaoui A, 2022).

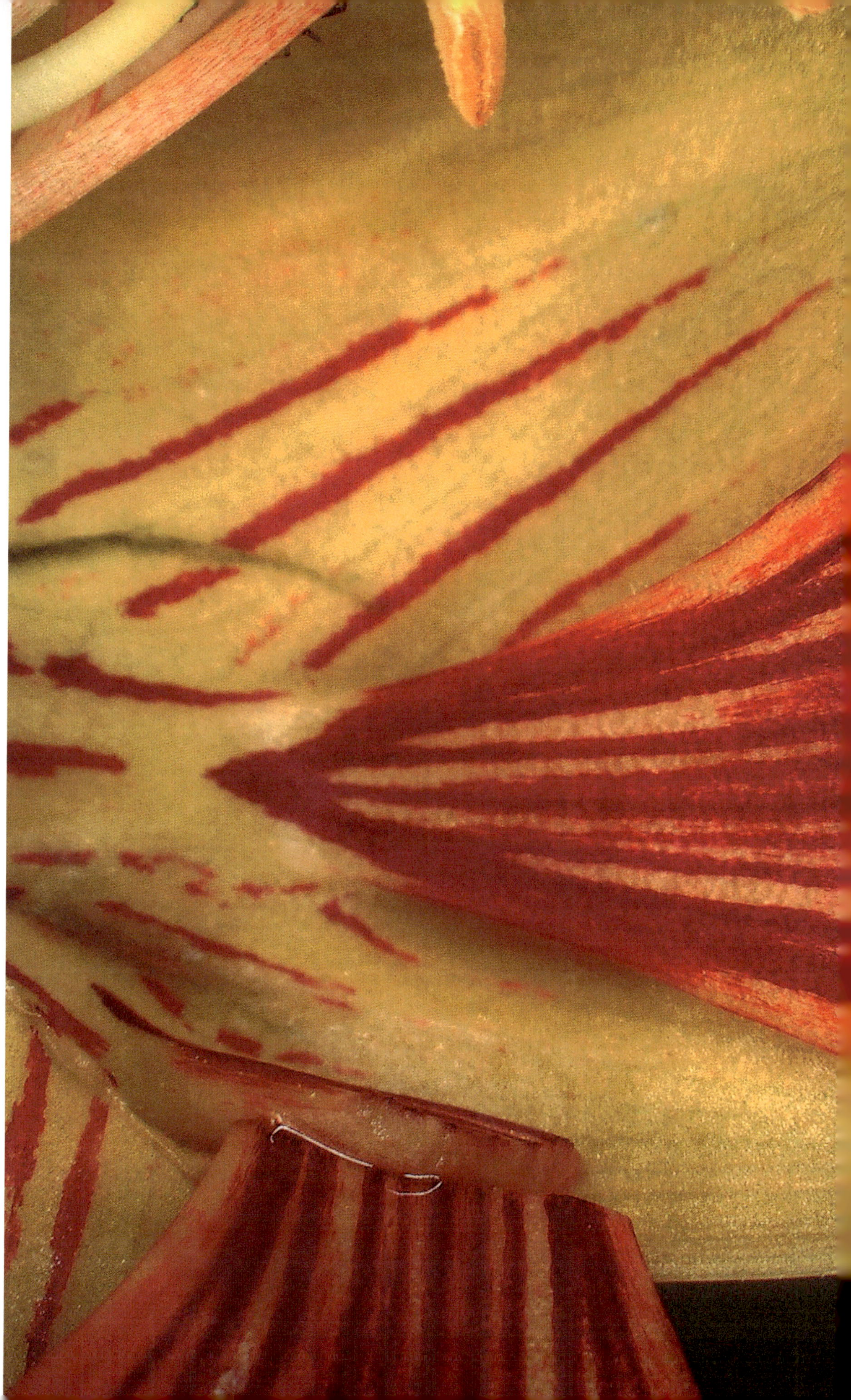

DIE BLÜTENBLÄTTER
offenbaren ihre
fantastische Färbung

Kapuzinerkresse

Tropaeolum majus

Sie ist nicht nur eine echte Zierde jedes Gartens, sondern auch als Heilpflanze beliebt und bekannt.

Geschichtliches

Die Inkas verwendeten die Kapuzinerkresse gegen Infektionen. Sie stammt aus Südamerika und kam nach der Besiedlung Perus durch die Europäer nach Europa.

Inhaltsstoffe

Die oberen Teile der Kapuzinerkresse enthalten ätherisches Öl, Senfölglykoside, Polyphenole, Oxalsäure und Vitamin C. Sie enthalten Glucosinolate, die sich im Körper zu Senfölen, den Isothiocyanaten umwandeln. Diese schmecken scharf und schützen die Pflanzen vor Krankheitserregern und Fraßfeinden.

Wirkung und Anwendung

Die Kapuzinerkresse wird oft in Kombination mit Meerrettich verwendet und ist zur Behandlung entzündlicher Erkrankungen der Atemwege und Harnwege zugelassen. Den Isothiocyanaten wird antibakterielle Wirkung anerkannt und sie werden als pflanzliches Antibiotikum gesehen.

ACHTUNG: Senföle sind scharf und für Kinder nicht geeignet.

Was sagt die Wissenschaft?

Es gibt einige Studien zur antibakteriellen Wirkung der Kapuzinerkresse (Hoch CC, 2024) im Einsatz gegen Harnwegsinfektionen und auch gegen Mund-Rachen-Infektionen. Wissenschaftliche Evidenz aus humanen Studien gibt es nicht.

Rezepturen mit Kapuzinerkresse:
Kapuzinerkresseoxymel (S. 208), Halswohlspray (S. 212)

IM INNEREN DER SCHALE
verbergen sich
die wichtigsten
Wirkstoffe

Kastanie (Rosskastanie)

Aesculus hypocastanum L.

Die mächtigen Bäume sind vielen nicht aus der Heilkunde geläufig – dabei hat die Kastanie hier eine lange Tradition.

Geschichtliches

Die Rosskastanie stammt aus Asien und kam erst über die türkischen Invasoren im 16. Jahrhundert nach Europa.

Inhaltsstoffe

Die wichtigsten Wirkstoffe der Kastanienfrüchte sind die Aescine (3–10 %), eine Mischung von acylierten Triterpensaponinen, hauptsächlich Protoaescigenin und das Barrintogenol C. Diese sind höchstwahrscheinlich die aktiven Komponenten. Außerdem enthalten die Kastanien Flavonoide (Quercetin und Kaempferol), ätherische Öle und sehr viel Stärke (Bencsik T, 2024).

Wirkung und Anwendung

Berühmt ist die Rosskastanie für ihre wohltuende Wirkung auf die Venen, denn sie verlangsamen den Zerfall der Venenzellwände. Sowohl den Flavonoiden als auch den Triterpensaponinen wird diese Wirkung zugeschrieben. Diese Extrakte helfen auch bei Hämorrhoiden (Bencsik T, 2024).

Was sagt die Wissenschaft?

In mehreren randomisierten Studien wurde gezeigt, dass die Rosskastanie nicht nur sicher, sondern auch effektiv in der Behandlung von Ödem-assoziierten Venenerkrankungen ist. Die Europäische Arzneimittel-Agentur EMA hat dies auch in einer Monografie bestätigt (EMA, Rosskastanie). Eine tägliche Dosis eines standardisierten Extraktes mit 21 mg Triterpensaponinen ab 18 Jahren wird bei schwachen Venen, Schmerzen in den Beinen, müden Beinen und Krampfadern für mindestens vier Wochen empfohlen. Auch äußerlich als Creme wird empfohlen, diese drei Mal täglich auf die betroffenen Stellen zu schmieren (mindestens 0,4 % Triterpene) (Bencsik T, 2024).

Gut für die Venen!

MEHRFACH GEFIEDERT
sind die Blätter des Kerbels

Kerbel

Anthriscus sylvestris

Der Kerbel wird wenig geschätzt: Er wächst fast überall, verdrängt andere Pflanzen, ist wenig nahrhaft als Futter und im Heu stören seine harten Stängel.

Geschichtliches

Es ist wenig aus der Geschichte des Kerbels bekannt. Erst in jüngster Zeit gewinnt er an Bedeutung als Ressource für wertvolle pflanzliche Stoffe für die Entwicklung neuer Medikamente.

Inhaltsstoffe

Begehrt ist der Kerbel in jüngster Zeit wegen seiner unterschiedlichen Lignane. Das sind pflanzliche Stoffe, die aus Phenylpropan aufgebaut und für den Menschen von medizinischem Interesse sind. Er enthält auch ätherische Öle, Flavonoide, Vitamin A und C, Cumarine, Bitterstoffe sowie Magnesium und Eisen.

Wirkung und Anwendung

Verwendet wird der Kerbel als Gewürz. Die frischen Blätter sind essbar und schmecken gut. Für die Medizin sind seine Lignane interessant, weil sie östrogenartige Wirkung aufweisen. Es wird vermutet, dass sie als Medikamente gegen Herz-Kreislauf-Erkrankungen weiterentwickelt werden könnten (Berezni S, 2024).

Was sagt die Wissenschaft?

Die Wissenschaft vom Kerbel ist jung und als Heilpflanze hat er noch kaum Bedeutung. Trotzdem ist er erwähnenswert!

Kerbel ist leicht mit dem sehr giftigen gefleckten Schierling zu verwechseln.

Rezepturen mit Kerbel:
Wildkräutersalz (S. 196)

DIE MÄCHTIGE BLÜTE zeigt in der Vergrößerung filigrane Details

Königskerze

Verbascum thapsus

Aristoteles behauptete, dass die Samen der Königskerze die Fische betäube und somit den Fischfang erleichtere.

Geschichtliches

Die Königskerze hat seit der Antike eine lange Tradition als Heilpflanze. Hippokrates empfahl sie für die Wundheilung, Hildegard von Bingen gegen ein trauriges Herz. Seit Ende des 20. Jahrhunderts wird sie jedoch nur gegen Husten empfohlen.

Inhaltsstoffe

Königskerzenblüten (Wollblumen) enthalten Schleimstoffe, Flavonoide, Triterpensaponine, Iridoide, ebenso Vitamin C, Cumarin und Hesperidin, denen die heilende Wirkung zugeordnet wird.

Wirkung und Anwendung

In der traditionellen Medizin wird die Königskerze als Arzneimittel bei Lungen-, Haut- und Rachenerkrankungen eingesetzt und hat seit Langem eine therapeutische Bedeutung, insbesondere als adstringierendes und beruhigendes Mittel. Neuere In-vitro-Studien weisen auf antivirale, antibakterielle, antioxidative, beruhigende und entzündungshemmende Eigenschaften hin (Gupta A, 2022).

Was sagt die Wissenschaft?

Über die Königskerze gibt es nicht viele Studien. Die ESCOP empfiehlt die Königskerze zur Linderung von einfachen Erkältungen, Husten und Halsbeschwerden (ESCOP, Königskerze).

SEINE NADELN
wirft der Lärchenbaum
im Winter ab

Europäische Lärche

Larix decidua

Die Lärche war 2002 Baum des Jahres in Österreich und ist neben der Goldlärche der einzige Nadelbaum, der im Winter seine Nadeln abwirft.

Geschichtliches

Die Lärche wuchs schon vor 60 Millionen Jahren und wanderte vor einer Million Jahren nach Europa. Im Südtiroler Ultental steht eine Lärche, die 850 Jahre alt sein soll.

Inhaltsstoffe

Am häufigsten wird das Pech der Lärche verwendet. Es wird durch Anbohren des Stammes gewonnen und ist ein dickflüssiges Harz, woraus das Terpentin gewonnen wird. Es enthält ätherische Öle wie Pinen, Borneol, 3-Caren und die Laricinolsäure.

Wirkung und Anwendung

Das Lärchenpech ist antiseptisch und wird zur Herstellung von Salben zur Behandlung kleiner Furunkel und Abszesse verwendet. Es wird auch inhaliert oder in der Sauna verwendet, denn es ist gut gegen Atemwegserkrankungen. Es kann aber leicht zu Reizungen der Schleimhäute kommen, deswegen ist Vorsicht geboten. Die Lärchenpechsalbe hilft auch bei rheumatischen und neuralgischen Schmerzen. Die ätherischen Öle sind durchblutungsfördernd und entzündungshemmend (Batista J, 2022).

Was sagt die Wissenschaft?

Die Lärche ist als Heilpflanze nicht ausreichend wissenschaftlich untersucht. Sie wird wegen der Reizeigenschaften ihrer Inhaltsstoffe auch nicht von den Kommissionen empfohlen.

Rezepturen mit Lärche:
Lärchenpechsalbe (S. 201)

DIE FEINEN HÄRCHEN
der Lavendelblüte sind eindrucksvoll

Lavendel

Lavandula angustifolia

Der Lavendel ist eines der wichtigsten Kräuter, nicht nur in der Heilkunde, auch in der Kosmetik, als Parfüm, als Mottenvertreiber, in Haushaltsprodukten und vielem mehr.

Der Lavendel ist in fast jedem Garten zu finden, wird aber meistens nicht als Heilpflanze gesehen. Er kann sehr viel mehr als nur schmücken, duften oder zum Wohlbefinden beitragen.

Geschichtliches

Die alten Ägypter verwendeten den Lavendel bereits für die Mumifizierung und als Parfüm, so gefunden im Grab des Tutanchamuns. Der Lavendel wird also bereits seit über 3300 Jahren verwendet.

Die Römer und die Karthager haben ihn als Badezusatz in Wasser zum Waschen verwendet. Daher stammt auch sein Name „lavandula" vom lateinischen lavare, was so viel wie waschen bedeutet. Das tun wir ja heute noch. Hildegard von Bingen empfahl den Lavendel gegen Kopfläuse. In der Volksheilkunde gilt der Lavendel seit dem 16. Jahrhundert als Heilpflanze.

Der berühmte Parfümeur Charles Denny hat den Lavendel Anfang des 19. Jahrhunderts aus Südfrankreich nach Australien exportiert und dort gigantische Lavendelfarmen gegründet. Die Vielseitigkeit und die sanfte, aber effektive Wirkung machen Lavendel zu einer der wichtigsten Heilpflanzen. Ob zur Beruhigung, zur Förderung der Wundheilung oder zur Unterstützung des Schlafs – Lavendel ist eine natürliche Allroundlösung für viele Beschwerden.

Inhaltsstoffe

Lavendel enthält eine Vielzahl an bioaktiven Inhaltsstoffen, über 100 wurden charakterisiert. Die ätherischen Öle (0,5–3 %) sind die Hauptträger seiner Wirkung. Linalool (20–45 %) ist beruhigend, entzündungshemmend, antibakteriell, Linalylacetat (25–46 %) wirkt entspannend, krampflösend, stimmungsaufhellend, Campher (0,1–1 %) wirkt in kleinen Mengen durchblutungsfördernd, Eucalyptol wirkt schleimlösend und ist antiseptisch, Borneol wirkt desinfizierend und entzündungshemmend, Geraniol wirkt antibakteriell und gegen Pilze.

Der Lavendel enthält Gerbstoffe (5–10 %) wie Rosmarinsäure und Chlorogensäure, die beiden Flavonoide Apigenin und Luteolin, die wichtige Antioxidantien sind. Cumarine, Triterpene, Bitterstoffe, Mineralstoffe und Spurenelemente (Kalium, Kalzium, Eisen und Magnesium) sind ebenso zu finden wie Saponine und Phytosterole.

Wirkung und Anwendung

Lavendel wirkt vor allem auf das Nervensystem und diese seit Langem bekannten Wirkungen sind heute mechanistisch aufgeklärt und eindeutig bestätigt. Lavendel ist beruhigend, angstlösend, verbessert eindeutig den Schlaf, ist stimmungserhellend (antidepressiv), schmerzlindernd und er ist ein Aphrodisiakum. Die ätherischen Öle wirken bakterizid in einer Konzentration von 4–9 mg/ml.

Der Mechanismus für die stimmungsverbessernde Wirkung von Lavendel ist gut untersucht. Seine positive Wirkung gegen Angstzustände und Depressionen entsteht durch eine hemmende Wirkung auf GABA-Rezeptoren (GABA steht für Gamma-Aminobuttersäure). Er wirkt ähnlich wie Benzodiazepine, macht aber nicht abhängig. Sein antiepileptischer Mechanismus beruht auf einer Zunahme der hemmenden Wirkung auf GABA-Rezeptoren, Zunahme des Kaliumstroms und einer Abnahme des Natriumstroms. Viele Ergebnisse stützen nachdrücklich die traditionelle Verwendung von Lavendel (Gaber El-Saber B, 2023).

Da es die ätherischen Öle sind, die viele Wirkungen entfalten, werden vor allem Destillate verwendet – als Spray, zum Inhalieren, für Duftkissen, als Zusatz in Raumsprays, für Massagen. Die ätherischen Öle Linalool und Linalylacetat werden schnell und effizient von der Haut aufgenommen.

Die Inhaltsstoffe des Lavendels wirken synergetisch, was bedeutet, dass die Kombination der einzelnen Bestandteile seine vielseitige Wirkung ausmacht.

Diese Vielfalt macht Lavendel zu einer wertvollen Heilpflanze mit breit gefächerten Einsatzmöglichkeiten.

Was sagt die Wissenschaft?

Lavendel ist eine der am besten untersuchten Heilpflanzen, inklusive vieler Versuche am Menschen, welche dessen Wirkungen eindeutig evidenzbasiert bestätigt haben.

Rezepturen mit Lavendel:
Heupackung (S. 89), Poldis Spitzwegerichsalbe (S. 199), Pipplottas Wiesenblumentee (S. 193), Bergtee (S. 193), Antifaltencreme mit Rotklee (S. 203), Pflegecreme (S. 204), Lavendelseife (S. 220), Raumspray und Lavendel (S. 224)

Die ätherischen Öle des Lavendels machen ihn besonders wertvoll in der Anwendung als Raumspray.

FEINSTE HÄRCHEN: Sie sind mit freiem Auge kaum zu erkennen

DIE BLÜTEN ENTHALTEN das wertvolle ätherische Öl

**DIE WOHL-
BEKANNTE BLÜTE**
zeigt im Mikroskop
ihre Schönheit

Löwenzahn

Taraxacum officinale

Auf Französisch heißt der Löwenzahn „pissenlit“, was so viel wie Bettnässen bedeutet.

Geschichtliches

Der Löwenzahn hat eine lange Tradition als Heilkraut. Während der Tang-Dynastie im 7. Jahrhundert war er bereits Bestandteil der Traditionellen Chinesischen Medizin mit einem breiten Anwendungsspektrum. China hat über 40 medizinische Patente mit Inhaltsstoffen des Löwenzahns.

Inhaltsstoffe

Flavonoide, Phenolsäuren und Terpenoide wurden genau identifiziert und gereinigt, wie zum Beispiel Chicoréesäure, Taraxasterol, Taraxasterylacetat, Chlorogensäure, Isohammetin und Luteolin (Wu J, 2024). Die Sesquiterpenlactone machen die Bitterstoffe aus. Er weist auch eine recht hohe Kaliumkonzentration auf und im Herbst enthält er bis zu 40 % Inulin, ein sehr wertvoller Ballaststoff.

Wirkung und Anwendung

Als traditionelle Arznei findet der Löwenzahn vielseitige Anwendungen. Die frischen Blätter sind ein köstlicher Salat, aus den Blüten kann man einen herrlichen Löwenzahnhonig herstellen. Aus den Wurzeln des Löwenzahns kann ein Kaffeeersatz produziert werden. Die Sesquiterpene sind für die leberschützenden Eigenschaften zuständig. Den Flavonoiden, Phenolsäuren und Terpenen werden die entzündungshemmenden, antioxidativen und antibakteriellen Wirkungen zugeschrieben.

Seit dem Zweiten Weltkrieg versucht man, aus dem Milchsaft des Löwenzahns einen Kautschukersatz zu erzeugen.

Was sagt die Wissenschaft?

Es gibt sehr viele analytische Artikel über die Wirkstoffe des Löwenzahns und deren Wirkungsmechanismen in Laborstudien, aber kaum humane Studien. Löwenzahn ist also eine anerkannte traditionelle Arznei.

Rezepturen mit Löwenzahn:
Wildkräutersalz (S. 196), Löwenzahn-Mandelöl-Seife (S. 218), Löwenzahnwurzelkaffee (S. 225), Löwenzahnhonig (S. 225)

VIELE WINZIGE BLÜTEN
ergeben die duftenden Dolden

Mädesüß

Filipendula ulmaria

Das Mädesüß hieß früher Spirea ulmaria. Aus diesem Namen stammt die Namensgebung für das Aspirin.

„Spir" kommt von „Spirea", das „in" am Ende ist eine typische Medikamentenendung, und das „A" vor dem „spir-in" steht für die Acetylgruppe, die der Salicylsäure im Labor durch Felix Hoffmann 1879 angehängt wurde. Es gilt als das erstes moderne Medikament.

Geschichtliches

Die Kelten kannten bereits die Vorteile des Mädesüß, die Germanen süßten damit den Honigwein. Geschichtlich markiert das Mädesüß den Ursprung der modernen wissenschaftlichen Wirkstoffmedizin.

Inhaltsstoffe

Mädesüß enthält Salicylsäure, ätherische Öle, Heliotropin, Vanillin, Terpene, Gerbstoffe, Flavonglykoside, Schleimstoffe und vieles mehr (Savina T, 2023; Pannakal ST, 2023).

Wirkung und Anwendung

Mädesüß wirkt schmerzlindernd, fiebersenkend und gegen grippeähnliche Beschwerden. Traditionell wird Mädesüß gegen Kopfschmerzen, Erkältungen, Gliederschmerzen und Ischias verwendet.

Was sagt die Wissenschaft?

Klinischen Studien am Menschen gibt es keine, jedoch sind die Inhaltsstoffe sehr gut untersucht.

DIE ÄUSSEREN KELCHBLÄTTER
sind mit feinen Härchen übersät

Malven

Malva sylvestris, Malva moschata

Sie ist wunderschön und seit Jahrhunderten auch als Heilpflanze bekannt. In verschiedenen Kulturen steht die Malve für Liebe, Sanftmut und Heilung.

Geschichtliches

Malven haben eine sehr lange Tradition in der Heilkunde. Es gibt Hinweise, dass bereits die Neandertaler die Heilkraft der Malven gekannt haben. In der Antike wurde die Malve geschätzt, die alten Griechen und Römer nutzten sie als Heilmittel. Hippokrates (460–370 v. Chr.) erwähnte die Malven als beruhigendes Mittel bei Entzündungen. Die Römer schätzten sie außerdem wegen ihrer abführenden Wirkung. Im antiken Griechenland galt die Malve als heilige Pflanze. Ihre sanften Schleimstoffe wurden zur Linderung von Magenbeschwerden, Halsschmerzen und Hautproblemen verwendet.

Im Mittelalter war die Malve ein fester Bestandteil in Klostergärten. Die berühmte Heilkundige Hildegard von Bingen (1098–1179) lobte sie als Pflanze mit reinigenden und heilenden Eigenschaften. Sie empfahl Malvenpräparate bei Wunden und Verdauungsproblemen. Bis heute findet sie in der Volksmedizin und Kräuterheilkunde Verwendung.

Neben ihrer heilenden Wirkung hat die Malve auch symbolische Bedeutungen. In einigen Kulturen steht sie für Frieden und Liebe. Die kräftige Farbe ihrer Blüten und ihre Fähigkeit, selbst unter schwierigen Bedingungen zu gedeihen, machen sie auch zu einem Symbol für Widerstandskraft.

Inhaltsstoffe

Die wichtigsten Inhalte der Malven sind Schleimstoffe, vor allem Polysaccharide wie Pektin (ein Polymer der Galakturonsäure) und Polysaccharide aus Arabinose, Galaktose und Rhamnose. Diese schützen die Schleimhäute im Rachen und im Magen. Die Flavonoide (Quercetin, Kaempferol und Myricetin) und die Anthocyane wirken antioxidativ und schützen die Blutgefäße. Gerbstoffe und ätherische Öle sind nur in geringem Maß vorhanden. Ebenso enthalten die Malven Flavonoide, Terpenoide, Polyphenole und Cumarine.

Wirkung und Anwendung

Die Kombination ihrer Inhaltsstoffe macht Malven zu wertvollen Heilpflanzen, die besonders bei Erkältungskrankheiten, Hautirritationen und Schleimhautproblemen eingesetzt werden. Ihre beruhigende Wirkung auf die Schleimhäute im Verdauungs- und Atemtrakt ist gut dokumentiert. Schleimstoffe helfen bei Reizhusten und bei Entzündungen im Mund- und Rachenraum. Sie sind Bestandteil von Hustentees.

Malven sind auch ökologisch wichtig, weil sie Nahrungsquelle für viele Insekten sind. Sie ziehen Bienen, Schmetterlinge und Hummeln mit ihrem Nektar und ihren Pollen an. Sie haben auch eine lange Blütezeit, denn sie blühen vom Frühsommer bis in den Herbst. Sie sind unproblematisch und anpassungsfähig und vermehren sich leicht, da sie ihren Samen selbstständig aussähen.

Was sagt die Wissenschaft?

Zur Moschusmalve als Heilpflanze gibt es einige wissenschaftliche inklusive klinische Studien. Die Malva sylvestris (bei uns besser unter Käsepappel bekannt) hat positive Ergebnisse gegen atopische Dermatitis gezeigt, ebenso als Mittel gegen Husten. Einige Studien als Mittel für die Wundheilung sind ebenfalls vielversprechend (Batiha GES, 2023).

Rezepturen mit Malve:
Pippilottas Wiesenblumentee (S. 193)

Die Moschusmalve ist die schönste Blume auf meiner Wiese.

DIE BLÜTEN
sind von weiß über hellrosa bis rosa. Darin enthalten sind die wichtigen Inhaltsstoffe

SEIT JAHRHUNDERTEN
werden Malvenblüten in der Heilkunde verwendet

DIE EIFÖRMIGEN FRÜCHTE sind einige Millimeter groß

Mariendistel

Silybum marianum

Im Jahr 2021 war die Mariendistel in Österreich Arzneipflanze des Jahres.

Geschichtliches

Bereits in der Antike wurde die Mariendistel gegen Leberleiden angewandt. Auch heute noch werden Mariendistelpräparate gegen Leberzirrhose eingesetzt.

Inhaltsstoffe

Die Mariendistelfrüchte enthalten Silymarin, welches eine Mischung aus Flavonolignanen, hauptsächlich Silibinin, Silychristin, Silydianin, Quercetin und Taxifolin darstellt. Das sind alles Polyphenole, die antioxidative Eigenschaften haben. Phytosterole, Öle und Flavonoide sind ebenso reichlich vorhanden. Silibinin ist die Hauptkomponente der Mariendistelfrüchte. Ihr werden auch die leberschützenden Eigenschaften zugeschrieben.

Wirkung und Anwendung

Die Hauptanwendung der Mariendistel ist für die Leber. Das Silymarin wechselwirkt mit verschiedenen Komponenten in der Leber, sodass Giftstoffe nicht mehr gut aufgenommen werden, DNA, Fette und Proteine werden vor oxidativen Schäden geschützt, die Zellregeneration wird beschleunigt, die Vermehrung vom Hepatitis-C-Virus wird gehemmt, der Zuckerstoffwechsel angeregt und das Cholesterin gesenkt.

Ein gereinigtes Präparat von Silibinin wird gegen Knollenblätterpilzvergiftung verwendet. Der Bedarf an Mariendistel für die Medizin ist sehr hoch, daher wird sie großflächig und automatisiert geerntet. In Österreich ist sie eine der drei wichtigsten kultivierten Arzneimittelpflanzen und es gibt dafür ein internationales Kompetenzzentrum.

Der Mechanismus scheint teilweise geklärt zu sein: Silibinin verringert den Fettgehalt in der Leber durch eine Erhöhung der oxidativen Phosphorylierung der mitochondrialen Complexe I und II (Li D, 2024).

Was sagt die Wissenschaft?

Es gibt sehr viele wissenschaftliche Studien über die Inhaltsstoffe, Wirkungsmechanismen und humane klinische Studien zur Mariendistel. Sie ist also evidenzbasiert eine echte Heilpflanze. Eine HMPPA-Studie bestätigt die leberheilende Wirkung (HMPPA, Mariendistel).

DIE MEISTERWURZ-WURZEL ist hier bereits getrocknet und geschnitten

Meisterwurz

Peucedanum ostruthium oder auch Imperatoria ostruthium

Sie stammt aus den Bergen und wächst bevorzugt auf feuchten, halbschattigen Stellen.

Geschichtliches

Die Meisterwurz hat keine lange Geschichte als Heilpflanze. Als Erster hat sie Leonhart Fuchs in seinem Werk 1543 erwähnt. Sie wurde dafür aber dann schnell zum Allheilmittel für Körper und Gemüt.

Inhaltsstoffe

Die Wurzel der Meisterwurz enthält etliche Cumarine und Furanocumarine: Imperatorin, Isoimperatorin, Osthol, Peucenin und noch etliche mehr. Die Hauptinhaltsstoffe des ätherischen Öls sind Sabinen und 4-Terpineol (Waldbauer K, 2011).

Wirkung und Anwendung

In der Volksmedizin wurde sie gegen viele Beschwerden verwendet: gegen Magenleiden, Durchfall, Uteruskrämpfe, Harn- und Nierensteine, Fieber, Schnupfen und Bronchialkatarrh, gegen psychotische Zustände wie Delirium tremens, Alkoholentzug, Rheuma, Arteriosklerose und sogar gegen Diabetes. Meistens in Form eines Schnapses aus der Meisterwurzel.

Was sagt die Wissenschaft?

Wissenschaftliche Evidenz für all diese Wirkungen gibt es noch nicht, obwohl sehr viele Präparate davon im Handel sind. Die genaue Untersuchung der Wirkstoffe und ihrer Wirkungsmechanismen ist aber im Gange.

DIE FEINEN PERLEN enthalten das ätherische Öl der Minze

Minzen

Menthae

Es gibt unzählige Sorten von Minzen. Auf den Wiesen rund um den Leierhof ist etwa die Rossminze zu finden.

Geschichtliches

Die Verwendung von Minze als Heilpflanze ist mindestens 3500 Jahre alt und reicht weit in die Geschichte zurück. In Ägypten wurde sie bereits um 1550 v. Chr. im altägyptischen Papyrus Ebers, einem der ältesten bekannten medizinischen Texte, erwähnt. Sie wurde zur Behandlung von Magenbeschwerden verwendet. Die Griechen schätzten Minze wegen ihres angenehmen Duftes und ihrer heilenden Eigenschaften. Hippokrates, der „Vater der Medizin", und Dioskurides, ein berühmter griechischer Arzt und Botaniker, beschrieben Minze als Mittel gegen Verdauungsprobleme und Kopfschmerzen. Die Römer nutzten Minze sowohl als Heilkraut als auch als aromatisches Kraut. Plinius der Ältere (23–79 n. Chr.) erwähnte Minze in seiner „Naturalis historia" als Mittel gegen Verdauungsprobleme und als Erfrischungsmittel. Sie fand Anwendung in der Traditionellen Europäischen Medizin sowie in der Traditionellen Chinesischen Medizin (TCM) und dem Ayurveda, wo sie als kühlendes und heilendes Kraut geschätzt wurde. Mit der Industrialisierung wurde Minze verstärkt wissenschaftlich untersucht. Insbesondere die Pfefferminze wurde im 17. Jahrhundert erstmals in England kultiviert. Sie wurde zu einem der am häufigsten verwendete Heilkräuter weltweit, vor allem wegen ihres hohen Mentholgehalts.

Inhaltsstoffe

Die ätherischen Öle, allen voran das Menthol, sind die wichtigsten Komponenten der Minzen. Sie enthalten Steroide, Flavonoide und deren Glykoside, Terpenoide und Phenolsäuren.

Wirkung und Anwendung

Die Minze ist verdauungsfördernd. Sie wird verwendet, um Magen-Darm-Beschwerden wie Blähungen, Übelkeit, Reizdarmsyndrom und Magenkrämpfe zu lindern. Sie fördert die Produktion von Galle. Sie ist beruhigend, entspannend, kühlend und schmerzlindernd. Das enthaltene Menthol wirkt kühlend auf die Haut und lindert Schmerzen, z. B. bei Kopfschmerzen, Muskelverspannungen oder Erkältungssymptomen. Die Minze kann die Atemwege unterstützen, hilft bei Erkältungen, Husten und verstopfter Nase, indem sie die Atemwege öffnet und die Schleimproduktion reduziert. Die ätherischen Öle können Bakterien bekämpfen und Entzündungen hemmen. Sie können auch stimmungsaufhellend sein.

Menthol aktiviert die TRPM8-Rezeptoren, die sich in sensorischen Neuronen und in sensorischen Nervenfasern befinden und für die Kälteempfindung und den durch Kälte induzierten Schmerz verantwortlich sind. Dieser Rezeptor liegt normalerweise geschlossen in einer aktivierbaren Form vor. Sinkt die Temperatur, öffnet sich der Rezeptor. Es ist ausführlich gezeigt, dass Menthol und Eukalyptusöl den Rezeptor ebenfalls aktivieren. Das verursacht das bekannte Kältegefühl. Das könnte den schmerzmindernden Effekt des Menthols erklären. Das Pfefferminzöl wird schon lange in der traditionellen Medizin gegen Kopfschmerzen verwendet. Bei lokaler Anwendung von Pfefferminzöl auf der Haut werden, selbst in geringen Mengen, Kälte- und Druckrezeptoren erregt, in hohen Konzentrationen auch Wärme- und Schmerzrezeptoren.

Die Minze wird vor allem als Tee konsumiert. Man kann bei Erkältung das ätherische Öl in heißem Wasser inhalieren. Minzöl wird auch gerne in Salben für Massagen oder in der Sauna verwendet. Und natürlich als Gewürz. Ich stelle es übrigens nicht selbst her, sondern kaufe es.

Ungefähr die Hälfte der gewonnenen Pfefferminze wird für Kaugummis und ein weiteres Drittel für die Zahnpastaherstellung verwendet.

VORSICHT! Bei Überdosierung kann das Minzöl die Haut und die Schleimhäute reizen. Für Kinder unter sechs Jahren sind Minzen ungeeignet!

Was sagt die Wissenschaft?

Es gibt neue sehr genaue Studien darüber, wie Menthol an den TRPM8-Rezeptor bindet und wie dabei die Struktur verändert wird (Yin Y, 2024). Dieser Mechanismus ist ziemlich identisch mit der Wirkung von Kälte (8–28 °C). Das erklärt, wie Menthol gegen Schmerzen wirkt. Das Menthol ist für die medizinische Wirkung verantwortlich. Es hilft bei Spannungskopfschmerzen so gut wie Paracetamol.

Es braucht nicht viel – nur ein Tropfen Pfefferminzöl genügt, dass die Rezeptoren der Haut angeregt werden.

DER TYPISCHE MINZEDUFT
ist dem ätherischen Öl zu verdanken

AUCH AUF DER BLÜTE
sind Öltröpfchen sichtbar

DAS KRAUT DER MISTEL, getrocknet und geschnitten

Mistel

Viscum album

In den Asterix-Comics braucht der Druide Miraculix die Mistel, um seinen Zaubertrank herzustellen.

Dieser verleiht für kurze Zeit übernatürliche Kräfte. Da Obelix als Kind in den Kessel gestürzt ist, hält bei ihm die Wirkung unvermindert an.

Geschichtliches

Die Mistel hat eine lange Geschichte als Heilpflanze, ja, sogar als Allheilmittel im Altertum. Dann wurde klar, dass die weißen Beeren ziemlich giftig sind, was deren Anwendung bremste. Aber genau diese cytotoxische Eigenschaft, als Zellgift zu wirken, führte dazu, dass die Mistel derzeit für die Krebstherapie erforscht wird. Es gibt Hoffnung, aus Mistelextrakten Krebsmittel zu entwickeln, die weniger Nebenwirkungen als die derzeitigen Chemotherapeutika aufweisen.

Inhaltsstoffe

Die Mistel ist ein Halbparasit, der einige Stoffe vom Wirten braucht. Die Mistel enthält keine üblichen Alkaloide, dafür Aminoalkaloide. Sie enthält große Mengen Terpenoide, Steroide, Triterpene, Glykoside, und Phenole. Viel Aufmerksamkeit bekommen derzeit kurze Peptide, die Viscotoxine, kurze cysteinreiche Eiweißmoleküle, und die Viscolektine, längere Eiweißmoleküle, denen die Cytotoxizität zuzuordnen ist. Diese sind Teil des Abwehrmechanismus gegen Schädlinge.

Wirkung und Anwendung

Mistelextrakte werden in der heutigen Medizin komplementär zur Krebstherapie verwendet, was jedoch nur in ärztlicher Begleitung stattfinden sollte. Ich rate davon ab, Selbstversuche damit zu unternehmen, denn die Konzentration der Giftstoffe ist ziemlich hoch. Die Mistellektine stimulieren das Immunsystem, können aber auch Entzündungen begünstigen.

Was sagt die Wissenschaft?

Es gibt sehr viele wissenschaftliche Artikel über die Inhaltsstoffe der Mistel und deren biologische Aktivitäten. Vor allem die außergewöhnlichen Viscotoxine werden intensiv erforscht (Nicoletti M, 2023). Als traditionelle Arznei ist sie jedoch nicht zu empfehlen.

DIE KUGELRUNDEN FRÜCHTE
finden als einzige Pflanzenteile Anwendung

Mönchspfeffer

Vitex agnus-castus

Die Früchte dieser Pflanze sind im Fokus der Forschung gegen Frauenleiden.

Geschichtliches

Im antiken Griechenland und auch in der christlichen Tradition stand der Mönchspfeffer für Keuschheit und (im Falle der Christen: geistige) Reinheit.

Der Mönchspfeffer, auch Keuschlamm genannt, hat eine lange und faszinierende Geschichte als Heilkraut. Seine Nutzung reicht bis in die Antike zurück und erstreckt sich über verschiedene Kulturen und medizinische Traditionen.

Bereits vor über 2400 Jahren empfahl Hippokrates den Mönchspfeffer bei Milzbeschwerden und Milzentzündungen. Dioskurides berichtet, dass der Mönchspfeffer die Regelblutung und die Milchbildung fördert und Kopfschmerzen lindert. Im Mittelalter war der Mönchspfeffer ein beliebtes Heilkraut in Klostergärten. Er wurde von Mönchen und Nonnen angebaut und zur Keuschheitsförderung genutzt. Man glaubte, dass die Pflanze den Sexualtrieb dämpfen könne. Mönche und Nonnen konsumierten Mönchspfeffer als Teil ihrer asketischen Lebensweise. Heute ist das Interesse für diese Heilpflanze in der Frauenheilkunde sehr hoch.

Inhaltsstoffe

Mönchspfeffer enthält Wirkstoffe, die auf den Hormonhaushalt wirken können: Iridoidglykoside (Agnusid, Aucubin), Flavonoide (Casticin, Isovitexin, Orientin), ätherisches Öl (Mono- und Sesquiterpene), Diterpene (Vitexilacton) und hochwertige Öle. Von besonderer Bedeutung sind die Diterpene Rotundifuran und Clerodadienol, welche die Prolaktinfreisetzung – ähnlich wie Dopamin – hemmen.

Die Pflanze selbst enthält keine Hormone, reguliert aber deren Haushalt.

Mönchspfeffer bleibt ein beeindruckendes Beispiel für die Verbindung von traditionellem Wissen und moderner Wissenschaft.

Anwendung und Wirkung

Der Mönchspfeffer ist hoch wirksam gegen prämenstruelle Beschwerden bei Frauen und lindert PMS (prämenstruelles Syndrom). Er wird auch während der Menopause gerne verwendet. Mönchspfeffer kann Symptome wie Stimmungsschwankungen, Brustspannen und Kopfschmerzen lindern. Er kann den Zyklus regulieren und zu starke oder ausbleibende Blutungen regeln. In den Wechseljahren kann er hormonelle Schwankungen ausgleichen und Hitzewallungen mildern. Er senkt auch den Prolaktinspiegel. Und bei Kinderwunsch kann er den Eisprung fördern. Bei hormonell bedingter Akne ist er außerdem hilfreich.

Nach Rücksprache mit etlichen Frauenärztinnen gibt es für den Mönchspfeffer eine Ausnahme von der goldenen 3-Wochen-Regel (siehe S. 190). Eine Pause ist nicht nur nicht notwendig, sondern sogar wegen der Zyklusdauer kontraproduktiv. Hier zeigt die Erfahrung, dass es den Frauen durchwegs hilft, es also weder zu einer Gewöhnung mit Verlust der Wirkung kommt, noch berichteten Frauen über Nebenwirkungen.

VORSICHT: Der Mönchspfeffer soll nicht in der Schwangerschaft, während der Stillzeit, bei Brustkrebs oder bei hormonabhängigen Karzinomen eingenommen werden. Er könnte auch mit Medikamenten wie Dopamin- und Östrogenagonisten wechselwirken!

Was sagt die Wissenschaft?

Der Wirkmechanismus ist nicht vollständig aufgeklärt. Die Effekte des Mönchspfeffers werden unter anderem auf dopaminerge und prolaktinsenkende Eigenschaften zurückgeführt. Die Diterpene binden an die Dopamin-D_2-Rezeptoren, der Prolaktinspiegel wird dadurch gesenkt, worauf die Gonadotropine (Follikelstimulierendes Hormon FSH und das luteinisierende Hormon LH) der Hirnanhangdrüse (Hypophyse) normalisiert werden. Es gibt bereits klinische Studien, diese sind jedoch noch nicht abgeschlossen, sodass keine endgültige Evidenz gesichert werden kann (van Die MD, 2013). Es gibt ebenfalls eine HMPPA-Monografie, welche einem Extrakt des Mönchspfeffers den Status der pflanzlichen Arznei zuordnet, weil die Studienlage bei prämenstruellem Syndrom überzeugt (HMPPA, Mönchspfeffer).

Mönchspfeffer sollte eigentlich
Nonnenpfeffer heißen:
Er ist ein dopaminerges Frauenkraut.

DIE BLÜTEN bilden die dunkelgrauen Früchte aus

JEDE FRUCHT enthält genau vier Samen

SPEKTAKULÄRE ANSICHT
einer unscheinbaren Pflanze

Ringelblume

Calendula officinalis

Die Blüten der Calendula öffnen sich bei Sonnenaufgang und schließen mit dem Sonnenuntergang.

So diente die Ringelblume den Bauern als Wetterprognose, denn geschlossene Ringelblüten bedeuten Regen im Laufe des Tages.

Geschichtliches

Die Ringelblume hat eine sehr lange Tradition in der Volksheilkunde und ebenfalls einen festen Platz in der modernen Heilkunde als Wundheilpflanze. Ihre entzündungshemmenden Eigenschaften sind seit Langem bekannt (HMPPA, Ringelblume). Hildegard von Bingen berichtete als Erste über die Anwendung der Ringelblume als Heilpflanze.

Inhaltsstoffe

Verwendet werden die abgelösten und getrockneten Blütenblätter mit einem Gehalt von 0,4 % Flavonoiden. Sie enthalten ebenso Triterpensaponine, Cumarine und ätherisches Öl. Die besonders schönen Farben kommen von den Carotinen für die orange Farbe (ß-Carotin) und Xanthophyllen (Flavoxanthin und Luteoxanthin) für die gelbe Farbe. Die entzündungshemmenden und antibakteriellen Eigenschaften werden den Calendulaglykosiden zugeschrieben.

Wirkung und Anwendung

Die am besten untersuchte Wirkung und Anwendung der Ringelblumenblütenblätter ist für die Wundheilung. Die lange Erfahrung für die Pflege der Haut, auch bei Brand- und Schnittwunden, macht dessen Anwendung auch sehr sicher, weil so gut wie keine Nebenwirkungen beobachtet wurden (außer einer möglichen Allergie).

In der Lebensmittelindustrie findet die Ringelblume als Färbemittel für Butter oder Reis Anwendung. Sie wird auch als „Arme-Leute-Safran“ bezeichnet, weil damit der Safran auch gestreckt wird.

Was sagt die Wissenschaft?

Es gibt genügend Studien über die wundheilenden Eigenschaften der Ringelblume, um diese als sichere und evidenzbasierte Arznei zu bezeichnen (Givol O, 2019).

Rezepturen mit Ringelblume:
Ringelblumensalbe (S. 201), Wundkleesalbe (S. 200), Ringelblumenseife (S. 219)

NUR DIE WURZEL
der Rosenwurz
ist genießbar

Rosenwurz

Rhodiola rosea

Die Rosenwurz ist ein Adaptogen. Das bedeutet: Sie hilft dabei, uns an Stresssituationen anzupassen und unsere Leistungsfähigkeit zu steigern.

Geschichtliches

Die Wikinger benutzten diese widerstandsfähige Pflanze bereits zur allgemeinen Stärkung.

Inhaltsstoffe

Die Wurzeln der Rosenwurz sind reich an phenolischen Glykosiden, vor allem Salidrosid und Rosavin, zwei intensiv untersuchte Stoffe, denen die adaptogene Wirkung zugeschrieben wird. Auch das Aglykon Tyrosol trägt für das breite Wirkungsspektrum der Rosenwurz bei. Wie die meisten Heilkräuter enthält die Rosenwurz auch Flavonoide, Proanthocyanidine, Terpenoide und organische Säuren.

Wirkung und Anwendung

Die Hauptwirkung und Anwendung der Rosenwurz ist zur Steigerung der Konzentration, gegen Müdigkeit und Stress. Sie wird gegen Burn-out und bei Long Covid empfohlen. Sie verbessert das Erinnerungsvermögen, das Wohlbefinden im Allgemeinen und hilft dem Körper, verschiedenste Beschwerden zu bewältigen, indem sie die Stresstoleranz verbessert und mehr Energie vom Körper bereitgestellt werden kann.

Sie schützt das Herz, enthält auch Antioxidantien, wirkt antidepressiv und ist auch noch angstlösend.

Der Wirkungsmechanismus ist auch genau erforscht: Es wird angenommen, dass eine Änderung der Neurotransmittermengen an Serotonin (Wohlfühlhormon) und Dopamin (ein Glückshormon, das Vorfreude und Tatkraft auslöst) durch Hemmung der Monoaminoxidase (das ist das Enzym, welches die Monoamin-Neurotransmitter abbaut) erfolgt. Ebenso kommt es zu einer verminderten Ausschüttung des Stresshormons Cortisol. Eine verbesserte Durchlässigkeit der Blut-Hirn-Schranke für die Neurotransmittervorstufen wird ebenfalls beobachtet.

Auch wurde beobachtet, dass ein Extrakt der Rosenwurz die Lebensspanne von Fruchtfliegen um 24 % verlängert (Schriner SE 2013).

Was sagt die Wissenschaft?

Es gibt sehr viele Studien über die Wirkungsweise der Rosenwurz, inklusive vieler humaner Studien, sodass die Rosenwurz als Arznei ohne Weiteres anerkannt werden könnte. In der Schweiz ist ein Rosenwurz-Medikament auch als Arznei zugelassen. Eine gute Zusammenfassung über die Inhaltsstoffe, die Wirkung und die Studien zur Rosenwurz ist folgende Arbeit: Müller JK, 2024.

DIE BLÜTE
besteht aus langen,
aufrechten Kelchen

Rotklee

Trifolium pratense

Die rosa blühende Pflanze begegnet uns auf vielen Wiesen. Dass sie auch eine potente Vertreterin der Heilpflanzen ist, dürfte aber weniger bekannt sein.

Rotklee wird eher als Glücksbringer und als Symbol für Fruchtbarkeit und Wohlstand gesehen.

Rotklee ist vor allem und seit Langem Futter für Rinder, weil er sehr gut auf Weiden gedeiht. Er erhöht die Bodenqualität, denn er reichert den Stickstoff aus der Luft an.

Rotklee wäre auch ein hervorragendes Nahrungsmittel für den Menschen und sollte auch öfter gegessen werden, denn er ist wirklich gesund und enthält Eiweiß, Mineralien und Vitamine.

Geschichtliches

Es gibt wenige Aufzeichnungen über die Anwendung des Rotklees als Heilpflanze aus der Antike. Im Mittelalter wurde er in Klostergärten angepflanzt und gegen Husten und Erkältungen eingesetzt. In der Volksmedizin wurde er bei Hauterkrankungen wie Psoriasis angewendet. Erst seit der Entdeckung der Hormone im 20. Jahrhundert wird sein Wert geschätzt und er gewinnt an Bedeutung.

Inhaltsstoffe

Rotklee ist berühmt für seine Isoflavone, die auch Phyto- oder Pflanzenöstrogene genannt werden. Vor allem die Isoflavonoide sind den menschlichen Östrogenen ähnlich. Der Rotklee ist reich an Vitaminen (C, E, und B), Mineralien und Spurenelementen. Seine Flavonoide haben antioxidative und entzündungshemmende Eigenschaften. Cumarine fördern die Durchblutung und Gerbstoffe sind gut für den Magen-Darm-Trakt. Wir sollten wirklich öfter Rotklee essen, denn er enthält nicht nur viel Eiweiß, sondern auch die Omega-3-Fettsäure Linolensäure und Ballaststoffe.

Rotklee ist ein Frauenkraut.

Wirkung und Anwendung

Die Phytoöstrogene regulieren den Hormonhaushalt, sowohl bei zu hohem als auch bei zu niedrigem Hormonspiegel. Der Rotklee ist auch für Männer geeignet, wenn ihre Hormonkonzentration sinkt. Er kann bei Frauen Menstruationsbeschwerden lindern und in den Wechseljahren gegen lästige Hitzewallungen helfen. Er hat ebenfalls einen positiven Effekt auf die Knochendichte und auf das Gefäßsystem. Rotklee ist auch gut für die Haut und er kommt in der Kosmetik gegen Falten zur Anwendung.

Er passt auch sehr gut zur Dekoration von Süß- und Hauptspeisen und Getränken.

Der Rotklee wird derzeit für die Krebsprävention und -behandlung untersucht, ob er unterstützend bei hormonabhängigen Krebserkrankungen wie Brust- oder Prostatakrebs eingesetzt werden könnte. Die Evidenz ist aber noch zu schwach, um eine endgültige Aussage treffen zu können.

VORSICHT! Isoflavone des Rotklees können die Wirkung von Hormonpräparaten beeinflussen. Menschen mit hormonabhängigen Tumoren sollten Rotklee nur nach genauer ärztlicher Rücksprache einnehmen.

Was sagt die Wissenschaft?

In den wissenschaftlichen Datenbanken gibt es Tausende Arbeiten über die Inhaltsstoffe des Rotklees und deren Wirkungsmechanismen. Vor allem über die Phytoöstrogene in der Frauenheilkunde. Viele Arbeiten konzentrieren sich auf eventuelle Anwendungen gegen Krebs, vor allem gegen hormonabhängigen Brustkrebs. Während der Wirkungsmechanismus für etliche Inhaltsstoffe des Rotklees im Labor gezeigt werden konnte, fehlen die klinischen Studien, sodass derzeit die wissenschaftliche Evidenz noch nicht eindeutig gegeben ist. Das Kompetenznetz Komplementärmedizin in der Onkologie, genannt KOKON, hat alle Studien verglichen, und obwohl viele Experimente den Wirkungsmechanismus der Inhaltsstoffe des Klees zeigen, ist die Signifikanz der klinischen Studien nicht gegeben. Dazu sind weitere Studien notwendig (Onkopedia, Rotklee; Mohsen A, 2021).

Rezepturen mit Rotklee:
Bergtee (S. 193), Frauentee (S. 193), Pippilottas Wiesenblumentee (S. 193), Antifaltencreme (S. 203), Pflegecreme (S. 204)

GETROCKNET ist Rotklee Bestandteil vieler Teemischungen

FRISCHER KLEE im Detail: Die charakteristische Blütenform

DIE FEINEN HÄRCHEN
sind ein Verdunstungs-schutz für die Pflanze

Salbei

Salvia officinalis

Sein Name verrät bereits die hohe Wertschätzung dieser seit Langem verwendeten Pflanze: „Salvus“ bedeutet auf Lateinisch gesund oder gerettet. Was will man mehr?

Der Salbei wird hauptsächlich als Küchengewürz verwendet, mindestens genauso wichtig sind jedoch seine heilenden Eigenschaften.

Geschichtliches

Der Salbei ist eine Pflanze, die schon seit der frühen Menschheitsgeschichte immer wieder als heilbringendes Kraut Erwähnung findet, so auch von Hippokrates. Die Ägypter verwendeten sie für religiöse Rituale und zur Fruchtbarkeitsförderung. Die Griechen erkannten bereits seine entzündungshemmenden Eigenschaften und behandelten Wunden und Husten damit. Im Mittelalter galt er als Allheilmittel. Paracelsus hob seine reinigende und stärkende Wirkung hervor. Einige Erzählungen lassen darauf schließen, dass der Salbei eine stark schützende Wirkung gegen Infektionen hat, denn bereits zur Pestzeit im 15. Jahrhundert aßen Menschen, die Pestleichen ausrauben wollten, in Essig eingelegte Salbeiblätter, um sich vor der Ansteckung zu schützen. Der Salbei ist auch ein fester Bestandteil der modernen Medizin und in jeder Apotheke erhältlich.

Inhaltsstoffe

Die Salbeiblätter enthalten 1–2,5 % ätherische Öle (vor allem Thujon, Campher, Cineol und Borneol), ebenso Bitter- und Gerbstoffe. Ein wichtiger Bestandteil des Salbeis sind die organischen Säuren Rosmarinsäure und Kaffeesäure und Flavonoide (Resveratrol, Kaempferol Quercetin, Luteolin, Apigenin, Chrysin und noch etliche mehr). Er enthält ebenfalls Diterpene (Carnasol und Carnasolsäure), Vitamin K (unterstützt die Blutgerinnung), Schleimstoffe und Phytoöstrogene (Alharbi YM, 2022).

Die Dosis macht das Gift: Salbei in großen Mengen kann zu Halluzinationen führen.

Wirkung und Anwendung

Die häufigste Anwendung des Salbeis ist bei Erkrankungen des Mund- und Rachenraums. Gurgellösungen aus Salbei helfen bei Halsschmerzen, bei Zahnfleischentzündungen und gegen Mundgeruch. Salbei hat eine starke antibakterielle Wirkung. Das ätherische Öl wirkt besonders desinfizierend.

Der Salbei hilft ebenso als Tee bei Verdauungsproblemen, gegen Blähungen und er kann den Darm beruhigen. Er ist schleimlösend und hilft beim Abhusten. Er stärkt das Immunsystem.

Er ist auch hormonregulierend. Bei der Menopause hilft er gegen übermäßiges Schwitzen und gegen Hitzewallungen, ebenso bei zu starken Menstruationsblutungen. Daher enthalten viele Präparate für die Menopause Salbeiextrakte.

Ebenso überzeugend sind Studien, die zeigen, dass ein Salbeiextrakt die kognitiven Fähigkeiten und das Gedächtnis verbessern konnten, sodass dem Salbei wegen seiner antioxidativen Eigenschaften auch neuroprotektive Effekte zugeschrieben werden können (Massadeh AM, 2022).

Als Küchengewürz ist der Salbei berühmt als Bestandteil der Gnocchi mit Salbeibutter und des „Saltimbocca", was so viel bedeutet, wie „spring in den Mund": Er schmeckt so gut, dass man sich nicht zurückhalten kann.

VORSICHT! Salbei sollte nicht in größeren Mengen oder über längere Zeiträume verwendet werden, da die enthaltenen Thujone bei Überdosierung gesundheitsschädlich sein können. Thujone sind Nervengifte und können Halluzinationen auslösen und den Nieren schaden. Insbesondere für Schwangere und Stillende ist Vorsicht geboten.

Was sagt die Wissenschaft?

Der Salbei ist medizinisch intensiv untersucht, inklusive hochwertiger klinischer Studien am Menschen. Eindeutig gezeigt ist die Verbesserung gegen Hitzewallugen in der Menopause, antibakterielle Eigenschaften als Gurgelmittel gegen Halsschmerzen, entzündungshemmende und antimikrobielle Wirkung gegen etliche Bakterien.

Die entzündungshemmenden Eigenschaften des Salbeis werden der Rosmarinsäure zugeordnet, da die Produktion von Prostaglandinen gehemmt wird (Rampart M, 1986). Eine HMPPA-Monografie (HMPPA, Salbei) bestätigt ebenfalls die Qualität etlicher Studien, die dem Salbei ohne Bedenken den Status einer Heilpflanze mit hohem medizinischem Wert zuschreiben (Merecz-Sadowska A, 2024).

Rezepturen mit Salbei:

G'sundoxymel (S. 207), Salbeisalbe (S. 200), Salbeiseife (S.220), Bergtee (S. 193), Wintertee (S. 194) Wildkräutersalz (S. 196)

REIBT MAN ÜBER DIESE FLÄCHE, wird der starke Duft freigesetzt

NICHT NUR WEISS: Es gibt auch rosa blühende Schafgarbe

Schafgarbe

Achillea millefolium

Die Schafgarbe war das erste Kraut, das ich entdeckt habe und mit dem meine Leidenschaft für Heilpflanzen geweckt wurde.

Und die Begeisterung für diese Pflanze hat seither noch immer weiter zugenommen.

Geschichtliches

Die Wirkung der Schafgarbe wird bereits in der griechischen Mythologie (in Homers Epen Ilias und Odyssee) erwähnt. Die Unverwundbarkeit des Helden Achilles ist vielen bekannt und hat der Pflanze ihren lateinischen Namen gegeben. Die damalige medizinische Verwendung zur Blutstillung und Wundheilung ist legendär.

Inhaltsstoffe

Die Schafgarbe enthält vor allem ätherische Öle, azulogene Sesquiterpenlactone (Proazulen) der Guajanolid-Gruppe und nicht azulogene Sesquiterpenlactone der Germacranolid-Gruppe. Sehr wichtig sind die Flavonoide (Kaempferol, Luteolin und Apigenin). Das Achillein ist ein Pyrrolizidinalkaloid mit entzündungshemmender Wirkung.

Wirkung und Anwendung

Die Schafgarbe wird seit Jahrhunderten zur Behandlung vieler Erkrankungen eingesetzt. Sie gilt als sicher für die Anwendung komplementär zur modernen Medizin. Die meisten antioxidativen und entzündungshemmenden Eigenschaften dieses Krauts werden auf seine Flavonoide zurückgeführt. Oxidative und entzündliche Prozesse spielen eine wichtige Rolle bei der Pathogenese sehr vieler Erkrankungen. Somit ist die Schafgarbe eines der bedeutendsten und am längsten angewendeten Heilkräuter.

Was sagt die Wissenschaft?

Es gibt in der PubMed über 800 wissenschaftliche Artikel zu dieser Heilpflanze. Ihre Inhaltsstoffe und die entzündungshemmende Wirkung sind mehrfach gezeigt und der Mechanismus einzelner Inhaltsstoffen aufgeklärt (Benedek B, 2007).

Die Schafgarbe ist eine ganze Apotheke in einer Pflanze.

Rezepturen mit Schafgarbe:

Schafgarbe in Olivenöl (S. 188), Magic Cream mit Schafgarbe (S. 199), Halswohlspray (S. 212) G'schmeidigsalbe (S. 198), Bergtee (S. 193), BDS-Tee (S. 193), Frauentee (S. 193), Nierenfreund (S. 194), Pippilottas Wiesenblumentee (S. 193), Wildkräutersalz (S. 196)

DIE HELLGELBEN BLÜTENBLÄTTER
der fünfblättrigen hängenden Dolde

Schlüsselblume

Primula veris

Die Schlüsselblumen sind Frühlingsboten, denn sie gehören zu den ersten Blumen, die nach der Schneeschmelze auf den Wiesen blühen.

Daher auch der Name „veris“, was so viel wie Frühling bedeutet. Diese lichtliebende Pflanze wird wegen der starken Bewirtschaftung unserer Wiesen immer seltener, denn sie braucht magere, ungedüngte Böden mit guten Lichtverhältnissen.

Geschichtliches

Die Schlüsselblume, auch Primel genannt, wurde bereits im Altertum und im Mittelalter als Heilkraut verwendet. Sie war der Göttin Freya gewidmet, eine nordische Göttin der Fruchtbarkeit, des Frühlings, des Glücks und der Liebe. Im Christentum ist sie ein Symbol des Himmelreichs für Apostel Paul.

Inhaltsstoffe

Die Blüten und Blätter der Primeln sind reich an Polyphenolen, und die Wurzeln enthalten mehrere Glykoside von 5-Methoxysalicylsäuremethylester, wie Primaverin und Primulaverin, phenolische Aglykone. Diese sind für den typischen Geruch verantwortlich, der an Methylsalicylat und Anethol erinnert. Sie enthalten erhebliche Mengen an Triterpensaponinen, wie zum Beispiel die Primelsäure I/II, die für die schleimlösenden Eigenschaften verantwortlich sind.

Das wirksamste Extraktionsverfahren für die frischen Pflanzen ist kochendes Wasser, während die getrockneten Pflanzen besser in 70 % Alkohol extrahiert werden.

Wirkung und Anwendung

Die Hauptanwendung der Schlüsselblumen ist der Wurzelextrakt in Kombination mit Thymian als Schleimlöser bei Husten und Bronchitis – am besten als Tee oder als Sirup. Dabei wird der Schleim dünnflüssiger und kann leichter abtransportiert und abgehustet werden.

Was sagt die Wissenschaft?

Es gibt kaum wissenschaftliche Studien, welche Evidenz für die heilende Wirkung der Schlüsselblume zeigen. Trotzdem hat das HMPC (Herbal Medicinal Products Committee) eine Monografie veröffentlicht, die besagt, dass wegen der langjährigen Nutzung von alkoholischen Extrakten der Primelwurzel in Kombination mit Thymian die positive Wirkung dieser Kräuter gegen Husten und Bronchitis angenommen werden kann (HMPC, Schlüsselblume). Die EMA hat die Anwendung dieser Präparate zugelassen (EMA, Schlüsselblume).

AUFFÄLLIG:
die purpurrote Korbblüte des Sonnenhuts

Sonnenhut

Echinacea purpurea

Der Sonnenhut ist die Pflanze gegen Erkältungen mit der besten wissenschaftlichen Evidenz.

Geschichtliches

Er wurde erst Ende des 19. Jahrhunderts in Europa eingeführt und bald als das Immunsystem stärkende Droge entdeckt. Zuvor wurde der Sonnenhut in der indianischen Medizin gegen schlecht heilende Wunden verwendet. Die Ureinwohner Nordamerikas verwendeten die Sonnenhutwurzeln nach Pfeilverletzungen gegen Sepsis und um Infektionen zu bekämpfen. Sie stellten einen Saft oder Brei her, um Wunden, Zahnschmerzen oder auch Schlangenbisse zu heilen.

Inhaltsstoffe

Der Sonnenhut enthält Polysaccharide, Alkylamide (Echinacein), Kaffeesäurederivate (Cichoriensäure und Caftansäure) und Polyacetylene.

Wirkung und Anwendung

In der Heilkunde gilt er als Mittel zur Stärkung des Immunsystems, zur Bekämpfung der Grippe, von Atem- und Harnwegsinfekten und gegen Entzündungen.

Was sagt die Wissenschaft?

Über Echinacea gibt es über tausend wissenschaftliche Untersuchungen; sehr überzeugend und mit klinischen Studien belegt ist seine Eigenschaft, bei Atemwegsinfektionen zu helfen (auch bei Kindern), was zu einer signifikanten Reduktion an Antibiotika führt (Ogal M et al, 2021). Vom HMPC bekam der Sonnenhut den Status einer medizinisch wirksamen Heilpflanze verliehen (HMPC, Sonnenhut).

Die Alkamide stimulieren die Phagozytose der Makrophagen und hemmen die Synthese der Prostaglandine, was gegen Schmerz und Fieber hilft. Die Polysaccharide des Sonnenhuts induzieren die Sekretion von TNF-alpha und des Interferons bei Makrophagen und wirken wahrscheinlich deswegen immunstimulierend.

Rezepturen mit Sonnenut:
Halswohlspray (S. 212)

IN DICHTEN ÄHREN sind die unauffälligen Blüten des Spitzwegerichs angeordnet

Spitzwegerich

Plantago lanceolata

Der Spitzwegerich ist eine köstliche und essbare Wildpflanze und ein Natur-Blasenpflaster für schmerzende Füße.

Geschichtliches

Der Spitzwegerich ist seit Jahrtausenden als Heilpflanze bekannt, vor allem gegen Husten und Rachenbeschwerden. Der Spitzwegerich war verdienterweise Arzneipflanze des Jahres 2014.

Inhaltsstoffe

Der Spitzwegerich enthält viele gute Wirkstoffe wie Iridoiglykoside (Aucibin, Catalpol), Flavonoide (Luteolin, Apigenin), Cumarine (Esculetin), Schleimstoffe (Glucomannane, Arabinogalactane), Gerbstoffe und etwas Kieselsäure.

Wirkung und Anwendung

Er ist bei Bergsteigerinnen und Bergsteigern sehr beliebt, denn er wächst überall, auch über 2000 Meter Seehöhe. Als Schuheinlage wirkt er schmerzstillend, blutstillend und antibakteriell. Alle, die gerne wandern, sollten ihn als Einlage in den Bergschuhen kennen.

Wegen seiner antibakteriellen und schleimlösenden Eigenschaften wird der Spitzwegerich vor allem gegen Reizhusten verwendet. Er hat ebenso blutstillende und wundheilende Kräfte (Eichenauer E, 2024). Ganz besonders gut ist der Spitzwegerich gegen Juckreiz.

Der Spitzwegerich ist nicht nur essbar, sondern auch sehr gesund, und es gibt viele Studien, die belegen, dass er Cholesterin und das „schlechte Cholesterin" (LDL) senkt (Zhu R, 2024).

Was sagt die Wissenschaft?

Es gibt Tausende wissenschaftliche Studien über den Spitzwegerich, inklusive genügend vieler Studien am Menschen, um sicher zu sein, dass der Spitzwegerich eine ganz wichtige Heilpflanze ist, die fast jedem zugänglich ist. Als essbare Pflanze ist er auch sehr gut untersucht.

Rezepturen mit Spitzwegerich:
Poldis Spitzwegerichsalbe gegen juckende Gelsenstiche (S. 199), Spitzwegerich in Sonnenblumenöl (S. 187), Wildkräutersalz (S. 196)

DIE LIPPENBLÜTE des Thymians mit einigen Tröpfchen ätherischen Öls

Thymian

Thymus puleogoides

Der Thymian ist ein echter Heilbringer, wenn es um die Gesundheit geht. Er ist Gewürz und Medizin in einem.

Geschichtliches

Bereits im alten Ägypten waren die Heilkräfte des Thymians bekannt und intensiv angewendet. Er wird seit Jahrhunderten bei Atemwegserkrankungen, zur Verdauungsförderung und wegen seiner keimtötenden Eigenschaften verwendet. Der Thymian war Heilpflanze des Jahres 2006.

Inhaltsstoffe

Hervorzuheben sind die Phenole des Thymians, vor allem Thymol, das für seine krampflösenden und schleimlösenden Eigenschaften bei Husten allgemein bekannt ist. Seine ätherischen Öle enthalten die Phenole Carvacrol, Limonen, Geraniol, Menthol, Kampfer, Cineol, Linalool und noch einige mehr (Patil SM, 2021). Thymian enthält ebenso Cumarine, Flavonoide, Gerbstoffe, Harze, Mineralien und Vitamine.

Wirkung und Anwendung

Die wichtigste Anwendung von Thymian ist als Tee bei Atemwegserkrankungen und sein ätherisches Öl wird gerne zum Inhalieren verwendet. Er wird aber auch gegen Blähungen, zur Erhöhung der Konzentration und zur Stärkung des Immunsystems verwendet.

Was sagt die Wissenschaft?

Über den Thymian findet man mehr als 6000 wissenschaftliche Artikel in den Datenbanken. Er ist eine der am besten untersuchten und am meisten verwendeten Heilpflanzen, wenn es um Erkrankungen der Atemwege geht.

Wissenschaftlich sehr gut untersucht ist seine Fähigkeit, Sauerstoffradikale zu binden, die antioxidativ wirkt. Thymian hat neben Salbei den höchsten ORAC-Wert (siehe S. 32): über 27.000. Das hat zur Folge, dass Thymian auch gut gegen Alterungserscheinungen des Gehirns wirken soll und neurodegenerativen Prozessen im Gehirn vorbeugen könnte. Darüber wird derzeit intensiv geforscht (Chaves N, 2023).

Rezepturen mit Thymian:

G'sundoxymel (S. 207), Lavendel- und Thymian-Hydrolat für den Luftbefeuchter (S. 224), Nasensalbe mit Lanolin (S. 201), Wildkräutersalz (S. 196), Wintertee (S. 194), Wundkleesalbe in Mandelöl (S. 200)

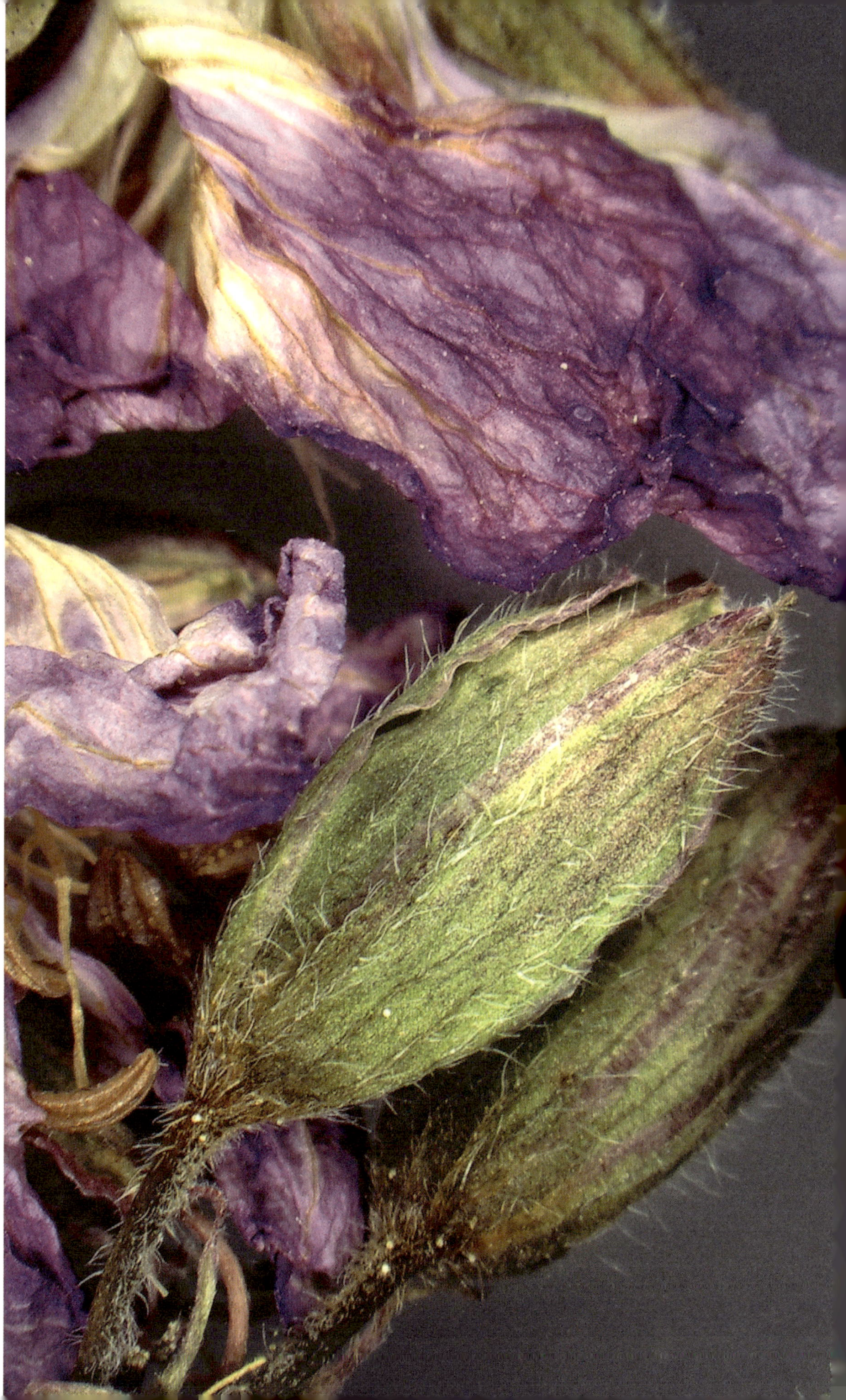

VIOLETTE BLÜTENBLÄTTER:
der bekannte Waldstorchenschnabel

Waldstorchenschnabel

Geranium sylvaticum

Der Waldstorchenschnabel ist nicht als Heilpflanze bekannt. Es gibt auch keine überlieferten Anwendungen in der Geschichte der Pflanzenheilkunde.

Er wird erst seit Kurzem als Quelle von wertvollen Gerbstoffen, Polyphenolen und Flavonoiden erforscht.

Geschichte

Kürzlich wurde im Waldstorchenschnabel der Stoff Imperatorin, ein Furanocumarin entdeckt, welcher den Abbau von Acetylcholin verhindert, dem Neurotransmitter, der bei Alzheimer weniger wird. Wird er als Therapie gegen Alzheimer Verwendung finden? Ist er ein Kraut für das Gedächtnis?

Inhaltsstoffe

Der Storchenschnabel enthält hauptsächlich Gerbstoffe, vor allem Geraniin (16 % des Trockengewichts), welches in Japan als Antidiarrhoikum (gegen Durchfall) Verwendung findet. Außerdem enthält er Flavonoide, Polyphenole und das oben erwähnte Furanocumarin Imperatorin. (Anu Tuominen, 2017)

Wirkung und Anwendung

Die antidiarrhoische Wirkung von Gerbstoffen (Tannine) kommt von der Denaturierung der oberen Epithelschicht. Dadurch entsteht eine Koagulationsdeckschicht, welche die Darmschleimhaut stabilisiert. Die Tannine machen das gleich beim Austreten von Blut: Sie denaturieren die Proteine, wodurch es zur Bildung eines Wundverschlusses kommt. Da der Storchenschnabel einen hohen Anteil an Gerbstoffen enthält, wurde er auch in der Ledergerberei verwendet.

Was sagt die Wissenschaft?

Es gibt zwei Artikel von einer Forschungsgruppe aus Island, die im Waldstorchenschnabel das Imperatorin, ein Furanocumarin, entdeckt haben und nachweisen konnten, dass es den Abbau des Neurotransmitters Acetylcholin hemmt. Zusätzlich haben sie diesen Extrakt an Mäusen untersucht und gefunden, dass die Mäuse, die Imperatorin erhalten haben, sich wesentlich besser den Weg zum Futter gemerkt haben als die Kontrollmäuse, die keinen Extrakt bekommen haben (Sigurdsson S, 2007 und 2013).

Rezeptur mit Waldstorchenschnabel:
Memowein (S. 212)

GETROCKNET
und gehackt:
Weißdornkraut

Weißdorn

Crataegus monogyna

Er ist ein Kraut für die Kraft des Herzens. In der Vergangenheit dürfte er die eine oder andere Rolle gespielt haben.

Geschichtliches

Der Weißdorn hat eine spannende Geschichte: Im 1. Jahrhundert nach Christus wird er von Dioskurides als „krataios“ erwähnt, was stark oder hart bedeutet. Sein hartes Holz wurde daher zur Werkzeugherstellung verwendet. In der Kunst wird er oft dargestellt, zum Beispiel als Kranz in der Kathedrale in Reims. Anscheinend war die Dornenkrone von Jesus Christus aus Weißdornzweigen geflochten.

Inhaltsstoffe

Die Blüten, Früchte und Blätter werden zusammen zur Extraktion von Wirkstoffen für eine wässrig-alkoholische Lösung verwendet. Die Flavonoide des Weißdorns haben eine starke antioxidative Wirkung. Phenolcarbonsäuren (Chlorogensäure, Kaffeesäure), Catechine (Catechin und Epicatechin), Flavonoide (Rutin, Hyperosid, Quercetin, Vitexin-2-O-Rhamnosid, Vitexin). Flavon (Hyperosid, Procaynidin B2), Triterpencarbonsäuren (Oleanolsäure, Ursolsäure) sind die wichtigsten Wirkstoffe. Die Proanthocyanidine sind wahrscheinlich für die gefäßerweiternde Eigenschaft verantwortlich.

Wirkung und Anwendung

Die Weißdornpräparate verbessern die Pumpkraft des Herzens, die Durchblutung der Herzkranzgefäße, helfen bei Bluthochdruck und können daher bei leichter Herzleistungsschwäche im Alter oder nach Infektionskrankheiten verwendet werden. Sie sind bei akuten Krankheitszustände weniger geeignet als zur längerfristigen Vorbeugung und Nachbehandlung.

Was sagt die Wissenschaft?

Der Weißdorn ist ein traditionelles pflanzliches Arzneimittel und die Evidenz der positiven Wirkung bei Herzinsuffizienz ist durch eine Doppelblindstudie am Menschen bestätigt (Degenring FH, 2003). Ein standardisierter Extrakt aus Weißdornbeeren namens WS 1442 ist wissenschaftlich gut dokumentiert und als Arznei zugelassen.

KLEIN UND BEHAART sind die Blüten des Wermuts

Wermut

Artemisia absinthium L.

Der aus Wermut hergestellte Absinth war ein Modegetränk Ende des 19. Jahrhunderts in Europa.

Das grüne Getränk, die „grüne Fee", wurde von vielen Künstlern und Intellektuellen konsumiert. Van Gogh war der bekannteste Absinthtrinker. „Absinthism" war ein Syndrom nach zu viel Konsum von Absinth und führte zu seinem Verbot.

Geschichtliches

So wie der Beifuß erhielt auch der Wermut seinen Namen von der Göttin Artemis, da bereits im alten Griechenland diese Pflanze als Heilpflanze Anwendung fand. Bereits Papyrus Ebers gegen 1552 v. Chr. im alten Ägypten wird Wermut als Heilpflanze erwähnt. Plinius der Ältere 1. Jahrhundert n. Chr. empfahl Wermut als Hypnotikum, Laxativum und als menstruationsinduzierend.

Hildegard von Bingen meinte über den Wermut, er sei „der wichtigste Meister gegen alle Erschöpfungen". Im 16. Jahrhundert handelten die Jesuiten mit der „hierba santa". „Apsinthos" bedeutet unangenehm, denn der Geschmack von Wermut ist sehr bitter.

In „De Materia Medica" wurde der Wermut als Tinktur erwähnt und gegen Magen- und Darmschmerzen genommen.

Berühmt wurde der Wermut als Schnaps bereits 1797: Damals begannen Daniel-Henri Dubied und Henri-Louis Pernod den Wermut industriel herzustellen und als „Absinth" zu vermarkten.

Inhaltsstoffe

Wermut enthält unter anderem Bitterstoffe, Flavonoide und Thujone (Gemisch aus alpha- und beta-Thujon). Das ätherische Öl des Wermuts kann bis zu 40 % Thujone enthalten, die neurotoxisch sind. Das alpha-Thujon kann bei Überdosierung Schwindel, Krämpfe und Halluzinationen hervorrufen. Die Hemmung der GABA-A- und der 5-HT3-Rezeptoren im Gehirn kann bewusstseinsverändernde Zustände bewirken (Batiha GE, 2020; Padosch SA, 2010).

Wirkung und Anwendung

Wermut ist appetitanregend und deshalb als Aperitif beliebt. Als Heilpflanze wird Wermut gegen Magendruck und Blähungen verwendet.

Was sagt die Wissenschaft?

Es gibt neuere Untersuchungen, die belegen, dass Wirkstoffe des Wermuts die Wirkung von Antibiotika bei multiresistenten Bakterien wiederherstellen können. In einer HMPC-Monografie (HMPC, Wermut) wird dem Wermut der Status einer traditionellen Arznei zugewiesen.

Rezepturen mit Wermut:
Wermutwein (S. 212), G'sundoxymel (S. 207)

DIE SCHWARZE BLÜTE
bildet das Zentrum der Dolde

Wilde Karotte

Daucus carota

Sie wächst auf unseren Wiesen – und ist jene Pflanze, aus der der Mensch die heutige Karotte gezüchtet hat.

Geschichtliches

Die heilende Wirkung der wilden Karotte findet bereits Erwähnung bei Dioscorides, einem griechischen Arzt aus dem 1. Jahrhundert in dem Buch „De Materia Medica".

Inhaltsstoffe

Die bedeutendsten Inhaltsstoffe sind das Carotin, Alpha- und Beta-Carotin, sowie das Provitamin A. Die ätherischen Öle und etliche Fruchtsäuren (Apfelsäure, Citronensäure, Chinasäure, Bernsteinsäure und Fumarsäure) bringen ihren Geschmack zustande und ein hoher Anteil an Pektin macht die Wurzel noch gesünder. Sie ist reich an Terpenen, Phenolen und Flavonoiden, wobei die Monoterpene und Sesquiterpene vor allem in den oberirdischen Teilen, den Blättern und Blüten, zu finden sind.

Wirkung und Anwendung

Karotten sind eigentlich Nahrungsmittel, aber so gesund, dass sie besondere Erwähnung verdienen. Die überlieferten Wirkungen der wilden Karotte sind harntreibend, sie hilft gegen Nieren- und Gallensteine, ist verdauungsfördernd, fiebersenkend, entzündungshemmend, schmerzlindernd, antidiabetisch und antiseptisch – also die ganze Palette. Die Wurzel der wilden Karotte ist weißlich und kleiner und holziger als unsere Speisekarotten, die ganze Pflanze ist aber essbar.
Die Pektine wirken als Ballaststoffe und können den Cholesterinspiegel senken.

Was sagt die Wissenschaft?

Über die wilde Karotte gibt es kaum wissenschaftliche Studien, aber viele Untersuchungen zu ihren Inhaltsstoffen und deren Wirkung in vitro. Eine sehr gute Zusammenfassung darüber ist in einer Übersichtsarbeit (Ismail J, 2023) zusammengefasst.

SONNENGELBE BLÜTENBLÄTTER
der Schmetterlings-blüte

Wundklee

Anthyllis vulneraria

Der Wundklee ist ein Bodenverbesserer: Er kann in Symbiose mit Knöllchenbakterien Stickstoff fixieren und Schwermetalle binden.

Geschichte

Der Wundklee hat noch keine lange Geschichte als Heilpflanze, wurde jedoch – wie der Name bereits verrät – zur Wundheilung verwendet.

Inhaltsstoffe

Eine genaue Analyse der Inhaltsstoffe des Wundklees zeigte vor allem einen Reichtum an Saponinen (Saikogenin) und Flavonoidglykosiden (unter anderem Kaempferol und Quercetin) (Lorenz P, 2020).

Wirkung und Anwendung

Da es wissenschaftlich noch sehr wenige Studien über den Wundklee als Heilpflanze gibt, gibt es derzeit noch wenig Anwendung. Eine Eigenschaft, die derzeit Aufmerksamkeit bekommt, ist aber seine antimykotische Wirkung gegen Hautpilze. Der Wundklee findet neuerdings immer öfter Anwendung in der Kosmetik (Csepregi R, 2020).

Was sagt die Wissenschaft?

Es gibt sehr wenige wissenschaftliche Artikel über den Wundklee, die meisten davon über seine Schwermetallresistenz in Symbiose mit Knöllchenbakterien und seine Fähigkeit, Stickstoff zu fixieren.

Rezepturen mit Wundklee:
Wundkleesalbe (S. 200), Pflegecreme (S. 204)

DIE STÄNGEL übernehmen die Fotosynthese, da die Blätter zu klein sind

Zinnkraut / Ackerschachtelhalm

Equisetum arvense

Das Zinnkraut hat eine Besonderheit: Die ersten Triebe im Frühjahr sind fertil und tragen Sporangien.

Diese sterben bald nach dem Aufstäuben ab. Anschließend schießen die typischen sterilen, buschigen Triebe aus der Erde, die für die Heilkunde und Kosmetik verwendet werden.

Geschichtliches

Das Zinnkraut wurde früher wegen seines hohen Gehalts an Kieselsäure zum Reinigen von Zinngeschirr verwendet; daher auch sein Name. Die alten Griechen und Römer verwendeten das Zinnkraut zur äußerlichen Behandlung von Hautkrankheiten wie Ekzemen, bei Verbrennungen und zur Wundheilung.

Inhaltsstoffe

Das Zinnkraut enthält einen hohen Anteil an anorganischen Mineralien, davon besonders viel Kieselsäure, und einen geringeren Anteil an Silikaten, Magnesium, Aluminiumchlorid und Kaliumchlorid. Es enthält ebenfalls Flavonoide, vor allem Kaempferol- und Quercetinglykoside.

Wirkung und Anwendung

Die Pflanze ist ein traditionelles Phytomedikament, das weltweit als Diuretikum eingesetzt wird und von der Europäischen Arzneimittel-Agentur (EMA) und der brasilianischen nationalen Gesundheitsüberwachungsbehörde (ANVISA) streng reguliert wird. In der Volksmedizin wird es zur Stärkung des Bindegewebes und bei Nieren- und Blasenleiden, bei brüchigem Haar und Nägeln verwendet. Dazu kann man einen starken Aufguss machen (einen Esslöffel getrocknetes Zinnkraut 15 Minuten leicht köchelnd ziehen lassen) und für ein Vollbad verwenden. Auch in Cremen und Salben kann es zur Stärkung des Bindegewebes verwendet werden.

Was sagt die Wissenschaft?

In einer brasilianischen klinischen Studie wurde der blutdrucksenkende Effekt von Zinnkraut bestätigt (Carneiro DM et al, 2022).

Rezepturen mit Zinnkraut:
Antifaltencreme mit Rotklee (S. 203), Zinnkrautsalbe in Olivenöl (S. 200), Nierenfreund (S. 194)

ZIRBENNADELN
mit kleinem
Zapfen

Zirbe

Pinus cembra

Die Zirbe wächst in alpinen Höhenlagen zwischen 1300 und 2850 Metern und ist ein sehr frostresistenter Baum: Er überlebt unbeschadet Temperaturen bis zu -43 °C.

Geschichtliches

Hippocrates erwähnte bereits die Zirbe als Heilmittel gegen Entzündungen, Zirbenpech wurde im Mittelalter für die Wundheilung verwendet.

Inhaltsstoffe

Relevant sind von der Zirbe die ätherischen Öle. Sie bestehen zu 44 % Alpha-Pinene, Beta-Phellandrene, Limonene und Beta-Pinene (Garzoli S, 2021).

Wirkung und Anwendung

Heute findet die Zirbe – ihre ätherischen Öle, das Pech und die Rinde – in der traditionellen Medizin verschiedene Anwendungen gegen Herzkrankheitsprobleme und gegen Atemwegserkrankungen. Vor allem seine beruhigende und schlaffördernde Wirkung wird hervorgehoben.

Im alpinen Raum hat die Zirbe, vor allem das Zirbenholz, einen sehr hohen Stellenwert, es gibt einen richtigen Kult um das Zirbenholz im Schlafzimmer. Es wird angenommen, dass Zirbenholz die Schlafqualität verbessert. Es wird auch viel Werbung in dieser Hinsicht gemacht. Es gibt ein paar kleine Studien, die verbesserte Atmung und niedrigeren Herzschlag beobachteten, jedoch sind diese Studien viel zu klein, um von wissenschaftlicher Evidenz zu sprechen.

Was sagt die Wissenschaft?

Die Meinung und die Werbung über die schlaffördernden Eigenschaften des Zirbenholzes sind weit verbreitet, es gibt jedoch dazu nicht genug geeignete Studien. Etliche kurze Studien konnten kaum oder nur minimale schlaffördernde Eigenschaften feststellen. Es gibt mehrere gerichtliche Anweisungen, die festhalten, dass diese Behauptungen zum Zwecke der Werbung als unlauterer Wettbewerb einzustufen sind und gegen das Heilmittelgesetz verstoßen. Ich nehme an, dass zu diesem Thema die Studien fortgesetzt werden, bis Klarheit geschaffen sein wird.

ZWEISEITIG SYMMETRISCH:
die Blüte der Zitronenmelisse

Zitronenmelisse

Melissa officinalis var citrata

Diese Pflanze duftet nicht nur herrlich zitronig. Sie ist auch als DAS Kraut zur Entspannung bekannt.

Geschichtliches

Der Name Melisse kommt vom Altgriechischen melissa (die Biene) oder meli (der Honig). Die Melisse ist eben ein sehr beliebtes Bienenfutter. Die barfüßigen Karmeliterinnen entwickelten mit der Melisse im 17. Jahrhundert ein Elixier zur Behandlung von Angstzuständen und Migräne, den Karmelitergeist. Heute noch ist der „Klosterfrau Melissengeist" sehr beliebt.

Inhaltsstoffe

Die Blätter der Melisse enthalten ätherische Öle wie Citral, Citronella, Linalol und Geraniol. Etliche Triterpene (Geranial) sind isoliert worden, die antimikrobielle Eigenschaften zeigten. Ganz wichtig sind die Phenole und Flavonoide, wie Luteolin, Vanillin, Apigenin, Rosmarinsäure und viele mehr, welche antioxidative Wirkung haben (Zam W, 2022).

Wirkung und Anwendung

Wirklich hervorzuheben sind die angstlösenden Eigenschaften der Melisse. Die ätherischen Öle der Zitronenmelisse wirken entspannend und entkrampfend. Die Melisse hilft dabei, zur Ruhe zu kommen und besser einzuschlafen. Große Hoffnung geben einige Berichte, dass alkoholische Extrakte der Melisse die Acetylcholinesterase hemmen, was gut gegen Alzheimer und gut fürs Gedächtnis sein könnte. Die antioxidativen Eigenschaften schützen die Nervenzellen und entzündungshemmende Stoffe sind sehr hilfreich, um den Alterungsprozess zu verlangsamen. Ein großer Vorteil der Zitronenmelisse ist ihre Sicherheit und die Abwesenheit von Nebenwirkungen.

Was sagt die Wissenschaft?

Es gibt sehr viele wissenschaftliche Arbeiten über die Wirkstoffe der Melisse und ihre potenziellen Mechanismen. An Tierversuchen sind die Wirkungsmechanismen aufgeklärt; kleine menschliche Studien bestätigen die angstlösenden und beruhigenden Eigenschaften (Mathews IM, 2024).

Rezepturen mit Melisse:
G'sundoxymel (S. 207), Winterbluestee (S. 194), Raumspray für die Nacht – mit Lavendel oder Zitronenmelisse (S. 224)

FEINE HÄRCHEN
an der Unterseite
des Blattes

Zitronenverbene

Aloysia citrodora

Sie schaut harmlos aus mit ihren schmalen grünen Blättern. Die enthaltenen Wirkstoffe sind jedoch beeindruckend.

Geschichtliches

Die Zitronenverbene, auch Zitronenstrauch genannt, stammt ursprünglich aus Bolivien und Paraguay und kam erst Ende des 18. Jahrhunderts nach Europa.

Inhaltsstoffe

Einem der Hauptbestandteile der Blätter der Zitronenverbene, das Polyphenol Verbascosid, werden die antioxidativen und beruhigenden Effekte zugeschrieben. Etliche weitere Bestandteile der alkoholisch-wässrigen Extrakte sind Mono- und Sesquiterpene, Luteolin, Diosmetin, Chrysoeriol, Neral, Geranial und etliche mehr.

Wirkung und Anwendung

In der traditionellen Medizin findet die Zitronenverbene Anwendung gegen Stress, Einschlafstörungen und bei Verdauungsproblemen. Die Wissenschaft hat deren Wirkstoffe genau bestimmt und deren Mechanismen untersucht. Dem Polyphenol Verbascosid werden die beruhigenden Eigenschaften zugeschrieben. In Tierversuchen wurde gefunden, dass Extrakte der Zitronenverbene zu einer Erhöhung des Wachstumsfaktors BDNF (Brain-Derived Neurotrophic Factor) und der Neurotransmitter Serotonin, Noradrenalin und Dopamin führt. BDNF spielt eine wichtige Rolle bei der Ausbildung von Synapsen und für die Signalleitungen des Nervensystems.

Was sagt die Wissenschaft?

Über die schlaffördernde Wirkung der Zitronenverbene gibt es eine klinische Studie, die diese eindeutig bestätig.
In der Studie wurde auch eine Erhöhung der Plasma-Melatonin-Menge beobachtet (Perez-Pinero S, 2024).

Diese Pflanze ist ein wahres „Gute Nacht“-Kraut.

Der Weg zum Wirkstoff

Die Kraft der Pflanzen

Auf dem Weg der Inhaltsstoffe von der wilden Wiese bis in ein fertiges Produkt gibt es einige wichtige Schritte zu gehen. Es beginnt damit, sich genau zu überlegen, wie viel von welcher Pflanze gebraucht wird – denn es sollte der Natur nicht mehr entnommen werden als nötig. Nur so kann die Biodiversität der Wiese erhalten bleiben.

Die Ernte

Dieser erste Schritt ist eigentlich der wichtigste, da er die Qualität des Endprodukts mitbestimmt. Er beginnt mit der Auswahl des Ortes und dem Zeitpunkt des Pflückens. Die beste Ernte kann man in einer höheren Lage und fern von einer Straße auf einer wilden Wiese einholen. Es ist wichtig, nicht in fremde Wiesen zu steigen und unbedingt um Erlaubnis zu bitten, ob ein paar Kräuter gepflückt werden dürfen. Auch das Wetter spielt eine Rolle: Es muss jedenfalls trocken sein, denn feuchte Kräuter schimmeln leicht. Idealerweise sollte die Sonne fest scheinen. Die beste Zeit ist zwischen 11 und 15 Uhr, zumindest wenn Blüten geerntet werden sollen, denn um die Mittagszeit sind diese maximal geöffnet.

Unser Motto am Leierhof ist: wild gewachsen, handgepflückt und luftgetrocknet.

Auf wilden Wiesen gibt es außerdem eine goldene Regel: Nur jede dritte Pflanze sollte zu je einem Drittel gepflückt werden. Dabei außerdem darauf achten, dass die Wurzel nicht ausgerissen wird (es sei denn, man möchte die Wurzel ernten – wie zum Beispiel beim Baldrian oder der Blutwurz)! Wenn möglich, sollten nur die Blütenblätter gepflückt werden und nicht die ganze Blüte, denn dann kann die restliche Blüte mit dem Samen vor Ort bleiben und die Pflanze sich weiterverbreiten.

Pflücke nur so viel, wie du wirklich brauchst!

Der Zweck

Eine Frage sollte schon bei der Ernte beantwortet werden: Was möchte ich mit den Kräutern machen? Sollen sie direkt, als Salat, frisches Kräutergewürz, für Brotaufstrich oder einen frischen Tee verwendet werden, bleiben sie einfach unbehandelt. Sollen jedoch die Wirkstoffe aus den Pflanzen gewonnen werden, muss überlegt werden, um welche Wirkstoffe es sich handelt und ob diese fett-, wasser- oder alkohollöslich sind.

Sind die Wirkstoffe wasserlöslich, können sie nicht in Öl bzw. Fett eingelegt werden – und umgekehrt: Fettlösliche Wirkstoffe können nicht in Wasser gelöst werden. Will man die ätherischen Öle einer Pflanze gewinnen, können diese destilliert oder in Öl extrahiert werden.

Mit den gewonnenen Kräuterextrakten können sehr viele verschiedene Produkte hergestellt werden: Salben, Cremen, Oxymele, Hydrolate, Seifen, Sprays und sehr vieles mehr. Der Kreativität sind keine Grenzen gesetzt.

Für die Herstellung einer Salbe, die aus Fett besteht, nimmt man am besten einen Ölextrakt und mischt eine Tinktur dazu mit einem natürlichen Emulgator, um auch wichtige alkohollösliche Wirkstoffe zu bekommen (ein Emulgator ist ein Stoff, der sowohl wasser- als auch fettlösliche Substanzen binden kann und diese zu einer Emulsion miteinander verbindet).

Für die Herstellung von Cremen können sowohl fett- als auch wasserlösliche Wirkstoffe verwendet werden, weil Cremen aus einer Fett- und einer Wasserphase bestehen.

Mit getrockneten Kräutern kann man Kräutersalz, Kräuterpulver aus Wurzeln, Blüten und Blättern und Tees bereiten.

Das Trocknen

Das Trocknen von Kräutern ist eine eigene Wissenschaft. Und ich persönlich nehme das auch genauso ernst und bin sehr streng, wenn es um das Trocknen geht! Mein Anspruch ist: So schonend wie möglich trocknen, in einem luftigen Raum, nicht zu warm, nicht zu kalt und nicht zu feucht. Ich lege die Kräuter entweder in einem Kräutertrocknernetz locker auf oder lege sie in flache Kisten.

Maschinelle Heißlufttrockner verwende ich gar nicht, weil die Kräuter darin ihren Duft und ihre Farbe verlieren.

Kräuter enthalten viel Wasser: Von einem Kilogramm feuchter Kräuter bleiben nach dem Trocknen nur 100–200 g Kraut. Deswegen ist es auch empfehlenswert, die Pflanzen dann zu ernten, wenn alles schön trocken ist.

Aufbewahrt werden die getrockneten Kräuter am besten im Dunkeln in Gläsern, Metalldosen oder Stoffsäckchen.

Persönliche Kräuterprodukte

Sich einen persönlichen Kräutertee zu mischen wird schnell zum Kult, denn hier hat man die Wahl, einfach intuitiv jene Kräuter auszusuchen, auf die man gerade Lust hat. Bei meinen Kräuterkursen versuche ich so wenig Einfluss auf die Teilnehmenden zu nehmen, wie möglich. Sie bekommen eine Liste mit Kräutern und deren Wirkstoffen, dann werden alle verfügbaren Kräuter aufgestellt und jeder macht sich eine eigene Mischung. Es ist sehr spannend, was dabei rauskommt. Ähnliches gilt für die Kräutersalze und Kräuterpulver. Dabei ist sehr wichtig, dass die Kräuter wirklich gut getrocknet sind. Es ist auch immer besser, sie nicht zu stark zu zerkleinern, beim Teemischen nur mit den Händen klein zu ribbeln (das duftet herrlich und ist der schönste Moment beim Teemischen). Für das Kräutersalz und das Kräuterpulver mischt man einfach, was gerade frisch wächst, am besten in einem Zerkleinerer aus Glas, nicht zu lange, das Gerät soll auf keinen Fall heiß werden. Beim Kräutersalz ist das Verhältnis Kräuter zu Salz ein Thema, denn die Kräuter sind viel leichter als das Salz. Optimal finde ich die Gewichtung 20 % Kräuter zu 80 % feinem Salz. Welches Salz man wählt, ist Geschmackssache.

Extrakte und Tinkturen

Alkoholextrakte

Für Alkoholextrakte müssen die Kräuter nicht erst getrocknet werden – sie können gleich frisch eingelegt werden. Hydrophil (wasserliebend beziehungsweise wasserlöslich) sind Alkaloide und Anthocyane, Glykoside sowie die meisten Flavonoide, wenn sie genügend Hydroxylgruppen enthalten (je mehr OH-Gruppen ein Stoff hat, desto besser ist er in Wasser und Alkohol löslich).

Alkoholische Extrakte sind einfach anzusetzen: Ein verschließbares Glas mit dem gewünschten Kraut füllen, dann mit Alkohol bedecken und 6-8 Wochen stehen lassen. Durch einen Kaffeefilter filtern und in eine dunkle Flasche füllen. Alkohol kann man aus der Apotheke holen und auf den gewünschten Alkoholanteil mit destilliertem Wasser verdünnen oder man nimmt Korn, Wodka oder Gin, egal. Die meisten Extrakte werden mit 38–40 Vol.-% Alkohol gemacht, die Wurzeln, wie zum Beispiel Sonnenhut oder Blutwurz, werden mit 60 Vol.-% Alkohol angesetzt.

Reine Wasserextrakte sind nicht haltbar, deswegen werden wasserlösliche Stoffe meist in Alkohol mit verschiedenen Wasseranteilen eingelegt. 40–90 Vol.-% Alkohol sind möglich. Am häufigsten verwendet man 40 Vol.-% Alkohol.

Ölextrakte

Bevor man Kräuter in Öl einlegt, müssen sie wirklich sehr gut getrocknet werden. Das ist sehr wichtig – denn Kräuter enthalten viel Feuchtigkeit und würden das Öl schnell ranzig werden oder sogar schimmeln lassen. Während der Extraktion müssen die Kräuter gut mit Öl bedeckt sein, damit kein Sauerstoff dazukommt, er könnte die Wirkstoffe oxidieren.

Ölextrakte nennt man auch Mazerate vom lateinischen Wort „macerare“, was einweichen bedeutet.

Fettlöslich, auch lipophil genannt, sind unter anderem ätherische Öle (diese sind auch leicht flüchtig), Carotinoide, Cumarine, Phytosterine, Steroide, die meisten Terpene, Iridoide, Polyphenole und Saponine.

Es gibt mehrere Verfahren, um die fettlöslichen Wirkstoffe zu bekommen: Zuerst sollen die Kräuter klein geschnitten werden, denn je mehr Oberfläche mit dem Lösungsmittel in Berührung kommt, desto effizienter und schneller geht die Extraktion voran. Wenn man Zeit hat, macht man am besten einen Kaltauszug für mindestens zwei Wochen, am besten 2 Monate bei Raumtemperatur und im Dunkeln. Es gibt eine einzige Ausnahme: Das Johanniskrautblütenöl, auch Rotöl genannt, wird in der Sonne ausgezogen. Der Extrakt sollte täglich oder ein paar Mal pro Woche geschüttelt werden, damit das Öl überall dazukommt. Wenn der Extrakt fertig ist, wird er gefiltert, am besten mit einem Kaffeefilter.

Wenn man es eilig hat, kann man auch ein Schnellverfahren im Wasserbad machen. Dafür werden die Kräuter in Öl eingelegt und zugedeckt eine Stunde im Wasserbad bei 40 °C erwärmt, dann über Nacht bei Zimmertemperatur stehen gelassen. Diese Prozedur wird noch zweimal wiederholt, sodass am dritten Tag bereits gefiltert werden kann.

Beinwellwurzel in Olivenöl

Im Herbst, wenn die Beinwellpflanze fast verschwunden ist und nur noch getrocknete Blätter da sind, werden die Wurzeln gezogen. Da braucht man sich nicht zurückzuhalten, denn der Beinwell vermehrt sich sehr effektiv über die Wurzeln und im nächsten Jahr kommen die Pflanzen leicht wieder. Die Wurzeln werden dann von der Erde gesäubert, getrocknet, mit einer Bürste gebürstet, in kleine Stücke geschnitten und in Olivenöl eingelegt. Ich mache meistens ein Schnellverfahren, 1 Stunde bei 40 °C, lasse sie über Nacht bei Zimmertemperatur stehen. Das wiederhole ich noch zweimal und filtere das Mazerat, bevor ich es für die Aufbewahrung in eine dunkle Flasche fülle.

Spitzwegerich in Sonnenblumenöl – das Heilöl

Der Spitzwegerich wird meistens in Sonnenblumenöl gelegt, weil dieses farblos und geruchsneutral ist. Dazu getrocknete Spitzwegerichblätter in einem Glas mit Öl bedecken und 2–8 Wochen im Dunkeln bei Zimmertemperatur stehen lassen. Anschließend filtern und in dunkle Flaschen füllen. Dieses Heilöl eignet sich besonders zum Brusteinreiben bei Kindern („Kinder-WICK-VapoRub“) oder gegen juckende Gelsenstiche und Blasen.

Wundklee und Ringelblume in Mandelöl

Den Wundklee und die Ringelblumen lege ich am liebsten in Mandelöl ein. Dafür lege ich die gut getrockneten Kräuter in ein Glas und fülle dieses mit so viel Mandelöl auf, dass die Blüten gut bedeckt sind. Das Ganze bleibt 4–8 Wochen in einem dunklen und kühlen Raum stehen. Nach dem Filtern ist das Öl fertig.

Schafgarbe in Olivenöl

Wild gewachsene Schafgarbe (Kraut mit weißen und rosa Blüten) werden trocken geerntet, dann an der Luft für zwei Tage getrocknet. Die trockenen Kräuter werden in ein Glas gegeben, das mit Olivenöl aufgefüllt wird, sodass wenig Raum für Luft bleibt. Das Glas wird dann verschlossen, täglich geschüttelt und für 6–8 Wochen bei Raumtemperatur im Dunkeln stehen gelassen. Dann wird das Öl gefiltert und in dunkle Falschen gefüllt.

Johanniskrautblüten in Distelöl – das Rotöl

Die Blüten des Johanniskrauts werden einzeln bei Sonnenschein geerntet (am Leierhof geschieht das meist Ende Juni bis Anfang Juli). Nach dem Trocknen werden sie in Distelöl eingelegt, wobei sie gut bedeckt sein müssen. Das Glas wird dann verschlossen, täglich geschüttelt und für 6–8 Wochen in der Sonne stehen gelassen, bis das Öl tiefrot verfärbt ist. Dann wird das Öl gefiltert und in dunkle Flaschen gefüllt. Dieses Öl ist wunderbar gegen Verbrennungen. So ein Fläschchen sollte in jeder Küche bereitstehen. Es ist auch gut gegen Sonnenbrand (Vorsicht: Wenn man sich damit eingeschmiert hat, darf man nicht in die Sonne, weil dieses Öl phototoxisch ist) und ein herrliches Badeöl.

Hydrolate

Ein Hydrolat entsteht beim Destillieren von Pflanzen durch das Abkühlen des Wasserdampfs, der durch die Kräuter hochsteigt und oben wieder abgekühlt wird. Alle ätherischen Öle, die leichter flüchtig sind als Wasser, werden mit dieser Methode gewonnen und schwimmen dann an der Oberfläche des Destillats. Man braucht dazu eine gute Destille, am besten für 2 Liter Wasser. Sehr wichtig ist, dass alle Gefäße und vor allem die Auffangflasche sehr sauber (am besten steril) sind, denn die Haltbarkeit von Hydrolaten ist kurz, wenn nicht sauber gearbeitet wird.

In das untere Gefäß der Destillationsapparatur werden 2 Liter Wasser gefüllt, darauf wird ein Dampfgarsieder gestellt und mit den gewünschten Kräutern gefüllt (je mehr desto besser). Der obere Teil der Apparatur wird an den Wasserhahn mit dem Kühlwasser angeschlossen. Es gibt unterschiedliche Apparaturen, je nach Modell einfach der Anleitung folgen. Die Apparatur auf eine Kochplatte stellen und so erwärmen, dass das Wasser leicht köchelt. Nach ca. 20–30 Minuten kommen die ersten Destillattropfen. Es ist ratsam, die ersten 50 Milliliter als Vorlauf zu entsorgen. Die Destillation weiter laufen lassen, bis circa 1 Liter vorhanden ist.

Hydrolate selber herzustellen ist für mich eine reine Wohltat, denn der Duft verbreitet sich in der ganzen Kräuterküche.

PH-WERT EINSTELLEN

Damit das Rokonsal (ein Konservierungsmittel in Cremen) seine Wirkung als Konservierungsstoff entfalten kann, muss der pH-Wert schwach sauer zwischen 4 und 5 sein. Der pH-Wert wird mit ein paar Tropfen Milchsäure eingestellt und mit einem üblichen pH-Teststreifen gemessen.

RINGELBLUME IN MANDELÖL

KAPUZINERKRESSE IN APFELESSIG

Die Rezepturen

Willkommen in meiner Kräuterküche

In diesem Kapitel stelle ich meine ganz persönlichen Lieblingsrezepte vor. Diese sollen vor allem Freude bereiten – deshalb sind sie auch leicht nachzumachen. Allein die Herstellung von Hydrolaten und Cremen ist etwas aufwendiger.

Ich möchte noch einmal auf die „goldene Regel" hinweisen, die besagt, dass kein Kraut länger als drei Wochen durchgehend eingenommen werden sollte. Wenn möglich, sollte nach drei Wochen eine Pause eingelegt oder zu einem anderen Kraut mit anderen Wirkstoffen, aber ähnlicher Wirkung gewechselt werden. Das verhindert Nebenwirkungen und einen eventuellen Wirkungsverlust. Ausnahme ist der Mönchspfeffer bei Menstruationsbeschwerden.

Tees

Für jede Lust und Laune

Wichtig für die Kräutertees ist, dass die Kräuter gut behandelt werden, ganz nach meinem Motto: wild gewachsen (damit sie viele Wirkstoffe enthalten), handgepflückt (damit nur die besten und nicht zu viele Pflanzen geerntet werden) und luftgetrocknet (damit sie ihre Farbe und Wirkstoffe nicht verlieren).

Kräutertee kann jeder selbst zusammenstellen – nach Lust und Laune. Wenn der Tee gegen bestimmte Beschwerden wirken soll, dann sollte ein Hauptkraut ausgewählt und dieses mit wohlschmeckenden Blättern (wie beispielsweise Himbeer- oder Brombeerblätter) als „Füllstoff" abgeschmeckt werden.

Im Allgemeinen übergieße ich die Kräuter nicht mit kochendem Wasser, sondern lieber mit 80 °C heißem, dafür lasse ich sie etwas länger (etwa 15–20 Minuten) ziehen. Das ist schonender für die Wirkstoffe. Eine Ausnahme ist der Zinnkrauttee, den muss man 10–15 Minuten köcheln lassen, damit die enthaltene Kieselsäure auch extrahiert wird.

Bergtee

Ein Alltagstee, leicht und wohltuend

Schafgarbe | Salbei | Rotklee | Dost | Brennnesselblätter | Lavendelblüten | Rosenblüten

Schafgarbe, Salbei, Rotklee, Dost und Brennnesselblätter zu gleichen Teilen mischen. Lavendel- und Rosenblüten in einer kleineren Menge dazugeben.

Pippilottas Wiesenblumentee

Der Enkelin-Tee

Schafgarbe | Ringelblumenblüten | Lavendelblüten | Dost | Rotklee | Rosenblüten | Moschusmalve

Kräuter zu gleichen Teilen mischen. Dieser Tee ist so bunt und lebensfroh wie meine Enkelin Pippilotta, die ihn zusammengestellt hat.

Frauentee

Ein treuer Begleiter für Frauen.

Schafgarbe | Rotklee | Frauenmantel

Kräuter zu gleichen Teilen mischen. Nach Belieben können noch Hopfenblüten oder Hanfblüten hinzugefügt werden. Gegen das Schwitzen in der Menopause sind Salbeiblätter eine gute Ergänzung.

BDS-Tee

Mein Tee gegen Aufregung

Brennnesselblätter | Brombeerblätter | Schafgarbe

Kräuter zu gleichen Teilen mischen. Dieser Tee wirkt blutdrucksenkend – BDS.

Brennnesseltee

Für jeden Morgen

Brennnesselblätter

Dieser Tee sollte zum festen Bestandteil des morgendlichen Rituals gehören. Damit er Farbe bekommt, können ein paar Schlüsselblumen und Minzblätter hinzugefügt werden.

Nierenfreund

Ich nenne diesen Tee auch „Pinkeltee".

Brennnesselblätter | Schafgarbe | Flockenblumen | Hohlzahn | Zinnkraut

Kräuter zu gleichen Teilen mischen. Wegen des Zinnkrauts muss dieser Tee 10 Minuten leicht köcheln.

Winterbluestee

Auch Schlaftee genannt

Hopfen | Johanniskraut | Zitronenmelisse | Baldrianwurzeln

Hopfen, Johanniskraut und Zitronenmelisse zu gleichen Teilen mischen. Dann abwiegen. Ein Viertel dieser abgewogenen Menge an getrocknetem und klein geschnittenem Baldrian zugeben.

Das ist der Lieblingstee meines Sohnes Constantin. Vor dem Schlafengehen trinken. Wegen des Johanniskrauts ist dieser Tee nicht zu empfehlen, wenn Sie Medikamente oder die Antibabypille nehmen.

Wintertee

Ein wärmender Begleiter

Salbei | Zitronenmelisse | Holunderblüten | Thymian

Kräuter zu gleichen Teilen mischen.

Pippilottas
Wiesenblumentee
enthält Moschusmalve
Ringelblume, Rosen, Dost,
Lavendel, Schafgarbe und
Rotklee

Kräuter- und Gewürzmischungen

Gesundheit trifft Genuss

Kräuter sind die Krönung jeder mit Liebe und Nachsicht zubereiteten Speise. Sie werten jede frisch zubereitete Speise auf, geben dem Essen dabei nicht nur einen guten Geschmack, sondern fügen eine heilende Komponente hinzu.

Kräuter können unter anderem die Verdauung unterstützen, den Stoffwechsel anregen, der Leber und den Nieren dabei helfen, Gifte auszuscheiden. Sie können das Immunsystem stärken und vieles mehr. Jeder kann sich sein eigenes Kräutergewürz nach Lust und Laune zusammenstellen.

Mit den richtigen Gewürzen wird aus Essen und Trinken Medizin.

Brennnesselsamensalz

Das Salz für Superfoodies

100 g getrocknete Brennnesselsamen | 1 EL Pfefferkörner (am besten bunt gemischt) | 50 g Hanfsamen | 50 g Salz (Keltensalz)

Alles mischen und in einem Mixer fein mahlen. Kann so wie Pfeffer und Salz überall verwendet werden.

Der Samen der Brennnessel ist ein stärkendes und vitalisierendes Superfood. Er enthält viele Mineralien, 30 % ungesättigte Fettsäuren, viel Eiweiß und Vitamine.

Wildkräutersalz

Was auf der Wiese wächst

Salz | Giersch | Wiesenklee | Brennnesselblätter | Dost | Salbei | Thymian | Spitzwegerich | Löwenzahnblätter

Salz ist viel schwerer als die Kräuter, weswegen man das Verhältnis von Kräutern zu Salz gut auf die jeweiligen Gewürze abstimmen muss. Bei einem Verhältnis von 1:1 ist es nicht salzig genug. Deshalb empfehle ich eine Mischung von 20 % Kräutern und 80 % Salz.

Die Kräuter werden gut getrocknet, fein gemahlen und mit einem guten Salz gemischt. Ich mag das Keltensalz aus Hallein.

Mein Wildkräutersalz ist eine Mischung dessen, was gerade auf meinen Wiesen wächst. Am besten sind die kleinen, gerade frisch aufgehenden Blätter und Blüten. Eben alles, was gerade frisch da ist!

Bockshornkleesamen mit Mariendistelsamen

Stoffwechselmischung

Bockshornkleesamen | Mariendistelsamen

Samen zu gleichen Teilen mischen. Alles in einem Mixer zerkleinern und in einen Gewürzstreuer umfüllen.

Dieses Gemisch hat einen markanten Geschmack und ist besonders gut für den Stoffwechsel, bei Diabetes Typ 2 und fürs Herz.

Magic Drink mit Bockshornkleesamen

Das stärkt ungemein!

1 EL Tahin (Seesamenpaste) | 1 EL Mandelmus | 1 TL gemahlene Bockshornkleesamen mit Mariendistelsamen | ¼ l Mandelmilch | 3 Datteln | 1 Handvoll Heidelbeeren

Alle Zutaten im Mixer zu einem dickflüssigen Getränk verarbeiten.

Hagebuttenkernmehl

Bringt uns gesund durch den Winter

2 kg Hagebutten | 1 kg Äpfel

Für das Mehl brauchen wir nur die Hagebuttenkerne. Um das Hagebuttenfruchtfleisch schön für eine Marmelade oder ein Chutney weiterzuverwenden, gebe ich hier gleich die Äpfel mit dazu. Wer das nicht möchte, lässt sie weg.

Die Hagebutten am besten nach dem ersten Frost sammeln, reinigen und mit einem Mixer pürieren. Dann in einen großen Topf geben, Hagebutten und geschnittene Äpfel mit Wasser bedecken und 1 Stunde kochen, bis alles weich ist. Dann die Mischung fest durch ein Sieb drücken, bis die meiste Flüssigkeit bzw. das Mus durchgesiebt ist (dieses braucht man für das Hagebuttenkernmehl nicht, man kann es aber zu einer Marmelade oder einem Chutney weiterverarbeiten). Was wir brauchen, sind die Kerne, die oben im Sieb bleiben. Diese werden in einem Obst-Dörrer oder auf ein Blech mit Backpapier gelegt und im Backrohr bei 80 °C für 1–2 Tage getrocknet.

Die getrockneten Kerne werden dann fein mit einem Mahlwerk (z. B. in einem Hochleistungsmixer) gemahlen und in kleine Gewürzgläser gefüllt. Hagebuttenkernmehl kann man im Salat, in einem Brotaufstrich, im Müsli oder einfach so genießen.

Die Vitamin-C-Bombe für den Winter. Normalerweise überlasse ich die Hagebutten im Winter den Wildtieren und Vögeln! Also bitte nur wenige wild gewachsene Hagebutten pflücken.

Die Zubereitung ist sehr arbeitsintensiv – aber sie lohnt sich!

Salben

Einfach selbst gemacht

Salben bestehen aus einem oder mehreren Ölauszügen, die meistens mit 9–11 % Bienenwachs streichfähig gemacht werden. Wie Ölextrakte gemacht werden, ist ab S. 187 genau erklärt.

Das allgemeine Verfahren, um eine Salbe zu machen, ist recht einfach und wird in den jeweiligen Rezepturen beschrieben. Es gibt eine Vielzahl an Möglichkeiten, der Salbe mit Tinkturen oder ätherischen Ölen eine individuelle Note zu geben.

Alle Salbenrezepte sind für 1 kg Öl angegeben und ergeben circa 20–22 Salbentiegel zu je 50 ml.

Beinwellsalbe

Hilft bei Knochenbrüchen und Verstauchungen

200 g Olivenölextrakt vom Beinwell | 800 g Olivenöl | 95 g Bienenwachs

Für diese Salbe Olivenölextrakt vom Beinwell mit 800 g Olivenöl verdünnen, das Bienenwachs dazugeben, im Wasserbad schmelzen, gut rühren und in Salbentiegel zu je 50 ml gießen.

Den Deckel erst draufgeben, wenn die Salbe fest und abgekühlt ist.

G'schmeidigsalbe

Tschüss Schmerzen, bye-bye Entzündungen

je 200 g Olivenölextrakt von Hopfen, Günsel, Schafgarbe, Johanniskraut und Beinwell | 90 g Bienenwachs

Hopfen, Günsel, Schafgarbe, Johanniskraut und Beinwell in Olivenöl und Bienenwachs mischen. Im Wasserbad bei 60 °C erwärmen, bis das Bienenwachs geschmolzen ist. Dabei ständig rühren und in Glastiegel füllen. Erst wenn die Salbe vollkommen abgekühlt ist, wird der Deckel draufgegeben.

Auf diese Salbe bin ich besonders stolz, denn ich habe sie für eine Frau entwickelt, die zu mir kam und über geschwollene und schmerzende Fingergelenke geklagt hat. Ich habe mich in die Literatur vertieft und nach einer Kombination von Wirkstoffen gesucht, die gut zusammenpassen, Schmerz lindern, Entzündungen mindern und gut für Knochen und Gelenke sein sollten. So entstand meine Rezeptur für die „G'schmeidigsalbe", die Olivenölextrakte aus Hopfen und Günsel gegen Schmerzen, Schafgarbe gegen Entzündungen, Johanniskraut zur Heilung und Beinwell für „g'schmeidige" Gelenke enthält.

Magic Cream mit Schafgarbe

Entzündungshemmend und heilend

200 g Olivenölextrakt von der Schafgarbe | 800 g Olivenöl | 95 g Bienenwachs | 25 g Honig | 25 ml Propolisextrakt in 80 % Ethanol | 25 ml Alkoholextrakt von der Schafgarbe (38 % Korn)

Schafgarbe in Olivenölextrakt, Olivenöl und Bienenwachs zusammen in einen Topf geben. Diese Mischung im Wasserbad bei 60 °C erwärmen, bis das Bienenwachs geschmolzen ist. Danach Honig, Propolis und Schafgarbentinktur dazugeben. Während der Abkühlphase muss die Creme mit dem Mixer gemixt werden, denn der Honig, das Propolis und die alkoholische Tinktur vermischen sich ansonsten nicht. Erst durch das Mixen entsteht eine cremige Emulsion.

Sobald die Salbe beginnt, cremig zu werden, in Glastiegel füllen. Erst, wenn sie vollkommen abgekühlt ist, den Deckel draufgegeben.

Sie ist meine erfolgreichste Salbe. Das Grundrezept stammt aus dem alten Ägypten und soll Erzählungen nach von Kleopatra verwendet worden sein. Die Magic Cream besteht aus Olivenölextrakt – und allem von der Biene: Bienenwachs, Honig und Propolis. Das Gelee Royal lasse ich weg, weil ich von dessen Anwendung nicht überzeugt bin, da das Gelee Royal ein epigenetischer Regulator, spezifisch für die Biene, ist. Zu diesem Grundrezept füge ich einen Schafgarbenölextrakt und eine Schafgarbentinktur (siehe S. 188) dazu. Die Schafgarbe ist entzündungshemmend und wundheilend.

Ich habe in dieser Salbe Kleopatra mit Achilles vermählt.

Poldis Spitzwegerichsalbe

Gegen juckende Gelsenstiche

1 kg Olivenölextrakt vom Spitzwegerich | 95 g Bienenwachs | 20 Tropfen Zitronenöl | 20 Tropfen Lavendelöl

Ölextrakt mit Bienenwachs schmelzen. Zitronenöl und Lavendelöl dazugeben, gut rühren und in Salbentiegel abfüllen.

Diese Salbe ist auch geeignet, um sich bei Erkältungen mit Husten die Brust einzureiben.

Ich habe sie speziell für Kinder entwickelt. Mein Enkel Poldi kam, bedeckt mit juckenden Gelsenstichen, am Leierhof an und bat mich: „Oma, mach mir eine Salbe gegen meine Stiche." Gesagt, getan! Da ist der Spitzwegerich das Paradekraut. Die Blätter werden gesammelt und damit ein Extrakt mit Sonnenblumenöl bereitet (siehe Seite 187).

Johanniskrautsalbe in Distelöl

Bei Verbrennungen

500 g Distelölextrakt von Johannisblüten | 48 g Bienenwachs

Ölextrakt von Johannisblüten mit Bienenwachs im Wasserbad schmelzen und gleich in Glastiegel gießen.

Diese Salbe ist gut bei Verbrennungen und Sonnenbrand. Nach der Anwendung darf die Haut aber auf keinen Fall der Sonne ausgesetzt werden, denn Johanniskraut ist phototoxisch!

Zinnkrautsalbe in Olivenöl

Für starkes Bindegewebe

500 g Olivenölextrakt vom Zinnkraut | 48 g Bienenwachs | 10 ml Alkoholextrakt (38 % Korn) vom Zinnkraut

Ölextrakt vom Zinnkraut und Bienenwachs im Wasserbad erwärmen. Sobald das Bienenwachs geschmolzen ist, das Alkoholextrakt vom Zinnkraut hinzugeben, verrühren und in Glastiegel abfüllen.

Diese Salbe ist gut für die Oberschenkel, den Bauch und die Unterarme, denn Zinnkraut stärkt das Bindegewebe.

Wundkleesalbe in Mandelöl

Antimykotische Supersalbe

500 g Mandelölextrakt vom Wundklee | 500 g Mandelölextrakt von der Ringelblume | 95 g Bienenwachs | 20 Tropfen Thymianöl

Ölextrakt vom Wundklee und von der Ringelblume mit Bienenwachs im Wasserbad schmelzen. Thymianöl dazugeben, gut rühren und in Glastiegel füllen.

Diese Salbe hilft gegen Hautpilze, denn der Wundklee ist antimykotisch. Auch für Kinderpopos geeignet, wenn dieser durch die Windeln gerötet ist.

Salbeisalbe in Olivenöl

Wunderbar bei trockener Haut

500 g Olivenölextrakt von Salbei (S. 187, 4–6 Wochen ziehen lassen, dann abseihen) | 45 g Bienenwachs | 20 Tropfen Salbeiöl

Ölextrakt mit Bienenwachs im Wasserbad unter Rühren schmelzen. Sobald das Bienenwachs geschmolzen ist, das ätherische Öl unterrühren und in Glastiegel abfüllen.

Diese Salbe ist vielseitig anwendbar: gegen übermäßiges Schwitzen, gegen kleine Hautunreinheiten und gegen trockene Haut.

Ringelblumensalbe in Mandelöl

Die Haut freut sich

500 g Mandelölextrakt von Ringelblumen | 45 g Bienenwachs

Ölextrakt mit Bienenwachs im Wasserbad unter Rühren schmelzen und gleich in Glastiegel gießen.

Diese Salbe unterstützt den Heilungsprozess bei Wunden und kleinen Verletzungen und Irritationen der Haut.

Nasensalbe

Liebling für den Winter

250 g Lanolin | je 25 Tropfen Pfefferminz-, Eukalyptus- und Thymianöl

Lanolin im Wasserbad schmelzen, die ätherischen Öle unterrühren, etwas abkühlen lassen und in kleine Tiegel (15 ml) füllen.

Vor allem vor dem Schlafen die innere Seite der Nase damit einschmieren. Gut gegen trockene Luft, im Flugzeug oder wenn es wirklich kalt draußen ist.

Lärchenpechsalbe

Zum Glück Pech

500 g Olivenöl | 250 g Lärchenpech | 45 g Bienenwachs

Olivenöl mit dem Lärchenpech im Wasserbad aufwärmen, bis das Pech sich gut mit dem Öl vermischt hat. Bienenwachs dazugeben, schmelzen lassen und gleich in Glastiegel gießen. Beim Abkühlen wird sie schön fest und bleibt aber cremig.

Diese Salbe kann zur Behandlung kleiner Furunkel und Abszesse verwendet werden. Sie hilft auch bei rheumatischen und neuralgischen Schmerzen.

LÄRCHENPECH

Lärchenpech ist ein goldgelbes Harz. Seine Gewinnung ist etwas aufwendig. Entweder man kratzt das Pech, das bereits an den Bäumen zu finden ist, vom Baum, ohne diesen zu verletzen. Oder man kann den Baum unten tief anbohren und das Pech aus der Mitte des Baums mit einem Spezialbohrer herauslöffeln. Alternativ kann man das Pech auch in der Apotheke kaufen.

Kosmetische Cremen

Für Gesicht, Hände, Körper

Die Herstellung von kosmetischen Cremen ist etwas aufwendiger – aber es lohnt sich: Wenn man einmal eine Routine dabei entwickelt hat, ist es eine wunderbare Bereicherung, eigene Cremen, abgestimmt auf die individuellen Bedürfnisse, selbst herzustellen.

Während die Herstellung von Salben ganz unproblematisch ist (so lange die Kräuter gut getrocknet waren, bevor ein Ölextrakt hergestellt wurde), ist die Herstellung von Cremen weitaus heikler. Reines Öl, das in Salben enthalten ist, ist lange haltbar und wird selten schimmelig oder ranzig. Cremen hingegen bestehen zu einem Großteil aus Wasser, was zur Folge hat, dass sie leicht schimmeln, Bakterien darin gut wachsen können und sich die Wasser- und Ölphasen leicht wieder entmischen können. Wasser und Öl vermischen sich nicht, weswegen man dazu einen Emulgator braucht. Darunter versteht man einen Stoff, der sowohl mit Wasser als auch mit Öl bindet, und daher beide vereinen kann.

Bei der Herstellung von Cremen muss auf sterile Sauberkeit geachtet werden. Alle Töpfe und Geräte wie Stabmixer vorher abkochen, Glastiegel 2 Stunden bei 90 °C im Backrohr sterilisieren, Arbeitsfläche mit Alkohol reinigen, Hände desinfizieren.

Antifaltencreme mit Rotklee

Herrlich duftend und wohltuend

Rotkleeextrakt
10 g getrocknete Rotkleeblüten | 500 ml Weizenkeimöl

Zinnkrauttee
5 g getrocknetes Zinnkraut | 1 l destilliertes Wasser

Wasserphase
720 g Zinnkrauttee | einige Tropfen Milchsäure

Ölphase
360 g Rotkleeextrakt | 72 g Emulsan II | 48 g Sheabutter

Fertigstellen
12 g Rokonsal | 1,2 g Xantahn | 8 Tropfen Lavendelöl | 8 Tropfen Rosengeraniumöl

Außerdem
pH-Teststreifen

Zunächst das Rotkleeextrakt herstellen. Dafür getrocknete Rotkleeblüten in Weizenkeimöl 1 Stunde auf 40 °C erwärmen, über Nacht stehen lassen, am nächsten Tag wieder 1 Stunde auf 40 °C erwärmen, diese Prozedur noch 2-mal wiederholen, dann das Öl filtern, dabei die Blüten auspressen.

Für den Zinnkrauttee das Zinnkraut in destilliertem Wasser aufkochen und 10 Minuten köcheln lassen, dann filtern. Die Wasserphase mit ein paar Tropfen Milchsäure auf einen pH-Wert von 5 einstellen.

Die Wasserphase und Ölphase getrennt voneinander im Wasserbad auf 75 °C erwärmen. Dann die Wasserphase in die Ölphase geben, dabei 1 Minute mit dem Mixer quirlen. Rokonsal und das Xanthan dazugeben. Ätherische Öle beifügen, mischen und die Creme in sterile Glastiegel (50 ml) gießen.

Wenn die Creme abgekühlt ist, mit einer Deckeleinlage bedecken und den Deckel fest draufschrauben – dies dient dem Schutz der Creme.

Dieses Rezept habe ich mit Laura Tichy im Winter 2021/2022 entwickelt. Für den guten Duft mit Lavendel und Rosengeranie ist sie verantwortlich.

Pflegecreme

Für empfindliche Haut

Die Pflegecreme wechselt man am besten mit der Antifaltencreme ab. Sie ist für Gesicht, Hände und Körper gut geeignet. Das Mandelöl macht diese Creme sehr mild und gut verträglich.

Wundkleeextrakt
50 g frische Wundkleeblüten (2 Tage an der Luft getrocknet) | 1 l Mandelöl

Wasserphase
360 g Rotkleehydrolat (1:1 mit destilliertem Wasser) | einige Tropfen Milchsäure

Ölphase
120 g Wundkleeextrakt | 60 g Arganöl | 36 g Emulsan II | 24 g Sheabutter

Fertigstellen
6 g Rokonsal | 0,6 g Xanthan | 8 Tropfen Lavendelöl | 8 Tropfen Rosengeranienöl

Außerdem
pH-Teststreifen

Für den Wundkleeextrakt die Wundkleeblüten in Mandelöl 6–8 Wochen im Dunklen bei 15–18 °C stehen lassen. Dann wird das Öl gefiltert, dabei die Blüten auspressen, und in Glasflaschen gelagert.

Für die Wasserphase das Hydrolat mit ein paar Tropfen Milchsäure auf einen pH-Wert von 5 einstellen.

Sowohl die Wasserphase als auch die Ölphase im Wasserbad auf 75 °C erwärmen. Wenn beide Phasen genau 75 °C haben, die Wasserphase in die Ölphase geben, dabei 1 Minute mit dem Mixer quirlen. Rokonsal und Xanthan dazugeben. Ätherische Öle beifügen, mischen und die Creme in sterile Glastiegel (50 ml) gießen.

Feuchtigkeitscreme Rose

Wohltuend bei trockener Haut

Diese Creme ist sehr leicht und ideal für Frühling und Sommer. Sie duftet außerdem herrlich nach Rosen und ist schon bei der Herstellung eine echte Wohltat für alle Sinne.

Rosenextrakt
10 g getrocknete Rosenblütenblätter | 500 ml Mandelöl

Ölphase
70 g Rosenextrakt | 25 g Emulsan II | 30 g Sheabutter

Wasserphase
350 g destilliertes Wasser | 20 g Glycerin | einige Tropfen Milchsäure

Fertigstellen
5 g Rokonsal | 0,5 g Xanthan | 4 Tropfen Rosenholzöl

Außerdem
pH-Teststreifen

Zunächst das Rosenextrakt herstellen. Dafür die Rosenblüten in Mandelöl 1 Stunde auf 40 °C erwärmen, über Nacht stehen lassen, am nächsten Tag wieder 1 Stunde auf 40 °C erwärmen, diese Prozedur noch 2-mal wiederholen, dann das Öl filtern, dabei die Blüten auspressen.

Für die Wasserphase das destillierte Wasser zunächst mit dem Glycerin vermengen, dann mit ein paar Tropfen Milchsäure auf einen pH-Wert von 5 einstellen.

Sowohl die Wasserphase als auch die Ölphase im Wasserbad auf 75 °C erwärmen. Wenn beide Phasen genau 75 °C haben, die Wasserphase in die Ölphase geben, dabei 1 Minute mit dem Mixer quirlen. Rokonsal und Xanthan dazugeben. Das ätherische Öl beifügen, mischen und die Creme in sterile Glastiegel (50 ml) gießen.

Oxymele

Süß und sauer in Harmonie

Oxymel, eine Mischung aus Honig und Essig, könnte antioxidativ und entzündungshemmend wirken. Studien deuten Vorteile für Immunsystem, Verdauung und Stoffwechsel an. Ein vielseitiges Naturheilmittel.

Oxymel bedeutet auf Griechisch „saurer Honig“ (Oxy = sauer, mel = Honig). Im antiken Griechenland sind Heilkräuter in diesem Gemisch eingelegt worden, um die Wirkstoffe auf eine wohlschmeckende und haltbare Weise zu gewinnen. Das hat den Vorteil, dass man beim Verzehr keinen Alkohol zu sich nimmt, die Extrakte trotzdem sehr lange haltbar und auch für Kinder geeignet sind.

Oxymele werden im Verhältnis 1:8 bis 1:10 mit Wasser verdünnt und getrunken. Selbstverständlich kann man auch Mineralwasser mit oder ohne Kohlensäure verwenden, genauso Tees, Säfte, kalt oder warm. Man kann damit sogar Cocktails herstellen!

Hopfenoxymel

Perfekt für abends

Hopfenblüten | Apfelessig | Blütenhonig

Die frisch geernteten Hopfenblüten mit Apfelessig oder einem Gemisch aus gleichen Teilen Apfelessig und Honig vollständig bedecken. Das Gemisch sollte mindestens 3–4 Wochen kühl und dunkel stehen.

Danach den Auszug filtern (z. B. durch einen Kaffeefilter) und wiegen. Wenn Sie nur in Apfelessig eingelegt haben, mit der 3-fachen Menge Blütenhonig verrühren, wenn Sie in Apfelessig und Honig eingelegt haben, die gleiche Menge Honig zugeben, sodass zum Schluss ein Verhältnis von Honig zu Apfelessig von 3:1 entsteht.

Dieses Oxymel am besten abends, 1:8 mit Wasser verdünnt, trinken. Oder aber, noch viel köstlicher als „Bierxymel": mit Soda und Bier verdünnt.

Brennnesseloxymel

Hilft beim Entschlacken

Brennnesselblätter | Apfelessig | Honig

Brennnesselblätter mit Apfelessig oder einem Gemisch aus gleichen Teilen Apfelessig und Honig vollständig bedecken. Das Gemisch sollte mindestens 3–4 Wochen kühl und dunkel stehen.

Danach den Auszug filtern (z. B. durch einen Kaffeefilter) und wiegen. Wenn Sie nur in Apfelessig eingelegt haben, mit der 3-fachen Menge Blütenhonig verrühren, wenn Sie in Apfelessig und Honig eingelegt haben, die gleiche Menge Honig zugeben, sodass zum Schluss ein Verhältnis von Honig zu Apfelessig von 3:1 entsteht.

Dieses Oxymel wird am besten morgens vor dem Frühstück getrunken.

G'sundoxymel

Zur Stärkung des Immunsystems!

Thymian | Wermut | Salbei | Zitronenmelisse | Apfelessig | Blütenhonig

Die frisch geernteten Kräuter mengenmäßig nach Wunsch kombinieren. Mit einem Gemisch aus Blütenhonig und Apfelessig (1:1) bedecken. Das Gemisch sollte mindestens 6–8 Wochen kühl und dunkel stehen. Regelmäßiges Schütteln verbessert den Auszug.

Danach den Auszug filtern (z. B. durch einen Kaffeefilter) und wiegen. Dann die gleiche Menge Honig zugeben, sodass zum Schluss ein Verhältnis von Honig zu Apfelessig von 3:1 entsteht.

Zum Trinken wird das Oxymel 1:8 bis 1:10 mit Wasser oder Sodawasser verdünnt. Unverdünnt ist es köstlich als Salatsauce.

Fichtenwipfeloxymel in Waldhonig

Wirkt gegen Husten

Fichtenwipfel | Apfelessig | Waldhonig

Sobald die Fichten ihre ersten, hellgrünen Wipfel an den Enden der Äste bekommen, werden die Fichtenwipfel geerntet. Das ist im Mai/Juni.

Fichtenwipfel mit Apfelessig vollständig bedecken. Das Gemisch sollte mindestens 6–8 Wochen kühl und dunkel stehen.

Danach den Auszug filtern (z. B. durch einen Kaffeefilter), wiegen und mit der 3-fachen Menge Blütenhonig verrühren, sodass zum Schluss ein Verhältnis von Honig zu Apfelessig von 3:1 entsteht.

Hier kann man gut erkennen, wie die Fichtenläuse den Honigtau für die Bienen vorbereiten. Honigtau besteht aus den Ausscheidungen der Blattläuse, die den Siebröhrensaft der Nadelbäume, hier einer Fichte, essen, verdauen und dann ausscheiden. Die Bienen ernten diesen Honigtau und verarbeiten ihn zu Honig.

Hagebuttenoxymel

Vitaminschub

Hagebutten | Apfelessig | Honig

Hagebutten ernten, mit dem Mixer zerkleinern und mit Apfelessig bedecken. Das Gemisch sollte mindestens 3–4 Wochen kühl und dunkel stehen.

Danach den Auszug filtern (z. B. durch einen Kaffeefilter), wiegen und mit der 3-fachen Menge Blütenhonig verrühren, sodass zum Schluss ein Verhältnis von Honig zu Apfelessig von 3:1 entsteht.

Die Hagebutten, auch (und schöner) als Wildrosen bezeichnet, sind, im Herbst geerntet, als Vitamin-C-Quelle ein wertvoller Begleiter durch den Winter.

Kapuzinerkresseoxymel

Natürliches Antibiotikum

Kapuzinerkresse mit Blüten | Apfelessig | Honig

Kapuzinerkraut mit Blüten mit Apfelessig vollständig bedecken. Das Gemisch sollte mindestens 3–4 Wochen kühl und dunkel stehen.

Danach den Auszug filtern (z. B. durch einen Kaffeefilter), wiegen und mit der 3-fachen Menge Blütenhonig verrühren, sodass zum Schluss ein Verhältnis von Honig zu Apfelessig von 3:1 entsteht.

Die Kapuzinerkresse enthält leichtflüchtige Senföle, die erwiesenermaßen gegen etliche Viren und Bakterien wirken, in der Volksmedizin als natürliches Antibiotikum bezeichnet. Dieses Oxymel ist gut bei Atemwegserkrankungen.

KAPUZINERKRESSE

Elixiere

Zaubertränke aus der Natur

Elixiere sind bei Menschen sehr beliebt – wahrscheinlich weil sie dem Wunsch nach einem „Schnapserl“ eine gesunde Note verleihen. Elixiere sind nichts anderes als in Alkohol eingelegte Heilkräuter.

Bei der Herstellung von Elixieren kann man seiner Kreativität freien Lauf lassen, es gibt schier unbegrenzte Möglichkeiten.

Die Vorgehensweise ist stets die gleiche: Man setzt einen alkoholischen Extrakt, wie auf S. 187 beschrieben, an und kann diesen dann frei nach Laune verfeinern: Verschiedene Kräuter kombinieren, mit Honig, Sirup oder Kandiszucker süßen, Gin oder einen anderen Alkohol beimengen.

Wichtig für die Haltbarkeit ist, dass das Elixier mindestens 18–20 Vol.-% Alkohol enthält.

Holler-Gin

Reich an Antioxidantien, schützt vor oxidativem Stress

reife Holunderbeeren | Gin | Kandiszucker nach Geschmack

Im Spätsommer die reifen Holunderbeeren ernten und in einem Dampfentsafter entsaften. Den Saft anderweitig verwenden. Den Trester der Holunderbeeren mit Gin bedecken und 1 Jahr kühl und dunkel stehen lassen. Anschließend filtern (z. B. mit einem Kaffeefilter) und nach Geschmack Kandiszucker dazugeben. , dieser braucht ein paar Stunden, bis er sich gelöst hat. Nicht erwärmen!

Den Holler-Gin pur trinken oder mit einem Eiswürfel und Tonic genießen.

Achtung: Bei Holunder ist Vorsicht geboten, denn die Beeren sind giftig und müssen vor dem Konsum unbedingt ordentlich erhitzt werden. Deswegen ist der „Hollerkoch" (eine Art Holunderkompott) die typische Art und Weise, wie hier in der Region diese Beeren gegessen werden.

Der Holler-Gin-Tonic ist bei uns am Leierhof das Kultgetränk schlechthin. Dabei ist er ein Zufallsprodukt. Ich habe Hollerbeeren entsaftet und der Trester hat so toll ausgeschaut, dass ich ihn nicht wegschmeißen wollte. Was aber tun damit? Ich sah die Ginflasche, goss den Alkohol auf den Holler, füllte ihn in ein großes Glas und stellte ihn in den Keller. Und vergaß ihn. Nach einem Jahr fand ich die Flasche – und war begeistert vom Geschmack.

Memowein

Gut fürs Gehirn

blühender Waldstorchenschnabel (das ganze Kraut, nicht nur die Blüten) | Korn (38 Vol.-%) | Rotwein | Honig | Jiaogulanextrakt nach Belieben

Den blühenden Storchenschnabel mit Korn bedecken. Mindestens 1 Jahr kühl und dunkel stehen lassen, anschließend filtern (z. B. mit einem Kaffeefilter).

Von diesem alkoholischen Extrakt nehme ich 150 ml auf 1 l Rotwein und süße ein bisschen mit Honig. Wenn vorhanden, gebe ich auch noch einen Jiaogulanextrakt ähnlicher Herstellungsweise dazu.

Davon trinke ich 1- bis 2-mal pro Woche ein Stamperl – er ist gut fürs Gehirn.

JIAOGULAN

Jiaogulan (Gynostemma pentaphyllum), auch „Kraut des Lebens" genannt, ist eigentlich ein asiatisches Unkraut, enthält aber mehr Ginsengoide als Ginseng (Liang G, 2024). Es ist sehr leicht, ihn im Garten oder auf dem Balkon zu züchten. Seine positiven Schutzeigenschaften für unser Gehirn sind seit Langem bekannt und werden derzeit intensiv erforscht.

Wermutwein

Mein liebstes Wermutrezept

1 l Weißwein (z. B. Soave, ca. 11 Vol.-%) | 10 g frische Wermutblätter | 30 g Zitronenverbene | ca. 320 ml Gin (ca. 40 Vol.-%) | Kandiszucker nach Geschmack

Wein, frische Wermutblätter und Zitronenverbene vermengen. Gin hinzufügen.

1 Jahr stehen lassen, filtern und mit etwas Kandiszucker abschmecken. Der Kandis braucht ein paar Stunden, bis er sich gelöst hat. Nicht erwärmen!

Das Gemisch sollte ca. 18 Vol.-% Alkohol haben – das erhöht die Haltbarkeit.

Ich serviere ihn liebsten direkt aus dem Kühlschrank – pur oder mit einer Olive als Aperitif.

ALKOHOLGEHALT

Wenn Wein und Gin einen anderen Alkoholgehalt als angegeben haben, können Sie die Gin-Menge folgendermaßen berechnen.

MW = Menge des Weißweins

AW = Alkoholgehalt des Weißweins

MG = Menge des Gins, die wir berechnen wollen

AG = Alkoholgehalt des Gins

AZ = Alkoholgehalt des Zielgemischs

MG = (AZ·MW-AW·MW) / (AG – AZ)

In unserem Fall: MG = (18*1000 ml – 11*1000 ml) / (40 – 18) = 318 ml

Halswohlspray

Schmeckt gut und hilft

20 ml Alkoholextrakt von der Schafgarbe (38 Vol.-% Korn) | 20 ml Alkoholextrakt von der Sonnenhutwurzel (38 Vol.-% Korn) | 20 ml Alkoholextrakt von der Kapuzinerkresse (38 Vol.-% Korn) | 20 ml Alkoholextrakt vom Günsel (38 Vol.-% Korn) | 20 ml Alkoholextrakt von der Sonnenblume (60 Vol.-% Korn)

Alkoholextrakte in eine dunkle Flasche (100 ml) füllen und mit einem Sprühverschluss schließen.

Mein Halswohlspray ist eine Wohltat. Wenn es im Hals kratzt, sprühe ich mir damit 3- bis 4-mal in den Hals. Das schmeckt gut und hilft wirklich schnell gegen Halsinfektionen. Vor dem Schlafengehen ist er besonders wirkungsvoll. Der Alkohol ist schnell verflüchtigt, aber der Geschmack der Kräuter bleibt die ganze Nacht über erhalten.

Potentilla-Mundspray

Allrounder für den Mund

50 g Blutwurz-Wurzeln | 250 ml Alkohol (60 Vol.-%)

Die Wurzeln der Blutwurz kurz mit Wasser spülen und am besten mit einer Bürste reinigen. Diese dann in möglichst dünne Scheiben schneiden und in Alkohol einlegen (s. S. 187 zu alkoholischen Extrakten). Je größer die Oberfläche, die mit dem Alkohol in Berührung kommt, desto effizienter wird der Extrakt. Nach 6–8 Wochen durch einen Kaffeefilter filtern und in eine dunkle Flasche mit Sprayverschluss füllen.

Bei Bedarf 2- bis 3-mal in den Mund oder auf das entzündete Zahnfleisch sprayen. Hilft bei Entzündungen, Halsschmerzen, kann aber auch allgemein zur Mund- und Halsgesundheit verwendet werden.

BLUTWURZ-WURZELN

Seifen

Mehr als ein Reinigungsprodukt

Bevor wir mit der Herstellung von Seife anfangen, lohnt es sich, eine Blick darauf zu werfen, was es mit Seife und dem Prozess der Verseifung überhaupt auf sich hat.

Seifen sind die Natrium- (Na^+) oder Kaliumsalze (K^+) der Fettsäuren. Eine Lauge (Kalilauge oder Natronlauge) trennt die Fettsäurenester vom Glycerin und dabei entstehen Salze der Fettsäuren. Wenn z. B. Olivenöl (das enthält u. a. Ölsäure) mit Natronlauge ($NaOH$) verseift wird, entsteht Natriumoleat. Das ist ein typisches „Seifenmolekül". Es ist hydrophil und lipophil, also wasser- und fettliebend gleichermaßen, so können wir den Schmutz lösen und abwaschen.

Fettsäuren sind aliphatische, langkettige Monocarbonsäuren.

$$\begin{array}{l} H_2C-O-CO-C_{17}H_{35} \\ \quad | \\ \;HC-O-CO-C_7H_{15} \\ \quad | \\ H_2C-O-CO-C_{11}H_{23} \end{array} \quad + 3\,NaOH \longrightarrow \begin{array}{l} H_2C-O-H \\ \quad | \\ \;HC-O-H \\ \quad | \\ H_2C-O-H \end{array} \begin{array}{l} + \; Na^+ \, {}^-OOC-C_{17}H_{35} \\ \\ + \; Na^+ \, {}^-OOC-C_7H_{15} \\ \\ + \; Na^+ \, {}^-OOC-C_{11}H_{23} \end{array}$$

Fett + Kalilauge ⟶ Glycerin + Salze der Fettsäuren = Seife

Diesen Prozess nennt man Verseifung.

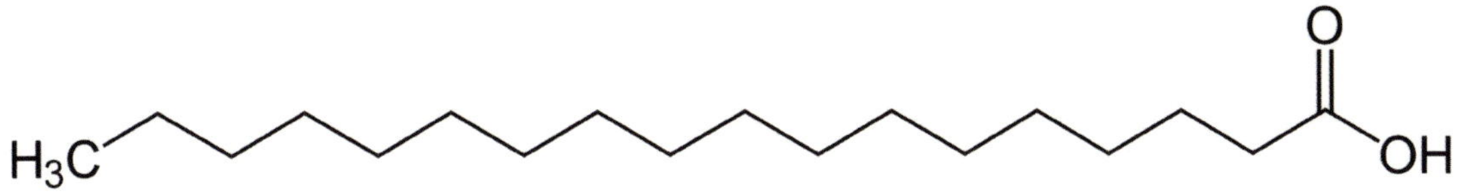

Stearinsäure: gesättigte Fettsäure

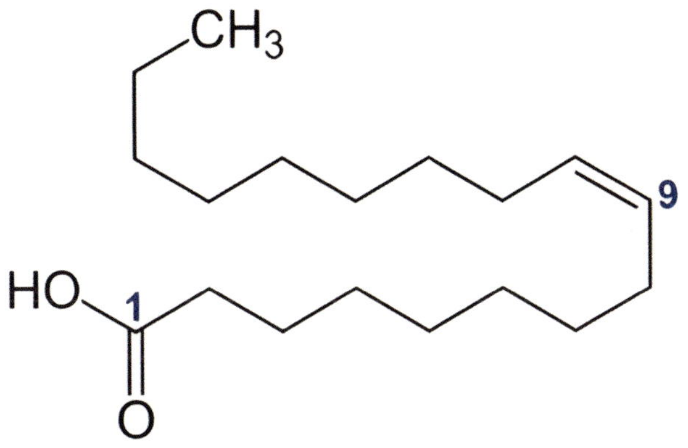

Ölsäure: ungesättigte cis-Fettsäure

Viele kennen den Begriff Omega 3, wissen aber nicht, was es ist: Omega 3 ist jede langkettige organische Verbindung, die zwischen dem 3.- und 4.-letzten Kohlenstoff eine Doppelbindung trägt.

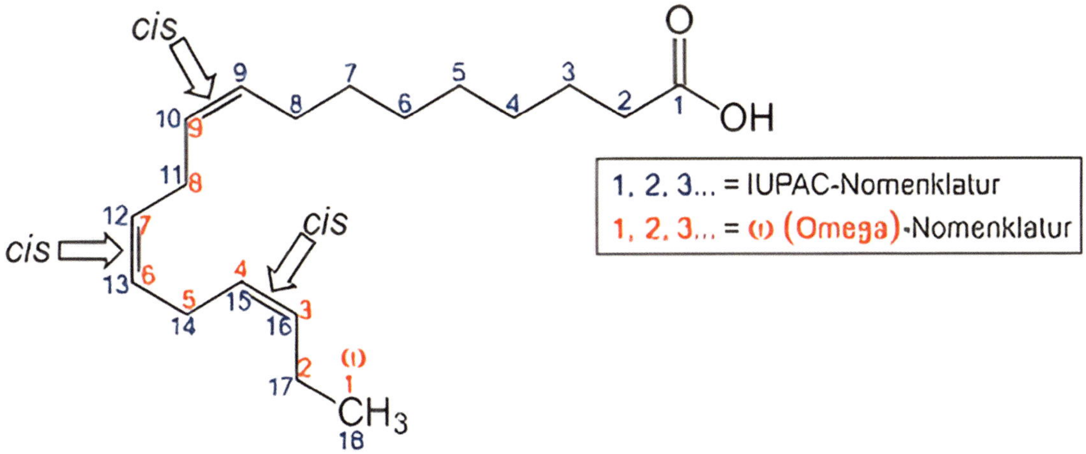

Alpha-Linolensäure: mehrfach ungesättigte Omega-3-Fettsäure

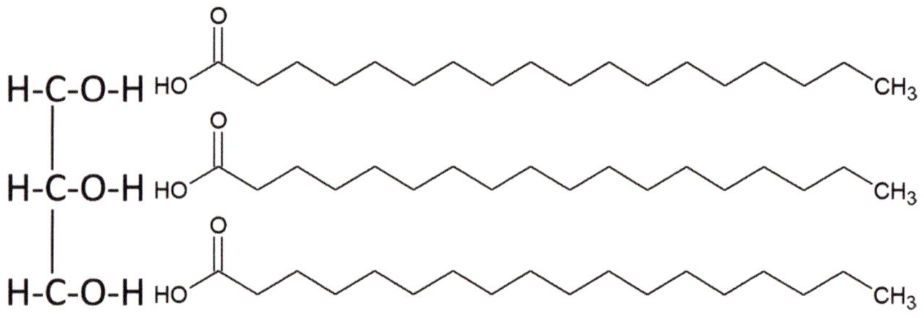

Glycerol

Ein Fett: Triglycerid, Glycerin (ein dreifacher Alkohol (schwarz) ist dreifach verestert mit drei verschiedenen Fettsäuren (rot, blau und grün)

Seifenherstellung

Bei der Seifenherstellung ist wichtig, dass die Menge der Lauge ($NaOH$ oder KOH) genau berechnet wird, damit die Fette (fast) vollständig verseift werden. Gut für die Seife ist es, wenn etwas mehr Fett verwendet wird, damit sie rückfettend wirkt, die Haut nicht so stark austrocknet und etwas mehr gepflegt wird. Man nennt das „Überfettung", sie beträgt meistens 1–10 %.

Da jedes Öl oder Fett unterschiedliche Fettsäuren enthält, muss die Menge Lauge individuell für jedes Fett berechnet werden.

Dazu verwende ich gerne einen Seifenrechner wie diesen: https://sr.naturseife.com

Da Fette leichter sind als Wasser, müssen sie immer gewogen werden, anstatt das Volumen zu messen! So hat zum Beispiel Olivenöl eine Dichte von etwa 0,91 g/cm³ bei Normalbedingungen (Temperatur 20 °C, Druck 1013 mbar). 1 l Olivenöl wiegt somit 910 g.

Wenn Säuren und Laugen gelöst oder verdünnt werden, entsteht eine starke Wärmeentwicklung. Es kann spritzen und es besteht Verätzungsgefahr. Daher ist bei der Herstellung von Lauge immer zu beachten:

Zuerst das Wasser, dann die Säure, sonst passiert das Ungeheure!

Zuerst das Wasser, dann die Lauge, sonst geht es ins Auge!

Bei der Herstellung der Lauge sollte man immer eine Schutzbrille tragen, Handschuhe verwenden und in einem gut gelüfteten Raum (am besten im Freien) arbeiten.

Die Lauge wird in destilliertem Wasser angesetzt.

STANDARDREZEPT SEIFE

1. Seifenzusammensetzung berechnen (am besten mit dem Seifenrechner s. l.).

2. Für die Lauge: Kaltes, destilliertes Wasser in ein Glasgefäß geben, Natriumhydroxid dazugeben. Rühren, bis das Natriumhydroxid komplett gelöst ist. Flüssigkeit stehen lassen, bis sie Zimmertemperatur erreicht hat.

3. Öl mischen und im Wasserbad (höchstens 60 °C) erwärmen/schmelzen.

4. Lauge zum Ölgemisch geben und rühren. Die Verseifung beginnt. Am besten mit einem Stabmixer rühren, dann geht es schneller. Die Mischung wird immer dickflüssiger bis „puddingartig". Dann ist sie fast fertig zum Gießen.

5. Jetzt erst hitzesensible Zutaten zugeben wie ätherische Öle, Zitronenschalen, Körner, Farbstoffe (der Fantasie sind keine Grenzen gesetzt). Noch einmal gut umrühren.

6. In kleine oder große Formen gießen und 24–48 Stunden bei etwas erhöhter Temperatur (30 °C) stehen lassen. Danach kann die Seife aus der Form genommen und geschnitten werden. Die Seifen hierfür abdecken, denn wenn zu viel Sauerstoff dazukommt, entsteht weiße „Seifenasche".

7. Wichtig: Die Seife muss noch ca. 2 Monate ruhen, damit sie schön mild wird. Während dieser Zeit reift sie nach und die chemische Verseifungsreaktion läuft noch fertig ab.

Löwenzahn-Mandelöl-Seife

Pflegt trockene Haut

Fette
500 g Mandelölextrakt von Löwenzahnblüten (4–6 Wochen ziehen lassen, dann abseihen) | 500 g Kakaobutter

Lauge
126 g Natriumhydroxid (NaOH) | 300 ml destilliertes Wasser

Öl mischen und im Wasserbad (höchstens 60 °C) erwärmen. Lauge mit destilliertem Wasser herstellen und handwarm werden lassen. Lauge zum Ölgemisch geben und mischen. Puddingartiges Gemisch in Formen geben (ausführliche Erklärung der einzelnen Schritte S. 217).

Hopfen-Olivenöl-Seife

Sorgt für geschmeidige Haut

Fette
800 g Olivenölextrakt vom Hopfen (4–6 Wochen ziehen lassen, dann abseihen) | 500 g Kokosöl

Lauge
185 g Natriumhydroxid (NaOH) | 435 ml destilliertes Wasser

Öl mischen und im Wasserbad (höchstens 60 °C) erwärmen. Lauge mit destilliertem Wasser herstellen und handwarm werden lassen. Lauge zum Ölgemisch geben und mischen. Puddingartiges Gemisch in Formen geben (ausführliche Erklärung der einzelnen Schritte S. 217).

Avocadoöl-Brennnessel-Seife

Gibt eine herrliche Peeling-Seife

Fette
800 g Avocadoöl | 800 g Kokosöl | 400 g Distelöl

Lauge
292 g Natriumhydroxid (NaOH) |
760 ml destilliertes Wasser

Außerdem
2 EL Brennnesselsamen

Öl mischen und im Wasserbad (höchstens 60 °C) erwärmen. Lauge mit destilliertem Wasser herstellen und handwarm werden lassen. Lauge zum Ölgemisch geben und mischen.

Brennnesselsamen dazugeben, gut vermischen.

Puddingartiges Gemisch in Formen geben (ausführliche Erklärung der einzelnen Schritte S. 217).

Dieses wunderbare Rezept wurde bei einem unserer Kräuternetzwerk-Treffen entwickelt.

Ringelblumenseife

Für empfindliche Haut

Fette
500 g Mandelölextrakt von der Ringelblume (4–6 Wochen ziehen lassen, dann abseihen) |
500 g Kakaobutter

Lauge
126 g Natriumhydroxid (NaOH) |
300 ml destilliertes Wasser

Öl mischen und im Wasserbad (höchstens 60 °C) erwärmen. Lauge mit destilliertem Wasser herstellen und handwarm werden lassen. Lauge zum Ölgemisch geben und mischen. Puddingartiges Gemisch in Formen geben (ausführliche Erklärung der einzelnen Schritte S. 217).

Salbeiseife

Bye-bye Schwitzen

Fette
750 g Olivenölextrakt von Salbei (S. 187, 4–6 Wochen ziehen lassen, dann abseihen) | 300 g Kakaobutter | 300 g Kokosöl | 100 g Distelöl

Lauge
200 g Natriumhydroxid (NaOH) |
500 ml destilliertes Wasser

Außerdem
10 ml Salbeiöl

Öl mischen und im Wasserbad (höchstens 60 °C) erwärmen. Lauge mit destilliertem Wasser herstellen und handwarm werden lassen. Lauge zum Ölgemisch geben und mischen, ätherisches Öl unterrühren. Puddingartiges Gemisch in Formen geben (ausführliche Erklärung der einzelnen Schritte, s. S. 217).

Lavendelseife

Duftet herrlich und beruhigt die Haut

Fette
1,6 kg Olivenölextrakt vom Lavendel | 600 g Kokosöl | 400 g Kakaobutter

Lauge
347 g Natriumhydroxid (NaOH) |
845 ml destilliertes Wasser

Außerdem
Lavendel-, Bergamotte- und Zitronenöl nach Geschmack

Öl mischen und im Wasserbad (höchstens 60 °C) erwärmen. Lauge mit destilliertem Wasser herstellen und handwarm werden lassen. Lauge zum Ölgemisch geben und mischen. Nach Geschmack ätherische Öle zugeben. Puddingartiges Gemisch in Formen geben (ausführliche Erklärung der einzelnen Schritte S. 217).

Johanniskrautseife

Wirkt stimmungsaufhellend

Fette
1,6 kg Olivenölextrakt von Johanniskraut (4–6 Wochen ziehen lassen, dann abseihen) |
1 kg Kokosöl

Lauge
370 g Natriumhydroxid (NaOH) |
872 ml destilliertes Wasser

Öl mischen und im Wasserbad (höchstens 60 °C) erwärmen. Lauge mit destilliertem Wasser herstellen und handwarm werden lassen. Lauge zum Ölgemisch geben und mischen. Puddingartiges Gemisch in Formen geben (ausführliche Erklärung der einzelnen Schritte S. 217).

Zinnkrautseife

Entzündungshemmend

Zinnkrauttee
2,5 g getrocknetes Zinnkraut |
500 ml destilliertes Wasser

Fette
750 g Olivenölextrakt vom Zinnkraut |
300 g Kakaobutter | 300 g Kokosöl | 100 g Distelöl

Lauge
200 g Natriumhydroxid (NaOH) |
480 ml Zinnkrauttee

Die Lauge wird mit Zinnkrauttee hergestellt. Dafür das Zinnkraut in destilliertem Wasser aufkochen und 15 Minuten köcheln lassen, dann filtern. Exakt 480 ml abmessen.

Öl mischen und im Wasserbad (höchstens 60 °C) erwärmen. Lauge mit Zinnkrauttee herstellen und handwarm werden lassen. Lauge zum Ölgemisch geben und mischen. Puddingartiges Gemisch in Formen geben (ausführliche Erklärung der einzelnen Schritte S. 217).

Haarseife Bier und Honig

Eine Wohltat für welliges oder lockiges Haar

Eingekochtes Bier
1 l Bier

Fette
367 g Olivenöl | 262 g Kokosöl | 262 g Distelöl |
157 g Kakaobutter

Lauge
147 g Natriumhydroxid (NaOH) |
350 ml eingekochtes Bier

Außerdem
100 g Honig | Zirbenöl nach Belieben (ca. 1 ml)

Am Vortag das Bier auf ca. 350 ml einkochen, dann tiefkühlen, am nächsten Tag auftauen. Öl mischen und im Wasserbad (höchstens 60 °C) erwärmen. Lauge mit eingekochtem Bier herstellen und handwarm werden lassen. Lauge zum Ölgemisch geben und mischen. Honig und nach Geschmack Zirbenöl zugeben. Puddingartiges Gemisch in Formen geben (ausführliche Erklärung der einzelnen Schritte S. 217).

Haarseife Brennnessel und Zitrone

Verleiht Glanz und Struktur

Brennnesseltee
1 Handvoll frische Brennnesselblätter |
320 ml destilliertes Wasser

Fette
315 g Olivenöl | 225 g Kokosöl | 225 g Distelöl |
135 g Kakaobutter

Lauge
126 g Natriumhydroxid (NaOH) |
300 ml Brennnesseltee

Außerdem
Schale von 2 Zitronen | 1 ml Zitronenöl

Brennnesselblätter mit kochendem destilliertem Wasser übergießen, 10 Minuten ziehen lassen, dann filtern, 300 ml abmessen. Möglichst kalt verwenden, am besten im Kühlschrank abkühlen.

Öl mischen und im Wasserbad (höchstens 60 °C) erwärmen. Lauge mit Brennnesseltee herstellen und handwarm werden lassen. Lauge zum Ölgemisch geben und mischen. Zitronenschale und das ätherische Öl zugeben. Puddingartiges Gemisch in Formen geben (ausführliche Erklärung der einzelnen Schritte S. 217).

Rasierseife

Für Männer und Frauen

Fette
450 g Kokosöl | 300 g Olivenöl | 150 g Rapsöl |
100 g Rizinusöl

Lauge
148 g Natriumhydroxid (NaOH) |
335 g destilliertes Wasser

Außerdem
1 ml Zirbenöl

Öl mischen und im Wasserbad (höchstens 60 °C) erwärmen. Lauge mit destilliertem Wasser herstellen und handwarm werden lassen. Lauge zum Ölgemisch geben und mischen, dann das ätherische Öl zugeben. Puddingartiges Gemisch in Formen geben (ausführliche Erklärung der einzelnen Schritte S. 217).

Die Zugabe von Rapsöl stabilisiert den Schaum.

Leierhof
Haarseife
Brennnessel
Zitrone
Leierhof
Haarseife
Brennnessel
Zitrone

Raumsprays mit Hydrolaten

Für erholsamen Schlaf

Ätherische Öle sind oft leicht flüchtig und verdampfen bei niedrigeren Temperaturen als Wasser. Das kann man ausnutzen, um einen Wasserdampfauszug herzustellen, in dem ätherische Öle, die nicht wasserlöslich sind, oben auf dem Wasser schwimmen.

Raumspray mit Lavendel oder Zitronenmelisse

Beide Kräuter, Zitronenmelisse und Lavendel, haben beruhigende Eigenschaften und eignen sich perfekt als Schlafspray: Einfach vor dem Schlafengehen in den Raum oder auf das Kopfkissen sprühen, den Duft genießen. Als Ritual ist dies auch für Kinder gut geeignet.

Einfach je 100 ml von jedem Hydrolat in eine sterile Flasche füllen und mit einem Spraydeckel verschließen. Vor dem Sprühen gut schütteln, da die ätherischen Öle sonst oben in der Flasche bleiben.

Ich verwende die ätherischen Öle in Hydrolaten gern als Raumspray.

Lavendel- und Thymian-Hydrolat für den Luftbefeuchter

Bei trockener Luft wirkt ein Lavendel-Thymian-Hydrolat befreiend für die Atemwege und gegen Husten. Vor dem Schlafengehen 20 ml Hydrolat in den Luftbefeuchter geben.

HYDROLATE

Wer Hydrolate selbst herstellen möchte, braucht eine Destillationapparatur. Auf S. 188 steht, wie das geht.

Zum Mischen hilfreicher Hydrolate können Sie aber auch auf gekaufte Produkte zurückgreifen.

Extras aus der Kräuterküche

Lass der Fantasie freien Lauf

In den letzten Jahren habe ich viele Rezepturen kennengelernt und ausprobiert. Sie wurden mir weitererzählt, zugetragen, empfohlen. Die Folgenden haben sich in meiner Küche als unverzichtbar, gesund und wohlschmeckend erwiesen.

Löwenzahnwurzelkaffee

Entzündungshemmender Kaffeegenuss

10–20 Löwenzahnwurzeln

Löwenzahnwurzeln möglichst tief ausgraben, gut reinigen, am besten zunächst mit einer trockenen Bürste die Erde entfernen. Nur kurz waschen, damit die guten Stoffe nicht gleich ausgewaschen werden.

In möglichst kleine Stücke schneiden und 1 Tag trocknen lassen. Dann in einer Pfanne ohne Öl unter ständigem Rühren rösten, bis sich ein guter Geruch entwickelt.

In einem luftdichten Gefäß aufbewahren und erst vor der Verwendung mahlen. Pro Tasse Kaffee 1 TL gemahlenen Löwenzahnkaffee mit kochendem Wasser übergießen, 5 Minuten ziehen lassen und filtern.

Ältere Leute kennen noch den Muckefuck als koffeinfreien billigen Kaffeeersatz. Und der ist gar nicht so schlecht. Heute ist er wieder beliebt bei Leuten, die sich gesund ernähren wollen.

Löwenzahnhonig

Vegane Honig-Alternative

3-4 unbehandelte Bio-Zitronen | 500 g Löwenzahnblüten | 2 l Wasser | 2 kg Zucker (z. B. brauner Rohrohrzucker, alternativ handelsüblicher Haushaltszucker)

Zitronen in dünne Scheiben schneiden und mit den Löwenzahnblüten und dem Wasser in einem Topf 15 Minuten kochen lassen. Blüten sollen mit Wasser bedeckt sein, ggf. die Wassermenge anpassen. 24 Stunden stehen lassen, dann absieben und den Sud mit dem Zucker erneut erhitzen. Den Zucker unter Rühren lösen und schließlich einkochen, bis ein zähflüssiger Honig entsteht. Dabei ständig rühren, damit nichts anbrennt. Den fertigen Honig in sterile Gläser füllen und heiß verschließen.

Die Löwenzahnblüten pflückt man am besten über Mittag bei Sonnenschein.

Fichtenwipfelsirup

Gegen Husten und Heiserkeit

Rohrohrzucker (Demeter-Qualität) |
frische Fichtenwipfel

Rohrohrzucker mit Wipfeln zu etwa gleichen Teilen in ein großes Glas geben, dabei abwechselnd Zucker und Wipfel schichten. Das Glas in die Sonne stellen, etwa auf dem Fensterbrett. Nach 2–3 Wochen sollte der Zucker gelöst sein. Dann den Sirup durch ein Sieb filtern und in Flaschen füllen. Schmeckt pur oder zum Süßen von Tee.

VORSICHT! Alle Töpfe, Gläser, Flaschen und Siebe vorher ordentlich auskochen, damit sie steril sind.

FICHTENWIPFEL

Der erste Höhepunkt im Kräuterjahr ist für mich die Ernte der Fichtenwipfel. Um eine Vorstellung davon zu bekommen, wie aufwendig das ist: 1 kg Wipfel zu sammeln, dauert etwa 1 Stunde. Nach dem Trocknen dieser Menge bleiben 100 g getrocknete Wipfel übrig.

Das zeigt wie viel Wasser in den Wipfeln steckt. Beim Herstellen von Sirup wird dieses Wasser den Wipfeln entzogen. Der Zucker extrahiert die Flüssigkeit aus den Wipfeln – so entsteht der köstliche Wipfelsirup.

DANKSAGUNG

Ich bin sehr vielen lieben und begeisterungsfähigen Menschen zutiefst dankbar! An erster Stelle kommt unser Abtenauer Kräuterstammtisch: Ihr seid eine Quelle der Inspiration, der Freude, der Produktivität und natürlich des Kräuterwissens. Ohne euch wäre mein Abtenau-Leben fad und farblos. Unsere kreativen Abende in der Kräuterküche machen mich einfach glücklich!

Fabian und Constantin: Ihr habt den Mut gehabt, dieses unkonventionelle Projekt anzugehen und wir sind wie schon seit vielen Jahren ein Traumteam. Danke, dass ihr es möglich macht und so viel Energie und Zeit reinsteckt!

Das Leierhof-Team Marlies, Thesi, Sophia, Valerie, Poldi, Moritz und Valentin füllt den Leierhof mit Leben und ihr seid die Zukunft dieses wunderbaren Ortes. Ob der Pippilotta Wiesenblumentee, Poldis Spitzwegerichsalbe gegen juckende Gelsenstiche oder Menas Balsam für den klaren Kopf, egal, ihr seid eine Inspiration. Danke!

Danke, liebe Elisabeth (Moisl), dass du dich voll in dieses wunderbare Projekt gewagt hast, und den Betrieb am Laufen hältst. Es ist eine Freude, mit dir zu arbeiten.

Danke, Laura, für deine Inspiration beim Erfinden von Cremen und deren Duftnoten!

Danke, Verena, Leonie, Bina, Julian, Steffi, Lena, Uschi, dass ihr meine Leidenschaft teilt!

Anton Stütz und Barbara Wolff-Winiski bin ich sehr dankbar für die Hilfe, das Leierhof-Projekt auf wissenschaftliche Füße zu stellen. Die Magic Cream mit Schafgarbe ist dadurch zur Kultsalbe geworden. Danke Toni für das Korrekturlesen.

Brigitte Kopp bin ich sehr dankbar für die wissenschaftliche Einführung in die Pharmakognosie, für gute Ratschläge und ihren unermüdlichen Einsatz für die Wertschätzung der Pflanzenheilkunde.

Marco Radic von Keyence hat mir das digitale Mikroskop schmackhaft gemacht und mich in dieses Wundergerät eingeführt. Danke!

Register

Wirkweisen aller Heilkräuter

L

M

N

O

P

R

S

U

V

W

Z

Quellen und Referenzen

Im Folgenden finden Sie die Informationsquellen für die Evidenz der Wirkung der besprochenen Pflanzen. Es ist nicht einfach, hochwertige Artikel von unwissenschaftlichen zu unterscheiden. Es ist jedoch sehr wichtig, möglichst seriöse Quellen, die einen hohen Standard befolgen, zu benutzen. Ich zitiere hier aus der wichtigsten Datenbank, der PubMed, aus Monografien, Kommissionen und Arbeitsgruppen, die aus Fachreferentinnen bestehen, und aus einigen Büchern von wissenschaftlich renommierten Fachleuten.

PubMed

Die wichtigste Quelle ist die wissenschaftliche Datenbank PubMed (https://pubmed.ncbi.nlm.nih.gov). Die dort veröffentlichten Artikel wurden alle von Fachreferenten geprüft, ob sie die nötigen Qualitätsstandards erfüllen. Trotzdem sollte man mehrere Artikel zu einem Thema benutzen, bevor eine bestimmte Evidenz angenommen werden kann.

Kommissionen

Wichtig für die traditionelle Anwendung von Heilkräuterpräparaten sind diverse Kommissionen, in denen Fachexperten und -expertinnen Monografien verfassen, die Empfehlungen zur Sicherheit und Evidenz der Heilwirkungen verfassen. Dabei unterscheiden diese zwischen „well-established use“ und „traditional use“:
„Well-established use“: wissenschaftliche Daten belegen eine ausreichende Sicherheit und eine anerkannte Wirksamkeit
„Traditional use“: Die Anwendung wird akzeptiert, weil die Sicherheitsdaten ausreichen und weil die Wirksamkeit plausibel ist.

EMA

European Medicines Agency (https://www.ema.europa.eu/en/homepage) ist eine dezentrale Agentur der Europäischen Union, sie bewertet, überwacht und genehmigt Arzneimittel für den europäischen Markt. Außerdem informiert sie die Öffentlichkeit, medizinische Fachkräfte und Behörden über Arzneimittel, einschließlich Sicherheitswarnungen und Produktbewertungen. Die EMA publiziert unter anderem Bewertungsberichte, Leitlinien, Sicherheitsmitteilungen.

ESCOP

European Scientific Cooperative on Phytotherapy (https://www.escop.com) ist eine Organisation, die sich auf die wissenschaftliche Erforschung und Förderung der Phytotherapie spezialisiert hat. Unter anderem erarbeitet sie Monografien, die wichtige Referenzen für Ärzte, Apotheker und andere Fachleute bieten und wertvolle Werkzeuge für diese sind.
Die ESCOP ist ein zentraler Akteur in der wissenschaftlichen Phytotherapie in Europa. Sie trägt dazu bei, dass pflanzliche Arzneimittel nach strengen wissenschaftlichen Kriterien bewertet und angewendet werden. Gleichzeitig unterstützt sie die Akzeptanz von Phytotherapie in der modernen Medizin und trägt zur Sicherheit und Wirksamkeit von pflanzlichen Präparaten bei.

HMPC

Das HMPC (Committee on Herbal Medicinal Products) ist das Komitee für pflanzliche Arzneimittel der Europäischen Arzneimittel-Agentur (EMA). Es soll die Entwicklung, Bewertung und Zulassung pflanzlicher Arzneimittel in der Europäischen Union fördern und harmonisieren. Zu seinen Aufgaben gehört es, Monografien und Listen zu pflanzlichen Arzneimitteln zu erstellen sowie EMA und nationale Arzneimittelbehörden und Industrie wissenschaftlich zu beraten.

HMPPA

Herbal Medicine Products Platform Austria (https://www.hmppa.at) ist eine österreichische Plattform, die sich mit der Förderung und Koordination der Forschung, Entwicklung und Regulierung von pflanzlichen Arzneimitteln beschäftigt. Auch die HMPPA verschreibt sich der Entwicklung von Standards für Qualität, Sicherheit und Wirksamkeit von pflanzlichen Arzneimitteln sowie der Veröffentlichung wissenschaftlicher Arbeiten und Leitlinien.

Kommission E

Die Kommission E ist eine Expertengruppe beim deutschen Bundesinstituts für Arzneimittel und Medizinprodukte (https://www.bfarm.de/SharedDocs/Downloads/DE/Arzneimittel/Zulassung/zulassungsarten/besTherap/amPflanz/mono.html). Sie hat die Aufgabe, wissenschaftliche Monografien über pflanzliche Arzneimittel zu erstellen. Diese Monografien sind eine wichtige Grundlage für die Bewertung und Zulassung von pflanzlichen Präparaten in Deutschland. Durch ihre Arbeit schafft die Kommission E eine evidenzbasierte Grundlage für die Nutzung von Heilpflanzen in der modernen Medizin.

Physic Garden Heilpflanzenführer

Die Physic Gardens waren historische Pflanzensammlungen, die speziell der medizinischen Forschung, Ausbildung und Versorgung dienten. Heilpflanzenführer dieser Art enthalten oft umfassende Informationen über die Pflanzen, ihre medizinischen Eigenschaften und ihre historische Bedeutung. Heute beheimatet der Novartis Campus in Basel einen modernen Physic Garden. Die Heilpflanzenführer werden herausgegeben von Novartis Pharma AG unter der Projektleitung von Frank Petersen, und sind eine Brücke zwischen traditionellem Wissen und moderner Wissenschaft.
Sie tragen dazu bei, das Bewusstsein für die Bedeutung von Heilpflanzen zu schärfen.

De Materia Medica

De Materia Medica ist eines der einflussreichsten Werke der antiken Pharmakologie und Botanik, geschrieben von Pedanios Dioskurides, einem griechischen Arzt und Pharmakologen des 1. Jahrhunderts n. Chr. Dieses Werk war über Jahrhunderte hinweg die wichtigste Quelle für medizinisches Wissen über Heilpflanzen, Drogen und ihre Anwendungen. Dioskurides kombinierte Beobachtungen über den Lebensraum der Pflanzen mit deren Wirkung auf Krankheiten. Neben medizinischen Anwendungen beschrieb er auch toxische Eigenschaften und warnte vor Überdosierung.
De Materia Medica ist ein unschätzbares Dokument für die Geschichte der Pharmakologie und Botanik.

Monografien

EMA

Arnika https://www.ema.europa.eu/en/documents/herbal-monograph/final-community-herbal-monograph-arnica-montana-l-flos_en.pdf
Blutwurz https://www.ema.europa.eu/en/documents/herbal-summary/ tormentillae-rhizoma-summary-public_en.pdf. Accessed February 24, 2020
Bockshornklee https://www.ema.europa.eu/en/documents/herbal-monograph/european-union-herbal-monograph-trigonella-foenum-graecum-l-semen-revision-1_en.pdf
Eibisch https://www.ema.europa.eu/en/documents/herbal-report/final-assessment-report-althaea-officinalis-l-radix_en.pdf
Goldrute https://www.ema.europa.eu/en/search?-search_api_fulltext=SOlidago&f%5B0%5D=
Mönchspfeffer https://www.hmppa.at/wpcontent/uploads/2022/05/OEAZ_22_05_Moenchspfeffer.pdf
Rosenwurz https://www.ema.europa.eu/en/documents/herbal-monograph/final-european-union-herbal-monograph-rhodiola-rosea-l-rhizoma-et-radix-revision-1_en.pdf
Schlüsselblume https://www.ema.europa.eu/en/documents/herbal-summary/thyme-and-primula-root-summary-public_en.pdf

ESCOP

Frauenmantel https://www.escop.com/downloads/ladys-mantle/
Königskerze https://arzneipflanzenlexikon.info/koenigskerze.php

HMPC

Wermut https://www.heilpflanzen-atlas.de/heilpflanzen/wermut/

HMPPA

Baldrian https://www.hmppa.at/wp-content/uploads/2022/04/OEAZ_22_09_Echter-Baldrian.pdf
Beinwell https://www.hmppa.at/wp-content/uploads/2021/08/OEAZ_21_15_Beinwell.pdf
Brennnessel https://www.hmppa.at/wp-content/uploads/2023/06/OeAZ_23_13-Brennnessel.pdf
Holunder https://www.hmppa.at/wp-content/uploads/2020/10/OEAZ_2120_Schwarzer-Hollunder.pdf
Isländisch Moos https://www.hmppa.at/wp-content/uploads/2023/12/OeAZ_23_25-Islaendisches-Moos.pdf
Johanniskraut https://www.hmppa.at/wp-content/uploads/2022/10/OEAZ_22_21_Johanniskraut.pdf
Lavendel https://www.hmppa.at/wp-content/uploads/2021/02/OEAZ_0420_Lavendel.pdf
Mariendistel https://www.hmppa.at/wp-content/uploads/2021/02/OEAZ_0321_Mariendistel.pdf
Ringelblume https://www.hmppa.at/wp-content/uploads/2024/03/OeAZ_24_06-Ringelblume.pdf
Salbei https://www.hmppa.at/wp-content/uploads/2024/01/OeAZ_24_02.pdf
Sonnenhut https://www.hmppa.at/wp-content/uploads/2021/10/OEAZ_21_21_Sonnenhut.pdf
Thymian https://www.hmppa.at/wp-content/uploads/2022/12/OeAZ-25_2022_Thymian.pdf

Onkopedia

Rotklee https://repository.publisso.de/resource/frl:6400720/data

PubMed

(Alphabetisch nach erstem Autor geordnet)

Alharbi YM (2022), Antioxidants (Basel) 11:669, doi: 10.3390/antiox11040668.

Antioxidative, Antidiabetic, and Hypolipidemic Properties of Probiotic-Enriched Fermented Camel Milk Combined with *Salvia officinalis* Leaves Hydroalcoholic Extract in Streptozotocin-Induced Diabetes in Rats.

Batiha GES (2023), Naunyn Schmiedebergs Arch Pharmacol 396:421-440, doi: 10.1007/s00210-022-02329-w. Epub 2022 Nov 22.

The phytochemical profiling, pharmacological activities, and safety of malva sylvestris: a review.

Batiha GES (2023), Naunyn-Schmiedeberg's Archives of Pharmacology 396:877-900, doi: 10.1007/s00210-023-02392-x.

A review of the bioactive components and pharmacological properties of Lavandula species.

Batista J (2022), Front Pharmacol 13:895838, doi: 10.3389/fphar.2022.895838.eCollection 2022.

A Scoping Review on the Therapeutic Potential of Resin From the Species *Larix decidua* Mill. [Pinaceae] to Treat Ulcerating Wounds.

Bauernfeind C (2024), Front Immunol 15:1343024, doi: 10.3389/fimmu.2024.1343024. eCollection 2024.

Trimeric Bet v 1-specific nanobodies cause strong suppression of IgE binding.

Bencsik T (2024), Fitoterapia 179:106256. doi: 10.1016/j.fitote.2024.106256.

Herbal drugs in chronic venous disease treatment: An update.

Benedek B (2017), Wien Med Wochenschr.157 :312-4, doi: 10.1007/s10354-007-0431-9.

Achillea millefolium L. s.l. revisited: recent findings confirm the traditional use.

Berezni S (2024), Plants (Basel) 13(8):1087. doi: 10.3390/plants13081087.

Anthriscus sylvestris-Noxious Weed or Sustainable Source of Bioactive Lignans?

Carneiro DM et al. (2022), Phytomedicine 99: 153955, doi: 10.1016/j.phymed.2022.153955.

Antihypertensive effect of Equisetum arvense L.: a double-blind, randomized efficacy and safety clinical trial.

Caudal A et al. (2017): J Tradit Complement Med 2017;8(2):335–40.

Skeletal muscle relaxant effect of a standardized extract of Valeriana officinalis L. after acute administration in mice.

Chaves N (2023), Molecules 28: 8133, doi: 10.3390/molecules28248133.

Mediterranean Shrub Species as a Source of Biomolecules against Neurodegenerative Diseases.

Csepegri R (2020), Antioxidants (Basel) 9:166, doi: 10.3390/antiox9020166.

Cytotoxic, Antimicrobial, Antioxidant Properties and Effects on Cell Migration of Phenolic Compounds of Selected Transylvanian Medicinal Plants.

Degenring FH (2003), Clinical Trial Phytomedicine, 10:363-9, doi: 10.1078/0944-7113-00312.

A randomized double blind placebo controlled clinical trial of a standardized extract of fresh Crataegus berries (Crataegisan) in the treatment of patients with congestive heart failure NYHA II.

Dey D (2020), J Ethnopharmacol 248:112329, doi: 10.1016/j.jep.2019.112329. Epub 2019 Oct 28

Symphytum officinale augments osteogenesis in human bone marrow-derived mesenchymal stem cells in vitro as they differentiate into osteoblasts

Dhouibi R et al (2020), Prog. Biopsy's Mol Biol 150:67-77.

Screening of pharmacological uses of Urtica silica and other benefits.

Dong Hyun K (2022), Beilstein J Org Chem 18:555-566, doi: 10.3762/bjoc.18.58.

Terpenoids from *Glechoma hederacea* var. *longituba* and their biological activities.

Ebeling S et al. (2014), PLoS One 9(1) e86147, doi:10.1371/journal.pone.0086147.

From a Traditional Medicinal Plant to a Rational Drug: Understanding the Clinically Proven Wound Healing Efficacy of Birch Bark Extract.

Eichenauer E (2024), Planta Med 90:498-511, doi: 10.1055/a-2225-7545.Epub 2024 Jun 6.

VOLKSMED Database: A Source for Forgotten Wound Healing Plants in Austrian Folk Medicine.

El Mihyaoui A (2022), Life (Basel)12:479, doi:10.3390/life12040479.

Chamomile (*Matricaria chamomilla* L.): A Review of Ethnomedicinal Use, Phytochemistry and Pharmacological Uses.

Engelhardt L (2022), Plants (Basel) 11: 2710, doi: 10.3390/plants11202710.

Edible Wild Vegetables *Urtica dioica* L. and *Aegopodium podagraria* L.-Antioxidants Affected by Processing.

Fattaheian-Dehkordi S (2021), Evidence-Based Complementary and Alternative Medicine, Article ID 5587938, doi: 10.1155/2021/5587938.

A Review on Antidiabetic Activity of Centaurea spp.: A New Approach for Developing Herbal Remedies.

Garzoli S (2021), Pharmaceuticals (Basel) 14:134. doi: 10.3390/ph14020134.

Liquid and Vapor Phase of Four Conifer-Derived Essential Oils: Comparison of Chemical Compositions and Antimicrobial and Antioxidant Properties.

Gendrisch F et al (2021), *Biomolecules, 11*(3), 371; doi: 10.3390/biom11030371.

The Effect of Herbal Medicinal Products on Psoriasis-Like Keratinocytes.

Gertsch J (2003), Biochem Pharmacol 2003; 66:2141-53. doi: 10.1016/j.bcp.2003.08.006.

Influence of helenanolide-type sesquiterpene lactones on gene transcription profiles in Jurkat T cells and human peripheral blood cells: anti-inflammatory and cytotoxic effects.

Givol O (2019), Wound Repair Regen 27:548-561, doi: 10.1111/wrr.12737. Epub 2019 Jun 20. PMID: 31145533.

A systematic review of Calendula officinalis extract for wound healing.

Göger G et al (2021), J Pharm Sci.18(5):616-627, doi: 10.4274/tjps.galenos.2021.33958.

Phytochemical Characterization of Phenolic Compounds by LC-MS/MS and Biological Activities of Ajuga reptans L., Ajuga salicifolia (L.) Schreber and Ajuga genevensis L. from Turkey.

Grippo AA (1992), Drug Dess Discov 8:191-206.

The cytotoxicity of helenalin, its mono and difunctional esters, and related sesquiterpene lactones in murine and human tumor cells.

Gupta A (2022), Phytother Res: 36:1507-1522, doi: 10.1002/ptr.7393. Epub 2022 Jan 27.

Health-promoting and disease-mitigating potential of Verbascum thapsus L. (common mullein): A review.

Haxhiraj M (2024), Intern J. Mol Science 25:6987, doi: 10.3390/ijms25136987.

The Role of Fenugreek in the Management of Type 2 Diabetes.

Hoch CC (2024), Pharmacol Res 201:107107, doi: 10.1016/j.phrs.2024.107107.Epub 2024 Feb 13.

Isothiocyanates in medicine: A comprehensive review on phenylethyl-, allyl-, and benzyl-isothiocyanates.

Isah T (2019), Biol Res 2019 Jul 29;52(1):39, doi: 10.1186/s40659-019-0246-3.

Stress and defense responses in plant secondary metabolites production.

Isidorov V (2018), PLOS one 13: e0201949, doi: 10.1371/journal.pone.0201949. eCollection 2018.

Cytotoxicity of white birch bud extracts: Perspectives for therapy of tumors.

Ismail J (2023), Plants (Basel) 13:93, doi: 10.3390/plants13010093.

The Wild Carrot (*Daucus carota*): A Phytochemical and Pharmacological Review.

Jakimiuk K (2024): J Ethnopharmacol 320:117439, doi: 10.1016/j.jep.2023.117439.Epub 2023 Nov 18.

A review of the traditional uses, phytochemistry, pharmacology, and clinical evidence for the use of the genus Alchemilla (Rosaceae).

Kaltalioglu K (2020), Iran Journal Pharm Res 19: 264-274.

Phenolic, Antioxidans, Antimicrobial and in vivo wound-healing Properties of Potentilla erecta Root extracts in Diabetic Rats.

Khom S et al (2007), Neuropharmacology 2007;53(1):178-87;

Valerenic acid potentiates and inhibits GABA(A) receptors: molecular mechanism and subunit specificity.

Li D (2024), Front Pharmacol. 15:1435230, doi: 10.3389/fphar.2024.1435230.

Silibinin inhibits PM2.5-induced liver triglyceride accumulation through enhancing the function of mitochondrial Complexes I and II.

Liang G (2024), Eur J Pharmacol 978:176766, doi: 10.1016/j.ejphar.2024.176766.

Neuroprotective effects of Gypenosides: A review on preclinical studies in neuropsychiatric disorders.

Lorenz P, (2020), Chem Biodivers 17:e2000485, doi: 10.1002/cbdv.202000485.

Comprehensive Phytochemical Characterization of Herbal Parts from Kidney Vetch (Anthyllis vulneraria L.) by LC/MSn and GC/MS.

Nizioł-Łukaszewska Z (2020), Oxid Med Cell Longev 2020:5307614, doi: 10.1155/2020/5307614. eCollection 2020.

Comparison of the Antiaging and Protective Properties of Plants from the *Apiaceae* Family.

Ma N et al (2020), Pharmacol Ther 2020 Dec;216:107658. doi: 10.1016/j.pharmthera.2020.107658

The birth of artemisinin

Marder M et al (2003), Pharm Biochem Behav 75:537–45.

5-Methylapigenin and hesperidin: new valeriana flavonoids with activity on the CNS.

Martins SM et al (2023), Int J Mol Sci 24: 12024, doi: 10.3390/ijms241512024.

Blackberries and Mulberries: Berries with Significant Health-Promoting Properties.

Massadeh AM (2022), Curr Alzheimer Res 19:440-448, doi:10.2174/1567205019666220805092450.

Assessing the influence of salvia triloba on memory deficit caused by sleep deprivation in the context of oxidative stress.

Mathews IM (2024), Nutrients 16:3545, doi: 10.3390/nu16203545.

Clinical Efficacy and Tolerability of Lemon Balm (*Melissa officinalis* L.) in Psychological Well-Being: A Review.

Meissner O (2006), Planta Med 72:656-8, doi: 10.1055/s-2006-931609. Epub 2006 Apr 24.

Influence of xanthohumol on the binding behavior of GABAA receptors and their lateral mobility at hippocampal neurons.

Melzig M et al (2020), Planta Med 2020; 86: 1050–1057, doi: 10.1055/a-1129-7214.

Tormentillae rhizoma – Review for an Underestimated European Herbal Drug.

Merecz-Sadowska A (2024), Int J Mol 25:7843, doi: 10.3390/ijms25147843.

Genus *Sambucus*: Exploring Its Potential as a Functional Food Ingredient with Neuroprotective Properties Mediated by Antioxidant and Anti-Inflammatory Mechanisms.

Min B (2021), Molecules 26:7108, doi: 10.3390/molecules26237108.

GABA(A) Receptor-Mediated Sleep-Promoting Effect of Saaz-Saphir HopsMixture Containing Xanthohumol and Humulone.

Mohsen A (2021), J tradit Chin Med 2021 41:642-649, doi: 10.19852/j.cnki.jtcm.20210324.001.

Pharmacological and therapeutic properties of the Red Clover (Trifolium pratense L.): an overview of the new finding.

Müller JK (2024), J Neural Transm (Vienna) 131:203-212, doi: 10.1007/s00702-024-02749-3.
Multi-target drugs for the treatment of cognitive impairment and fatigue in post-COVID syndrome: focus on Ginkgo biloba and Rhodiola rosea.

Negrean OR (2024), Heliyon 10:e30816, doi: 10.1016/j.heliyon.2024.e30816.
Recent advances and insights into the bioactive properties and applications of Rosa canina L- and its by-products.

Nicoletti M (2023), Plants (Basel) 12:1460, doi: 10.3390/plants12071460. PMCID: PMC10096603
The Anti-Inflammatory Activity of Viscum album

Nicolussi S et al (2020), Br J Pharmacol 177 (6): 1212-1226, doi: 10.1111/bph.14936.
Clinical relevance of St. John's wort drug interactions revisited.

Ogal M et al (2021), Eur J Med Res 22021 26:33, doi: 10.1186/s40001-021-00499-6.
Echinacea reduces antibiotic usage in children through respiratory tract infection prevention: a randomized, blinded, controlled clinical trial.

Padosch SA et al (2020), Regul Toxicol Pharmacol 58:437-43, doi: 10.1016/j.yrtph.2010.08.012.
Risk assessment of thujone in foods and medicines containing sage and wormwood – evidence for a need of regulatory changes?

Pannakal ST (2023), Molecules 28:6349, doi: 10.3390/molecules28176349.
Rapid Chemical Profiling of Filipendula ulmaria Using CPC Fractionation, 2-D Mapping of (13)C NMR Data, and High-Resolution LC-MS.

Patil SM (2021), Heliyon 7: e07054, doi: 10.1016/j.heliyon.2021. e07054.
A systematic review on ethnopharmacology, phytochemistry and pharmacological aspects of *Thymus vulgaris* Linn.

Perez-Pinero S (2024), Nutrients 16: 1523, doi: 10.3390/nu16101523.
Dietary Supplementation with an Extract of *Aloysia citrodora* (Lemon verbena) Improves Sleep Quality in Healthy Subjects: A Randomized Double-Blind Controlled Study.

Rampart M (1986), Biochem Pharmacol 35:1397-400, doi: 10.1016/0006-2952(86)90289-3.
Complement-dependent stimulation of prostacyclin biosynthesis: inhibition by rosmarinic acid.

Sanchez M (2022), Molecules 27:4990, doi: 10.3390/molecules27154990.
The Genus *Cetraria* s. str.-A Review of Its Botany, Phytochemistry, Traditional Uses and Pharmacology.

Savina T (2023), Molecules 28:3512, doi: 10.3390/molecules28083512.PMID: 37110746.
Variation in Phenolic Compounds, Antioxidant and Antibacterial Activities of Extracts from Different Plant Organs of Meadowsweet (Filipendula ulmaria (L.) Maxim.).

Septembre-Malaterre A (2020), Int J Mol Sci; 21:4986.
Artemisia annua, a Traditional Plant Brought to Light.

Schriner SE (2013), PLOS One May 21, doi: 10.1371/journal.pone.0063886.
Extension of *Drosophila* Lifespan by *Rhodiola rosea* through a Mechanism Independent from Dietary Restriction.

Sharonova N (2021), Plants (Basel)10:1279, doi: 10.3390/plants10071279.

Comparative Assessment of the Phytochemical Composition and Biological Activity of Extracts of Flowering Plants of *Centaurea cyanus* L., *Centaurea jacea* L. and *Centaurea scabiosa* L.

Soltani S (2020), Iran J Pharm Res 20:268-285, doi: 10.22037/ijpr.2020.113874.14539.

A Review of the Phytochemistry and Antimicrobial Properties of *Origanum vulgare* L. and Subspecies.

Stawinska N (2023), Nutrients 15:1671, doi: 10.3390/nu15071671.

New Aspect of Composition and Biological Properties of Glechoma hederacea L. Herb: Detailed Phytochemical Analysis and Evaluation of Antioxidant, Anticoagulant Activity and Toxicity in Selected Human Cells and Plasma in Vitro.

Sigurdsson S (2007), Z f Naturforsch C J Biosci: 62: 689-693, doi: 10.1515/znc-2007-9-1011.

Inhibition of acetylcholinesterase by extracts and constituents from Angelica archangelica and Geranium sylvaticum.

Sigurdsson S (2007), Biochem Biophys Res Commun 2013 Nov 15;441(2):318-20, doi: 10.1016/j.bbrc.2013.10.036.

Effect of oral imperatorin on memory in mice.

Toiu A et al (2019), *Molecules* 2019, *24*(8): 1597, doi: 10.3390/molecules24081597.

Comparative Phytochemical Profile, Antioxydant, Antimicorbial and In vivo Antiinflammatory Activity of Different Extracts of Traditionally used Romanain Ajuga genevensis and A.reptans (Lamiaceae).

Tuominen A (2017), J Agric Food Chem, 65:6387-6403, doi: 10.1021/acs.jafc.7b00918.

Hydrolyzable Tannins, Flavonol Glycosides, and Phenolic Acids Show Seasonal and Ontogenic Variation in Geranium sylvaticum.

Van Die MD (2023), Planta Med 79: 562-75, doi: 10.1055/s-0032-1327831.

Vitex agnus-castus extracts for female reproductive disorders: a systematic review of clinical trials.

Vieira SF (2022), Int J Mol Sci, 23: 13616, doi: 10.3390/ijms232113616.

On the Bioactivity of *Echinacea purpurea* Extracts to Modulate the Production of Inflammatory Mediators.

Wu J (2024), Pharmaceuticals (Basel) 17:1113, doi: 10.3390/ph17091113.PMID: 39338278.

Botany, Traditional Use, Phytochemistry, Pharmacology and Quality Control of *Taraxaci herba*: Comprehensive Review.

Yang L (2018), Molecules 23(4):762, doi: 10.3390/molecules23040762.

Response of Plant Secondary Metabolites to Environmental Factors.

Zanardi MV (2022), Mol Cell Endocrinol 543:111540, doi: 10.1016/j.mce.2021.111540.

AHR agonistic effects of 6-PN contribute to potential beneficial effects of Hops extract.

Zholdasbayev ME (2023), Pharmaceuticals (Basel) 16:1106, doi: 10.3390/ph16081106.

Prunella vulgaris L.: An Updated Overview of Botany, Chemical Composition, Extraction Methods, and Biological Activities.

Liebe Leserin, lieber Leser!

Hat Sie dieses Buch inspiriert? Hat es Ihnen geholfen? Haben Sie bereits Ihr neues Lieblingskraut entdeckt?

Dann schreiben Sie uns doch gerne auf Facebook oder Instagram und erzählen Sie Ihrem Freundeskreis und Ihrer Buchhändlerin davon. Natürlich freuen wir uns auch, wenn Sie beim Onlinekauf eine nette Bewertung hinterlassen.

Wollen Sie noch mehr erfahren? Oder mit der Autorin in Kontakt treten?
Dann schreiben Sie uns gerne unter:
post@styriabooks.at

Inspiration, Geschenkideen und gute Geschichten finden Sie auf: **www.styriabooks.at**

STYRIA
BUCHVERLAGE

Lobkowitzplatz 1, 1010 Wien, Austria
E-Mail: office@styriabooks.at

ISBN 978-3-7088-0861-1

7 6 5 4 3 2 1
Druck und Bindung: Graspo
Printed in the EU

Lektorat: Ursel Nendzig
Korrektorat: Dorrit Korger
Fotos: Tom Bachler (S. 9, 185, 189, 193); Stefan Knittel (S. 2, 7, 8, 10, 11, 15, 16, 190, 191, 192, 195, 206); Renée Schroeder (alle Mikroskopbilder, erstellt mit dem Keyence, Modell VHX-970F, sowie: S. 12, 23, 53, 96, 155, 184, 186, 194, 202, 203, 204, 205, 209, 213, 218), privat (S. 240)
Icons: Tobias Ludescher
Cover- und Innengestaltung: Miriam Strobach
Satz: Sarah Montag, Roman Bold & Black
Projektleitung: Ilka Grunenberg

WICHTIGER HINWEIS

Dieses Buch kann nicht die ärztliche Betreuung ersetzen. Heilpflanzen nur nach Rücksprache mit Ihrem Arzt anwenden. Dies gilt besonders, wenn Sie Vorerkrankungen haben, bereits Medikamente einnehmen, schwanger sind oder stillen. Suchen Sie bei unklaren oder heftigen Beschwerden unbedingt eine Ärztin/einen Arzt auf. Ebenso, wenn die Beschwerden über einen längeren Zeitraum anhalten. Alle Inhalte und Hinweise in diesem Buch wurden von der Autorin nach bestem Wissen und mit größtmöglicher Sorgfalt erstellt und geprüft. Eine Garantie für die Richtigkeit der Angaben, Tipps und Rezepte kann nicht gegeben werden. Eine Haftung der Autorin bzw. des Verlags und seiner Beauftragten für Personen-, Sach- und Vermögensschäden sowie Unfälle ist ausgeschlossen.

WISSENSCHAFTLICHE BEITRÄGE
AUS DEM TECTUM VERLAG

Reihe Politikwissenschaften

WISSENSCHAFTLICHE BEITRÄGE
AUS DEM TECTUM VERLAG

Reihe Politikwissenschaften

Band 77

Dominik Meier mit Christian Blum

Logiken der Macht

Politik und wie man sie beherrscht

Tectum Verlag

Dominik Meier
Christian Blum

Logiken der Macht. Politik und wie man sie beherrscht

Wissenschaftliche Beiträge aus dem Tectum Verlag:
Reihe: Politikwissenschaften; Bd. 77

ISBN: 978-3-8288-4147-5

E-Book: 978-3-8288-7044-4

ePub: 978-3-8288-7045-1

ISSN: 1869-7186

Druck und Bindung: CPI buchbücher.de, Birkach
Printed in Germany

Besuchen Sie uns im Internet
www.tectum-verlag.de

Bibliografische Informationen der Deutschen Nationalbibliothek
Die Deutsche Nationalbibliothek verzeichnet diese Publikation in der Deutschen Nationalbibliografie; detaillierte bibliografische Angaben sind im Internet über http://dnb.d-nb.de abrufbar.

Inhalt

Abbildungen

0 Einleitung

0.1 Vorrede

Politik ist Macht und Entscheidung. Dieses Prinzip gilt für alle Epochen, für alle Systeme und Kulturen. Es gab und gibt keine herrschaftsfreien Räume. Egal ob wir die politische Arena bewusst betreten oder unfreiwillig in sie hineingeworfen werden, wir alle nehmen unweigerlich an einem Nullsummenspiel um Macht teil. Umso wichtiger ist es für jeden Einzelnen – ob Entscheidungsträger, Staatsbürger, Interessenvertreter oder politischer Berater –, die Regeln dieses Spiels zu verstehen und zu beherrschen. Dieses Buch wirft einen ehrlichen, umfassenden und durch zwei Jahrzehnte politischer Beratungserfahrung geschärften Blick auf die Logiken der Macht: von den begrifflichen Grundlagen bis zu den konkreten Werkzeugen, die das Fundament unseres eigenen, durch praktische Arbeit bewährten Power-Leadership-Ansatzes bilden.

Ein solcher Blick ist dringend geboten. Demokratien leben vom Vertrauen, das die Mitglieder jedes Gemeinwesens täglich den politischen Prozessen, Institutionen und Akteuren schenken. Ohne ein aufgeklärtes Verständnis für die Gesetzmäßigkeiten von Macht und Politik setzt die Mythenbildung ein. Utopische Erwartungen oder Vorurteile machen sich breit und erodieren über kurz oder lang unser demokratisches System. Dieses Buch ist daher auch eine analytische Entzauberung der Macht. Zugleich ist es eine Innenansicht des politischen Kosmos und eine Reflexion über die Strategien, mit denen seine verschiedenen Protagonisten um Positionen und Vorteile im großen Nullsummenspiel konkurrieren. Wir zeichnen nach, wie Macht in der Alltäglichkeit der Politik gemacht wird und welche Schlüsselrolle dabei Berater spielen.

Diese fundamentale Machtlogik erschließen wir anhand dreier aufeinander aufbauender Grundfragen, die einen roten Faden durch das gesamte Buch bilden und unseren Lesern eine Orientierung bieten sollen:

Was ist das Wesen der Macht?

Was sind ihre Erscheinungsformen und Felder?

Wie wird sie in der politischen Praxis ausgeübt und legitimiert?

Dieser Parforceritt durch den Themenkomplex der Macht von den Fundamenten bis zu den Fragen der spezifischen Machttechniken ist kein Selbstzweck. Unser Buch fußt auf einer festen, durch tägliche Erfahrung verbürgten Überzeugung: Die praktische Beherrschung von Macht setzt ein profundes Verständnis für ihre Grundprinzipien, Manifestationsformen und Legitimationsbedingungen voraus – und die theoretische Durchdringung der Macht eine tiefe Vertrautheit mit ihrer Anwendung. Theorie und Praxis der Macht müssen zusammengedacht werden, wenn man das Phänomen verstehen und beherrschen will.

Aufgrund unseres Anspruchs, das Thema der Macht in einem kohärenten Gesamtentwurf zu durchdenken, richtet sich die Abhandlung an eine vielfältige Leserschaft. Mit diesen Zeilen führen wir das intensive Gespräch der letzten 20 Jahre mit Entscheidungsträgern aus Politik, Wirtschaft, Zivilgesellschaft und Religion sowie mit der Beratungsbranche und dem wissenschaftlichen Publikum nun in Buchform fort. Zudem wollen wir jedem Bürger, der schon immer wissen wollte, wie Macht funktioniert, Einblicke und Anregungen bieten. Hierbei verzichten wir bewusst auf jede Moralisierung unseres Themas. *Logiken der Macht* ist zuerst und vor allem eine deskriptive Analyse, die den Leser nicht moralisch bevormunden will, sondern ihm selbst die Entscheidung überlässt, welche Schlüsse er für sein politisches Handeln aus der Lektüre ziehen will.

Korrespondierend zu den drei Grundfragen gliedert sich das Buch in drei systematisch verbundene Kapitel: Das Wesen der Macht – Die Konkretionen der Macht – Die Praxis der Macht. Aufbauend auf unserer Analogie vom Machtkampf als Nullsummenspiel ließe sich auch von der Eröffnung, dem Mittelspiel und dem Endspiel der Macht sprechen. Trotz dieser organischen und inhaltlichen Verbindung kann jedes einzelne Kapitel unabhängig von den anderen gelesen werden. Dem eiligen Leser, der es nicht abwarten kann, sich mit dem Rüstzeug des Machtberaters oder den konkreten Herausforderungen der politischen Strategieentwicklung und -umsetzung zu befassen, bieten wir etwa den Sprung in das Kap. 3 an. Gleichwohl lässt ein solcher Sprung nicht nur die methodologischen Grundlagen der Machtlogik außer Acht, sondern auch die historische und soziologische Verortung, mithin die funktionale Genese, des politischen Machtberaters. Kurzum, wir ermutigen jeden Leser, sich die Zeit zu nehmen, *Logiken der Macht* vom Anfang bis zum Ende durchzulesen. Bevor wir *in medias res* gehen, wollen wir einen kurzen Überblick über Struktur, Inhalt und Methode des Buches geben, um die Navigation durch die Themenfelder der Macht zu erleichtern.

0.2 Struktur und Inhalt

In Kap. 1, *Das Wesen der Macht*, stellen wir uns einer der grundlegendsten Fragen des ganzen Buches: Was ist Macht eigentlich? Für diese definitorische Annäherung nehmen wir den respektvollen Dialog mit den wichtigsten politischen Denkern der Menschheitsgeschichte auf: Aristoteles, Konfuzius, Ibn Khaldun, Niccolò Machiavelli, Thomas Hobbes, Max Weber, Michel Foucault und vielen anderen. Nach einer konstruktiv-kritischen Auseinandersetzung mit deren Thesen und Argumenten optieren wir für eine pragmatische, anwendungsorientierte Definition: Macht ist doppelte Potenzialität, genauer, Macht ist das potenzielle Vermögen von Personen und Organisationen, den potenziellen Widerstand anderer Akteure zu überwinden.

Durch diese Charakterisierung gewinnt Macht eine probabilistische Komponente, sie wird zum Gegenstand der Strategie und der Szenarioprognose. Kurzum: Macht wird planbar. Allerdings ist mit dieser Definition die Analyse des Wesens der Macht keineswegs abgeschlossen. Ausgehend von unserer Begriffsbestimmung eruieren wir, ob Macht universellen Gesetzen folgt, die unabhängig von Ort und Zeit gelten und im Deutschland der Gegenwart oder in China ebenso zur Anwendung kommen wie im antiken Rom oder im mittelalterlichen Abbasidenreich. Die Ergebnisse dieser Analyse fassen wir in einer Liste kulturübergreifender Prinzipien der Macht zusammen: Macht ist in allen sozialen Feldern präsent und durchzieht alle sozialen Beziehungen, sie fußt in unserer Verletzungsoffenheit und in unserem natürlichen Streben nach Einfluss, sie ist moralisch neutral und erhält erst durch den Menschen ihre Gestalt und ethische Valenz.

Macht, so unser Zwischenfazit, ist ein wesentlicher, irreduzibler Bestandteil unserer Existenz. Deshalb hat es keinen praktischen Sinn, darüber zu reflektieren, wie man sie aus der Welt tilgen kann. Stattdessen stellt sich die Frage, wie Menschen Macht in den verschiedenen Gesellschaftsfeldern und vor allem in der Politik legitim, effektiv und effizient einsetzen oder mit ihr umgehen. Es gilt zu verstehen, wie sich Macht im politischen Gemeinwesen konkretisiert – und zwar sowohl als unbewusst wirksame Struktur, der wir ausgesetzt sind, als auch als bewusst eingesetzte Ressource zur Durchsetzung individueller Interessen.

In Kap. 2, *Die Konkretionen der Macht*, fassen wir konsequenterweise die Erscheinungsformen, Felder und Ressourcen der Macht in den Blick. Angelehnt an Heinrich Popitz, den Doyen der deutschen Machtforschung, klassifizieren wir vier Grundformen: Aktionsmacht, instrumentelle Macht, technische Macht und autoritative Macht. Jede dieser Formen weist eigene Charakteristika und Effekte auf und setzt spezifische Fertigkeiten aufseiten des Macht-Habers voraus. Zudem manifestiert sich jede von ihnen in den drei großen Machtfeldern jeder Gesellschaft: Religion, Ökonomie und Politik. Diese Felder zeichnen sich nicht nur durch jeweils eigene Symbole, Praktiken und Habitus aus, sondern vor allem durch eigene Machtressourcen: unverzichtbare Mittel und Fähigkeiten, um im jeweiligen Feld Einfluss zu gewinnen und auszuüben.

Allerdings sind Religion, Ökonomie und Politik nicht nur Arenen des Machtkampfes, sondern konkurrieren auch untereinander kontinuierlich um Macht. Ein Sonderstatus kommt hierbei dem Feld des Politischen zu, insofern es durch seine institutionelle Ordnung und seine kollektiv verbindlichen Normen in alle Aspekte des gesellschaftlichen Lebens hineinwirkt. Daher richten wir unseren Fokus auf die Legitimationsbedingungen und auf die Ressourcen politischer Macht. Die Legitimitätsfrage ist untrennbar mit dem Leitprinzip des Gemeinwohls verknüpft; politische Entscheidungen und Institutionen beziehen ihre Rechtfertigung zuerst und vor allem aus dem Wohl des Gemeinwesens als eines Ganzen. Die Ressourcenfrage führt uns wiederum zu einer Trias, die uns von nun an durch das Buch begleiten wird: Herrschaftskompetenz, Herrschaftswissen und Herrschaftsinstrumente. Diese Ressourcen politischer Machtausübung bilden einen Komplex interdependenter

Bedingungen, weswegen wir sie auch die Machtvektoren nennen. Nur wenn ein Akteur alle drei Vektoren beherrscht, kann er im Ringen um politische Macht langfristig bestehen.

Aufgrund der immensen Bedeutung dieser drei Vektoren für Theorie und Praxis politischer Macht widmen wir den Abschluss von Kap. 2 ihrer ausführlichen Diskussion. Herrschaftskompetenz definieren wir unter Rückgriff auf den Schlüsselbegriff der aristotelischen *téchne* als praktisch-intuitive Beherrschung des politischen Handwerks. Herrschaftskompetenz wird – wie wir anhand historischer Vignetten von der Antike bis zur Gegenwart zeigen – in politischen Eliten stets von Kindesbeinen an tradiert und eingeübt. Das Herrschaftswissen bildet demgegenüber die Seite der *epistémé*, also der Kenntnisse über politische Strategie, narrative Herrschaftsbegründung und Verwaltungstechnik. Unter dem Schlagwort der Herrschaftsinstrumente diskutieren wir schließlich die technologischen und sozialen Werkzeuge, derer sich die Akteure im Machtkampf bedienen können und müssen: Waffen, Kommunikationsmittel, Überwachungstechnologie und Massenmedien sowie Militär, Polizei, Geheimdienste, Verwaltungen und informelle Netzwerke.

Die Beherrschung und die Koordination dieser drei Machtvektoren stellt eine hochanspruchsvolle, psychisch und physisch fordernde Aufgabe dar. Sie ist im Alleingang kaum zu bewältigen. Der politische Akteur erweist sich, wie wir inspiriert von Peter Sloterdijk diagnostizieren, als *homo consultandus*, als zu beratender Mensch. Ihm muss folgerichtig ein *homo consultans*, ein politischer Berater, zur Seite treten, um ihn bei der Machtausübung zu unterstützen. Dieser homo consultans betritt die weltgeschichtliche Bühne bereits in der Antike, und zwar in Gestalt des Sophisten. Er weicht von nun an – sei es als mittelalterlicher Königsberater oder als neuzeitlicher Geheimrat – nicht mehr von der Seite der Mächtigen. Damit steht gleichsam die zentrale Frage im Raum, was die Funktionen, Verantwortlichkeiten, Werkzeuge und Techniken dieses entscheidenden Protagonisten in der repräsentativen Demokratie unserer Gegenwart sind.

In Kap. 3, *Die Praxis der Macht*, beantworten wir diese Frage. Wir entwickeln ein Curriculum des politischen Machtberaters für das 21. Jahrhundert: *Power Leadership*. Dieser Ansatz synthetisiert einerseits die Ergebnisse und Befunde unserer vorangegangenen Diskussion über die Logiken der Macht, und er speist sich andererseits aus der eigenen, mehr als zwei Jahrzehnte umspannenden Beratungserfahrung.

Dieses Curriculum ist sowohl Praxisleitfaden für den angehenden Berater als auch Diskussionsanstoß und Anregung für den erfahrenen Macht-Experten, der mit dem Beratungsrüstzeug bestens vertraut ist. Der Power-Leadership-Ansatz beschreibt das Aufgabenspektrum und das Ethos des homo consultans in Hinblick auf die Beratung von Amtsträgern und Institutionen sowie von wirtschaftlichen und zivilgesellschaftlichen Interessengruppen. Kurzum: Er legt die Grundlagen für jedes Einsatzgebiet des politischen Feldes.

Dieses Curriculum kreist – korrespondierend zu den Vektoren der Macht – um drei Leitprinzipien: *Befähigen, Verdichten, Gestalten.* Unter dem Schlagwort des Befähigens beschreiben wir die Techniken der Kompetenzvermittlung und deren inhaltliche Schwerpunkte: politische Logik, politische Sprache, politisches Ethos. Dies ist der Punkt, an dem der homo consultandus für die Bewährung in der politischen Arena geschult wird und ein vertieftes Regelverständnis für das Nullsummenspiel um Macht erwirbt; entsprechend diskutieren wir in diesem Abschnitt sowohl die Grundelemente des individuellen Coachings und Trainings als auch die Organisationsberatung und Positionierungsberatung von Organisationen und Institutionen.

Mit dem zweiten Schlagwort, dem Verdichten, sind die Beschaffung, Filterung und Priorisierung von Informationen sowie deren Einordnung und Evaluation durch Analysewerkzeuge, wie das Stakeholder-Mapping oder die Themen-Identifikation, beschrieben. Ziel dieses informationalen Beratungsprozesses, den wir anhand unseres praxiserprobten Vier-Phasen-Modells darstellen, ist ein kontinuierlich aktualisierter, kondensierter Wissensstand der politischen Arena. Dieser Wissensstand ermöglicht Berater und Klient eine gemeinsame, akkurate Lageeinschätzung externer Chancen und Bedrohungen sowie interner Stärken und Schwächen, und er kumuliert in der auf Risiko- und Szenarioanalysen gestützten Strategieentwicklung.

Unter dem dritten und letzten Schlagwort, dem Gestalten, diskutieren wir entsprechend das Aufgaben- und Methodenset der Strategieumsetzung: Teamaufstellung, Projektkoordination, Planung und Organisation von politischen Formaten und Stakeholder-Dialogen, Allianzbildung, Mobilisierung und Campaigning. Das politische Gestalten, die konkrete Machtausübung im Feld der Politik durch Interaktion mit Organisationen und Personen, ist der eigentliche Lackmustest für die vorangegangene Befähigung und Verdichtung. Entsprechend diskutieren wir in diesem Kontext die praktischen Herausforderungen – vom politischen Eventmanagement über die sensible Kommunikation mit Klienten und Stakeholdern bis hin zur Strategieevaluation –, vor die jeder Machtberater im politischen Alltagsgeschäft kontinuierlich gestellt wird.

Den Schlussstein des Buches bildet eine Reflexion über die kontinuierlich wachsende Relevanz der Globalisierung für den Machtberater und über die Disziplin der *Global Governmental Relations*. Wir skizzieren, was es heißt, politische Strategien über nationale Grenzen hinweg zu konzipieren und zu koordinieren, und welche organisatorischen Anforderungen aufseiten des homo consultans und homo consultandus bestehen. Die Zukunft der Machtberatung liegt in der politischen, ökonomischen, technologischen und informationalen Vernetzung des globalen Machtfelds. Die wichtigste Herausforderung des homo consultans ist es, dieses Machtfeld durch stete Optimierung seiner Werkzeuge und Methoden beherrschbar zu machen.

0.3 Methode

Die Kapitel der *Logiken der Macht*, Das Wesen der Macht – Die Konkretionen der Macht – Die Praxis der Macht, werden durch eine gemeinsame *methodologische Klammer* verbunden. Unsere Analyse- und Darstellungsmethodik beruht auf der Kombination von fünf einander ergänzenden Elementen: politische Theorie und Philosophie, Anthropologie, Historiografie, Praxeologie, praktisches Erfahrungswissen. Unsere Auswahl ist nicht eklektisch. Wir haben uns bewusst für dieses Methodenset entschieden, um die gesamte thematische Breite des Phänomens der Macht – von der allgemeinen Definitorik und den Grundprinzipien bis zur Darstellung des Power-Leadership-Curriculums – nachvollziehbar und verstehbar zu machen.

Der politischen Theorie und Philosophie kommt hierbei die grundlegende Funktion zu, die Definitorik der Macht und ihre Legitimationsbedingungen – insbesondere in Hinblick auf das Gemeinwohl – zu entwickeln. Zur Vermeidung eurozentrischer Befangenheit und zur größtmöglichen Ausschöpfung der intellektuellen Errungenschaften der Menschheitsgeschichte suchen wir den Dialog mit westlichen und nicht westlichen Autoren aus Vergangenheit und Gegenwart: von Laotse bis Jean-Jacques Rousseau, von Al-Mawardi bis Ernst Fraenkel. Auf diesem

Wege vermeiden wir eine dogmatische Festlegung auf doktrinäre Denkschulen und die mit ihnen verknüpften Paradigmen. Letzten Endes, so unser methodologisches Credo, muss sich jeder Denkansatz daran bewähren, ob er die Logiken der Macht in Theorie und Praxis erschließen kann oder nicht.

Auf die Disziplin der Kultur- und soziologischen Anthropologie rekurrieren wir, um die Universalien der Macht zu explizieren, also die Faktoren, welche unabhängig von Kultur und Epoche gelten. So klären wir hier unter Rückgriff auf diskursbeherrschende Autoren wie Aristoteles, Helmuth Plessner und Arnold Gehlen, welche Determinanten den Menschen als Zoon politikon, Techniker und Mängelwesen prägen und welche Auswirkungen diese anthropologischen Konstanten auf das Verhältnis von Mensch und Macht haben. Hierbei setzen wir freilich voraus, dass so etwas wie eine allgemeine Anthropologie überhaupt möglich und sinnvoll ist. Ohne generalisierbare Aussagen über das Wesen des Menschen sind auch keine generalisierbaren Aussagen über das Wesen der Macht möglich; beide Aspekte sind notwendig verknüpft.

Dem Element der *Historiografie* kommt die Schlüsselrolle zu, das Phänomen der Macht an der Schnittstelle von Universalität und Kontingenz anschaulich zu machen. In unserer Darstellung rekurrieren wir zur Illustration sowohl auf zeitgeschichtliche als auch auf historische Beispiele für spezifische Techniken, Gesetzmäßigkeiten, Herausforderungen und Dilemmata der Herrschaftsausübung – von den Hochkulturen der Antike, wie den Sumerern, Persern und Römern, über die mittelalterlichen Reiche Europas und Asiens bis zur unmittelbaren Gegenwart. Diese Vignetten verdeutlichen einerseits, dass die Grundlogik der Macht in jeder Kultur und jeder Epoche stets dieselbe ist und sich als roter Faden durch die Weltgeschichte zieht. Sie illustrieren andererseits jedoch auch, dass Macht stets einen Prozess der kulturhistorischen Codierung und Kontextualisierung durchläuft, weswegen ihre Beherrschung ein Verständnis sowohl der Machtuniversalien als auch der Besonderheiten des jeweiligen Kontextes erfordert. Diese Herangehensweise an unser Thema ist nicht nur illustrativ. Sie hebt auch praktische Ressourcen, indem sie von den Erfahrungen vorangegangener Generationen profitiert und die Geschichte als Lehrbuch der Macht nutzt.

Die Methode der *Praxeologie* kommt schließlich dort zu ihrem Einsatz, wo Macht als Analysegegenstand gesellschaftlich konkret wird und wo es darum geht, Politik in der Alltäglichkeit erfahrbar und greifbar zu machen. Unter Praxeologie verstehen wir hierbei eine aus der Soziologie und Kulturwissenschaft entlehnte Methode, mit der die wirkmächtigen Sozialstrukturen und faktischen Machtverhältnisse eines Gemeinwesens aus der Konvergenz bzw. Divergenz von politischem Diskurs und Praxis erschlossen werden. Die praxeologische Sichtweise vergleicht, kurz gesagt, Aussagen und Handlungen politischer Akteure – und zwar Personen und Organisationen gleichermaßen – und kontextualisiert auf diese Weise die Reproduktion oder Diskontinuierung von politischen Prozessen, Ritualen, Institutionen und Symbolen. Hinter dieser Methode steht die Einsicht, dass Macht und Herrschaft nur im und durch den praktisch-diskursiven Vollzug im kollektiven, menschlichen Handeln existieren und daher von einem Moment auf den anderen entweder immer wieder neu bestätigt oder modifiziert bzw. revidiert werden müssen. Durch ihre Ordnungsleistung schafft die Praxeologie Orientierung im Machtfeld der Politik und schärft den Blick für das Wesentliche.

Die Grundierung für all diese Methoden muss freilich das eigene *Erfahrungswissen* bzw. die aus jahrelanger Beratungstätigkeit gewonnene Vertrautheit mit dem Ringen um Herrschaft und Einfluss bilden. Jedwede Theorie – egal ob Philosophie, Politikwissenschaft, Soziologie, Theologie oder Geschichte – bleibt bloß abstrakte Reflexion, wenn sie nicht durch die erstpersönliche, unmittelbare Erfahrung mit den Logiken der Macht ergänzt wird. Daher speist sich die vorliegende Darstellung nicht zuletzt aus einem jahrzehntelangen persönlichen Lernprozess bei der Beratung verschiedenster Personen und Organisationen im Machtfeld der Politik, aus unzähligen Erfolgen und Misserfolgen bei der Mitgestaltung demokratischer Prozesse und aus einer niemals verebbten Begeisterung für das große Nullsummenspiel um die Macht.

1 Das Wesen der Macht

1.1 Definitorische Annäherung

Macht ist vielgestaltig. Sie tritt uns allgemein und in der politischen Praxis in den unterschiedlichsten Formen entgegen. Macht äußert sich im martialischen Pomp einer Militärparade, in der Entscheidung eines Staatschefs über Krieg und Frieden, in einem parlamentarischen Beschluss oder in der Polizeikontrolle am Straßenrand. Machtstrukturen durchdringen soziale Beziehungen – bewusst wahrgenommen oder unbewusst. Von der Erziehung der Eltern bis zum Totenbett sind Menschen von diesen Strukturen umgeben. Macht ist subtil und brachial, stillschweigend und beredt. Die augenfällige Heterogenität dieser sozialen Phänomene hat Max Weber in seinem Standardwerk *Wirtschaft und Gesellschaft* dazu veranlasst, den Machtbegriff als »soziologisch amorph«, also als schillernd und schwer fassbar einzustufen.[1] Es scheinen also erhebliche Zweifel angebracht zu sein, ob sich überhaupt eine singuläre Machtdefinition beschreiben lässt bzw. ob ein Gattungsbegriff identifiziert werden kann, unter den alle Machtphänomene überzeugend zu subsumieren sind.[2] Dieser Herausforderung bewusst, gilt es dennoch eine definitorische Annäherung zu wagen, freilich nicht im Sinne einer unumstößlichen Begriffsbestimmung. Stattdessen geht es uns um eine pragmatische Arbeitsdefinition, die unserem konkreten Erkenntnisinteresse sowohl

1 Weber, Max ([1921] 1972): Wirtschaft und Gesellschaft, 5. Auflage, Tübingen: Mohr Siebeck, S. 28.

2 So zieht etwa die Kulturwissenschaftlerin Lisa Zunshine den radikalen Schluss, dass Macht schlechterdings undefinierbar ist, vgl. Zunshine, Lisa (2008): Strange Concepts and the Stories They Make Possible, Baltimore: The Johns Hopkins University Press, S. 50.

als Handelnde in politischen Prozessen als auch als Beobachter dieser Prozesse gleichermaßen angemessen ist.

Hierbei fangen wir nicht bei null an. Staatstheoretiker, Philosophen, Soziologen und Historiker haben seit Jahrtausenden das Konzept der Macht untersucht und unterschiedlichste, oft konträr entgegengesetzte Definitionen und Beschreibungen vorgelegt. Das Feld lässt sich am besten kurz anhand zweier Kontroversen ordnen, die zugleich den Orientierungspunkt unserer eigenen definitorischen Annäherung bilden.[3] Der erste Streitpunkt betrifft die Frage, ob Macht primär als Fähigkeit zum zielgerichteten Handeln, also als *Macht zu*, oder als Vermögen zur Kontrolle anderer Personen, also als *Macht über*, aufzufassen ist. Der zweite Streitpunkt ist, ob es sich bei Macht um eine *Ressource* handelt, die von individuellen und kollektiven Akteuren besessen werden kann, oder ob sie eine soziale *Struktur* ist, die das Handeln von Akteuren lenkt oder sogar völlig determiniert. Entscheidend für uns ist, dass beide Kontroversen inhaltlich voneinander unabhängig sind. Eine Festlegung in Bezug auf einen Streitpunkt lässt keine Schlussfolgerungen für eine Festlegung hinsichtlich des anderen Streitpunkts zu. Um uns einer Arbeitsdefinition zu nähern, skizzieren wir im Folgenden beide Kontroversen und positionieren uns in diesem Kontext.

Das Begriffsverständnis von Macht als *Macht zu* ist historisch früh verankert. Bereits in der *Metaphysik* entwickelt Aristoteles sein Kernkonzept der *dynamis*, das sich je nach Kontext als Möglichkeit, Fähigkeit oder Handlungsmacht übersetzen lässt.[4] Aristoteles begreift dynamis ganz grundsätzlich als Vermögen eines Organismus – sei es nun ein Mensch oder ein Tier –, sich selbst oder andere Dinge zielgerichtet zu verändern. Dynamische Lebewesen sind demnach solche, die das Potenzial haben, aktiv und bis zu einem gewissen Grade planvoll auf ihre Umgebung einzuwirken. Diese Begriffsbestimmung finden wir, konsequent durch die Antike weitergetragen, bei den Scholastikern wieder, die das griechische dynamis ins lateinische *potentia* übersetzen. Spannenderwei-

3 Vgl. Allen, Amy (2011): Feminist Perspectives on Power, in: Edward N. Zalta (Hg.): Stanford Encyclopedia of Philosophy, The Metaphysics Research Lab, http://plato.stanford.edu/entries/feminist-power/.

4 Vgl. Aristoteles (1994): Metaphysik, hg. und übers. von Ursula Wolf, Reinbek bei Hamburg: Rowohlt. Zur Vertiefung siehe Zenkert, Georg (2004): Die Konstitution der Macht, Tübingen: Mohr Siebeck, S. 56–71, und Saar, Martin (2010): Power and Critique, in: Journal of Power 3 (1), S. 7–20.

se setzt sich dieser »potentia«-Begriff des Vermögens nahezu ohne Bedeutungsänderung durch das gesamte Mittelalter durch.[5] Thomas Hobbes nimmt diese wirkmächtige Machtdefinition in der frühen Neuzeit wieder auf, verengt die Machtkonzeption jedoch entscheidend. In seinem *Leviathan* legt er nämlich folgende neue Definition vor: »The power of a man [...] is his present means to obtain some future apparent Good«.[6] Macht, so Hobbes nun, ist eine spezifisch menschliche Kategorie, und zwar eine, die er jetzt an die Bedingung zur Verwirklichung subjektiver Interessen koppelt. Allerdings bleibt Hobbes insofern der aristotelischen Ursprungskonzeption treu, als auch er das Vermögen zu handeln ins Zentrum seiner Machtkonzeption rückt. Der Machtumfang einer Person oder Gruppe von Personen hängt somit in konstitutiver Weise ab vom Umfang ihrer Handlungsoptionen zur Erreichung ihrer verschiedenen Ziele. Hobbes' Definition erweist sich für die Machttheoretiker und -praktiker in ihrem Herrschaftshandeln in der Folgezeit als so einflussreich, dass sie ihren Weg bis in die Gegenwart hineinfindet. Exemplarisch für die Nachwirkung dieses Konzepts ist etwa die Position der Philosophin Amy Allen, die Macht auffasst als »ability [...] to attain an end or series of ends«.[7] Diese Fähigkeit, so konkretisiert Allen das hobbessche Paradigma, muss nicht erfolgsgarantierend sein bzw. die Verwirklichung des gewünschten Zweckes erzwingen. Ein Akteur verfügt bereits dann über Macht, wenn die Durchführung einer Handlung das Eintreten des intendierten Effekts wahrscheinlich macht. Somit erweitert Allen Hobbes' Konzeption um eine explizit *probabilistische* Komponente. Die Macht eines Akteurs bestimmt sich nicht allein durch den Umfang seiner Handlungsoptionen, sondern auch durch die Wahrscheinlichkeit, dass die entsprechenden Handlungen bei ihrer Durchführung erfolgreich sind.

5 Vgl. Stoellger, Philipp (2008): Einleitung: Sprachen der Macht zwischen potentia, impotentia und potentia passiva, in: Ders. (Hg.): Sprachen der Macht, Würzburg: Königshausen & Neumann, S. 1–34; S. 9.

6 Hobbes, Thomas ([1651] 2008): Leviathan, New York: Cosimo Classics, S. 48.

7 Allen, Amy (1999): The Power of Feminist Theory: Domination, Resistance, Solidarity, Boulder: Westview Press, S. 126. Siehe unter anderem auch Pitkin, Hanna (1972): Wittgenstein and Justice, Oxford: Oxford University Press, Dowding, Keith (1996): Power, Minneapolis: University of Minnesota Press und Morriss, Peter (2002): Power: A Philosophical Analysis, Manchester: Manchester University Press.

Das zweite, konkurrierende Begriffsverständnis von Macht als *Macht über*, demzufolge Macht wesentlich eine Beziehung der Dominanz zwischen Personen ist, lässt sich in seiner ideengeschichtlichen Genese weniger leicht zurückverfolgen. Für viele Gesellschaftstheoretiker beschreibt Niccolò Machiavelli diese Konzeption zum ersten Mal explizit in seinem Macht-Klassiker, dem *Fürsten*.[8] Dafür ist unstrittig, wer die in der Gegenwart bekannteste Definition dieses Konzepts vorgelegt hat, nämlich Max Weber: »Macht bedeutet jede Chance, innerhalb einer sozialen Beziehung den eigenen Willen auch gegen Widerstreben durchzusetzen«.[9] Es lohnt sich, diese kompakte Begriffsbestimmung in ihre Komponenten zu zergliedern. Erstens impliziert das *Macht-über*-Konzept, wie es Weber darlegt, eine sich gegenseitig bedingende Beziehung zwischen einem Machthaber und einem Machtunterworfenen.[10] Während die aristotelische Definition von Macht, die auf dem bloßen Vermögen zum erfolgreichen und zielgerichteten Handeln fußt, auch in einer Welt noch Anwendung fände, in der nur noch ein einziger Mensch am Leben wäre, ließe sich nach Webers Verständnis in einem solchen Szenario gar nicht mehr sinnvoll von Macht sprechen. Macht im weberschen Sinne ist irreduzibel sozial, und sie setzt mindestens zwei Personen voraus.[11] Zweitens impliziert dieses Machtkonzept einen potenziellen Widerstand, der

8 Vgl. Machiavelli ([1513] 1986): Der Fürst, hg. und übers. von Philipp Rippel, Ditzingen: Reclam. Für eine vertiefende Diskussion von Machiavellis Bedeutung für das Dominanzmodell der Macht siehe z. B. Karlberg, Michael (2005): Power of Discourse and the Discourse of Power: Pursuing Peace Through Discourse Intervention, in: International Journal of Peace Studies 10 (1), S. 1–23; S. 2–3. Kritisch jedoch Holler, Manfred J. (2009): Niccolò Machiavelli on Power, in: Rationality, Markets, and Morals 0 (1), S. 335–354.

9 Weber, Max ([1921] 1972): S. 28. Die Anzahl der Weberianer unter den Machttheoretikern der Gegenwart ist kaum noch überschaubar, zu den wichtigen zählen jedoch u. a. Organski, Abramo F. (1963): World Politics, New York: Alfred A. Knopf Inc., Barry, Brian (1989): Democracy and Power, Oxford: Clarendon Press und natürlich Mann, Michael (1990): Geschichte der Macht I, übers. von Hanne Herkommer, Frankfurt a.M: Campus.

10 Byung-Chul Han hat dieses Merkmal prägnant auf den Punkt gebracht durch den Verweis darauf, dass Macht stets in einem bipolaren Spannungsverhältnis von ego und alter besteht, vgl. Han, Byung-Chul (2005): Was ist Macht?, Ditzingen: Reclam.

11 Die naheliegende Frage, ob der Umkehrschluss ebenso gilt, ob also das Soziale irreduzibel mit dem Phänomen der Macht verknüpft ist, werden wir in Kap. 2.2 erörtern.

potenziell überwunden wird. Das heißt: Macht setzt konkret einen Willen voraus, der, wenn er dem Willen des Machthabers entgegensteht, von diesem überwunden werden kann, wenn der Machthaber dies will.[12] Dies bedeutet, wie Byung-Chul Han treffend festhält, dass sich Macht nicht notwendigerweise in Zwang äußern muss.[13] Diese Dominanztheorie fasst damit bedeutende Elemente vieler Machttheoretiker zusammen: Einerseits kann jeder Machtunterworfene aus freien Stücken den Wünschen des Machthabers folgen, ohne dass dieser von Zwangsmitteln Gebrauch machen müsste. Andererseits kann der Machthaber auf die Anwendung seiner Zwangsmittel verzichten und den Machtunterworfenen in seiner Unbotmäßigkeit gewähren lassen, ohne dabei seinen Status als Machthaber einzubüßen. Entscheidend ist aber, dass die Größe der Macht eines Akteurs konstitutiv davon abhängt, inwieweit er dazu befähigt ist, den Widerstand anderer bei der Realisierung seiner eigenen Interessen zu überwinden. Dabei ist es unerheblich, ob der Widerstand anderer sich jemals manifestiert oder ob der Akteur jemals von seiner Fähigkeit Gebrauch macht. Die dritte entscheidende Komponente ist schließlich, dass Macht stets nur mit einer Chance zur Durchsetzung von Interessen assoziiert ist. Dieser Aspekt, der uns schon bei der Diskussion des *Macht-zu*-Konzepts begegnet ist, besagt nichts anderes, als dass auch das *Macht-über*-Konzept eine probabilistische Komponente besitzt. Macht über andere zu haben, ist keine Garantie, dass der Machthaber seinen Willen durchsetzen kann. Es bedeutet nur, dass, wenn er von seinen Zwangsmitteln Gebrauch macht, eine signifikante Wahrscheinlichkeit besteht, dass diese Mittel bei der Überwindung des Widerstands erfolgreich sind.

Dieser Dualismus zweier Machtkonzeptionen ist keinesfalls eine westliche Besonderheit. Er findet sich auch in anderen großen Kulturtraditionen. Das zeigt sich eindrucksvoll an den prägenden Strömungen der klassischen chinesischen Ethik – dem *Daoismus* und dem *Konfuzianismus*.[14] Beide Denkschulen befassen sich explizit nicht mit begriffs-

12 Vgl. Dahl, Robert (1957): The Concept of Power, in: Behavioral Science 2, S. 201–215; S. 202f. und Dahl, Robert ([1968] 2002): Power, in: Mark Haugaard (Hg.): Power. A Reader, Manchester: Manchester University Press, S. 5–25.

13 Vgl. Han (2005): S. 11.

14 Beide Strömungen haben ihre Ursprünge im fünften Jahrhundert vor Christus. Ihre Schlüsseltexte sind das *Daodejing* oder *Tao Te King* von Laotse (2005, übers. von Richard Wilhelm, München: C.H. Beck) und das *Lun Yu* von Konfuzius (2005, übers. von Richard Wilhelm, München: C.H. Beck). Zur Vertiefung sie-

theoretischen Reflexionen wie etwa die platonischen Dialoge, sondern bieten praxisorientierte Leitfäden für Kaiser und hohe Staatsbeamte.[15] Entsprechend suchen wir hier vergebens nach einer abstrakten Bestimmung des Machtkonzepts. Aber wir finden eine sehr klare Analyse der idealen Herrscherpersönlichkeit. Sowohl Laotse, der Begründer des Daoismus, als auch Konfuzius lehnen das Streben nach Macht vehement ab – und zwar sowohl nach *Macht über* als auch nach *Macht zu*.[16]

So mahnt Laotse in seiner kanonischen Spruchsammlung, dem *Daodejing*: »Tut ab die Heiligkeit, werft weg das Wissen | so wird das Volk hundertfach gewinnen. | […] Tut ab die Geschicklichkeit, werft weg den Gewinn | so wird es Diebe und Räuber nicht mehr geben. | […] Zeigt Einfachheit, haltet fest die Lauterkeit!«[17] Der tugendhafte Herrscher soll also gerade nicht nach Vergrößerung seiner Handlungsmöglichkeiten und Erfolgschancen trachten; er soll sich vielmehr aus der aktiven Welt zurückziehen. Das Schlüsselwort der chinesischen Philosophie lautet hier *wu wei*, was sich mit »Nicht-Tun« oder »Handlungsenthaltung« übersetzen lässt.[18] Nur indem er sich dem fatalen Kreislauf des Immer-mehr-Wollens entzieht, dient der Herrscher seinen Untertanen als Vorbild und inspiriert sie zu Loyalität und Gesetzestreue. Aus ganz ähnlichen Gründen lehnen die Begründer der chinesischen Ethik auch das Streben nach Kontrolle über andere Personen ab. So heißt es bei Konfuzius: »Wenn man durch Erlasse leitet und durch Strafen ordnet, so weicht das Volk aus und hat kein Gewissen. Wenn man durch Kraft des Wesens leitet und durch Sitte ordnet, so hat das Volk Gewissen und erreicht das Gute.«[19] Dahinter steht eine einfache Überlegung: Jeder Versuch politischer Entscheidungsträger, Macht über andere auszuüben und sie gegen

---

he Roetz, Heiner & Schleichert, Hubert (2009): Klassische chinesische Philosophie. Eine Einführung, Frankfurt a. M.: Klostermann, Bauer, Wolfgang (2001): Geschichte der chinesischen Philosophie. Konfuzianismus, Daoismus, Buddhismus, München: C.H. Beck und Geldsetzer, Lutz & Han-ding, Hong (1998): Grundlagen der chinesischen Philosophie, Stuttgart: Reclam.

15 Für eine ebenso kluge wie humorvolle Gegenüberstellung der eher theorielastigen attischen Denker der Antike mit ihren chinesischen Konterparts siehe Wong, David (2013): Chinese Ethics, in: Edward N. Zalta (Hg.): Stanford Encyclopedia of Philosophy, http://plato.stanford.edu/entries/ethics-chinese/.

16 Vgl. Schleichert & Roetz (2009): S. 24.

17 Laotse (2005): S. 27.

18 Vgl. Schleichert & Roetz (2009): S. 36.

19 Konfuzius (2005): S. 13.

ihren Willen zu etwas zu zwingen, provoziert die Entwicklung von Gegenmacht. Und diese mündet, so die These, in Gewalt und Chaos. Die Alternative ist ein zurückhaltender und maßvoller, vor allem aber moralisch lauterer Regierungsstil, der der Bevölkerung als Vorbild dient. In diesem Kontext liest sich Laotses Ratschlag für die richtige Staatsführung nicht nur als eine Ergänzung des konfuzianischen Gedankens, sondern geradezu wie eine Vorwegnahme der liberalen politischen Idee: »Wessen Regierung still und unaufdringlich ist | dessen Volk ist aufrichtig und ehrlich. | Wessen Regierung scharfsinnig und stramm ist | dessen Volk ist hinterlistig und unzuverlässig.«[20]

Laotse und Konfuzius sind sich also der beiden diskutierten Machtkonzeptionen sehr wohl bewusst, auch wenn sie auf eine begriffliche Explikation verzichten. Wir sollten allerdings aus ihrer kritischen Haltung zum Machtstreben nicht den voreiligen Schluss ziehen, dass sie das Phänomen Macht vollkommen aus der sozialen Welt verdrängen wollen. Das wäre falsch. Macht, so lautet vielmehr ihr provokanter Schluss, übt nur derjenige erfolgreich und legitim aus, der nicht versucht, sie an sich zu reißen und zu vergrößern, sondern sich auf die Kultivierung der eigenen Tugenden, auf Bescheidenheit und Integrität konzentriert. An dieser Stelle soll noch einmal Konfuzius mit einer ebenso aufschlussreichen wie poetischen Analogie zu Wort kommen: »Wenn Eure Absichten gut sind, wird auch das Volk gut sein. Die Tugendhaftigkeit des Fürsten gleicht dem Wind, jene der kleinen Leute dem Gras: Das Gras muss sich dem Wind beugen, der über es hinwegstreicht.«[21] Diese Behauptung mag in ihrer zugespitzten Form kaum plausibel erscheinen, und sie ist von Konfuzius' Nachfolgern wiederholt als utopisch kritisiert worden.[22] Aber trotzdem ist bereits hier eine zentrale Form der Macht benannt, auf die wir in Kap. 2.1 detailliert eingehen werden: die autoritative Macht, die sich auf das menschliche Bedürfnis nach Anerkennung und moralischer Orientierung stützt.

Damit soll nicht gesagt sein, dass neben der westlichen Tradition nur die chinesische Philosophie einen bedeutenden Beitrag zur Dicho-

20 Laotse (2005): S. 70.
21 Zitiert nach Schleichert & Roetz (2009): S. 37.
22 Siehe hierzu u. a. Bauer (2001): S. 64–75 und Schleichert & Roetz (2009): 38f.

tomie von *Macht zu* und *Macht über* geleistet hätte.[23] Die politischen Denker des mittelalterlichen Islams haben sich ebenso tiefgehend mit dem Wesen der Macht befasst, wenn auch rund tausend Jahre später.[24] Zu diesen Denkern zählt neben dem Historiker Ibn Khaldun und dem Philosophen Al-Farabi auch der Rechtsgelehrte Al-Mawardi, dessen Schrift *Al-Ahkam as-Sultaniyya* (Die Prinzipien der Macht) aus dem elften Jahrhundert bis heute einer der wichtigsten Grundlagentexte des politischen Islams ist.[25] Vertreter dieser Tradition sehen sich im Kontrast zur chinesischen Denkschule allerdings nicht als Ratgeber der herrschenden Elite, sondern als religiöse Individualethiker und Staatstheoretiker. Zweierlei ist in diesem Kontext bemerkenswert: Erstens übernehmen sie beinahe ohne Änderung das aristotelische Konzept der Handlungsmacht – der *dynamis* – und übertragen es in ein religiöses Weltbild, in dem der Mensch als autonomes und eigenverantwortliches Wesen Gott gegenüber Rechenschaft schuldet. Die starke Anlehnung an aristotelisches Denken und an das entsprechende Machtmodell ist letztlich wenig überraschend, wenn man bedenkt, dass die griechischen Klassiker seit dem achten Jahrhundert durch arabische Gelehrte bewahrt und rezipiert wur-

23 Allerdings erwiesen sich Konfuzianismus und Daoismus innerhalb des asiatischen Kulturraums als so einflussreich, dass sie z. B. das japanische Denken über Macht seit der Antike maßgeblich prägten. Für einen Überblick siehe Pörtner, Peter & Heise, Jens (1995): Die Philosophie Japans. Von den Anfängen bis zur Gegenwart, Stuttgart: Alfred Kröner Verlag, vor allem das Kapitel »Machtdiskurse«, S. 231–238.

24 Einen guten ersten Überblick bietet Bowering, Gerhard (2015): Introduction, in: Ders. (Hg.): Islamic Political Thought. An Introduction, Princeton/Oxford: Princeton University Press, S. 1–23.

25 Vgl. Ibn Khaldun (2011): Die Muqaddima: Betrachtungen zur Weltgeschichte, übers. von Alma Giese, München: C.H. Beck, Al-Farabi (2009): Die Prinzipien der Ansichten der Bewohner der vortrefflichen Stadt, übers. von Cleophea Ferrari, Stuttgart: Reclam und al-Mawardi, Abu al-Hasan (1996): Al-Ahkam as-Sultaniyya. The Ordinances of Government, übers. von Wafaa H. Wahba. Reading: Garnet. Die englische Übersetzung von »sultaniyya« als »of government« ist übrigens reichlich zahm, um nicht zu sagen euphemistisch. Das arabische Wort »sultan« bedeutet zuerst und vor allem »Macht«, »Kraft« und »Stärke«. Zur Vertiefung von al-Mawardis Werk siehe Al-Baghdadi, Ahmad M. (1981): The political thought of Abu Al-Hassan Al-Mawardi, Thesis Presented for the Degree of Doctor of Philosophy, University of Edinburgh, https://www.era.lib.ed.ac.uk/handle/1842/7414 und Ringgren, Helmer (1972): On the Islamic Theory of the State, in: Scripta Instituti Donneriani Aboensis 6, S. 103–108.

den – lange bevor sie (wieder) Eingang in den westlichen Kanon fanden.[26] Zweitens greifen die islamischen Theoretiker das zweite Begriffsverständnis von Macht, die Dominanzkonzeption, positiv auf und verknüpfen es mit einem theokratischen Staatsentwurf. Die drastischste Position findet sich in *Al-Ahkam as-Sultaniyya*: Die Vernunft und die Einsicht der Menschen allein, so Al-Mawardi, sind nicht stark genug, um sie zu einer gerechten und frommen Gemeinschaft zu vereinigen; hinzu kommen gravierende Unterschiede in Bezug auf Brauchtum und Moral. Deshalb ist ein absolutistischer Theokrat, ein Imam, erforderlich, der dank uneingeschränkter Machtfülle die Bevölkerung zu Einheit und Tugend zwingen kann.[27] Der Imam erhält sein Amt durch göttliche Vorsehung, und entsprechend ist seine Autorität unantastbar. Dennoch hält Al-Mawardi eine Hintertür offen: Wenn sich der Herrscher offen gegen die Gebote Gottes versündigt, hat die Bevölkerung ein Recht auf Widerstand, also auf die Bildung von Gegenmacht.

Dieser hochinteressante und im Westen erstaunlich wenig erforschte Themenkomplex ließe sich ohne Probleme noch viel weiter vertiefen. Wir wollen aber an dieser Stelle unseren interkulturellen Exkurs in die Machtthematik beenden und zur eigentlichen Fragestellung zurückkehren: der Entwicklung einer brauchbaren Arbeitsdefinition von Macht. Kommen wir deshalb noch einmal auf den grundsätzlichen Dualismus der beiden Begriffsbestimmungen zurück: Für unsere eigene Definition ist es vor allem wichtig, das Verhältnis dieser beiden wirkmächtigen Machtkonzeptionen zu analysieren und praktisch handhabbar und anwendbar zu machen. Eine Reihe von Machttheoretikern optiert dafür, dass *Macht zu* und *Macht über* gar keine konkurrierenden definitorischen Ansätze sind. Das interpersonale Dominanzmodell der Macht sei

26 Vgl. hierzu D'Ancona, Cristina (2013): Greek Sources in Arabic and Islamic Philosophy, in: Edward N. Zalta (Hg.): Stanford Encyclopedia of Philosophy, http://plato.stanford.edu/entries/arabic-islamic-greek/. Die Bedeutsamkeit dieses Einflusses zeigt sich für den Religionswissenschaftler Bernhard Uhde daran, dass »der Islam nicht ohne die Anwendung des ›Satzes vom zu vermeidenden Widerspruch‹ des Aristoteles« zu denken sei. Die aristotelische Logik und Metaphysik sind der islamischen Theologie unaufhebbar eingeschrieben und bilden damit ihren systematischen Rahmen. Uhde, Bernhard (2009): Religionen als Denkmöglichkeiten. Skizzen zur Logik der Weltreligionen, in: Zeitschrift für Didaktik der Philosophie und Ethik 1, S. 7–16; S. 8.

27 Vgl. Al-Baghdadi (1981)

nur ein Spezialfall des allgemeineren Handlungsmodells der Macht.[28] Beide Ansätze, so deren Argumentation, gehen davon aus, dass ein Akteur dann und nur dann über Macht verfügt, wenn er dazu befähigt ist, seine Interessen durch zielgerichtetes Handeln zu verwirklichen. Das *Macht-über*-Konzept richte daher nur seinen Fokus auf die Interessenrealisierung gegen den potenziellen Widerstand anderer Akteure. Andere Theoretiker, wie Hannah Arendt, treten dafür ein, beide Definitionen klar zu trennen, insofern Macht über Personen stets in offener oder verdeckter Unterdrückung bestehe und damit anders als das *Macht-zu*-Konzept nicht normativ neutral, sondern moralisch schlecht sei.[29] Diese Diskussion braucht hier jedoch nicht entschieden zu werden. Nur eines der diskutierten Machtkonzepte ist für ein Praxishandbuch über (politische) Macht tauglich: das *Macht-über*-Konzept.

Das *Macht-zu*-Konzept deckt bei näherer Betrachtung eine viel zu große Bandbreite von Phänomenen ab, um für unser Ziel sinnvoll zu sein. Wenn Macht bereits dann vorliegt, wenn ein Akteur in der Lage ist, ein selbstgesetztes Ziel durch Handeln zu verwirklichen, ist fast jede einzelne Aktion ein Ausdruck dieses Vermögens. Das Lesen eines Buches bis zur letzten Seite wäre bereits ein Fall dieses *Macht-zu*-Konzepts. Derartige theoretisch-philosophische Überlegungen zum Machtbegriff ergeben für unsere politische Diskussion keinen Sinn. In Hinblick auf unser alltagssprachliches Begriffsverständnis von Macht sind die Schlussfolgerungen unbrauchbar.[30] Zudem ist ein Gütekriterium für Begriffsdefinitionen ihre klassifikatorische Leistungsfähigkeit. Konzepte, vor allem Machtkonzepte, dienen dazu, unsere Erfahrungswelt durch Abgrenzung und Eingrenzung von Phänomenen zu systematisieren und handhabbar zu machen. Genau diese Funktion erfüllt das *Macht-zu*-Konzept nicht. Es weitet den Begriff universell aus. In den Worten von Hinrich Fink-

28 Vgl. etwa Dowding (1996) und Pansardi (2012)

29 Vgl. Arendt, Hannah (1970): Macht und Gewalt, München: Piper. Siehe auch Pitkin (1972) und Lukes, Steven (1974): Power. A Radical View, London: MacMillan Press. Ob Macht über Personen wirklich immer eine Form der Unterdrückung darstellen muss und entsprechend moralisch schlecht ist, werden wir in Kap. 2.2 erörtern.

30 Für die Einschätzung, dass die Anschlussfähigkeit an unser vortheoretisches Begriffsverständnis zudem ein wichtiges Merkmal von Definitionen ist, vgl. Sumner, Leonard W. (1996): Welfare, Happiness and Ethics, Oxford: Oxford University Press, S. 10.

Eitel gesprochen führt es dazu, dass »›Macht‹ schließlich alles und daher nichts mehr bedeutet.«[31]

Das *Macht*-über-Konzept ist im Vergleich weitaus präziser sowie einfacher beschreib- und umsetzbar. Zudem ist es für Machtpraktiker näher an einem vortheoretischen Begriffsverständnis angesiedelt. Wenn wir zum Beispiel konstatieren, dass die Institutionen der Europäischen Union in den vergangenen Jahren an Macht gegenüber den Mitgliedsstaaten eingebüßt haben, beschreiben wir damit erst einmal nichts anderes als die gesunkene Wahrscheinlichkeit, dass die Kommission gegen den Widerstand der nationalen Regierungen eine eigenständige Politikgestaltung betreiben kann. Entscheidend ist, dass das *Macht-über*-Konzept eine große Anzahl von Fällen, in denen wir von Macht (oder dem Fehlen von Macht) sprechen, systematisiert und vereinheitlicht, ohne zugleich – wie das Konkurrenzmodell – Fälle zu subsumieren, die nach einem intuitiven Verständnis nichts mit Macht zu tun haben.

Für die Machttheorie entscheidend ist auch eine zweite Kontroverse zur Systematisierung unterschiedlicher Machtmodelle. Es handelt sich um eine Diskussion zwischen Vertretern des *Gütermodells* und des *Strukturmodells* von Macht. Das Gütermodell gründet in Karl Marx' ökonomischer Theorie.[32] Die zahlreichen Anhänger dieses Modells – von denen allerdings die wenigsten überzeugte Marxisten sind – kommen vor allem aus den Reihen der Wirtschafts- und Sozialwissenschaften.[33] Für

31 Fink-Eitel, Hinrich (1992): Dialektik der Macht, in: Emil Angehrn et al. (Hg.): Dialektischer Negativismus. Michael Theunissen zum 60. Geburtstag. Frankfurt/M: Suhrkamp, S. 35–56; S. 36.

32 Vgl. Angermüller, Johannes (2005): Macht und Subjekt. Gesellschaftstheoretische Anstöße im Anschluss an Foucault, Althusser und Lacan, in: Michael Schultze, Jörg Meyer, Dietmar Fricke, Britta Krause (Hg.): Diskurse der Gewalt – Gewalt der Diskurse. Frankfurt a. M.: Lang, S. 73–84, S. 73.

33 Siehe u. a. Korpi, Walter (1983): The Democratic Class Struggle, Boston: Routledge & Kegan, Bourdieu, Pierre (1987): Die feinen Unterschiede, Frankfurt a. M.: Suhrkamp, Conolly, William E. (1993): The Terms of Political Discourse, Princeton: Princeton University Press, Ostheim, Tobias & Schmidt, Manfred G. (2007): Die Machtressourcentheorie, in: Manfred G. Schmidt (Hg.): Der Wohlfahrtsstaat: Eine Einführung in den historischen und internationalen Vergleich, Wiesbaden: VS Verlag, S. 40–50 und Müller-Jentsch, Walther (2014): Macht als Ressource von Organisationen, in: Monica Budowski & Michael Nollert (Hg.): Private Macht im Wohlfahrtsstaat: Akteure und Institutionen, Zürich: Seismo, S. 14–29.

sie besteht Macht in einer numerischen Ressource zur Verwirklichung von Interessen, die von konkreten Akteuren besessen, akkumuliert, verteilt und wieder entzogen werden kann.[34] Es handelt sich also um ein Gut – »a social good«, wie etwa Amy Allen schreibt –, von dem Personen oder Personengruppen mehr oder weniger besitzen können und über das sie autonom verfügen können.[35] Die Machtgüter eines Akteurs können verschiedenste natürliche, soziale, kulturelle oder ökonomische Grundlagen haben. Prägnant bringt es der Soziologe Walther Müller-Jentsch in seinem Aufsatz *Macht als Ressource von Organisationen* auf den Punkt: »Der Unternehmer verfügt über Arbeitsplätze, der Arbeitnehmer über Arbeitskraft – beide haben Ressourcen, die der jeweils andere zur Durchsetzung seiner nichttrivialen Interessen benötigt; beide haben daher [...] Macht über den jeweils anderen Akteur.«[36] Kurz gesagt, für diese Machtinterpreten hat ein individueller oder kollektiver Akteur nach diesem Modell Macht, *insofern* er Produktionsmittel kontrolliert, *insofern* er die Mitglieder einer Gewerkschaft mobilisiert , *insofern* er über einen hohen Stimmenanteil in einem Parlament verfügt und so fort.[37] Wichtig ist hingegen in all diesen Fällen: Das entscheidende soziale Gut ist Macht. Auch wenn die Machtgüter von Akteuren unterschiedlich konstituiert sind, lassen sie sich dennoch quantifizieren und vergleichen. Diese Modelle beruhen auf der folgenreichen Annahme, Machtverhältnisse ließen sich unter der Voraussetzung präziser Messung und hinreichender Information auf einer eindimensionalen Skala reprä-

34 In der Literatur finden sich unzählige Formulierungen dieser Kernthese, aber am prägnantesten ist ironischerweise ausgerechnet die von Iris M. Young, einer der vehementesten Kritikerinnen dieses Modells: »Conceptualizing power in distributive terms means [...] conceiving power as a kind of stuff possessed by individual agents in greater or lesser amounts«, Young, Iris M. (1990): Justice and the Politics of Difference, Princeton: Princeton University Press, S. 31.

35 Vgl. Allen (2011): S. 4.

36 Müller-Jentsch (2014): S. 14–29

37 Peter Imbusch spricht in diesem Zusammenhang von unterschiedlichen »Machtquellen«, Imbusch, Peter (2010): Macht – Herrschaft – Autorität, in: H. Korte & B. Schäfers (Hg.): Grundbegriffe der Soziologie, 10. Auflage, Wiesbaden: Springer, S. 166–173; S. 167. Er unterscheidet idealtypisch zwischen vier Quellen: körperlicher Überlegenheit, Persönlichkeit (Charisma oder Autorität) eines Menschen, Verfügung über Ressourcen, soziale Organisation.

sentieren.[38] Die ungebrochene Popularität des Gütermodells in der Machttheorie dürfte sich stark an dem Phänomen der »objektiven« Messbarkeit festmachen. Zudem zeichnet es sich durch seine Anschlussfähigkeit an unseren alltagssprachlichen Machtdiskurs aus. Wir sprechen wie selbstverständlich von einer »Ungleichverteilung« von Macht in Gesellschaften oder von einem »Gleichgewicht« der Macht zwischen geopolitischen Akteuren. Diese Aussagen sind überhaupt nur dann beschreibbar, wenn Macht erstens ein Typus von verteilbaren Gütern ist und wenn zweitens die Gütermengen zumindest idealiter skaliert und als gleich groß eingestuft werden können.

Es waren gerade die postmodernen Denker, die in den vergangenen Jahrzehnten dieses Modell herausgefordert haben.[39] So hält etwa Michel Foucault in seiner Monografie *Der Wille zum Wissen* mit aller Klarheit fest: »Macht ist nicht etwas, was man erwirbt, wegnimmt, teilt, was man bewahrt oder verliert«.[40] Ähnlich äußert sich auch Stuart Clegg: »It [Macht] is not a thing [...] that people have in a proprietorial sense. They ›possess‹ power only in so far as they are relationally constituted as doing so.«[41] Der radikale Wandel in der Machtargumentation liegt in der Annahme, Macht sei eben *keine* Substanz, die von individuellen oder kollektiven Akteuren besessen werden könnte. Vielmehr handelt es sich bei ihr um eine nur vielschichtig bestimmbare soziale Struktur, die durch unzählige zwischenmenschliche Beziehungen der wechselseitigen Normierung, Kontrolle und Sanktionierung gebildet werde und die das Verhalten der Personen ordne, lenke und stellenweise sogar in hohem Maße determiniere.[42] Foucault drückt diesen bedeutenden Gegenentwurf mit

38 Ein Beispiel für einen solchen quantitativen Machtindex bietet Stetter, Stephen (2004): Cross-Pillar Politics: Functional Unity and Institutional Fragmentation of EU Foreign Policies, in: Journal of European Public Policy 11 (4), S. 720–739.

39 Siehe u. a. Foucault, Michel ([1976] 1983): Der Wille Zum Wissen. Sexualität und Wahrheit Bd. I, übers. von Ulrich Raulff und Walter Seiter, Frankfurt a. M., Suhrkamp, Clegg, Stuart (1989): Frameworks of Power, London: Sage Publications, Young (1990) und Haugaard, Mark (2010): Power: A »Family Resemblance« Concept, in: European Journal of Cultural Studies, 13 (4), S. 419–438.

40 Foucault (1983): S. 115.

41 Clegg (1989): S. 207.

42 Diese Machtkonzeption reicht allerdings wesentlich weiter zurück als bis zur Postmoderne: Als ein früher Vertreter kann der mittelalterliche Staatstheoretiker Ibn Khaldun angesehen werden, vgl. Khaldun (2011). Siehe hierzu Gierer, Alfred (2001): Ibn Khaldun on Solidarity (»Asabiyah«) – Modern Science on

gewohnter rhetorischer Finesse wie folgt aus: »Unter Macht, scheint mir, ist zunächst zu verstehen: die Vielfältigkeit von Kraftverhältnissen, die ein Gebiet bevölkern oder organisieren […]; [und] die Stützen, die diese Kräfteverhältnisse aneinander finden, indem sie sich zu Systemen verketten.«[43]

Aus dieser Perspektive erscheint Macht plötzlich als eine zwar durch menschliches Verhalten konstituierte, aber gleichwohl eigenständige und der Kontrolle durch Personen entzogene soziale Entität – also als eine geradezu »übermenschliche Wirklichkeit«.[44] Dieses Bild erscheint vielen Praktikern der Macht auf den ersten Blick komplex und weit entfernt von unserem politischen Common Sense. Dass es trotzdem eine hohe Wirkmächtigkeit für das politische Arbeiten hat, lässt sich am besten an alltäglichen Handlungen zeigen: Wenn wir gähnen, dann legen wir die Hand vor den Mund; wenn wir beim Einsteigen in die U-Bahn eine Frau mit Kinderwagen sehen, dann bieten wir unsere Hilfe an oder machen zumindest Platz; wenn wir mit jemandem diskutieren, dann lassen wir den andern gewöhnlich ausreden. In all diesen Fällen gibt es keine machtbewehrte Person oder Personengruppe, die uns dazu zwingt, so zu handeln oder zu empfinden, aber gleichwohl ist unser Verhalten Gegenstand der Lenkung und Kontrolle. Hier wirkt, in den Worten Foucaults, »eine ganze Serie von Machtnetzen, die die Körper, die Sexualität, die Familie […] usw. durchdringen.«[45] Diese Machtnetze, die ein gesellschaftliches Gesamtsystem umfassender Kontrolle bilden, entfalten ihre Wirkung durch internalisierte Normen, erwartete Sanktionierung bei Missach-

Cooperativeness and Empathy: a Comparison, in: Philosophia Naturalis 38 (1), S. 91–104 sowie Blum, Christian (2011): Solidarität als universelle Grundlage nationaler Staatlichkeit: Zur Aktualität von Ibn Khalduns Muqaddima, in: Claudia Bickmann & Markus Wirtz (Hg.): Absolutheit und Kontingenz, Nordhausen: Traugott Bautz, S. 115–132.

43 Foucault ([1976] 1983): S. 113.

44 So Han (2005): S. 96. Ähnlich sieht es auch Martin Saar und spricht in diesem Kontext von einer »transindividual relational entity«, Saar (2010): S. 11.

45 Foucault, Michel (1978): Dispositive der Macht, übers. von Jutta Kranz, Hans-Joachim Metzger, Ulrich Raulff, Walter Seitter und Elke Wehr, Berlin: Merve, S. 39. Zur Vertiefung siehe Deleuze, Gilles & Foucault, Michel (1977): Der Faden ist gerissen, übers. von Ulrich Raulff & Walter Seitter, Berlin: Merve Verlag und Kneer, Georg (1998): Die Analytik der Macht bei Michel Foucault, in: Peter Imbusch (Hg.): Macht und Herrschaft. Sozialwissenschaftliche Konzeptionen und Theorien, Wiesbaden: Springer VS, S. 265–283.

tung und positive Anreize bei Befolgung. Menschen können, wie Foucault und andere Theoretiker konzedieren, punktuell versuchen, auf dieses System einzuwirken und Änderungen herbeizuführen. Aber es bleibt in toto gleichwohl ihrer Kontrolle entzogen. Dies sind für politische Entscheidungsträger natürlich extreme – kaum handhabbare – Herausforderungen: einerseits, weil die relevanten Akteure mit ihren Wünschen, Zielen und Handlungsabsichten immer schon durch das überpersönliche System geprägt und konstituiert sind; andererseits, weil sich das System aus einem nicht zentral gelenkten und unüberblickbaren Miteinander und Gegeneinander unzähliger sozialer Beziehungen ergibt und auf diese Weise täglich neu konfiguriert wird. »Die Politik« gibt es also demnach gar nicht. Es gibt nur »Politiken«, also Ensembles politischer Praktiken und Diskurse, die den Raum des Politischen jeweils neu und anders konstituieren.

Auch bei dieser Kontroverse stellt sich die Frage, wie sich beide Machtkonzeptionen zueinander verhalten und welche Bedeutung diese Diskussion für unsere eigene definitorische Annäherung an den Machtbegriff hat. Wir sind mit dieser Diskussion im Kern der machttheoretischen Diskussion der Moderne angekommen: Halten wir an einem autonomen und mit eigenen Machtmitteln ausgestatteten Subjekt fest? Oder beschreiben wir ein System, das Personen und Organisationen in komplexen Machtnetzen verortet?[46]

Es gibt keinen Grund, sich in dieser Auseinandersetzung auf eine Seite zu schlagen. Beide Ansätze sind für sich besehen erklärungsstark: Ein Gütermodell entfaltet die starke vortheoretische Intuition, dass Macht von Personen gezielt eingesetzt und akkumuliert werden kann, zu einem ausgearbeiteten Theorieentwurf und erlaubt es, Machtasymmetrien zwischen Akteuren zu analysieren und zu quantifizieren. Ein Strukturmodell trägt wiederum der Einsicht Rechnung, dass soziale Systeme gegenüber den an ihnen partizipierenden Personen ein komplexes Eigenleben entwickeln und ihr Handeln lenken können. Zugleich polarisieren beide Ansätze natürlich auch: Das Gütermodell legt einen übermäßigen Schwerpunkt auf die intentionale Machtausübung durch konkrete Per-

46 Exemplarisch für eine kritische Einschätzung des Strukturmodells ist die Einlassung des Politologen Keith Dowding: »it is a mistake to think that because we are mapping the structure *of* power, that structures *have* power«, Dowding (1996): 28, unsere Hv.

sonen und lässt dabei außer Acht, dass ebendiese Personen mit ihren Überzeugungen und Zielen durch vorgegebene soziale Muster geprägt sind. In die Sprache der Machttheorie übersetzt hieße dies, sich nicht nur auf eine vereinseitigende Bottom-up-Perspektive zu verlassen, die nur auf den konkreten Menschen als Analysegegenstand fixiert ist. Das Strukturmodell krankt hingegen für die Machttheorie daran, dass es – überspitzt formuliert – Personen zu sehr zu Marionetten eines allgegenwärtigen gesellschaftlichen Apparats degradiert. Diese verengte Top-down-Perspektive, die nur auf Strukturen, aber nicht auf Menschen blickt, trägt unserer alltäglich erfahrenen interpersonalen Wirklichkeit nicht hinreichend Rechnung. Denn wir befinden uns immer wieder in Situationen, in denen wir – und nicht irgendein anonymes Machtnetz – es sind, die Macht über andere ausüben, sei es bei einer einseitigen Schachpartie, in der wir unserem Gegner alle Züge diktieren, oder in einem hierarchischen Arbeitsverhältnis, in dem wir einem Mitarbeiter seine Tätigkeiten vorgeben.

Die naheliegende Schlussfolgerung für die aktuelle machttheoretische Diskussion ist, diese beiden Modellansätze zu kombinieren, um ihre analytischen Stärken zu integrieren und ihre Schwächen zu vermeiden. Macht, so wollen wir festhalten, tritt sowohl auf als ein Gut bzw. ein Mittel, das Personen einsetzen können, als auch als eine transindividuelle soziale Struktur, die menschliches Handeln steuert. Genau dieser Widerstreit zwischen Macht als Eigenschaft konkreter Personen und Macht als Eigenschaft unpersönlicher sozialer Systeme ist ein prägendes Charakteristikum der Moderne und ein irreduzibler Bestandteil unserer Machtdiskurse. Diese Überlegung ist indes keineswegs revolutionär oder neuartig. In seiner Spätschrift *Die Sorge um sich* entdeckte selbst Foucault das menschliche Subjekt als Träger von Macht und autonomer Verantwortung wieder und thematisierte den oben angesprochenen Antagonismus von Person und sozialer Struktur.[47] Ähnliche Überlegungen finden sich auch in den Arbeiten des Politikwissenschaftlers Martin Saar, der sich aus entgegengesetzter Perspektive einem integrativen Entwurf beider Ansätze annähert.[48]

47 Vgl. Foucault, Michel (1989): Die Sorge um sich. Sexualität und Wahrheit, Bd. 3, übers. von Ulrich Rauff & Walter Seitter, Frankfurt a. M.: Suhrkamp.

48 Vgl. Saar (2010). Siehe auch Allen (2011).

Wir wollen nun das bisher Gesagte kurz zusammenfassen. Bei der Diskussion der *ersten* Kontroverse um die Definition der Macht (*Macht zu* vs. *Macht über*) haben wir uns aus argumentationsstrategischen Gründen auf die Seite jener Machttheoretiker geschlagen, die Macht als ein soziales Phänomen der Dominanz verstehen, bei dem die potenzielle Überwindung eines potenziellen Widerstands thematisch ist. Macht, so haben wir mit Weber festgehalten, hat man dann und nur dann, wenn man die Chance hat, seinen Willen auch gegen das mögliche Widerstreben anderer durchzusetzen. Bei der Erörterung der *zweiten* Kontroverse (*Gütermodell* vs. *Strukturmodell*) entscheiden wir uns für keines der Modelle, sondern plädieren für eine Kombination beider Ansätze. Macht, so haben wir konstatiert, tritt ebenso als Eigenschaft konkreter Personen auf wie auch als unpersönliche soziale Struktur. Wie passen diese beiden Befunde für eine moderne Machttheorie nun zusammen? Nach unserer Einschätzung ergänzen das Gütermodell und das Strukturmodell der Macht das webersche Dominanzkonzept entscheidend. Demnach ist Macht aufzufassen als *Mittel konkreter Personen zur potenziellen Kontrolle anderer Personen UND als Potenzial einer sozialen Struktur, das Verhalten der an ihr partizipierenden Personen zu kontrollieren.* Entscheidend ist aus unserer Perspektive, dass die webersche Macht-über-Konzeption eine Leerstelle in Bezug auf die Position des ›Macht-Habers‹ hat.[49] Sie lässt schlechterdings offen, ob diese Position von einer konkreten menschlichen Person oder Personengruppe oder von einer un- bzw. überpersönlichen sozialen Struktur ausgefüllt wird. Und die Diskussion der Kontroverse zwischen Vertretern des Gütermodells und des Struk-

49 Man könnte einwenden, dass soziale Systeme nicht im eigentlichen Sinne einen ›Willen‹ haben, den sie gegen menschliche Akteure durchsetzen können, und dass daher das foucaultsche Modell mit Webers Ansatz unvereinbar ist. Dies ist streng genommen richtig, lässt allerdings außer Acht, dass alle sozialen Strukturen immanente Handlungsnormen haben, die ihre Befolgung kontinuierlich einfordern. Entsprechend lässt sich, wie Georg Kneer feststellt, durchaus von einer intentionalen Verfasstheit unpersönlicher Machtstrukturen sprechen – nur eben nicht im Sinne erstpersönlich erfahrbarer Wünsche, sondern im Sinne eines organisatorischen Ziels; vgl. Kneer (1998): S. 268. Ähnlich äußert sich auch Wolfgang Würger-Donitza, wenn er in Bezug auf das Strukturmodell der Macht von einem »gleichsam subjektlose[n] Willen, der kein Zentrum mehr hat«, spricht; Würger-Donitza (2010): Grundlegung einer negativen Anthropologie, Bd. 2. Die Macht und das Böse, Würzburg: Königshausen & Neumann, S. 60.

turmodells hat eindeutig gezeigt, dass sie von beiden Kandidaten besetzt werden kann.

1.2 Grundprinzipien der Macht

Nachdem wir in unserer definitorischen Annäherung erörtert haben, welche Phänomene unter den Begriff der Macht fallen und welche nicht, wollen wir nun klären, welchen Logiken diese Phänomene unterworfen sind und welche Grundprinzipien für sie gelten. Mit dieser Frage ist bereits eine implizite Annahme verbunden, nämlich, *dass* es überhaupt Grundprinzipien der Macht gibt. Wir gehen aber noch einen Schritt weiter. Nach unserer Auffassung lässt sich eine Liste von Machtprinzipien entwickeln, die *universell* und *global einheitlich* sind, also unabhängig von Ort und Zeit gelten. Anders gesagt: Die Grundprinzipien der Macht sind überall und jederzeit dieselben. Bevor wir sie im Einzelnen auflisten, wollen wir zunächst unsere Annahme von der Universalität und globalen Einheitlichkeit der Machtprinzipien plausibel machen.

Unser Argument lautet zusammengefasst wie folgt: (a) Das Wesen der Macht hängt vom Wesen des Menschen ab; (b) das Wesen des Menschen ist universell und global einheitlich; (c) deshalb ist das Wesen der Macht – und damit seine Prinzipien – universell und global einheitlich. Die *erste* Prämisse dieses Schlusses lässt sich recht leicht plausibel machen. Macht, so hatten wir in Kap. 1.1 festgehalten, ist ein irreduzibel soziales Phänomen, das nur in und durch Interaktionsbeziehungen zwischen Menschen besteht. Ohne Menschen gibt es keine Macht. Somit ist das Wesen der Macht untrennbar mit dem des Menschen verbunden. Entsprechend muss gelten: Wenn es keine Charakteristika gibt, die allen Menschen – egal, aus welcher Zeit sie stammen und wie sie sozialisiert sind – gemein sind, dann gibt es auch keine universellen Machtprinzipien. Aber wenn es doch menschliche Charakteristika gibt, die sich über alle Zeiten und Kontexte hinweg durchhalten, liegt der Schluss nahe, dass dasselbe auch für die Logiken der Macht gilt.

Das bringt uns zur *zweiten* Prämisse. Die Frage, ob es die eine menschliche Natur gibt, ist seit jeher ein Zankapfel unter Geschichts- und Sozialwissenschaftlern und Philosophen.[50] Bis in die späten 1980er hinein war die Auffassung der kritischen Theorie und des Existenzialismus diskursbeherrschend, dass Aussagen über *den* Menschen als solchen bloße ideologische Konstrukte sind.[51] Was der Mensch ist und was er nicht ist, wird, so die marxistisch angehauchte These, ausschließlich durch die sich wandelnden ökonomischen Verhältnisse bestimmt. Jenseits dessen gibt es keine charakteristische Struktur menschlicher Handlungs- und Lebensformen.[52] Diese Position hat in den letzten Jahren Gegenwind bekommen, und zwar zu Recht.

Eine gewichtige Kritik kommt aus den Reihen der Ethnologie: Die Vielfalt menschlicher Lebensformen ist zwar immens, aber trotzdem gibt es »features of culture, society, language, behavior, and mind that [...] are found among all peoples«.[53] Die Liste dieser »anthropologischen Universalien«, die man durch interkulturell vergleichende Forschung ermittelt, ist lang. Ein gut dokumentiertes Beispiel ist das Inzesttabu, das ohne Ausnahme in allen Gesellschaften gilt.[54] Eine andere Universalie ist die des Eigentums, die – wenngleich in unterschiedlichsten Variationen – ein Kernelement jeder menschlichen Vergemeinschaftung ist. Solche auffälligen universellen Strukturen können, so die These, nur dann existieren, wenn es einen unveränderlichen Wesenskern des Menschen gibt. Andernfalls wären sie vollkommen unerklärlich.

Eine weitere Kritik kommt vonseiten der philosophischen Anthropologie im Verbund mit der Biologie. Hier wird darauf abgestellt, dass

50 Einen exzellenten Überblick bietet Roughley, Neill (2005): Was heißt ›menschliche Natur‹? Begriffliche Differenzierungen und normative Ansatzpunkte, in: K. Bayertz (Hg.), Die menschliche Natur. Welchen und wieviel Wert hat sie?, Paderborn: Mentis 2005, S. 133–156.

51 Vgl. hierzu etwa Sartre, Jean-Paul ([1945] 2000): Der Existenzialismus ist ein Humanismus, übers. von Werner Bökenkamp et al., Berlin: Rowohlt und Habermas, Jürgen (1958): Anthropologie, in: Alwin Diemer & Ivo Frenzel (Hg.): Philosophie, Frankfurt a. M.: Fischer, S. 18–35.

52 Siehe Eickelpasch, Rolf (1976): Arbeit – Interaktion – Diskurs. Zur anthropologischen Gesellschaftskritik bei Jürgen Habermas, in: Zeitschrift für Soziologie 5 (3), S. 201–214; S. 201f.

53 Brown, Donald E. (2004): Human Universals, Human Nature, Human Culture, in: Daedalus 133 (4), S. 47–54; S. 47.

54 Vgl. Stagl, Justin (2009): Zur menschlichen Natur. Bekenntnisse eines Essentialisten, in: Paragrana Internationale Zeitschrift für Historische Anthropologie 17 (2), S. 44–55.

das Handeln, Denken, Fühlen etc. des Menschen maßgeblich durch seinen biologischen Körper bestimmt wird und dass ebendieser Körper seit dem Auftauchen des Menschen vor rund 300.000 Jahren derselbe geblieben ist.[55] Ein Theoretiker, der in diesem Zusammenhang derzeit eine Renaissance erfährt, ist der Soziologe Arnold Gehlen.[56] Gehlen hat den Leitbegriff vom Menschen als »Mängelwesen« geprägt. Ein Mängelwesen ist der Mensch deshalb, weil er anders als Tiere nicht an seine natürliche Umwelt angepasst ist. Er hat keinen dichten Pelz, der ihn vor strenger Witterung schützt; er hat keine Reißzähne oder Klauen, mit denen er sich gegen Fressfeinde zur Wehr setzen könnte; und um seinen Fluchtinstinkt ist es auch alles andere als gut bestellt. Dieses Defizit muss der Mensch durch Kulturschaffen kompensieren, angefangen vom einfachen Werkzeug- und Hausbau bis hin zur Errichtung komplexer Staatsgebilde.[57] Durch die Entwicklung von Kulturtechniken, so ergänzt der Bioethiker Jens Clausen die Argumentation Gehlens, »konnte der Mensch seine Bedrohung durch die Natur zwar nicht beseitigen, allerdings ist es ihm gelungen, sie dadurch zu lindern.«[58] Alle sozialen Leistungen des Menschen – und damit auch Machtbeziehungen – sind letztendlich nur Mechanismen zum Ausgleich physischer Unzulänglichkeiten. Dieser Umstand, so Gehlens Fazit, macht das Wesen des Menschen aus. Dieses

55 Vgl. Rougley (2005): S. 140.

56 Vgl. Gehlen, Arnold ([1940] 2009): Der Mensch. Seine Natur und seine Stellung in der Welt. Junker und Dünnhaupt, Berlin. Zu ähnlich gelagerten Überlegungen kommt auch Plessner, Helmuth (1965): Die Stufen des Organischen und der Mensch, Berlin: De Gruyter. Zur Vertiefung siehe etwa Stagl, Justin (2003): Anthropologische Universalien. Zur Geltung allgemeiner Aussagen über die ›menschliche Natur‹, in: Joachim Fischer & Hans Joas (Hg.): Kunst, Macht und Institution. Studien zur philosophischen Anthropologie, soziologischen Theorie und Kultursoziologie der Moderne, Frankfurt a. M./New York: Campus, S. 145–160; S. 145.

57 Vgl. hierzu auch Heidegger, Martin (1953): Die Frage nach der Technik, in: Ders. Gesamtausgabe. Band 7, Frankfurt a. M.: Viktorio Klostermann, S. 5–36.

58 Clausen, Jens (2006): Die ›Natur des Menschen‹: Geworden und gemacht. Anthropologische Überlegungen zum Enhancement, in: Zeitschrift für medizinische Ethik 52, S. 391–401; S. 396. Siehe hierzu auch Popitz (1992: S. 31): »Technisch handelnd setzt sich der Mensch gegen eigenständige, widerständige Kräfte der Natur durch, verwandelt die Natur in Artefakte und verwandelt so auch die Lebensbedingungen aller, die sich in der Welt der Artefakte einrichten müssen.«

ist, insofern seine physische Verfasstheit genetisch determiniert ist, unwandelbar und universell. Somit folgen auch menschliche Verhaltensweisen, trotz aller oberflächlichen und kulturellen Varianz, stets demselben Grundmuster.

Fassen wir noch einmal zusammen: Wenn es ein universelles und global einheitliches Wesen des Menschen gibt, so hatten wir gesagt, liegt der Schluss nahe, dass es auch universelle und global einheitliche Logiken der Macht gibt – und zwar deshalb, weil das Wesen der Macht untrennbar mit dem Wesen des Menschen verknüpft ist. Da die Befunde der Ethnologie und der biologisch informierten Anthropologie nahelegen, dass es tatsächlich ein solches Wesen des Menschen gibt, lässt sich davon ausgehen, dass eine Liste von Machtprinzipien entwickelt werden kann, die überall und jederzeit gelten. Das wollen wir im Folgenden versuchen. Uns geht es nicht darum, eine erschöpfende Auflistung aus irgendeinem höheren Prinzip abzuleiten oder jeden Eintrag streng zu beweisen. Unsere Liste ergibt sich vielmehr aus der Lektüre des wissenschaftlichen Kanons zum Begriff der Macht, aus langjähriger politischer Beratungserfahrung und nicht zuletzt aus dem gesunden Menschenverstand.

(1) Moralische Neutralität der Macht

Macht hat einen schlechten Ruf. Das gilt nicht erst, seit *Ton, Steine, Scherben* 1972 lautstark »Keine Macht für niemand!« gefordert haben. Der Kulturhistoriker Jacob Burckhardt hält bereits Anfang des 20. Jahrhunderts apodiktisch fest: »Und nun ist die Macht böse, gleichviel wer sie ausübe«, um hinzuzufügen, dass »noch gar nie eine Macht ohne Verbrechen gegründet worden« ist.[59] Eine ähnliche Auffassung vertritt Mikhail Bakunin, für den Macht und Unterdrückung geradezu synonyme Ausdrücke sind.[60] Bernhard Taureck bringt diese nicht nur unter Intellektuellen verbreitete Haltung auf den Punkt, indem er schreibt, man spreche von

59 Burckhardt, Jacob (2000): Kritische Gesamtausgabe, Bd. 10: Ästhetik der bildenden Kunst, Über das Studium der Geschichte, hg. von Peter Ganz, München: C.H. Beck, S. 419.

60 Vgl. Newman, Saul (2004): The Place of Power in Political Discourse, in: International Political Science Review 25 (2), S. 139–157.

Macht, »als fühle man sich bedroht, als sei sie etwas Böses.«[61] Dahinter stecken drei Behauptungen: Der Erwerb von Macht ist stets moralisch schlecht, die Ausübung von Macht ist stets moralisch schlecht, und Macht ist stets intrinsisch moralisch schlecht, also egal ob sie genutzt wird oder nicht.

Diese drei Behauptungen sind falsch. Macht an sich – so lautet unser erstes Prinzip – ist weder gut noch schlecht, sondern *moralisch neutral*. Ihren moralischen Status erhält sie erst durch ihren Kontext. Ihr Status hängt somit von der konkreten Frage ab, wer über wen wie viel Macht in Bezug auf was innehat. Anders gesagt: Nur *diese* oder *jene* Macht kann moralisch gut oder schlecht sein, nicht aber Macht *sui generis*. Wie lässt sich unsere Neutralitätsthese am besten belegen? Zuerst einmal sollten wir uns darüber klar werden, dass es auf die Frage nach dem moralischen Status von Macht an sich nur drei logisch mögliche Antworten gibt. Erstens: Macht an sich ist immer moralisch schlecht – das ist die Auffassung Burckhardts und Bakunins. Zweitens: Macht an sich ist immer moralisch gut – das hat unseres Wissens aber nie jemand vertreten. Drittens: Macht an sich ist weder moralisch gut noch schlecht – das ist unsere These. Eine vierte Möglichkeit gibt es nicht. Und da niemand die zweite These je ernsthaft vertreten hat, können wir uns darauf konzentrieren, die erste These zu widerlegen. Daraus folgt dann die Richtigkeit der dritten These.

Zur Widerlegung der ersten These genügen ein paar Beispiele. Nehmen wir etwa die Macht von Eltern über ihre Kinder. Fraglos haben Eltern, und zwar auch liebevolle und fürsorgliche, enorme Macht über ihren Nachwuchs. Diese ergibt sich aus körperlicher Überlegenheit, natürlicher Autorität und der Hilfsbedürftigkeit des Kindes. Aber diese Macht setzen sie – so können wir annehmen – in der Regel zu dessen Wohl ein. Sie halten es gegen seinen Willen fest, wenn es auf eine stark befahrene Straße laufen will; sie nutzen ihre Autorität, wenn es lieber Videospiele

61 Taureck, Bernhard (1983): Die Zukunft der Macht. Ein philosophisch-politischer Essay, Würzburg: Königshausen & Neumann, S. 11. Peter Imbusch weist zudem darauf hin, dass in unserer Alltagssprache Macht weitgehend als etwas Negatives gilt, »was sich z.B. in Assoziationen wie ›Machtmensch‹, ›Machtbesessenheit‹ ›Machthunger‹ und ›Machtergreifung‹ zeigt«, Imbusch, Peter (2012): Macht und Herrschaft in der wissenschaftlichen Kontroverse, in: Ders. (Hg.): Macht und Herrschaft. Sozialwissenschaftliche Theorien und Konzeptionen, Wiesbaden: Springer, S. 9–35; S. 9.

zocken will als Algebra zu lernen; sie sprechen ein Machtwort, wenn es Zeit ist, ins Bett zu gehen – und so weiter. Die mit der Erziehung verbundene Verantwortung zum Schutz und zur Bildung des Nachwuchses setzt den Besitz von Macht geradezu voraus. Wenn Eltern, mit Weber gesprochen, keine Chance hätten, ihre Interessen auch gegen den Widerstand ihres Kindes durchzusetzen, könnten sie ihrer erzieherischen Aufgabe nicht gerecht werden. Das ist, nebenbei gesagt, das ganze Dilemma der antiautoritären Erziehung. Ein ähnlicher Fall ist der des Arztes. Man denke etwa an einen Psychiater, der seinen suizidgefährdeten Patienten in eine geschlossene Unterbringung einweist. Seine Macht gründet nicht in körperlicher Überlegenheit oder natürlicher Autorität, sondern in Rechtsnormen und sozialen Konventionen. Aber sie hat eine ähnliche Funktion wie im Falle der Erziehung: die Kontrolle einer unmündigen Person zu ihrem eigenen Wohl. Wir wollen nicht behaupten, dass jede Macht, die Eltern über Kinder und Ärzte über Patienten innehaben, gut ist. Es gibt tyrannische Väter und Mütter sowie Kurpfuscher zuhauf. Aber dennoch ist es gut – oder besser ein Gut –, dass Eltern und Ärzte im Allgemeinen in Machtverhältnissen gegenüber ihren Schutzbefohlenen stehen. Macht ist hier also kein moralisches Übel, sondern eine Bedingung für das Funktionieren allgemeiner Fürsorge- und Betreuungsverhältnisse. Somit ist die These, dass Macht stets böse ist, »gleichviel, wer sie ausübe«, bereits an dem Punkt entkräftet.

Aber die These von der Macht als universellem Übel ist nicht nur falsch in Bezug auf soziale Verhältnisse, in denen die Machtunterworfenen unmündig sind. Sie ist auch falsch in Bezug auf Verhältnisse zwischen mündigen Menschen. Ein unkontroverses Beispiel ist etwa der Fußball. Hier hat der Schiedsrichter Macht über das Spielgeschehen, insofern er Spieler vom Platz stellen, Frei- und Strafstöße anordnen und Verlängerungen festlegen kann – und zwar auch gegen den Willen von Tausenden Fans und millionenschweren Proficlubs. Dennoch wäre es absurd, die Machtfülle des Unparteiischen als moralisches Übel zu geißeln. Sie ist vielmehr die notwendige Bedingung für den fairen Verlauf einer Partie und für die Einhaltung der Regeln, die für das Spiel konstitutiv sind. Auch hier vertreten wir freilich nicht die These, dass die Macht eines jeden Schiedsrichters gut ist. Das wäre angesichts von Betrugsskandalen, die immer wieder die Fußballwelt erschüttern, auch denkbar naiv. Vielmehr ist die Macht von Schiedsrichtern im Allgemeinen ein Gut.

Mancher Leser könnte uns vorhalten, dass unsere Beispiele banal sind und die wirklich spannenden Fragen, etwa ob politische Macht gut oder schlecht ist, ausklammern. Dazu zwei Bemerkungen: Erstens haben wir in diesem Kapitel nicht das Anliegen, zu klären, welches die Kriterien guter oder schlechter Machtformen sind.[62] Uns geht es zunächst einmal nur darum, zu zeigen, dass Macht an sich – verstanden als allgemeiner Gattungsbegriff und nicht als konkrete Macht in einem spezifischen Kontext – kein moralisches Übel, sondern moralisch neutral ist. Und dies tun wir durch Gegenbeispiele, in denen sich die intuitive Unhaltbarkeit der These von der kategorischen Schlechtigkeit der Macht zeigt. Zweitens sind unsere Beispiele bewusst Allerweltsfälle, weil sie zeigen sollen, wie allgegenwärtig das Phänomen der Macht in unserem Alltag ist und wie weltfremd die Behauptung wäre, dass Macht in all ihren Facetten grundsätzlich böse ist.

(2) Dialektisches Verhältnis der Macht zur Freiheit

Macht und Freiheit, so scheint es, sind Antipoden. Wo Macht ist, da muss die Freiheit weichen. Und wenn wir wirklich frei sind, dann sind wir dies nur dann und insofern, als wir keiner Macht unterworfen sind. Denn Macht bedeutet stets die potenzielle Beschneidung unserer Handlungsfreiheiten.[63] Doch die Dinge liegen komplizierter. Das Verhältnis zwischen Macht und Freiheit ist kein Gegensatzverhältnis, sondern vielmehr – so unser zweites Prinzip – ein *dialektisches* Verhältnis. Das heißt:

---

62 Mit dieser Frage werden wir uns jedoch näher in Kap. 2.3 befassen.

63 Diese Position ist charakteristisch für die Denkschule des politischen Liberalismus, zu dem etwa John Rawls, Ronald Dworkin und Claus Offe zu rechnen sind; vgl. Rawls, John ([1971] 1979): Eine Theorie der Gerechtigkeit, Frankfurt a. M.: Suhrkamp, Dworkin, Ronald (1977): Taking Rights Seriously, Cambridge: Harvard University Press, Offe, Claus (2003): Herausforderungen der Demokratie. Zur Integrations- und Leistungsfähigkeit politischer Institutionen, Frankfurt a. M.: Campus Verlag. Für eine Diskussion des Verhältnisses von Freiheit und Macht aus liberalistischer Perspektive siehe Carter, Ian (2008): How are Power and Unfreedom Related?, in: Cécile Laborde & John W. Maynor (Hg.): Republicanism and Political Theory, Malden/Oxford: Blackwell Publishing, S. 59–82.

Macht und Freiheit bedingen *und* unterminieren sich gegenseitig. Ihre Relation ist die eines objektiven und realen Widerspruchs.[64]

Inwiefern bedingen sich Macht und Freiheit gegenseitig? Zuerst einmal können wir festhalten, dass Macht Freiheit geradehin voraussetzt. Macht können wir nur über Entitäten haben, die Autonomie und einen eigenen Handlungsspielraum besitzen. Wir können einen Stein oder einen Baum nicht zu etwas *nötigen* oder *Druck auf sie ausüben* – wir können sie nur *bearbeiten*. Anders gesagt: Das Potenzial zur Unterwerfung eines potenziell widerstrebenden Willens impliziert, dass allererst ein solcher autonomer Wille vorliegt. Erst wenn dieses Potenzial zur Unterwerfung aktualisiert und der freie Wille gebrochen wird, wandelt sich Macht zur Gewalt. Doch damit hört sie gleichsam auf zu existieren. Dies zeigt sich am drastischsten am Beispiel der Androhung tödlicher Gewalt. Solange wir jemanden mit dem Erschießen bedrohen, haben wir Macht über ihn. Wir setzen seinem freien Willen Anreize, unseren Befehlen Folge zu leisten, indem wir die Alternative zum Gehorsam mit der Auslöschung seiner Existenz verknüpfen. Sobald wir aber genötigt sind, unsere Drohung wahr zu machen – nämlich weil der Bedrohte sich aus freiem Willen weigert, unserer Forderung zu entsprechen – erlischt unsere Macht über ihn. Der zuvor Bedrohte ist durch seinen Tod nun für immer unserer Macht entzogen. Deshalb ist es durchaus treffend, wenn Niklas Luhmann die Ausübung physischer Gewalt letztlich als Ausdruck des Scheiterns – und nicht des Erfolgs – von Macht bezeichnet.[65]

Zugleich setzt jedoch Freiheit auch Macht voraus. Darauf weisen Wolfgang Sofsky und Rainer Paris hin, wenn sie schreiben: »Sie [die Macht] erweitert die Freiheit des einen gegen den anderen«, indem »sie vor fremden Übergriffen schützt« und die »eigene Selbständigkeit« zu bewahren hilft.[66] Eine zentrale Komponente der Freiheit besteht nämlich darin, frei zu sein *von* der Willkür anderer, *von* Gewaltandrohungen, *von* Abhängigkeiten etc. Der politische Theoretiker Isaiah Berlin be-

64 Für die These, dass es solche realen Widersprüche tatsächlich gibt, tritt prominent Georg W. F. Hegel ein. Vgl. hierzu Iber, Christian (1990): Metaphysik absoluter Relationalität. Eine Studie zu den beiden ersten Kapiteln von Hegels Wesenslogik, Berlin/New York: De Gruyter, S. 507.

65 Vgl. Luhman, Niklas (1987): Soziologische Aufklärung 4. Beiträge zur funktionalen Differenzierung der Gesellschaft, Opladen: Westdeutscher Verlag, S. 119.

66 Sofsky, Wolfgang & Paris, Rainer (1994): Figurationen sozialer Macht. Autorität – Stellvertretung – Koalition, Frankfurt a.M: Suhrkamp, S. 9.

zeichnet diesen Aspekt der Freiheit als *negative Freiheit*.[67] Freiheit, so verstanden, ist ein sozialer Raum der Non-Intervention um die einzelne Person, innerhalb dessen sie autonom und unbeeinträchtigt durch die Wünsche und Ziele anderer Personen agieren kann. Das Spektrum der so geschützten Tätigkeiten erstreckt sich von den trivialsten Alltagshandlungen wie der Entscheidung, seinen Kaffee schwarz und ohne Zucker zu trinken, bis hin zu essenziellen kulturellen Praktiken wie der Ausübung der eigenen Religion. Je größer dieser Raum der Non-Intervention ist, desto größer ist die Freiheit der Person. Je kleiner er ist, desto geringer ist ihre Freiheit – bis hin zu dem Punkt, an dem sie zur bloßen Verfügungsmasse anderer degradiert ist und jedwede Möglichkeit zum autonomen Handeln eingebüßt hat. Worin gründet dieser Raum? Die einfache Antwort lautet: Macht. Nur wenn eine Person die Chance hat, ihre Ziele und Interessen gegen die anderer durchzusetzen, kann sie diesen Raum der Non-Intervention behaupten und ist, in Berlins Diktion, negativ frei. Freilich muss diese Macht zur Behauptung der eigenen Freiheit nicht *unmittelbar* bei der Person selbst liegen, z. B. im Sinne einer hobbesschen Anarchie, in der ein jeder versucht, so viele Machtmittel (Körperkraft, Waffen, Verbündete, Ressourcen etc.) wie möglich zu akkumulieren, um nicht der Willkür anderer anheimzufallen. In einem Staat mit Gewaltmonopol haben Personen die entsprechende Macht vor allem *mittelbar* inne, insofern sie Träger staatlich garantierter Rechte sind, die ihnen einen Raum der Non-Intervention zusichern und zu deren Verteidigung sie öffentliche Ordnungskräfte anrufen können. Dennoch bleibt festzuhalten: Ohne Macht – sei sie nun unmittelbar oder mittelbar – haben Personen keinen Garanten ihrer Freiheit.[68]

67 Vgl. Berlin, Isaiah (1969): Two Concepts of Liberty, Oxford: Oxford University Press.

68 Anhänger des Anarchismus könnten dem entgegenhalten, dass unsere These – Freiheit setze die Macht zur Behauptung des eigenen Non-Interventionsraums voraus – von einem negativen Menschenbild ausgeht, vgl. Quante, Michael (Hg.) (2009): Karl Marx. Ökonomisch-philosophische Manuskripte. Kommentar von Michael Quante. Frankfurt a. M: Suhrkamp. In einer aufgeklärten und altruistischen Gesellschaft, so die Gegenthese, werden alle Personen den Bereich der negativen Freiheit einer jeden Person aus freien Stücken respektieren, ohne dass es der Macht bedürfte, um diesen Raum zu behaupten. Diese Überlegung hat durchaus Charme. Aber wir wollen uns mit realen und nicht mit hypothetischen Gesellschaften befassen und diesen Punkt beiseitelassen.

Macht setzt Freiheit voraus – und Freiheit Macht. Beide bedingen sich gegenseitig. Das klingt schon fast zu schön, um wahr zu sein. Und das ist es natürlich auch. Wie wir eingangs betont haben, bedingen sich beide nicht nur gegenseitig, sondern unterminieren sich auch. Das lässt sich gut an Berlins Modell des Non-Interventionsraums illustrieren. Je größer der Bereich einer Person ist, innerhalb dessen sie aufgrund ihrer unmittelbaren oder mittelbaren Macht agieren kann, desto kleiner ist der verbleibende Freiheitsraum für andere Personen. Etwas überspitzt lässt sich sagen, dass die machtbewehrte Freiheit des einen die Unfreiheit des anderen bedeutet. Zu ihrem Extrem entfaltet sich diese Idee in einer Diktatur, in der genau eine Person – nämlich der Diktator – maximale negative Freiheit genießt und im Gegenzug alle anderen Personen, abgesehen von einer kleinen Machtelite um den Herrscher vielleicht, nur mehr minimale Freiheiten genießen oder gar keine haben. Macht ist, insofern sie die Chance zur Kontrolle von Personen bedeutet, jederzeit auch eine Bedrohung und Einschränkung der Handlungsmöglichkeiten anderer. Wenn ich der Macht eines anderen unterworfen bin, kann ich mich zwar theoretisch trotzdem dagegen entscheiden, seinen Befehlen Folge zu leisten, und die verheerenden Konsequenzen tragen – bis hin zur Inkaufnahme des Todes. Dies ist es, was Sartre mit seiner Idee *radikaler Freiheit* meint.[69] Aber tatsächlich hat diese Idee radikaler Freiheit nicht mehr viel mit dem zu tun, was wir gemeinhin unter dem Begriff verstehen. Denn wenn bestimmte Handlungsoptionen mit so verheerenden Konsequenzen verknüpft sind, dass sie ein rationaler Mensch nur unter sehr wenigen, speziellen Bedingungen überhaupt wählen würde, dann sind sie *faktisch* aus meinem Entscheidungsspektrum gelöscht. Es bleibt dabei: Meine Handlungsfreiheit hat ihre Grenze in der Macht meiner Mitmenschen, und je größer ihre Macht im Verhältnis zu mir ist, desto beschränkter sind auch meine Handlungsoptionen.

Dieses Paradoxon, dass Macht und Freiheit einander gleichsam bedingen und unterminieren, kann nur aufgezeigt werden. Es ist nicht lösbar, sondern gehört zu unserer Grundverfasstheit als soziale Lebewesen. Uns bleibt nur die praktische Aufgabe eines beständigen und rationalen Gewichtens und Abwägens zwischen beiden Faktoren. Die Frage, wie diese Abwägung zu erfolgen hat, gehört jedoch nicht mehr in unsere Lis-

69 Vgl. Sartre ([1945] 2000).

te der Grundprinzipien der Macht. Sie fällt in den Bereich der angewandten politischen Philosophie.

(3) Omnipräsenz der Macht

Macht ist allgegenwärtig. Das klingt zunächst einmal nach einer Dystopie totaler Kontrolle im Sinne George Orwells oder nach einer hanebüchenen Verschwörungstheorie. Aber dieses Missverständnis unseres dritten Prinzips lässt sich gleich zu Anfang klären. Wir sagen nicht, dass Menschen in allem, was sie tun, irgendjemandes Macht unterworfen sind und dass all ihr Handeln das Ergebnis der Beeinflussung durch andere Personen oder ein überpersönliches soziales System ist. Vielmehr lässt sich mit Foucault festhalten, dass Macht nicht deshalb allgegenwärtig ist, »weil sie das Privileg hat, unter ihrer unerschütterlichen Einheit alles zu versammeln, sondern weil sie sich in jedem Augenblick und an jedem Punkt [...] erzeugt«.[70] Kurz: Macht umfasst nicht alles, aber kann *in jedem Aspekt unserer sozialen Existenz* zutage treten.[71]

Selbst diese These erscheint zunächst kaum plausibel. Gibt es nicht zahlreiche Bereiche unseres Lebens, die sich gerade dadurch auszuzeichnen scheinen, dass wir uns dort als gleiche und freie Personen gegenüberstehen, die bewusst darauf verzichten, Macht über den anderen auszuüben? Tiefe Freundschaften kommen einem in den Sinn oder Liebesbeziehungen. Aber diese Auffassung ist naiv. Sie hängt damit zusammen, dass wir Macht oft nicht in ihren banalen, alltäglichen Erscheinungsformen wahrnehmen und thematisieren, sondern z. B. vor allem dann in den Blick nehmen, wenn es um die vermeintlich großen Themen geht: Politik, Wirtschaft, Krieg. Tatsächlich sind jedoch gerade Liebesbeziehungen und Partnerschaften ein gutes Beispiel für das Auftreten von Machtverhältnissen. Nehmen wir an, unsere Partnerin hätte es sich in den Kopf gesetzt, ihre Eltern zu uns nach Hause einzuladen. Ihre Eltern sind im Grunde nette Menschen, aber sie haben die unangenehme An-

70 Foucault (1983): S. 114.

71 Vgl. hierzu auch Küpper, Willi & Felsch, Anke (2005): Organisation, Macht und Ökonomie, Opladen: Westdeutscher Verlag; Popitz, Heinrich (1992): Phänomene der Macht, 2. Auflage, Tübingen: Mohr Siebeck, S. 15f. sowie Imbusch (2012): S. 13.

gewohnheit, sich beständig in alles einzumischen, ungefragt Ratschläge zu geben und besser zu wissen als man selbst, wie etwas im Haushalt zu geschehen hat. Kurz: Sie sind nicht gerade ideale Gäste. Aber von all dem will unsere Partnerin nichts wissen, und nach einigem Hin und Her kristallisiert sich heraus – vielleicht nur im Subtext und nicht direkt ausgesprochen –, dass sie die nächsten Tage im Gästebett schlafen wird, wenn der Besuch nicht kommen darf. Bei dieser Konstellation handelt es sich um ein Machtverhältnis: Die Partnerin verfügt über die Ressourcen – hier: die Vorenthaltung von Nähe und Zärtlichkeit –, um ihren Willen gegen unser Widerstreben durchzusetzen.

Nun zeigt dieses Beispiel für sich besehen noch nicht viel, außer dass Liebesbeziehungen kein guter Kandidat für einen machtfreien sozialen Raum sind. Aber dennoch lässt es vielleicht Zweifel aufkommen, ob es so etwas wie genuin machtfreie Räume gibt. Versuchen wir also zu generalisieren. Hierbei hilft es, sich noch einmal Webers Diktum in Erinnerung zu rufen, dass Macht jede Chance bedeutet, seine Interessen gegen den Widerstand anderer durchzusetzen, »gleichviel, worauf diese Chance beruht«.[72] Zweierlei ist hier von Bedeutung: Erstens gibt es keinen Bereich der sozialen Existenz, in dem Menschen keine Interessen hätten. Egal ob Freizeit, Beruf, Sexualität, Freundschaft, Sport, Politik, Wissenschaft oder Kunst, in Bezug auf jedes dieser Felder haben wir Wünsche und Ziele, die mit ebenso vielen, aber anders ausgerichteten Wünschen und Zielen anderer kollidieren können. Aus dem Gegebensein dieser Interessen einerseits und der Möglichkeit ihrer Frustrierung durch kollidierende Interessen andererseits erwächst die praktische Notwendigkeit der Macht – also der Chance zur Interessendurchsetzung gegen Widerstand. Zweitens kann ebendiese Chance, wie Weber treffend festhält, auf allen nur erdenklichen Mitteln beruhen. Oben haben wir bereits die Vorenthaltung von Nähe und Zärtlichkeit erwähnt. Andere alltägliche Beispiele sind: das schlechte Gewissen, das wir einem Freund machen können, wenn er nicht mit auf eine Party kommt; das Lob, das wir einem Mitarbeiter aussprechen oder vorenthalten können, je nachdem, wie er seine Arbeit macht; das Trinkgeld, das wir einem Kellner zahlen oder nicht zahlen können, je nachdem, ob uns sein Service gefällt. Die Beispiele können endlos fortgesetzt werden. Alles kann als Mittel zur Etablierung von Machtressourcen eingesetzt werden. Kurzum:

72 Weber ([1921]) 1972): S. 28.

Weil erstens in allen Lebensbereichen die Notwendigkeit zum Erwerb von Macht gegeben ist und weil zweitens alles als Machtmittel eingesetzt werden kann, muss Macht in allen Lebensbereichen zutage treten. Menschen haben eine natürliche Neigung zur Verwirklichung ihrer Interessen (deshalb sind es ihre Interessen), und folglich haben sie eine natürliche Neigung, die Mittel zu ergreifen, die für ihre Verwirklichung erforderlich sind.

Um es jedoch klar zu sagen: Wir sind keine Zyniker, die glauben, dass Menschen Lebewesen sind, die alle ihre Interessen durch Macht durchsetzen, und wir glauben auch nicht, dass alle sozialen Beziehungen immer und ausschließlich Machtbeziehungen sind.[73] Eine solche Extremposition ist ebenso unplausibel wie der Glaube an genuin machtfreie soziale Räume. Menschen verwirklichen ihre Interessen auch dadurch, dass sie kollidierende Interessen anderer mit guten Argumenten modifizieren und eine rationale Übereinkunft herstellen. Und sie sind mit ebenso großer Regelmäßigkeit geneigt ihre eigenen Ziele und Wünsche aufzugeben, wenn ihnen andere Personen gute Gründe hierfür aufzeigen können. Die machtbewehrte Verwirklichung von Interessen ist nur eine Komponente unserer sozialen Beziehungen. Aber sie ist – wie aus der oben genannten Argumentation ersichtlich geworden sein dürfte – nichtsdestotrotz ubiquitär.

(4) Natürliches Streben des Menschen nach Ausweitung und Intensivierung von Macht

Der Mensch tendiert dazu, seine Macht auszuweiten und zu intensivieren. Das ist unser viertes Grundprinzip. Von diesem allgemeinen Grundsatz mag es Ausnahmen geben, aber dennoch ist das Machtstreben ein allgemeines anthropologisches Faktum. Hierfür gibt es drei Gründe. Den ersten Grund bringt der Historiker Friedrich Meinecke auf den Punkt, und zwar so gut, dass es lohnt, ihn in seiner ganzen altdeutschen Eloquenz zu zitieren: »Das Streben nach Macht ist ein urmenschlicher, ja vielleicht animalischer Trieb, der blind um sich greift, bis er äußere Schranken findet. Und wenigstens beim Menschen beschränkt er sich

73 Ein solch pessimistisches Menschenbild schwingt indes bei Hobbes ([1651] 2008) mit.

nicht auf das, was zum Leben und Gedeihen notwendig ist, sondern man genießt mit Lust die Macht an sich und in ihr sich selbst in seiner gesteigerten Persönlichkeit.«[74] Was also den Menschen dazu antreibt, seine Macht auszudehnen und zu verstärken, ist zunächst nichts anderes als die Lust an der Macht selbst. Diese Erkenntnis hat freilich nicht erst Meinecke gewonnen. Sie findet sich schon in den Annalen des Tacitus, der in der Bedeutung von Macht als Genussmittel par excellence die Triebfeder des römischen Imperiums erblickte.[75] Aber es ist nicht nur so, dass wir Macht als intrinsisch lustvoll, also als lustvoll unabhängig von ihrer Relation zu anderen lustvollen Gütern, erfahren. Friedrich Nietzsche weist darauf hin, dass der Mensch eine große »Unlust [...] der Ohnmacht« verspürt und den Mangel an Macht als etwas intrinsisch Leidvolles erfährt.[76] Da wir nicht nur nach der Mehrung unserer Lust streben, sondern auch nach der Vermeidung von Leid, haben wir gleich einen doppelten motivationalen Grund, um Macht anzuhäufen.

Aber Menschen streben auch nach Macht, weil sie nützlich ist, und zwar nicht nur zur direkten Durchsetzung von Interessen. Macht bedeutet sozialen Status. So konstatiert etwa Weber: »[S]ehr häufig ist das Streben nach ihr mitbedingt durch die soziale ›Ehre‹, die sie bringt.«[77] Die Mächtigen werden bewundert, respektiert, geliebt, gefürchtet. Sie erfahren vorauseilenden Gehorsam, ohne dass sie überhaupt von ihrer Macht Gebrauch machen müssten – und diejenigen, die sich erhoffen, von ihrer Macht zu profitieren, suchen ihre Nähe.[78] Kurzum: Macht ist ein Magnet für eine Vielzahl sozialer Haltungen und Beziehungen, die Menschen und andere höhere Lebewesen wertschätzen.

---

74 Meinecke, Friedrich (1929): Die Idee der Staatsräson in der neueren Geschichte, Berlin/München: Oldenbourg, S. 5. Vgl. hierzu auch Scheler, Max (1980): Die Wissensformen und die Gesellschaft, 3. Aufl., Bern/München: Francke Verlag, S. 67.

75 Tacitus (2013): Annalen, übers. von Walther Sontheimer, Stuttgart: Reclam.

76 Nietzsche, Friedrich ([1844–1845] 1999): Nachgelassene Fragmente, hg. von Giorgio Colli & Mazzino Montinari, Berlin: De Gruyter, S. 425.

77 Weber ([1921]) 1972): S. 531. Vgl. hierzu auch Kluth, Heinz (1957): Sozialprestige und sozialer Status, Stuttgart: Ferdinand Enke Verlag, S. 536 und Eisenegger, Mark (2005): Reputation in der Mediengesellschaft. Konstitution – Issues Monitoring – Issues Management, Wiesbaden: Springer, S. 33.

78 Nach Heinrich Popitz ist dies ein entscheidendes Merkmal autoritativer Macht, vgl. Popitz (1992): S. 29. Zur Vertiefung siehe Kap. 2.1.

Dass Macht unabdingbar ist, um in allen Lebensbereichen seine Interessen gegen kollidierende Interessen durchzusetzen, haben wir schon bei der Diskussion des dritten Grundprinzips unterstrichen. An dieser Stelle lohnt es sich jedoch, deutlich zu machen, dass aus dieser Perspektive die einzige zweckrationale Handlung die Maximierung von Macht ist. Auf diesen Umstand hat Hobbes von allen politischen Theoretikern mit größter Klarheit und Schonungslosigkeit hingewiesen: Der Mensch, so Hobbes, kann nicht anders, als nach mehr Macht zu streben, weil er die gegenwärtige Macht und die Mittel zu einem angenehmen Leben ohne den Erwerb von zusätzlicher Macht nicht sichern kann.[79] Hinter dieser Überlegung steckt die Idee, dass Menschen, wenn sie sich mit einer bestimmten Ressourcenmenge an Macht bescheiden, Gefahr laufen, von anderen ausgebootet zu werden.[80] Die beständige Gefahr des Einzelnen, seinen erreichten Handlungsraum und Lebensstandard einzubüßen, setzt einen Wettlauf um die Macht in Gang, in dem alle Akteure nach einer Maximierung ihrer Machtressourcen streben. Nun ließe sich einschränkend darauf hinweisen, dass Hobbes dieses Diktum auf einen anarchischen Naturzustand beschränkt und den Wettlauf um die Macht mit der Einrichtung eines Staates beendet sieht. Aber eine solche Einschränkung lässt außer Acht, dass wir auch innerhalb eines staatlichen Gemeinwesens, das uns einen bestimmten Rechtsschutz garantiert, um Macht konkurrieren können – und müssen –, nur eben nicht mit den Mitteln der Waffengewalt, sondern mit ökonomischen, kulturellen, politischen Mitteln. Der Wettlauf um die Macht, so ein vielleicht ernüchterndes Zwischenfazit, ist mit der Einrichtung des Staates nicht beendet. Er hat nur Spielregeln erhalten.

79 Konkret hält Hobbes ([1651] 2008: S. 55) fest: »[I]n the first place, I put forth a generall inclination of all mankind, a perpetuall and restlesse desire of Power after power, that ceaseth only in Death. And the cause of this, is not alwayes that a man hopes for a more intense delight, than he has already attained to; or that he cannot be content with a moderate power: but because he cannot assure the power and means to live well, which he hath present, without the acquisition of more.«

80 Positiv gewendet bedeutet dies zugleich, dass ein Mehr an Macht eine Entlastung für die Person verspricht. Wer Macht hat, wird nicht mehr von der existenziellen Sorge geplagt, dass seine fundamentalen Interessen durch andere Personen frustriert werden könnten. Erst aus diesem Zustand der Entlastung heraus können wir Menschen bestimmte Kulturleistungen (Wissenschaft, Kunst, Sport etc.) entwickeln, die nicht unmittelbar dem Überleben dienen.

(5) Grundlage der Macht in der Verletzungsoffenheit und im Bedürfnischarakter des Menschen

Macht hat aus anthropologischer Perspektive zwei universelle Wurzeln: die Verletzungsoffenheit des Menschen und seinen Status als Bedürfniswesen. Die erste Wurzel der Macht hat Popitz mit folgender Losung auf den Punkt gebracht: »Menschen können über andere Macht ausüben, weil sie andere verletzen können.«[81] Weil der Mensch, wie wir schon bei der Diskussion von Gehlens Anthropologie unterstrichen haben, keine natürlichen Abwehrmechanismen besitzt, ist er besonders offen für physische Angriffe.[82] Die Möglichkeiten zur Schädigung und die Phantasie, die Menschen in ihre Entwicklung gesteckt haben, sind hierbei schier grenzenlos. Der menschliche Körper kann verletzt, gequält, verstümmelt und getötet werden. Aus der überlegenen Fähigkeit des einen, den anderen zu verletzen – sei es durch größere Körperkraft, Gewandtheit, Übung, Waffen oder List –, erwächst seine Macht über ihn. Die glaubhafte Androhung der körperlichen Schädigung erlaubt es ihm, seinen Willen auch gegen den Widerstand des anderen durchzusetzen. Würden sich Menschen nicht durch diese charakteristische Verletzungsoffenheit auszeichnen, dann stünden sie einander im wahrsten Wortsinne machtlos gegenüber. Sie müssten nicht fürchten, körperliches Leid zu erfahren oder in ihrer Existenz ausgelöscht zu werden, und sie wären nicht genötigt, sich dem Willen eines anderen zu beugen.

Die zweite Wurzel der Macht besteht darin, dass der Mensch in seinem Denken und Handeln durch unzählige Bedürfnisse getrieben ist, die andere zur Machtausübung gegen ihn benutzen können.[83] Das Spektrum reicht von natürlichen Grundbedürfnissen nach Nahrung und Schlaf bis hin zu kultivierten Neigungen zu gutem Wein, kostspieligen

81 Popitz (1992): S. 25.

82 Vgl. hierzu auch Inhetveen, Katharina (2008): Macht, in: Nina Baur et al. (Hg.): Handbuch Soziologie, Wiesbaden: VS Verlag, S. 253–272; S. 263.

83 Die Einsicht, dass der Mensch zuerst und vor allem ein Bedürfniswesen ist und dass darin seine besondere Verwundbarkeit gegenüber der Macht gründet, ist eine der ältesten Einsichten der philosophischen Anthropologie. Gesellschaftskritisch aufgeladen wird sie u. a. von Ludwig Feuerbach und Karl Marx, vgl. Jaeggi, Rahel & Loick, Daniel (2013): Marx' Aktualitäten. Zur Einleitung, in: Dies. (Hg.): Nach Marx. Philosophie, Kritik, Praktik, Frankfurt a. M.: Suhrkamp, S. 9–24.

Drogen oder Kunst. All diesen Bedürfnissen ist gemein, dass ihre Erfüllung dem Wohl der Person zuträglich oder für dieses sogar unerlässlich ist und dass ihre Frustrierung, je nach Intensität des Bedürfnisses, gravierendes Leid zur Folge hat. Je mehr Bedürfnisse eine Person hat, desto vielfältiger ist zwar der potenzielle Lustgewinn, aber auch die Abhängigkeit von anderen, die ihr diesen vorenthalten können. Kurz: Der Status des Menschen als Bedürfniswesen liefert ihn der Macht anderer Menschen aus.

Auf die fatale Verbindung zwischen Macht und Bedürfnis sind bereits in vorchristlicher Zeit die griechischen und römischen Stoiker aufmerksam geworden.[84] Für die Stoa liegt der Schlüssel zur Glückseligkeit – der sogenannten *Eudaimonia* – in der Tugend der Selbstbescheidung und der Loslösung von den eigenen Bedürfnissen. Nur wenn wir unsere Neigungen aufgeben und uns auf die Askese konzentrieren, können wir der Abhängigkeit von anderen entgehen und ein autonomes Leben führen. Auf die Leib- und Lustfeindlichkeit eines solchen Lebensentwurfes haben indes schon Zeitgenossen der Stoiker wie der Ethiker Epikur hingewiesen. Er hat in Zweifel gezogen, ob ein autarkes, aber freudloses Leben überhaupt lebenswert sei.[85] Außerdem gibt es bestimmte Grundbedürfnisse, die wir einfach nicht abschütteln können – wie etwa das nach Nahrung. Entsprechend kann selbst der Asket noch mit Entzug seiner Subsistenzmittel bedroht werden und gezwungen sein, sich dem Willen eines anderen zu unterwerfen. Als Fazit bleibt somit festzuhalten: Wir können durch Minimierung unserer Bedürfnisse danach streben, unsere Unabhängigkeit von der Macht anderer zu behaupten – aber al-

84 Zur Übersicht siehe Nickel, Rainer (Hrsg.) (2009): Stoa und Stoiker. Auswahl der Fragmente und Zeugnisse. Zwei Bände. Griechisch – Lateinisch – Deutsch. Düsseldorf: Artemis und Winkler Verlag. Zur Rezeption stoischer Ethik in der Neuzeit vgl. beispielsweise Mori, Massimo (1993): Glück und Autonomie. Die deutsche Debatte über den Eudämonismus zwischen Aufklärung und Idealismus, in: Studia Leibnitiana 25 (1), S. 27–51. Eine nicht westliche Tradition, die sich der ›Reinigung‹ des Menschen von seinen Bedürfnissen verschrieben hat und damit, ebenso wie die Stoa, auf die Erreichung von Autarkie und Freiheit von Macht abzielt, ist der Buddhismus, vgl. Nambara, Minoru (1960): Die Idee des absoluten Nichts in der deutschen Mystik und seine Entsprechungen im Buddhismus, in: Archiv für Begriffsgeschichte 6, S. 143–227.

85 Vgl. Hochkeppel, Willy (1984): War Epikur ein Epikureer? Aktuelle Weisheitslehren der Antike. München: dtv.

lein durch die Grundbedürfnisse, die wir qua Menschen haben, bleiben wir stets der Macht ausgesetzt.

(6) Machbarkeit von Macht

Machtverhältnisse sind kein natürliches Phänomen wie das Gesetz der Schwerkraft. Sie sind – so unser fünftes Prinzip – vielmehr kulturelle Artefakte, die durch zielgerichtetes menschliches Handeln entstehen und auch wieder zerstört oder verändert werden können. Der »Glaube an die *Machbarkeit* von Machtordnungen«, konstatiert der Soziologe Heinrich Popitz, ist bereits einer der Grundpfeiler der griechischen Polis.[86] Dort wird zum ersten Mal in der Geschichte der Zivilisation »die politische Ordnung des menschlichen Zusammenlebens als etwas Gestaltbares, Veränderbares« und nicht als etwas Gottgegebenes oder Unantastbares begriffen.[87] Exemplarisch hierfür ist die Zielsetzung in Platons *Politeia*, die Grundsätze einer gerechten gesellschaftlichen Ordnung zu entwickeln und als kritischen Bewertungsmaßstab für die bestehenden Verhältnisse heranzuziehen.[88] Nur wenn man davon ausgeht, dass die Verteilung und Ausgestaltung von Macht etwas ist, das sich auf der Grundlage rationaler Einsicht ändern lässt, macht es überhaupt Sinn, für eine bessere Machtordnung einzutreten. Das politische Kernkonzept der Reform und sein radikaleres Äquivalent, die Revolution, setzen somit die Machbarkeit von Machtordnungen geradehin voraus.

Zugleich ergibt sich aus der Machbarkeit von Macht ihre kategorische Rechtfertigungspflicht. Wenn Machtverhältnisse zwischen Personen nämlich nicht natur- oder gottgegeben, sondern disponibel sind, dann müssen sie – so Popitz – auch im Lichte der vernünftigen Interessen dieser Personen gerechtfertigt werden. Diese Überzeugung, die seit der Antike unser Denken über Macht prägt, findet ihren deutlichsten Niederschlag in der klassischen Vertragstheorie der politischen Philosophie.[89] Deren argumentativer Ausgangspunkt ist, dass jedwedes gesell-

86 Popitz (1992): S. 12, Hv. im Original.
87 Ebd.
88 Platon (1982): Der Staat, hg. und übers. von Karl Vretska, Stuttgart: Reclam.
89 Vgl. Ballestrem, Karl (1983): Vertragstheoretische Ansätze in der politischen Philosophie, in: Zeitschrift für Politik 30 (1), S. 1–17.

schaftliche Machtverhältnis nur dann gerechtfertigt ist, wenn es in einem hypothetischen Entscheidungsszenario von einer Gruppe freier und gleicher Personen bejaht würde. Weil Macht erstens von Menschen gemacht ist und weil sie zweitens dem Wohl der Menschen dienen muss, so die Überlegung, muss sie ihr normatives Fundament in der (zumindest hypothetischen) Zustimmung ebendieser Menschen haben. Seit der Blütezeit der Vertragstheorie im 17. und 18. Jahrhundert ist unser Glaube an und unser Enthusiasmus für die grenzenlose Gestaltbarkeit gerechter Machtordnungen deutlich abgekühlt. Schuld daran tragen nicht zuletzt die großen Machtexperimente utopischer Staatssysteme wie des real existierenden Sozialismus. Aber, so noch einmal Popitz, »[d]ie Gewißheit des Anders-machen-*Könnens*, des Besser-machen-*Könnens* ist [dadurch] nicht tangiert.«[90] Die Spielräume des Machbaren mögen begrenzter sein, als die Vordenker der politischen Theorie glauben mochten, aber dieser Umstand ändert nichts daran, dass Macht gemacht ist und anders und besser gemacht werden kann.

(7) Institutionalisierbarkeit von Macht

Weil Macht machbar ist, kann sie von Einzelpersonen oder Gruppen nicht nur angehäuft, sondern auch institutionalisiert werden. Dies ist unser siebtes Grundprinzip. Macht hat, mit anderen Worten, das Potenzial zur Verfestigung in Form von sozialen Strukturen – angefangen von ritualisierten Abhängigkeitsverhältnissen zwischen einem individuellen Machthaber und seinen Untergebenen bis hin zur Etablierung komplexer staatlicher Herrschaftsstrukturen. Nach Popitz lassen sich drei Institutionalisierungstendenzen oder Entwicklungslinien ausmachen, und zwar Entpersonalisierung, Formalisierung und Integrierung.[91]

Unter *Entpersonalisierung* versteht Popitz, dass Macht von einer konkreten Person abgelöst und auf eine abstrakte soziale Position übertra-

90 Popitz (1992): S. 15.

91 Vgl. Popitz (1986): S. 37–67. Zur vertiefenden Diskussion vgl. Imbusch (2012): S. 14f. und Imbusch, Peter (2007): Macht: Dimensionen und Perspektiven eines Phänomens, in: Klaus-Dieter Altmeppen, Thomas Hanitzsch & Carsten Schlüter (Hg.): Journalismustheorie: Next Generation. Soziologische Grundlegung und theoretische Innovation, Wiesbaden: Springer, S. 359–419.

gen wird. Das heißt: Eine Person hat in dieser Machtfiguration nur mehr deshalb und insofern Macht über andere, als sie ein bestimmtes, von den Mitgliedern der Gruppe anerkanntes Amt innehat. Ihre Macht endet, sobald sie von diesem Amt abtritt oder gezwungen wird, von ihm abzutreten. Ämter haben – und dieser Punkt ist hier von besonderer Bedeutung – keine eingeschriebenen Eigennamen, sondern sie sind per definitionem offen in Bezug auf die Person, die sie ausfüllen kann.

Unter *Formalisierung* ist wiederum die Ablösung der Macht von der Willkür einer individuellen Person oder Gruppe zugunsten einer Verregelung ihres Gebrauchs zu verstehen. Formalisierte Machtverhältnisse zeichnen sich durch ein dichtes Netz von Handlungs- und Kompetenznormen aus. Diese legen nicht nur fest, wer wie viel Macht über wen in Bezug auf was innehat, sondern sie halten auch Sanktionen bereit für diejenigen, die ihre Macht über die etablierten Regeln hinaus gebrauchen oder ausdehnen.

Die *Integrierung* von Macht bezeichnet schließlich den Umstand, dass die Ausübung, Verteilung und Akkumulation von Macht zum Bestandteil einer übergreifenden sozialen Ordnung erhoben wird und dadurch ihre legitime institutionelle Verortung und Verfestigung erfährt. Sie wird damit zur integralen Komponente einer politischen Doktrin und eines die verschiedensten Gesellschaftsbereiche umfassenden sozialen Leitbilds.

Für alle drei Elemente gilt: Je stärker sie sich manifestieren, desto stärker institutionalisiert ist Macht. Und mit steigender Institutionalisierung der Macht steigen zugleich ihre Reichweite, Wirkungskraft und Konstanz. Entpersonalisierung, Formalisierung und Integrierung bewirken, wie der Soziologe Peter Imbusch festhält, »eine Erhöhung der Stabilität und damit auch eine Absicherung von Macht, die sich im Institutionalisierungsprozess verfestigt und entsprechend schwer rückgängig zu machen ist.«[92] Kurzum: Institutionalisierte Macht zeichnet sich nicht nur dadurch aus, dass sie mit einer größeren Chance zur erfolgreichen Durchsetzung verknüpft ist und einen größeren Personenkreis betrifft als nicht institutionalisierte Macht. Sie ist auch – sobald sie einmal etabliert worden ist – ausgesprochen schwer wieder abzuschaffen.

Wie genau die Institutionalisierungsgrade von Macht zu quantifizieren oder auch nur zu klassifizieren sind, ist eine notorisch schwierige

92 Imbusch (2007): S. 410.

Frage. Allerdings schlägt Popitz fünf idealtypische Stufen vor, die eine allgemeine Einteilung erlauben. Die erste Stufe ist die der *sporadischen Macht*. Diese beschränkt sich auf einen Einzelfall, mit dessen Wiederholung nicht zu rechnen ist.[93] Sporadische Macht manifestiert sich in einer Aneinanderreihung von Aktionen – und zwar häufig gewalttätigen –, die zwar koordiniert ablaufen können, aber nicht auf die Etablierung zeitübergreifender Machtverhältnisse abzielen. Ein eindringliches historisches Beispiel liefert der Überfall der vereinten mongolischen Stämme unter Dschingis Khan auf Osteuropa im Jahr 1220.[94] Das mongolische Reiterheer bot den europäischen Fürsten eine Machtdemonstration sondergleichen, als es dank überlegener taktischer Agilität und Bogentechnologie mit einem Handstreich deren Ritterheere dezimierte und dann mordend und plündernd durch die Lande zog. Aber die Horden des Khans bauten ihre Macht in Osteuropa niemals in Form entpersonalisierter und formalisierter Sozialstrukturen aus, sondern zogen es vor, nach dem erfolgreichen Beutezug gen Zentralasien zurückzukehren.[95]

Die zweite Institutionalisierungsstufe ist die der *normierenden Macht*. Sie zeichnet sich gegenüber der ersten Stufe dadurch aus, dass der Machthaber das Verhalten der Machtunterworfenen gezielt normiert, also Handlungsregeln unterwirft, die in unterschiedlichsten Lebensbereichen wie Ökonomie, Religion oder Sexualität wirksam werden. Dadurch kann er Verhaltensregelmäßigkeiten durchsetzen, die auch dann bestehen bleiben, wenn die Machtunterworfenen keiner akuten Androhung von Gewalt ausgesetzt sind. Es entsteht eine Vorhersagbarkeit des individuellen Verhaltens. Auf dieser Stufe hat sich, wie Popitz schreibt, die »Fügsam-

93 Entsprechend lässt sich, wie Imbusch zutreffend bemerkt, hier im Grunde noch von einer bloßen »Vorstufe« institutionalisierter Macht sprechen, vgl. Imbusch (2007): S. 410.

94 Vgl. hierzu Marshall, Robert (1993): Storm from the East. From Ghengis Khan to Khubilai Khan, Berkeley: University of California Press, S. 90–117.

95 Hierbei ist jedoch darauf hinzuweisen, dass Überfälle auf benachbarte Völker durchaus eine Form fortgeschrittener institutionalisierter Macht sein können – und zwar dann, wenn sie z. B. ritualisiert und mit großer Regelmäßigkeit erfolgen. Exemplarisch hierfür sind die Überfälle der Spartaner auf die Volksgruppe der Heloten, die ein wiederkehrendes Handlungsmuster waren und zur Unterdrückung und Überlegenheitsdemonstration eingesetzt wurden; vgl. Welwei, Karl-Wilhelm (2007). Sparta. Aufstieg und Fall einer antiken Großmacht, Stuttgart: Klett-Cotta, S. 41f. Siehe hierzu auch Popitz (1992): S. 47.

keit normativ verfestigt.«[96] Der Vorteil für den Machthaber liegt auf der Hand: Wenn es kodifizierte und allseitig bekannte Verhaltensregeln gibt, dann ist der Aufwand für die Verhaltenssteuerung ungleich geringer, als wenn der Machthaber immerzu neue Kommandos erteilen müsste. Normierung von Macht ist also ein Gebot der Effizienz. Paradigmatisch für diese Etappe der Machtinstitutionalisierung sind die Frühphasen der Kolonialisierung durch expansive Staaten – sei es nun das Imperium Romanum oder seien es die europäischen Nationalstaaten der Neuzeit. Sie alle eint das Ziel, ein erobertes Territorium nicht nur kurzfristig ökonomisch auszubeuten, wie etwa die Heere des Dschingis Khan, sondern langfristig und effizient zu kontrollieren. Hierfür sind normierende Macht und die damit verbundenen Normen unabdingbar.

Die dritte und nach Imbuschs Einschätzung bedeutsamste Stufe ist die der *Positionalisierung* von Macht.[97] Sie markiert den Übergang von der bloß sozial verfestigten Macht zur tatsächlichen Herrschaft. Kennzeichnend für diese Etappe ist die Etablierung einer »überpersonalen Machtstellung«.[98] Hier kommen die bereits angesprochenen sozialen Positionen – die Ämter – zum Tragen, mit denen zwar konkrete Machtbefugnisse und Kompetenzen verknüpft sind, deren konkrete Inhaber aber austauschbar sind. Positionalisierte und von der individuellen Person entkoppelte Macht erlaubt es dem Machthaber, Nachfolger und Stellvertreter zu bestimmen und somit den Fortbestand der Machtordnung über seinen Tod hinweg auszudehnen. Der Vorzug dieser Institutionalisierungsstufe liegt somit in ihrer Kontinuität und Stabilität. Ihre historischen Wurzeln liegen fraglos in der Institution der dynastischen Thronfolge. Bei dieser erbt eine Person qua Angehörige eines adeligen Geschlechts das Amt des Monarchen von ihrem Vorgänger, womit der Erhalt der Machtordnung gewahrt bleibt. Die auf den ersten Blick paradox anmutende Losung »Der König ist tot, es lebe der König« drückt wie keine andere das Grundprinzip positionalisierter Macht aus.[99]

96 Popitz (1992): S. 44.

97 Alle weiteren Stufen sind nach Imbuschs Auffassung letztendlich nur noch Verstetigungen der dritten Stufe, vgl. Imbusch (2012): S. 15.

98 Popitz (1992): S. 50.

99 Zur Illustration: In einer saudischen Monarchie ist der Machthaber ›der König‹, und Salman al-Aziz ibn Saud ist z. B. im Jahre 2018 nur insofern und deshalb der Machthaber Saudi-Arabiens, weil er das Amt des Königs bekleidet. Sein Status als Machthaber gründet also in seinem Status als König.

Die vierte Stufe ist durch die Entstehung von *Positionsgefügen* der Herrschaft oder – weniger technisch gesagt – von Machtapparaten gekennzeichnet. Auf dieser Etappe formieren sich soziale Positionen um die Institution des Herrschers, die ihrerseits über eigenständige Macht- und Kontrollbefugnisse verfügen. Diese Struktur ermöglicht einerseits eine Form der Arbeitsteilung, bei der sich die unterschiedlichen Amtsträger auf spezifische Machtfelder wie etwa Militär, Ökonomie, Religion oder Politik spezialisieren können.[100] Dadurch wird die durch die Normierung der Macht gewonnene Effizienz noch einmal potenziert. Andererseits gewährleistet sie aber auch eine wechselseitige Kontrolle der unterschiedlichen sozialen Positionen und gegebenenfalls den Austausch der Amtsträger, wenn sich diese als inkompetent erweisen.

Mit der *staatlichen Herrschaft* ist die fünfte und finale Stufe der Institutionalisierung der Macht erreicht. Ihr Charakteristikum besteht darin, dass es einem Machtapparat – also einer arbeitsteiligen Struktur machtbewehrter sozialer Positionen, die von konkreten Personen bekleidet werden – gelungen ist, auf einem abgegrenzten Territorium »Monopolisierungsansprüche durchzusetzen, die sich auf alle drei klassischen Normfunktionen erstrecken«[101]: Normsetzung (Legislative), Normenkontrolle (Judikative) und Normdurchsetzung (Exekutive). Diese zentralen Staatsfunktionen müssen nicht in Form einer Gewaltenteilung separiert sein. Sie können auch in den Händen einer technokratischen Parteielite oder einer Klerikerkaste versammelt sein. Entscheidend ist, dass der konkurrenzlose und erfolgreiche Anspruch auf ihre Ausübung durch einen Machtapparat den einzigen und maßgeblichen Unterschied zwischen staatlicher Herrschaft und allen anderen Formen institutionalisierter Macht ausmacht. Diese »Veralltäglichung zentrierter Gebietsherrschaft«, so Popitz, bedeutet einerseits beträchtliche soziale Zwänge für das Individuum.[102] Aber andererseits bietet sie auch jene Ordnungsfunktionen, die für unsere moderne Existenz unabdingbar sind.

Damit ist unsere Auflistung der Machtprinzipien abgeschlossen. Wir haben bestimmt, welchen Logiken das allgemeine Phänomen der Macht folgt und welchen universalen Gesetzmäßigkeiten es unterworfen ist oder – kurz gesagt – wie Macht funktioniert. Allerdings steht noch die

100 Für eine vertiefende Diskussion des Konzepts des Machtfeldes siehe Kap. 2.2.
101 Popitz (1992): S. 64.
102 Ebd. S. 64.

Frage aus, welche Konsequenzen sich aus diesen Einsichten für uns als Menschen ergeben. Dieser Thematik wollen wir uns nun zuwenden.

1.3 Mensch, Macht und Geschichte – die Anschlussfragen

Zu Beginn des letzten Abschnitts haben wir festgehalten, dass das Wesen der Macht notwendig vom Wesen des Menschen abhängt. Macht ist ein irreduzibel soziales Phänomen, das nur in und durch Interaktionsbeziehungen zwischen Personen besteht. Ohne Menschen gibt es keine Macht. Aber das gilt auch andersherum. Weil der Mensch von Natur aus ein soziales Lebewesen ist, ist er beständig der Macht ausgesetzt und muss sich auch mit ihr auseinandersetzen. Niemand hat diese Erkenntnis so konzis auf den Punkt gebracht wie Aristoteles mit seiner Losung, der Mensch sei ein *Zoon politikon*, ein politisches Lebewesen.[103] Mit dieser Aussage ist freilich nicht nur gemeint, dass der Mensch instinkthaft nach Gemeinschaft strebt und sich seit Beginn seines weltgeschichtlichen Auftretens in Gruppen organisiert hat. Diese Eigenschaft teilt er, wie Aristoteles nicht ohne Witz bemerkt, etwa mit den Bienen. Die aristotelische Losung meint vor allem, dass der Mensch überhaupt nicht losgelöst von einem kooperativen Gemeinwesen, in das er eingebettet ist, gedacht werden kann. Unsere Bedürfnisse und Ziele, ja unser gesamtes Selbstbild, sind konstituiert durch gemeinschaftliche Bindungen. Egal welche Rolle und Funktion wir uns zuschreiben – ob Vater, Geschäftsführer, Tennisspieler, Umweltaktivist, Modellflugzeugbastler oder Katholik –, wir setzen immer je schon einen sozialen Kontext voraus, der

103 Vgl. Aristoteles (1971): Politik, übers. und hg. von Olof Gigon, Zürich/München: Artemis Verlag, S. 51f. Zur Vertiefung siehe u. a. Mulgan, Richard (1974): Aristotle's Doctrine That Man Is a Political Animal, in: Hermes 102 (3), S. 438–445, Papadis, Dimitris (2006): Is Man by Nature a Political and Good Animal, According to Aristotle?, in: Phronimon 7 (1), S. 21–33 und Miller, Fred (2011): Aristotle's Political Theory, in: Edward N. Zalta (Hg.): Stanford Encyclopedia of Philosophy, http://plato.stanford.edu/entries/aristotle-politics/. Jiyuan Yu weist zu Recht darauf hin, dass dieses Menschenbild keinesfalls ein exklusiv hellenistisches bzw. westliches ist. Ähnliche, wenngleich in Details unterschiedlich ausgestaltete Überlegungen finden sich auch im Konfuzianismus, vgl. Yu, Jiyuan (2005): Confucius' Relational Self and Aristotle's Political Animal, in: History of Philosophy Quarterly 22 (4), S. 281–300.

unserer Selbstbeschreibung ihren Sinn verleiht. Jeder Versuch, den Menschen konzeptionell aus seinen sozialen Bindungen herauszutrennen, um zu bestimmen, wie er ›an sich‹ ist, kann nur in einer abstrakten und uninformativen Anthropologie münden.[104]

Ebendiese sozialen Kontexte und Bindungen sind jedoch, wie wir im letzten Abschnitt festgehalten haben, stets von Macht durchwirkt. Macht ist im Bereich des Sozialen ubiquitär. Sie manifestiert sich in Freundschaften ebenso wie in Liebesbeziehungen, im Sport und in der Kindeserziehung. Daraus ergibt sich folgender Schluss: (a) Weil der Mensch ein soziales Lebewesen ist und (b) weil der Bereich des Sozialen untrennbar mit Macht verknüpft ist, (c) ist der Mensch unentrinnbar der Macht ausgesetzt. Freilich hat er sich im Laufe der globalen Kulturgeschichte nie widerstandslos in dieses Geschick gefügt. Die einflussreichste Widerstandsstrategie findet sich im Buddhismus und in der christlichen Mystik, etwa bei Meister Eckhart: die Überwindung von (irdischer) Macht durch die Auflösung des eigenen Ich.[105] Der Gedanke ist in seiner Radikalität nicht zu überschätzen. Nur indem der Mensch durch strenge Meditation, Askese oder Eremitage seine erstpersönliche Perspektive auf die natürliche und soziale Umwelt überwindet, kann er – so die geteilte Position – die Fesseln seiner weltlichen Existenz abwerfen und aufhören, Objekt anderer Mächte zu sein. Es geht nicht darum, das Phänomen der Macht auszulöschen, sondern einen spirituellen Zustand der absoluten Leere und des Sich-selbst-Loslassens zu erreichen, an dem Macht keine Rolle mehr spielt, weil kein personales Subjekt mehr existiert, das ihr unterworfen wäre. Diesen Zustand nennt der Buddhismus *Nirwana* oder *reines Land*. So hält der Theologe Shojun Bando fest: »Das reine Land ist in Wahrheit die Auflösung des Egozentrismus, der Entfremdung vom eigentlichen Selbst, d.h. es ist die Restauration, die Ma-

104 Entsprechend ist das wirtschafts- und sozialwissenschaftliche Idealbild vom Menschen als *homo oeconomicus*, also als sozial ungebundenem und zweckrationalem Nutzenmaximierer, nicht nur ethisch bedenklich, sondern vor allem außerordentlich erklärungsschwach. Vgl. hierzu Taylor, Charles (1989): Sources of the Self: The Making of the Modern Identity, Cambridge: Cambridge University Press.

105 Vgl. Nambara (1960) und Langer-Kaneko, Christiane (1986): Das reine Land. Zur Begegnung von Amida-Buddhismus und Christentum, Leiden: Brill, S. 147f.

nifestation des wahren Selbst – des Buddha – und dies gerade ist das Nirwana.«[106]

An dieser Stelle wird eine augenfällige Schnittmenge mit der in Kap. 1.2 diskutierten antiken Lebensphilosophie der Stoa deutlich. Ebenso wie der Buddhismus und einige Schulen der christlichen Mystik begreift die Stoa unsere irdische, raumzeitliche Existenz als Sphäre von Abhängigkeit, Unzulänglichkeit, Leid, Gier und irregeleiteten Bedürfnissen, die es zu negieren und zu überwinden gilt. Die Attraktionskraft dieser Denkungsart ist bis heute ungebrochen, und nichts liegt uns ferner, als sie kleinzureden oder herabzusetzen. Dennoch dürfte klar sein, dass eine Lebensführung der Weltentsagung nicht für jedermann, ja nicht einmal für die Mehrheit der Menschen eine echte Option ist. Die meisten von uns begreifen ihren Status als *Zoon politikon*, als diesseitiges und sozial gebundenes Wesen, nicht als Bürde, sondern als Chance und Erfüllung. Die konsequente Auflösung des eigenen Ich erscheint vor diesem Hintergrund nicht als Erlösung, sondern geradezu als existenzielle Bedrohung all dessen, was uns lieb und teuer ist: familiäre und freundschaftliche Bindungen, beruflicher Erfolg, leiblicher und geistiger Genuss und nicht zuletzt das Bewusstsein unserer selbst als distinkte Person mit einem spezifischen Charakter, eigener Biografie, Vorlieben, Abneigungen, Werten und Überzeugen. Für all diejenigen, die nicht gewillt oder in der Lage sind, diesen Preis zu zahlen, stellt sich also nach wie vor das Problem der Macht. Da die Macht unabtrennbarer Teil unserer (diesseitigen) Existenz ist, hat es also letztendlich keinen Sinn, sich den Kopf darüber zu zerbrechen, wie wir sie loswerden. Stattdessen müssen wir besser verstehen, wie sie sich konkret manifestiert, wie wir mit ihr umgehen, wie wir sie gestalten und legitimieren. Hier ist es hilfreich, sich noch einmal die Ergebnisse aus der Diskussion der Machtprinzipien zu vergegenwärtigen und hiervon ausgehend Fragen zu formulieren:

1. Die Phänomene der Macht sind ubiquitär und vielgestaltig – aber was sind ihre spezifischen Gestalten und Formen, und wie lassen sich die sozialen Felder, in denen sie auftreten, klassifizieren?

106 Bando, Shojun (1973): Jesus Christus und Amida. Zu Karl Barths Verständnis des Buddhismus vom Reinen Land, in: Seiichi, Yagi & Luz, Ulrich (Hg.): Gott in Japan: Anstöße zum Gespräch mit japanischen Philosophen, Theologen, Schriftstellern, München: Kaiser, S. 72–93, S. 73.

2. Macht ist mit einer Rechtfertigungspflicht verbunden – aber wie legitimieren wir sie konkret?
3. Macht ist machbar – aber wie? Welches sind die Ressourcen und Techniken, mit denen wir Macht erlangen, konsolidieren, vermehren und ausüben, und wie lassen sich diese erfolgreich einsetzen?

Mit diesen Fragen verlassen wir freilich die Sphäre der allgemeinen Begriffsbestimmung und betreten die Domäne des konkreten Gemeinwesens mit seinen historisch kontingenten, religiösen, ökonomischen und politischen Praktiken und Habitus. Wir wenden den Blick auf die sozialen *Konkretionen der Macht*. Dieser Fokus auf Macht als historisch konkretisiertes, wandelbares Phänomen ist unverzichtbar, weil das Verhältnis zwischen Mensch und Macht erst in der zeitlich-räumlichen Dimension seiner Geschichtlichkeit erfahrbar wird. Anders gesagt: Jede Figuration von Macht ist stets die Macht einer konkreten Person oder einer konkreten Gruppe im historischen Kontext ihrer jeweiligen Gemeinschaft. Die Rede von Macht *sui generis* ist nur eine Abstraktion dieser geschichtlich-konkreten Form unseres Daseins. Um das Phänomen der Macht verstehen zu können, müssen also die *existenziellen Herausforderungen*, welche sich aus der Geschichtlichkeit unserer Existenz ergeben, mitbedacht werden. Die Diskussion dieser Herausforderungen bildet gleichsam die Propädeutik zum folgenden Kap. 2, das den Konkretionen der Macht gewidmet ist.

Die *erste* existenzielle Herausforderung lässt sich in einer einfachen Losung zusammenfassen: *Alles ist veränderlich*. Jedes Phänomen in Raum und Zeit ist – innerhalb der Parameter der Logik, der Naturgesetze und der in Kap. 1.2 skizzierten Prinzipien der Macht – kontinuierlichen und mitunter dramatischen Transformationsprozessen unterworfen. Mächtige Staaten, etwa das Imperium Romanum oder das Achämenidenreich, entstehen und zerfallen über einen Zeitraum von Jahrhunderten; einflussreiche Religionen, wie der Mithraskult, geraten schlagartig in Vergessenheit, während parallel das Christentum einen globalen Aufstieg erlebt; scheinbar unumstößliche Herrschaftsformen, wie die absolute Monarchie, werden im revolutionären Furor weniger Tage davongefegt; technologische Innovationen, wie das Internet, stellen binnen einer Generation unser Verständnis von Kommunikation und Information auf den Kopf. Die Wandelbarkeit der politischen, ökonomischen, religiösen, technologischen und nicht zuletzt auch der natürlichen Lebenswelt des

Menschen macht mithin den Bedeutungskern dessen aus, was wir Geschichte nennen.

Diese Einsicht ist so alt wie die abendländische Philosophie selbst. Sie klingt bereits in den Schriften des großen vorsokratischen Denkers Heraklit an, dem der Ausspruch *panta rhei* (deutsch: Alles ist im Wandel) zugeschrieben wird.[107] Heraklit meint damit allerdings nicht, dass unsere natürliche und soziale Umwelt vollkommen chaotisch wäre oder so fluid, dass jede Orientierung und Planung unmöglich wird. Er insistiert, wie der Philosophiehistoriker Marcel van Ackeren schreibt, »dass der Wandel keineswegs so ungeordnet ist, dass alles immer und in allen Hinsichten Veränderungen unterworfen wäre, was dazu führen würde, dass nichts identifizierbar wäre.«[108] Unsere Existenz spielt sich, bewusst oder unbewusst, vielmehr in einem Spannungsfeld von Konstanzen und Varianzen ab. Die praktische Herausforderung des Menschen besteht folglich darin, zu prognostizieren, *welche Aspekte* seiner natürlichen und sozialen Umwelt sich *in welcher Hinsicht* wandeln, und zu entscheiden, *welchen Einfluss* er selbst auf diese Transformationsprozesse nehmen kann und will. Diese *conditio humana* ist ein zweischneidiges Schwert. Einerseits konstituiert sie den Menschen als zur Gestaltung seiner Existenz fähiges Wesen. Andererseits bringt sie eine stete Ungewissheit über die Zukunft mit sich und damit die Verlustangst um das Erreichte und die Bürde, Verantwortung zu übernehmen.[109]

Bezogen auf das Phänomen der Macht bedeutet die Wandelbarkeit unserer Lebenswelt zuerst und vor allem, dass Macht stets verlierbar (aber auch gewinnbar) ist. Kein Herrscher ist unantastbar, keine Staatsordnung hat eine Ewigkeitsgarantie, keine politische Allianz ist für immer in Stein gemeißelt, keine Machtressource ist unerschöpflich. Aus diesem Umstand ergibt sich die Notwendigkeit eines *strategischen Umgangs* mit Macht. Machtakteure müssen ihr Handeln stets an probabilistischen Ziel-Mittel-Umwelt-Kalkulationen ausrichten, die der Variabilität ihres Entscheidungskontextes Rechnung tragen; sonst laufen sie Gefahr, von anderen Akteuren ausmanövriert oder von der Veränderung

107 Van Ackeren, Marcel (2006): Heraklit: Vielfalt und Einheit seiner Philosophie, Bern: Peter Lang, S. 107.

108 Ebd. S. 108.

109 Beide Aspekte sind in der Moderne vor allem in der Philosophie des Existenzialismus wirkmächtig ausgearbeitet worden; siehe Sartre, Jean-Paul ([1945] 2000).

ihrer Umwelt überrollt zu werden (zu unserer Diskussion des Strategiebegriffs siehe Kap. 2.5.2 und 3.3.1). Anders gesagt: Wer Macht in einem sich stetig wandelnden Umfeld ausüben will, steht vor der Herausforderung, sowohl das Verhalten von Gegnern und Verbündeten als auch die Entwicklung und Schlagkraft der eigenen Machtmittel zu prognostizieren, um hiervon ausgehend seine Ziele zu definieren. Erst durch die Strategie wird die Veränderlichkeit der natürlichen und sozialen Welt (zumindest teilweise) beherrschbar. Wer also den Umgang mit der Macht nicht plant und sich nur von Instinkten leiten lässt, wird zum Spielball des heraklitischen *panta rhei*.

Die *zweite* Herausforderung an den Menschen im Kontext seiner historischen Existenz lautet: *Alles hat seinen Preis*. Damit ist freilich nicht gemeint, dass jede Handlung und jedes Objekt monetarisierbar wäre oder jeder Mensch käuflich. Wir verstehen den Begriff der ›Kosten‹ vielmehr im weitestmöglichen Sinne – also als Inkaufnahme von Risiken, Verlusten und (negativen) Konsequenzen. Entsprechend besagt der Grundsatz, dass alle Vorzüge und Errungenschaften des Menschen stets mit einer (impliziten) Güterabwägung, erheblichen Mühen, einem bewussten Opfer oder Verzicht verknüpft sind.[110]

Auf den ersten Blick erscheint dieser Grundsatz in seiner Allgemeinheit kaum haltbar. Denn in der gesamten Menschheitsgeschichte gibt es seit jeher Personen oder Gruppen, denen durch Geburt oder glückliche Fügung bestimmte Vorteile und Privilegien zuteilwerden oder -wurden, die andere nicht genießen. Wer im fünften Jahrhundert vor Christus in die kleine Schar der männlichen Bürger Athens hineingeboren wurde – und nicht in die ungleich größere Gruppe der Sklaven und Metöken (der ortsansässigen Ausländer ohne Bürgerrechte) –, der konnte das ganze Mitbestimmungsspektrum von Europas erster direkter Demokratie nutzen. Wer im Mittelalter oder in der Neuzeit dem Stand der Adeligen angehörte, verfügte qua Familienzugehörigkeit nicht nur über exponentiell mehr politische und wirtschaftliche Macht als die bäuerliche Landbevölkerung, sondern erfreute sich dank besserer medizinischer Versorgung und geringerer Arbeitsbelastung auch einer höheren Lebenserwartung. Der Blick in die Gegenwart zeigt uns schließlich eine eklatante Diskrepanz zwischen den Lebensstandards und der Rechtssi-

110 Vgl. Flaig, Egon (2017): Die Niederlage der politischen Vernunft. Wie wir die Errungenschaften der Aufklärung verspielen, Springe: zu Klampen.

cherheit der Industrieländer und der Entwicklungsländer. Ist der Grundsatz »Alles hat seinen Preis« durch die unverdienten – sprich nicht durch eigene Leistung erworbenen – Privilegien ganzer Nationen nicht bereits ad absurdum geführt?

Ein zweiter, genauerer Blick zeigt jedoch ein differenzierteres Bild, das es uns zudem erlaubt, den Grundsatz und seine Bedeutung weiter zu schärfen. Beginnen wir mit dem kurz angerissenen Beispiel des europäischen Adels des Mittelalters und der Neuzeit. Ein zentrales Charakteristikum dieses Standes ist ein Selbstverständnis, das mit dem bekannten Diktum »Noblesse oblige« (deutsch: Adel verpflichtet) treffend umrissen ist. Dahinter steht die habitualisierte Überzeugung, dass mit der Vormachtstellung der Aristokratie exklusive Verpflichtungen gegenüber der Allgemeinheit einhergehen: vorbildhaftes Verhalten in allen Lebensbereichen, ein strikter Ehrenkodex, Mildtätigkeit gegenüber Bedürftigen, stete Bereitschaft zur militärischen Verteidigung des Staates und so fort. Das Diktum »Noblesse oblige« bedeutet also, dass die Privilegien des Adelsstandes einen ›Preis‹ haben, und zwar die Erfüllung exklusiver gesellschaftlicher Funktionen – verbunden mit einem spezifischen Lebensideal. Nun wäre die Behauptung gänzlich abseitig, dass in der europäischen Geschichte alle Angehörigen des Adelsstandes ebendiese Vorgaben jederzeit erfüllt hätten. Aber eine solche Einlassung geht an der eigentlichen Pointe vorbei. Der Punkt ist vielmehr, dass Privilegien, Güter, Ressourcen, Errungenschaften etc. nicht in einem Vakuum existieren, sondern immer und notwendig mit spezifischen sozialen Interaktionsbeziehungen, Vorerwartungen, Rollenmustern und Kosten-Nutzen-Kalkülen verknüpft sind. Das eine ist also niemals ohne das andere zu haben.[111]

---

111 Diese Einsicht findet sich mit unterschiedlichsten Variationen in allen Kulturkreisen wieder. Sie ist mit großer, metaphysisch weitreichender Konsequenz zu Ende gedacht im Prinzip des *Karmas*, das wir aus den Reinkarnationsreligionen des Hinduismus und Buddhismus kennen. Es besagt in nuce, dass jede unserer Handlungen – also moralisch gute ebenso wie schlechte – mit direkten Auswirkungen auf unser eigenes Wohlergehen verknüpft ist. Jede Missetat wird mittelfristig (entweder in diesem Leben oder im nächsten) durch ein erlittenes Übel vergolten, jede Wohltat durch ein Gut. Das Prinzip des Karmas weitet also den Grundsatz »Alles hat seinen Preis« auf die ethische Sphäre aus, indem es ein strenges Gesetz der Äquivalenz postuliert: Alles, was wir tun, hat seinen ethischen Preis, und alles, was uns widerfährt, ist wohlverdient. Für eine kompakte

Wir können diese Schlussfolgerung, wonach alles seinen Preis im oben verstandenen Sinne hat, mühelos auf andere Bereiche ausweiten: Wer öffentliche Aufmerksamkeit und Ansehen genießt, der muss seine Reputation pflegen und akzeptieren, dass jede seiner Handlungen und Äußerungen auf die sprichwörtliche Goldwaage gelegt wird; wer sich von Gönnern und Freunden reich beschenken lässt, der ist zu Dankbarkeit und Reziprozität verpflichtet; wer nach politischem, wirtschaftlichem, künstlerischem oder wissenschaftlichem Erfolg trachtet, der muss bereit sein, andere Lebensbereiche, Interessen und nicht selten auch persönliche Bindungen für dieses Ziel zu opfern; und wer schließlich nach Macht in ihren verschiedenen Figurationen und Formen strebt, der muss lernen, mit Neidern und Gegnern zu leben. Man könnte meinen, dass ein Ausbruch aus diesem Paradigma nur durch eine Haltung der Ambitionslosigkeit, durch ein bewusstes Nichts-Wollen möglich ist. Aber dieser Schluss trügt. Auch Machtlosigkeit kostet. Wer bewusst auf die Macht als Potenzial zur Durchsetzung der eigenen Interessen gegen äußeren Widerstand verzichtet, der wird rasch zum Spielball der Macht anderer. Der versuchte Ausbruch aus dem Paradigma des »Alles hat seinen Preis« führt nicht in die Freiheit, sondern er führt geradewegs zum Verlust von Autonomie.

Ebenso wie der Grundsatz »Alles ist veränderlich« ist also auch der Grundsatz »Alles hat seinen Preis« eine *conditio humana*. Diese hat zwei praktische Konsequenzen: Erstens stehen Menschen zu allen Zeiten und in allen kulturellen Kontexten vor der Aufgabe, zu identifizieren, welches der Preis der von ihnen genossenen oder angestrebten Güter ist. Zweitens stehen sie vor der Frage, ob sie diesen Preis auch zahlen wollen und – wenn sie es nicht wollen – welche Alternativen zu ihren gegenwärtigen Zielen bestehen. Dieser Problematik müssen sich nicht nur Individuen stellen. Gerade im Kontext der politischen Macht ist die Kostenfrage eine kontinuierliche Herausforderung für ganze Staaten und ihre Führungseliten. Diese Frage kann freilich nur immer wieder aufgeworfen und temporär geklärt, nie aber abschließend beigelegt werden.

Die *dritte* Herausforderung lautet: *Nicht alles ist erfüllbar.* In Kap. 1.2 haben wir bereits hervorgehoben, dass der Mensch ein Bedürfniswesen

Diskussion des Karma-Prinzips und seiner moralphilosophischen Implikate siehe Kaufman, Whitley (2007): Karma, Rebirth, and the Problem of Evil: a Reply to Critics, in: Philosophy East and West 57 (4), S. 559–560.

ist, dessen Handlungen durch natürliche Neigungen (nach Nahrung, Sicherheit, Nähe etc.) und kultivierte Präferenzen (für exquisiten Wein, gute Bücher, teure Autos, neue Elektronikartikel etc.) angetrieben werden. Erst dieses Merkmal macht ihn, neben seiner Verletzungsoffenheit, zu einem der Macht ausgesetzten Geschöpf. Es gibt jedoch, wie der Althistoriker und politische Theoretiker Egon Flaig in seiner Monografie *Die Niederlage der politischen Vernunft* schreibt, ein weiteres fundamentales Problem: »Die Wünsche der Menschen, wie auch immer kulturell ausgerichtet, sind tendenziell unstillbar.«[112] Die Befriedigung einer Neigung initiiert mit großer Regelmäßigkeit die Formierung einer weiteren Neigung, deren Umfang und Erfüllungsaufwand über den der vorherigen hinausreichen. Dieser potenziell infiniten Ausweitung unseres Bedürfnisspektrums steht hingegen eine endliche Menge von Ressourcen gegenüber, die noch dazu ungleich verteilt sind. Die Folge ist, dass menschliche Bedürfnisse kontinuierlich unerfüllt bleiben, frustriert werden. Diese *conditio humana* hat – allgemein betrachtet – zwei zentrale Effekte: Einerseits treibt die Unerfüllbarkeit ihrer Wünsche die Menschheit zu kontinuierlicher Innovation und stimuliert Erfindergeist ebenso wie Unternehmertum. Anstatt sich z. B. mit einer kümmerlichen Ernte, die die Nahrungsbedürfnisse des Gemeinwesens nicht erfüllt, zu bescheiden, kreuzt man Getreidesorten, um in den Folgejahren höhere Erträge einfahren zu können. Anstatt zu akzeptieren, dass die hohen Produktionskosten einer Ware diese nur für einen verschwindend kleinen Konsumentenkreis attraktiv machen, optimiert man den Fertigungsprozess, sodass neue und weniger wohlhabende Käuferschichten erschlossen werden können. Die Geschichte der Menschheit ist auch eine Geschichte der kontinuierlichen Effizienz- und Effektivitätssteigerung der Bedürfnisbefriedigung vor dem Hintergrund endlicher Ressourcen.[113] Andererseits ist jedoch das Prinzip der Unerfüllbarkeit aller menschlichen Wünsche, wie Flaig konstatiert, »eine Quelle von Entbehrung und Benachteiligung, von Unzufriedenheit und Unglück.«[114] Selbst wenn wir den Prozess der Bedürfnisbefriedigung durch Technologie und Kulturschaffen kontinuierlich optimieren, stehen wir vor dem doppelten Problem,

112 Flaig (2017): S. 46.

113 Vgl. auch Elias, Norbert ([1939] 1976): Über den Prozeß der Zivilisation, Frankfurt a. M.: Suhrkamp.

114 Flaig (2017): S. 47.

dass erstens mit der Verbesserung dieses Prozesses auch die Wünsche mitwachsen und dass zweitens eine allseitige und faire – idealerweise gar eine globale – Befriedigung aller menschlichen Bedürfnisse grundsätzlich utopisch ist. Die Folge sind stetige Verteilungskämpfe innerhalb und zwischen Gemeinwesen, bis hin zu kriegerischen Auseinandersetzungen. Die Leitwährung dieser Auseinandersetzungen zwischen Personen, Klassen und Nationen ist natürlich: Macht. Die Unerfüllbarkeit der Wünsche kumuliert geradehin im Ringen um Einfluss.

Ebendieses Leitthema, das Phänomen der Macht, stellt in dem Kontext jedoch einen Sonderfall dar. Denn anders als andere Objekte menschlicher Neigung (Wissen, Geld, Nahrungsmittel, Kleidung etc.) ist Macht zwar ein teilbares, aber in seiner Gesamtmenge nicht vergrößerbares – sprich ein konstantes – Gut. Entsprechend ist das Streben nach Macht stets mit einem *Nullsummenspiel* verbunden. Die Macht des einen ist die Ohnmacht des anderen. Was ich an Macht gewinne, muss ein anderer verlieren. Es gibt keine Kulturtechnik und keine Technologie, um die Befriedigung des in Kap. 1.2 diskutierten natürlichen Strebens des Menschen nach Macht zu optimieren – jedenfalls nicht im Sinne einer Vergrößerung der Gesamtsumme.

Das einzige, was optimiert werden kann, sind die Fähigkeiten der konkurrierenden Akteure, um in diesem Nullsummenspiel zu bestehen. Wie wir in Kap. 2 sehen werden, sind diese Techniken der Macht im hohen Maße spezifisch für die jeweiligen sozialen Felder (Religion, Ökonomie, Politik etc.). An dieser Stelle wollen wir jedoch nicht vorgreifen, sondern nur die Schlussfolgerung zusammenfassen: In einer Welt knapper, ungleich verteilter Ressourcen führen die unstillbaren Bedürfnisse des Menschen nicht nur zur Optimierung der Bedürfnisbefriedigung, sondern auch zu Verteilungskämpfen, mithin zum Ringen um Macht; und da Macht ein konstantes Gut ist, konzentrieren sich in diesem Bereich die menschlichen Bemühungen um Optimierung auf die Techniken und Mittel im Machtkampf selbst. Die praktische Herausforderung ist offenkundig: Wer im Nullsummenspiel die Oberhand behalten oder gewinnen will, ist zur andauernden Evaluation und Innovation seiner Machtmittel gezwungen. Stillstand bedeutet Niederlage.

Die *vierte* und letzte existenzielle Herausforderung, die sich als roter Faden durch die Geschichte der Menschheit zieht, besagt schließlich: *Alles strebt nach Sinn*. Sinn ist für manchen unserer Leser vielleicht eine esoterisch anmutende, noch dazu mit inhaltlicher Schwere und Pathos überladene Kategorie. Und in der Tat drängen sich Assoziationen mit einem philosophischen und theologischen Großthema, dem Sinn des Lebens, geradezu auf.[115] Der von uns eingeführte Grundsatz läuft allerdings nicht Gefahr, in dieses tiefe Fahrwasser zu geraten. Er stellt lediglich auf den zentralen Umstand ab, dass wir Menschen seit jeher uns selbst und anderen nicht nur um Erklärung suchende Warum-Fragen stellen (Warum weisen magnetische Nadeln nach Norden? Warum verändert sich der Sternenhimmel mit den Jahreszeiten? Warum folgen Menschen einem Herdentrieb?), sondern auch sogenannte normative Warum-Fragen. Letztere sind etwa: Warum sollten wir Vater und Mutter ehren? Warum sollten wir Sport treiben und uns fit halten? Warum sollten wir uns mit der Geschichte unseres Gemeinwesens beschäftigen? Warum sollten wir Steuern zahlen? Warum sollten wir eine demokratische Staatsform haben? Solche Fragen verlangen nach einer überzeugenden Begründung, und hierfür ist es – anders als bei erklärenden Warum-Fragen – nicht zureichend, auf Ursache-Wirkungs-Verhältnisse in unserer natürlichen und sozialen Umwelt abzustellen. Wir müssen ausweisen, welche Rechtfertigung es etwa für die Demokratie oder das Respektgebot gegenüber den Eltern gibt. Wenn sich eine solche nicht finden lässt, dann erweisen sich die entsprechenden Konventionen, Normen und Ordnungsformen für uns als sinnlos. Und sie verlieren damit ihre Verbindlichkeit.

Das Streben nach Sinn und nach rechtfertigender Begründung sowohl für die Gestaltung unserer sozialen Ordnung als auch für persönliche Lebensprojekte und Beziehungen ist ein nicht eliminierbarer Teil unserer anthropologischen Verfasstheit. Es prägt die Art und Weise, wie wir miteinander umgehen, wie wir uns organisieren und welche Ansprüche wir an unsere Gemeinwesen stellen. Und entsprechend erfasst es auch alle Lebensbereiche des Menschen von Wirtschaft und Politik bis hin zum Sport, zur Kunst und Kultur. Sinnhaftigkeit hat eine unbestreitbare motivationale Kraft, vergleichbar mit der von Neigungen, positiven und negativen Handlungsanreizen und autoritativen Bindungen: Wenn Menschen ein Ziel oder ein Projekt als sinnvoll erachten, werden sie – zumindest in aller Regel – danach streben, es zu verwirklichen und zu

115 Für eine erfrischend unprätentiöse und gut lesbare Abhandlung dieses Themas siehe allerdings Nagel, Thomas (1987): What Does It All Mean?, New York/Oxford: Oxford University Press.

verteidigen. Wenn sie es als sinnentleert, als bar jeder Begründung und Legitimation einstufen, wird es geradezu unmöglich sein, sie (ohne extrinsische Anreize) zur Unterstützung und Kooperation zu motivieren.

Die Suche nach Sinn und das Einfordern von Sinn haben für das Phänomen der Macht eine Konsequenz, die bereits in der Erörterung der Machbarkeit von Macht (siehe Kap. 1.2) angeklungen ist: Die Akzeptanz von Macht, sei es der Macht eines Regierungschefs, eines Fußballtrainers, eines Kirchenoberhaupts oder eines CEOs, setzt die Einsicht der Machtunterworfenen in die Sinnhaftigkeit dieser Macht voraus. Salopp gesagt: Wenn Macht keinen Sinn macht, fehlt ihr die (intrinsische) motivationale Kraft. Sie muss sich auf Zwangsmittel stützen. Wie wir in Kap. 2.5.2 bei unserer Diskussion des Begründungswissens ausführlich erörtern werden, ist eine solche Machtkonstellation – gerade im Bereich der politischen Herrschaft – jedoch instabil. Macht braucht Begründung. Mehr noch, sie braucht, wie sich zeigen wird, ein plausibles, auf einer geteilten Geschichte und gemeinsamen Werten und Symbolen aufruhendes Verständnis der sozialen Welt.

Die entscheidende Frage, was unserem Handeln, unseren Bindungen und Gemeinschaften Sinn verleiht, ist in der Geschichte unterschiedlich beantwortet worden. Eine zentrale Rolle hat hierbei jedoch oft – ja beinahe immer – die Religion gespielt, die wir in Kap. 2.2.1 als eigenständiges Machtfeld diskutieren werden. Religionen stiften Sinn, indem sie eine transzendente – also jenseits unserer natürlichen Sinne liegende – Sphäre postulieren, die von einer Gottheit oder einem Pantheon bevölkert wird und nicht nur Ursprung moralischer Werte ist, sondern zudem einen heilsgeschichtlichen Weltverlauf vorgibt. Durch ihr Vermögen, das menschliche Grundbedürfnis nach Sinn zu stillen und zugleich soziale Ordnungsformen und Normen zu legitimieren, ist die Religion eine nahezu konkurrenzlose Quelle von Macht. Daher nimmt es nicht wunder, dass alternative Paradigmen des menschlichen Sinns, wie die Aufklärung oder der Sozialismus, sich seit jeher an religiösen Begründungsmustern abgearbeitet haben und bisweilen sogar deren Logiken und Denkmotive übernommen haben. Gerade weil das Streben nach Sinn zentral für die Rechtfertigung von Macht ist, zählen die Deutungskämpfe darüber zu den vehementesten ideologischen Schlachten der Geschichte. Diese werden dem folgenden Kapitel eine entscheidende inhaltliche Grundierung geben.

Damit wollen wir unseren Überblick über die Herausforderungen und Fragen, die das Verhältnis von Mensch, Macht und Geschichte prägen, beschließen. Nun werden wir das zu Anfang gegebene Versprechen einlösen und die Konkretionen der Macht in den Blick nehmen, um zu klären, welche Formen sie annimmt, in welchen Feldern sie auftritt und welchen Logiken sie dort folgt und – schließlich – wie sie ausgeübt und legitimiert wird.

2 Die Konkretionen der Macht

Wie und wo wird Macht konkret? Dies sind die beiden Leitfragen, anhand derer wir die Grundformen der Macht, ihre wichtigsten Gesellschaftsfelder und Legitimationsbedingungen sowie ihre Ressourcen und Instrumente aufschlüsseln. Nachdem wir im letzten Kapitel die Essenz der Macht behandelt haben, steht in diesem Kapitel die Phänomenologie der Macht im Fokus. Da wir die Phänomene hier aber nicht nur klassifizieren und systematisieren, sondern auch aufzeigen, wie Macht konkret legitimiert und beherrscht wird, ist dieser Abschnitt des Buches gleichsam das Scharnier zwischen Theorie und Praxis der Macht.

2.1 Machtformen

Kein anderer Theoretiker hat das heterogene Feld der Gestalten und Ausprägungen von Macht mit solcher Klarheit systematisiert wie Popitz in seinem Klassiker *Phänomene der Macht*.[116] Popitz zufolge lässt sich jedes Machtphänomen – unabhängig von seinem zeithistorischen und gesellschaftlichen Kontext – in eine der folgenden Grundkategorien einordnen, denen entsprechende Handlungsformen korrespondieren:[117] Akti-

116 Vgl. Popitz (1992): S. 11–39. Zur Vertiefung siehe u. a. Christ, Michaela (2010): Auf Entdeckungsreise. Heinrich Popitz Phänomene der Macht, in: Soziale Passagen 2 (2), S. 251–254, Poggi, Gianfranco (1988): Phänomene der Macht: Autorität-Herrschaft-Gewalt-Technik (Rezension), in: Contemporary Sociology 17 (4), S. 664–556 und Hanak, Tibor (1987): Heinrich Popitz Phänomene der Macht (Rezension), in: Philosophischer Literaturanzeiger 40 (4), S. 372.

117 Zur Kategorisierung von Machtphänomenen anhand basaler Handlungstypen vgl. Zwengel, Almut (2012): Goffman und die Macht, in: Peter Imbusch (Hg.):

onsmacht, instrumentelle Macht, autoritative Macht sowie datensetzende oder technische Macht.

Aktionsmacht bezeichnet die Fähigkeit einer Person oder Personengruppe, Handlungen durchzuführen, die anderen Menschen schaden. Sie ist, wie Popitz festhält, »[d]ie direkteste Form von Macht« und zugleich die älteste, die den »Anfang der Geschichte menschlicher Machtausübung« markiert.[118] Die Bandbreite der Möglichkeiten zur Schädigung, die in der charakteristischen Verletzungsoffenheit des Menschen gründet (vgl. Kap. 1.2), ist schier unermesslich. Entsprechend umfasst diese Machtform nicht nur die rein körperliche Verletzung, sondern auch die Zufügung sozialen oder ökonomischen Schadens. Wer Aktionsmacht ausübt, muss dies nicht notwendigerweise dadurch tun, dass er einen anderen schlägt, vergewaltigt oder erschießt. Aktionsmacht hat auch der, der seinem Gläubiger den Kredit kündigen oder ihn durch Ächtung vom sozialen Leben ausschließen kann. Alle diese Unterformen von Aktionsmacht können in unterschiedlichen Abstufungen auftreten. Bei der körperlichen Verletzung reicht das Spektrum von der Zufügung von Schmerzen bis hin zur Verstümmelung und Tötung. Bei der materiellen Schädigung erstreckt es sich von der bloßen Schmälerung der Ressourcen bis hin zum gänzlichen Entzug der Subsistenzmittel – etwa durch Vernichtung von Ackerflächen und systematisches Aushungern. Die Schweregrade sozialer Schädigung beginnen mit der Distanzierung und dem Nicht-bemerken-Wollen, und sie enden mit Einsperrung und Entmündigung.[119] Allerdings ist Aktionsmacht nicht allein destruktiv. Sie erfüllt auch bewahrende und produktive Funktionen.[120] Wer eine Gesellschaft und das entsprechende System von Regeln des gewaltfreien Miteinanders aufrechterhalten will, für den ist Aktionsmacht unverzichtbar. Wenn die staatlichen Exekutivinstanzen (Polizei und Militär) keine Machtressourcen haben, um den Gegnern des Gemeinwesens (Verbrechern, Ter-

Macht und Herrschaft. Sozialwissenschaftliche Theorien und Konzeptionen, 2. Auflage, Wiesbaden: Springer, S. 287–301; S. 288.

118 Popitz (1992): S. 43; 46.

119 Foucault hat darauf aufmerksam gemacht, dass die Ausgrenzung und Isolierung sozialer Abweichler als »Geisteskranke« seit der Neuzeit zu einer der am weitesten verbreiteten Formen von Aktionsmacht geworden ist, vgl. Foucault, Michel (1991): Überwachen und Strafen. Die Geburt des Gefängnisses, 9. Aufl., übers. von Walter Seitter, Frankfurt a. M.: Suhrkamp.

120 Vgl. Christ (2010): S. 253.

roristen, feindlichen Nationen) Schaden zuzufügen, können sie weder innere noch äußere Sicherheit gewährleisten. Produktiv wirkt Aktionsmacht hingegen, wenn sie dazu eingesetzt wird, etablierte soziale Ordnungen zu zerstören und zugleich neue zu erschaffen. Paradigmatisch hierfür sind Revolutionen, bei denen eine gesellschaftliche Avantgarde durch die kombinierte Nutzung von physischer, sozialer und ökonomischer Aktionsmacht einen alten Machtapparat zerstört und durch ein neues Regime ersetzt.

Die zweite Machtform, die *instrumentelle Macht*, besteht in der Fähigkeit, das Verhalten anderer Personen durch glaubhafte Drohungen oder Versprechen zu steuern. Erfolgreiche Drohungen steuern das Verhalten einer Person, weil sie in ihr die Angst erzeugen, dass der Drohende in der Lage und gewillt ist, eine für sie nachteilige Handlung durchzuführen. Erfolgreiche Versprechen wirken verhaltenssteuernd, weil der Versprechende im anderen die Hoffnung weckt, dass er eine für ihn vorteilige Handlung durchführen wird. Kurz: Instrumentelle Macht zu besitzen, heißt, »die Verfügung über die Furcht und Hoffnung anderer Menschen« zu haben.[121] Diese Verfügung muss freilich nicht unbedingt in realen Machtmitteln fundiert bzw. objektiv begründet sein – es genügt, wenn der Adressat der Überzeugung ist, dass die von ihm erwünschte bzw. unerwünschte Handlung eintreten wird. Daher kann instrumentelle Macht ebenso gut auf einem guten Bluff beruhen wie auf dem realen Potenzial, dem anderen zu schaden oder ihm zu nützen. Entscheidend ist jedoch, dass eine Drohung oder ein Versprechen oft eine Vorgeschichte haben: Wenn ein Staat seine bisherigen Versprechen zur militärischen Unterstützung seiner Allianzpartner – im Gegenzug für regelmäßige Abgaben – immer wahr gemacht hat, haben seine Verbündeten Grund zur Annahme, dass er dies auch in Zukunft tun wird. Wenn sich diese Ankündigungen bislang nur als heiße Luft entpuppt haben, können ihre Adressaten getrost davon ausgehen, dass es dieses Mal nicht anders sein wird. Somit hängt instrumentelle Macht stets auch von der Handlungsbilanz des Drohenden oder Versprechenden ab.

Nach Popitz haben Drohungen und Versprechen zwei gemeinsame Strukturmerkmale. *Erstens* teilt der Drohende/Versprechende alle Handlungsoptionen des Adressaten in zwei Klassen: konformes Verhalten und nonkonformes Verhalten. Auf diese Weise kreiert er eine Wahlsituation

121 Popitz (1992): S. 79.

von zwei exklusiven Alternativen, zwischen denen sich der Adressat entscheiden muss. Nur solange der Adressat die freie Entscheidung zwischen zwei Optionen hat – und sei eine von ihnen noch so unattraktiv –, ist er instrumenteller Macht ausgesetzt. Mit dem Verschwinden der Wahlmöglichkeiten verschwindet auch die instrumentelle Macht.[122] *Zweitens* nimmt der Drohende/Versprechende eine Doppelrolle an, insofern er stets sowohl Absender einer Drohung oder eines Versprechens als auch potenzieller Austeiler einer Strafe oder einer Belohnung ist. Auf diese Weise bindet er sein eigenes Verhalten an das künftige Verhalten des Adressaten. Er muss auf das Verhalten des anderen so reagieren, wie er es angekündigt hat – andernfalls macht er sich unglaubwürdig und büßt die Grundlage seiner Macht, also die Wirkmächtigkeit künftiger Drohungen und Versprechungen, ein. Anders gesagt: Der Adressat einer Drohung oder eines Versprechens kann den Absender zwingen, Farbe zu bekennen, und ihn auf diese Weise aus einer aktiven in eine passive Rolle drängen. Nehmen wir als Beispiel die griechische Wirtschaftskrise. Dem Anschein nach haben die Europäische Union und der Internationale Währungsfonds erhebliche instrumentelle Macht über Griechenland. Sie können den griechischen Staat durch das Versprechen, ihn durch Kreditzahlungen vor dem Bankrott zu retten, zu einem umfassenden wirtschafts- und sozialpolitischen Reformprogramm zwingen. Der Haken ist allerdings, dass EU und IWF auch wirklich bereit sein müssen, im Falle der Nonkonformität Griechenlands Farbe zu bekennen und den Staat pleitegehen zu lassen – mit allen negativen Auswirkungen auf die europäische Wirtschaft, die damit verbunden sind. Die Fragwürdigkeit ebendieser Bereitschaft schmälert die instrumentelle Macht der Akteure, die auf den ersten Blick zu umfassend ausgesehen hatte, und sie gibt dem griechischen Staat einen Handlungsspielraum, um seinen Gläubigern Zugeständnisse abzuringen.

Neben diesen strukturellen Gemeinsamkeiten von Drohungen und Versprechen gibt es einen wesentlichen Unterschied. Popitz fasst diesen

122 Allerdings ist diese Rede von der freien Wahlmöglichkeit mit etwas Vorsicht zu genießen. Wenn eine Option etwa im sicheren Verlust des eigenen Lebens besteht, ist es mit unserem Alltagsverständnis schwer vereinbar, noch von freier Wahl zu sprechen; vgl. unsere Diskussion des Verhältnisses zwischen Macht und Freiheit in Kap. 1.2.

unter dem Schlagwort der entgegengesetzten »Rentabilität« zusammen.[123] Drohungen sind für den Absender offensichtlich preisgünstig oder – weniger wirtschaftstheoretisch gesagt – ohne weiteren Aufwand, wenn sie erfolgreich sind. Wenn der Bedrohte das tut, was der Drohende von ihm will, muss letzterer seine Drohung nicht wahr machen. Er muss keine physischen oder ökonomischen Ressourcen aufwenden. Teuer wird es für den Drohenden nur, wenn der Bedrohte sich widersetzt, etwa weil er glaubt, dass es sich um eine leere Drohung handelt. Bei Versprechen ist es genau andersherum. Diese sind im Erfolgsfall teuer, weil der Versprechende bei konformem Verhalten den Adressaten belohnen muss. Sie sind hingegen billig, wenn der Adressat nonkonform handelt. In dem Falle spart sich der Versprechende die Belohnung. Diese Unterschiede lassen sich gut tabellarisch illustrieren:

		Verhalten des Adressaten	
		konform	nonkonform
Kosten für den Absender	teuer	Versprechen	Drohung
	billig	Drohung	Versprechen

Abbildung 1: Entgegengesetzte Rentabilität von Drohungen und Versprechen

Aus diesem Grund werden Drohungen und Versprechen sehr unterschiedlich eingesetzt: Drohungen werden ausgesprochen, wenn mit großer Wahrscheinlichkeit damit zu rechnen ist, dass sich der Bedrohte den Wünschen des Machthabers fügt. Es ist kein Zufall, dass die Normen, die unser alltägliches Zusammenleben regeln (Verbot von Diebstahl, Körperverletzung, Beleidigung, Falschaussagen etc.), allesamt mit impliziten Drohungen verknüpft sind, und zwar den rechtlichen Sanktionen, die bei ihrer Nichtbefolgung verhängt werden. Weil der Gesetzgeber zu Recht davon ausgeht, dass die Mehrheit der Bevölkerung von sich aus bereit ist, diese Normen einzuhalten, ist es nicht erforderlich, ihre Befolgung durch Belohnung zu sichern – eine derartige Maßnahme käme uns geradezu absurd vor. Versprechen werden indes eingesetzt, wenn es un-

123 Popitz (1992): S. 92.

wahrscheinlich oder zumindest ungewiss ist, dass sich der Adressat den Wünschen des Machthabers fügt. Sie kommen gerade nicht im Bereich des Normalen und Alltäglichen, sondern nur in Ausnahmesituationen zum Einsatz. Alles andere wäre, wie Popitz festhält, eine völlig unrentable Machtstrategie.

Diese beiden Grundsätze instrumenteller Macht – »Drohe, wenn du mit Konformität rechnen kannst!« und »Versprich, wenn du mit Nonkonformität rechnen musst!« – sind allgemeingültig. Sie ergeben sich aus der oben genannten entgegengesetzten Rentabilität beider Formen instrumenteller Macht. Allerdings ist die Frage, bei welchen konkreten Handlungsvorgaben mit Konformität und mit Nonkonformität zu rechnen ist, offenkundig nicht allgemeingültig zu beantworten. Sie hängt vom sozialen, kulturellen, ökonomischen und politischen Kontext ab, in dem die Machtstrategien zur Anwendung kommen. In einem stabilen Gemeinwesen wie Deutschland macht es z. B. zweifellos Sinn, den Besitz von Kriegswaffen durch Androhung von Gefängnisstrafen zu unterbinden. Es gibt nur eine sehr geringe Anzahl von Bürgern, die überhaupt auf die Idee kämen, in ihrer Gartenlaube Sturmgewehre, Splittergranaten und Panzerabwehrwaffen zu horten. Aber in einem instabilen, durch Unruhen und ethnische Konflikte erschütterten Staat kann das ganz anders aussehen. Hier kann es aus machtstrategischer Sicht zweckmäßig sein, Freischärler durch Amnestie oder finanzielle Zuwendungen dafür zu belohnen, dass sie ihre Waffen aufgeben und sich der staatlichen Autorität unterwerfen. Denn der Besitz von Kriegswaffen ist in einem solchen Staat gerade nicht die Ausnahme, sondern die Regel. Und entsprechend stellt ihre Aufgabe auch keine erwartbare Handlung dar.

Die dritte Machtform, die *autoritative Macht*, bezeichnet die Fähigkeit, andere Personen vermittels ihres Bedürfnisses nach Anerkennung und Orientierung zu kontrollieren. Menschen haben, so Popitz, nicht nur die Neigung, moralischen, intellektuellen, sozialen oder spirituellen Vorbildern nachzueifern – sie wollen auch von ihnen Lob und Leitung erhalten.[124] Dieses Bedürfnis, das sich durch alle Formen menschlicher

124 Hegel und in seinem Gefolge Ludwig Siep und Axel Honneth haben darauf hingewiesen, dass das Bedürfnis nach Anerkennung zu einer der prägendsten Konstanten unserer menschlichen Existenz zählt, vgl. Siep, Ludwig (2014): Anerkennung als Prinzip der praktischen Philosophie. Untersuchungen zu Hegels Jenaer Philosophie des Geistes, Hamburg: Meiner und Honneth, Axel (2010):

Vergesellschaftung zieht, lässt sich von Menschen, die als Autoritätspersonen anerkannt sind, nutzen, um sowohl das äußere Verhalten anderer Personen als auch ihre inneren Einstellungen und Überzeugungen, mithin ihre gesamte Weltsicht, zu beeinflussen. Anders als z. B. instrumentelle Macht wirkt autoritative Macht nicht durch das Setzen positiver und negativer Anreize im Kontext bestehender Präferenzen des Adressaten. Sie wirkt vielmehr dadurch, dass der Autoritätsgebundene sich aus »willentliche[r] und einwilligende[r] Folgebereitschaft« den Wünschen des anderen fügt und sich auf ihn als Vorbild »fixiert«.[125]

Die herausragende Bedeutung autoritativer Macht für eine stabile Herrschaftsordnung haben bereits vor über zweieinhalbtausend Jahren die Vordenker der chinesischen Staatskunst, Konfuzius und Laotse, entdeckt (siehe Kap. 1.1). Dauerhafte Herrschaft, so beide Theoretiker, beruht nicht vorrangig auf der Fähigkeit, die Bevölkerung mit Gewaltandrohung in Schach zu halten oder durch Versprechen zu ködern. Sie basiert auf dem moralischen Vorbildcharakter des Machthabers und dem Respekt, der ihm entgegengebracht wird. Konfuzius geht sogar so weit, dass das bloße Beispiel eines integren Kaisers genügt, um die Bevölkerung zur Gesetzestreue zu motivieren: »Wer selber recht ist, muss nicht befehlen, und doch geht alles. Wer selbst nicht recht ist, dem gehorcht

Kampf um Anerkennung: Zur moralischen Grammatik sozialer Konflikte, Frankfurt a. M.: Suhrkamp.

125 Popitz (1992): S. 26; S. 106. Eine spannende Frage, die wir an dieser Stelle nur streifen können, betrifft das Verhältnis zwischen autoritativer Macht und Freiheit. Autoren wie Alfred Vierkandt ([1931] 1959: Handwörterbuch der Soziologie, Stuttgart: Enke, S. 548f.) und Han (2005: S. 44f.) sind der Auffassung, dass autoritative Macht und Autonomie problemlos kompatibel sind, weil sich der Autoritätsgebundene aus freien Stücken und nicht aus Zwang dem Willen der Autoritätsperson fügt. Sofsky & Paris (1994: S. 9f.) und auch Popitz (1992: S. 107) halten diese Position für grundfalsch, weil sie einen intrinsischen Widerspruch zwischen Macht und Freiheit ausmachen. Wir stehen der Mittelposition von John Christman (2011: The Politics of Persons: Individual Autonomy and Socio-historical Selves, New York: Cambridge University Press) näher. Dieser zufolge sind die Genese der Autoritätsbindung und ihr Charakter entscheidend. Wenn z. B. die Bindung an die Autoritätsperson durch Indoktrination oder Gehirnwäsche zustande gekommen ist und sich in blindem Gehorsam äußert, ist sie mit menschlicher Freiheit unvereinbar. Ist sie hingegen das Ergebnis eines vorwiegend rationalen und reflexiven Prozesses, stehen autoritative Macht und Autonomie nicht im Widerspruch.

man nicht, auch wenn er befiehlt.«[126] Wenn autoritative Macht in einer so umfassenden Form etabliert ist, entsteht nach Laotse eine besondere Form von Autonomie. Indem sich die Untertanen den (antizipierten) Wünschen des Herrschers beugen, folgen sie letztlich nur ihrem eigenen Willen: »Herrscht ein ganz Großer | so weiß das Volk kaum, daß er da ist. [...] Die Werke sind vollbracht, die Geschäfte gehen ihren Lauf | und die Leute denken alle | ›Wir sind frei.‹«[127]

Wer über autoritative Macht verfügt, der hat es gar nicht nötig, auf Aktionsmacht oder instrumentelle Macht zu rekurrieren. Er kann darauf vertrauen, dass die autoritätsgebundenen Personen seinen Wünschen folgen, weil sie es wollen – nicht, weil sie es müssen. Es reicht zur Aufrechterhaltung dieser Machtform gänzlich aus, Anerkennung für konformes Verhalten auszusprechen und Nonkonformität zu missbilligen. Entsprechend ist es treffend, wenn Popitz, der ein Connaisseur pointierter Ausdrücke ist, diese Form als »waffenlos« und als Macht »der leisen Mittel« bezeichnet.[128] Zudem muss der Träger autoritativer Macht seine Machtsubjekte auch nicht der beständigen Kontrolle unterziehen. Insofern diese seine Wünsche, Werte und Handlungsregeln in zunehmendem Maße internalisieren und als ihre eigenen begreifen, schauen sie sich gewissermaßen selbst auf die Finger und sind ihr eigener und strengster Richter.[129]

Die vierte Machtform ist die der *datensetzenden* oder *technischen Macht*. Sie bezeichnet die Fähigkeit, indirekt Einfluss auf Personen zu nehmen, indem man in ihre natürlichen und nicht natürlichen Lebensbedingungen eingreift oder sie modifiziert. Die Wurzel dieser Macht-

126 Zitiert nach Schleichert & Roetz (2009): S. 38.

127 Laotse (2005): S. 25. Bemerkenswerterweise findet sich exakt dieselbe Idee auch in Hegels Rechtsphilosophie unter dem Schlagwort der »subjektiven Freiheit«, vgl. Hegel, Georg W. F. ([1821] 1995): Grundlinien der Philosophie des Rechts, Hamburg: Meiner, S. 148. Allerdings ergänzt Hegel diese Freiheitskonzeption um eine »objektive« Komponente, der zufolge ein Staatswesen auch essenzielle Grundrechte garantieren und eine gemeinwohlorientierte Politik verfolgen muss.

128 Popitz (1992): S. 109.

129 Hier zeigt sich im Übrigen eine interessante Verwandtschaft zu Sigmund Freuds Konzept des Über-Ich (vgl. Freud, Sigmund ([1923] 2013): Das Ich und das Es, hg. von Lothar Bayer, Stuttgart: Reclam). Genau wie die autoritative Macht ist das Über-Ich eine von der Person internalisierte Ordnungsinstanz, die zunehmend einen äußeren Regelgeber und -durchsetzer (im Falle von Freud: die Eltern) ersetzt.

form liegt im Wesen des Menschen als gezielt und planvoll in seine Umwelt intervenierendes Geschöpf. Wie bedeutend dieser Wesenszug ist, darauf hat schon der britische Philosoph John Locke aufmerksam gemacht. Nach Locke eignet sich der Mensch die ihm fremd und äußerlich gegenüberstehende Natur dadurch an, dass er seine Arbeitskraft mit ihr »vermischt«.[130] Indem er die zunächst abstrakt vorgestellten Handlungsschritte sukzessive am konkreten Gegenstand in die Tat umsetzt – sei das Objekt nun ein Baum, den es zu fällen gilt, oder ein zu behauender Stein –, verwandelt er ihn sich an. Er macht ihn zum gestaltgewordenen Ausdruck seiner Ziele, in dem er sich, so alle Schritte erfolgreich waren, wiedererkennt.[131] Diese spezifische Art des Handelns nennt Popitz technisches oder datensetzendes Handeln. Wir würden heute auch vom Faktenschaffen sprechen.

Die entsprechenden Handlungsformen lassen sich in drei Haupttypen oder Modi unterteilen: Verändern, Herstellen, Verwenden.[132] Während der Aktionsmodus des Veränderns ein bloßes Andersmachen der bestehenden Umwelt bezeichnet – so etwa beim Roden eines Waldes, bei der Stauung eines Flusses oder bei der Abzäunung einer Weide –, markiert der Modus des Herstellens das Erschaffen eines neuen Objekts, eines Artefakts. Solche Artefakte reichen in ihrer Komplexität von der Laubhütte bis zum Kernkraftwerk und in ihrer Verwendungsvielfalt vom

130 Locke, John ([1689] 1977): Zwei Abhandlungen über die Regierung, hg. von Walter Euchner, übers. von Hans J. Hoffmann, Frankfurt a. M.: Suhrkamp.

131 Hegel und Marx haben diesen Wesenszug des Menschen zur Grundlage ihrer gesamten Anthropologie gemacht. Beide eint die Überzeugung, der Mensch strebe danach, den Gegensatz zwischen Mensch und Welt, Subjekt und Objekt, Innen und Außen aufzuheben. Diese Aufhebung erfolgt sowohl theoretisch als auch praktisch. In den Bereich des Theoretischen fällt die Philosophie, vor allem die Erkenntnistheorie, die darauf abzielt, die Außenwelt der raumzeitlichen Objekte unter Begriffe der menschlichen Vernunft zu fassen und zu systematisieren und auf diese Weise ihre Fremdheit und Äußerlichkeit zu überwinden. In den Bereich des Praktischen fällt insbesondere die herstellende Arbeit. Indem der Mensch die natürliche Welt durch produktives Eingreifen nach und nach in Artefakte, also künstliche Objekte, transformiert, schafft er Lebensverhältnisse, denen er ohne Ausnahme seinen »Stempel« aufgedrückt hat. Vgl. hierzu Quante, Michael (2010): After Hegel. The Realization of Philosophy Through Action, in: Dean Moyar (Hg.): Routledge Companion to 19th Century Philosophy, London: Routledge, S. 197–237.

132 Vgl. Popitz (1992): S. 160.

Vorschlaghammer bis zum mikroskopischen Laser-Cutter. Der Modus der Verwendung kennzeichnet schließlich die gezielte Nutzung von Artefakten, und zwar entweder zum Zwecke des Eingriffs in die belebte und unbelebte Natur oder zur Herstellung weiterer Artefakte.

Wie lässt sich mit diesen verschiedenen Handlungstypen Macht ausüben? Nehmen wir für den Modus des Veränderns das Beispiel zweier angrenzender Länder, durch die ein Strom fließt, der beide Territorien mit Trinkwasser versorgt: Wenn sich die politische Führung des flussaufwärts gelegenen Landes entscheidet, den Strom umzuleiten, nimmt sie mit einem einzigen Eingriff in die Natur entscheidenden Einfluss auf ihr Nachbarland. Durch den Entzug des Trinkwassers kann sie das Nachbarland in ein ökonomisches Abhängigkeitsverhältnis zwingen und die eigenen Interessen gegen seinen Willen durchsetzen. Die Fähigkeit zur Veränderung der Umwelt erlaubt es mithin erst, natürliche Ressourcen als Druckmittel einzusetzen.[133] Auf eine weitere Variante der Machtkonfiguration des Veränderns hat Jean-Jacques Rousseau mit drastischen Worten hingewiesen: »Der erste, der ein Stück Land eingezäunt hatte und es sich einfallen ließ zu sagen: ›dies ist mein‹ und der Leute fand, die einfältig genug waren, ihm zu glauben, war der wahre Gründer der bürgerlichen Gesellschaft. Wie viele Verbrechen, Kriege, Morde, wie viel Not und Elend und wie viel Schrecken hätte derjenige dem Menschengeschlecht erspart, der die Pfähle herausgerissen […] hätte.«[134] Man mag zu dieser radikalen Kritik am Konzept des Grundbesitzes stehen, wie man will.[135] Fest steht aber, dass Rousseau, der zu den geistigen Ahnher-

133 Diese Machttechnik ist erwartungsgemäß ein probates Mittel zur politischen Einflussnahme in trockenen Gebieten. Ein jahrelanger Zankapfel zwischen der Türkei und dem Irak ist z. B. das türkische Bauprojekt zur Errichtung von Staudämmen an Euphrat und Tigris. Die Vollendung dieses so genannten »großen anatolischen Plans« würde die Regierung in Bagdad mit einem Schlag von der türkischen Wasserpolitik abhängig machen. Zur Vertiefung dieser Thematik siehe u. a. Janosch, Meike & Schomaker, Rahel (2008): Wasser im Nahen Osten und Afrika. Wege aus der Krise, Münster/New York: Waxmann und Khagram, Sanjeev (2009): Dams and Development. Transnational Struggles for Water and Power, Ithaca/London: Cornell University Press.

134 Rousseau, Jean-Jacques ([1755] 1998): Abhandlung über den Ursprung und die Grundlagen der Ungleichheit unter den Menschen, hg. und übers. von Philipp Rippel, Ditzingen: Reclam, S. 173.

135 Im Übrigen sei darauf hingewiesen, dass Rousseau selbst seine Ablehnung des Eigentums an Grund und Boden in seinem Hauptwerkt, dem *Gesellschaftsver-*

ren der französischen Revolution zählt, mit großer Klarheit gesehen hat, welches Machtpotenzial die Verfügung über Grund und Boden hat: Wer die Grenzziehung von Grundstücken und Territorien kontrolliert, entscheidet über die Mobilität und Spielräume seiner Mitmenschen, er kann Durchgangsprivilegien einräumen, Nutzungsrechte vergeben, Personen aus- oder einsperren etc.

Dass auch die Herstellung und Nutzung von Artefakten Machtpotenzial birgt, lässt sich leicht zeigen. Hierbei müssen wir nicht nur an das augenfälligste Beispiel der Produktion und Verwendung überlegener Waffentechnologie (Marschflugkörper, Tarnkappenflieger, Gaußkanonen etc.) denken. Technische Macht hat auch der, der in der Lage ist, ein begehrtes Produkt – sei es nun ein Impfstoff oder eine Software – herzustellen und gegebenenfalls sogar zu monopolisieren. Die Macht der westlichen Industrienationen gegenüber Entwicklungs- und Schwellenländern gründet zu einem Großteil im Besitz überlegener Technologien und in der Möglichkeit, diese entweder vorzuenthalten oder in ihrer Nutzung einzuschränken. Daher ist es nicht verwunderlich, dass die Frage des Technologietransfers zwischen geopolitischen Räumen wie der Europäischen Union und China von den politischen Entscheidungsträgern vorrangig als eine Machtfrage eingestuft wird, hinter der im Zweifelsfalle rein ökonomische Erwägungen zurückstehen müssen.

Das Ausmaß der technischen Macht eines Akteurs hängt von drei Faktoren ab. Der erste und für Popitz zentrale Faktor ist der der »Perfektionierung technischer Mittel«.[136] Je effektiver und effizienter jemand die zentralen Modi des Veränderns, Herstellens und Verwendens in einem bestimmten Anwendungsgebiet der Macht beherrscht, desto größer ist seine Macht. Entsprechend ist z. B. die militärisch-technische Macht einer Nation eine Funktion ihrer Fähigkeit zur Herstellung und Verwendung militärischer Technologie. Das ist augenfällig und bedarf keiner weiteren Erklärung. Zwei andere Faktoren, auf die Popitz nicht eingeht, sind nach unserer Einschätzung aber gleichermaßen relevant. Diese werden in der Soziologie, Geografie und Ethnologie unter den zugegebener-

trag, wieder relativiert hat. Vgl. hierzu Blum, Christian (2010a): »Eine sehr bemerkenswerte Veränderung«: Zur Bedeutung der aliénation totale in Rousseaus Contrat Social für die kontraktualistische Begründung staatlicher Autorität, in: a.r.t.e.s. Jahrbuch, S. 98–103.

136 Popitz (1992): S. 179.

maßen sperrigen Schlagwörtern »Vulnerabilität« und »Resilienz« diskutiert.[137] Vulnerabilität bezeichnet die Ausgesetztheit und Anfälligkeit von Personen gegenüber Risiken – seien dies nun Umweltrisiken, wie Überschwemmungen oder Dürren, oder soziale Risiken, wie Verarmung oder Verbrechen. Resilienz kennzeichnet demgegenüber die Widerstandsfähigkeit gegenüber Schäden sowie die Anpassungsfähigkeit an veränderte, risikoreiche Lebensbedingungen. Wir können diese Kernbegriffe an dem oben diskutierten Beispiel eines Konflikts um Wasser veranschaulichen, bei dem ein Staat technische Macht auf einen anderen ausübt, indem er einen Fluss umleitet. Hier bemisst sich die Vulnerabilität des Anrainerstaats daran, welche Alternativzugänge zu Wasser er hat, über welche Reserven er verfügt, wie wasserabhängig sein Agrarsektor ist etc. Seine Resilienz hängt davon ab, wie erfolgreich er darin ist, Wasser einzusparen, mit Dürreperioden umzugehen, seine landwirtschaftliche Produktion umzustellen etc. Offenkundig ist der Einfluss, den das flussaufwärts gelegene Land auf seinen Nachbarstaat nehmen kann, ungleich geringer, wenn dieser Alternativquellen besitzt und einen anpassungsfähigen Agrarsektor. Und diese Schlussfolgerung gilt – wohlgemerkt – ganz unabhängig von der Frage, ob der flussaufwärts gelegene Staat effektive und effiziente Mittel zur Umleitung von Gewässern hat oder nicht.

Wir könnten beliebig viele weitere Beispiele anführen, und offensichtlich haben Vulnerabilität und Resilienz je nach Kontext unterschiedliche Bedeutungsschwerpunkte. In Bezug auf den Sektor der Gesundheitspolitik sind z. B. Kriterien wie Sterblichkeitsraten, Versorgung mit Medikamenten, Hygienebedingungen etc. einschlägig und in Bezug auf den Bereich der Energiepolitik Aspekte wie die Verfügung über alternative Energiequellen, die Effizienz der existierenden Produktionsmittel, der Energieverbrauch der Bevölkerung etc. Aber auch ohne hier weiter ins Detail zu gehen, dürfte folgende Grundregel klar geworden sein: Je größer die Vulnerabilität eines Akteurs und je geringer seine Resilienz, desto höher die Wahrscheinlichkeit, dass die Ausübung technischer Macht

137 Vgl. Christmann, Gabriele et al. (2011): Vulnerabilität und Resilienz in sozioräumlicher Perspektive. Begriffliche Klärung und theoretischer Rahmen, Working Paper, Erkner, Leibniz-Institut für Regionalentwicklung und Strukturplanung, www.irs-net.de/download/wp-vulnerabilitaet.pdf und Gallopín, Gilberto C. (2006): Linkages Between Vulnerability, Resilience, and Adaptive Capacities, in: Global Environmental Change 16 (3), S. 293–303.

gegen ihn erfolgreich ist. Je geringer die Vulnerabilität und je größer die Resilienz, desto niedriger die Erfolgswahrscheinlichkeit. Somit hängen Wirkung und Erfolg von technischer Macht nicht nur von der Perfektionierung der Mittel des Machthabers ab, sondern auch von der Anfälligkeit des potenziell Machtunterworfenen gegenüber Risiken und von seinen Fähigkeiten, mit ihnen umzugehen.

Nachdem wir alle vier Machtformen skizziert haben, wollen wir nun ihre Gemeinsamkeit und Wechselwirkungen in den Blick fassen. Erstens ist augenfällig, dass sowohl instrumentelle als auch autoritative Macht das Verhalten der Betroffenen direkt lenken. Instrumentelle Macht wirkt durch das Setzen äußerer Handlungsanreize, die an bereits bestehende Präferenzen des Machtunterworfenen andocken. Autoritative Macht wirkt hingegen auf das Innenleben des Akteurs, indem sie durch Anerkennung oder Anerkennungsentzug seitens einer Autoritätsperson dessen Präferenzen modifiziert. Aktionsmacht und technischer Macht ist wiederum gemein, dass sie auf die Situation des Betroffenen einwirken. Während erstere die Person unmittelbar trifft – sei es als körperlich verletzbaren Organismus, als soziales Lebewesen oder als ökonomischen Akteur –, beeinflusst letztere die sie umgebenden natürlichen und nicht natürlichen Lebensbedingungen.

Zweitens können alle Machtformen miteinander kombiniert und ineinander umgeformt werden. Popitz selbst gibt folgendes prägnantes Beispiel für eine diachrone Variante: »So kann sich Aktionsmacht in der Eroberung fremder Länder manifestieren, die Eroberungen werden ausgebaut zur instrumentellen Macht der Ausbeutung, dauerhafte Unterdrückung zementiert zu autoritativer Macht – und das Ganze zementiert in Mauern und Zwingburgen [also technischer Macht, Anm. der Autoren]«.[138] Entsprechend können etablierte Machtkonstellationen bei eingehender Analyse ihrer historischen Genese oft als Sedimente von Machttransformationen identifiziert werden, an deren Anfang ein simpler Gewaltakt stand. Zugleich können verschiedene Machtformen jedoch einander auch synchron ergänzen und verstärken. Technische Macht ist, sobald wir den Bereich zwischenstaatlicher Auseinandersetzungen betreten, eine entscheidende Voraussetzung für Aktionsmacht. Nur wer die technologischen und ökonomischen Kapazitäten hat, um im industriellen Maßstab Kriegswaffen zu produzieren, hat auch das Potenzial, anderen staat-

138 Popitz (1992): S. 35.

lichen Akteuren Schaden zuzufügen oder durch Androhung militärischer Gewalt auf ihr Handeln Einfluss zu nehmen. Andersherum gilt jedoch auch: Nur wer über die Aktionsmacht verfügt, um sein Gemeinwesen vor äußeren und inneren Gegnern zu schützen, kann die kontinuierliche Perfektionierung technischer Mittel betreiben, die für überlegene technische Macht erforderlich ist. Diese Verquickungen legen den Schluss nahe, dass alle vier Gestalten der Macht in wechselseitigen Abhängigkeits- und Ermöglichungsbeziehungen stehen und folglich keine getrennten Formen sind, sondern Elemente eines singulären, intern differenzierten Machtphänomens.

Durch die Klassifikation der vier Machtformen haben wir die *allgemeine* Struktur dieses Phänomens offengelegt und eine universelle Systematik für alle Epochen, Kulturen und Bereiche der Gesellschaft entfaltet. Offen bleibt allerdings die entscheidende Frage, wie diese Formen in der Interaktion von Personen und Organisationen *anschaulich und kommunizierbar* gemacht werden und wie sie sich *in concreto* in den verschiedenen Gesellschaftsfeldern manifestieren. Um eine Antwort kommen wir nicht herum, wenn wir Macht als historisch konkretisiertes, wandelbares Phänomen verstehen wollen (siehe Kap. 1.3). Im Folgenden werden wir daher erst das Verhältnis von Macht und Symbolik (Kap. 2.2) in den Analysefokus rücken, um dann die zentralen Machtfelder des Gemeinwesens und deren Binnenlogiken zu skizzieren (Kap. 2.3).

2.2 Macht und Symbolik

Macht und Symbolik sind in unserer Alltagssprache und in der öffentlichen Wahrnehmung eng miteinander verknüpft. Wenn ein Politiker seinen Untergebenen vor versammelter Presse abkanzelt, sprechen wir wie selbstverständlich von einer »Machtdemonstration«. Ein nordkoreanischer Raketentest oder eine russische Militärparade wird zu einer »Zurschaustellung von Macht« erklärt und der Glaspalast der Europäischen Zentralbank in Frankfurt zu einem »Monument der Macht«. Luhmann weist in seiner lesenswerten Monografie *Macht* darauf hin, dass diese Verzahnung nicht bloß zufällig ist. Sie ist in seinen Augen vielmehr »ein unerlässliches Requisit der Machtbildung.«[139] Den Grund hierfür ver-

139 Luhmann, Niklas ([1975] 2003): Macht, Stuttgart: UTB, S. 32.

meint der Historiker Norbert Elias rasch ausgemacht zu haben: »An die Macht, die zwar vorhanden ist, aber nicht sichtbar im Auftreten des Machthabers in Erscheinung tritt, glaubt das Volk nicht. Es muss sehen, um zu glauben.«[140] Weil Macht, so die Überlegung, bloßes Potenzial zum Handeln, bloße Chance zur Interessendurchsetzung ist, ist sie notwendig abstrakt. Sie ist, metaphorisch gesprochen, unsichtbar. Damit sie erfolgreich ausgebildet, ausgeübt und ausgeweitet werden kann, muss sie durch sinnlich erfassbare Symbole sichtbar gemacht werden. Dieser Argumentationsgang ist durchaus einleuchtend. Aber es lohnt sich, tiefer zu bohren und das vielschichtige, komplexe Verhältnis zwischen Macht und Symbolik präziser zu bestimmen.

Zunächst zum Begriff der Symbolik. Was genau ein Symbol ist und in welcher Relation es zu dem von ihm Symbolisierten steht, ist ein anhaltender Streitpunkt unter Sprachphilosophen, Linguisten und Erkenntnistheoretikern.[141] Wir wollen uns im Folgenden an der klassischen Definition Ernst Cassirers orientieren: »Unter einer ›symbolischen Form‹ soll jene Energie des Geistes verstanden werden, durch welche ein geistiger Bedeutungsgehalt an ein konkretes sinnliches Zeichen geknüpft [...] wird.«[142] Entsprechend bezeichnet der Gattungsbegriff des Symbols alle durch unsere natürlichen Sinne erfassbaren konkreten Dinge und Sachverhalte, denen durch Konvention eine Bedeutung beigelegt wird, die über das eigentliche Objekt hinausweist und auf einen abstrakten, begrifflichen Gehalt referiert. Hierzu gehören neben Bildern (Anti-Atomkraft-Sonne, Reichsadler, Dollarzeichen) auch Gesten (erhobener Zeigefinger, Black-Panther-Faust, Hitlergruß), Schriftzeichen (lateinisches Alphabet, Hieroglyphen, Operatoren der Aussagen-, Prädikaten- und Modallogik), Töne (Warnsirenen, Fanfaren, Schiedsrichterpfeifen), Zeremonien (christliches Abendmahl, Großer Zapfenstreich, Maidemonstrationen, Yoga) und Monumente (Kaiserstatuen, Botschaftsgebäude, Triumphbögen). Allen Symbolen ist gemein, dass sie ihre Interpretation

140 Elias, Norbert (1983): Die höfische Gesellschaft. Untersuchungen zur Soziologie des Königtums und der höfischen Aristokratie, Frankfurt a. M.: Suhrkamp, S. 179.

141 Einen guten Überblick bietet hier Röhl, Klaus F. (2010): Die Macht der Symbole, in: Michelle Cottier, Josef Estermann & Michael Wrang (Hg.): Wie wirkt Recht?, Baden-Baden: Nomos Verlag, S. 267–299.

142 Cassirer, Ernst ([1910] 2010): Substanzbegriff und Funktionsbegriff. Werkausgabe, Bd. 6, Hamburg: Felix Meiner, S. 161.

nicht selbst mitliefern – mit Ausnahme bestimmter Warnfarben, für die wir Menschen eine evolutionär entwickelte Disposition haben.[143] Sie bedürfen einer Interpretations- und Sprechergemeinschaft, die sie dechiffrieren, kommunizieren und tradieren kann. Entsprechend ist der Bedeutungsgehalt von Symbolen nie permanent, sondern relativ zu den etablierten, aber wandelbaren Gemeinschaftskonventionen; und somit brechen auch stets Deutungskämpfe über die Signifikanz von Symbolen aus, die für die Machtanalyse unmittelbar relevant sind.

Welche Verbindungen bestehen nun konkret zwischen Macht und Symbolik? Zunächst gilt: Wer eine komplexe Machtaktion in Kooperation mit anderen Personen über einen längeren Zeitraum und eine größere Distanz durchführen will, ist auf schriftliche Kommunikation – und damit auf symbolische Zeichen – angewiesen. Das gilt für einen Feldherrn, der einen Schlachtplan umsetzen will, ebenso wie für einen mit einer Steuerreform befassten Finanzminister oder einen Konzernchef, der eine Unternehmensübernahme plant. Ohne Rückgriff auf symbolische Zeichen, durch die Handlungsanweisungen und -ziele kommuniziert werden können, bleibt Machtausübung zeitlich und räumlich limitiert. Angesichts dessen ist kaum verwunderlich, dass die Sumerer, die erste expansive Hochkultur der Geschichte, zugleich die Erfinder der Schrift waren.[144]

Aber Symbole sind nicht nur eine notwendige *Vorbedingung* für die effektive und effiziente Verwendung von Machtmitteln. Sie fungieren selbst auf vielfache Weise als *Machtmittel*.[145] Erstens wird Herrschaft, d. h. institutionelle und durch überpersönliche soziale Positionen konsolidierte Macht (siehe Kap. 1.2), mittels kontinuierlicher Ritualisierung reproduziert und organisiert. Auf dieses Faktum weist etwa Flaig hin: »Die Funktion, der ›Sinn‹ und der Charakter einer Institution stehen nicht ein für allemal fest. Eine Institution […] existiert nur, indem sie immer wie-

143 Vgl. Marples, Nicola M., Kelly, David J. & Thomas, Robert J. (2005): Perspective: The Evolution of Warning Colors is Not Paradoxical, in: Evolution 59 (5), S. 933–940.

144 Eine exzellente Einführung in die Schriftkultur der Sumerer bietet Volk, Konrad (Hg.) (2015): Erzählungen aus dem Land Sumer, Wiesbaden: Harrassowitz Verlag.

145 Für einen Überblick siehe Kuch, Hannes (2013): Herr und Knecht. Anerkennung und symbolische Macht im Anschluss an Hegel, Frankfurt a. M.: Campus.

der veranstaltet und inszeniert wird. *Sie existiert nur im rituellen Vollzug.*«[146] Flaig selbst hat hier die antike römische Volksversammlung im Blick, deren Zusammenkunft, Beschlussfassung und Interaktion mit anderen Institutionen des Imperium Romanum hochgradig zeremoniell waren. Aber wir können uns ebenso gut zeitgenössische Beispiele vor Augen halten: Wahlkämpfe in repräsentativen Demokratien sind de facto symbolische Ritualisierungen institutioneller Machtgefüge.[147] Sie folgen festen Regeln und Umgangsformen, sind durch klare Ereignisfolgen bestimmt – von der Veröffentlichung der Wahlprogramme über verbale Schlagabtausche im Parlament bis hin zur Stimmabgabe –, und sie umfassen eine eindeutige Rollenverteilung beteiligter Akteure wie Parteien, Medien, Gewerkschaften und Kirchen. Durch ihre turnusmäßige Inszenierung dienen sie nicht nur der Reproduktion der demokratischen Herrschaftsordnung, sondern schaffen auch Erwartungssicherheit innerhalb des Gemeinwesens. Solange der Wahlkampf stets derselben politischen Choreografie folgt und sich alle Akteure an die größtenteils ungeschriebenen Regeln halten, weiß der Bürger – einfach gesagt –, woran er ist. Dass diese politisch-symbolische Arbeit seitens der Herrschenden einen kolossalen Aufwand erfordert und anstrengend ist, liegt nahe. Entsprechend weist Flaig darauf hin, dass der Vollzug eines Machtritus »niemals lückenlos zu kontrollieren« ist.[148] »In jeder rituellen Situation […] sind bestimmte Gruppen imstande, in den rituellen Ablauf einzugreifen und ihn zu verändern. Finden sie bei signifikanten Teilen der Teilnehmer Gehör,

146 Flaig, Egon (1998): War die römische Volksversammlung ein Entscheidungsorgan? Institution und soziale Praktik, in: Rainhard Blänker & Bernd Jussen (Hg.): Institution und Ereignis. Über historische Praktiken und Vorstellungen gesellschaftlichen Handelns, Göttingen: Vandenhoeck & Ruprecht, S. 49–73; S. 71; unsere Hv. Zur Vertiefung siehe auch das Standardwerk von Veyne, Paul (1992): Brot und Spiele. Gesellschaftliche Macht und politische Herrschaft in der Antike, übers. von Klaus Laermann & Hans R. Brittnacher, Frankfurt a. M./New York: Campus.

147 Für eine eingehende Untersuchung des demokratischen Wahlkampfs als Machtritus siehe z. B. Schwarzkopf, Stefan (2005): Die »Neue Mitte«. Oder: Wahlkampf als Produkteinführung. Die Bedeutung der Begriffsarbeit für den sozialdemokratischen Machtwechsel in Deutschland 1998, in: Rainer Gries & Wolfgang Schmale (Hg.): Kultur der Propaganda, Bochum: Verlag Dr. Dieter Winkler, S. 211–250.

148 Flaig (1998): S. 71.

dann gerät die politische Semiotik des Rituals ins Wanken.«[149] Anders gesagt: Wenn die nahezu identische Reproduktion vorangegangener Herrschaftsriten der Stabilisierung der Machtverhältnisse dient, kann die Störung oder Modifikation des Ritus zur Beeinflussung des Status quo genutzt werden. Beispiele für symbolische Attacken dieser Art finden sich selbst in der jüngsten politischen Geschichte zuhauf: Es ist etwa an die Unterlaufung der Kleiderordnung im hessischen Landtag durch den Turnschuhe tragenden Joschka Fischer zu denken, der so die Deutungshoheit des bürgerlichen Establishments über den politischen Diskurs herausforderte, oder an den Verzicht Gerhard Schröders auf die Formel »So wahr mir Gott helfe« bei seinem Amtsantritt als Bundeskanzler, der eine Absage an die enge Verquickung von Kirche und Staat symbolisierte. Grundsätzlich können wir festhalten, dass die Beachtung der Machtsymbolik und ihrer Ritualisierung ein Indikator für das reibungslose Funktionieren einer Herrschaftsordnung ist. Wo immer zeremonielle Inszenierungen umkämpft sind, da sind auch die Machtverhältnisse im Umbruch.

Neben der Inszenierung und Reproduktion von Herrschaftsverhältnissen kommt Symbolik zudem als soziales Kommunikationsmittel zur subtilen Machtausübung zum Tragen. Statusanzeigende Symbole wie Dienstwagen und -flugzeuge, Leibwächter, begleitende Motorradkolonnen und prunkvolle Empfangsräume machen – wie eingangs kurz angerissen – das unsichtbare Potenzial der Macht sichtbar.[150] Sie vermitteln eindrucksvoll hierarchische Ordnungen und bieten auf diese Weise zugleich Orientierung über die Zuständigkeiten, Kompetenzen, Pflichten und Abhängigkeitsverhältnisse innerhalb komplexer sozialer Organisationsformen. Sie gewährleisten also wie schon im Falle der ritualisierten Inszenierung von Herrschaftsordnungen sowohl Erwartungssicherheit und kognitive Entlastung als auch eine Stabilisierung der Machtordnung. Gleichzeitig erlauben sie es, den Auf- und Abstieg von Personen innerhalb von Hierarchien in einfachster Weise zu kommunizieren. Nichts verdeutlicht den Machtzuwachs eines Abteilungsleiters in einem Großkonzern so eindringlich wie der Bezug eines eigenen, geräumigen Büros. Und nichts macht das Ausmaß der militärischen Degradierung deutlicher als das öffentliche Abreißen von Epauletten und Rangabzeichen

149 Flaig (1998): S. 71.
150 Vgl. Neumann, Reiner (2012): Die Macht der Macht, München: Hanser, S. 75f.

durch einen Vorgesetzten, das traditionell von allen westlichen Armeen praktiziert wurde.

Drittens ermöglicht innerhalb territorialer Flächenstaaten die symbolische Repräsentation des Machthabers durch Standbilder, Transparente oder Fernsehausstrahlungen die Überbrückung der räumlichen Distanz zwischen ihm und den Machtunterworfenen.[151] Je weiter entfernt der Herrscher als leibliche Person von den Beherrschten ist, desto wichtiger wird seine metaphorische Vergegenwärtigung in der alltäglichen Erfahrungswelt. Wer beständig dem mahnenden Blick des Königs, Präsidenten oder Diktators ausgesetzt ist, ist weniger geneigt, seine Gesetze zu missachten. Auf diese Weise trägt die symbolische Repräsentation des Herrschers zur Stärkung seiner autoritativen Macht bei (siehe Kap. 2.1). Wir sind versucht, diese Form der Machtstabilisierung vor allem mit totalitären Regimen in Verbindung zu bringen, und in der Tat hat dort der Personenkult seine bizarrsten Blüten getrieben.[152] Trotzdem greift diese Einschätzung zu kurz. Hans-Georg Soeffner und Dirk Tänzler zeigen in ihrem lesenswerten Essay *Figurative Politik*, dass Politiker in modernen Demokratien durch geschickte Nutzung sozialer Medien eine symbolische Präsenz in der Lebenswelt ihrer Wähler erzielen, die mit der von autokratischen Herrschern problemlos mithalten kann.[153]

---

151 Vgl. Andres, Jan, Geisthövel, Alexa & Schwengelbeck, Matthias (2005): Einleitung, in: Dies. (Hg.): Die Sinnlichkeit der Macht. Herrschaft und Repräsentation seit der frühen Neuzeit, Frankfurt/New York: Campus, S. 7–17; S. 9 und Röhl (2010): S. 275.

152 Vgl. u. a. Löhmann, Reinhard (1990): Der Stalinmythos: Studien zur Sozialgeschichte des Personenkultes in der Sowjetunion (1929–1935), Münster: Lit und Kershaw, Ian (1987): The Hitler Myth. Image and Reality in the Third Reich, Oxford: Oxford University Press. Ein besonders eindringliches Beispiel aus der jüngeren Vergangenheit bietet die Selbstdarstellung des turkmenischen Autokraten Saparmyrat Ataýewiç Nyýazow, der sich von seinen Untertanen Türkmenbaşy (Führer aller Turkmenen) nennen ließ. Nyýazow hatte in der Landeshauptstadt eine goldene Statue seiner selbst errichten lassen, die sich innerhalb von 24 Stunden einmal um die eigene Achse drehte, um stets der Sonne zugewandt zu sein.

153 Soeffner, Hans-Georg & Tänzler, Dirk (2007): Figurative Politik. Prolegomena zu einer Kultursoziologie politischen Handelns, in: Dies. (Hg.): Figurative Politik. Zur Performanz der Macht in der modernen Gesellschaft, Opladen: Verlag Leske + Budrich, S. 17–33.

Viertens kann die symbolische Inszenierung des Herrschers aber auch zu seiner Entrückung aus der Welt der Beherrschten und zu seiner Mystifizierung eingesetzt werden. Auf diese Weise wird das Machtgefälle zwischen ihm und den Machtunterworfenen unterstrichen und konsolidiert. Ein frühes Beispiel für diese Strategie findet sich in den *Historien* des Herodot.[154] Der griechische Geschichtsschreiber schildert dort die Herrschaft des Königs Deiokes, der im achten Jahrhundert vor Christus das Mederreich auf dem Gebiet des heutigen Iran errichtete. Direkt nach seiner Krönung etablierte Deiokes ein distanzschaffendendes Hofzeremoniell: Niemand außer seinen engsten Vertrauten durfte den Thronsaal betreten; Staatsgeschäfte wurden ausschließlich durch Boten abgewickelt; Deiokes selbst verschwand vollständig aus der Öffentlichkeit. Für diese Abschottung hält Herodot eine naheliegende Erklärung parat: »Sie [Deiokes Untertanen] sollten ihn für ein Wesen anderer Art halten, wenn sie ihn nicht sahen.«[155] Das Hofzeremoniell wurde durch den Mederkönig also zur Selbstinszenierung als übermenschliche und übermächtige Person eingesetzt. Die Beherrschten hatten keine Möglichkeit, ihn als Menschen aus Fleisch und Blut – mit Gebrechen, Alterserscheinungen, körperlichen Unzulänglichkeiten etc. – wahrzunehmen und ausgehend von diesen Eindrücken seinen Status als Machthaber infrage zu stellen. Ihnen blieb nur ein entrückter, gesichtsloser Potentat als Projektionsfläche ihrer eigenen Hoffnungen, Wünsche und Idealvorstellungen.

Jenseits der Selbstinszenierung von Machthabern kommt die machtstrategische Relevanz von Symbolik zudem in der Zusammenführung und Abgrenzung von Gruppen zum Tragen. Sie dient in der Sprache der Sozialpsychologie zur Etablierung sogenannter *Ingroups* und *Outgroups*.[156] Die Dichotomie von »uns« und »anderen«, von »innen« und »außen« ist, wie der Soziologe Johannes Scheu in Anlehnung an post-

154 Vgl. Herodot (2002): Historien, Bd. 1, hg. von Kai Brodersen, übers. von Christine Ley-Hutton, Stuttgart: Reclam.

155 Herodot (2002): S. 99. Zur Vertiefung siehe Meier, Mischa, Patzek, Barbara & Wiesehöfer, Josef (2004): Deiokes, König der Meder: Eine Herodot-Episode in ihren Kontexten, Stuttgart: Franz Steiner Verlag.

156 Vgl. Röhl (2010): S. 275. Zur Diskussion der Konzepte von Ingroup und Outgroup in der Sozialpsychologie siehe die klassische Monografie von Tajfel, Henri (1981): Human Groups and Social Categories, Cambridge: Cambridge University Press.

strukturalistische Theoretiker festhält, das grundlegende Merkmal menschlicher Vergemeinschaftung überhaupt.[157] Denn eine sichtbare und symbolisch codierte Abgrenzung gegenüber Außenstehenden, die nicht Teil der Gemeinschaft sind, ist unverzichtbar für die Formierung der Gemeinschaft selbst. Der französische Sprachphilosoph Jacques Derrida verwendet daher folgerichtig den Ausdruck des »konstitutiven Außen«, um zu beschreiben, wie sich Gemeinschaften über Abgrenzung zu außenstehenden Personen allererst definieren und erhalten.[158] Beispiele für die Konstituierung von Ingroups durch geteilte Symbole lassen sich ad infinitum anführen: Fußballfans kleiden sich in ihren Vereinsfarben und grenzen sich so von Anhängern anderer Clubs ab; fromme Muslimas bedecken ihr Haar mit einem Hidschab und treten damit in Distanz zu Nichtmuslimen und weniger frommen Glaubensschwestern; Neonazis tragen Springerstiefel mit weißen Schnürsenkeln und geben sich auf diese Weise als radikale Gegner demokratisch-liberaler Grundwerte zu erkennen. Die entsprechenden Symbole verstärken empirisch nachweislich Solidarität, Empathie und Kohäsion unter den Mitgliedern – sie sind, metaphorisch gesprochen, der Kitt, der die sozialen Gruppen zusammenhält. Dass standardisierte Gruppensymbolik überdies für die Ausübung von Aktionsmacht (siehe Kap. 2.1) einen immensen Vorteil bietet, haben Militärs bereits in der Antike entdeckt. Beispielhaft ist die Einführung von Kampfuniformen durch das römische Reich. Die ikonische Rüstung des Legionärs stiftete nicht nur einen für die damalige Zeit beispiellosen Korpsgeist. Sie präsentierte zudem die römischen Truppen ihren nicht gleichermaßen uniformierten Gegnern (z. B. Germanenstäm-

157 Vgl. Scheu, Johannes (2008): Wenn das Innen zum Außen wird – Soziologische Fragen an Giorgio Agamben, in: Soziale Systeme 14 (2), S. 294–307; S. 298. Unter Rekurs auf Hegel lassen sich soziale Kernkonzepte wie »wir« und »andere«, »innen« und »außen« etc. als sogenannte *Reflexionsbegriffe* klassifizieren. Das Besondere an Reflexionsbegriffen ist, dass sie nicht ohne Rekurs auf ihren Gegenbegriff definiert werden können. Um also plausibel zu bestimmen, was wir meinen, wenn wir »wir« sagen, kommen wir nicht darum herum, das Konzept des »anderen« heranzuziehen – et vice versa. Das naheliegende Problem der definitorischen Zirkularität, das sich daraus ergibt, gehört zu einer der härteren Nüsse der Philosophie, auf das wir nur hinweisen, aber das wir nicht knacken werden. Siehe zur Vertiefung Hegel, Georg W. F. ([1832] 2008): Wissenschaft der Logik. Bd. 1, Hamburg: Meiner.

158 Vgl. Derrida, Jacques (2004): Die différance. Ausgewählte Texte. Stuttgart: Reclam.

men) als überpersönliche militärische Einheit, die sich nicht in der Summe ihrer einzelnen Mitglieder erschöpfte.[159]

Ihre Kehrseite findet diese Machtstrategie in der symbolischen Ausgrenzung und der damit einhergehenden Unterwerfung und Entmachtung sozialer Outgroups. Diesen Topos hat der italienische Rechtsgelehrte und Philosoph Giorgio Agamben in seinem bisweilen dunklen, aber dennoch hochinteressanten Werk *Homo Sacer* erkundet.[160] Agamben fundiert seine Analyse in einer archaischen Rechtsfigur der römischen Antike – dem »homo sacer« (deutsch: »heiliger Mensch«), der infolge eines schweren Vergehens aus dem Gemeinwesen ausgestoßen ist und von allen anderen Personen straflos getötet werden kann.[161] Diese Figur markiert für Agamben den Prototypus sozialer Ausgrenzung. Weil sie alle politisch-rechtlichen Garantien eingebüßt und alle Ansprüche auf Verfahrensnormen verloren hat, ist sie auf ihre bloße biologische Existenz, auf ihr nacktes Leben reduziert. Agamben geht so weit, dem homo sacer seinen Status als menschliche Person abzusprechen, insofern dieser Status nur durch wechselseitige Anerkennungsverhältnisse unter den Gemeinschaftsmitgliedern entsteht – und ebendiese dem Ausgeschlossenen verwehrt bleiben. Homines sacri, so können wir Agamben ergänzen, sind prädestiniert für symbolische Kennzeichnung. Exemplarisch ist die Markierung der europäischen Juden im Deutschen Reich von 1935 bis 1945 mit dem gelben Stern. Das Sternsymbol markierte die betroffene Bevölkerungsgruppe nicht nur als gesellschaftliche Außenseiter und »Volksschädlinge«, sondern ermöglichte auch ihre effiziente Erfassung, Deportation und Vernichtung durch die Sicherheitsbehörden.[162] Freilich war diese spezifische Verquickung von Macht und Symbolik keine originäre Erfindung der Nationalsozialisten. Neben unterschiedlichen Klei-

159 Für einen historischen Überblick über militärische Uniformen und Rüstungen als Symbole der Macht siehe Zygulski Jr., Zdzislaw (1984): Armour as a Symbolic Form, in: Waffen- und Kostümkunde 26 (2), S. 77–96.

160 Vgl. Agamben, Giorgio (2002): Homo sacer. Die souveräne Macht und das nackte Leben, Frankfurt a. M.: Suhrkamp. Zur Vertiefung siehe Scheu (2008).

161 Ein sozialtheoretisches Äquivalent zu dieser rechtshistorischen Exklusionsfigur findet sich in René Girards Sündenbocktheorie, vgl. Girard, René (1988): Der Sündenbock, Zürich: Brenzinger.

162 Vgl. hierzu Scheiner, Jens J. (2004): Vom Gelben Flicken zum Judenstern? Genese und Applikation von Judenabzeichen im Islam und christlichen Europa (849–1941), Frankfurt a. M.: Peter Lang.

dungsvorschriften ist die Kennzeichnung von Randgruppen und marginalisierten Personenkreisen durch Brandmarkung oder Verstümmelung seit jeher ein essenzieller Bestandteil symbolischer Machtstrategien.

Ein sechster Punkt betrifft die Kontrolle über kommunikative Symbole. In ihrer Monografie *Literacy and Power* konstatiert Hilary Janks: »[L]anguage, other symbolic forms, and discourse are powerful means of maintaining and reproducing relations of domination«.[163] Die Plausibilität dieser These erweist sich eindrucksvoll am Falle der Alphabetisierung. Wer nicht über den passiven und aktiven Gebrauch von Schriftzeichen verfügt, ist sowohl von zahlreichen Bildungs- und Aufstiegschancen als auch von vielen Formen sozialer Teilhabe ausgeschlossen. Der fehlende Zugang zu schriftlichen Informationsquellen (Büchern, Zeitungen, Internet) macht es für die betroffenen Personen nahezu unmöglich, sich ein reflektiertes Bild über bestehende Machtverhältnisse in ihrem Gemeinwesen zu bilden. Konsequenterweise haben Machtstrategen zu allen Zeiten versucht, den Gebrauch schriftlicher Symbole zu einer Arkandisziplin zu machen, die nur wenigen vorbehalten ist. Die Monopolisierung des Schrifttums durch die katholische Kirche während des europäischen Mittelalters war z. B. mit ursächlich für ihre herausgehobene Stellung in der hierarchischen Ordnung des monarchischen Feudalstaates.[164] Sie avancierte dank dieses Monopols zur unverzichtbaren Stütze der Monarchie und zur Kontrollinstanz nationaler und internationaler Kommunikationswege. Aber auch in Neuzeit und Moderne finden sich Beispiele für diese Nutzung von Symbolen als Machtmittel. So zählte der erzwungene Analphabetismus, wie Historiker dokumentiert haben, zu den bevorzugten Unterdrückungstechniken US-amerikanischer Sklavenhalter und des südafrikanischen Apartheidregimes.[165]

Jenseits der Alphabetisierung gibt es jedoch eine weitere Variante, wie durch die Kontrolle kommunikativer Symbole Macht ausgeübt wer-

163 Janks, Hilary (2010): Literacy and Power, London/New York: Routledge: S. 22.

164 Vgl. hierzu u. a. Urlacher, Brian R. (2016): International Relations as Negotiations, New York: Routledge, S. 18 und Taylor, Mark C. (2007): After God, Chicago: University of Chicago Press, S. 74.

165 Vgl. Petesch, Donald A. (1989): A Spy in the Enemy's Country. The Emergence of Modern Black Literature, Iowa: University of Iowa Press und Morar, Tulsi (2006): The South African's Educational System's Evolution to Curriculum 2005, in: Jayja Erneast & David Treagust (Hg.): Education Reform in Societies in Transition. International Perspectives, Rotterdam: Sense Publishers, S. 245–258.

den kann. Die Soziologin Paula-Irene Villa hält fest, dass sich »Herrschaft dadurch ab[sichert], dass sie den Beherrschten keine anderen symbolischen Formen […] lässt als diejenigen, durch die sie beherrscht werden«.[166] Dahinter steht die schwer abweisbare Überlegung, dass es eine enge Verknüpfung zwischen Symbol und Bedeutung gibt, die festlegt, in welcher Form Personen überhaupt über bestehende Machtverhältnisse kommunizieren können. Kurz: Indem der Machthaber bestimmte kommunikative Symbole tabuisiert und andere zur allgemeinverbindlichen Norm erhebt, kann er gesellschaftliche Diskurse steuern oder gar vollkommen zum Schweigen bringen. Ein generelles Beispiel für diese Strategie sind kulturpolitische Umerziehungsmaßnahmen, bei denen ethnischen Randgruppen verboten wird, ihre eigene Schrift zu benutzen. In der langfristigen Perspektive führen solche Maßnahmen dazu, dass die Nachkommen der Minderheit nur noch in der Schrift der Machthaber kommunizieren können. Sie werden damit – unwissentlich und unwillentlich – zu Komplizen ihrer eigenen Unterdrückung.

Der Gründer des modernen türkischen Staates Gazi Mustafa Kemal, genannt Atatürk, hat eine Schriftreform gar zum Kernstück eines gesamtgesellschaftlichen Umbauprojekts gemacht: 1928 veranlasste er die Abkehr von der arabischen Schrift und die ausschließliche Verwendung des lateinischen Alphabets in der Türkei; zudem ließ er unzählige arabische Lehnwörter aus dem Türkischen tilgen und durch Neologismen ersetzen. Damit verband sich, wie der Geschichtswissenschaftler Anton J. Walter konstatiert, eine eindeutige Zielsetzung: »Das türkische Volk sollte mit einem Schlage aus seiner arabisch-mohammedanischen Kulturgrundlage gelöst und dafür dem Einfluß der europäischen Zivilisation und Kultur erschlossen werden, […] die Türkei sollte von ihren vorderasiatischen Nachbarländern abgeschaltet und außenpolitisch mit Westeuropa verknüpft werden.«[167] Wie einschneidend diese Maßnahme war, erschließt sich, wenn man bedenkt, dass die arabische Schrift nach islamischer Lesart die Schrift Gottes ist, in der der Engel Gabriel Mo-

166 Villa, Paula-Irene (2011): Symbolische Gewalt und ihr Scheitern. Eine Annäherung zwischen Butler und Bourdieu, in: Österreichische Zeitschrift für Soziologie 36 (4), S. 51–69; S. 54.

167 Walter, Anton J. (1960): Schriftentwicklung unter dem Einfluß von Diktatoren, in: Mitteilungen des Instituts für Österreichische Geschichtsforschung 68, S. 337–361; S. 340.

hammed den Koran diktierte. Der überzeugte Laizist Atatürk schnitt also das türkische Volk handstreichartig von der islamischen Kultur- und Schrifttradition ab und minimierte auf diesem Wege zugleich den Einfluss muslimischer Kleriker auf die Politikgestaltung. Jetzt, fast 90 Jahre später, lässt sich gleichwohl fragen, wie nachhaltig der Effekt dieser Machtstrategie gewesen ist. Angesichts des Erstarkens des politischen Islams unter dem derzeitigen türkischen Präsidenten Recep Tayyip Erdoğan kommen gewisse Zweifel auf. Dennoch steht fest, dass Atatürks Reform entscheidend dazu beigetragen hat, dass die Türkei heute eine machtstrategisch bedeutsame Position an der Gelenkstelle zwischen Orient und Okzident innehat.

Die letzte Gelenkstelle von Macht und Symbolik, die wir hier betrachten wollen, betrifft das Themenfeld der Erinnerungskultur.[168] Geschichte ist das, was wir aus ihr machen.[169] Es gibt nicht *die* Vergangenheit, zumindest nicht in einem belastbaren, objektiven Sinne, sondern nur verschiedene und potenziell konkurrierende Interpretationen derselben. Dieser Umstand ist machtstrategisch hoch relevant: Wer die Deutungshoheit über die Vergangenheit eines Gemeinwesens erlangt, kann sie als kontinuierliche Erfolgsgeschichte erzählen, als Ringen gegen feindliche Mächte oder als Serie von Ungerechtigkeiten und Verbrechen.[170] Entsprechend lässt sich aus der Geschichte wahlweise die Bewahrung des machtpolitischen Status quo, die Mobilisierung der Bevölkerung für einen schicksalhaften Krieg oder gar der vollkommene politisch-ökonomische Neuanfang ableiten. Die Steuerung der Erinnerungskultur trägt mithin »zur Ausgestaltung eines kollektiven Gedächtnisses bei, das für die Identität politischer Gemeinschaften von zentraler Bedeutung ist«

168 Die Standardwerke zum Thema der Erinnerungskultur sind nach wie vor Nora, Pierre (1998): Zwischen Geschichte und Gedächtnis, Frankfurt a. M.: Fischer und Assmann, Jan (2013): Das kulturelle Gedächtnis. Schrift, Erinnerung und politische Identität in frühen Hochkulturen. 7. Auflage, München: Beck.

169 Vgl. Demandt, Alexander (2002): Zeit und Unzeit. Geschichtsphilosophische Essays, Köln/Weimar: Böhlau Verlag, S. 65.

170 Man denke etwa an den dialektischen Materialismus, die Ideologie der Sowjetunion und ihrer Satellitenstaaten, der zufolge die Weltgeschichte als bloße Aneinanderreihung von Klassenkämpfen aufzufassen ist. Wenn man dieses Geschichtsbild akzeptiert, kann man ohne größere historische Verrenkungen den Gladiator Spartacus als Ahnherrn der Arbeiterbewegung in Anspruch nehmen und so eine historische Kontinuität der sozialistischen Idee bis in die Antike konstruieren.

und das zur Rechtfertigung von Herrschaftsansprüchen herangezogen werden kann (siehe hierzu auch unsere Diskussion des narrativen Begründungswissens in Kap. 2.5).[171]

Genau hier spielt die symbolische Inszenierung eine entscheidende Rolle. Ein beeindruckendes Beispiel, das Herfried Münkler in seiner Monografie *Die Deutschen und ihre Mythen* analysiert, ist die Varusschlacht im Teutoburger Wald.[172] Mit der heutigen – vermeintlich – nüchternen Historikerbrille betrachtet, handelte es sich zwar um eine empfindliche Niederlage für das nach Germanien expandierende Imperium Romanum, aber nicht um ein epochales Ereignis. Das sahen die deutschen Geschichtswissenschaftler, Philologen und Dichter des 19. Jahrhunderts ganz anders. Sie erklärten (oder verklärten) das Gefecht zwischen den Legionen des Statthalters Publius Quinctilius Varus und einer Allianz germanischer Stämme im Jahre neun nach Christus zur Geburtsstunde der deutschen Nation. Der cheruskische Heerführer Arminius, der die Römer in einen Hinterhalt gelockt hatte, bekam einen neuen, deutscheren Namen verpasst: Hermann.

Um zu verstehen, welche symbolische Schlagkraft Hermann der Cherusker besaß, muss man sich in Erinnerung rufen, dass Deutschland Mitte des 19. Jahrhunderts von nationaler Einheit noch weit entfernt und in der Kleinstaaterei gefangen war. Die Besatzung durch die napoleonischen Truppen hatte zudem die Volksseele empfindlich gekränkt. Entsprechend eignete sich der Cheruskerhäuptling, der die Stämme Germaniens gegen einen gemeinsamen Feind zusammengeführt hatte, perfekt als Sinnbild der Reichseinigungsbewegung. Burschenschaften, Turnvereine, politische Logen – kurz, die nationale Avantgarde – zollten ihm Tribut, indem sie sich zu Dutzenden nach Hermann benannten. Die symbolische Nutzung des Hermann-Motivs zieht sich durch die gesamte Kunst dieser Epoche. Ob in Caspar David Friedrichs bekanntem Gemälde »Grabmale alter Helden«, Heinrich von Kleists opulentem Drama »Die Hermannsschlacht« oder unzähligen Gedichten, Liedern und Opern – über-

171 Münkler, Herfried (2009): Die Deutschen und ihre Mythen, Berlin: Rowohlt. Dem Historiker Benedict Anderson verdanken wir die Erkenntnis, dass die gezielte Steuerung historischer Narrative das prägende Element der Nationenbildung darstellt; vgl. Anderson, Benedict (1994): Imagined Communities. Reflections on the Origins and Spread of Nationalism, London/New York: Verso.

172 Vgl. Münkler (2009): S. 165–180. Zur Vertiefung siehe z. B. Höfler, Otto (1961): Siegfried, Arminius und die Symbolik, Heidelberg: Winter.

all wurde der Cherusker herangezogen, wenn es galt, Nationalbewusstsein zu schüren und zum Kampf gegen Nachahmer römischer Expansionspläne aufzurufen. Bedeutend ist mithin, dass es der Rekurs auf die Varusschlacht erlaubte, eine Geschichte des deutschen Volkes seit der Antike zu erzählen und so eine kollektive Identität bzw. ein gemeinschaftliches Wir-Gefühl zu konstruieren, das sich durch alle historischen Umbrüche erhielt. Ein solches Wir-Gefühl ist, wie der große Staatsrechtler Ernst-Wolfgang Böckenförde festhält, unverzichtbar für Solidarität und soziale Kohäsion: »Es ist der ›sense of belonging‹ [...], das Bewußtsein, das Empfinden und der Wille, zusammen eine Gemeinschaft zu bilden, ihr anzugehören und an ihr – im Angenehmen und Nützlichen wie im Schweren und Belastenden – teilzuhaben«, der die Grundlage von gemeinsamer Verantwortung, Einstandspflichten und wechselseitiger Leistungsbereitschaft bildet.[173]

Die Varusschlacht ist ein offenkundiges Beispiel für die affirmative, bejahende Aneignung eines historischen Ereignisses. Aber gerade die deutsche Erinnerungskultur der jüngsten Vergangenheit zeichnet sich vor allem durch einen kritischen, die Diskontinuität betonenden Zugriff auf das Geschichtliche aus. Prägend hierfür sind natürlich die Verbrechen der NS-Zeit. Entsprechend ist deutsche Erinnerungskultur dieser Tage vor allem auch eins: Vergangenheitsbewältigung. Ihre symbolischen Konkretionen oder »Kristallisationen«, um einen Ausdruck des Religions- und Kulturwissenschaftlers Jan Assmann zu gebrauchen, finden sich in Gestalt unzähliger Mahnmale.[174] Man denke an die berühmten »Stolpersteine«, die als kleine Messingplatten vor den Wohnorten von Holocaustopfern in den Gehsteig deutscher Städte eingelassen sind, oder an das monumentale Denkmal für die ermordeten Juden Europas in Berlin.[175] Derartige Formen der Erinnerungskultur kommunizieren Buße,

173 Böckenförde, Ernst-Wolfgang (2011): Europa und die Türkei, in: Ders., Wissenschaft – Politik – Verfassungsrecht, Frankfurt a. M.: Suhrkamp, S. 289f. Vgl. hierzu Flaig, Egon (2017): Wie entscheidungsfähig sind Demokratien? Historische Rückbesinnung auf Gemeinwohl und politische Kohäsion, im Erscheinen.

174 Assmann, Jan (1988): Kollektives Gedächtnis und kulturelle Identität, in: Jan Assmann & Tonio Hölscher (Hg.). Kultur und Gedächtnis, Frankfurt am Main: Suhrkamp, S. 9–19; S. 14.

175 Einen guten Überblick über das Erinnerungs- und Kunstprojekt der »Stolpersteine« bietet Rönneper, Joachim (Hg.) (2010): Vor meiner Haustür. »Stolpersteine« von Gunter Demnig. Ein Begleitbuch. Gelsenkirchen: Arachne-Verlag.

Bruch und Neuanfang – statt Nationalstolz und Patriotismus sollen Reflexionsbewusstsein und Selbstkritik vermittelt werden. Dennoch wäre es naiv, zu glauben, dass Mahnmale nicht eine erhebliche machtstrategische Relevanz besäßen. Sie sind vielmehr exzellente Beispiele für technische oder datensetzende Macht im Sinne von Popitz (siehe Kap. 2.1). Durch die Errichtung eines Mahnmals, das die historische Verantwortung der eigenen Nation betont, können politische Entscheidungsträger Fakten schaffen und ihr bevorzugtes historisches Narrativ im wahrsten Wortsinne in Stein meißeln lassen. Auf diese Weise werden politische Konkurrenten, die dieses Narrativ nicht akzeptieren – z. B. rechtsnationalistische Interessenformationen –, sukzessive aus dem öffentlichen Raum verdrängt. Kurzum: Wem es gelingt, die eigene Interpretation der Gemeinschaftsgeschichte durch das Schaffen symbolischer Fakten innerhalb des öffentlichen Raums im Kollektivgedächtnis zu verankern, kann die Deutungshoheit über die Vergangenheit erlangen und auf diese Weise Einfluss auf die Gestaltung der Zukunft nehmen.

2.3 Machtfelder

Macht, so haben wir zu Beginn festgehalten, ist nicht nur vielgestaltig, sondern auch omnipräsent. Sie manifestiert sich in unterschiedlichsten Formen, und sie durchzieht alle noch so weit voneinander entfernten Lebensbereiche. In Kap. 2.1 haben wir die Grundformen der Macht klassifiziert; wir haben Ordnung in die Vielgestaltigkeit gebracht. In diesem Abschnitt werden wir nun die zentralen gesellschaftlichen Felder, in denen Macht auftritt, systematisieren: Religion, Ökonomie, Politik. Dieser Dreiklang erschöpft nicht das gesamte Spektrum. Es handelt sich jedoch um die wichtigsten Schauplätze.[176] Bevor wir die drei Machtfelder in den Blick fassen – und zwar mit Fokus auf das Feld der Politik –, gilt es aber grundsätzlich zu klären, was unter einem Machtfeld zu verstehen ist.

---

176 Vgl. zu dieser Einschätzung etwa Poggi, Gianfranco (2001): Forms of Power, Cambridge: Polity Press, S. 18f. und Hondrich, Karl O. (1978): Theorie der Herrschaft, Frankfurt a. M.: Suhrkamp, S. 34ff.

Der Begriff ist untrennbar verknüpft mit den Arbeiten eines der einflussreichsten Soziologen des 20. Jahrhunderts: Pierre Bourdieu.[177] Bourdieu argumentiert, dass sich Gesellschaften mit zunehmendem Fortschritt immer stärker arbeitsteilig organisieren und in separate, systematisch verbundene Bereiche mit je eigenen Funktionen differenzieren. Zu diesen Bereichen, die Bourdieu sowohl »Machtfelder« als auch »Kraftfelder« nennt, zählen neben den bereits genannten Sektoren der Religion, Ökonomie und Politik unter anderem auch Kultur, Wissenschaft, Militär und Sport.[178] In diesem Kontext charakterisiert er ein Machtfeld »als einen Mikrokosmos, als eine kleine, relativ autonome soziale Welt innerhalb der großen sozialen Welt.«[179] Trotz der funktionalen Unterschiede zwischen diesen Mikrokosmen teilen sie drei konstitutive Merkmale: einen klassenspezifischen Habitus der beteiligten Personen, eigene Praktiken und Hierarchien sowie einen jeweils spezifischen Typ von Machtressourcen, um welche die Akteure konkurrieren.

Ein *Habitus* ist letztlich nichts anderes als eine Reihe sozial erlernter Verhaltensregeln, Denk-, Wahrnehmungs- und Bewertungsschemata, die wir mehr oder weniger unbewusst befolgen und die bestimmen, wie wir unsere Welt und unsere Mitmenschen einschätzen und mit ihnen interagieren.[180] Entsprechend funktioniert er wie ein sozialer Reflex:

177 Grundlegend sind hier u. a. Bourdieu, Pierre (1976): Entwurf einer Theorie der Praxis, Frankfurt a. M.: Suhrkamp, (1987): Die feinen Unterschiede. Kritik der gesellschaftlichen Urteilskraft, übers. von Bernd Schwibs & Achim Russer, Frankfurt a. M.: Suhrkamp, (1993): Sozialer Sinn. Kritik der theoretischen Vernunft, Frankfurt a. M.: Suhrkamp und (1998): Praktische Vernunft. Zur Theorie des Handelns, Frankfurt a. M.: Suhrkamp.

178 Bourdieu hat in seinem Gesamtwerk keine erschöpfende Darlegung aller Machtfelder präsentiert. Entsprechend werden auch wir tunlichst auf den Versuch verzichten, hier eine abschließende Auflistung vorzunehmen.

179 Bourdieu, Pierre (2001): Das politische Feld. Zur Kritik der politischen Vernunft, Konstanz: UVK, S. 41.

180 Zur Veranschaulichung dieses Kernbegriffs hat Bourdieu die Analogie der Grammatik herangezogen: So wie die jeweilige Grammatik einer Sprachgemeinschaft als generatives Schema für Sprechakte fungiert, so fungiert der Habitus als generatives Schema für Handlungen, Bewertungen und Denkprozesse. Vgl. hierzu Krais, Beate & Gebauer, Gunter (2002): Habitus, Bielefeld: transcript. Zur Vertiefung siehe u. a. Barlösius, Eva (2004): Kämpfe um soziale Ungleichheit. Machttheoretische Perspektiven, Wiesbaden: VS Verlag, S. 123–149 und Schwingel, Markus (1993): Analytik der Kämpfe. Macht und Herrschaft in der Soziologie Bourdieus, Hamburg: Argument-Verlag, S. 64ff.

Sobald eine Person *P* mit dem Habitus *H* in eine Situation der Art *S* gerät, legt sie mit großer Wahrscheinlichkeit das Verhalten *V* an den Tag.[181] Entscheidend ist für Bourdieu, dass die Habitus verschiedener Personen untrennbar mit ihrer Klasse und ihrem Sozialstatus innerhalb eines Machtfelds verknüpft sind.[182] Ein Habitus ist in diesem Sinne eine Gruppeneigenschaft. Im Feld der Kultur gehört es etwa zum Habitus des Bildungsbürgertums, ein Interesse an gehobener Sprache, Kunst und musischer Bildung zu kultivieren. Dem korrespondiert aufseiten des Prekariats ein ›Underdog‹-Habitus, der sich nicht nur durch die Ablehnung der Prestigegüter der Hochkultur auszeichnet, sondern durch eine Gegenkultur, die ganz eigene ästhetische Präferenzen und Statussymbole umfasst.[183] Die Reichweite und Bandbreite der verschiedenen Habitus ist immens: So fällt in den Bereich sozial erlernter Dispositionen nicht nur ästhetischer Geschmack, sondern auch Entscheidungen darüber, was wir essen (Bio oder Billigfleisch), wie wir uns kleiden (Barbour- oder Bomberjacke), wie wir uns bewegen (schlendern oder schreiten), welche Wertorientierung wir haben (progressiv oder konservativ) etc. Hierfür gibt es für Bourdieu einen einfachen Grund: Habitus haben für unser Leben eine unerlässliche Entlastungsfunktion, weil sie es erlauben, »alle in neuen Situationen möglichen auftauchenden gleichförmigen Probleme durch

181 Daher stuft Bourdieu die Habitus einer Person an einigen Stellen auch als »Systeme dauerhafter Dispositionen« ein, also als potenzielle, kontextabhängige Eigenschaften, siehe Bourdieu, Pierre (1976): S. 165.

182 Anders als marxistische Theoretiker macht Bourdieu den Klassenbegriff nicht allein von der Stellung der Personengruppe innerhalb der Produktionsverhältnisse abhängig. Klasse ist für ihn ein mehrdimensionales Konzept, das auch geografische, geschlechtsspezifische, ethnische und andere Auslese- und Ausschließungsprinzipien umfasst, vgl. Bourdieu (1987): S. 176f.; S. 182ff.

183 Gerade am Feld der Kultur zeigt sich allerdings eindrucksvoll, dass die verschiedenen Habitus der Gesellschaftsgruppen keinesfalls für alle Zeit fix, sondern vielmehr fluid sind. Bis Ende des 20. Jahrhunderts war z. B. die Musikrichtung des Gangster-Rap, der sowohl das soziale Elend minderprivilegierter Schichten thematisiert als auch Themen wie Drogenhandel und Zuhälterei ästhetisiert, fest im kulturellen Habitus des Prekariats verankert. Seitdem hat sie jedoch eine erstaunliche Aufwertung und Kanonisierung durch die Hochkultur erfahren. Zur Vertiefung siehe Dietrich, Marc & Seeliger, Martin (2013): Gangsta-Rap als ambivalente Subjektkultur, in: Psychologie und Gesellschaftskritik 37 (3/4), S. 113–135; S. 118ff.

eine Art praktischer Verallgemeinerung zu bewältigen.«[184] Die habituelle Automatisierung von Handlungs-, Wahrnehmungs-, Denk- und Bewertungsprozessen befreit uns davon, in jeder Situation ständig neu alle Optionen gewichten zu müssen. Sie gewährleistet die dringend erforderliche Komplexitätsreduktion unserer praktischen Welt.

Aber die Habitus eines Machtfeldes haben nicht nur eine Entlastungsfunktion. Sie bringen auch die feldspezifischen *Praktiken und Hierarchien* hervor. Der Begriff der Praktik bezeichnet ganz grundsätzlich eine koordinierte und von mehreren Personen kollektiv durchgeführte Handlungsfolge, die kein singuläres Ereignis mit fixem Anfangs- und Endpunkt ist, sondern Kontinuität aufweist.[185] So ist z. B. Thomas Müllers Torschuss in der elften Minute des WM-Halbfinales zwischen Deutschland und Brasilien am achten Juli 2014 ›nur‹ ein Einzelereignis – das regelmäßige Training der deutschen Nationalelf hingegen eine Praktik. Die objektive soziale Welt und ihre Machtfelder existieren für Bourdieu und für viele durch ihn inspirierte Soziologen und Historiker nur in und durch Praktiken; sie bestehen aus einem System ineinandergreifender Handlungsfolgen, die beständig neu durchgeführt oder verändert werden.[186] Klassische Beispiele sind neben Güter- und Geldkreisläufen demokratische Wahlen und religiöse Riten sowie Verwaltungsprozesse und juristische Verfahren. Diese komplexen Handlungsfolgen könnten, so Bourdieu, nie aufrechterhalten, geschweige denn untereinander koordiniert werden, wenn die Akteure nicht habituell dazu disponiert wären. Anders gesagt: Nur durch die »Einverleibung der objektiven Strukturen« der sozialen Umwelt in Form oft unbewusster Verhaltensmuster können die für ein Feld charakteristischen Praktiken beständig repro-

184 Bourdieu, Pierre (1993): S. 172.

185 Eine griffige Definition findet sich z. B. bei Arndt Brendecke, der eine Praktik in Anlehnung an Theodore R. Schatzki als »typisiertes, routiniertes und sozial verstehbares Bündel von Aktivitäten« begreift; Brendecke, Arndt (2015): Von Postulaten zu Praktiken. Eine Einführung, in: Ders. (Hg.): Praktiken der frühen Neuzeit. Akteure, Handlungen, Artefakte, Köln/Weimar/Wien: Böhlau Verlag, S. 13–20; S. 15.

186 Entsprechend bezeichnet man diese Theorierichtung auch als *Praxeologie*. Siehe hierzu etwa Flaig, Egon (1992): Den Kaiser herausfordern. Die Usurpation im römischen Reich, Frankfurt a. M./New York: Campus Verlag, S. 32–37. Zur Vertiefung siehe Veyne, Paul (1981): Der Eisberg der Geschichte. Foucault revolutioniert die Historie, übers. von Karin Tholen-Struthoff, Berlin: Merve Verlag.

duziert werden.[187] Umgekehrt ist die Reproduktion der klassen- und machtfeldspezifischen Praktiken jedoch auch eine Vorbedingung für die generationenübergreifende Tradierung der Habitus. Denn Habitus werden gerade nicht wie Lehrinhalte abstrakt vermittelt oder einstudiert, sondern beim Hineinwachsen in bereits bestehende Strukturen der sozialen Welt erworben. So stellt sich auch gar nicht die Frage, was zuerst da war – Habitus oder Praxis. Beide Elemente des Machtfelds sind, da sie sich wechselseitig bedingen, gleichursprünglich.

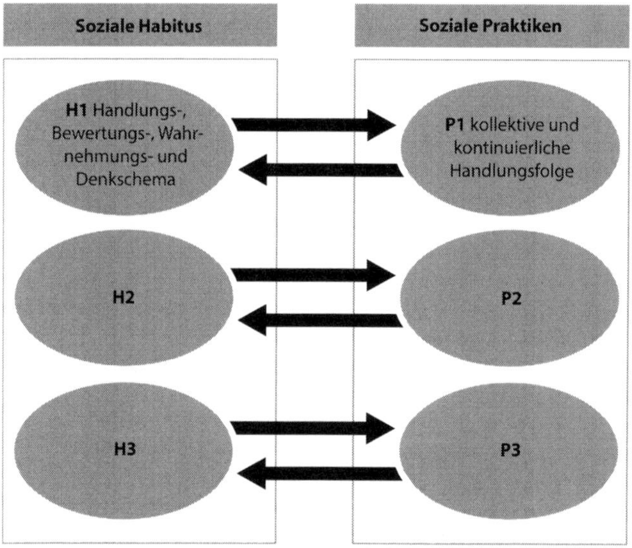

Abbildung 2: Wechselseitiges Konstituierungsverhältnis von Habitus und Praktiken

Ein entscheidender Punkt ist indes, dass alle Praktiken *spezifische und hierarchisch geordnete Positionen* beinhalten, die von den beteiligten Akteuren besetzt werden und die mit unterschiedlichen Machtstellungen verknüpft sind. In einigen Feldern, wie dem des Militärs, der Ökonomie oder der Religion, sind diese positionalen Hierarchien oft stark formalisiert. Sie lassen sich erstens in dichotome Paare aufteilen – »Befehlsha-

187 Bourdieu, Pierre (2002): Die zwei Gesichter der Arbeit, Konstanz: UVK, S. 140.

ber«/»Befehlsempfänger«, »Arbeitgeber«/»Arbeitnehmer«, »Priester«/»Laie«, »Meister«/»Schüler« – und zweitens in Form komplexer Zuständigkeits- und Kompetenzordnungen (z. B. Unternehmensorganigramme, Kommandostrukturen der Armee, Diözesanhierarchien) aufschlüsseln. Doch auch weniger formalisierte Felder wie die Kultur sind durch hierarchische Positionen charakterisiert und durch soziale Ungleichheiten, die damit einhergehen. Eine Praxis, auf die Bourdieu detaillierter eingeht, betrifft die Beziehung zwischen Künstlern und Mäzenen, die er nicht ohne einen Schuss Polemik als verstecktes Ausbeutungsverhältnis charakterisiert.[188]

Die hierarchisch geordneten Positionen innerhalb der Praktiken, die in ihrer Gesamtheit das jeweilige Machtfeld ausmachen, haben ihre Grundlage in der unterschiedlichen Verfügung über die *spezifischen Machtressourcen* eines Feldes.[189] Statt von Ressourcen spricht Bourdieu oft bevorzugt vom »Kapital« eines Feldes, allerdings ohne damit ein spezifisch wirtschaftswissenschaftliches Kapitalverständnis zu verbinden: »Das Prinzip der primären, die Hauptklassen der Lebensbedingungen konstituierenden Unterschiede liegt im Gesamtvolumen des Kapitals als Summe aller effektiv aufwendbaren Ressourcen und Machtpotentiale«.[190] Im Klartext: Je mehr Machtressourcen ein Akteur hat, desto besser ist seine Positionierung innerhalb der Praktiken des Feldes. Was jedoch eine Machtressource *ist* bzw. worauf die Macht eines Akteurs *beruht*, das ist von Feld zu Feld grundverschieden. Zum besseren Verständnis hilft eine Analogie:[191] Machtfelder können mit Kartenspielen verglichen werden, die verschiedene Spielziele haben und in denen je unterschiedliche Trümpfe gelten. Im politischen Feld ist für Bourdieu das Spielziel die Kontrolle über den Staat sowie die »legitime Durchsetzung der Sicht- und Teilungsprinzipien der sozialen Welt«.[192] Und zu den wichtigsten Trümpfen – oder Machtressourcen – zählen Prestige, Vernetzung, freie Zeit und Bildung.[193] Im Feld der Wissenschaft hingegen sind die entscheidenden Machtressourcen neben Publikationen und erfolgreichen Drittmittelein-

188 Vgl. Bourdieu (1987): S. 497f.

189 Für unsere einleitende Diskussion zur Konzeption von Macht als quantifizierbare und verteilbare Ressource siehe Kap. 1.1.

190 Vgl. Bourdieu (1987): S. 196.

191 Vgl. Bourdieu (1998): S. 141.

192 Bourdieu (2001): S. 54f.

193 Vgl. ebd.: S. 52.

werbungen die Zitationsquoten.[194] Auch hier gilt: Je besser ein Akteur darin ist, diese Ressourcen zu akkumulieren und einzusetzen, desto einflussreicher sind seine Positionierung und seine Chance, innerhalb des wissenschaftlichen Machtfeldes seine Interessen durchzusetzen. In dem Kontext verweist Bourdieu mit Nachdruck darauf, dass die Machtressourcenverteilung innerhalb eines Feldes keinesfalls statisch ist – auch wenn die deterministischen Aspekte seines Habitusmodells diese Mutmaßung aufkommen lassen könnten –, sondern kontinuierlich umkämpft wird.[195] Somit gilt: »Soziale Felder sind für Bourdieu Kampffelder, in denen die Machtressourcen […] der sozialen Akteure ständig zur Disposition stehen.«[196]

Offenkundig ist es für eine erfolgreiche Machtstrategie in einem bestimmten Feld nicht nur erforderlich, die Positionierungen der jeweiligen Akteure zu kennen und zu wissen, welcher Habitus ihr Handeln bestimmt. Es ist vor allem unerlässlich, die relevanten Machtressourcen zu kennen oder – in der Sprache des Kartenspiels gesagt – zu wissen, welche Farbe Trumpf ist. Wer etwa Machtressourcen aus einem Feld wie etwa der Ökonomie ohne Weiteres in ein anderes Feld wie das der Kunst zu transportieren versucht, der kann schnell Schiffbruch erleiden. Jedes Machtfeld folgt seiner eigenen Logik – das ist es im Übrigen auch, was Bourdieu meint, wenn er von einer »relativ autonome[n] soziale[n] Welt« schreibt –, und entsprechend können die jeweiligen Machtressourcen keinesfalls problemlos ineinander konvertiert und füreinander substituiert werden.

---

194 Nachwuchsforscher müssen in ihrer Karriere immer wieder herausfinden, dass Lehrerfahrung als Ressource im Wissenschaftsfeld fast nichts zählt. Mit guten Seminaren und einem exzellenten Verhältnis zur Studentenschaft lässt sich in diesem Machtspiel kein Blumentopf gewinnen. Ähnliches gilt zumindest tendenziell für mediale Präsenz: Der promovierte Germanist Richard D. Precht mag für seine populärwissenschaftlichen Philosophiebücher in den Feuilletons gefeiert werden, aber in der universitären Philosophie wird er deswegen trotzdem nicht besonders ernst genommen.

195 So etwa in seiner kleineren Schrift *Das politische Feld* »Ein Feld ist ein Kräftefeld und ein Kampffeld zur Veränderung der Kräfteverhältnisse«, Bourdieu (2001): S. 49.

196 Hillebrandt, Frank (1999): Die Habitus-Feld-Theorie als Beitrag zur Mikro-Makro-Problematik in der Soziologie – aus der Sicht des Feldbegriffs, in: Working Papers zur Modellierung sozialer Organisationsformen in der Sozionik, https://www.tuhh.de/tbg/Deutsch/Projekte/Sozionik2/WP2.pdf, S. 16.

Dieser Problemkomplex dockt an eine Schlüsselthematik an, die neben Bourdieu vor allem der italienische Soziologe Gianfranco Poggi eingehend erforscht hat: das Verhältnis *zwischen* den Machtfeldern.[197] Sowohl Poggi als auch Bourdieu argumentieren dafür, dass Machtkämpfe nicht nur innerhalb einzelner Felder stattfinden. Die unterschiedlichen Felder konkurrieren auch miteinander um Vorherrschaft. Poggi nennt diesen Konflikt in Anlehnung an Bourdieus Kartenspielanalogie den »struggle over ›trump-ness‹«, also den Kampf darum, welche Farbe Trumpf ist.[198] Konkret bedeutet das: Jedes Machtfeld strebt danach, seinen Typus von Machtressourcen als grundlegendes Prinzip der sozialen Welt zu verankern und andere Formen von Machtressourcen in ihrer Bedeutung zu marginalisieren.[199] Wenn wir diese Prämisse akzeptieren, dann können wir die bedeutendsten ideologischen Konflikte unserer Zeit auf elegante Weise als »struggle[s] over ›trump-ness'‹« erklären und systematisieren. So lässt sich der Kommunismus sowjetischer Prägung als Versuch auffassen, den absoluten Primat des politischen Feldes vor allen anderen Feldern, vor allem jedoch dem Feld der Ökonomie, zu etablieren. Die zentrale Steuerung ökonomischer Prozesse durch eine technokratische Elite, die Abschaffung der Marktmechanismen bei der Allokation von Gebrauchsgütern und Dienstleistungen und die Verstaatlichung von Produktionsmitteln – all das sind Bestrebungen, die Autonomie der ökonomischen Sphäre zu negieren.[200] Gegenspieler in diesem Ringen um

197 Vgl. Poggi (2001): S. 21–15 und Bourdieu (2001): S. 52. Siehe auch Barlösius (2004): S. 151.

198 Vgl. Poggi (2001). S. 24.

199 Weder Bourdieu noch Poggi haben Versuche unternommen, einen exakten Kriterienkatalog für die relative Autonomie eines Machtfeldes gegenüber anderen Machtfeldern zu entwickeln. Eva Barlösius, eine der bedeutendsten Bourdieu-Forscherinnen im deutschsprachigen hält jedoch allgemein fest, dass sich die »Autonomie eines Feldes [...] an seiner Fähigkeit [bemisst], gegenüber äußeren Zwängen eine Gegenmacht aufzubauen, um so externe Anforderungen abzuweisen«, Barlösius (2004): S. 152.

200 Vgl. Rigby, T. H. (1978): Stalinism and the Mono-Organisational Society, in: Robert Tucker (Hg.): Stalinism: Essays in Sociological Interpretation, New York: Norton, S. 53–76. In diesem Zusammenhang ist im Übrigen die extreme Religionsfeindlichkeit des Sowjetkommunismus unmittelbar sinnfällig. Die systematische Unterdrückung religiöser Praktiken und Habitus auf dem Territorium der Sowjetunion und ihrer Satellitenstaaten ist Ausdruck des Versuchs, das konkurrierende Machtfeld der Religion auf lange Sicht gänzlich zu vernichten.

die Vorherrschaft der Machtfelder ist natürlich der Liberalismus lockescher Prägung bzw. seine radikalere Steigerungsform, der Libertarianismus.[201] Seine Grundprämisse ist der absolute Primat des Marktes vor allen anderen sozialen Feldern und die Degradierung des Systems politischer Institutionen zu einem bloßen ›Nachtwächterstaat‹. Wer schließlich nach einer ideologischen Stoßrichtung sucht, die den kategorischen Vorrang der religiösen Sphäre vor allen anderen Machtfeldern vertritt, muss nur den Blick gen Iran oder Saudi-Arabien richten oder auf die verbleibenden Territorien der Terrororganisation des Islamischen Staats.

Jetzt, da wir den Kernbegriff des Machtfeldes und seine entscheidenden Komponenten analysiert haben, wollen wir die aus unserer Sicht bedeutendsten Felder näher ins Auge fassen: Religion, Ökonomie, Politik.

2.3.1 Religion

Die *Religion* ist, wie Poggi festhält, zugleich das älteste und das ursprüngliche Machtfeld der Menschheitsgeschichte: »[T]he primordial form of prescribed collective conduct has everywhere been ritual, while the primordial form of collectively entertained belief has always been myth.«[202] Kurzum: Jedwede Form von Macht war ursprünglich religiös-kultisch legitimiert und institutionalisiert; alle Häuptlinge waren ursprünglich Priester; alle Herrschaftsformen waren ursprünglich Theokratien. Was den gesellschaftlichen Bereich des Religiösen von anderen Bereichen unterscheidet, ist seit jeher unter Religionswissenschaftlern vehement umstritten – aber wir wollen uns im Folgenden an Emile Durkheims klassische Begriffsbestimmung halten, die bis heute die Debatte prägt: »Eine Religion ist ein solidarisches System von Überzeugungen und Praktiken, die sich auf heilige, d.h. abgesonderte und verbotene Dinge, Überzeugungen und Praktiken beziehen, die in einer und derselben moralischen

201 Vgl. Locke, John ([1689] 1977): Zwei Abhandlungen über die Regierung, übers. von Hans Jörn Hoffmann, hg. und einl. von Walter Euchner, Frankfurt a.M.: Suhrkamp. Die eindrucksvollste Verteidigung des radikal-libertären Staatsverständnisses ist bis heute Nozick, Robert ([1976] 2006): Anarchie, Staat, Utopia, übers. von Hermann Vetter, München: Olzog).

202 Poggi (2001): S. 64.

Gemeinschaft, die man Kirche nennt, alle vereinen, die ihr angehören.«[203] Warum sich dieses Feld in der zu Beginn angesprochenen historischen Differenzierung in funktional eigenständige Gesellschaftsbereiche derart früh herausgebildet hat, ist unmittelbar einleuchtend: Wie kein anderes System von Habitus und Praktiken trägt es dem menschlichen Bedürfnis nach ethischer Orientierung, Sinnstiftung, einem kohärenten Welt- und Selbstbild sowie einer Antwort auf das Problem der Sterblichkeit Rechnung.[204] Religionen postulieren (vorwiegend) eine transzendente – also jenseits unserer natürlichen Sinne liegende – Welt, die von einer Gottheit oder einem Pantheon bevölkert wird und die Quelle moralischer Normen sowie letzte Instanz bei der Belohnung richtigen Verhaltens und bei der Bestrafung von Vergehen ist.[205] Auf diese Weise geben Religionen nicht nur eine Antwort auf die Frage nach der Verbind-

203 Durkheim, Emile ([1919] 1981): Die elementaren Formen des religiösen Lebens, übers. von Ludwig Schmidts, Frankfurt a. M.: Suhrkamp, S. 75. Für einen knappen, aber informativen Überblick der definitorischen Kontroversen um den Religionsbegriff vgl. Schnädelbach, Herbert (2009): »Religion« und »Glaube«, in: Zeitschrift für Didaktik der Philosophie und Ethik 1, S. 2–6.

204 Letztlich ist dies bereits in dem bekannten Passus aus dem Matthäusevangelium »Der Mensch lebt nicht vom Brot allein« auf den Punkt gebracht, vgl. Luz, Ulrich (2002): Das Evangelium nach Matthäus, Neukirchen-Vluyn: Benziger/Neukirchener. Dahinter steht die Überlegung, dass ein genuin spirituelles Bedürfnis Teil der menschlichen Natur ist, welches auf der rein materiellen Güterebene nicht befriedigt werden kann. Vgl. auch Bourdieu, Pierre (2000): Das religiöse Feld. Texte zur Ökonomie des Heilsgeschehens, übers. von Andreas Pfeuffer, Konstanz: UVK, S. 15–23.

205 Aus machtstrategischer Perspektive besticht die Transzendenz des Göttlichen durch die (empirische) Nichtfalsifizierbarkeit. Indem die Religion ihren Gegenstand vom Bereich des sinnlich Erfahrbaren abkoppelt, immunisiert sie sich gegen andere Machtfelder und korrespondierende Ideologien. In der Auseinandersetzung mit dem Feld der Wissenschaft kann die Religion stets darauf verweisen, dass sich die übersinnliche Erfahrung des Göttlichen dem (natur-)wissenschaftlichen Erklärungszugriff entzieht und daher auch nicht in dessen Herrschaftsbereich fällt. Vor diesem Hintergrund erstaunt es wiederum nicht, dass zahlreiche Theoretiker, die fest im Machtfeld der Wissenschaft verankert sind, die (empirische) Falsifizierbarkeit zur Conditio sine qua non einer plausiblen Hypothese erhoben haben; für eine kurze Übersicht siehe Popper, Karl R. (1989): Falsifizierbarkeit, zwei Bedeutungen von, in: Helmut Seiffert & Gerard Radnitzky (Hg.): Handlexikon zur Wissenschaftstheorie, München: Ehrenwirth, S. 82–85.

lichkeit kollektiver Handlungsprinzipien, sondern sie schaffen auch Heilserwartung und Höllenangst.

Weil das Transzendente, das unsere natürlichen Sinne Übersteigende, im Zentrum religiöser Auffassungen steht,[206] können religiöse Dogmen (ganz gleich ob monotheistische, polytheistische, pantheistische usw.) stets nur Gegenstand des Glaubens, nicht aber des Wissens sein.[207] Diese zentrale Einsicht bringt der Theologe Karl Rahner in seinem Klassiker *Grundkurs des Glaubens* bemerkenswert poetisch auf den Punkt: »Die eigentliche Transzendenz ist gewissermaßen immer hinter dem Menschen am unverfügbaren Ursprung seines Lebens und Erkennens. Und diese eigentliche Transzendenz wird durch die metaphysische Reflexion nie eingeholt und kann als reine, d.h. als gegenständlich nicht vermittelte höchstens (wenn überhaupt) in der Erfahrung der Mystik [...] gegeben sein.«[208] Deshalb ist es nur folgerichtig, wenn Rahner die Einstellung des Glaubens als ein »Wagnis« und ein »Sich-ergreifen-Lassen« charakterisiert.[209] Die Haltung des Menschen zum Transzendenten – die Frage des Glaubens oder Unglaubens – ist in letzter Konsequenz eine, bei der wir mit Argumenten nicht mehr weiterkommen. Der scharfsinnigste Scholastiker kann noch so viele ontologische Gottesbeweise vorbringen, und trotzdem hat er keine Chance, einen überzeugten Atheisten zu bekehren. Umgekehrt kann man sich den Versuch, fromme Christen, Muslime oder Buddhisten durch evolutionsbiologische oder kognitionswissenschaftliche Einwände in ihrer Überzeugung zu erschüttern, getrost sparen. In dieser Hinsicht ist die religiöse Haltung strukturgleich mit anderen emotionalen Einstellungen wie Liebe, Abnei-

206 Hier ist indes eine bedingte Beschränkung auf monotheistische und neuzeitliche Religionsverständnisse angebracht, da beispielsweise die Götter der griechischen Glaubenswelt nicht gänzlich in die Transzendenz entrückt, sondern körperlich in irdische Geschehnisse verwickelt waren. Ein Hellene der Antike hätte es vermutlich für möglich gehalten, in einem Olivenhain dem Gott Apoll oder den Dryaden zu begegnen; zur Vertiefung der Thematik siehe Hübner, Kurt (2011): Glaube und Denken. Dimensionen der Wirklichkeit. 2. Aufl., Tübingen: Mohr Siebeck.

207 Für eine scharfsinnige Differenzierung zwischen Glauben und Wissen aus erkenntnistheoretischer Sicht vgl. Schnädelbach, Herbert (2009): »Religion« und »Glaube«, in: Zeitschrift für Didaktik der Philosophie und Ethik 1, S. 2–6.

208 Rahner, Karl (1984): Grundkurs des Glaubens. Einführung in den Begriff des Christentums, Freiburg: Herder, S. 45f.

209 Rahner (1984): S. 69; 63.

gung, Begeisterung etc. Wir können einem Freund tausend gute Gründe nennen, aus denen eine gemeinsame Bekannte genau *die* Frau für ihn ist, aber alle diese Gründe können nicht erzwingen, dass sich unser Freund auch verliebt.[210] Die Liebe ist – genauso wie der Glaube – nichts, wozu wir uns rational entschließen könnten, sondern sie ist etwas, das uns gewissermaßen überkommt.[211]

Die Nichtwissbarkeit und Unfassbarkeit des Transzendenten ist aber nicht einfach nur ein Taschenspielertrick, mit dem sich die Religionen aus der Affäre ziehen. Sie hat, so Rahner, ihren Grund in der Sache selbst. Weil das Göttliche die Bedingung der Möglichkeit allen menschlichen Handelns, Denkens, Erkennens ist, kann es selbst nicht wiederum durch menschliche Erkenntnisbemühung eingeholt werden. Metaphorisch gesagt: »Der letzte Maßstab kann nicht noch einmal gemessen werden. Die Grenze, die allem seine ›Definition‹ gibt, lässt sich nicht wiederum durch eine noch weiter entfernt liegende Grenze bestimmen.«[212] Denjenigen Lesern, die eher naturwissenschaftlich geneigt sind und diese Formulierung zu mystisch finden, hilft möglicherweise eine Analogie weiter – und zwar zum Prinzip induktiver Inferenz.[213] Die induktive Inferenz ist, kurz gesagt, der Schluss von einer endlichen Zahl beobachteter gleichförmiger Fälle auf eine allgemeine Regel. Zum Beispiel: »Alle bisher beobachteten organischen Kreaturen sind zum Überleben auf Wasser angewiesen. Also sind auch alle übrigen (noch nicht beobachteten) organischen Kreaturen zum Überleben auf Wasser angewiesen.« Diese Methode ist ein Kernprinzip empirischer Forschung. Wenn man sie aufgäbe, könnte man die meisten Disziplinen der Natur- und Sozialwissenschaften ad acta legen. Aber welche Gründe haben wir überhaupt, um diese Metho-

210 Daher im Übrigen auch das schöne Diktum Immanuel Kants: »Denn Liebe als Neigung kann nicht geboten werden«, Kant, Immanuel ([1785] 1989): Grundlegung zur Metaphysik der Sitten, Frankfurt a. M.: Suhrkamp, S. 15.

211 Dies drückt sich z. B. im Katholizismus dadurch aus, dass der Glaube explizit als göttliche »Gnade« eingestuft wird, vgl. Siebenrock, Roman A. (2004): »Transzendentale Offenbarung«: Bedeutungsanalyse eines Begriffs im Spätwerk Rahners als Beispiel methodisch geleiteter Rahnerforschung, in: Zeitschrift für katholische Theologie 126 (1/2), S. 33–46.

212 Rahner (1984): S. 72.

213 Vgl. Vickers, John (2014): The Problem of Induction, in: Edward N. Zalta (Hg.): The Stanford Encyclopedia of Philosophy, http://plato.stanford.edu/entries/induction-problem/.

de anzuwenden? Die naheliegende Antwort ist: Weil sie bisher beträchtlichen Erfolg und Erkenntnisgewinn erbracht hat. Aber diese Begründung ist vollkommen unhaltbar: Sie wendet das Prinzip induktiver Inferenz auf sich selbst an und setzt damit dessen Plausibilität bereits voraus. Die naheliegende Schlussfolgerung scheint also zu lauten: Das Prinzip ist selbst gar nicht begründbar – es ist vielmehr Bedingung der Möglichkeit von Begründung und Rechtfertigung. Analog, so die theologische Argumentationsfigur, verhält es sich mit dem Transzendenten: Weil es bei jeder Reflexion über unsere menschliche Existenz und Umwelt immer je schon (implizit) vorausgesetzt ist, scheidet es als mögliches Objekt menschlicher Erkenntnisbemühungen kategorisch aus. Allgemeiner gesagt: Es gibt vorreflexive, also weder ableitbare noch final erkennbare Bedingungen unseres Selbst- und Weltbezugs, und zu diesen gehört, nach religiöser Überzeugung, das Transzendente oder Göttliche.[214]

Natürlich hat dieser Umstand die wissenschaftlichen Disziplinen der Religionen, die Theologien (deutsch: Logiken des Göttlichen), nie davon abgehalten, Dogmen des Transzendenten aufzustellen – so etwa die Dreifaltigkeit des christlichen Gottes, die Idee einer universellen und ausgleichenden Gerechtigkeit durch das Karma im Hinduismus oder die Alleinheit Gottes im Islam. Allerdings haben diese Dogmen auch nicht den Status von Wissen, sondern nur von »Denkmöglichkeiten«.[215] So führt der Religionswissenschaftler Bernhard Uhde aus: »Die Denkmöglichkeit der Inhalte der Religion bedeutet nicht, dass ihre Inhalte notwendig zu denken sind – notwendig jedoch unter der Voraussetzung ihrer Prinzipien, die ihrerseits nach weltlichem Wissen als Hypothesen erscheinen.«[216] Die konkrete Formulierung religiöser Sinnstiftung beruht also auf höchst unterschiedlichen, fundamentalen Hypothesen darüber, wie das Göttliche zu denken ist. Akzeptiert man ebendiese Hypothesen, dann folgen nach eigenem Anspruch die weiteren religiösen Dogmen, Praktiken und Habitus mit *logischer* Notwendigkeit. Dieser Punkt ist für die Analyse

214 Wir beziehen selbst keine Position zur Plausibilität der entsprechenden These. Unser Ansatzpunkt ist, weder für noch gegen das Transzendente zu argumentieren, sondern nur die zugrunde liegenden Denkmodelle anschaulich und nachvollziehbar zu machen. Zur Vertiefung siehe jedoch Rahner (1984): S. 54–96.

215 Vgl. Uhde (2009): S. 7.

216 Ebd. S. 8.

der Macht immens wichtig. Da jedes religiöse Feld eine immanente Logik besitzt, lässt sich auch jedes religiöse Feld machtlogisch analysieren. Anders gesagt: Indem die Theologie die Religionen rational beschreibt und systematisiert, legt sie auch das Fundament dafür, religiöse Habitus und Praktiken aus der Perspektive der Machtlogik nachvollziehbar und fassbar zu machen.

Wer die Deutungshoheit über den Bereich des Religiösen erlangt, diesen in Form verbindlicher Rituale und Narrative kanonisiert und sich als Mittler zwischen dem Transzendenten und dem Irdischen positionieren kann, erlangt ein erhebliches Potenzial zur Durchsetzung seiner Interessen. So bemerkt Poggi: »When meaning, norms, and aesthetic and ritual practices are monopolised by a distinctive group, it may possess considerable […] power.«[217] Diese Gruppe lässt sich der Einfachheit halber als Klerus klassifizieren, seine Anhängerschaft als Laien. Die Macht des Klerus über die Laien beruht somit auf drei Säulen oder – um in unserer Taxonomie zu bleiben – auf drei Formen von Ressourcen: erstens dem Bedürfnis der Laien nach Sinngebung und moralischer Orientierung; zweitens der Hoffnung der Laien auf Belohnung guter Taten im Jenseits und auf Erlösung durch die Gottheit; drittens der Furcht der Laien vor der Bestrafung von Vergehen und vor der Verdammnis.[218] Dem aufmerksamen Leser wird nicht entgangen sein, dass »die Verfügung über die Furcht und Hoffnung anderer Menschen« – um noch einmal die Wendung von Popitz zu gebrauchen – das Merkmal instrumenteller Macht ist (vgl. Kap. 2.1). Im Machtfeld des Religiösen manifestiert sich

217 Poggi (2001): S. 60f. Vgl. auch Mann, Michael (1986): The Sources of Social Power. Vol. 1. A History of Power from the Beginning to A.D. 1760, Cambridge: Cambridge University Press, S. 22ff.

218 Die einzige Religion, die das Prinzip der Macht gänzlich aufhebt, ist nach Uhde (2009) der Buddhismus. Diesem zufolge sind alle Lebewesen allein dem universellen Prinzip des Karmas unterworfen. Letzteres ist nicht mit einem personalen Gott – wie im Christentum, Judentum und Islam – gleichzusetzen, der über einen eigenen Willen verfügt und kraft seiner Allmacht die Schöpfung beherrscht. Das Karma ähnelt eher einem Naturgesetz, welches zwar weltliche Geschehnisse in einen Zusammenhang von Ursache und Wirkung ordnet, aber selbst kein Machtsubjekt darstellt. Analog ist auch das Verhältnis zwischen (religiösem) Meister und Schüler im Buddhismus nach theologischer Lesart kein Machtverhältnis, sondern ein reines Lehrverhältnis. Ob diese Lesart die realen, soziologischen Ausprägungen des Buddhismus allerdings immer korrekt abbildet, wollen wir an dieser Stelle nicht vertiefen.

instrumentelle Macht also dergestalt, dass die in der Hierarchie des Feldes höherrangigen Akteure, die Kleriker oder Priester, die Laien vermittels Heilsversprechen und Verdammnisdrohungen anleiten. Das Spezifikum des religiösen Feldes ist, dass Priester bei ihren Versprechen und Drohungen nicht gezwungen sind, zu bluffen, weil ihre Expertise, wie bereits angesprochen, auf das Transzendente zielt. Ob die Gottheit (oder die zahlreichen Götter eines Pantheons) tatsächlich weisungskonformes Verhalten durch Annehmlichkeiten im Jenseits belohnen werden, kann aus naheliegenden Gründen nicht falsifiziert werden; und Gleiches gilt natürlich auch für Bestrafungen von Nonkonformität durch die Qualen des Höllenpfuhls. Poggi vergleicht diese Machtstrategie etwas zynisch mit einer Schutzgelderpressung:[219] Der Erpresser überzeugt erst den potenziellen Schützling davon, dass dieser in verschiedenster Hinsicht gefährdet ist (z. B. »Durch die Erbsünde haben wir alle Anteil an der Abkehr Adams und Evas von Gott.«); im zweiten Schritt bietet er dann Schutz vor diesen Gefahren – freilich gegen Entgelt – an (z. B. »Wenn du dich zum Christentum bekennst, die heiligen Sakramente annimmst und den Kirchenzehnt bezahlst, wirst du wieder mit Gott versöhnt.«). Die Kehrseite dieses machtstrategischen Spezifikums ist, dass der Erfolg von Versprechen und Drohungen davon abhängt, dass die Laien tatsächlich die religiöse Erzählung des Klerus *glauben* – denn verifizieren können sie sie ja ebenso wenig wie falsifizieren. Die große Stärke religiöser Macht ist also zugleich ihre Achillesferse: »[R]eligious power rests on the hold on people's minds of engaging, compelling ideas. When this hold is loosed, religious power largely dissolves«.[220]

Damit soll freilich nicht gesagt sein, dass instrumentelle Macht die einzige Machtform des religiösen Feldes ist. Religiöse Habitus und Praktiken können alle Formen von Macht realisieren bzw. von ihnen gestützt werden.[221] Von besonderer Bedeutung ist jedoch ohne Zweifel die autoritative Macht, also das Vermögen, andere Personen mittels ihres Bedürf-

219 Vgl. Poggi (2001): S. 68.

220 Ebd.: S. 73.

221 Vgl. zu dieser Einschätzung Eßbach, Wolfgang (2002): Zwischen Autorität und Gewalt. Überlegungen zu Machteffekten von Religionen. Vortrag anläßlich des DIES ACADEMICUS der Theologischen Fakultät der Universität Freiburg, https://www.soziologie.uni-freiburg.de/personen/wessbach/publikation/religion, S. 5. Siehe auch Stoellger (2008): S. 6. Man denke etwa an die tödliche Aktionsmacht, die die christlichen Kreuzzüge im Mittelalter entfesselten, oder an die technisch-

nisses nach Anerkennung und Leitung zu steuern. So betont Weber, dass der Erfolg religiöser Visionäre und Propheten, wie etwa von Moses, Jesus, Zarathustra, Buddha oder Mohammed, untrennbar mit ihrem Charisma verknüpft war.[222] Nur wer die Fähigkeit hat, sich als spirituelles und moralisches Vorbild zu positionieren, dessen Tugenden geradehin zur Nachahmung verpflichten, kann eine Glaubensgemeinschaft begründen und seine Anhängerschaft nachhaltig für ein religiöses Narrativ begeistern.[223] Die autoritative Macht der Religionsgründer wirkt über ihren Tod hinaus, insofern ihr Leben und Wirken von den Gläubigen internalisiert und über Generationen hinweg tradiert wird. Zu denken ist z. B. an die Ahadith, die Spruchsammlung Mohammeds, in der neben Aphorismen auch alltägliche Äußerungen des islamischen Religionsgründers zusammengetragen sind. Diese ist neben dem Koran bis heute die zentrale Quelle muslimischer Rechtsprechung und moralisch-spiritueller Orientierung.[224] Allgemein können wir festhalten: Insofern viele – wenngleich nicht alle – Glaubensrichtungen auf einen charismatischen Gründer zurückgehen, dessen Persönlichkeit im Zentrum des religiösen Narrativs steht, ist der Erhalt autoritativer Macht ein Schlüsselelement religiöser Machtstrategien. Nur dann, wenn es der Priesterschaft gelingt, sich als legitime Nachfolger des Gründers und als Bewahrer seines Erbes zu präsentieren, kann sie darauf hoffen, dass das Charisma und die autoritative Macht des Gründers auf sie übergehen.

Wie eingangs erwähnt, ist die Religion das erste und ursprüngliche gesellschaftliche Machtfeld. Entsprechend ist sie geradezu dafür prädestiniert, mit anderen Machtfeldern in Konkurrenz zu treten und mit ihnen um die Vorherrschaft über die gesamtgesellschaftliche Sphäre zu wetteifern. Beispiele dafür, wie religiöse Habitus und Praktiken in ande-

---

datensetzende Macht, die in der Errichtung sakraler Prachtbauten wie der des Kölner Doms oder der Kaaba von Mekka zum Ausdruck kommt.

222 Entsprechend auch Webers nüchterne Definition eines Propheten: »Wir wollen hier unter einem ›Propheten‹ verstehen einen rein persönlichen Charismaträger, der kraft seiner Mission eine religiöse Lehre oder einen göttlichen Befehl verkündet.«, Weber: ([1921] 1972): S. 250.

223 Für einen Überblick siehe den überaus lesenswerten Sammelband von Winfried Gebhardt (1993) (Hg.): Charisma. Theorie – Religion – Politik, Berlin/New York: De Gruyter.

224 Vgl. Burton, John (1994): An Introduction to the Hadith, Edinburgh: Edinburgh University Press.

re Felder vordringen bzw. sich dort verankern, lassen sich ad infinitum anführen. Wir wollen uns hier auf zwei markante Fälle beschränken: Ohne Übertreibung kann die religiöse Legitimierung politischer Macht als eines der prägenden Merkmale des Mittelalters angesehen werden.[225] Die uns heute fremd anmutende Auffassung, wonach eine Herrschaftsordnung ihre Autorität nicht aus der Wahrung liberaler Grundrechte oder demokratischer Willensbildung bezieht, sondern aus der Gnade Gottes, war jahrhundertelang das Paradigma europäischer Politik. Zur Veranschaulichung muss man sich nur den zum Sprichwort gewordenen »Gang nach Canossa« vor Augen halten, mit dem der Salierkönig Heinrich IV. in der Jahreswende von 1076 auf 1077 versuchte, Papst Gregor VII. zur Aufhebung seiner Exkommunikation zu bewegen. Hier ist nicht der Raum, um auf die Feinheiten des sogenannten Investiturstreits zwischen Kaiser und Papst über das Verhältnis zwischen weltlicher und geistiger Macht einzugehen.[226] Es genügt, darauf zu verweisen, dass der Papst den damaligen Machtkampf mit dem jungen König des Heiligen Römischen Reiches allein dadurch entschied, dass er ihn aus der kirchlichen Gemeinschaft verstieß, ihm damit auf einen Schlag jede politische Legitimität entzog und das Reich in schwere Unruhen stürzte. Dem Regenten blieb keine andere Wahl, als im tiefsten Winter über die Alpen gen Bologna zu pilgern, um das auf der Burg Canossa gastierende Kirchenoberhaupt demütig und im Büßerhemd um Vergebung zu bitten.

Ein bis heute relevantes Beispiel für die Intervention des Religiösen in das Machtfeld der Ökonomie bietet wiederum das Verbot der Riba (deutsch: »Wucher«) im Islam.[227] Laut der vorherrschenden Orthodoxie des islamischen Rechts ist es Muslimen strengstens untersagt, Zinsen zu erheben oder auszuzahlen. Riba zählt zu den sechs Haupt- oder Todsünden des Islams und ist zudem durch die Sinnsprüche Mohammeds ge-

225 Einen beeindruckenden und außerordentlich lesenswerten Überblick über den historischen Wandel politischer Legitimitätskonzepte in Europa bietet von Kielmansegg, Peter (1977): Volkssouveränität: eine Untersuchung der Bedingungen demokratischer Legitimität, Stuttgart: Klett. Siehe auch Blumenberg, Hans ([1966] 1988): Die Legitimität der Neuzeit, Frankfurt a. M.: Suhrkamp.

226 Siehe jedoch z. B. das Standardwerk Hartmann, Wilfried (2007): Der Investiturstreit. 3. Auflage, München: Oldenbourg.

227 Für einen Überblick zu dieser Thematik siehe Ashrati, Mustafa (2008): Islamic Banking. Wertvorstellungen, Finanzprodukte, Potenziale, Frankfurt a. M.: Frankfurt School Verlag.

ächtet. Dass dieses Verbot eine starke Restriktion von möglichen Geschäftsmodellen im Bankensektor bedeutet, liegt auf der Hand. Die religiöse Ächtung von Profit, der nicht aus dem direkten Handel mit Waren oder Dienstleistungen entsteht, sondern aus dem Handel mit Finanzkapital, ist – mit Bourdieu und Poggi gesprochen – ein offenkundiger Versuch, die Autonomie der ökonomischen Sphäre einzuschränken. Im »struggle over ›trump-ness‹« zwischen den Machtfeldern stellt das Riba-Verbot einen Angriff auf die gesamtgesellschaftliche Relevanz wirtschaftlicher Machtressourcen dar. Daher ist kaum erstaunlich, dass es im islamischen Kulturraum immer wieder Ansätze gegeben hat, die ökonomisch verheerenden Effekte dieser Regelung durch neue, kreative Lesarten der sakralen Texte abzuschwächen oder auszuhebeln. Eine Methode bestand z. B. darin, Finanzgeschäfte durch ›Ungläubige‹, z. B. Juden oder Christen, abwickeln zu lassen. Dass das Riba-Verbot ungebrochen aktuell ist, zeigt sich daran, dass nach einer Studie des *Economist* die Nachfrage nach islamischen Finanzprodukten im letzten Jahrzehnt rasant gestiegen ist. So wurden im Jahr 2014 rund zwei Billionen Dollar Kapitalvermögen weltweit als »sharia-compliant« eingestuft.[228]

2.3.2 Das ökonomische Machtfeld

Wenden wir uns jetzt dem zweiten Machtfeld zu, der Ökonomie. Wenn wir uns zunächst an der wirtschaftswissenschaftlichen Begriffsbestimmung orientieren, so ist mit der ökonomischen Sphäre ein gesellschaftliches System zur Produktion, Distribution, Konsumption und zum Austausch von Gütern und Dienstleistungen beschrieben.[229] Abgesehen von frühzeitlichen Jäger- und Sammlerkulturen und sozialistisch-kommunistischen Gegenentwürfen des 19. und 20. Jahrhunderts ist das univer-

228 Siehe The Economist vom 13.9.2014, http://www.economist.com/news/finance-and-economics/21617014-market-islamic-financial-products-growing-fast-big-interest-no-interest.

229 Vgl. u. a. Gahlen, Bernhard et al. (1972): Volkswirtschaftslehre. Eine problemorientierte Einführung, München: Wilhelm Goldmann Verlag, S. 10–15 und Zinn, Karl G. (1986): Arbeit, Konsum, Akkumulation. Versuch einer integralen Kapitalismusanalyse von Keynes u. Marx, Hamburg: VSA-Verlag sowie Mann, Michael (1986): The Sources of Social Power. Volume 1: A History of Power from the Beginning to A.D. 1760, Cambridge: Cambridge University Press, S. 25.

selle Organisationsprinzip der ökonomischen Sphäre der Markt. Das bedeutet, so Poggi: »[It] consists in a large set of independent though interdependent units (firms, households, single producers or consumers) which ›traffic‹ with one another in a formally peaceable manner [...]; that is, they exchange their respective outputs for money at mutually agreed prices; they also compete with one another, each seeking to make its output more valuable to prospective exchange partners than those of other units.«[230] Indem die Marktteilnehmer an monetären Austauschbeziehungen teilnehmen, generieren sie ein ergebnisoffenes Netzwerk. Dessen Zustand hängt – idealiter – nur davon ab, was die Akteure zu den Tausch-, Distributions-, Produktions- und Konsumptionsprozessen beisteuern. Allerdings ist bereits an dieser Stelle eine wesentliche Einschränkung vorzunehmen: Die von Poggi erwähnte Friedfertigkeit und Freiwilligkeit der Interaktionsbeziehungen kann ausschließlich durch eine externe und mit Aktionsmacht bewehrte Instanz gewährleistet werden – den Staat.[231] Nur dann, wenn ein System von Institutionen existiert, das die Achtung von Eigentumsrechten, Verträgen und Grundrechten der Person notfalls mit Gewalt erzwingen kann, sind die für die Marktökonomie zentralen Transaktionsmechanismen überhaupt möglich. Folglich ist das politische Machtfeld von vornherein in das ökonomische Feld eingeschrieben bzw. beide Felder sind miteinander verzahnt.

Die Funktion des ökonomischen Machtfeldes bzw. der Grund für seine Entstehung im Rahmen des gesamtgesellschaftlichen Differenzierungsprozesses liegt, wie der Historiker und Machttheoretiker Michael Mann festhält, auf der Hand: Es dient der »satisfaction of subsistence needs through the social organization of the extraction, transformation, distribution and consumption of the objects of nature«.[232] Während die Religion die immateriellen Bedürfnisse des Menschen nach spiritueller Orientierung und Sinnstiftung befriedigt, befriedigt die Ökonomie die materiellen Bedürfnisse – angefangen von so grundlegenden Dingen wie

230 Poggi (2001): S. 124.

231 Selbst die meisten Libertarier gestehen immerhin so viel zu. Vgl. etwa von Mises, Ludwig (1927): Liberalismus, Jena: Verlag von Gustav Fischer, Hayek, Friedrich A. (1939): Freedom and the Economic System, Chicago: Chicago University Press und Nozick ([1976] 2006). Kritisch hierzu jedoch Rapaczynski, Andrzej (1996): The Roles of the State and the Market in Establishing Property Rights, in: The Journal of Economic Perspectives 10 (2), S. 87–103.

232 Mann (1986): S. 24.

Nahrung, Behausung und medizinischer Versorgung bis hin zu zivilisatorisch entwickelten Neigungen nach Tabak, Alkohol oder Konfekt. Der Bedürfnischarakter des Menschen zählt, wie wir in Kap. 1.2 detailliert nachgewiesen haben, zu den wichtigsten Wurzeln und Grundprinzipien der Macht. Die *gesamtgesellschaftliche* Machtstellung der ökonomischen Sphäre gegenüber anderen sozialen Sphären ist also eindeutig: Sie resultiert daraus, dass die arbeitsteiligen Praktiken der Herstellung und Verteilung von Gütern und Dienstleistungen unverzichtbar für die Bedürfnisbefriedigung sind. Auf sich allein gestellt, wäre der Mensch niemals in der Lage, auch nur einen Bruchteil der erforderlichen Güter und Leistungen zu erzeugen.

Dessen ungeachtet hat eine Reihe von Wirtschaftswissenschaftlern der berühmten Wiener Schule, allen voran Eugen Böhm von Bawerk, bestritten, dass Macht *innerhalb* des ökonomischen Feldes eine Rolle spielt.[233] Die These lautet: Die Transaktionsmechanismen des Marktes (also wer was von wem zu welchem Preis kauft und wer für wen zu welchem Lohn welche Arbeit verrichtet) werden nur durch das Verhältnis von Angebot und Nachfrage bestimmt – und nicht durch Machtfaktoren. Dies gewährleistet der Staat, indem er die Friedfertigkeit und Freiwilligkeit der ökonomischen Praktiken garantiert. Diese Position hat schon früh und zu Recht Gegenwind erfahren. Maßstabsetzend ist hier der Aufsatz *The Domination Effect and Modern Economic Theory* des französischen Ökonomen François Perroux.[234] Perroux formuliert seine Gegenthese folgendermaßen: »Economic life is something different from a network of exchange. It is, rather, a network of forces. The economy is guided not only by the search for gain, but also by that for power. The two motives are seen to be intermingled in the policy of a firm or of a national economy«.[235] Macht, so Perroux, ist irreduzibler Bestandteil ökonomischen Lebens; mehr noch, Macht ist das Worumwillen ökonomischen Lebens. Sie äu-

233 Vgl. Böhm von Bawerk, Eugen (1914): Macht oder ökonomisches Gesetz?, in: Zeitschrift für Volkswirtschaft, Sozialpolitik und Verwaltung 23, S. 205–271.

234 Perroux, François (1950): The Domination Effect and Modern Economic Theory, in: Social Research 17 (2), S. 188–206. Zur Vertiefung siehe Sandretto, René (2009): François Perroux, a precursor of the current analyses of power, in: The Journal of World Economic Review, 5 (1), S. 57–68. Für einen ähnlich gelagerten Ansatz vgl. Blau, Robert (1965): Exchange and Power in Social Life, New York: Wiley.

235 Perroux (1950): S. 188.

ßert sich in dieser Sphäre in Form des titelgebenden »domination effect«. »Between two economic units, A and B, the domination effect is present when, in a definite field, unit A exercises on unit B an irreversible or partially irreversible influence. […] For example, a business firm in many cases influences decisions concerning price and quantity made by another firm, client or competitor, the inverse not being true«.[236] Wenn sich Macht darin manifestiert, dass ein Akteur die Entscheidungen eines anderen in Bezug auf Preis- und Produktgestaltung, Produktionsform, Vertragsabschluss, Art und Dauer des Arbeitsverhältnisses etc. beeinflussen kann, ohne dass dieser etwas entgegenzusetzen hätte, dann stellt sich die Frage: Worauf beruht ökonomische Macht, was sind die Machtressourcen dieses Feldes?

Die Antwort auf diese Frage füllt Bibliotheken. Aber letztendlich lassen sich vier grundlegende Typen von Machtressourcen ausmachen: Kapital, Qualifikationen, Eigentum an Rohstoffen und Boden und schließlich Daten.[237] Der Gattungsbegriff des Kapitals ist seit rund 200 Jahren fest in der wirtschaftswissenschaftlichen Literatur verankert.[238] Zur besseren Übersicht können wir ihn in drei Bereiche zergliedern. Realkapital oder Kapitalstock meint nichts anderes als die Verfügung eines privaten oder staatlichen Unternehmens über Produktionsmittel, mit denen Güter (Autos, Medikamente, Zucker, Computer etc.) hergestellt und Dienstleistungen (Krankenversorgung, Schulunterricht, Maniküre, Politikberatung etc.) erbracht werden können. Daher fallen unter Realkapital so unterschiedliche Dinge wie Fabriken, Maschinen, Bürogebäude, Kaffeeautomaten, Taxis, Tätowiermaschinen, Notizblöcke, Kugelschreiber etc. Geldkapital bezeichnet demgegenüber die finanziellen Mittel des Unternehmens, die zur Ausweitung, Erneuerung und zum Erhalt des Realkapitals eingesetzt werden. Der dritte und ideengeschichtlich betrachtet jüngste Aspekt ist schließlich der des Humankapitals. Er repräsentiert das Leistungspotenzial und die Produktivität der Arbeitskräfte.

236 Ebd.

237 Vgl. Poggi (2001): 127–135 und Scott, John (2001): Power, Cambridge: Polity Press, S. 73.

238 Vgl. etwa Mussel, Gerhard (1999): Volkswirtschaftslehre. Eine Einführung, 2. Auflage, Frankfurt a. M./New York: Campus, S. 20, Rogall, Holger (2006): Volkswirtschaftslehre für Sozialwissenschaftler. Eine Einführung, Wiesbaden: VS Verlag, S. 36 sowie Krugman, Paul & Wells, Robin (2015): Economics. Fourth Edition, New York: Worth Publishers, S. 252f.

Die Kapitalgefälle zwischen den Akteuren der ökonomischen Sphäre bestimmen maßgeblich ihre Machtunterschiede. Unternehmen mit Kapitalüberlegenheit können es sich leisten, höhere Löhne zu zahlen und ihrer Konkurrenz die besten Arbeitskräfte abzujagen. Sie können Produktionsvolumina erhöhen und den Markt mit Produkten überschwemmen, Mitbewerber in Preiskämpfe zwingen, durch Innovation Markttrends forcieren – und so weiter. Kurzum, sie können Marktentscheidungen anderer Akteure dominieren. Bei all dem sollten wir eines aber nicht übersehen: Die wenigsten Akteure der Sphäre, nämlich die Firmen, besitzen überhaupt Kapital im oben eingeführten Sinne. Die meisten Protagonisten beteiligen sich am Markt nur als Verkäufer ihrer Arbeitskraft. Hieraus ergibt sich ein weiteres Machtgefälle, auf das nicht erst Marx aufmerksam gemacht hat, sondern bereits ein Theoretiker, der von sozialistischem Gedankengut denkbar weit entfernt ist. In seinem Klassiker *The Wealth of Nations* schreibt Adam Smith: »Many workmen could not subsist a week, few could subsist a month, and scarce any a year without employment. In the long run the workman may be as necessary to his master as the master is to him; but the necessity is not so immediate.«[239] Auch wenn Firmen und Arbeitnehmer strukturell aufeinander angewiesen sind – die einen brauchen die Arbeitskraft, die anderen den Lohn –, ist ihr Machtverhältnis asymmetrisch.[240] Poggi, ein Freund prägnanter Aphorismen, bringt es so auf den Punkt: »It is capital that hires labour, not vice versa.«[241]

Im Machtkampf zwischen Unternehmen und Arbeitnehmern ist allerdings eine zweite Machtressource zentral: Qualifikationen. Während ungelernte Arbeiter sich kaum aussuchen können, welcher Anstellung sie nachgehen können und vor allem zu welchen Konditionen (Lohn, Urlaubstage, Arbeitsplatzgestaltung, Fortbildung etc.), sieht die Situation für qualifizierte Arbeitnehmer gänzlich anders aus. Hier lohnt es sich, ausführlicher aus dem exzellenten Aufsatz *Power, Property, and the Distribution of Income* des Nationalökonomen Erich Preiser zu zitieren: »[P]

239 Vgl. Smith, Adam ([1776] 2012): An Inquiry into the Nature and Causes of the Wealth of Nations, London: W. Strahan, S. 76.

240 Vgl. Preiser, Erich (1971): Power, Property, and the Distribution of Income, in: Rothschild, Kurt W. (Hg.): Power in Economics, Harmondsworth: Penguin, S. 119–140.

241 Poggi (2001): S. 127.

ower presupposes that the economic agent has the possibility of stipulating conditions, that he may accept or refuse offers, that he can evade pressure; such a possibility presupposes in its turn [...] qualifications higher than average, i.e. some specifically rare skill«.[242] Wenn der Akteur eine Fähigkeit besitzt, die stark von Unternehmerseite nachgefragt wird, aber sehr rar ist (z.B. Programmier- und IT-Kenntnisse, ingenieurtechnisches Know-how), kann er das Machtverhältnis umkehren und seinerseits Bedingungen des Anstellungsverhältnisses diktieren. Dasselbe gilt auch für nachgefragte Fähigkeiten, die in der Gesamtbevölkerung zwar insgesamt nicht rar gesät sind, die aber weit überdurchschnittlich beherrscht werden (z.B. bei Starpianisten oder Fußballprofis der Ersten Bundesliga).

Die dritte Machtressource des ökonomischen Feldes, die wir anreißen wollen, ist das Eigentum an Rohstoffen und Territorium. Die machtstrategische Relevanz beider Faktoren ist unmittelbar einleuchtend. Wenn ein Akteur der einzige oder einer der wenigen Anbieter eines schwer substituierbaren Rohstoffes ist (Diamanten, Uran, seltene Erden, Öl etc.), kann er erstens als Monopolist bzw. Oligopolist den Preis drastisch erhöhen, ohne Abnehmer zu verlieren.[243] Zweitens kann er unter Androhung der Vorenthaltung des Rohstoffs Marktteilnehmer zwingen, Wirtschaftsbeziehungen mit anderen Akteuren einzugehen oder abzubrechen. Und drittens kann er durch Preissenkungen die Entwicklung von Alternativen behindern oder ganz zum Stillstand bringen. Kurz gesagt: Der Anbieter ist im Sinne von Perroux in der Lage, das Verhalten anderer ökonomischer Akteure zu dominieren, ohne dass sie die Möglichkeit zur Entwicklung von Gegenmacht hätten. Das Bemerkenswerte ist in diesem Kontext, dass sich ein Mangel an Kapital im oben eingeführten Sinne durch die Verfügung über Rohstoffe machtstrategisch ausgleichen lässt. Ein eindrucksvolles Beispiel bietet der Aufstieg der ölreichen Golfmonarchien, allen voran Saudi-Arabiens, seit den frühen 1940ern. Obwohl diese Staaten in der Mitte des 20. Jahrhunderts über keinerlei nennenswertes Kapital (Real-, Finanz- oder Humankapital) verfügten, konnten sie durch Ausbeutung ihrer Ölressourcen binnen kurzer Zeit zu einflussreichen Regionalmächten mit globalen Unterneh-

242 Preiser (1971): S. 136.

243 Für eine eingehendere Diskussion des Monopol- und Oligopolbegriffs siehe Krugman & Wells (2015): S. 387–444; vgl. auch Scott (2001): S. 73.

mensbeteiligungen aufsteigen und ihren Kapitalrückstand rasant ausgleichen.

Ähnliches gilt für den Besitz wirtschaftlich und/oder politisch bedeutsamer Territorien. Ein Akteur, der eine für den internationalen Seehandel wichtige Meerenge kontrolliert oder das Gebiet einer Ölpipeline, kann in der ökonomischen Sphäre immense instrumentelle Macht mobilisieren. Die Kehrseite des Ganzen: Eine solche Ballung von Machtressourcen setzt Anreize zur Entwicklung ökonomischer und politischer Gegenmacht. Exemplarisch ist der bis heute schwelende Gasstreit zwischen Russland und der Ukraine.[244] Russland transportierte bis in die 2010er Jahre das Gros seiner Erdgasexporte über ukrainische Pipelines nach Europa. Dieser Transit war für die russische Gazprom faktisch alternativlos. Die Folge der Abhängigkeit: Die ukrainische Seite konnte von Russland Erdgas weit unter Marktpreis beziehen. Im Jahr 2005 setzte Russlands Staatschef Vladimir Putin den Schlussstrich. Die Preise wurden neu fixiert und stark nach oben geschraubt. Diese Entscheidung setzte einen rasch eskalierenden Schlagabtausch in Gang. Die Führung in Kiew weigerte sich, die neuen Preise zu akzeptieren; Gazprom stoppte seine Gaslieferung an ukrainische Abnehmer; die Ukraine zweigte Exporte, die für europäische Kunden (u.a. Deutschland, Frankreich, Österreich, Ungarn) bestimmt waren, für sich selbst ab. Der Lieferrückgang in Europa und der sich rasch entwickelnde politische Druck zwangen beide Seiten an den Verhandlungstisch. Kurzfristig erzielte Einigungen hatten aber stets nur eine geringe Halbwertzeit. Erst im Herbst 2014 konnte ein Kompromiss erzielt werden. Für die Bereitschaft der Ukraine, ihre Blockadehaltung aufzugeben, dürfte vor allem eine Entscheidung Moskaus maßgeblich gewesen sein: der mit Deutschland betriebene Bau der Alternativtrasse Nord Stream durch die Ostsee, die den Gasexport nach Europa auf direktem Wege erlaubt. Dieses Projekt versetzte Moskau schlagartig in die Lage, die Ukraine zu umgehen und ihre territorialen Machtressourcen wenn nicht zu entwerten, so doch zumindest abzuschwächen. Dass die von Russland parallel betriebene Mobilisierung politisch-militärischer Aktionsmacht gegen die Ukraine – Stichwort Krim-Okkupation und Kampf um Donezk – ebendiese ökonomische Strategie

244 Zur Vertiefung siehe Stulberg, Adam N. (2015): Out of Gas? Russia, Ukraine, Europe, and the Changing Geopolitics of Gas, in: Problems of Post-Communism 62 (2), S. 112–130.

effektiv ergänzt, liegt auf der Hand. Somit liefert der Gasstreit auch ein eindringliches Beispiel dafür, wie ein machtstrategisch geschickt operierender Akteur, nämlich die Regierung Putin, Machtressourcen aus unterschiedlichen Feldern erfolgreich kombinieren kann.

Ein weiteres Beispiel für die Bedeutung von Territorien als Machtressourcen, auf das wir hier kurz eingehen wollen, ist der Sueskanal.[245] Diese künstliche Wasserstraße im Nordosten Ägyptens, die sich seit ihrer Eröffnung im Jahre 1869 erst unter osmanischer, dann britischer und schließlich ägyptischer Verwaltung befand, verbindet das Mittelmeer mit dem Roten Meer. Auf diese Weise erspart sie Hochseeschiffen, die zwischen dem Nordatlantik und dem Indischen Ozean kreuzen, den Umweg über das berüchtigte Kap der Guten Hoffnung an der afrikanischen Südspitze. Nach vorsichtigen Schätzungen bedeutet das eine Zeitersparnis von über 40 %. Mehrere Dutzend Containerschiffe durchqueren jeden Tag die rund 190 Kilometer lange Passage. Das Machtpotenzial liegt auf der Hand: Wer den Sueskanal kontrolliert, beherrscht große Teile der Mechanismen des internationalen Seehandels.[246] Er kann Preise diktieren, Konkurrenten aussperren, Verbündete privilegieren etc. Allerdings wurde der völkerrechtliche Status des Sueskanals schon früh zwischen dem ursprünglichen Bauherrn, dem Osmanischen Reich, und den europäischen Groß- und Mittelmächten fixiert. Seit dem Abkommen von Konstantinopel aus dem Jahre 1888 ist dieser eine neutrale Zone mit freier Durchfahrt für alle Handels- und Kriegsschiffe; entsprechend sind die Möglichkeiten politischer Instrumentalisierung limitiert. Aber die machtstrategische Bedeutung des Kanals zeigt sich daran, dass diese Neutralität in den letzten 100 Jahren immer wieder infrage gestellt wurde: 1916 von den Mittelmächten im Ersten Weltkrieg, 1941 von den Achsenmächten im Zweiten Weltkrieg, 1956 durch die ägyptische Regierung unter Staatschef Gamal Abdel Nasser und schließlich 1967 im Sechstagekrieg zwischen Ägypten und Israel. Jedes Mal versuchten die Akteure einen alleinigen Macht- und Nutzungsanspruch auf den Sueskanal durchzusetzen – und jedes Mal wurde nach blutigen Auseinandersetzungen der Status quo wiederhergestellt. Das Abkommen von Konstantinopel

245 Für eine historische Einführung in die Thematik siehe Karabell, Zachary (2003): Parting the Desert. The Creation of the Suez Canal, New York/Toronto: Knopf.

246 Eine vergleichbare Bedeutung hat sonst nur der Panamakanal, der am Isthmus von Panama den Atlantik mit dem Pazifik verbindet.

gilt bis heute, und seine Durchsetzung wird durch die ägyptische Regierung verantwortet. Dass diese trotz unzähliger Menschenrechtsverletzungen weiterhin durch den Westen gestützt wird, dürfte also auch an ihrer Funktion als Neutralitätshüterin liegen. Für Großreedereien gibt es kein größeres Alptraumszenario als die Übernahme der Seepassage durch islamistische Fundamentalisten. Aus ebendiesem Risiko kann das gegenwärtige Militärregime Fattah al-Sisis bis heute entscheidendes Machtkapital schlagen.

Daten sind die vierte und letzte Machtressource des ökonomischen Feldes. Sie stellen in gewisser Hinsicht einen Sonderfall dar. Ohne Frage ist das Akkumulieren, Speichern, Monopolisieren, Analysieren und Bewerten von Daten schon immer eine Komponente von Machtausübung gewesen. Aber erst die technologischen, wirtschaftlichen und sozialen Entwicklungen der letzten Jahrzehnte, die wir unter den interdependenten Phänomenen der Digitalisierung, Globalisierung und Beschleunigung zusammenfassen, haben Daten zur vermutlich bedeutendsten Machtressource unserer Zeit gemacht.[247] Zum ersten Mal in der Menschheitsgeschichte existieren Computer und softwaregestützte Algorithmen, die weltweit gewaltige Datenmengen sammeln und korrelieren können und bislang beispiellose Formen der Informationsgewinnung und des Informationsaustauschs erlauben. Die Effekte sind dramatisch: Im Zeitalter von »Big Data« erleben wir nichts weniger als die Verschmelzung von Berufs- und Privatsphäre (z. B. in sozialen Netzwerken wie Facebook oder Weibo) und das Zerfließen der individuellen Kontexte des Einzelnen in plurale Erfahrungshorizonte. Die Metapher des Netzes, die hinter dem Begriff des »World Wide Web« steht, ist auf zweierlei Weise treffend. Seit Anbruch der digitalen Revolution sind wir in allen erdenklichen Lebensbereichen mit zahllosen Personen und Organisationen verbunden, und wir können in Sekundenbruchteilen über Kontinente hinweg kommunizieren und kooperieren.[248] Aber zugleich

247 Vgl. Keese, Christoph (2016): Silicon Germany. Wie wir die digitale Transformation schaffen, München: Albert Knaus Verlag und Klausnitzer, Rudi (2013): Das Ende des Zufalls: Wie Big Data uns und unser Leben vorhersagbar macht, Salzburg: Ecowin.

248 Zur Illustration: Nach einer Erhebung von Internet World Stats belief sich im Juni 2016 die Anzahl der Internetnutzer weltweit auf 3,675,824,813 Personen, http://www.internetworldstats.com/stats.htm.

ist diese digitalisierte Existenz auch unentrinnbar, der Rückzug in ein autarkes Leben ein für alle Mal Geschichte.

Was hat all das mit Macht zu tun? Schauen wir uns die Bedeutung von Datenmacht zunächst einmal aus *organisationsökonomischer Sicht* an, um dann die *politische Relevanz* genauer in den Blick zu nehmen.

Die überlegene Fähigkeit von Organisationen – ganz gleich ob von Konzernen oder NGOs –, Daten von (potenziellen) Kunden, Unterstützern oder Interessenten zu sammeln, auszulesen und zu korrelieren, bedeutet einen dramatischen Wettbewerbsvorteil gegenüber Konkurrenten. Je besser eine Organisation ihren »Follower« kennt – Welche Websites besucht er und wie lange? Welchen Sport treibt er? Welche Produkte kauft er? Welche religiösen, sexuellen, ästhetischen Präferenzen hat er? –, desto besser kann sie *maßgeschneiderte Produkte und Dienstleistungen* entwickeln. Nicht ohne Grund hat der ehemalige CEO der Netzwerkplattform Xing, Stefan Gross-Selbeck, Daten als das »Öl des 21. Jahrhunderts« bezeichnet.[249] Im Wettstreit um Datenmacht ist der Akteur im Vorteil, der sich als Mittler oder Enabler zwischen Endnutzern und anderen (digitalen) Dienstleistern positionieren kann. Plattformen und Portale avancieren damit immer mehr zu den zentralen Akteuren im Markt. Perfektioniert hat diese Strategie z. B. das chinesische Unternehmen WeChat. Dessen Smartphone-App, die in Asien marktbeherrschend ist, hat nicht nur Chatfunktionen, sondern fungiert auch als Bezahlsoftware, Spieleportal, Schnittstelle und Suchmaschine. WeChat bietet eine universelle Plattform, über die das Unternehmen nicht nur auf Userdaten zugreifen kann. Es ist auch in der Lage, ein Machtverhältnis zu anderen Unternehmen zu etablieren: Weil es die Datenzugänge des Nutzers zu den Dienstleistern kontrolliert, kann es die Bedingungen wirtschaftlicher Zusammenarbeit bestimmen.

Die Verfügung über und Verwendung von Daten hat nicht nur eine Kernfunktion bei der Konzeption innovativer Produkte und Dienstleistungen – sie ist auch entscheidend für die Prognostik von *Marktentwicklungen und die Positionierung von Organisationen*. Das Schlüsselwort lautet hier derzeit »Predictive Analytics«. Aus Daten, die durch soziale Netzwerke, das sogenannte *Internet of Things* (IOT) und unzählige Sensoren in Maschinen gewonnen werden, können Algorithmen Vorhersagen mit

249 CIO vom 28.8.2015, http://www.cio.de/a/big-data-wirtschaftlich-sinnvoll-einsetzen,3246278.

extrem hoher Wahrscheinlichkeit ableiten: von der Entwicklung des Ölpreises über das Steigen und Fallen von Aktienkursen und Staatsanleihen bis hin zu Schwangerschaften.[250] Wenn finanzstarke Investoren bei Airbnb einsteigen, geht es nicht nur um das Geschäftsmodell der Buchungsplattform. Vielmehr erlauben die umfassenden Daten des Unternehmens über Mietkosten, Wohnraum und Nachfrage-Angebot-Relationen eine bessere Vorhersage der Immobilienpreisentwicklung in Großstädten als jede andere Datenbank. Kurzum: Wer die Daten von Airbnb auslesen kann, besitzt ein extrem leistungsstarkes Instrument zur Vorhersage von Markttrends.

Der dritte Aspekt ökonomischer Datenmacht betrifft das Marktsegment der *horizontalen und vertikalen Suchmaschinen*. Während horizontale Suchmaschinen wie Google, Bing oder Yahoo themenübergreifende Recherchen erlauben, sind vertikale Suchmaschinen wie Yelp oder TripAdvisor themen-, orts- oder sachgebunden.[251] Sie sind spezialisiert auf Restaurants, Reiseziele oder Nachrichten. Für beide Sparten gilt aber ein gemeinsamer Grundsatz: Je mehr aufbereitete und strukturierte Daten der Suchmaschine zur Verfügung stehen, desto präziser ist ihre Suchleistung sowie die Verknüpfung der Daten – und desto größer ist auch der Informationsgewinn für die Suchenden. Damit tritt zugleich ein selbstverstärkender Effekt ein: Mit jeder einzelnen neuen Anfrage verbessert sich der Algorithmus der Suchmaschine und weitet dadurch den Wettbewerbsvorteil aus.

Nicht zuletzt sind Daten aber auch als *Ware* Teil ökonomischer Machtmechanismen. Wie bereits dargelegt, sind sie für die Entwicklung von Produkten und Dienstleistungen sowie für die Kundenbindung, Marktpositionierung und andere Kernelemente organisationsökonomischer Entwicklung unverzichtbar. Deshalb haben sich zahlreiche Akteu-

250 Ihre exzellente Prognosefähigkeit stellte die US-Supermarktkette Target unter Beweis, indem sie einem Teenager in Minnesota Coupons für Windeln und andere Babyprodukte zusandte. Das Konsumverhalten der jungen Frau hatte eine Schwangerschaft indiziert. Target lag genau richtig. Das Pikante an der Geschichte war nur, dass das Mädchen zu diesem Zeitpunkt noch nicht einmal ihre Eltern ins Vertrauen gezogen hatte, vgl. Forbes vom 16.2.2012.

251 Vgl. Haucap, Justus & Kehder, Christiane (2013): Suchmaschinen zwischen Wettbewerb und Monopol: Der Fall Google, in: R. Dewenter, J. Haucap & C. Kehder (Hg.): Wettbewerb und Regulierung in Medien, Politik und Märkten: Festschrift für Jörn Kruse zum 65. Geburtstag, Nomos-Verlag: Baden-Baden 2013, S. 115–154.

re der ökonomischen Sphäre auf das Sammeln, Aufbereiten, Präsentieren und Weiterveräußern von Daten spezialisiert.[252] Daten sind, um es in der Sprache der Wirtschaftswissenschaften auf den Punkt zu bringen, ein »monetär bewertbare[r] Produktionsfaktor«, und entsprechend sind sie eine prädestinierte Handelsware.[253] Zu den Vertretern dieses Geschäftszweigs zählen nicht nur Datenmanagement-Konzerne wie Arvato oder Doubleclick, sondern, wie der Deutsche Rat für Public Relations (DRPR) in einem Beschluss beanstandet, z. B. auch Change.org Inc. Der Betreiber einer Online-Petitionsplattform »lässt sich u. a. einräumen, die Daten mit Informationen aus anderen Quellen zu veredeln und an Dritte zu verkaufen (vgl. ›Datenschutz‹ auf Change.org). Ein Handel mit Datensätzen findet wohl auch tatsächlich statt«.[254] Letzterer Verdacht wird bestätigt durch Recherchen der News-Seite L'Espresso.[255]

252 Hervorzuheben ist, dass der Begriff des Daten*handels* im Grunde irreführend ist. Denn das Geschäftsmodell sieht sehr selten den Verkauf von Daten vor, sondern lediglich deren Vermietung oder Leasing zur (einmaligen) Nutzung; die Daten wechseln also nicht den Besitzer. Vgl. Unseld, Florian (2010): Die Kommerzialisierung personenbezogener Daten, München: Herbert Utz Verlag, S. 4. Einen exzellenten ersten Überblick bieten nach wie vor Čas, Johann & Peissl, Walter (2006): Datenhandel – ein Geschäft wie jedes andere?, in: Jeanette Hofmann (Hg.): Wissen und Eigentum. Geschichte, Recht und Ökonomie stoffloser Güter, Bonn: Bundeszentrale für politische Bildung, S. 263–278.

253 Ebd., S. 275. In den USA lässt sich der aktuelle Marktwert spezifischer Datenkategorien (von Adressen über Sozialversicherungsnummern bis zu Informationen über erlittene Konkurse) sogar mit einem sogenannten »Data Calculator« online ermitteln, vgl. http://archive.turbulence.org/Works/swipe/calculator.html.

254 Deutscher Rat für Public Relations (2016): DRPR-Verfahren 05/2016: Beschwerdeausschuss Politik. Change.org und Abgeordnetenwatch.de, S. 1. Die Plattform Change.org hat für ihren Umgang mit Nutzerdaten 2016 vom Verein Digitalcourage e. V. den Datenschutz-Negativpreis BigBrotherAward erhalten, vgl. http://www.stern.de/wirtschaft/news/big-brother-awards--change-org-als-datenkrake-ausgezeichnet-6807950.html. Gestützt werden die Vorwürfe, change.org schlage entgegen seiner Selbstdarstellung aus den Nutzerdaten Kapital und missachte überdies EU-Datenschutzrecht, durch ein Gutachten des ehemaligen Datenschutzbeauftragten von Schleswig-Holstein, Tilo Weichert, vgl. http://www.netzwerk-datenschutzexpertise.de/dokument/daten schutzrechtliche-bewertung-des-internet-beteiligungsportals-changeorg.

255 L'Espresso (2016): Così Change.org vende le nostre email, http://espresso.repubblica.it/attualita/2016/07/15/news/da-un-euro-e-cinquanta-a-85-centesimi-come-change-org-vende-le-nostre-email-1.277479. Siehe auch Konbini (2016):

Die immense wirtschaftliche Bedeutung von Daten im 21. Jahrhundert zieht eine globale Verlagerung des *Wertschöpfungsfokus* nach sich. Wurde im vordigitalen Zeitalter die Wertschöpfung zuerst und vor allem aus materiellen Produkten, also aus der »Hardware«, generiert, so erleben wir derzeit eine Verschiebung hin zur »Software«. Weil die Digitalisierung den gesamten produzierenden Bereich erfasst (vom Küchengerätehersteller, der Maschinen mit Zugang zu webbasierten Kochbüchern anbietet, bis zum Autohersteller, der autonome Fahrzeuge entwickelt), wird die Verarbeitung von und die Hoheit über Daten zur Kernfrage einer vernetzten Ökonomie. All diese Aspekte sollten nicht von einer entscheidenden Bedingung ablenken: Daten allein sind noch kein Wissen. Für sich besehen sind sie bloße desaggregierte Angaben über Personen, Maschinen, Transaktionen etc. Um aus ihnen machtstrategisch relevante Informationen zu entwickeln und diese zu bewerten, bedarf es ausgeklügelter Big-Data-Software und in zunehmendem Maße künstlicher Intelligenz. Diese Entwicklungen stecken erst in den Kinderschuhen. Der ökonomischen Sphäre stehen also im Zuge künftiger technischer Innovation noch tief greifende Revolutionen bevor.[256]

Die datensetzende Macht der ökonomischen Sphäre wurde schon immer intensiv und kritisch von der *Politik* verfolgt – einerseits als Risiko im »struggle over ›trump-ness‹«, andererseits aber auch als Ermöglichungsbedingung und Potenzierung eigener, innerer und äußerer Handlungsfähigkeit. Denn Kriege kann es ohne Rüstungsindustrie genauso wenig geben wie die staatliche Kontrolle von Menschen ohne Kommunikationsmedien (angefangen vom Buchdruck über die Telegrafie und Telefonie bis hin zum E-Mail-Verkehr). Datenmacht war und ist also für politische Akteure wie Ministerien, Steuerbehörden, Parteien, Militärs oder Nachrichtendienste stets hoch relevant. Die digitale Revolution hat nur zur Perfektionierung dieser Ressource beigetragen. Vier Bereiche sind im Kontext der Politik zentral: erstens Überwachung, zweitens Cyberkrieg, drittens Kommunikation und Beeinflussung und viertens Prognostik und Simulation.

Why You Should Think Twice Before Signing A Change.org Petition, http://www.konbini.com/en/lifestyle/change-org-data-mining/.

256 Für einen lesenswerten Ausblick siehe Schwab, Klaus (2017): The Fourth Industrial Revolution, Köln: World Economic Forum.

Nicht erst seit den Enthüllungen des ehemaligen CIA-Mitarbeiters und Whistleblowers Edward Snowden ist bekannt, dass Big Data auch die geheimdienstliche Tätigkeit revolutioniert und deren Leistungsfähigkeit exponentiell gesteigert hat.[257] Mussten sich Spione bis in die 1980er hinein noch mit dem Anbringen von Wanzen und dem Abhören einzelner Telefonleitungen begnügen, steht ihnen im digitalen Zeitalter das Instrument der *Dataveillance*, der Massen-Datenüberwachung, zur Verfügung.[258] Der Grundstein dieses Überwachungsprozesses besteht im Speichern weltweit verfügbarer digitalisierter Daten (IP-Adressen, E-Mails, Suchanfragen, Kreditkartenabbuchungen, Tweets etc.). Das geschieht etwa durch das Anzapfen der tausenden Untersee-Datenkabel, die täglich unzählige Petabytes an Informationen rund um den Globus transportieren. Diese gigantische Rohmasse wird durch automatisierte Rechenoperationen auf Schlüsselbegriffe, Muster und Verbindungen hin untersucht, geordnet, mit Querverweisen verknüpft und klassifiziert. Die Analyse ist entscheidend: Sie erlaubt Geheimdiensten die Identifikation von Terroristen, die Erstellung von Bewegungsmustern, die Risikoeinstufung von Veranstaltungen, das Profiling ausländischer Politiker und nicht zuletzt die Aneignung wirtschaftlich sensibler Informationen anderer Nationen (Stichwort Industriespionage). Vorreiter in diesem Kampf um öffentliche Datenmacht sind die US-amerikanische National Security Agency (NSA) und das britische Government Communications Headquarters (GCHQ). Mit ihren Überwachungsprogrammen Tempora und Prism können beide Geheimdienste an einem einzigen Tag Daten von bis zu zwei Milliarden Menschen analysieren.[259]

Während Dataveillance ausschließlich auf die Informationsgewinnung abzielt, ist das Ziel des *Cyberkrieges* die direkte oder indirekte Schädigung gegnerischer Staaten und nichtstaatlicher Akteure, wie z. B. Ter-

257 Vgl. Lyon, David (2016): Snowden, everyday practices and digital futures, in: Tugba Basaran et al. (Hg.): International Political Sociology, London/New York: Routledge, S. 254–271.

258 Insider sprechen auch gern von einem »collect it all approach«, siehe Hu, Margaret (2014): Small Data Surveillance v. Big Data Cybersurveillance, in: Pepperdine Law Review 42 (4), S. 773–844.

259 Vgl. Die Zeit vom 26.6.2013, http://www.zeit.de/digital/datenschutz/2013-06/tempora-geheimdienst-big-data-analyse/komplettansicht.

rorgruppen oder paramilitärische Organisationen.[260] Die Unterscheidung ist, wie der Militäranalyst Martin C. Libicki betont, nicht immer leicht. Aber er schlägt zur Abgrenzung folgende Definition vor: »*cyberattack* [...] is the deliberate disruption or corruption by one state of a system of interest to another state. [...] CNE (spying) is not an attack (as disruption and corruption are)«.[261] Weil, so Libicki, die militärische und ökonomische Macht politischer Akteure in immer größerem Maße von Computernetzwerken abhängt und weil diese Netzwerke von außen infiltrierbar sind, stellen Cyberattacken ein exponentiell steigendes Sicherheitsrisiko dar. Staaten, so die militärische Logik, müssen also sowohl ihre Fähigkeiten zur Abwehr von Cyberattacken als auch ihre Angriffskapazitäten – zum Zweck der Abschreckung – kontinuierlich ausbauen.

Grundsätzlich lassen sich zwei Formen von Cyberattacken unterscheiden: erstens die direkte Schädigung von Hard- oder Software durch Hacker-Angriffe und Schadprogramme; zweitens die indirekte Schädigung des Gegners durch die gezielte Platzierung von Falschinformationen und Propaganda. Für die erste Form gibt es in der jüngeren Vergangenheit unzählige Beispiele. Im Jahr 2007 beschloss die estnische Regierung gegen massiven russischen Protest, ein sowjetisches Militärdenkmal aus dem Zentrum von Tallinn an den Stadtrand zu verlegen. Wenige Wochen später wurden die wichtigsten staatlichen Websites Estlands von Tausenden Rechnern, die durch Virenbefall de facto ferngesteuert wurden, mit Anfragen überflutet und so lahmgelegt. Die Regierung hatte keine andere Wahl, als das Land kurzzeitig komplett vom globalen Datennetz abzuschneiden und seine Sicherheitsinfrastruktur grundlegend zu überarbeiten. Der Kreml übernahm nie offiziell die Verantwortung für den Angriff, blockierte aber alle weiteren Untersuchungen.[262] Nur drei Jahre später kam es in der iranischen Urananreicherungsanlage von Natanz zu einem schwerwiegenden Zwischenfall: Die gesamte Steuerungsanlage der hochempfindlichen Zentrifugen – immerhin ein Siemens-Produkt – spielte auf einen Schlag verrückt; die Tur-

260 Eine ausgezeichnete Einführung in die Thematik bieten Libicki, Martin C. (2009): Cyberdeterrence and Cyberwar, Santa Monica: Rand sowie Ischinger, Wolfgang (2017): Sicherheitspolitik: Regeln für den Cyberraum, in: Abolhassam, Ferri (Hg.): Security Einfach Machen, Wiesbaden: Springer, S. 13–21.

261 Ebd. S. 23.

262 Vgl. ebd. S. 1f.

binen wurden irreparabel beschädigt; das Prestigeprojekt des damaligen Präsidenten Mahmud Ahmadinedschad stand vor dem Aus. Schnell wurde klar, dass hinter der Fehlfunktion ein sogenannter Cyberwurm namens »Stuxnet« steckte, der nach weitverbreiteter Auffassung von US-Militärs gemeinsam mit Israel entwickelt und eingeschleust worden war.[263] Es dürfte aus heutiger Sicht kaum übertrieben sein, dass die Stuxnet-Attacke das sogenannte »EU+3 Atomabkommen« von 2015 zur Sicherstellung einer ausschließlich zivilen Kernenergienutzung seitens Teherans erst ermöglicht hat.[264]

Die indirekte Form von Cyberattacken ist inzwischen untrennbar mit den Begriffen »Social Bot« und »Fake News« verknüpft. Social Bots sind einmalig programmierte und dann weitgehend »autonom agierende Programme im Internet, [die] ihre wahre Identität verschleiern und dem Nutzer vorgeben, sie wären echte Menschen«.[265] Diese Maskerade wird aufrechterhalten, indem die Software-Roboter eigens angelegte Facebook-Profile, Twitter- und Reddit-Konten oder andere Social-Media-Accounts nutzen. Über diese Profile werden massenhaft politische Meinungen oder fingierte Nachrichten – die oben genannten Fake News – in sozialen Netzwerken und Kommentarspalten von Medienseiten platziert. Wenn die Bots von ihren Programmierern erst einmal mit einem Grundwortschatz an Kernbegriffen gefüttert worden sind, können sie die entsprechenden Informationen eigenständig neu generieren, an aktuelle Ereignisse anpassen oder sogar in Echtzeit-Chats gegenüber menschlichen Usern kommunizieren.[266] Wissenschaftliche Erhebungen wie die

263 Für die technischen Details zur Stuxnet-Sabotage siehe Farwell, James P. & Rohozinski, Rafal (2011): Stuxnet and the Future of Cyber War, in: Survival 53 (1), S. 23–40, für die politischen Hintergründe Sanger, David A. (2012): Confront and Conceal: Obama's Secret Wars and Surprising Use of American Power, New York: Crown Publishers.

264 Vgl. hierzu http://www.eeas.europa.eu/statements-eeas/docs/iran_agreement/iran_joint-comprehensive-plan-of-action_en.pdf.

265 Hegelich, Simon (2016): Invasion der Meinungs-Roboter, in: Analysen und Argumente 221, S. 1–9. Einen guten Überblick der aktuellen Forschungslage bietet Woolley, James C. (2016): Automating Power: Social Bots Interfere in Global Politics, in: First Monday 21 (4), http://firstmonday.org/ojs/index.php/fm/article/view/6161/5300.

266 Vorreiter dieser technologischen Entwicklung war im Übrigen, wie so oft, die Sex- und Erotikindustrie: Bereits in den frühen 2000ern nutzte z. B. das Seitensprungportal Ashley Madison sogenannte »Chat Bots«, die sich gegenüber männ-

Studie *When Social Bots Attack* der Universität Graz belegen eindrucksvoll, wie schnell Menschen den künstlichen Profilen auf den Leim gehen.[267] Entscheidend ist zudem das Gesetz der großen Zahl: In seinem Beitrag *Invasion der Meinungs-Roboter* von 2016 hält Simon Hegelich fest, dass sich mit einer Einsatzsoftware für gerade einmal 500 Dollar bereits 10.000 Twitter-Accounts steuern lassen.[268] Das propagandistische Machtpotenzial liegt auf der Hand: »Bots manipulieren die Trends in sozialen Medien, und diese Trends fließen in politische und wirtschaftliche Entscheidungsprozesse ein«.[269] Einerseits können Politikern falsche Stimmungslagen in der Bevölkerung vorgespiegelt werden. Ein Beispiel ist die immense Häufung prorussischer Posts in deutschen sozialen Medien während der Krim-Annexion 2014, die im krassen Widerspruch zu tatsächlichen Umfragewerten standen und wahrscheinlich von kremltreuen Programmierern lanciert wurden. Andererseits können Gruppen mobilisiert oder gegeneinander aufgewiegelt werden. Im Jahre 2015 verbreitete etwa ein Botnetz des ukrainisch-paramilitärischen Netzwerks Prawyj Sektor (Rechter Sektor) die Falschnachricht, von Russland gesteuerte Separatisten würden mit Raketen auf Kiew zielen.[270] Das Problem der Trendbeeinflussung betrifft aber nicht nur menschliche Medienkonsumenten. Auch softwaregestützte Algorithmen, die zur Politikanalyse soziale Netzwerke durchkämmen, können auf Social Bots hereinfallen und entsprechend defizitäre Lageberichte an Entscheidungsträger weiterleiten. Daher ist dieses Macht- und Technologiefeld durch einen kontinuierlichen Innovationswettkampf zwischen Analysten und Manipulatoren geprägt.

Die Bedeutung von Big Data für die *Beeinflussung im demokratischen Wettbewerb* ist der dritte Schwerpunkt politischer Datenmacht.[271] Eine

lichen Usern mit Erfolg als reale Frauen ausgaben, um ihnen Geld aus der Tasche zu ziehen, vgl. Die Zeit vom 5.7.2016.

267 Vgl. Wagner, Claudia et al. (2012): When social bots attack: Modeling susceptibility of users in online social networks, in: Proceedings of the WWW'12 Workshop on Making Sense of Microposts, S. 41–18.

268 Vgl. Hegelich (2016): S. 3.

269 Ebd.

270 Vgl. Hegelich, Simon & Janetzko, Dietmar (2016): Are social Bots on Twitter Political Actors? Empirical Evidence from a Ukrainian Social Botnet, in: Proceedings of the Tenth International AAAI Conference on Web and Social Media.

271 Einen ausführlichen und kenntnisreichen Überblick bieten die Sammelbände von Plehwe, Kerstin (2010) (Hg.): Die Dialog-Revolution. Aufbruch in ein neues Zeitalter der Kommunikation, Hamburg: Hanseatic Lighthouse und Althaus,

entscheidende Komponente ist hierbei die effiziente Kombination aus datengetriebener Dialogkommunikation und Psychometrik.[272] Psychometrik ist eine wissenschaftliche Methode, um die Psyche eines Menschen zu vermessen und anhand von Persönlichkeitsdimensionen (Bedürfnissen, Ängsten, Hoffnungen, Sozialverhalten etc.) zu typisieren. Bis zum Anbruch des Internetzeitalters war das eine mühsame und zeitintensive Disziplin, verbunden mit Interviews, detaillierten Fragebögen und dem gesamten Instrumentenkoffer der empirischen Sozialwissenschaften. Seit der digitalen Revolution kommunizieren Menschen hingegen immer mehr über digitale Medien. Auf diesem Weg gelangen permanent Informationen über sie ins Internet – diese müssen nur noch analysiert werden. Auf dem politischen Feld sind Data-Mining und Data-Targeting seit über einem Jahrzehnt Teil des Alltagsgeschäfts. Campaigning ohne Detailkenntnis der Zielgruppen und ihrer Schwerpunktthemen ist heute nicht mehr möglich. Vorreiter sind hier die USA, wo ein extrem liberales bzw. wenig restriktives Datenschutzrecht den Kampagnenstrategen einen weit größeren Handlungsspielraum beim Einsatz von Datenmacht gibt als etwa in Deutschland. In Wahlkämpfen können Experten inzwischen bis auf die Hausnummer genau Wählerpräferenzen ermitteln. Aus einer übersichtlichen Anzahl von Online-Aktivitäten (Blog- und Zeitschriftenabonnements, Rabattaktionen, Clubmitgliedschaften etc.) lässt sich die politische Einstellung einer Person sowie ihre wahrscheinliche Wahlentscheidung ableiten – und zwar selbst dann noch, wenn die eigentlichen Aktivitäten überhaupt nichts mit Politik zu tun haben.

Die Relevanz für Demokratien liegt auf der Hand: Im sogenannten »Grassroots Campaigning« sprechen z. B. Kampagnen Bürger gezielt an, um Inhalte an Multiplikatoren zu transportieren, die die politischen Botschaften dann weiterverbreiten bzw. multiplizieren und der jeweiligen Kampagne ihre Stimme und ihr Gesicht zur Verfügung stellen. Auf diesem Wege »können Protestereignisse, Bürgerinitiativen, Fördervereine und Bürgerlobbys entstehen«, die als politische »Pressure Groups« fun-

Marco (2007) (Hg.): Kampagne! 3: Neue Strategien im Grassroots Lobbying für Unternehmen und Verbände, Berlin: Lit Verlag.

272 Vgl. Das Magazin vom 3.12.2016, https://www.dasmagazin.ch/2016/12/03/ich-habe-nur-gezeigt-dass-es-die-bombe-gibt/.

gieren.[273] Zudem ermöglichen auf Big Data gestützte Methoden etwa den politischen Parteien die Unterteilung aller Wähler in Unterstützer, Gegner und Unentschiedene. Und vor allem erlauben sie die gezielte Ansprache und Motivation durch maßgeschneiderte Dialogkommunikation auf bevorzugten Homepages, in sozialen Netzwerken und durch E-Mail-Botschaften, die an den Präferenzen der Person orientiert sind. Kurzum: Durch die Kombination aus Psychometrik und datengetriebener Kommunikation wird exakt derjenige Aspekt der Parteiprogrammatik in die Wahrnehmung der Zielgruppe gerückt, für den diese maximal empfänglich ist. Paradigmatisch für den Siegeszug datenbasierter politischer Beeinflussung sind zwei einschneidende Ereignisse des Jahres 2016: der Brexit und die Wahl Donald Trumps zum US-Präsidenten. Sowohl die EU-Gegner unter Nigel Farage als auch der republikanische Kandidat hatten in ihren Wahlkämpfen stark auf die digitale Komponente ihrer Dialogstrategien gesetzt, und zwar erfolgreich.[274] Dieser Erfolg, den die meisten Kommentatoren nicht vorhergesagt hatten, zeigt zudem: Die klassischen Medien – also Fernsehen, Zeitungen und Radio – haben inzwischen ihre alleinige politische Gatekeeper-Funktion verloren. Die Meinungskampfplätze der Zukunft liegen im digitalen Raum. Natürlich hat die angesprochene Form der zielgerichteten Identifikation, Ansprache und Motivation nicht nur für demokratische Akteure Potenzial. Dass sie Diktaturen und Autokratien zur Optimierung ihrer psychologischen Indoktrination dienen kann, ist ebenso naheliegend wie gefährlich.

Der vierte und letzte Aspekt politischer Datenmacht – das Thema der *Prognostik* – klingt beinahe nach Science-Fiction. In seiner Kurzgeschichte *The Minority Report* von 1956 entwirft der Schriftsteller Philip K. Dick eine Welt, in der eine Gruppe von Mutanten Verbrechen vorher-

273 Speth, Rudolf (2010): Grassroots Campaigning, in: Olaf Hoffjann & Roland Stahl (Hg.): Handbuch Verbandskommunikation, Wiesbaden: VS Verlag, S. 317–332; S. 317.

274 Allerdings ist datenbasierte Dialogkommunikation natürlich nicht nur die Domäne republikanischer Politiker. In ihrem Buch *Von der Botschaft zur Bewegung: Die 10 Erfolgsstrategien des Barack Obama* legt Kerstin Plehwe ausführlich dar, wie der ehemalige US-Präsident Barack Obama durch innovative Nutzung sozialer Medien und moderne Targeting-Methoden völlig neue Wählerschichten erschloss und sich als politischer Nobody gegen etablierte Größen in der Demokratischen Partei durchsetzte, vgl. Plehwe, Kerstin (2008), Hamburg: Hanseatic Lighthouse.

sagen kann. Die Sicherheitsbehörden in Dicks Erzählung ziehen aus dieser prophetischen Gabe einen pragmatischen, aber ethisch bedenklichen Vorteil: Sie verhaften die fraglichen Personen, noch bevor sie überhaupt zu Tätern werden können. Für Dicks Zeitgenossen waren solche Überlegungen zwar unterhaltsam, aber vor allem unrealistisch. Heute sieht die Sache anders aus. Unter dem Schlagwort »Predictive Policing« fasst man die algorithmenbasierte Auswertung von Kriminalstatistiken und Falldaten (z. B. Ort des Verbrechens: Villenviertel; Art: Diebstahl von Hi-Fi-Anlage; Anzahl der Täter: vier etc.) zusammen. Mit dieser kann ermittelt werden, mit welcher Wahrscheinlichkeit wann, wo und von wem welche Art von Verbrechen begangen wird. Ein eindrucksvolles Beispiel bietet die von IBM entwickelte kriminologische Analysesoftware Blue CRUSH (Crime Reduction Utilizing Statistical History).[275] Bereits im Jahre 2005 konzipierte der IT-Konzern zusammen mit dem Memphis Police Department das Programm, das aus der Datenbank der örtlichen Polizei zukünftige Verbrechenstrends errechnete und Hotspots identifizierte, an denen Täter in bestimmten Phasen zuschlagen werden. Ab diesem Zeitpunkt patrouillierten Streifenwagen genau diese Areale innerhalb der vorhergesagten Zeiträume. Binnen weniger Jahre ging daraufhin die Deliktrate in Memphis um über 30 % zurück. Zugleich konnte das Police Department in großem Umfang Einsatzkräfte einsparen und seine Personalressourcen effizienter einsetzen. Predictive Policing ist ein Exportschlager: Inzwischen wird die Methode nicht mehr nur in den USA, sondern auch bei deutschen Pilotprojekten in Stuttgart, Karlsruhe, Hamburg und Bonn eingesetzt.

Aber offenkundig ist die auf Big Data gestützte Macht der Prognostik nicht nur auf den Bereich der Kriminalprävention beschränkt. Ein vor kurzem entwickelter Ableger von Blue CRUSH, von seinen Erfindern sinnigerweise CRASH (Crash Reduction Analyzing Statistical History) getauft, kann aus Verkehrsdaten Unfallwahrscheinlichkeiten berechnen und Staus vorhersagen. Im Bereich der Gesundheitspolitik können vergleichbare Algorithmen aus medizinischen Statistiken und Krankenakten je nach Bevölkerungs- und Altersgruppe spezifische Gesundheitsrisiken ermitteln. Die Liste ließe sich beliebig fortsetzen. Diese prognostischen Instrumente sind aus machttheoretischer Perspek-

275 Vgl. High Ground News vom 19.3.2014, http://www.highgroundnews.com/features/BlueCrush031214.aspx.

tive exzellente Steuerungsmittel für staatliche Institutionen. Sie machen mit einem Schlag die Entwicklungen und Verhaltensmuster von Bevölkerungen in allen erdenklichen Handlungsfeldern nachvollziehbar und damit auch beherrschbarer. Foucault, der große Theoretiker universeller Kontrolle (siehe Kap. 1.2), hätte es sich nicht besser ausmalen können. Damit ist aber zugleich die Frage aufgeworfen, ob alles, was machbar ist, auch moralisch gesollt oder vernünftig ist.

Wir können diese genuin ethische und machtstrategische Problemstellung nur anreißen; sie steht nicht im Fokus dieses Buches, und zudem befinden wir uns erst am Anfangspunkt der relevanten technologischen Umwälzungen.[276] Letztendlich kreisen diese Fragestellungen im Kontext der Datenmacht, ganz gleich, ob wir über wirtschaftliche oder politische Themen reden, jedoch alle um einen Punkt: Wem gehören Daten überhaupt, und welche Rechte kann der ›Eigner‹ der Daten gegen andere legitimerweise geltend machen? Die Extrempole sind rasch umrissen. Der libertären Position zufolge kann kein Mensch einen alleinigen Verfügungsanspruch geltend machen. Die Daten, die eine Person erzeugt, indem sie einen Zeitungsartikel über soziale Netzwerke teilt, eine Reise auf die Malediven bucht oder mit einem internetfähigen Endgerät ihren Puls misst, sie gehören allen – und damit niemandem. Die radikale, auf Individualrechte fokussierte Gegenposition erklärt demgegenüber die Einzelperson zur alleinigen Entscheidungsinstanz darüber, was mit ihren Daten passiert, wer sie verwerten darf und wofür. Es wird schnell klar, dass beide Positionen idealtypisch und nicht praxistauglich und damit auch nicht zu rechtfertigen sind. Der erste Ansatz macht kurzen Prozess mit der Idee der Privatsphäre und missachtet damit einen rechtlich-moralischen Grundbaustein unseres liberalen Rechtsstaats. Der zweite Ansatz impliziert wiederum die Lahmlegung der politisch-wirtschaftlichen Handlungsfähigkeit. Er erklärt de facto jedes einzelne Individuum zum Souverän und führt somit die Idee politischer Vergemeinschaftung ad absurdum.

Die Entscheidung über den Umgang mit der Datenmacht spiegelt insbesondere die politischen Kräfteverhältnisse in den Gesellschaften

276 Vgl. jedoch z. B. Richards, Neill M. & King, Jonathan H. (2014): Big Data Ethics, in: Wake Forest Law Review, S. 394–422 und Kurz, Constanze (2009): Gewissensbisse. Ethische Probleme der Informatik: Biometrie, Datenschutz, geistiges Eigentum, Bielefeld: Transcript.

wider – es handelt sich mithin um ein umkämpftes Feld, welches zwischen den beiden Extrempolen verortet ist. Die Ethik der Daten ist, so unser knappes Fazit, also ein politisches Thema. Sie muss im Aushandlungs- und Willensbildungsprozess entstehen, umgesetzt und im Lichte technologischer Innovationen und kultureller Paradigmenwechsel immer wieder neu geprüft und reformiert werden. Hierbei gilt es, zwischen dem öffentlichen und dem wirtschaftlichen Sektor zu differenzieren: Staatlichen Institutionen kommt eine Schutzaufgabe gegenüber der Allgemeinheit zu (siehe hierzu unseren Abschnitt zu Herrschaftswerkzeugen in Kap. 2.5.3), die für Unternehmen nicht anfällt. Weil z. B. Polizei und Geheimdienste die exklusive Funktion haben, Angriffe auf die Bevölkerung durch Terroristen, Verbrecher und andere Feinde des Gemeinwesens effektiv abzuwehren, muss ihre Datenmacht bzw. die entsprechenden rechtlichen Beschränkungen und Auflagen diesem Aufgabenprofil auch Rechnung tragen.

An dieser Stelle wollen wir unseren Exkurs zu den ökonomischen Machtressourcen und zum Schwerpunktthema Daten abschließen und die Relation der ökonomischen Sphäre zu den anderen Feldern diskutieren. Ihre bedeutende Stellung haben wir bereits hervorgehoben. Ohne ein System zur Produktion und Distribution von Gütern und Dienstleistungen könnten die übrigen Felder und ihre Praktiken nicht aufrechterhalten werden. Die Erfahrungen des 20. Jahrhunderts – vor allem das Scheitern des Sowjetkommunismus – legen außerdem nahe, dass das ökonomische Machtfeld seine volle Produktivität nur bei Gewährleistung einer gewissen Autonomie und bei Sicherung des Marktmechanismus entfalten kann. Durch diesen besonderen Status ist es prädestiniert, im »struggle over ›trump-ness‹« in andere Felder zu intervenieren und den Primat seiner Machtlogik durchzusetzen. Wir müssen nicht so weit gehen, ein simples »Geld regiert die Welt-Schema« zu unterschreiben. Und wir brauchen auch nicht mit Marx anzunehmen, dass Politik und Religion nur der kausal irrelevante »Überbau« eines ökonomischen »Unterbaus« sind.[277] Solche verabsolutierenden Sichtweisen unterschätzen

277 Poggi (2001, S. 58f.) versucht sich an einer Ehrenrettung der marxschen Theorie. Nach seiner Lesart geht der Autor des *Kapitals* von einer systematischen Gleichrangigkeit der drei zentralen Machtfelder – Religion, Ökonomie, Politik – aus. Aber einer Quellenprüfung und einer eingehenderen Sekundärlektüre hält diese Interpretation nicht stand. Für Marx sind alle Gesetzmäßigkeiten der so-

die Abwehrfähigkeit der religiösen und politischen Felder gegen ökonomische Vereinnahmungsstrategien. Gleichwohl sind solche Strategien prägend für die soziale Welt.

Ein historisches Beispiel für das Vordringen der ökonomischen Machtlogik in die Religion ist – natürlich – der Ablasshandel.[278] Dabei ist die seit der Spätantike bestehende Idee des Ablasses im Grunde erst einmal wenig anstößig. Sie bezeichnet »eine von der Kirche außerhalb des Bußsakraments erteilte und vor Gott gültige Nachlassung der zeitlichen Sündenstrafen«,[279] also keine Vergebung der Sünden selbst, sondern einen Verzicht auf ihre Bestrafung im Jenseits, der durch gute Taten, Gebete, Wallfahrten, Almosen etc. erreicht wird. Vehemente Kritik erfuhr diese Praxis erst, als die Päpste der Renaissance auf den Gedanken kamen, den göttlichen Strafverzicht wie eine Ware zu handeln, um die klammen Kassen der römischen Kurie zu füllen. Auf einmal konnten sich solvente Patrizier, Söldner und Adlige ihr Seelenheil erkaufen und sorglos sündigen, weil ihnen die Kirche gegen Geld einen Ablass gewähren würde. Das Problem war also, wie der bedeutende Religionshistoriker Nikolaus Paulus festhält, »daß der Ablaß, der in erster Linie ein geistliches Mittel der Volksseelsorge sein sollte, vor allem als Geldquelle nutzbar gemacht wurde.«[280] In machtstrategischer Hinsicht ist dieser Umstand ebenso dramatisch wie interessant: Durch den Handel mit Ab-

zialen Welt aus den Gesetzen der ökonomischen Sphäre abgeleitet; politische, religiöse, kulturelle und andere Phänomene ergeben sich nur aus grundlegenderen wirtschaftlichen Prozessen. Für einen guten Überblick siehe u. a. Quante, Michael & Schweikard, David (2016): Marx-Handbuch: Leben – Werk – Wirkung, Stuttgart: J. B. Metzler Verlag sowie Kopp, Bernhard (1968): Die marxistische Theorie vom Überbau und Unterbau und ihre nicht-marxistischen Abwandlungen, in: Zeitschrift für philosophische Forschung 22 (4), S. 575–597. Entsprechend macht es aus orthodox-marxistischer Sicht auch kaum Sinn, eine Änderung ökonomischer Verhältnisse durch politische Reformen erzwingen zu wollen.

278 Zur Übersicht vgl. die immer wieder neu aufgelegten Klassiker zu dieser Thematik Paulus, Nikolaus ([1922] 2000a): Geschichte des Ablasses im Mittelalter. Vom Ursprunge bis zur Mitte des 14. Jahrhunderts, Darmstadt: Wissenschaftliche Buchgesellschaft und Paulus, Nikolaus ([1923] 2000b): Geschichte des Ablasses am Ausgang des Mittelalters, Darmstadt: Wissenschaftliche Buchgesellschaft.

279 Paulus ([1922] 2000a): S. 1.

280 Paulus ([1923] 2000b): S. 379.

lassen wurde die zentrale Machtressource des ökonomischen Feldes mit einem Schlag auch zu einer entscheidenden Machtressource innerhalb des religiösen Feldes. Mussten sich die Akteure zuvor genuin religiösen Regeln sowie den Geboten des Klerus unterwerfen und bei Verfehlungen aufrichtig (oder zumindest glaubhaft) Buße tun, konnten sie nun die Logik des Marktes eins zu eins auf die religiöse Praxis anwenden. Vor diesem Hintergrund sind der Furor der Reformation, der sich an diesen Ereignissen entzündete, und der große Erfolg der kirchlichen Revolutionäre um Martin Luther wenig erstaunlich. Was hier nämlich auf dem Spiel stand, war letztendlich nichts anderes als die Autonomie der christlichen Religion als eigenständiges Machtfeld.

Die Intervention der ökonomischen Sphäre in das Machtfeld der Politik ist ein Standardthema der politischen Debatte. Wir tun aber gut daran, hier eine klare Trennung vorzunehmen, die oftmals in der Alltagspolemik untergeht: nämlich zwischen dem Geltendmachen ökonomischer Interessen im politischen Entscheidungsprozess auf der einen Seite und dem Versuch, die Machtlogik der Ökonomie in die Politik zu exportieren, auf der anderen Seite. Ersteres ist nach unserer Auffassung ein legitimer Aspekt politischer Willensbildung (siehe hierzu Kap. 2.4); letzteres ist eine Attacke auf die Autonomie des politischen Machtfelds. Von einer solchen Attacke können wir z. B. dann sprechen, wenn Personen versuchen politische Entscheidungen und/oder Ämter zu kaufen. Das Stichwort lautet hier natürlich: Korruption. Wir wollen an dieser Stelle keine detaillierte Debatte des Korruptionsbegriffs anstrengen. Für uns ist nur relevant, dass im Zuge der Korruption die politische Entscheidung wie eine käufliche Dienstleistung und das politische Amt wie ein käufliches Gebrauchsgut behandelt wird. Analog zum oben genannten Fall handelt es sich also um einen Versuch, die Prinzipien des Marktes und dessen zentrale Machtressourcen in einem außerökonomischen Feld zu verankern und auf diese Weise dessen eigene Machtlogik und -ressourcen zu marginalisieren. Dieses Phänomen ist nicht nur für die Politik und deren Kernaufgaben verheerend, sondern letztendlich auch für die ökonomische Sphäre selbst. Das lässt sich am globalen Korruptionsindex, der seit 1995 von *Transparency International* erhoben wird, ablesen.[281] Misswirtschaft, Ineffizienz und soziales Elend sind mit Korruption derart eng korreliert, dass an einen Zufall nicht zu glauben ist.

281 Siehe www.transparency.org.

2.3.3 Das politische Machtfeld

Kommen wir hieran anschließend zum letzten großen Machtfeld, der *Politik*. Was das Politische ausmacht und wodurch es sich von anderen Gesellschaftsbereichen unterscheidet, ist eine notorisch schwierige Frage.[282] Statt uns in langwierige konzeptionelle Grabenkämpfe zu verstricken, legen wir folgende Definition zugrunde: Das Grundprinzip des Politischen ist die Autorisierung und Durchsetzung kollektiv verbindlicher Handlungsnormen. Worum es in der Politik also – im Kern – geht, ist die Organisierung des gesellschaftlichen Miteinanders durch gemeinschaftliche Regeln, die notfalls mit Aktionsmacht, sprich Gewalt, erzwungen werden können. Ob diese in Form des Bürgerlichen Gesetzbuches und des Strafgesetzbuches festgelegt sind, in Gestalt des babylonischen Rechtskodex Hammurabi aus dem 18. Jahrhundert vor Christus oder durch mündlich tradierte Tabus, ist zunächst nebensächlich. Ebenso wenig relevant ist die Trennung der autoritativen politischen Gewalten in Legislative, Exekutive und Judikative. Entscheidend ist, dass wir dann und nur dann von einem politischen Machtfeld sprechen können, wenn die regelgebende, durchsetzende und -überwachende Instanz (zu einem gewissen Grade) institutionalisiert und in ihrer Autorität akzeptiert ist (siehe Kap. 1.2). Es muss, in den Worten Carl Schmitts und Byung-Chul Hans, also einen Souverän geben.[283] Sonst haben wir es nicht mit Politik zu tun, sondern mit ihrem Gegenstück: der Anarchie.[284]

282 Fest steht allerdings, dass wir mit generischen Phrasen wie »Alles ist politisch!« nicht weiterkommen. Wenn wir Bourdieus und Poggis Annahme akzeptieren, dass es eine Vielzahl (relativ) autonomer Machtfelder gibt, die miteinander konkurrieren, dann müssen sich diese Felder auch trennscharf abgrenzen lassen.

283 Vgl. Schmitt, Carl (1934): Politische Theologie. Vier Kapitel zur Lehre von der Souveränität, Berlin: Duncker & Humblot und Han (2005): S. 91ff.

284 Anarchie verstehen wir hier dezidiert als einen Zustand der Regellosigkeit. Wenn das Wesen des Politischen untrennbar mit dem Erlassen und Durchsetzen von Handlungsnormen verknüpft ist, dann muss die Anarchie notwendigerweise das Gegenstück zum Politischen sein. Diese Position ist freilich nicht unumstritten. Für einen Überblick der Debatte siehe Franks, Benjamin & Wilson, Matthew (Hg.) (2010): Anarchism and Moral Philosophy, Basingstoke: Palgrave; eine interessante wirtschaftswissenschaftliche Perspektive bietet zudem Skaperdas, Stergios (2008): Anarchy, in: Wittman, Donald A. & Weingast, Barry R. (Hg.): The Oxford Handbook of Political Economy, S. 881–898.

Angesichts dieser Skizze des politischen Feldes ist offenkundig, wie sich das Phänomen der Macht hier manifestiert bzw. was es bedeutet, politische Macht zu besitzen. Politische Macht zu haben, heißt nach unserer Auffassung, Einfluss nehmen zu können auf: *erstens*, Inhalt und Geltungsbereich gemeinschaftlicher Regeln; *zweitens*, Durchsetzung der Regeln und Sanktionierung von Verstößen; *drittens*, Verfahren zur Autorisierung neuer Regeln und zur Revision oder Abschaffung bestehender Regeln. Kurzum: Politische Macht ist die Macht über Form und Inhalt kollektiv verbindlicher Entscheidungen. Wer diese Macht hat, der entscheidet (mit) darüber, welche Steuersätze für wen gelten, ob homosexuelle und heterosexuelle Partnerschaften rechtlich gleichgestellt sind, welche Befugnisse die Sicherheitsbehörden haben, welche Anforderungen bei der Zulassung von Medikamenten zu erfüllen sind etc. Je intensiver und extensiver der Einfluss eines Akteurs in dieser Entscheidungssphäre ist, desto umfassender ist seine Kontrolle über das politische Feld und desto besser ist seine Positionierung innerhalb der hierarchischen Praktiken dieses Feldes.

Bereits Aristoteles hat diesen Kernbefund zum Ausgangspunkt seiner Typologie der politischen Systeme gemacht.[285] Für ihn lassen sich alle Formen politischer Gemeinschaften anhand zweier Fragen systematisieren. Erstens: Wie viele Personen haben politische Macht inne – eine, einige oder alle? Zweitens: Nutzen sie diese Macht zum Guten oder zum Schlechten? Daraus ergibt sich seine Aufteilung in sechs Formen:

285 Vgl. Aristoteles (2003): Politik, übers. von Franz Susemihl, Rowohlt: Reinbek bei Hamburg, S. 139–144.

		Ethischer Status der Herrschaft	
		gut	schlecht
Anzahl der Herrschenden	Einer	Monarchie	Tyrannis
	Einige	Aristokratie	Oligarchie
	Alle	Isonomie	Demokratie

Abbildung 3: Typologie der politischen Systeme nach Aristoteles[286]

Die Frage, ob diese Typologie präzise genug ist, um die verschiedenen Formen politischer Organisation überzeugend zu klassifizieren oder der Vielfalt politischer Machtverteilungen und -verhältnisse Rechnung zu tragen, müssen wir nicht vertiefen; es bleiben aus heutiger Sicht erhebliche Zweifel. Zudem erscheint die einfache Zweiteilung in gute und schlechte Herrschaftsformen außerordentlich unterkomplex. Entscheidend ist aber ein ganz anderer Punkt: Bereits der attische Ahnherr der Staats- und Verfassungslehre hat klar erkannt, dass die Frage, wer die politische Macht in einem Gemeinwesen besitzt (und in welchem Umfang), der maßgebliche Faktor bei der Beurteilung und Klassifikation von staatlichen Organisationsformen ist.

Bevor wir auf das schwierige Problem eingehen, worauf politische Macht beruht und mit welchen Ressourcen sie erworben und vergrößert werden kann, wollen wir – analog zu den diskutierten Feldern Religion und Ökonomie – die Funktion des politischen Machtfeldes in den Blick fassen. Die Bedeutung des Religiösen ergibt sich, so haben wir gesagt, aus der Befriedigung immaterieller Bedürfnisse, die der Ökonomie aus der Befriedigung materieller Bedürfnisse. Beide haben ihren Ursprung im Bedürfnischarakter des Menschen und sind so untrennbar mit den Grundprinzipien der Macht verbunden. Wie sieht es mit dem Politischen

286 In der Tat verwendet Aristoteles den Ausdruck *demokratia* ursprünglich als Bezeichnung für eine politische Verfallsform. Diese frühe Prägung hat dem langfristigen Erfolg des Begriffs freilich wenig anhaben können. Hier ist nicht der Ort, um eingehender Aristoteles' Demokratieverständnis zu diskutieren, vgl. jedoch Schäfer, Rainer (2014): Was Freiheit zu Recht macht. Manuale des Politischen, Berlin/Boston: De Gruyter.

aus? Hier liegen die Dinge nicht ganz so einfach. Es gibt zwei konkurrierende Erklärungsansätze – nennen wir sie der Einfachheit halber *Hobbes' Erzählung* und *Rousseaus Erzählung*.[287]

Hobbes' Erzählung geht so: Der Mensch ist von Natur aus ein zweckrationaler Egoist, der zur Befriedigung seiner Bedürfnisse bereit ist, andere zu übervorteilen und seine Interessen gegen ihren Willen durchzusetzen. Um seine Bedürfnisbefriedigung zu maximieren, strebt er daher nach Macht. Da alle Menschen gleichermaßen disponiert sind, treten sie notwendigerweise in einen gewalttätigen Wettstreit um Macht ein. Und da sie von ihren physischen und mentalen Anlagen her ähnlich ausgestattet sind, ist ein finaler Endpunkt des Konflikts unabsehbar. Dieser Wettstreit ist letzten Endes zum allseitigen Nachteil, weil er nicht nur Ressourcen verschlingt, sondern den Menschen auch zu einer Existenz in steter Todesangst verdammt. Er kann nur durch einen Schritt eingedämmt werden: die Einrichtung einer Institution mit politischer Macht, die kollektiv verbindliche Handlungsregeln (Verbot von Raub, Körperverletzung, Mord etc.) festsetzen und deren Nichtbefolgung dank eines Gewaltmonopols drakonisch ahnden kann. Die politische Sphäre hat den Zweck, menschliche Gewaltbereitschaft einzudämmen und eine friedliche Koexistenz zu sichern. Es geht zuerst und vor allem um die Verhinderung des altbekannten Krieges aller gegen alle; die Funktion politischer Macht ist eine negative bzw. präventive. Mehr von ihr zu verlangen, wäre vermessen.

Rousseaus Erzählung geht anders: Der Mensch ist von Natur aus darauf angewiesen – und auch dazu geneigt –, mit anderen zu kooperieren. Auf sich allein gestellt, würde er zugrunde gehen. Aber wenn er seine Fähigkeiten mit seinen Mitmenschen bündelt und gemeinsame Ziele ent-

287 Unsere Erzählungen gehen natürlich zurück auf die zwei großen Klassiker der neuzeitlichen Staatstheorie: Hobbes' *Leviathan* ([1651] 2008) und Rousseaus *Contrat Social*, Rousseau ([1762] 1977): Vom Gesellschaftsvertrag oder Prinzipien des Staatsrechtes, übers. von Hans Brockard, Stuttgart: Reclam. Beide Ansätze zur Grundlegung und Rechtfertigung politischer Macht sind zu einem gewissen Grade Zuspitzungen, allerdings – nach unserer Einschätzung – informative Zuspitzungen. Zum hobbesschen Lager gehören neben dem Autor des *Leviathans* selbst u. a. Locke ([1689] 1977), Nozick ([1976] 2006) und Poggi (2001). Dem rousseauschen Lager lassen sich etwa Hegel ([1821] 1995), Rawls ([1971] 1979) und Luhmann ([1975] 2003), aber auch Konfuzius (2005) und Laotse (2005) zuordnen.

wickelt, kann er nicht nur sein eigenes Überleben sichern, sondern das Glück und Wohlergehen aller befördern. Die entscheidende Frage ist allerdings, wie diese Synergie der Individualkompetenzen erreicht werden kann und wie es möglich ist, effektiv und effizient gemeinschaftlich zu handeln. Die logische Antwort ist die Einrichtung einer politischen Institution, die für alle Personen verbindliche Handlungsregeln festlegt. Diese Regeln erlauben es den Personen, ihr kooperatives Miteinander so zu gestalten, dass sie ihre geteilten Ziele mit größtmöglicher Erfolgsaussicht realisieren können. Sie schaffen also Erwartungssicherheit und senken Transaktionskosten; durch bereitgehaltene Sanktionsmechanismen bei Regelverstößen werden für alle Personen Anreize gesetzt, die Verfolgung gemeinschaftlicher Interessen nicht zu behindern. Die politische Sphäre hat den Zweck, interpersonale Kooperation und die Verwirklichung geteilter Ziele zu ermöglichen. Es geht ihr zuerst und vor allem um die Beförderung des Gemeinwohls; die Funktion politischer Macht ist vor allem eine positive bzw. konstruktive. Weniger von ihr zu verlangen, würde bedeuten, ihr Potenzial zu verschenken.[288]

Wer mit den Klassikern der politischen Theorie ein wenig vertraut ist, dem wird aufgefallen sein, dass wir zentrale Elemente der hobbesschen und rousseauschen Positionen ausgeblendet haben. Wir sind weder auf die Verteidigung der absolutistischen Monarchie im *Leviathan* eingegangen noch auf den utopischen, radikaldemokratischen Ansatz des *Contrat Social.* Das ist keine Nachlässigkeit. Uns geht es nur darum, aufzuzeigen, dass politische Macht auf zwei völlig verschiedene Weisen begründet werden kann: entweder allein durch die Einhegung zwischenmenschlicher Gewalt oder aber durch die Beförderung des Gemeinwohls.

Offenkundig korrespondieren beiden Ansätzen sehr unterschiedliche Vorstellungen von der institutionellen Ausgestaltung politischer Macht und vom Verhältnis der Politik zu den anderen Machtfeldern. Ein Anhänger von Hobbes' Erzählung, für den sich die Funktion politischer

288 Wir wollen an dieser Stelle bereits kurz einer möglichen Fehlinterpretation vorbeugen: Natürlich hat politische Macht in Rousseaus Erzählung auch die Funktion, zwischenmenschliche Gewaltbereitschaft einzuhegen. Unterstützer der rousseauschen Position erkennen an, dass die Fähigkeit und Motivation des Menschen, anderen zu schaden, ein elementares Problem der Vergesellschaftung ist. Aber diese Schutz- und Präventionsfunktion ist letztendlich nichts anderes als die Vorbedingung des eigentlichen Zieles politischer Macht, und zwar der Beförderung des Gemeinwohls.

Macht in der Gewährleistung einer friedlichen Koexistenz erschöpft, wird in der Regel für einen Minimalstaat optieren. In einem derartigen System spielen z. B. Sozial-, Bildungs- und Kulturpolitik bestenfalls eine untergeordnete Rolle, und die Intervention des Politischen in andere Felder, wie etwa Ökonomie und Religion, ist minimiert. Ein Anhänger von Rousseaus Erzählung, der die Verwirklichung des Gemeinwohls in den Fokus politischer Macht rückt, muss demgegenüber für ein stärker interventionistisches Modell der politischen Sphäre eintreten. Auf diese Weise ergeben sich automatisch größere Spannungen mit anderen, nach Autonomie strebenden Machtfeldern.

Natürlich sind beide Positionen Idealisierungen, aber sie sind bis heute die Gegenpole eines anhaltenden Deutungskampfes über Funktion und Grenzen politischer Macht. Gesamtgeschichtlich betrachtet hat sich Rousseaus Ansatz in dieser Auseinandersetzung jedoch auf leisen Sohlen weitgehend durchgesetzt. Die soziokulturelle und ökonomische Komplexität unserer Gesellschaft und die Ausdifferenzierung in verschiedenste, konkurrierende Machtsphären hat dazu geführt, dass die Moderne das Konzept des Gemeinwohls schlechterdings mitdenken muss. Die Abkoppelung politischer Herrschaft von dieser Idee würde mithin zu einem dramatischen Legitimitätsdefizit führen und damit einen Systemkollaps provozieren. Sie wäre aber auch jenseits dieser historischen und machttheoretischen Überlegungen konzeptionell und normativ unbefriedigend. Das Bekenntnis zum allgemeinen Wohl ist ein Kernelement unseres modernen, demokratischen Verfassungsstaates.

Aber damit ist noch nicht geklärt, was sich hinter dem Begriff verbirgt und in welcher Beziehung dieser zur Demokratie steht. Folglich gilt es, den Begriff des Gemeinwohles zu analysieren und die Legitimitätsbedingungen politischer Macht, insbesondere in Hinblick auf den demokratischen Verfassungsstaat, aufzuklären. Diese Analyse erlaubt es uns auch, eine Frage zu beantworten, die wir bis jetzt wohlweislich aufgeschoben haben, und zwar, was die spezifischen Machtressourcen des politischen Feldes sind. Zu Anfang dieses Abschnitts haben wir zwar bereits eine vorläufige Antwort diskutiert. Zu den wichtigsten Trümpfen im politischen Machtkampf gehörten für Bourdieu Prestige, Vernetzung, freie Zeit und Bildung. Aber diese Ad-hoc-Auflistung fußt – bei allem Respekt vor Bourdieu – weder auf einer Funktionsanalyse des politischen Feldes noch auf einer eingehenden Klärung seiner Legitimitätsbedingungen. Beides ist jedoch unverzichtbar, um ein klares Bild davon zu gewinnen, welche Fähigkeiten, Mittel und Güter überhaupt als Ressourcen politischer Macht infrage kommen. Mit anderen Worten: Die Ressourcenfrage setzt die Beantwortung der Funktions- und Legitimitätsfrage bereits voraus.

Damit ist die Argumentationsrichtung vorgegeben: Im Folgenden werden wir das Legitimationsverhältnis von politischer Macht und Gemeinwohl erläutern (Kap. 2.4). Darauf aufbauend werden wir im Anschluss (Kap. 2.5.) die Machtressourcen, -techniken und -instrumente, die für dieses politische Feld relevant sind, diskutieren. Der Kulminationspunkt unserer Untersuchung in Kap. 2 ist damit der politisch legitime, effiziente und effektive Einsatz von politischer Macht.

2.4 Das Gemeinwohl

Politische Macht ist nur legitim, wenn sie dem Gemeinwohl dient. Diese Rechtfertigungsidee von Herrschaft zieht sich durch das politische Denken der Weltgeschichte – und zwar unabhängig davon, ob wir westliche Kulturen betrachten, China, Indien oder den Orient.[289] Ohne Übertreibung können wir von einem globalen Leitbegriff sprechen, der zwar stets auch heftigen Widerspruch erfahren hat (siehe Kap. 2.3), aber seit der griechischen Antike den politischen Diskurs mitbestimmt.[290] Dabei steht das Wohl des Gemeinwesens oft in einem konfliktreichen, biswei-

289 Vgl. Münkler, Herfried & Bluhm, Harald (2001) (Hg.): Gemeinwohl und Gemeinsinn. Band I, Historische Semantiken politischer Leitbegriffe, Berlin: Akademie Verlag. Für die interkulturelle Perspektive siehe u. a. Zaman, Muhammad Q. (2006): The Ulama of Contemporary Islam and their Conceptions of the Common Good«, in: Armando Salvatore/Dale F. Eickelman (Hg.), Public Islam and the Common Good, Boston u. Leiden: Brill, S. 129–155, Hiriyanna, Mysore ([1949] 2005): The Essentials of Indian Philosophy, New Delhi: Shri Jainendra Press, S. 53–56 und Zhang, Ellen (2010): Community, the Common Good, and Public Healthcare, Confucianism and its Relevance to Contemporary China, in: Public Health Ethics 3 (3), S. 259–266.

290 So schreibt bereits Platon in den *Nomoi* »Erstens ist es nämlich schwierig zu erkennen, daß die wahre Staatskunst nicht auf den Vorteil des einzelnen (*to idion*), sondern auf das Gemeinwohl (*to koinon*) bedacht sein muss, denn das Gemeinsame eint, das Einzelne zerreißt die Staaten – und daß es für beide, für das Gemeinwesen wie für den einzelnen, von Vorteil ist, wenn eher das Gemeinwohl (*to koinon*) gefördert wird als die Interessen des einzelnen (*to idion*).«, Pla-

len gar dilemmatischen Verhältnis zum Eigeninteresse einzelner Gemeinschaftsmitglieder.[291] Wie stark Individual- und Gemeinwohl auseinanderklaffen können, zeigt sich nicht nur bei kriegerischen Auseinandersetzungen, in denen der Tod von Soldaten (oder Zivilisten) bewusst in Kauf genommen wird, um die Sicherheit der Allgemeinheit zu bewahren. Der Konflikt wird auch virulent bei alltäglichen Auseinandersetzungen, z. B. über den Ausbau von Schienentrassen durch Wohngebiete, die Errichtung von Mülldeponien, die Besteuerung von Einkommensklassen, die Regulierung gesundheitsschädlicher Konsumgüter etc. Die Bewältigung dieser Konflikte zählt zu den wichtigsten und vor allem schwersten Aufgaben der Politikgestaltung.[292] Trotz dieser bisweilen tragischen und oft nicht befriedigend lösbaren Problemkonstellationen hat das Gemeinwohl im heutigen politischen Diskurs einen hohen Stellenwert. Einer Erhebung des Politikwissenschaftlers Jürg Steiner zufolge bezieht sich z. B. rund ein Drittel aller Redebeiträge bei Plenardebatten in Deutschland, der Schweiz, Großbritannien und den USA auf das Gemeinwohl.[293] Ebenso großer Beliebtheit erfreut sich der Leitbegriff bei Gewerkschaften, NGOs, Verbänden und Kirchen.[294] Steiners Schlussfolgerung ist klar: In politischen Auseinandersetzungen existiert eine »social norm to express arguments in terms of the common good«.[295] Und er beeilt sich hinzuzufügen, dass diese Norm nicht nur für Demokratien gilt, sondern

ton (1990): Nomoi, hg. von Gunther Eigler, übers. von Klaus Schöpsdau, Darmstadt: Wissenschaftliche Buchgesellschaft, S. 875.

291 Vgl. Blum, Christian (2010b): Dilemmas Between the General and Particular Will – a Hegelian Analysis, in: Ignacia Falgueras, Juan A. García & Juan J. Padidal (Hg.): Yo y tiempo: la antropología filosófica de G.W.F. Hegel, Malaga: Contrastes, S: 231–239.

292 Siehe Meier, Dominik (2016b): Eine klaffende Wunde im Verfassungsstaat, http://www.miller-meier.de/debatte/eine-klaffende-wunde-im-verfassungsstaat/.

293 Vgl. Steiner, Jürg (2012): The Foundations of Deliberative Democracy. Empirical Research and Normative Implications, Cambridge: Cambridge University Press, S. 96. Steiner nimmt auch bedeutungsäquivalente Ausdrücke wie »öffentliches Interesse« und »Nutzen der Allgemeinheit« in seinen Survey auf.

294 Für eine Übersicht siehe Blum, Christian (2015): Die Bestimmung des Gemeinwohls, Berlin: De Gruyter, S. 7ff. Bemerkenswert ist, dass der Rekurs auf das Gemeinwohl völlig unabhängig vom klassischen Rechts-Links-Schema ist. Auf das Gemeinwohl berufen sich Umweltschützer, Rechtspopulisten und sogar die Antifa.

295 Ebd., S. 95.

auch für Diktaturen, Autokratien, Oligarchien und andere Systeme, die das Prinzip der Volkssouveränität missachten.[296]

All das bedeutet freilich nicht, dass politische Akteure wirklich immer das Interesse der Öffentlichkeit im Sinn haben, wenn sie sich das Gemeinwohl auf die Fahnen schreiben. So hält Steiner treffend fest: »[P] oliticians and ordinary citizens may not always be truthful when they argue using the common good to justify their position. They may use common good-arguments in a strategic way to defend their self-interests.«[297] Und es gibt noch ein weiteres Problem: Mehr noch als der Schlüsselbegriff der Macht ist das Gemeinwohl definitorisch hoch umstritten. Politische Entscheidungsträger verwenden das Gemeinwohlkonzept in allen möglichen Politikfeldern (Sicherheits-, Sozial-, Kultur-, Umwelt-, Verkehrspolitik etc.) und ziehen es oft zur Rechtfertigung konträr entgegengesetzter Ziele und Anliegen heran. Bei so viel inhaltlicher Beliebigkeit im politischen Diskurs ist es nicht verwunderlich, dass die Soziologen Werner Nowak und Friedhelm Neidhardt das Gemeinwohl als bloße »Leerformel« abgetan haben.[298] Polemisch zugespitzt bedeutet das: »Gemeinwohl« ist, was Politiker sagen, wenn ihnen zwar keine sachliche Begründung einfällt, sie aber ihrem Anliegen einen Anstrich von Überparteilichkeit und moralischer Integrität verleihen wollen. Ein drittes Problem ergibt sich im Kontext der politischen Ethik: Seit dem 20. Jahrhundert und dem Aufstieg der modernen totalitären Ideologien steht das Gemeinwohl im Verdacht einer zutiefst antiliberalen, kollektivistischen und demokratiefeindlichen Idee.[299] Das Legitimationsprinzip des Gemeinwohls, so die Kritik, impliziert die Berufung auf ein höheres mo-

296 Die Idee des Gemeinwohls war z. B. essenzieller Bestandteil der nationalsozialistischen Herrschaftsdoktrin, was eindrücklich am 25-Punkte-Programm der NSDAP (»Gemeinnutz vor Eigennutz«) abzulesen ist. Die bis heute einflussreichste und beste Monografie zu diesem Thema ist Stolleis, Michael (1974): Gemeinwohlformeln im nationalsozialistischen Recht, Berlin: Schweitzer.

297 Steiner, Jürg (2012): S. 92f.

298 Nowak, Werner (1973): Das »gemeinnützige Unternehmen« als Instrument der Wohnungspolitik, Berlin: Duncker & Humblot, S. 37 und Neidhardt, Friedhelm (2002): Öffentlichkeit und Gemeinwohl. Gemeinwohlrhetorik in Pressekommentaren, in: Herfried Münkler/Harald Bluhm (Hg.), Gemeinwohl und Gemeinsinn, Bd. II: Rhetoriken und Perspektiven sozial-moralischer Orientierung, Berlin: Akademie Verlag, S. 157–177, S. 157.

299 Vgl. etwa Schumpeter, Joseph A. ([1947] 2005): Kapitalismus, Sozialismus und Demokratie, Stuttgart: UTB, Isaiah (1969): Four Essays on Liberty, Oxford Uni-

ralisches Gut, das über den (vermeintlich) beschränkten Interessen einzelner Bürger steht und bei dessen Verwirklichung demokratische Verfahren nur hinderlich sind. Es erzwingt geradezu die Hinwendung zu einer Herrschaft durch Experten oder durch mit besonderer »Vorsehung« begabte Führer.

Wir tun sehr gut daran, diese Kritik nicht unbedarft beiseitezuwischen. Aber es wäre genauso gefährlich, das Gemeinwohl als Legitimationsbedingung politischer Macht schon jetzt ad acta zu legen. Zwei Fragen stellen sich in diesem Zusammenhang. Erstens: Wie lässt sich das Gemeinwohl bestimmen? Und zweitens: Wie ist das Verhältnis des Gemeinwohls zur modernen, verfassungsstaatlichen Demokratie? Bei der Beantwortung wollen wir die oben genannten Kritikpunkte als Beweislast schultern: Ein plausibles Gemeinwohlkonzept muss sowohl inhaltlich kohärent (also keine Leerformel) als auch mit der demokratischen Volkssouveränität vereinbar (also nicht totalitär) sein. Um das Thema besser zu fokussieren, wagen wir einen knappen Parforceritt durch die derzeitigen politik- und rechtswissenschaftlichen sowie philosophischen Gemeinwohldebatten. Hier konkurrieren drei Denkschulen miteinander: der Prozeduralismus, der Substanzialismus und die integrative Theorie.

Der *Prozeduralismus* ist das dominante Paradigma der Politikwissenschaft. Er geht zurück auf den Rechtstheoretiker Glendon Schubert und den Demokratieforscher Ernst Fraenkel und bietet folgende Gemeinwohldefinition:[300]

---

versity Press und Mouffe, Chantal (1993): The Return of the Political, London/New York: Verso.

300 Schubert, Glendon (1960): The Public Interest: a Critique of the Theory of a Political Concept, Glencoe: Free Press of Glencoe und Fraenkel, Ernst (1991): Deutschland und die westlichen Demokratien, Frankfurt a. M.: Suhrkamp. Zur ergänzenden Lektüre siehe auch Morlok, Martin (2008): Einführung in die Thematik, in: Martin Morlok, Ulrich von Alemann & Heike Mertin (Hg.): Gemeinwohl und politische Parteien, Baden-Baden: Nomos, S. 9–21, Mackie, Gerry (2003): Democracy Defended, Cambridge: Cambridge University Press, Benhabib, Seyla (1996): Toward a deliberative model of democratic legitimacy, in: Dies. (Hg.): Democracy and difference: Contesting the boundaries of the political, Princeton: Princeton University Press, S. 67–94 und Buchstein, Hubertus (2002): »Gretchenfrage ohne klare Antwort: Ernst Fraenkels politikwissenschaftliche Gemeinwohlkonzeption«, in: Herfried Münkler & Harald Bluhm (Hg.), Gemein-

Definition: Das Gemeinwohl besteht im Output eines politischen Systems, dessen Verfahren (1) allen Personen dieselbe Chance geben, ihre Interessen im politischen Willensbildungsprozess geltend zu machen, und (2) die geltend gemachten Interessen fair, effektiv und effizient durch Politikentscheidungen umsetzen.

Aufgrund der Prädominanz des Prozeduralismus finden sich unzählige Formulierungen dieser Kernthese. Am bekanntesten ist aber die Version von Fraenkel. Ihm zufolge ist das Gemeinwohl »die Resultante aus dem Parallelogramm der divergierenden ökonomischen, sozialen und ideellen Kräfte« eines politischen Systems,[301] in dem »die Spielregeln des politischen Wettbewerbs mit Fairneß gehandhabt [und] die Rechtsnormen, die den politischen Willensbildungsprozeß regeln, unverbrüchlich eingehalten werden.«[302] Diese Idee ist in ihrer Radikalität schwer zu überschätzen. Sie besagt nichts anderes, als dass die konsequente Anwendung demokratischer Verfahrensregeln (eine Stimme pro Person, Majoritätsprinzip, Gewaltenteilung etc.) und die Wahrung korrespondierender Rechte (Meinungs- und Gewissensfreiheit, Koalitionsfreiheit etc.) die Verwirklichung des Gemeinwohls garantieren. Um es mit Amy Gutmann und Dennis Thompson zu sagen: »Once the right procedures are in place, whatever emerges from them is right.«[303] Dieser Gemeinwohlautomatismus gilt unabhängig davon, welche konkreten Interessen in das politische System eingespeist werden. Dem Selbstanspruch nach kommt die Theorie also ohne inhaltliche Konkretion des Gemeinwohls, sei es durch eine Güter- oder eine Werteliste, aus. Entscheidend ist allein, dass das System den formalen Qualitätsanforderungen der prozeduralistischen Theorien genügt. Wir können uns dieses Systemverständnis an einem einfachen Input-Output-Modell, wie man es aus der Soziologie kennt, veranschaulichen. Den Input bilden die Interessen der Bürger, die von ihnen über verschiedenste politische Kanäle in den politischen Entscheidungsprozess eingebracht werden. Diese werden von den Institutionen

wohl und Gemeinsinn, Bd. IV: Zwischen Normativität und Faktizität, Berlin: Akademie Verlag, S. 217–240.

301 Fraenkel (1991): S. 273.

302 Ebd., S. 275.

303 Gutmann, Amy & Thompson, Dennis (2004): Why Deliberative Democracy?, Princeton/Oxford: Princeton University Press, S. 24.

des Systems rezipiert und in Form von Politikentscheidungen (Gesundheitsgesetzen, Umweltverordnungen, Steuerreformen, Haushaltsbeschlüssen etc.), welche insgesamt den System-Output bilden, implementiert.

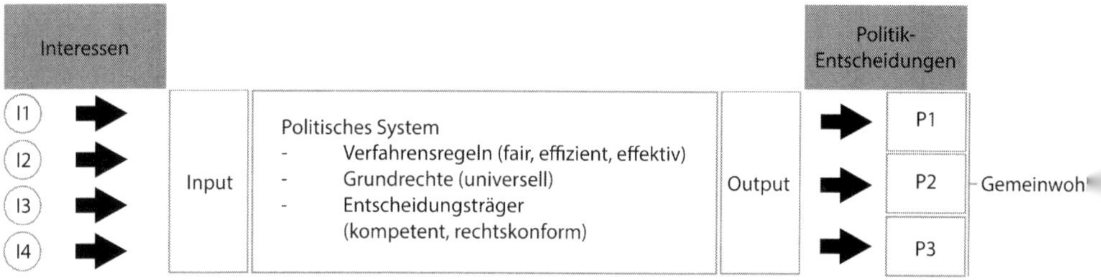

Abbildung 4: Basismodell der prozeduralistischen Gemeinwohlkonzeption

Was ist von dieser Gemeinwohlkonzeption zu halten? Auf den ersten Blick erscheint die prozeduralistische Kernidee (Gemeinwohl ist, was immer ein faires, effizientes und effektives System als Politik-Output hervorbringt) weit hergeholt. Aber sie wird schlagartig plausibler, wenn wir zwei Prinzipien zugrunde legen. Das *erste Prinzip* lässt sich am besten als »Souveränitätsprinzip« oder »Prinzip demokratischer Deutungshoheit« bezeichnen.[304] Es besagt, dass die Mitglieder eines Gemeinwesens die Deutungshoheit darüber haben, was als das Wohl ihres Gemeinwesens zu gelten habe. Mit anderen Worten: Das Gemeinwohl ist nicht »irgendwo da draußen« und wartet darauf, entdeckt zu werden, sondern die Bürger selbst sind die autonomen Gestalter ihrer kollektiven Wohlfahrt.[305] Dieses Prinzip nimmt die faktischen Interessen der Bürger maximal ernst, indem es diese – und nicht z. B. die Urteile von Experten oder einer technokratischen Elite – zur konstitutiven Grundlage des Gemeinwohls macht.[306] Wenn wir dem Staatsvolk selbst die Deutungsho-

304 Vgl. Furniss, Richard & Snyder, Edgar (1955): An Introduction to American Foreign Policy, New York: Rhinehart, S. 5, Maull, Hanns W. (2006), Nationale Interessen! Aber was sind sie? in: Internationale Politik 61 (10), S. 62–76 und Blum, Christian (2015): S. 54.

305 Technischer, aber präziser formuliert: »Die Gemeinwohldienlichkeit einer Handlung ist eine Funktion des jeweiligen Für-gut-Haltens der Mitglieder«, Blum (2015): S. 56.

306 Damit ist zugleich ein starker Antipaternalismus mitgedacht. Das Souveränitätsprinzip bestreitet, dass Dinge wie »Wohlergehen«, »Gemeinwohl«, »das gute Le-

heit über das Gemeinwohl zusprechen, stellt sich automatisch die Frage, wie diese Deutungshoheit umgesetzt werden soll. Denn leider (oder auch zum Glück) sind wir uns nicht immer und überall darüber einig, was das Wohl unseres Gemeinwesens ausmacht. Tief greifende Dissense und Interessenkonflikte sind an der Tagesordnung. Hier kommt das *zweite Prinzip* zum Tragen, das »Verfahrensprinzip«.[307] Es besagt, dass die Mitglieder eines Gemeinwesens ihre Deutungshoheit über das Gemeinwohl vermittels fairer, effizienter und effektiver demokratischer Verfahren ausüben, die jedem Bürger dieselbe Chance geben, Einfluss auf das finale Politik-Output zu nehmen. Warum demokratische Verfahren, und warum das Insistieren auf Fairness, Effizienz und Effektivität? Hier hat der Demokratietheoretiker Tom Christiano die mit Abstand eindrucksvollste und überzeugendste Begründung parat: »This equality proceeds from the importance of interests as well as the separateness of persons. No one's good is more important than anyone else's. No one's interests matter more than anyone else's«.[308] Weil jeder einzelne Bürger qua Mensch gleich viel wert ist, müssen auch die Interessen jedes Bürgers gleich gewichtet werden. Dieser moralische Grundsatz ist für Christiano unhintergehbar. Aus ihm resultiert letzten Endes das gleiche Recht auf demokratische Partizipation, das alle Personen teilen. Hiervon ausgehend ist die Anforderung der Effizienz und Effektivität schnell erklärt: Es genügt nicht, dass die Verfahren des politischen Systems allen Personen die gleichen Chancen geben, ihre Interessen im Zuge der politischen Willensbildung geltend zu machen. Sie müssen diese Interessen auch zielorientiert und erfolgreich umsetzen und sich durch ein angemessenes Zweck-Mittel-Verhältnis bei materieller und zeitlicher Ressourcenknappheit auszeichnen.

---

ben« etc. Gegenstand von Expertenwissen sein können; und weil sie kein Gegenstand von Expertenwissen sind, können sie auch keine Herrschaft durch eine vermeintlich überlegene Elite legitimieren. Dieses Implikat ist fraglos eine attraktive Facette des Prozeduralismus. Vgl. hierzu Blum, Christian (2012): Determining the Common Good: a (Re-)Constructive Critique of the Proceduralist Paradigm, in: Phenomenology and Mind 3, S. 176–188; S. 180.

307 Vgl. Blum (2015): S. 55.

308 Vgl. Christiano, Thomas (2004): The Authority of Democracy, in: The Journal of Political Philosophy 12 (3), S. 266–290; S. 269.

Fassen wir kurz zusammen: Gemeinwohl-Prozeduralisten vertreten erstens die Auffassung, dass das Gemeinwohl durch die faktischen Interessen, Wünsche, Anliegen, Werte und Überzeugungen der Bürger konstituiert wird; und sie vertreten zweitens die Auffassung, dass die Bürger diese Interessen gleichberechtigt und durch demokratische Teilhabe geltend machen können. Wenn wir beide Prinzipien – also das Prinzip der Deutungshoheit und das Verfahrensprinzip – zugrunde legen, ergibt sich die prozeduralistische Kernidee: Das Gemeinwohl besteht *deshalb* im Output eines fairen, effizienten und effektiven Systems, weil es durch die demokratisch geltend gemachten Interessen der Bürger konstituiert wird.

Allerdings gibt es eine Reihe schwerwiegender Einwände gegen diese Gemeinwohltheorie.[309] Wir wollen uns jedoch nur auf zwei Kritikpunkte konzentrieren: den *Inadäquatheitseinwand* und den *Irrtumseinwand.*

Der Inadäquatheitseinwand zielt auf die von Fraenkel am deutlichsten herausgestellte, anspruchsvolle Bedingung, dass das Gemeinwohl in der Resultante eines Systems besteht, in dem »die Spielregeln des politischen Wettbewerbs mit Fairneß gehandhabt [und] die Rechtsnormen, die den politischen Willensbildungsprozeß regeln, unverbrüchlich eingehalten werden«. Nur dann, wenn immer alle Normen demokratischer Interessenberücksichtigung und Entscheidungsfindung vollständig und strengstens eingehalten werden, kann Politik das Gemeinwohl verwirklichen. Das Problem ist: Diese Anforderung ist in der Realität und im politischen Alltagsgeschäft unrealistisch. Wir wollen damit weder sagen, dass unsere westlichen Demokratien hoffnungslos korrupt sind, noch, dass sie nur den Interessen einer kleinen, einflussreichen Elite dienen. Das ist ein abstruser Vorwurf. Aber trotzdem müssen wir mit dem Politologen Claus Offe festhalten, dass »›normale‹, d. h. aktuale politische Prozesse dergestalt verfasst sind, dass sie niemals eine *gleichmäßige* Wert- und Interessenberücksichtigung zustande bringen.«[310] Dafür gibt es viele Gründe wie z. B. menschliches Versagen, Zeit- und Ressourcenmangel, Manipulation, Fehler im Institutionendesign und so weiter. Die Kon-

309 Für eine detailliertere Übersicht siehe Blum (2015): S. 88–98.

310 Offe, Claus (2001): Wessen Wohl ist das Gemeinwohl?, in: Lutz Wingert & Klaus Günther (Hg.): Die Öffentlichkeit der Vernunft und die Vernunft der Öffentlichkeit. Festschrift für Jürgen Habermas, Frankfurt a. M.: Suhrkamp, S. 459–488, S. 486.

sequenz ist dramatisch: Weil erstens reale politische Systeme in Hinblick auf die formellen Anforderungen des Prozeduralismus inadäquat sind und weil zweitens der Prozeduralismus das Gemeinwohl exklusiv als Output adäquater Systeme definiert, könnten reale politische Systeme niemals das Gemeinwohl verwirklichen. Natürlich kann man so eine Auffassung vertreten. Das Gemeinwohl wäre dann entrückt in den Theoriehimmel der »regulativen Ideen«, um einmal einen Ausdruck von Immanuel Kant zu gebrauchen. Es wäre dann eines jener Prinzipien, an denen wir uns zwar stets orientieren mögen, die wir aber im Hier und Jetzt niemals umsetzen können, wie der Weltfrieden oder die Freundschaft aller Völker. Diese Schlussfolgerung ist allerdings zutiefst unplausibel, denn Demokratien, die gut (wenn auch nicht perfekt) funktionieren, dienen durchaus dem Gemeinwohl – gewiss nicht immer, aber auch nicht nie.

Während der Inadäquatheitseinwand bei den politischen Verfahren ansetzt, betrifft der Irrtumseinwand die Input-Seite des prozeduralistischen Modells. Er besagt im Kern, dass sich die Bürger eines Staates darüber irren können, was ihrem gemeinsamen Wohl dient, und dass deshalb die faire, effiziente und effektive Verwirklichung ihrer Interessen nicht notwendig gemeinwohldienlich ist. Der große Ethiker James Griffin bringt es schonungslos auf den Punkt: »[N]otoriously, we mistake our own interests. It is depressingly common that even when some of our strongest and most central desires are fulfilled, we are no better, even worse, off.«[311] Die Gründe hierfür sind vielfältig: Fehlinformationen, Informationsmangel, falsche Schlüsse aus zutreffenden Informationen etc. Alle diese Faktoren sind verheerend, und das gilt insbesondere für das für Laien hoffnungslos komplexe Feld der Politik (z. B. für den hochtechnischen Bereich der Finanzpolitik oder der Gesundheitspolitik). Man mag dem österreichischen Nationalökonomen Joseph A. Schumpeter ein arg pessimistisches Menschenbild unterstellen, aber dennoch liegt in dem Verdikt aus seinem Klassiker *Kapitalismus, Sozialismus und Demokratie* ein Funke Wahrheit: »So fällt der typische Bürger auf eine tiefere Stufe der gedanklichen Leistung, sobald er das politische Gebiet betritt. […] Er wird wieder zum Primitiven. Sein Denken wird assoziativ

311 Griffin, James (1986): Well-Being, its Meaning, Measurement, and Moral Importance, Oxford/New York: Oxford University Press, S. 10f.

und affektmäßig.«[312] Das Problem ist also, dass politische Interessen aufgrund von verschiedensten Irrtümern fehlgeleitet sein können; der System-Input, der nach prozeduralistischer Lesart konstitutiv für das Gemeinwohl sein soll, kann defizitär sein. In der Informatik spricht man hier von einem »Garbage In, Garbage Out«-Problem: Wenn bereits das, was wir in das System einspeisen, fehlerbehaftet ist, dann kann das, was am Ende herauskommt, unmöglich korrekt sein.

Der Prozeduralismus offenbart also zwei tief greifende Probleme: Das Prinzip der Deutungshoheit (das Gemeinwohl wird immer durch die faktischen Wünsche, Interessen und Wertungen der Bürger konstituiert) hält dem Irrtumseinwand nicht stand. Das Verfahrensprinzip (die Bürger machen ihre Interessen durch adäquate, gleichberechtigte Verfahren politischer Willensbildung geltend) scheitert am Inadäquatheitseinwand.

Betrachten wir angesichts dieses ernüchternden Zwischenfazits die *substanzialistische Konkurrenztheorie*. Von einer systematisch-argumentationslogischen Warte aus betrachtet, liest sich der Substanzialismus wie eine Antwort auf die Defizite des Prozeduralismus. Faktisch ist er jedoch älter, und zwar weit über tausend Jahre. Der Substanzialismus geht zurück auf die Werke von Aristoteles und Thomas von Aquin.[313] Zu seinen neuzeitlichen Vertretern zählen neben dem Staatsrechtler Ernst Forsthoff die Politologen John Dryzek, David Estlund und Ian O'Flynn.[314] Seine Gemeinwohlkonzeption lässt sich wie folgt zusammenfassen:

312 Schumpeter ([1947] 2005): S. 416. Selbst Rousseau, ansonsten ein großer Menschenfreund und sicher einer der bedeutenden Optimisten in der gesamten Geschichte der politischen Philosophie, sieht es ähnlich; er drückt sich nur freundlicher aus: »Zwar will man immer sein Bestes, aber man sieht es nicht immer. Verdorben wird das Volk niemals, aber oft wird es irregeführt, und nur dann scheint es das Schlechte zu wollen«, Rousseau ([1762] 1977): S. 30.

313 Vgl. Aristoteles (1971) und von Aquin, Thomas ([1265] 2008): Über die Herrschaft der Fürsten, übers. von Friedrich Schreyvogl, Stuttgart: Reclam.

314 Vgl. Forsthoff, Ernst (1984): Der Staat der Industriegesellschaft. Dargestellt am Beispiel der Bundesrepublik Deutschland, München: C.H. Beck, Dryzek, John (2000): Deliberative Democracy and Beyond: Liberals, Critics, Contestation, Oxford/New York: Oxford University Press, Estlund, David (2008): Democratic Authority: A Philosophical Framework, Princeton: Princeton University Press und O'Flynn, Ian (2010): Deliberating About the Public Interest, in: Res Publica 16, S. 299–315.

> *Definition:* Das Gemeinwohl besteht aus einer universellen Liste objektiv wertvoller Güter, die (1) für das Gemeinwesen als Ganzes relevant sind, (2) unabhängig von den Präferenzen, Wertungen und politischen Entscheidungen der Bürger bestehen und (3) potenziell durch Erkenntnisbemühungen identifiziert werden können.

Substanzialisten gestehen bereitwillig zu, dass es in Gesellschaften tief verwurzelte Kontroversen und Meinungsverschiedenheiten über das Gemeinwohl geben kann.[315] Aber – und dieser Punkt ist entscheidend – diese Differenzen liegen letztendlich nur an kognitiven Unzulänglichkeiten der Bürger. Wenn wir alle rational und gut informiert wären, könnten wir das Gemeinwohl in Form einer universellen Güterliste ausbuchstabieren.[316] Dryzek zufolge können wir uns dieser Liste inhaltlich zumindest annähern, indem wir sogenannte »state imperatives« berücksichtigen – Funktionen, die jedes Gemeinwesen erfüllen muss, wenn es überleben und sich fortentwickeln soll. Für Dryzek zählen dazu unter anderem innere und äußere Sicherheit, Wirtschaftswachstum und die Bewahrung ökologischer Ressourcen. Estlund wiederum optiert dafür, dass wir dem Gemeinwohl am besten *ex negativo* näherkommen, und zwar durch eine Liste von Grundübeln (»primary bads«) wie Krieg, Hungersnot, politischem und wirtschaftlichem Kollaps, Epidemien und Genozid.[317] Ihm zufolge befördern Regierungen das Gemeinwohl, indem sie diese Grundübel verhindern oder eindämmen; allerdings gibt er zu, dass dieses Kriterium bestenfalls ein grober Indikator ist.

Ganz gleich ob Dryzeks oder Estlunds spezifische Überlegungen plausibel sind, so hat der Substanzialismus als solcher eine erstaunliche Rechtfertigungskraft. Das Argument, das *gegen* den Prozeduralismus spricht, spricht *für* den Substanzialismus. Die Logik ist folgendermaßen: Wenn sich Bürger und politische Entscheidungsträger darüber irren können, welche Politik dem Gemeinwohl dient und welche nicht, muss es de facto etwas geben, *worüber* sie sich irren können, und zwar eine Lis-

315 Vgl. O'Flynn (2010): S. 304.

316 In der Individualethik nennt man solche Ansätze denn auch konsequenterweise *Objektive Listen*, vgl. Crisp, Roger (2013): ›Well-Being‹,in: Edward N. Zalta (Hg.): Stanford Encyclopedia of Philosophy, http://plato.stanford.edu/entries/well-being/.

317 Vgl. Estlund (2008): S. 161.

te von Gütern, die unabhängig von den Überzeugungen und Präferenzen der Personen sind. Andernfalls müssten wir akzeptieren, dass es keine kollektiv autorisierte Politik gibt – und sei sie noch so sehr auf Informationsmangel oder irrationalen Emotionen begründet –, die je gemeinwohlschädlich sein könnte. Das aber wäre ein absurdes Zugeständnis.

Sobald wir diese substanzialistische Argumentationslogik einmal akzeptiert haben, erscheint Politik plötzlich in einem ganz anderen Licht. In dem Falle besteht die Hauptfunktion politischer Entscheidungsfindung nämlich darin, möglichst viele wahre Überzeugungen über das Gemeinwohl zu generieren und möglichst viele Fehler zu vermeiden. Das klingt nach einem zutiefst elitären bzw. demokratiefeindlichen Politikverständnis, denn unter diesen Voraussetzungen scheint es geradezu geboten, nur Experten an der Politik zu beteiligen und Laien möglichst vollständig von der Willensbildung auszuschließen. In der Tat wurde und wird genau dieser Vorwurf immer wieder gegen den Substanzialismus erhoben.[318] Substanzialisten begegnen diesem Einwand allerdings mit einer altehrwürdigen Replik, die seit Aristoteles als »Argument von der Weisheit der vielen« bekannt ist. In Aristoteles' *Politik* lautet das Argument wie folgt: »[D]ie Menge, von der der Einzelne kein tüchtiger Mann ist, scheint doch in ihrer Gesamtheit besser sein zu können als jene Besten [mit denen Aristoteles u. a. politische Experten meint, Anm. D.M. & C.B.]; nicht jeder Einzelne für sich, sondern die Gesamtheit, so wie die Speisungen, zu denen viele beigetragen haben, besser sein können als jene, die ein Einzelner veranstaltet.«[319] Diese Annahme begründet der attische Philosoph wie folgt: »Denn es sind viele, und jeder hat einen Teil an Tugend und Einsicht. Wie sie zusammenkommen, so wird die Menge wie ein einziger Mensch, der viele Füße, Hände und Wahrnehmungsorgane hat, und ebenso, was den Charakter und den Intellekt betrifft […]. [D]er eine beurteilt diese, der andere jene Seite, und so urteilen alle über das Ganze.«[320] In unsere moderne, technische Sprache übersetzt bedeutet das: Der Vorzug von Demokratien ist, dass sie durch partizipative Politik eine Synergie der kognitiven Kompetenzen *aller* Bür-

318 Der Locus Classicus dieser Kritik ist Arendt, Hannah ([1964] 2006): Wahrheit und Politik. In: Hannah Arendt und Patrizia Nanz über Wahrheit und Politik, Berlin: Wagenbach, S. 7–62.

319 Aristoteles (2006): S. 1281.

320 Ebd.

ger gewährleisten und deshalb in Hinblick auf das Gemeinwohl zuverlässiger sind als elitäre Systeme.[321] Kurzum: Auch wenn wir, wie es der Substanzialismus tut, politischen Systemen die Funktion zusprechen, das Gemeinwohl korrekt zu ermitteln, sind wir nicht auf eine Herrschaft der Gemeinwohl-Experten festgelegt; das am besten geeignete System ist auch unter substanzialistischen Gemeinwohl-Vorzeichen stets die Demokratie.

Abbildung 5: Basismodell der substanzialistischen Gemeinwohlkonzeption

Das substanzialistische Gemeinwohlmodell scheint auf den ersten Blick dem Prozeduralismus überlegen. Auf den zweiten Blick sind jedoch Zweifel angebracht. Es gibt eine ganze Reihe von Einwänden, aber wir wollen uns auf zwei konzentrieren: den *Selbstzerstörungseinwand* und den *Paternalismuseinwand.* [322]

Das etwas martialisch klingende Selbstzerstörungsargument (im Original heißt es »Argument from Self-Defeatingness«) basiert auf zwei Schritten. Erstens müssen wir berücksichtigen, dass das aristotelische

321 Die neuzeitliche Fassung dieses aristotelischen Arguments ist das Jury-Theorem des Mathematikers und Aufklärers Marie Jean de Condorcet in seinem *Essai sur l'application de l'analyse à la probabilité des decisions rendues à la pluralité des voix*, Vgl. Condorcet, Marie J. (2011): Ausgewählte Schriften zu Wahlen und Abstimmungen, hg. und übers. von Joachim Behnke, Carolin Stange & Reinhard Zintl, Tübingen: Mohr Siebeck. Man kann ohne Übertreibung sagen, dass dieses Thema ganze Generationen von Politikwissenschaftlern und Philosophen in Lohn und Brot gesetzt hat. Die scharfsinnigsten zeitgenössischen Vertreter sind fraglos List, Christian & Goodin, Robert (2001): Epistemic Democracy: Generalizing the Condorcet Jury Theorem, in: Journal of Political Philosophy 9 (3), S. 277–306.

322 Vgl. Blum, Christian (2014): Why the Epistemic Justification of Deliberative Democracy Fails, in: Andre S. Campos & José G. André (Hg.): Challenges to Democratic Participation: Antipolitics, Deliberative Democracy, and Pluralism, Lanham: Lexington Books.

»Argument von der Weisheit der vielen« keinesfalls selbstevident oder trivialerweise wahr ist – es ist kontrovers. Der Ökonom Bryan Kaplan vertritt z. B. die These, dass Demokratien notorisch schlechte Gemeinwohlbilanzen haben, weil die Wahlentscheidungen der allermeisten Bürger irrational seien.[323] Das Argument muss also untermauert bzw. verteidigt werden. Hier stellt sich zweitens die Frage, wie eine solche Verteidigung aussehen soll. Die einzige Antwort ist wenig attraktiv für Vertreter des Substanzialismus: Sie müssen die objektive Liste, die das Gemeinwohl konstituiert, vollständig ausbuchstabieren und dann die konkurrierenden Hypothesen durch einen Vergleich testen (Welches System ist besser: Demokratie oder Expertokratie?). Das Problem ist: Sobald wir einmal eine Liste aufgestellt haben, mit der die Gemeinwohlbilanzen beider Systeme verglichen werden können – natürlich unter der optimistischen Voraussetzung, dass das überhaupt möglich ist –, wird die demokratische Entscheidungsfindung faktisch überflüssig. Die Bürger müssen gar nicht mehr an der Politik beteiligt werden, weil es zeit- und kostensparender ist, direkt die objektive Liste zu implementieren; das Argument zerstört sich selbst. Dahinter steckt allerdings eine letztendlich sehr einfache Überlegung: Bürger haben ein *intrinsisches* Recht darauf, an der Bestimmung des Gemeinwohls beteiligt zu sein. Und dieses Recht lässt sich durch ein rein effizienzbasiertes Argument (im Sinne von: Wir kriegen das beste Outcome, wenn wir alle Bürger an der Politik beteiligen) einfach nicht abbilden.

Im Vergleich zum Selbstzerstörungseinwand ist der Paternalismuseinwand sehr gradlinig. Er besagt, dass der Substanzialismus die Wünsche, Überzeugungen und Werte der Mitglieder des Gemeinwesens nicht ernst nimmt und die Menschen bevormundet.[324] Wenn man die Auffassung vertritt, das Gemeinwohl sei ein objektives Gut und von faktischen Politikentscheidungen unabhängig, bestreitet man, dass die Interessen der Bürger in irgendeinem Sinne konstitutiv für ihr gemeinschaftliches Wohlergehen sein können. Die Radikalität dieser Position ist enorm: Nach substanzialistischer Lesart ist es grundsätzlich möglich, dass Politikent-

323 Vgl. Caplan, Bryan (2007): The Myth of the Rational Voter: Why Democracies Choose Bad Policies, Princeton: Princeton University Press.

324 Einen exzellenten Überblick über die antipaternalistische Argumentationstradition bietet z. B. Dorsey, Dale (2012): Subjectivism without Desire, in: Philosophical Review 121 (3), S. 407–442.

scheidungen gemeinwohldienlich sind, auch wenn sie von der Bevölkerung kategorisch, langfristig und emotional abgelehnt werden. Das ist jedoch kaum überzeugend. Ein Grundsatz, den jeder von uns aus individueller Erfahrung kennt, besagt, dass unsere subjektiven Interessen für unsere Wohlfahrt entscheidend sind. Wir müssen uns nur vor Augen halten, wie schmerzhaft die Frustration zentraler Wünsche und Lebensziele für uns ist und wie negativ sich diese auf unser Wohlergehen auswirkt. Das bedeutet noch lange nicht, dass das Gemeinwohl *ausschließlich* durch die aktualen, politischen Präferenzen der Bürger konstituiert wird, wie z. B. der Prozeduralismus argumentiert. Aber es scheint abseitig, dass diese überhaupt keine Rolle spielen sollten. Genau das vertreten jedoch Substanzialisten, und entsprechend unplausibel ist ihre Theorie.

Eine Reihe neuerer Autoren hat aus dieser unbefriedigenden und theorielastigen Pattsituation zwischen Prozeduralisten und Substanzialisten einen naheliegenden Schluss gezogen: Wenn beide Positionen elementare Prinzipien politischer Logik und machtstrategische Grundsätze unzureichend berücksichtigen, muss eine neue Richtung zur Bestimmung des Gemeinwohls eingeschlagen werden; es gilt, die Vorzüge beider Positionen zu kombinieren, ohne ihre Nachteile in Kauf zu nehmen. Der entsprechende Versuch ist der *integrative Ansatz.* [325] Wir wollen im Folgenden eine Variante dieses Ansatzes vertieft diskutieren.

Diese fußt auf zwei einander ergänzenden Prämissen. *Erstens*: »Was das Wohl eines konkreten Gemeinwesens ausmacht, ist immer und notwendig umkämpft«.[326] Die substanzialistische Vorstellung, dass sich alle Bürger auf ein und dasselbe Gemeinwohlverständnis einigen würden, wenn sie nur wohlinformiert, objektiv und vernünftig wären, ist – so das Argument – realitätsfern. Faktisch sind unsere Gesellschaften durch tiefe und stabile Meinungsverschiedenheiten darüber gekennzeichnet, was

325 Vertreter dieser allgemeinen Theorierichtung sind u. a. Anderheiden (2006): Gemeinwohl in Republik und Union, Tübingen: Mohr Siebeck, Bohlken, Eike (2011): Die Verantwortung der Eliten: Eine Theorie der Gemeinwohlpflichten, Frankfurt/New York: Campus, Blum (2015) und Meier, Dominik (2017a): Das Gemeinwohl: Ein Blick aus der politischen Praxis, in: INDES Zeitschrift für Politik und Gesellschaft (4), S. 153–159. Freilich bestehen immense Unterschiede zwischen diesen Autoren. Die hier vorgestellte Position beansprucht daher auch nur, eine Variante des integrativen Ansatzes zu sein.

326 Meier, Dominik (2017a): S. 158.

das Beste für das Gemeinwesen ist.[327] Und das Bemerkenswerte daran ist: In aller Regel sind die gegensätzlichen Positionen in solchen Meinungsverschiedenheiten auch noch rational gut begründbar. Für zentrale politische Streitfragen – Wodurch zeichnet sich eine gerechte Sozialpolitik aus? Welche Hilfeleistungen sind wir Flüchtlingen schuldig? Ist nationale Souveränität wichtiger als europäische Integration? – gibt es schlechterdings nicht *eine* Lösung. Es existiert vielmehr ein Spektrum ebenbürtiger, aber stark umstrittener Lösungsansätze, deren Plausibilität untrennbar mit persönlichen Werten und Einstellungen verknüpft ist.[328]

Aus diesem Grund ist es aber auch irreführend, von der Deutungshoheit des Volkes über das Gemeinwohl zu sprechen, wie es die Prozeduralisten tun. Es gibt nicht *das* Staatsvolk im Sinne eines homogenen Akteurs mit einem singulären Willen. Anstelle dieser rousseauschen Fiktion existieren im politischen Wettbewerb zahlreiche konkurrierende Interessenformationen, die *Deutungskämpfe* um das Gemeinwohl führen. Und weil dieser Wettbewerb zwar durch Zäsuren (Wahlen, Abstimmungen, Referenden etc.) charakterisiert ist, aber zu keinem Zeitpunkt beendet wird, ist auch das Ringen um das Gemeinwohl niemals abgeschlossen.

Wenn wir diese Kernelemente der politischen Realität ernst nehmen, dann ergibt sich daraus eine entscheidende Konsequenz: Das Gemeinwohl, wie es sich aus den gesellschaftlichen Deutungskämpfen ergibt, ist nicht nur *eines* von zahlreichen möglichen Gemeinwohlen – sondern es ist auch stets *vorläufig und provisorisch*. Es steht immer unter dem Vorbehalt der Zeitlichkeit und der Möglichkeit einer späteren Revision. In der Sprache der politischen Philosophie ließe sich von einem »Gemeinwohl a posteriori« reden.[329]

Der *zweiten* Prämisse zufolge benötigen die genannten Deutungskämpfe einen klaren Ordnungsrahmen, innerhalb dessen sie ausgetra-

327 Vgl. zu diesem Thema Vavova, Katia (2014): Moral Disagreement and Moral Skepticism, in: Philosophical Perspectives 28 (1), S. 302–333.

328 Vgl. Stocker, Michael (1992): Plural and Conflicting Values, Oxford: Clarendon Press.

329 Waas, Lothar (2007): Gemeinwohl – a posteriori oder a priori? Ein Blick in die politische Ideengeschichte in politischer Absicht, in: Nils C. Bandelow & Wilhelm Bleek (Hg.): Einzelinteressen und kollektives Handeln in modernen Demokratien, Wiesbaden: VS Verlag, S. 239–258; S. 239.

gen werden. Dieser hat eine *formelle* und eine *informelle Komponente*. Erstere umfasst das *Demokratieprinzip*, das allen Bürgern die gleiche Teilhabe an der politischen Willensbildung zusichert, sowie das *Prinzip des liberalen Rechtsstaates*, welches allen Bürgern dieselben Grundfreiheiten und -rechte verleiht. Demokratie und Rechtsstaat legen also die formalrechtlichen Spielregeln fest. Sie sollen gewährleisten, dass die Deutungskämpfe fair verlaufen und keine Interessenformation das Ergebnis der Willensbildung zu ihren Gunsten verzerrt oder ein Monopol auf das Gemeinwohl etabliert.

Allerdings ist die Implementierung dieser Spielregeln allein noch kein Garant fairer Deutungskämpfe. Auf dieses Problem hat der Staatsrechtler Böckenförde eindringlich aufmerksam gemacht: »Der freiheitliche, säkularisierte Staat lebt von Voraussetzungen, die er selbst nicht garantieren kann. Das ist das große Wagnis, das er, um der Freiheit willen, eingegangen ist. Als freiheitlicher Staat kann er einerseits nur bestehen, wenn sich die Freiheit, die er seinen Bürgern gewährt, von innen her, aus der moralischen Substanz des einzelnen und der Homogenität der Gesellschaft, reguliert. Andererseits kann er diese inneren Regulierungskräfte nicht von sich aus, das heißt mit den Mitteln des Rechtszwanges und autoritativen Gebots, zu garantieren suchen, ohne seine Freiheitlichkeit aufzugeben«.[330] Dieses Zitat ist als »Böckenförde-Diktum« in die Staatsrechtslehre eingegangen, und seine Kernaussage ist eindeutig: Gerade weil der demokratische Verfassungsstaat seinen Bürgern die Freiheit gewährt, ergebnisoffene Deutungskämpfe um das Gemeinwohl zu führen, kann er von ihnen auch im Namen des (vermeintlichen) Gemeinwohls eingeschränkt oder abgeschafft werden. Würde der Staat seine Verfassungswerte mit Zwang gegen den Volkssouverän durchsetzen, wäre er nichts weiter als eine Diktatur. Er hätte sich selbst ad absurdum geführt. Dieses Paradoxon, so Böckenförde, kann nur durch eine tief verwurzelte demokratische Kultur innerhalb der Bevölkerung eingehegt werden. Es bedarf jenseits aller sonstigen Dissense über Inhalt und Ausgestaltung des Gemeinwohls eines *politischen Grundkonsenses* darüber, dass es erstens legitim ist, über das Gemeinwohl zu streiten, und dass zweitens das Ergebnis dieses Wettstreits stets provisorisch ist.

330 Böckenförde, Ernst-Wolfgang (1967): Die Entstehung des Staates als Vorgang der Säkularisation, in: Säkularisation und Utopie. Ebracher Studien, Ernst Forsthoff zum 65. Geburtstag, Stuttgart/Berlin/Köln/Mainz, S. 75–94; S. 93.

Dieser Konsens, darin ist Böckenförde recht zu geben, kann in der Tat weder garantiert noch erzwungen werden. Das ist aber noch kein Grund für jenen Fatalismus, der bisweilen bei dem großen Staatsrechtler durchklingt. Denn politische Kultur ist kein Zufall, sondern Trainingssache. In seiner Monografie *Die Mehrheitsentscheidung* weist Flaig detailliert nach, wie bereits in Athen und Rom der Respekt vor kollektiven Entscheidungsverfahren durch gemeinschaftliche Riten von Kindheitstagen an eingeübt wurde.[331] Demokratische Bildung und die Vermittlung politischer Grundwerte wie Freiheit, Gerechtigkeit und Toleranz sind heute nicht grundlos ein fester Bestandteil der schulischen Curricula des Rechtsstaates.[332] Dass dieses institutionalisierte Training durch kooperative zivilgesellschaftliche Vereinigungen wie Kirchen, Sportvereine, Nachbarschaftsverbünde etc. flankiert werden muss, wenn es erfolgreich sein soll, liegt auf der Hand.[333] Und dennoch bleibt der politische Grundkonsens stets fragil. Das zeigt neben dem Erfolg der totalitären Ideologien des 20. Jahrhunderts auch das derzeitige Erstarken rechtspopulistischer Bewegungen. Aus diesem Grund ist die Vermittlung, Tradierung und Wahrung des Respekts vor der Ergebnisoffenheit und Revidierbarkeit politischer Entscheidungsfindung eine Kernaufgabe des demokratischen Staates.

Die zweite Komponente des Ordnungsrahmens ist außerhalb der formalrechtlichen Spielregeln angesiedelt. Der Einfachheit halber können wir sie die *Deutungshorizonte* des Gemeinwohls nennen. Unter diesen Sammelbegriff fallen alle Wahrnehmungs-, Bewertungs- und Verhaltensmuster der konkurrierenden Interessenformationen, die ihr jeweiliges Gemeinwohlverständnis bestimmen. Es handelt sich also um die gemeinwohlrelevanten Habitus der gesellschaftlichen Klassen und Gruppen (siehe Kap. 2.3). Diese sozialen, kulturellen und ökonomischen Kontexte sind zwar nicht kodifiziert, aber dennoch extrem wirkmäch-

331 Vgl. Flaig, Egon (2013): Die Mehrheitsentscheidung: Entstehung und kulturelle Dynamik, Paderborn: Ferdinand Schöningh.

332 Vgl. hierzu etwa Himmelmann, Gerhard (2016): Demokratie lernen: als Lebens-, Gesellschafts- und Herrschaftsform, Schwalbach: Wochenschau Verlag.

333 So zeigt z. B. Robert D. Putnam in seinem einflussreichen Buch *Making Democracy Work*, dass demokratische Kultur untrennbar mit horizontalen Netzwerken und wechselseitigem Vertrauen innerhalb der Zivilgesellschaft (dem sogenannten Sozialkapital) verknüpft ist; vgl. Putnam (1993): Making Democracy Work: Civic Traditions in Modern Italy, Princeton: Princeton University Press.

tig: Erstens legen sie fest, wie weit und in Bezug auf welche politischen Inhalte die Akteure im Ringen um das Gemeinwohl aufeinander zugehen können. Zweitens bestimmen sie, welche Bereiche unverhandelbar sind. Die Deutungshorizonte sind ebenso vielfältig wie die sozialen Interessenformationen. Sie beziehen sich z. B. auf die patriotische Idee der Heimatverbundenheit, die christliche Überzeugung von der Heiligkeit des Lebens, das US-amerikanische Ideal des »pursuit of happiness« oder den sozialdemokratischen Leitgedanken der Verteilungsgerechtigkeit. Und sie kommen gleichsam zum Tragen bei geteilten Riten wie Nationalfeiertagen, Martinsumzügen, Militärparaden, Fastenzeiten, Sportwettbewerben, Stierkämpfen oder dem rheinischen Karneval. All diesen Werten, Ritualen, Konventionen und Symbolen ist eines gemein: Sie sind konstitutiv dafür, wie wir – als genuin soziale Lebewesen – Gemeinschaft und Gemeinwohl begreifen.

In gewissem Sinne sind diese Deutungshorizonte sogar elementarer als die formalen Spielregeln der Deutungskämpfe. Wir können nicht von ihnen abstrahieren, weil sie immer je schon Bestandteil unseres biografischen Narrativs, unseres Selbst- und Weltbildes sind. Wenn man von einer Person ihre verschiedenen Habitus abtrennte, bliebe von ihrer Individualität – also von dem, was sie ausmacht – schlechterdings nichts mehr übrig (vgl. Kap. 1.3). Die Konsequenz für die Frage der Gemeinwohlbestimmung lässt sich folgendermaßen zusammenfassen: »Das Ringen ums Gemeinwohl ist niemals ein Ringen um das Gemeinwohl *schlechthin*, sondern stets ein Ringen um ein Gemeinwohl eines *konkreten* Gemeinwesens«,[334] mit einer spezifischen Gemengelage aus sozialen Habitus und korrespondierenden Praktiken, Symbolen, Werten und Ritualen.

Wie bereits angesprochen, markieren beide Komponenten – die formalen politischen Normen und die nicht kodifizierten Deutungshorizonte – die Grenzen der Deutungskämpfe um das Gemeinwohl. Gemeinsam bilden sie, um eine an die Mathematik angelehnte Metapher zu gebrauchen, das *Gemeinwohl-Integral*. Dieses Integral ist eine *praktische Heuristik*, um die Deutungskämpfe um das Gemeinwohl aufzuzeigen und es greifbar zu machen. Für das Verständnis der formalrechtlichen Aspekte und ihrer praktischen Funktionsweisen ist eine Kombination aus politischem Sachverstand und langjähriger Erfahrung mit den Logiken und Machtdynamiken im politischen Feld unabdingbar. Die Deu-

334 Meier (2017a): S. 158.

tungshorizonte des Gemeinwohls lassen sich wiederum mit der Methode der politischen Praxeologie erschließen, die analytisch auf die Divergenz und Konvergenz von Diskurs und Praxis abstellt (siehe Einleitung).[335] Angewandt auf die Fragestellung nach den Deutungshorizonten, können wir die praxeologische Programmatik durch die folgenden drei Leitfragen konkretisieren. Erstens: *Wo treten Diskrepanzen zwischen den Aussagen politischer Akteure und ihrem tatsächlichen Verhalten auf?* Zweitens: *Wo wird die Reproduktion politischer Riten gestört, subtil neu interpretiert oder mit einer anderen Bedeutung aufgeladen?* Und drittens: *Wo wird ein politisches Symbol mit neuem Gehalt und neuer Konnotation versehen?*

Derartige Widersprüche (und Parallelen) müssen dokumentiert, in seriellen Aufzeichnungen gegenübergestellt und verglichen werden. Wenn das gelingt, können die Deutungshorizonte des Gemeinwohls präzise beschrieben und analysiert werden. Allerdings ist dieser Prozess ebenso wie das Ringen um das Gemeinwohl niemals abgeschlossen: Da die verschiedenen Deutungshorizonte die internen Machtverhältnisse der Akteure reflektieren (Wer hat zu welchem Zeitpunkt wie viel Einfluss über die Habitus, Werte und Symbole einer Interessenformation?), sind sie umkämpft und wandelbar. Aus diesem Grund ist die politische Praxeologie keine abschließbare Disziplin. Sie bleibt kontinuierliche Aufgabe und Herausforderung.

Fassen wir kurz zusammen: Die hier vorgestellte Variante des integrativen Ansatzes beruht auf der Einsicht, dass das Gemeinwohl Gegenstand kontinuierlicher gesellschaftlicher Kämpfe um Deutungsmacht ist, für die es weder eine singuläre noch eine permanente Lösung gibt. Daher ist es auch verfehlt, von *dem* Gemeinwohl zu sprechen; wir haben es vielmehr mit *einem* Gemeinwohl zu tun, wie es sich – a posteriori und provisorisch – aus dem Wettstreit der Interessenformationen ergibt. Dieser Wettstreit muss in einem fairen, demokratischen Ordnungsrahmen und im Kontext der konkreten, soziokulturellen Deutungshorizonte aus-

335 Vgl. Bourdieu, Pierre (1976) und Giddens, Anthony (1988): Die Konstitution der Gesellschaft. Grundzüge einer Theorie der Strukturierung, Frankfurt a. M./New York: Campus. Allerdings haben beide Altmeister der Soziologie den Begriff »politische Praxeologie« zwar vorgeprägt, aber kaum selbst verwendet. Er findet sich u. a. prominent in Bracher, Karl-Dietrich (1991): Betrachtungen zum Problem der Macht, Opladen: Westdeutscher Verlag, S. 25.

getragen werden. Letztere, so unser Fazit, lassen sich durch die politische Praxeologie beschreiben und analysieren.

Der große Vorzug dieser Position ist ihr pragmatischer und politiknaher Realismus: *Erstens* nimmt sie die politischen Meinungsverschiedenheiten *in* einer Gesellschaft ernst, indem sie das Gemeinwohl zu einem intrinsisch strittigen Begriff erklärt, dessen Bedeutung im Wettbewerb der Ideen, Interessen und Werte beständig herausgefordert werden kann und muss. *Zweitens* nimmt sie die fundamentalen Unterschiede *zwischen* verschiedenen Gemeinwesen ernst, indem sie die verschiedenen gesellschaftsspezifischen Habitus der Bürger als konstitutiv für ihr Gemeinwohlverständnis anerkennt. Was Gemeinschaft, Gerechtigkeit und das gute Leben bedeuten, ist nicht losgelöst von den konkreten Denk-, Wahrnehmungs-, Bewertungs- und Handlungsschemata der Bürger verstehbar. Und diese unterscheiden sich von Gemeinwesen zu Gemeinwesen.

Aus diesem Gemeinwohlkonzept lassen sich nach unserer Auffassung drei notwendige und gemeinsam hinreichende *Legitimitätsbedingungen* politischer Macht und eine zentrale *Ausnahmeregel* entwickeln:

(1) Einhaltung demokratischer Fairness und Rechtsstaatlichkeit

Politische Macht ist nur dann legitim, wenn sie durch einen fairen, demokratischen Entscheidungsprozess, in dem jeder Bürger dieselben Partizipationsmöglichkeiten hat, autorisiert ist und wenn sie die Anforderungen des liberalen Rechtsstaates wahrt. Weil im Deutungskampf um das Gemeinwohl niemals eine singuläre, alternativlose und permanente Lösung erzielt werden kann und weil in unseren Gesellschaften stabile, gerechtfertigte Dissense über Inhalt und Ausgestaltung des Gemeinwohls bestehen, muss jede Person dieselbe Chance haben, ihre Interessen, Werte und Überzeugungen in die Willensbildung einzubringen. Diese findet ihre Grenze nur in den gleichen Grundfreiheiten und -rechten aller Personen.[336] Jedes davon abweichende Entscheidungsverfahren birgt

336 Zu diesen zählen u. a. Meinungs- und Gewissensfreiheit, Religions- und Versammlungsfreiheit, Unverletzlichkeit der Person, Anspruch auf einen fairen, öffentlichen Prozess und der Schutz vor willkürlicher Verhaftung; vgl. Rawls, John (1979): Eine Theorie der Gerechtigkeit, Frankfurt a. M.: Suhrkamp, S. 81.

die Gefahr, dass einzelne Interessenformationen im Ringen um Deutungshoheit das Ergebnis einseitig zu ihren Gunsten verzerren oder monopolisieren.

(2) Wahrung des politischen Grundkonsenses

Zweitens ist politische Macht nur legitim, wenn sie den politischen Grundkonsens wahrt, wonach es erstens immer zulässig ist, über das Gemeinwohl zu streiten, und zweitens das Ergebnis dieses Wettstreits immer provisorisch ist. Diese von Böckenförde ausgehende Legitimitätsbedingung bezieht sich nicht auf die formalen, rechtlichen Spielregeln politischer Macht wie Bedingung (1), sondern auf die demokratische Kultur und die »inneren Regulierungskräfte« des Gemeinwesens. Diese können, anders als die formalen, rechtlichen Spielregeln, nicht mit staatlicher Autorität erzwungen werden. Sie müssen in der Zivilgesellschaft und in den verschiedenen Interessenformationen selbst hervorgebracht, reproduziert und tradiert werden. Dennoch sind sie unverzichtbar dafür, dass das Ringen um das Gemeinwohl als kontinuierlicher, fairer Wettstreit verläuft. Deshalb ist politische Macht illegitim, wenn sie diesen Grundkonsens angreift.

(3) Anerkennung der Deutungshorizonte der verschiedenen Interessenformationen

Drittens ist politische Macht nur legitim, wenn sie die spezifischen Deutungshorizonte der konkurrierenden Interessenformationen anerkennt.[337] Die Deutungshorizonte der Interessenformationen, ihre Denk-, Wahrnehmungs-, Bewertungs- und Handlungsschemata, sind konstitutiv dafür, wie deren Mitglieder Gemeinschaft und Gemeinwohl begreifen und sich selbst als soziale Lebewesen verstehen. Sie bilden die nicht kodifizierten Rahmenbedingungen dafür, wie weit und in Bezug auf welche Inhalte Personen im Ringen um das Gemeinwohl aufeinander zugehen

337 Der Begriff der Anerkennung, wie wir ihn im Folgenden verwenden, geht zurück auf die praktische Philosophie Hegels; siehe hierzu Siep, Ludwig (2014) sowie Honneth (2010).

können. Anerkennung bedeutet in diesem Zusammenhang keine kritiklose Akzeptanz. Gemeint ist vielmehr, dass die politische Machtausübung gegenüber den (abweichenden) Werten, Überzeugungen und Lebensformen der Bürger zu rechtfertigen ist.[338] Sie muss auf rationale Gründe und Argumente gestützt sein, die von den Subjekten der Macht nachvollzogen, wenn auch nicht notwendigerweise geteilt werden können. Die Frage, was eine Argumentation rational macht, ist in der politischen Theorie und Philosophie hoch umstritten.[339] Dennoch sind drei einhellig akzeptierte Mindestkriterien einschlägig: Die Argumente dürfen *erstens* nicht auf wissentlichen Falschinformationen basieren oder die Adressaten durch Auslassung relevanter Fakten in die Irre führen. Sie dürfen *zweitens*, um einen Ausdruck des Philosophen Harry G. Frankfurt zu gebrauchen, kein »Bullshit« sein.[340] In seiner einflussreichen Monografie *On Bullshit* unterscheidet Frankfurt zwischen dem Akt des Lügens und dem des »Bullshittings«. Während Lügner absichtlich die Unwahrheit sagen, gebraucht ein »Bullshitter« trickreich rhetorische Phrasen und Slogans, die sinnentleert sind; er ist gegenüber dem Wahrheitswert seiner eigenen Aussagen vollkommen indifferent.[341] Derartige Nonsenssätze verfolgen vor allem das Ziel, Zuhörern oder Lesern Kenntnisreichtum oder Originalität vorzugaukeln oder sie durch eine Flut unzusammenhängender Ausdrücke zu beeindrucken. Sie sind in diesem Sinne genauso manipulativ wie Lügen. Das *dritte* Rationalitätskriterium besagt schließlich, dass die Argumente von den sie vorbringenden Personen nach bestem Wissen und Gewissen auf sachliche Plausibilität und logische Konsistenz geprüft und zudem durch den Adressaten nachprüfbar sein müssen. Mit anderen Worten: Die argumentative Untermauerung

338 Vgl. Habermas, Jürgen ([1981] 2011): Theorie des kommunikativen Handelns, Frankfurt a. M.: Suhrkamp.

339 Einen exzellenten, ersten Überblick bietet Alvarez, Maria (2016): Reasons for Action: Justification, Motivation, Explanation, in: Edward N. Zalta (Hg.): Stanford Encyclopedia of Philosophy, https://plato.stanford.edu/entries/reasons-just-vs-expl/.

340 Vgl. Frankfurt, Harry G. (2005): On Bullshit, Princeton: Princeton University Press.

341 Ein grandioses satirisches Beispiel für »Bullshitting« im Sinne Frankfurts bietet Loriots legendärer Sketch »Die Bundestagsrede«. In diesem Stück hangelt sich der Kabarettist in der Rolle des fiktiven Abgeordneten Karl-Heinz Stiegler minutenlang von einer sinnlosen Worthülse zur nächsten, und zwar unter dem aufrichtigen Applaus des Auditoriums.

politischer Machtausübung ist stets mit einer internen Sorgfaltspflicht und Pflicht zur Selbstkritik der Macht-Haber sowie mit der Möglichkeit der Falsifizierung verknüpft.

Kernidee der Legitimitätsbedingung (3) ist also, dass die Ausübung politischer Macht in eine Praxis des reziproken Gebens und Nehmens von Gründen eingebettet ist, die sensitiv gegenüber den Deutungshorizonten der konkurrierenden Interessenformationen sind. Konkret bedeutet das: Auch und gerade dem politischen Gegner schulden wir eine Rechtfertigung unseres Handelns und die Anerkennung seiner Position als legitime gesellschaftliche Haltung. Allerdings hat diese Bedingung eine Grenze: Wenn die Werte und Überzeugungen einer Interessenformation selbst im Widerspruch zu den genannten drei Legitimitätsbedingungen stehen – und z. B. verfassungsfeindlich, rassistisch, misogyn oder antidemokratisch sind –, dann wandelt sich der politische Gegner zum Feind.[342] Feinden des demokratischen Verfassungsstaates und seiner liberalen Grundwerte schuldet die politische Macht keine Anerkennung. Sie muss diese vielmehr mit allen Mitteln des Rechtsstaates bekämpfen. Das ist das Prinzip der wehrhaften Demokratie.

Wir tun gut daran, Feindschaften als fundamentale Tatsache des Politischen anzuerkennen. Wer sie nicht denken kann, wer die Herausforderungen auch kriegerischer Intervention und Konfrontation nicht akzeptiert oder wahrhaben will, der verspielt die Zukunft des demokratischen Rechtsstaats. Zugleich nimmt das Prinzip der Feindschaft eine zentrale dialektische Funktion für das Gemeinwesen ein: Einerseits stellt der Feind unsere eigene politische Identität – unsere Werte, unser Territorium, unsere Lebensform – radikal infrage; andererseits wird diese erst durch die Infragestellung als eigene Identität, als Distinktionsmerkmal und Ab-

342 Die Unterscheidung zwischen Gegnern und Feinden ist nach unserer Überzeugung zentral für die Legitimitätsbedingungen politischer Macht. Gegner sind Akteure, mit denen wir zwar nicht die Deutungshorizonte des Gemeinwohls teilen (oder zumindest nicht alle Deutungshorizonte), denen wir aber in wechselseitiger Anerkennung im oben genannten Sinne sowie in gemeinsamer Akzeptanz des demokratischen Rechtsstaats verbunden sind. Feinde sind hingegen Akteure, mit denen wir nicht nur keine Deutungshorizonte gemein haben, sondern die darüber hinaus die Anforderung der demokratischen Rechtsstaatlichkeit und der Anerkennung missachten oder gar aktiv bekämpfen. Vgl. zum Begriff des Feindes in der politischen Theorie und Rechtstheorie Schmitt, Carl ([1932] 1991): Der Begriff des Politischen, Duncker & Humblot: Berlin.

grenzungskriterium konstituiert.[343] Die Demokratie wird letzten Endes erst in der Herausforderung durch die Diktatur und Tyrannei und im Ringen mit ihnen zur Demokratie. Erst auf dem Wege gelangen ihre Bürger zum Gewahrwerden ihrer Besonderheit und Schutzwürdigkeit – und zur Einsicht, dass diese Lebensform notfalls auch im Kampf und unter Erbringung von Opfern verteidigt werden muss.

(4) Ausnahmeregel: Zulässige Einschränkungen der Legitimitätsbedingungen

Die drei genannten Legitimitätsbedingungen haben nach unserer Überzeugung einen hohen normativen Stellenwert. Gemeinsam legitimieren sie politische Macht. Das bedeutet aber nicht, dass sie kategorisch und ausnahmslos gelten würden. Der demokratische Rechtsstaat kann mit Ausnahmesituationen konfrontiert werden, die es erforderlich machen, die partizipative Politikgestaltung und die Geltung korrespondierender Grundrechte einzuschränken. Offenkundige Beispiele hierfür sind Kriege, Putschversuche, verheerende Terroranschläge sowie Natur- und Technikkatastrophen (etwa Kernschmelzen, Pandemien, Überflutungen etc.). All diesen Ereignissen ist gemein, dass sie die Existenz des Gemeinwesens akut bedrohen und nur durch rasches und effektives staatliches Handeln eingedämmt werden können. Letzteres ist aber oft nur dann möglich, wenn das kontinuierliche Ringen um das Gemeinwohl im politischen Willensbildungsprozess (welches ein ebenso zeit- wie ressourcenaufwendiger Prozess ist) ausgesetzt wird und die politische Macht ohne Einschränkung darauf fokussiert wird, die Bedrohung abzuwenden.[344] Allerdings ist diese Ausnahmeregel mit einer klaren Einschränkung ver-

343 Die gemeinschaftskonstitutive Funktion des Prinzips der Feindschaft wird eingehend in Schmitt, Carl ([1963] 1992): Theorie des Partisanen. Zwischenbemerkung zum Begriff des Politischen, Berlin: Duncker & Humblot, S. 87f. diskutiert: »Feind ist nicht etwas, was aus irgendeinem Grund beseitigt oder wegen seines Unwerts vernichtet werden muss. Der Feind steht auf meiner geistigen Ebene. Aus diesem Grund muß ich mich mit ihm kämpfend auseinandersetzen, um das *eigene Maß*, die *eigene Gestalt* zu gewinnen«, unsere Hv.

344 Zur Vertiefung siehe Oberreuter, Heinrich (1977): Notstand und Demokratie: Vom monarchischen Obrigkeits- zum demokratischen Rechtsstaat, München: Verlag Ernst Vogel und Honig, Bonnie (2009): Emergency Politics: Paradox, Law, Democracy, Princeton: Princeton University Press.

knüpft: Sie gilt dann und nur dann, wenn das Gemeinwesen und sein Wertesystem existenziell bedroht sind. Und sie erlischt schlagartig, sobald die Bedrohung abgewendet ist.

Damit sind unsere Ausführungen zum Konzept des Gemeinwohls und den drei Legitimitätsbedingungen abgeschlossen. In dem folgenden, letzten Abschnitt werden wir die Ressourcen politischer Macht in den Blick fassen und detailliert klären, wovon Macht im politischen Feld abhängt, wie sie erworben und ausgeübt wird.

2.5 Die Vektoren politischer Macht

Worin gründet politische Macht? Genauer: Worauf beruht die Kapazität von Akteuren, im Machtfeld des Politischen ihre Interessen gegen den potenziellen Widerstand anderer durchzusetzen? Diese Frage beschäftigt politische Praktiker und Theoretiker implizit seit Anbeginn der Menschheitsgeschichte. Explizit thematisiert wird sie jedoch zum ersten Mal in der Neuzeit, und zwar von einem ihrer einflussreichsten und kontroversesten Denker: Machiavelli.[345] Der italienische Staatstheoretiker, der mit der Herrschaftsausübung nicht allein durch die Buchlektüre, sondern vor allem durch seine Laufbahn als Kanzler in Florenz vertraut war, unterscheidet zwischen *internen* und *externen* Ressourcen der Akteure: Instinkt und politischer Klugheit auf der einen Seite – Netzwerken und Reputation auf der anderen. Nur durch die geschickte Kombination dieser Faktoren kann sich ein Herrscher, wie Thomas Schölderle in seiner Reprise der machiavellischen Argumentation schreibt, »als Fachmann der Politik, als Handwerker der Macht« durchsetzen.[346]

Wir wollen Machiavellis Systematik nicht nacherzählen, sie ist jedoch ein Leitprinzip unserer eigenen Analyse. Nach unserer Ausgangsthese existieren drei Typen politischer Machtressourcen: *Herrschaftskompetenz*, *Herrschaftswissen* und *Herrschaftsinstrumente*. Herrschaftskompetenz und Herrschaftswissen bilden die subjektive, interne Seite der Machtkapazität. Es handelt sich um diejenigen Ressour-

345 Einen exzellenten Überblick zu Machiavellis Ausführungen über die Ressourcen der Macht bietet Schölderle, Thomas (2002): Das Prinzip der Macht, Berlin/Cambridge: Galda + Wilch Verlag, S. 70–120.

346 Ebd., S. 94.

cen, die untrennbar mit dem Akteur verknüpft sind und die er durch Ausbildung, Training und Befähigung erworben hat. Herrschaftsinstrumente nennen wir die objektive, externe Seite der Machtkapazität. Darunter fallen die Machtwerkzeuge, die ein Akteur zur Disposition hat. Diese Trias zeichnet sich durch eine Besonderheit aus: Kein Ressourcentypus kann durch einen anderen substituiert werden, keiner ist allein ausreichend für politische Macht. Ein kenntnisreicher Akteur hat ohne politische Werkzeuge und praktische Kompetenz ebenso wenig Einfluss wie einer, der zwar über Instrumente verfügt, aber dafür nicht über Erfahrung und Wissen, um sie effektiv und effizient einzusetzen. Nur kombiniert bilden die drei Ressourcen das Fundament politischer Macht. Zur Unterstreichung dieser Interdependenz sprechen wir von *Machtvektoren*. In der Sprache der philosophischen Logik ließe sich davon sprechen, dass alle drei Ressourcen notwendig und gemeinsam hinreichend für politische Macht sind.

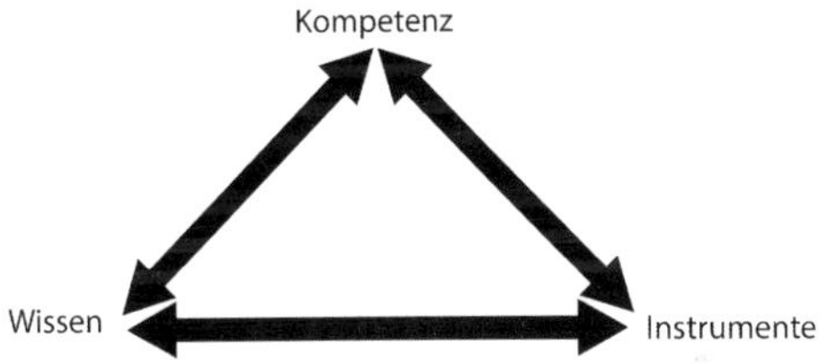

Abbildung 6: Interdependenz der drei Machtvektoren

Im *ersten Schritt* werden wir die Grundkategorien – Kompetenz, Wissen und Instrumente – konzeptionell voneinander abgrenzen, um sie im *zweiten Schritt* in Hinblick auf die Sphäre institutionalisierter politischer Macht, also Herrschaft im popitzschen Sinne (vgl. Kap. 1.2), zu konkretisieren. Durch diesen Stufengang lässt sich sowohl eine präzise Systematik entwickeln als auch begrifflichen Missverständnissen vorbeugen.

Das Begriffspaar Kompetenz und Wissen ist im Grunde ein Notbehelf der deutschen Sprache. Bereits die Denker der griechischen Antike, allen voran Platon und Aristoteles, haben vor über zweitausend Jahren eine viel elegantere Taxonomie entwickelt: *téchne* und *epistémé*.[347] *Téch-*

347 Vgl. Parry, Richard (2014): Episteme and Techne, in: Edward N. Zalta (Hg.): Stanford Encyclopedia of Philosophy, https://plato.stanford.edu/entries/episteme-

ne, von uns mit Kompetenz übersetzt, ist die praktische Beherrschung einer Tätigkeit, eines Handwerks, einer Kunst. Wer z. B. über eine ausgeprägte *téchne* des Fußballspielens verfügt, der weiß intuitiv, was zu tun ist, um einen Gegner auszuspielen, Flanken zu schießen und den Ball ins Netz zu befördern. Die Praxis des Fußballspielens ist ihm in Fleisch und Blut übergegangen. Sobald er den Platz betritt, hat er die Positionierung des Gegners erfasst, Anspielstationen identifiziert, Schwächen in der Verteidigung ausgemacht – und er agiert entsprechend.

All das bedeutet aber nicht, dass der Sportler auch nur eine Spur von belastbarem, theoretischem Fachwissen darüber haben muss, wie erfolgreiches Fußballspielen funktioniert. Hierfür gibt es unzählige Beispiele. Auf die Frage, wie er 2015 ein schwieriges 1:0 bei einem Bundesligaspiel gegen zahlreiche Verteidiger zuwege brachte, hatte der Jungstar Leroy Sané eine klassische Fußballerantwort parat: »Ich war da gedankenlos und habe das Ding einfach reingemacht.«[348] Der Fall klingt banal, aber dahinter steht eine wichtige Einsicht: Wer eine komplizierte Praxis (Fußballspielen, Malen, Musizieren etc.) kompetent ausführt, ist nicht automatisch in der Lage, einem Laien die richtigen Techniken und Strategien zu erklären.

Diese Fragen fallen in den Bereich des Gegenbegriffs, der *epistémé*. *Epistémé* wird landläufig, so auch von uns, mit Wissen übersetzt, aber im Grunde ist der Begriff präziser. Er bezeichnet Faktenwissen über Personen, Sachverhalte, Prozesse, Strategien und Gesetzmäßigkeiten. So verstandenes Wissen ist kein praktisches Know-how, sondern das reflektierte und kommunizierbare Verständnis eines bestimmten Fachbereichs. Wer etwa über eine geschulte *epistémé* des Fußballspielens verfügt, der hat detaillierte Kenntnisse von über Sieg und Niederlage entscheidenden Einflussfaktoren (Wetter, Heim- oder Auswärtsspiel, körperliche Fitness, Motivation etc.), kennt die Vorzüge und Nachteile spezifischer Trainingsmethoden und weiß, wann und gegen wen eine Mannschaft eher offensiv als defensiv spielen sollte. An diesem Punkt sollte klar sein, dass eine exzellente sportliche *epistémé* noch lange keine gute *téchne* bedeu-

techne/ und Fantl, Jeremy (2012). Knowledge How, in: Edward N. Zalta (Hg.): Stanford Encyclopedia of Philosophy, https://plato.stanford.edu/entries/knowledge-how/.

348 Bild vom 27.9.2015, http://www.bild.de/sport/fussball/leroy-sane/schalke-feiert-torheld-sane-42697996.bild.html.

tet. Ein herausragender Spielanalyst und theoretischer Fachmann kann auf dem Platz eine komplette Null sein.

Epistémé und *téchne*, Wissen und Kompetenz, sind also zwei kategorisch verschiedene Vermögen. Der Philosoph Jeremy Fantl bringt es präzise auf den Punkt: »Knowledge-how and knowledge-that are distinct kinds; to know how to do something is not just to know the right facts about how to do it, and to exercise knowledge-how you need not first implicitly or explicitly consider a fact about how to do it.«[349] Beide Vermögen erwerben wir zudem auf unterschiedlichen Wegen: *téchne* erlangen wir durch praktisches Tun, also durch kontinuierliches Ausüben von Handlungsfolgen, durch Sozialisation und Training; *epistémé* hingegen ist im weitesten Sinne Bücherwissen, welches wir durch theoretische oder wissenschaftliche Anstrengungen gewinnen.

Pragmatisch gesinnte Leser könnten hier anmerken, dass zwischen beiden Vermögen eine eindeutige Rangordnung besteht: Entscheidend ist zuerst und vor allem die praktische Kompetenz. Wer den richtigen Instinkt oder gutes Training hat und somit schwierige Praktiken aus dem Effeff meistert, der muss sich um den theoretischen Unterbau nicht kümmern – letzterer ist für Erfolg und Misserfolg ohnehin nicht entscheidend. Exemplarisch für diese Haltung ist der berühmte Satz des deutschen Schauspielers Siegfried Lowitz: »Kritiker sind wie Eunuchen: sie wissen wie's geht, aber sie können's nicht.«[350] Anders gesagt: Entscheidend ist, dass man es *kann*, und nicht, dass man *weiß, wie es geht*. Bei aller Schlagfertigkeit von Lowitz sind jedoch Zweifel angebracht. Komplexe Machtfelder, wie z. B. die Politik, zeichnen sich durch eine hochdifferenzierte Gemengelage von Akteuren, Verfahrensregeln, Prozessen, Interessen und Themen aus. Diese lässt sich allein durch praktische Kompetenz im oben genannten Sinne nicht beherrschen. Wer nicht weiß, welche Entscheidungsträger bei der Gesetzgebung das Sagen haben, welche rechtlichen Hürden den Handlungsspielraum einer Institution einhegen und wie die Deutungshorizonte konkurrierender Interessenformationen verfasst sind, der kommt auch mit politischem Instinkt und geschultem Machtgespür nicht weiter. Kurz gesagt: Kompetenz und Wissen sind komplementäre und nicht substituierbare Vermögen.

---

349 Fantl (2012): S. 1.

350 Zitiert nach Dörr, Michael et al. (2013): Zitate und Sprichwörter: von Unternehmern für Unternehmer, Norderstedt: Books on Demand, S. 31.

Im Vergleich zum Begriffspaar Wissen und Kompetenz ist die Bedeutung des Schlüsselbegriffs der Instrumente rasch erklärt. Er umfasst alle materiellen und immateriellen Ressourcen des Akteurs, die zur Verwirklichung seiner Ziele unabdingbar sind, aber nicht unmittelbar zur Person selbst dazugehören. Bei einem Handwerker oder Soldaten sind das z. B. konkrete materielle Objekte wie Hammer und Zollstock bzw. Waffen und Rüstung, bei Wissensarbeitern hingegen vor allem Netzwerke, Informationsquellen, Kontakte und die sozialen Beziehungen, in denen sie zu anderen Personen stehen. Instrumente sind also das objektive Komplement zu den subjektiven Vermögen der Akteure. Ihre Qualität und ihr Umfang sind ausschlaggebend dafür, wie erfolgreich wir überhaupt Kompetenz und Wissen praktisch einsetzen können.

Damit sind die machtstrategischen Fundamente gelegt, um die Vektoren in Bezug auf das Feld des Politischen konkret zu bestimmen und zu nutzen. Was wir mit der Trias von Kompetenz, Wissen und Instrumenten an der Hand haben, ist nicht weniger als eine universelle Systematik zur Ordnung und Erklärung der inhärenten Logik politischer Macht.

2.5.1 Herrschaftskompetenz und Schulung

Ausgehend hiervon wollen wir zuerst den Vektor der *Herrschaftskompetenz* in den Blick fassen. Unser Vorgehen ist historiografisch-praxeologisch geprägt (siehe Einleitung): Leitend ist die Frage, in welchen geschichtlichen Phasen prototypische, herausragende Formen von Herrschaftskompetenz existiert haben und welche Lehren aus diesen Vorbildern zu ziehen sind. Diese Methode bietet nicht nur ein anschauliches und anwendungstaugliches Verständnis unserer Materie. Sie hebt auch wichtige praktische Ressourcen, indem sie von den Erfahrungen vorangegangener Generationen profitiert.

Das eindrucksvollste Beispiel gelebter und tradierter Herrschaftskompetenz bietet bis zum heutigen Tag die Römische Republik, deren Blütezeit sich vom vierten bis zum ersten Jahrhundert vor Christus erstreckte.[351] Das Alleinstellungsmerkmal des republikanischen Roms be-

351 Für einen historischen Überblick siehe Blösel, Wolfgang (2015): Die römische Republik, München: C.H. Beck.

steht darin, dass es über die Jahrhunderte hinweg von nicht einmal zwei Dutzend senatorischen Familien dominiert wurde, deren Tradition, Ausbildung und Selbstverständnis auf einen singulären Zweck ausgerichtet war: zu herrschen. Patrizierfamilien wie die Julier, Tullier, Claudier oder Sestier standen generationenlang nicht nur »an der Spitze der sozialen Pyramide« der Republik.[352] Sie übten ihre Macht auch mit und in der römischen Öffentlichkeit aus, indem sie sich von der Bürgerschaft in politische Ämter wählen und das Volk über ihre Gesetzesvorlagen abstimmen ließen. Die außerordentliche Komplexität und der Konkurrenzdruck dieses aristokratisch-demokratischen Mischsystems sind kaum zu überschätzen; entsprechend war der politische Wettbewerb, wie der Historiker Johannes Keller schreibt, »das Lebenselixier« der Senatsadligen.[353] Zugleich agierten sie vor Gericht als Verteidiger und Ankläger, und sie führten die römischen Legionen auf Eroberungsfeldzüge. Die Mitglieder der senatorischen Klasse waren – mit einem Wort – also Multitalente der politischen Macht.

Die Frage, wie es einer kleinen Gruppe von Politikerfamilien gelang, in einem aristokratisch-republikanischen Staat über Generationen an der Spitze zu bleiben und Rom nicht nur zur unangefochtenen Führungsmacht der Antike aufzubauen, sondern auch interne Stabilität zu wahren, beschäftigt Historiker seit jeher.[354] In seinem überaus lesenswerten Buch *Den Vätern folgen* bietet der Geschichtswissenschaftler Peter Scholz eine Antwort, die zum Kern unseres Untersuchungsgegenstands führt: Durch klar geregelte, funktional aufeinander aufbauende Sozialisationsstufen wurden allen (männlichen) Familienmitgliedern von frühester Kindheit an Erfahrungen, Fähigkeiten und Überzeugungen vermittelt, die »sich miteinander zu einem eigenständigen Habitus, zu einem spezifisch senatorischen Stil des Denkens und Handelns verbanden und

352 Krieckhaus, Andreas (2006): Senatorische Familien und ihre patriae, Hamburg: Verlag Dr. Kovač, S. 23.

353 Keller, Johannes (2004): Römische Interessengeschichte. Eine Studie zu Interessenvertretung, Interessenkonflikten und Konfliktlösung in der römischen Republik des 2. Jahrhunderts v. Chr., Dissertation, https://edoc.ub.uni-muenchen.de/5172/1/keller_johannes.pdf, S. 48.

354 Diese außergewöhnliche Stabilität und Expansionsfähigkeit ist umso bemerkenswerter, wenn man bedenkt, dass die Römische Republik keine Polizei in unserem neuzeitlichen Sinne kannte; vgl. hierzu Nippel, Wolfgang (1988): Aufruhr und ›Polizei‹ in der römischen Republik, Stuttgart: Klett-Cotta.

verfestigten.«[355] Und er ergänzt wenige Seiten später: »Die beherrschende Stellung von wenigen Familien lag […] darin begründet, daß diese offenkundig über mehrere Generationen hinweg die Übernahme von Herrschaft als traditionelle Aufgabe der Familie verstanden und das damit verbundene Ethos und die Selbstverpflichtung gegenüber dem Gemeinwohl an die jeweils nächste Generation weitergaben.«[356] Das Erfolgsgeheimnis der republikanischen Elite war also, kurz gesagt, dass sie Politik sowohl als ethische Verpflichtung gegenüber der römischen Allgemeinheit als auch als Trainingssache verstanden.[357]

Bemerkenswert ist allerdings, dass dieses Hereinwachsen in die Herrschaftsrolle zwar in einer hochstehenden Schriftkultur erfolgte, aber dennoch nicht durch Buchlektüre und theoretischen Unterricht gefördert wurde. Die Skepsis der römischen Elite gegenüber der *epistémé* im griechischen Sinne kommt paradoxerweise bei einem ihrer wortgewaltigsten Autoren besonders gut zum Ausdruck. So schreibt Cicero in seiner Abhandlung *De re publica*: »Ich bitte Euch, hört mich in folgender Weise an: […] wie einen von den Männern in der Toga, der durch des Vaters Umsicht keine schlechte Ausbildung genossen hat und von Kindheit an von Lerneifer erfaßt war, der jedoch *in viel höherem Maße* durch die praktische Erfahrung (*usus*) und durch die häuslichen Lehren (*domestica praecepta*) als durch Schriften (*litterae*) gebildet ist.«[358] Herrschen – so können wir den großen Rhetor verstehen – ist also etwas, das wir nicht auf Grundlage abstrakter Prinzipien und Informationen verstehen lernen, sondern durch gelebte Praxis. Politik muss uns zur ›zweiten Natur‹ werden, uns wortwörtlich in Fleisch und Blut übergehen. Der Schlüssel

355 Scholz, Peter (2011): Den Vätern folgen. Sozialisation und Erziehung der republikanischen Senatsaristokratie, Berlin: Verlag Antike, S. 13.

356 Ebd., S. 31.

357 Diesem Training ging allerdings ein entscheidender und aus heutiger Sicht zutiefst unethischer Selektionsvorgang voraus: Nach römischem Verständnis war ein Neugeborenes erst dann das ›Kind‹ des pater familias, nachdem er dieses zum ersten Mal auf den Arm genommen hatte. Verweigerte der Hausherr seinem biologischen Nachwuchs diese Anerkennung – etwa, weil er missgebildet oder schwächlich war –, so zählte dieser nicht zum Haushalt und wurde vor den Toren der Stadt ausgesetzt. Für einen umfassenden Überblick zu dieser Thematik siehe Bettini, Maurizio (1992): Familie und Verwandtschaft im antiken Rom, Frankfurt a. M.: Campus.

358 Übers. von Scholz (2011) S. 89, unsere Hv.

zur politischen Macht war für Cicero und für die römische Elite also zuerst und vor allem praktische Kompetenz – *téchne*.[359]

Wie wurde diese Herrschaftskompetenz erworben und weitergegeben? An dieser Stelle lässt sich der Titel von Scholz' Monografie vollkommen neidlos als brillant bezeichnen: Der Nachwuchs der römischen Patrizier erwarb seine Herrschaftskompetenz dadurch, dass er »den Vätern folgte« – sowohl im metaphorischen als auch im unmittelbaren Sinne. *Erstens* begriffen sich alle Mitglieder der Senatsaristokratie nur als kleine Glieder einer langen familiären Kette, deren Ahnen – die *maiores* – nicht nur Gegenstand kultischer Verehrung waren, sondern auch als beständige Vorbilder für das eigene politische Handeln fungierten. Um das Ziel einer standesgemäßen Lebensführung zu erreichen, »genügte die praktizierte Erinnerung an die bedeutenden Persönlichkeiten der eigenen Familie, die *domesticae laudis exempla.* Aus der familialen Vergangenheit waren Werte und Normen für das eigene Handeln zu gewinnen.«[360] Diese Erinnerungskultur wurde durch das ritualisierte Nacherzählen der Heldentaten berühmter Herrscherpersönlichkeiten vor der Ahnengalerie des Stammhauses gepflegt. Jedes Narrativ kreiste um die Kardinaltugenden der Senatsaristokratie, die zugleich die zentralen Elemente ihrer Herrschaftskompetenz bildeten: Selbstdisziplin, rhetorische Brillanz, soldatischer Mut, Wettbewerbsstärke, Traditionsbewusstsein und Amtswürde. Ihnen nachzueifern, war das Leitprinzip der *vita honesta* – des ehrwürdigen Lebens eines jeden römischen Patriziers.

Zweitens bezog sich die Nacheiferung jedoch nicht nur auf die legendären, ins Jenseits entrückten Vorväter, sondern auch auf die diesseitigen Väter: die amtierenden *patres familias* der Patrizierdynastien. Vom

359 Wir sollten den Bogen freilich nicht überspannen: Es wäre absurd, zu behaupten, die römische Kultur hätte Herrschaftswissen (im Sinne von *epistémé*) als Machtfaktor ignoriert. Aber es ist bemerkenswert, welches Augenmerk die Senatorenfamilien darauf richteten, ihre Söhne zu politischen Praktikern zu erziehen, die Entscheidungen völlig habituell treffen konnten; vgl. hierzu auch Schlinkert, Dirk (1996): Ordo Senatorius und Nobilitas. Die Konstitution des Senatsadels in der Spätantike, Stuttgart: Franz Steiner Verlag.

360 Schlinkert, Dirk (1996): S. 140f. Bemerkenswerterweise findet sich diese große Bedeutung des Ahnenkultes für die Vermittlung von Herrschaftskompetenz nicht nur in der Römischen Republik, sondern auch im antiken China; vgl. hierzu den Sammelband von Walter Scheidel (Hg.): State Power in Ancient China & Rome, Oxford/New York: Oxford University Press.

siebten bis zum 16. Lebensjahr begleitete der senatorische Nachwuchs seine Väter auf Schritt und Tritt. Die Patriziersöhne waren dabei, wenn der Familienvorstand seine Getreuen, die so genannten *clientes*, empfing und ihnen Rechtsbeistand gewährte, politische Ratschläge erteilte oder finanzielle Unterstützung zukommen ließ. Sie begleiteten ihn ins Theater, ins Forum, zu Gastmählern bei einflussreichen Freunden, in Bäder und sogar auf Feldzüge. Auf diese Weise lernten sie – angereichert durch praktische Ratschläge, Anekdoten, Weisungen und kleinere Aufträge – den gesamten politischen Kosmos der römischen Republik kennen. Während dieses jahrelangen Lernprozesses »bestand die erzieherische Aufgabe der Väter nicht darin, an die nachwachsende Generation abstrakte Werte und Prinzipien im Sinne isolierter Einzeltugenden weiterzugeben, sondern ihnen ein Bewusstsein von der Rolle zu vermitteln, die sie künftig ausfüllen sollten, ihnen mithin ein Ethos und spezifische Muster des Herrschens ›einzupflanzen‹.«[361] Heutzutage würde man eine solche Vermittlung von Herrschaftskompetenz wohl als ›Learning on the Job‹ bezeichnen.

Ab dem 16. Lebensjahr begann die offizielle politische Lehrzeit, das *tirocinium fori*. In dieser Phase wurde der junge Patrizier einem älteren, möglichst einflussreichen Verwandten im Amt eines Quästors, Zensors oder gar Konsuls anvertraut.[362] Unter seiner Obhut stieg der Nachwuchs ins Tagesgeschäft ein. Zu seinen Aufgaben gehörten unter anderem das Verfassen und gemeinsame Einstudieren von Reden vor Volk und Senat, die Recherche von Rechtsnormen und Präzedenzfällen für Gerichtsverfahren, das Formulieren von Gesetzesentwürfen, die Vorbereitung von Wahlkämpfen, die kontinuierliche Berichterstattung über das politische Stimmungsbild unter der Bevölkerung und das Ausrichten lokaler Fes-

361 Scholz (2011): S. 96.

362 Der staatliche Aufbau der Römischen Republik ist, wie eingangs angerissen, erstaunlich komplex und kann hier nicht en détail vertieft werden. Zur Orientierung: Quästoren oblag in der Römischen Republik die Verwaltung der Staatskasse, Zensoren waren u. a. mit der Ernennung der Senatoren betraut, und Konsuln trugen die Verantwortung für die militärische und zivile Leitung des Staates. Einen ebenso unterhaltsamen wie informativen Einstieg in die politische Organisationsstruktur und Kultur bietet der Sammelband von Dietmar Pieper & Johannes Saltzwedel (Hg.): Rom: Aufstieg einer antiken Weltmacht, München: Random House.

te zur Mobilisierung von Anhängern.[363] Bei all diesen Aktivitäten wurden Freundschaften geknüpft, Beziehungen gepflegt, Netzwerke aufgebaut, und vor allem wurde eines gelernt: die kompetente Ausübung, Sicherung und Akkumulation politischer Macht in einem System, das sich durch einen arbeitsintensiven Wettkampf um Einfluss und Ämter auszeichnete. Parallel zur zivilen politischen Schulung erfolgte das *tirocinium militiae*, die Bewährung im militärischen Stab des Mentors. Wann immer der Lehrmeister gegen verfeindete Staaten oder Barbarenstämme ins Feld zog, nahm er seinen Schützling mit, und zwar nicht allein zur Unterstützung bei administrativen oder strategischen Aufgaben. Wie selbstverständlich wurde von jungen Patriziern erwartet, sich im Nahkampf gegen die Feinde Roms zu bewähren, Truppen zu befehligen und notfalls ihr Leben für die Republik zu geben; ein Politiker ohne Narben auf der Brust wurde im Senat argwöhnisch beäugt.

Hinter dieser Praxis stand die feste und von allen Schichten der römischen Gesellschaft geteilte Überzeugung, dass Herrschaftskompetenz sowohl die Bewährung in der politischen als auch in der militärischen Führung erforderte. Wer in den Augen der Väter und der Wählerschaft bei einer dieser Führungsaufgaben versagte, der wurde von der weiteren Ämterlaufbahn – dem *cursus honorum* – gänzlich unsentimental ausgeschlossen.[364] Nepotismus war der Römischen Republik weitgehend fremd. Diese rigorose Schulung produzierte einen hoch spezialisierten Menschentypus, dessen gesamte Existenz auf eine singuläre Funktion zugeschnitten war. An dieser Stelle soll noch einmal Scholz zu Wort kommen, dem bei aller wissenschaftlichen Distanz eine große und zugleich ansteckende Begeisterung für die römischen Patrizier nicht abzusprechen ist: »Die wesentliche Aufgabe […] der Senatsaristokratie bestand – soziologisch gesprochen – darin, daß sie in ihrer politischen Tätigkeit stellvertretend für die Allgemeinheit Krisen bewältigten. […] Beständig mußten sie neue unvorhersehbare Schwierigkeiten und Ereignisse in ihr politisches Handeln einbeziehen, schwerlich konnten sie in der Beilegung oder Austragung von Konflikten immer wieder auf die bewährten Maß-

363 Einen eindrucksvollen Einblick in den Wahlkampf der Römischen Republik und seine außerordentlich modernen Techniken und Taktiken bietet Ciceros »Handbüchlein zum Wahlkampf«; vgl. Cicero (2001): Commentariolum petitionis, hg. und übers. von Günter Laser, Darmstadt: Wissenschaftliche Buchgesellschaft.

364 Für eine Analyse der Ämterlaufbahn im antiken Rom siehe Veyne (1992): S. 339f.

nahmen bzw. Handlungsroutinen zurückgreifen, häufig waren sie vielmehr gezwungen – und das dürfte ihnen in Fleisch und Blut übergegangen sein –, Neues und Riskantes zu wagen.«[365]

Es lohnt sich, an dieser Stelle kurz innezuhalten und das Gesagte zu reflektieren. Kritische Leser könnten einwenden, dass wir bislang überhaupt keine Definition von Herrschaftskompetenz gegeben, sondern nur eine spezifische historische Phase ihrer Entwicklung und Tradierung analysiert haben. Dieser Einwand ist nachvollziehbar. Aber er geht am Problem vorbei, weil er davon ausgeht, dass eine abstrakte Begriffsbestimmung überhaupt möglich ist. Kompetenz oder *téchne*, so haben wir eingangs festgehalten, ist kein enzyklopädisches Faktenwissen, sondern die habitualisierte Beherrschung eines Handwerks oder einer Kunst; Herrschaftskompetenz liegt also dann vor, wenn einem Akteur die Prinzipien und Mechanismen politischer Macht zur zweiten Natur geworden sind, wenn er – wie Scholz treffend schreibt – *jenseits* der »bewährten Maßnahmen bzw. Handlungsroutinen« Konflikte um Einfluss austragen oder beilegen kann. Gerade weil Herrschaftskompetenz keine bloße Handlungsroutine ist, sondern die kreative und durch Erfahrung bewährte Fähigkeit, im Machtfeld des Politischen erfolgreich »Neues und Riskantes zu wagen«, lässt sich keine schematische Anleitung oder Allgemeindefinition geben. Stattdessen können wir nur die soziokulturellen Rahmenbedingungen skizzieren, unter denen Herrschaftskompetenz erworben und weitergegeben wird. Genau hier ist die Römische Republik nicht nur prototypisch; sie stellt, weil sie derart zielgerichtet (und einseitig) auf diesen Machtvektor fokussiert ist, einen weltgeschichtlichen Zenit der *téchne* des Politischen dar.

Diese *téchne* geht mit dem Niedergang des Römischen Reiches in der Spätantike natürlich nicht unwiederbringlich verloren. Treffender wäre es zu sagen, dass sie überwintert und sich in verschiedensten, den jeweiligen soziokulturellen Kontexten angepassten Konfigurationen neu konstituiert – freilich ohne jemals ihre Grundlogik einzubüßen.[366] Ent-

365 Scholz (2011): 24.

366 Auf die naheliegende Frage, welche historischen Bedingungen dieses Weitertragen sicherstellten, lässt sich sicherlich keine singuläre Antwort geben. Aber ein entscheidendes, epochenübergreifendes Bindeglied zwischen Antike, Mittelalter und Neuzeit dürfte in Hinblick auf die Tradierung von Herrschaftskompetenz die katholische Kirche gewesen sein; vgl. hierzu Pecknold, Chad C. (2010): Christianity and Politics: A Brief Guide to the History, Eugene: Cascade Books.

sprechend lassen sich die späteren Traditionen der Herrschaftskompetenz in der westlichen Welt als Kontextualisierungen des römischen Vorbilds interpretieren. In ihrer einschlägigen Historiografie *Königssöhne und Königsherrschaft* über die dynastische Erbfolge im Reich der Merowinger und Karolinger weist Brigitte Kasten ein mittelalterliches Echo der senatorisch-patriarchalen Tradition nach: »Der ›gute‹ Sohn und Nachfolger war grundsätzlich der, in dem der Vater fortlebte.«[367]

Ergänzend zu dieser Grundhaltung, wonach Herrschaftskompetenz maßgeblich durch praktisch-mimetische Nachahmung des väterlichen Vorbilds erworben wird, finden sich auch Parallelen in der sukzessiven Übertragung politischer Verantwortung. Zahlreiche europäische Herrscher beteiligten ihre Nachkommen so bald wie möglich an der Herrschaft – einerseits indem sie ihnen noch zu Lebzeiten eigene Territorien überließen, andererseits indem sie ihnen die Befehlsgewalt über eigenständige militärische Aktionen übertrugen. Diese Entwicklungs- und Tradierungsstufen wurden teilweise sogar analog zum römischen Vorbild benannt. Aber sie vollzogen sich freilich nicht einmal näherungsweise in der geregelten, ritualisierten Form, wie wir sie aus dem Imperium Romanum kennen.

Die bewusste Übernahme römischer Bräuche und Sitten, die vor allem durch geistliche Berater der Königshäuser gefördert wurde, stand zudem in Kontrast zur »außerordentlich gefährlichen Existenz« der mittelalterlich-höfischen Herrschaftssphäre.[368] Diese veränderten Bedingungen von Herrschaftskompetenz hatten handfeste praktische Konsequenzen: Während mangelnder Machtinstinkt oder langsame Auffassungsgabe in der römischen Republik oft nur mit dem Verlust von Amt und Würden einhergingen, bedeuteten diese im Mittelalter nicht selten den Verlust von Leib und Leben. Mit viel Gespür für Spannung und Dramatik zeichnet Kasten den monarchischen Machtkosmos als Umfeld, in dem machthungrige Onkel ihre noch nicht zu Königen erhobenen Neffen mit Gift und Dolch am Herrschaftsantritt zu hindern versuchten,

367 Wörtlich heißt es in dem berühmten Brief des Königsberaters Alkuin an Karl den Großen: »Es lebt der Vater fort im Sohn, […] wenn Würde und edle Weisheit in seinem Nachfolger Bestand haben«, siehe Kasten, Brigitte (1997): Königssöhne und Königsherrschaft. Untersuchungen zur Teilhabe am Reich in der Merowinger- und Karolingerzeit, Hannover: Hahnsche Buchhandlung, S. 7.

368 Kasten (1997): S. 33.

neue Königsfrauen danach strebten, ihre eigenen Kinder auf den Thron zu setzen, und oppositionelle Adelige den Umsturz planten. Entsprechend zeigte sich Herrschaftskompetenz oftmals weniger in geschliffener Rhetorik oder exzellenter Vernetzung, sondern in der Kaltblütigkeit, zur rechten Zeit die Klinge gegen einen Verwandten zu zücken. Die von Scholz beschworene kreative Fähigkeit, »Neues und Riskantes« zu wagen, lief im Mittelalter nicht selten auf den effektiven Einsatz von Aktionsmacht hinaus (siehe hierzu Kap. 2.1).

Diese Rahmenbedingungen setzen sich, wie bei dem großen Machtpragmatiker Machiavelli eindrucksvoll nachzulesen ist, noch bis in die europäische Neuzeit fort. Gleichwohl lässt sich im Übergang zwischen Mittelalter und Renaissance auch eine entscheidende Innovation bei der Ausbildung von Herrschaftskompetenz gegenüber der römischen Antike verzeichnen: die spielerische Vermittlung machtstrategischen Denkens durch das Schach.[369] Dank vertiefter Handelsbeziehungen mit der islamischen Welt war das »Spiel der Könige«, dessen historische Wurzeln in Indien liegen, nach und nach Teil der höfischen Kultur Europas geworden. Bereits im 12. Jahrhundert wurde der adelige Nachwuchs systematisch in die Kunst der Eröffnungen, des Gambits und der Mattwendungen eingeführt; der einflussreiche Universalgelehrte und königliche Leibarzt Petrus Alphonsi zählte die Beherrschung des Schachspiels sogar zu den sieben Grundfertigkeiten, die einen guten Ritter ausmachen.[370] Die Gründe hierfür liegen auf der Hand: Wie kein anderes Spiel schult Schach strategisches und taktisches Denken, kreative Lösungsansätze, Stressresistenz und die Fähigkeit, sich in einen Gegner hineinzuversetzen, um dessen Stärken, Schwächen und Ziele ausfindig zu machen; es verkörpert letzten Endes alle relevanten Elemente des politischen Wettstreits um Macht (siehe hierzu auch Kap. 3.1). Das Studium des Spiels bereitete den jungen Adel also nicht nur auf den gefährlichen Mikrokosmos des Hofes vor, sondern auch auf seine Aufgaben als politische Entscheidungsträger und Feldherren. Seit dieser Zeit hat sich das Schachspiel als Trainingseinheit und als Machttradition nicht nur erhalten, sondern zugleich eine globale Verbreitung erfahren, die alle sozialen und

369 Vgl. Vale, Malcolm (2001): The Princely Court, Oxford/New York: Oxford University Press, S. 170–179; für einen historischen Überblick siehe auch Eales, Richard (2002): Chess: the History of a Game, London: Hardinge Simpole.

370 Vgl. Vale (2001): S 171.

kulturellen Räume umspannt. Es zählt fraglos zu den wichtigsten Hinterlassenschaften der mittelalterlichen Kultur der Herrschaftskompetenz.

Bevor wir auf die Weiterentwicklung des römischen Ideals der Herrschaftskompetenz in unserer Gegenwart zu sprechen kommen, wollen wir einen ausführlichen Blick über den Tellerrand der westlichen Kultursphäre wagen – und zwar ins vormoderne Japan.[371] Dieser Exkurs ist nicht nur wichtig, um eurozentrischer Befangenheit vorzubeugen. Er illustriert auch, dass der Machtvektor der Herrschaftskompetenz zwar universellen Logiken gehorcht, aber dabei stets hochspezifische kulturelle Anpassungsprozesse durchläuft. Der Zeitraum vom 12. bis zum 19. Jahrhundert war auf der japanischen Inselgruppe Honshu, Hokkaido, Shikoku und Kyushu oft geprägt durch interne Konflikte, äußere Bedrohungen und Dynastiewechsel. Aber zugleich zeichnete er sich durch eine singuläre historische Konstante aus: die unangefochtene politische und kulturelle Dominanz des Kriegeradels der *bushi* – bei uns besser bekannt als die Samurai.[372] Jeffrey P. Mass, einer der bedeutendsten westlichen Kenner der japanischen Geschichte, bezeichnet die politische Ordnungsstruktur dieser bis heute nachwirkenden Epoche folgerichtig als »warrior government«, als Herrschaft der Krieger.[373] Marius Jansen ergänzt in dem einschlägigen Sammelband *Warrior Rule in Japan* von 2008: »Japan was ruled by warriors for the better part of a millennium. From the twelfth

371 Wir sprechen bewusst vom »vormodernen« Japan, weil die klassische abendländische Trennung zwischen den Epochen der Antike, des Mittelalters und der Neuzeit in Asien keine plausible Anwendung findet. Anstelle einer Serie von fundamentalen Umbrüchen haben wir es vor allem im japanischen Kulturraum viel eher mit historischen Kontinuitäten zu tun. Diese finden erst 1853 ihr Ende, als die berühmt-berüchtigten »schwarzen Schiffe« der US-Marine die selbst gewählte Isolation des Landes und seine Abschottung vom Westen unter Gewaltandrohung beendeten; vgl. zu dieser Thematik Walworth, Arthur (1946): Black Ships Off Japan: the Story of Commodore Perry's Expedition, New York: Alfred A. Knopf.

372 Eine lesenswerte Einführung in das Thema bietet Schwentker, Wolfgang (2008): Die Samurai, München: C.H. Beck.

373 Vgl. Mass, Jeffrey P. (1975): Warrior Government in Early Mediaeval Japan: Study of the Kamakura Bakufu, Shugo and Jito, New Haven/London: Yale University Press.

to the nineteenth century its political history was dominated by the struggle of competing leagues of fighting men.«[374]

Diese Vormachtstellung der Samurai im vormodernen Japan schlug sich in der streng hierarchisch geordneten und undurchlässigen Gesellschaftsstruktur nieder: An ihrer Spitze standen die Mitglieder des Kriegeradels, angeführt vom shōgun, dessen Titel sich als Oberkommandeur oder Generalissimus übersetzen lässt.[375] Ihnen folgten im Rang die Bauern und Handwerker als produktive Schichten der Gesellschaft. Den untersten Rang belegen die Kaufleute, die sich nach konfuzianischer Lehre mit »schmutzigen Geldgeschäften« abgeben.[376] Außerhalb dieser Hierarchie war das Kaiserhaus des *tennō* angesiedelt, dem bestenfalls eine repräsentative Rolle zukam.[377] Das Japan der Samurai war zuerst und vor allem ein Militärregime.

Wir tun an dieser Stelle gut daran, die romantisierende westliche Brille auf die *bushi* abzulegen und sie nicht auf die Rolle von Schwertmeistern oder gar japanischen ›Rittern‹ einzuengen. Wie der Ideen- und Sozialhistoriker Wolfgang Schwentker nachweist, waren sie viel mehr als das: Im Shōgunat übernahmen sie die Aufgabe von Polizeikräften, Steuereintreibern, Verwaltungsbeamten und Zeremonienmeistern der schintoistischen Staatsreligion. Kurzum, die Samurai besetzten über 600 Jahre lang alle Gelenkstellen politischer Macht; sie waren zudem die einzigen Mitglieder des Gemeinwesens, die überhaupt einen Familiennamen trugen und Waffen führen durften. Durch diese Kombination von Funktionen und Privilegien verkörperten sie die japanische Staatsidee gegenüber allen niedrigeren Ständen. Dieses Selbstverständnis ist in der Schrift *Shido* des berühmten Philosophen und Militärstrategen Yamaga Sokō aus dem 17. Jahrhundert kodifiziert: »Der Samurai überlässt die Geschäfte den Bauern, Handwerkern und Kaufleuten und beschränkt sich darauf, den Weg vorzuleben. Wenn jemand aus den drei Ständen des Volkes gegen die Moral verstößt, dann bestraft ihn der Samurai und hält so

374 Jansen, Marius (Hg.) (2008): Warrior Rule in Japan, Cambridge: Cambridge University Press, S. vii.

375 Vgl. Schwentker (2008): S. 43.

376 Ebd., S. 88.

377 Wolfgang Schwentker (2008: S. 50) geht so weit, die tennō als »bloße Marionetten der shōgun« zu bezeichnen. Vgl. zu dieser Einschätzung auch Turnbull, Stephen (1996): The Samurai: a Military History, London/New York: Routledge, S. xiii.

die moralischen Grundsätze des Landes aufrecht«.[378] Er war mithin nicht nur Krieger, sondern auch kultivierter Erzieher und ethischer Orientierungspunkt.

Die außergewöhnlich lange und erfolgreiche Aufrechterhaltung dieses Machtmonopols in allen relevanten Herrschaftssektoren verdankt sich einer spezifischen Ausprägung von Herrschaftskompetenz, deren Grundsätze Schwentker konzis zusammenfasst: »Herrschen und dienen – beide Aufgaben fielen im idealen Samurai zusammen.«[379] Das kompetitive Element, das uns noch eindrücklich aus der Römischen Republik in Erinnerung ist, hatte im Selbstverständnis des japanischen Kriegeradels keinen Raum. Sein Habitus fußte nicht auf dem Impuls, sich in der politischen Arena oder auf dem Schlachtfeld einen Namen zu machen, sondern auf den Kerntugenden der Loyalität und Konformität. Durch den bewussten »Verzicht auf das individuelle Glück und die uneingeschränkte Bereitschaft, sich in den Dienst seines Herrn zu stellen«, waren die Samurai als Herrscherklasse geradezu prädestiniert.[380] Sie bildeten eine hochkooperative Machtformation, die in der Lage war, konzertierte Aktionen – sei es nun die Implementierung von Verwaltungsnormen oder eine militärische Strafexpedition – ohne jegliche Reibungsverluste durchzuführen.

Ihr Loyalitätsgedanke und die damit verknüpfte Askese haben ihre Wurzeln im Zen-Buddhismus, und entsprechend finden sich ähnliche Elemente auch in der chinesischen Staatsphilosophie (siehe Kap. 1.1). Bemerkenswert ist jedoch, mit welcher Konsequenz die Prinzipien des Zen im *bushidō*, dem Verhaltenskodex der Samurai, zu Ende gedacht sind: Die Todesgefolgschaft (*junshi*), bei der die Samurai ihrem Befehlshaber auf dem Schlachtfeld in den Tod folgten, wenn keine Aussicht auf Sieg bestand, ist der »radikalste Ausdruck der Treuebindung eines Vasallen gegenüber seinem Herrn«.[381] Aber auch jenseits der rituellen Selbsttötung bildete die bedingungslose Solidarität gegenüber der eigenen Mach-

378 Zitiert nach Brockers, Wolfgang (2014): Karate – Essays. Norderstedt, BOD, S. 119.

379 Schwentker (2008): S. 92.

380 Ebd., S. 93.

381 Ebd., S. 80. Poetisch ausgedrückt ist diese Todesbereitschaft in Tsunetomo Yamamotos Schrift *Hagakure*: »Bushidō, der Weg des Kriegers, liegt im Sterben. Wird man mit zwei Alternativen konfrontiert, Leben und Tod, so soll man ohne Zögern den Tod wählen. Daran ist nichts Schweres; man muss nur fest entschlos-

telite bei gleichzeitiger Zurückstellung aller eigenen Interessen das Kernelement der Herrschaftslogik der Samurai.[382] Der Hinweis auf den Zen-Buddhismus ist aber für uns noch aus einem weiteren Grund hoch relevant: In *Zen and the Way of the Sword: Arming the Samurai Psyche* verweist der Theologe Winston L. King darauf, dass diese religiös-philosophische Strömung insbesondere in ihrer japanischen Rezeption der Intuition einen weit höheren Stellenwert einräumte als der reflektierenden Vernunft.[383] Anstatt das Verhältnis des Menschen zur natürlichen und sozialen Welt zu problematisieren oder Wissen über sie anzuhäufen, strebten die Schüler des Zens das unmittelbare In-eins-Sein mit dem Kosmos an. Nur wer durch Aufgabe des ichbezogenen Denkens und durch Überwindung des Antagonismus von Subjekt und Objekt diese Einheit erreicht hatte, konnte nach Überzeugung der Samurai selbstlos und gerecht herrschen; und er konnte sich, ohne auch nur einen Augenblick nachzudenken, auf dem Schlachtfeld behaupten. Dieser antiintellektualistische Impetus könnte auf den ersten Blick als eindeutiger Primat der *téchne* gegenüber der *epistémé* gedeutet werden.[384] Aber bei näherer Betrachtung zeigt sich ein differenziertes Bild des Zens: die Auflösung der Grenzen zwischen beiden Vektoren, ein Ineinanderübergehen, das sich einer strengen Dichotomie entzieht. Mit anderen Worten: Durch die übergeordnete Rolle der Intuition – welche die Samurai mit Meditation und Askese schärften – wurde die *epistémé* der *téchne* zugeordnet bzw. in ihr reflektiert. So erklärt sich auch, warum die Lektüre von Büchern oder das Studium theoretischer Inhalte für die Lebensführung des Kriegeradels, insbesondere ab dem 16. Jahrhundert, durchaus von großer Bedeutung war. Die *epistémé* hat für sein Selbstverständnis von Anfang an zwar keine prioritäre, aber gleichwohl eine zugeordnete Rolle gespielt.

sen sein Ziel verfolgen«, Yamamoto, Tsunetomo (2002): Hagakure. Der Weg des Samurai, übers. von Kenzo Fukai, München: Droemer Knaur, S. 5.

382 Das Wort »Samurai« stammt vom Verb »saburau« ab, was so viel bedeutet wie »auf das Geheiß des Herrn zu warten«; vgl. Ishii, Shiro ([1991] 2011): Zur Krieger-Terminologie des mittelalterlichen Japans: Samurai, Kenin, Kerai und Bushi, in: Marutschke, Hans-Peter (Hg.): Beiträge zur japanischen Verfassungsgeschichte, Köln: Carl Heymans Verlag, S. 13–24.

383 Vgl. King, Winston L. (1993): Zen and the Way of the Sword: Arming the Samurai Psyche, New York: Oxford University Press, S. 188f.

384 Zum Antiintellektualismus des Zens siehe auch Perez, Louis G. (1998): The History of Japan, Westport/London: Greenwood Press, S. 34.

Die zentralen Tugenden der Samurai und die damit verknüpften habituellen Dispositionen (»Herrschen und Dienen«) wurden innerhalb des Kriegeradels von Generation zu Generation tradiert. Für Schwentker steht das enge Verhältnis von Meister und Schüler, das sowohl im Zen-Buddhismus als auch im Konfuzianismus eine herausragende Bedeutung hat, im Vordergrund.[385] Bereits ab dem dritten Lebensjahr wurde der Nachwuchs des Kriegeradels zuerst im Haus der Familie und wenig später unter der Ägide eines älteren Samurais, der stets nur einen einzigen Schüler unterrichtete, in Kampftechniken und Taktiken eingeführt. Die militärische Bewährung erfolgte in der Praxis – sei es bei der Abwehr von Mongolen-Invasionen oder der Niederschlagung von Bauernaufständen. Parallel hierzu erfolgte jedoch auch Unterricht in Literatur und Staatskunst, Theologie und Philosophie. Hinter diesem Curriculum stand das Verständnis, dass »neben der Beherrschung des Kriegshandwerks, auch hohe Lese- und Schreibkompetenz [...] grundlegend zu Kompetenzen des Kriegerstandes gehörten«.[386] Der konfuzianische Pädagoge Kaibara Ekiken resümiert diesen Bildungsethos wie folgt: »Der Krieger soll von Kindheit an Bücher lesen, sich der Kalligraphie widmen, Etikette und Musik lernen, Bogenschießen, Reiterei (d.h.) die Kriegskünste üben und den Körper bewegen«.[387] Diese ressourcen- und zeitintensive Schulung hing von einer Bedingung ab: Die »produktiven« Stände der Gesellschaft, also Bauern und Handwerker, mussten gewillt sein, die Ausbildung der Elite durch Abgaben mitzufinanzieren. Das konnte langfristig nur gelingen, wenn die *bushi* ihren Selbstanspruch auf Integrität, Gelehrsamkeit und militärische Schlagkraft durch praktisches Handeln täglich unter Beweis stellten.[388]

385 Vgl. Schwentker (2008): S. 46.

386 Niehaus, Andreas (2013): ›So gibt es nichts Schändlicheres, als illiterat zu sein‹ – zur Literalität der Kriegerklasse im frühmodernen Japan, in: Boesken, Gesine & Schaffers, Uta (Hg.): Lektüren ›bilden‹: Lesen – Bildung – Vermittlung, Münster: Lit Verlag, S. 199–216.

387 Kaibara Ekiken ([1713] 2010): Regeln zur Lebenspflege, hg. und übers. von Andreas Niehaus & Julian Braun, München: Iudicum, S. 39.

388 Auf diesen Legitimationsdruck macht insbesondere Schwentker (2008: S. 92f.) aufmerksam. Nach konfuzianischer Überzeugung wäre es für die Samurai illegitim gewesen, die niedrigeren Stände mit Gewalt zu unterwerfen. Politische Gefolgschaft musste aus Akzeptanz und Einsicht in die Überlegenheit sowie Vorbildlichkeit der Herrschaftselite – also freiwillig – erfolgen.

Der privilegierte Zugang zu einem hoch spezialisierten, praxisorientierten und ab der frühesten Kindheit einsetzenden Ausbildungssystem erweist sich an dieser Stelle als ein Leitmotiv der Herrschaftskompetenz, das wir – wenngleich unter ganz anderen kulturellen Vorzeichen – bereits im republikanischen Rom kennengelernt haben. Was die Senatorenfamilien und die *bushi* einte, war weniger ein spezifischer Wertekanon, sondern vielmehr eine hocheffiziente Technik der Tradierung und Monopolisierung politischer Macht, verknüpft mit einer bedingungslosen Identifikation mit dem Gemeinwesen und einer gelebten Vorbildfunktion. Die Reproduktion von Macht durch Praktik kann in dem Kontext als zentrale Formel der Herrschaftskompetenz gelten. Fraglos verdient die *téchne* der Macht der Samurai eine eigene Monografie, aber an dieser Stelle wollen wir unseren Exkurs ins vormoderne Japan beenden und unser ursprüngliches Narrativ wieder aufgreifen: die Weiterführung und Transformation des römischen Modells der Herrschaftskompetenz in der Geschichte.

Die vielleicht bedeutendste neuzeitliche Fortschreibung des römischen Ideals politischer Machtkompetenz findet sich in den USA, und zwar vom 17. Jahrhundert bis in die Gegenwart. In seinem genealogischen Standardwerk *America's Political Dynasties* identifiziert Stephen Hess ein zentrales gemeinsames Merkmal: den dynastischen Impuls.[389] Die USA, eines der kompetitivsten politischen Systeme der Welt, wird von einer Wahlaristokratie regiert, die der Kolumnist Stewart Alsop einst als »the people's dukes« bezeichnete.[390] Die Zahlen sprechen für sich: »Forty-four American political families have had at least four members

389 Vgl. Hess, Stephen (2016): America's Political Dynasties: From Adams to Clinton, Washington: Brookings Institution Press, S. 2. Damit soll freilich nicht gesagt sein, dass erfolgreiche Politikerdynastien ein Alleinstellungsmerkmal der USA wären – John H. Fiva und Daniel Smith zeigen detailliert auf, dass die dynastische Tradierung politischer Macht auch in Ländern wie Deutschland, Irland, Kanada und Norwegen an der Tagesordnung ist, vgl. Fiva, John H. & Smith, Daniel M. (2016): Political Dynasties and the Incumbency Advantage in Party-Centered Environment, CESifo Working Paper Series No. 5757, S. 1–46. Dennoch sind die USA dasjenige Land, in dem das Prinzip der modernen Wahlaristokratie perfektioniert worden ist, siehe hierzu auch Dal Bó, Ernesto, Dal Bó, Pedro & Snyder, Jason (2009): Political Dynasties, in: Review of Economic Studies 76 (1), S. 115–142.

390 Time vom 5.8.2013, http://content.time.com/time/subscriber/article/0,33009,2148168-3,00.html.

of the same name elected to federal office, and in seventy-five families three members of the same name held national office.«[391] Politikerfamilien wie die Kennedys, Bushs und Clintons, aber auch zurückliegende Dynastien wie die Roosevelts und Adams gaben und geben Ämter in Repräsentantenhaus und Senat und sogar den Posten des Präsidenten an ihre Kinder weiter – mit ausdrücklicher Zustimmung der Wähler.

Die Erklärung für diese außerordentliche Kontinuität ist uns inzwischen wohlvertraut: die Vermittlung von Herrschaftskompetenz von Kindesbeinen an durch Einbettung in ein hoch spezialisiertes und elitäres Lernumfeld. Wer in eine US-amerikanische Politikfamilie hineingeboren wird, nimmt ab frühester Kindheit an Festtagsparaden zum vierten Juli teil, begleitet seine Eltern auf Fundraising-Events und klappert mit ihnen Hunderte von Haustüren ab, wenn es der Wählermobilisierung dient. Mit fortgeschrittenem Alter hält der Nachwuchs Reden bei Wahlkampfveranstaltungen und führt Debatten in den Aulas prestigeträchtiger Universitäten, um für Vater oder Mutter – und mittelfristig für sich selbst – zu werben. Diese Sozialisation gewährleistet nicht nur ein beispielloses Verständnis für politische Symbolik und die Bedeutung geteilter Riten (vgl. Kap. 2.1). Sie begünstigt auch die Entwicklung von Empathie für die Belange von Wählern und die unbedingte Fähigkeit zum Netzwerken. Nicht zuletzt erlaubt sie es, sich in unterschiedlichsten sozialen, kulturellen Kontexten souverän zu bewegen. Sie öffnet, metaphorisch gesprochen, den Horizont über das eigene Soziotop hinaus.

In Ermangelung einer analytischen Studie über die Machtsozialisation der US-amerikanischen Politikelite wollen wir auf eine Vignette zurückgreifen. In seiner Schilderung der Machtkonsolidierung der Clinton-Dynastie kommt Hess auf die politische Erziehung von Bill und Hillary Clintons Tochter Chelsea zu sprechen; und es lohnt sich, den Chronisten ausgiebig zu zitieren: »[B]eing politically special, virtually from birth, creates a range of experiences that can turn the exceptional into the ordinary. When do you know which of your classmates are true friends and which are the ones who just want to hang out at the governor's mansion? What gifts are appropriate, and which are over the top? Is there public behavior that children without famous parents do not have to learn but for those like Chelsea is best learned young?«[392] Diese Lektio-

391 Hess (2016): S. 3.
392 Ebd., S. 590.

nen des machtstrategischen Know-how, welche die Clinton-Tochter gewissermaßen en passant erwarb, wurden ergänzt durch eine ebenso rigorose wie spielerische Schulung in politischer Kommunikation. So reminisziert Hillary Clinton in ihrer Autobiografie *Living History*: »Bill and I tried to prepare Chelsea for what she might hear about her father or, for that matter, about her mother. We sat around our dinner table in the Governor's Mansion role-playing with her, pretending we were in debates where one of us acted like a political opponent who criticized Bill for not being a good Governor.«[393] Es versteht sich von selbst, dass die Einführung in das Handwerk der Herrschaft durch zwei profilierte Ausnahmepolitiker einen kaum einholbaren Wettbewerbsvorteil gegenüber nicht gleichermaßen geschulten Konkurrenten bedeutet. Kurzum: Wer einmal durch eine Kombination aus Talent und praktischer Erfahrung Herrschaftskompetenz erworben hat, besitzt auch eine exzellente Chance, diese in seiner Familie weiterzugeben. Freilich ist die Clinton-Vignette kein Einzelfall, sie steht prototypisch für Dutzende, Hunderte politischer Biografien. Für das Forscherteam um den Ökonomen Ernesto Dal Bó, das intensiv zum Themenfeld dynastischer Herrschaft in Demokratien gearbeitet hat, lassen sich diese Erkenntnisse in einer einfachen Losung zusammenfassen: »Thus, in politics, power begets power« – in der Politik bringt Macht stets Macht hervor.[394]

2.5.2 Herrschaftswissen und Strategie

Damit wollen wir die Diskussion der Herrschaftskompetenz abschließen und uns dem zweiten Machtvektor zuwenden, dem *Herrschaftswissen*. Die Begriffsprägung verdanken wir dem Soziologen Max Scheler, der den *Terminus technicus* in seiner Monografie *Die Wissensformen und die Gesellschaft* eingeführt hat.[395] Scheler unterscheidet Herrschaftswissen von Bildungs- und Erlösungswissen. Während Bildungswissen für ihn auf die Formung und Kultivierung der individuellen Persönlichkeit abzielt und Erlösungswissen auf Sinnstiftung und ein kohärentes Welt-

393 Clinton, Hillary (2003): Living History, New York: Simon & Schuster, S. 97.
394 Dal Bó, Ernesto, Dal Bó, Pedro & Snyder, Jason (2009): S. 1.
395 Vgl. Scheler, Max ([1926] 2008): Die Wissensformen und die Gesellschaft, Bonn: Bouvier Verlag.

bild (siehe auch Kap. 2.3), ist Herrschaftswissen auf die praktische Beherrschung der belebten und unbelebten Natur sowie der Mitmenschen ausgerichtet.[396] In der Zeit nach Scheler hat der Begriff eine normative Engführung erfahren und ist leider auf die Monopolisierung politischer Informationen durch eine vermeintlich klandestin operierende Elite reduziert worden. Wir hingegen wollen den Ausdruck im Folgenden so weit wie möglich beim Wort nehmen – also als Sammelbegriff für all jene Kenntnisse bzw. *epistémén*, die für die Ausübung politischer Macht unabdingbar sind.[397]

Dass Wissen eine bedeutende Machtressource darstellt, ist freilich keine genuine Einsicht Schelers. Die entscheidende Verbindung zwischen Wissen und Macht hat bereits dreihundert Jahre früher Francis Bacon in seiner wissenschaftstheoretischen Abhandlung *Novum Organum Scientiarum* (deutsch: Neues Werkzeug der Wissenschaften) explizit gemacht: »Menschliches Wissen und menschliche Macht treffen in einem zusammen«.[398] Für den Naturwissenschaftler und Philosophen Bacon steht das Wissen des Menschen über die (unbelebte) Natur und über Möglichkeiten, sie zu kontrollieren, im Vordergrund. Aber wie Nico Stehr und Marian Adolf überzeugend nachweisen, lässt sich Bacons Diktum problemlos auf die soziale Welt, insbesondere die Sphäre der politischen Herrschaft, übertragen:[399] Überlegenes Wissen in Bezug auf die universellen Grundprinzipien der Macht (Kap. 1.2), ihre Formen (Kap. 2.1), Legitimationsbedingungen (Kap. 2.4.) und die Mechanismen, Strategien, Taktiken und Themen der politischen Sphäre bedeutet einen klaren

396 Für einen Überblick zu Schelers Soziologie und Sozialphilosophie vgl. Becker, Ralf, Bermes, Christian & Leonardy, Heinz (Hg.) (2007): Die Bildung der Gesellschaft: Schelers Sozialphilosophie im Kontext, Würzburg: Königshausen & Neumann.

397 Vgl. zu dieser Thematik u. a. Hamilton, Peter (2015): Knowledge and Social Structure, London/New York: Routledge, Stehr, Nico & Adolf, Marian (2015): Ist Wissen Macht?, Weilerswist: Velbrück Wissenschaft, Innerarity, Daniel (2013): Demokratie des Wissens, Bielefeld: Transcript, Weingart, Peter & Lentsch, Justus (2008): Wissen, Beraten, Entscheiden, Weilerswist: Velbrück Wissenschaft Spinner, Hitzler, Ronald, Honer, Anne & Maeder, Christoph (1996): Expertenwissen, Opladen: Westdeutscher Verlag und Helmut F. (1994): Die Wissensordnung, Opladen: Leske + Budrich.

398 Bacon, Francis ([1620] 1902): Novum Organonon, New York: P.F. Collier, S. 11.

399 Vgl. Stehr & Adolf (2015): S. 36ff.

Wettbewerbsvorteil im Deutungskampf um das Gemeinwohl. Dieses Wissen ist Herrschaftswissen.

Herrschaftswissen, so verstanden, gliedert sich in drei Wissensformen: *Begründungswissen*, *Führungswissen* und *Verwaltungswissen*. Die erste Wissensform legitimiert die Machtausübung über die kontinuierliche Rechtfertigung, Verteidigung und Fortentwicklung eines gemeinschaftlichen politischen Narrativs. Bei der zweiten Form handelt es sich um formales Wissen von Entscheidungsträgern darüber, wie politische Ziele gegen den Widerstand konkurrierender Interessenformationen durchgesetzt werden können und wie sich Machtapparate – die popitzschen Positionsgefüge der Herrschaft – hierfür effizient und effektiv steuern lassen. Die dritte Wissensform ist bürokratisches Fachwissen und bezieht sich auf konkrete Verfahren und spezifische Politikfelder.

Alle drei Wissensformen bilden einen interdependenten Gesamtkomplex. Begründungswissen bietet die Rechtfertigungsstruktur dafür, warum sich das Gemeinwohl am besten in ebendiesem, konkreten politischen System durchsetzen lässt und warum sich die Bürger für diese Ordnung einsetzen sollten – aber es muss notwendigerweise durch Führungs- und Verwaltungskenntnisse ergänzt werden, wenn es dauerhaft erfolgreich sein soll. Führungswissen wiederum kann nur dann in politische Macht umgemünzt werden, wenn ihm auf der normativen Ebene ein plausibles Narrativ und auf der Umsetzungsseite ein adäquater Sachstand über Themen und Prozesse korrespondiert, d. h. wenn die Verwaltung die oft überlegenen Führungskenntnisse der Entscheidungsträger anerkennt. Aber auch die Entscheidungsträger müssen gelernt haben, das Wissen aus der Bürokratie abzufragen und zu verwerten. Verwaltungswissen kann nur dann in politischer Einflussnahme zur Geltung kommen, wenn Entscheidungsträger in der Lage sind, dieses fachkundig zu selektieren und strategisch einzusetzen. Ansonsten bleibt es auf dem Weg nach oben stecken.[400]

400 Mit dieser wechselseitigen Dependenz ist zugleich ein Konfliktfeld bzw. Machtspiel zwischen den beiden zentralen Herrschaftskomponenten, Führung und Administration, benannt: der Kampf um Macht innerhalb eines Apparats selbst. Auf die Gefahr des Machtkampfes zwischen Führung und Administration für eine kohärente Politikgestaltung macht bereits Weber aufmerksam; vgl. Weber ([1922] 1972): S. 572f. Zur Vertiefung siehe auch Stehr & Adolf (2015): S. 182f.

Neben dieser Interdependenz eint alle drei Formen von Machtwissen eine essenzielle Eigenschaft: Sie müssen *präsentisch* sein. Dies bedeutet, dass sie von den Akteuren jederzeit abgerufen werden können bzw. ihnen stets gegenwärtig sein müssen. Hierfür gibt es einen augenfälligen Grund: Herrschaft operiert unter Bedingungen zeitlicher und materieller Ressourcenknappheit. Verzögerungen, Abstimmungsprobleme, Rückfragen, Recherchen kosten nicht nur Geld – sie kosten Macht.

Nach dieser Überblicksskizze der drei Wissensformate (Begründen – Führen – Verwalten) sowie ihrer Wechselverhältnisse und Gemeinsamkeiten wollen wir diese Formate einzeln erörtern, beginnend mit dem Begriff des Begründungswissens. Seine Unverzichtbarkeit resultiert daraus, dass Herrschaft einem kontinuierlichen, expliziten und impliziten Legitimationsdruck unterliegt und ihrerseits unentwegt nach Rechtfertigung, also nach normativer Begründung strebt. Dieser Grundsatz gilt für alle Herrschaftsformen – ganz gleich, ob wir es mit dem stalinistischen Regime Nordkoreas, dem chinesischen Einparteienstaat, dem autokratischen Präsidialsystem Russlands oder der deutschen repräsentativen Demokratie zu tun haben. Der Grund hierfür liegt in einem universellen Machtprinzip, das wir bereits in Kap. 1.2 diskutiert haben: der Machbarkeit von Macht. Weil Machtverhältnisse nicht nomologisch notwendig, sprich nicht naturgesetzlich sind, sondern durch Menschen verändert werden können, stehen sie unter dem permanenten Vorbehalt des Anders-sein-Könnens. Begründungswissen liefert, kurz gesagt, die Antwort darauf, warum die Machtverhältnisse zwar anders sein können – aber nicht anders sein *sollen*. Wer über Begründungswissen verfügt, kann normative Antworten auf folgende Fragen geben: Warum herrsche ich (und nicht ein anderer)? Warum hat das politische System diese (und nicht jene) Verfassung? Warum betreibe ich diese (und nicht jene) Politik? Warum sollen die Bürger mich (und nicht einen anderen Kandidaten) wählen? Und so weiter. Herrschaftssysteme, deren Entscheidungsträger auf diese Fragen keine oder nur unbefriedigende Antworten geben können, sind auf Dauer instabil. Allein Begründungswissen hat die motivationale Kraft, um die Mitglieder eines Gemeinwesens langfristig an seine etablierte Ordnung zu binden (siehe auch unsere Diskussion der normativen Begründung und des Strebens nach Sinn in Kap. 1.3).

Allerdings – und dieser Punkt ist entscheidend – ist Begründungswissen kein akademisches Expertenwissen über politische Philosophie. Es kommt nicht darauf an, die Legitimation der aktualen politischen

Ordnung streng rational aus abstrakten, ethisch-logischen Grundsätzen zu deduzieren. Begründungswissen ist vielmehr ein Wissen darüber, wie man ein allumfassendes *politisches Narrativ* erzählt und interpretiert.[401] Freilich ist ein solches Narrativ keine beliebige Fabel, kurzfristige Mode oder Legende mit politischer Grundierung. Es handelt sich stattdessen um ein gemeinschaftliches, auf einer geteilten Geschichte, geteilten Werten und geteilten Symbolen aufruhendes Verständnis der sozialen Welt und der Verortung des Gemeinwesens in dieser Welt – »a shared means of making sense of the world [...] grounded in assumptions, judgements, contentions, dispositions and capabilities«.[402] Treffend ist dieses Prinzip durch den Philosophen Alasdair MacIntyre in dem Aufsatz *Ist Patriotismus eine Tugend?* dargelegt worden.[403] Nach MacIntyre beschreiben erfolgreiche politische Narrative die Gemeinwesen als intrinsisch wertvolle, generationenübergreifende Projekte, deren Identitäten durch »besondere[] Merkmale, Vorzüge und Errungenschaften« fixiert werden, welche sich wiederum in charakteristischen politischen, kulturellen, religiösen Normen und Praktiken niederschlagen.[404]

Dreierlei gilt es in diesem Zusammenhang hervorzuheben: *Erstens* durchdringt das so verstandene Narrativ *alle Ebenen des politischen Handelns* und betrifft (direkt oder indirekt) alle Mitglieder des Gemeinwesens. Es schafft eine synchrone und diachrone Einheit in der Vielheit der politischen Institutionen und Handlungen, indem es sie im Kontext der übergreifenden Staatsgeschichte und Staatsidee verortet. Ein besonders wirkmächtiges Beispiel für ein solches Narrativ und seine Durchdrin-

401 Vgl. Mayer, Frederick W. (2014): Narrative Politics: Stories and Collective Action, Oxford: Oxford University Press. Die Bedeutung von Narrativen für die Legitimation von Herrschaft ist nicht nur wiederkehrendes Thema der politischen Theorie, sondern auch ein Mantra von Kampagnenleitern und Wahlkampfstrategen. So vertritt z. B. Stan Greenberg, ein Politik-Guru der US-Demokraten, die Losung: »A narrative is the key to everything«; ähnlich auch James Carville: »We could elect somebody from the Hollywood Hills if they had a narrative to tell people about what the country is and where they see it«, zitiert nach Polletta, Francesca (2011): Storytelling in Politics, in: Contexts 7 (4), S. 26–31.

402 Dryzek (2000): S. 18.

403 Vgl. MacIntyre, Alasdair (1993): Ist Patriotismus eine Tugend?, übers. von Rainer Forst, in: Honneth, Axel (Hg.): Kommunitarismus: eine Debatte über die moralischen Grundlagen moderner Gesellschaften, Frankfurt a. M./New York: Campus, S .84–102.

404 MacIntyre (1993): S. 85.

gungs- und Vereinigungsfunktionen ist das der französischen *Grande Nation*, der Hüterin der republikanischen Werte von Freiheit, Gleichheit und Brüderlichkeit. Diese aus dem Revolutionsjahr von 1789 stammende Idee ist seitdem der singuläre Fixpunkt der französischen Geschichte, in Bezug auf den alle übrigen Ereignisse und politischen Entscheidungen eingeordnet werden. So erlaubt es die Idee nicht nur, Napoleons militärische Expansion als Siegeszug des modernen Liberalismus zu erzählen und den Laizismus des postrevolutionären Frankreichs auf ein aufklärerisches Fundament zu stellen; sie ermöglicht es auch, das Kollaborationsregime von Vichy als bloßen ›Ausrutscher‹ eines unbeugsamen, freiheitsliebenden Volkes einzustufen.[405] Zugleich ist diese Staatsidee die Legitimation der Fünften Republik und als Leitprinzip in der Verfassung verankert. Der Dreiklang von Freiheit, Gleichheit und Brüderlichkeit findet sich an der Außenfassade eines jeden französischen Rathauses, auf Flaggen, Münzen und Briefmarken. Entsprechend sind die Losung und das Narrativ, das sie verkörpert, das normative Fundament für Frankreichs politische Eliten, auf dem sie ihre Agenda – als Bewahrung und Fortentwicklung der Erzählung – aufbauen können und auch aufbauen müssen. Es ist daher nur konsequent, dass sich der rechte Front National das Motto ebenso auf die Fahnen geschrieben hat wie Frankreichs Sozialisten oder die Bewegung En Marche des im Mai 2017 gewählten Präsidenten Emmanuel Macron. Die Kontroverse zwischen den Machtakteuren entspinnt sich also nicht darum, ob die drei Grundwerte der *Grande Nation* die Leitprinzipien des französischen Narrativs sind, sondern darum, was sie für die politische Gegenwart der Bürger bedeuten, durch welche Politik sie am besten verwirklicht werden können und welche Akteure die überzeugendste Interpretation der großen nationalen Erzählung anzubieten haben.[406] Wer es versteht, sich dieses Narrativs (bzw. ver-

405 So fügt es sich denn auch treffend, dass Philippe Pétain, der Anführer des Vichy-Regimes, versucht hatte, das Revolutionsmotto durch »Arbeit, Familie, Vaterland« zu ersetzen; vgl. Baruch, Marc Olivier (2000): Das Vichy-Regime, Stuttgart: Reclam.

406 Ganz ähnlich verhält es sich z. B. mit den Leitprinzipien des US-amerikanischen Narrativs: dem »American Dream« und dem »Manifest Destiny«, verstanden als Postulat freier Entfaltung und persönlicher Aufstiegschancen in einem durch historisches Sendungsbewusstsein und Pioniergeist ausgezeichneten Gemeinwesen. Auch hier ist der Streitpunkt zwischen den Machtakteuren ausschließlich der, wie diese Prinzipien politisch zu deuten sind und welches ihre prakti-

gleichbarer Narrative in anderen Staaten) zu bemächtigen, der ist in der Lage, jedes politische Ereignis in einen normativen Gesamtrahmen einzuordnen, verstehbar und bewertbar zu machen und somit eine holistische Begründung von politischer Herrschaft vorzubringen.

Zweitens stiftet der von MacIntyre betonte *Projektcharakter* des Gemeinwesens, welcher im politischen Narrativ zum Tragen kommt, ein Wir-Gefühl unter den Mitgliedern – bis hin zur Identifikation mit vorangegangenen Generationen und lange verstorbenen Ahnen.[407] Denn die gemeinschaftliche Erzählung ist nicht einfach nur eine Schilderung von Genese, Telos und Entwicklung des Gemeinwesens; sie ist eine *interaktive Geschichte*, an der jedes Mitglied aufgerufen ist mitzuwirken. Auf diese Weise trägt sie dem menschlichen Bedürfnis, Teil eines größeren Ganzen zu sein, dessen Bedeutung die individuelle Existenz überdauert, Rechnung. Damit erklären sich auch die immense motivationale Kraft der großen politischen Narrative und die Bedeutung des Begründungswissens als Garant der politischen Stabilität. Die Frage der konkreten Mitwirkung und des Engagements ist offenkundig abhängig vom Wesen der Narrative, von ihrer Dramaturgie und Ausgestaltung. Das Spektrum reicht entsprechend von der bloßen Gesetzestreue und Obrigkeitshörigkeit des ›kleinen Mannes‹ bis hin zur bedingungslosen Opferbereitschaft des Patrioten für sein Vaterland.

Das politische Narrativ des deutschen Volkes unterscheidet sich signifikant von anderen nationalen Erzählungen in Europa. Aufgrund seiner historischen Brüche und des großen Schattens der NS-Verbrechen ist dieses Narrativ in der Gegenwart vor allem durch die kritische Auseinandersetzung mit der eigenen Vergangenheit dominiert (siehe unsere Ausführungen über Macht, Symbolik und Vergangenheitsbewältigung

schen Implikate für die Politikgestaltung sind. Während etwa demokratische Liberale soziale Umverteilung als Ermöglichungsbedingung der Selbstverwirklichung einstufen, erblicken libertäre Republikaner hierin eine unzulässige staatliche Intervention in die Autonomie der Person; vgl. Hochschild, Jennifer L. (1996): Facing up to the American Dream. Race, Class, and the Soul of the Nation, Princeton: Princeton University Press.

407 An dieser Stelle sei z. B. auch an den Ahnenkult der römischen Patrizier erinnert (siehe Kap. 2.5.1): Der Rekurs auf die *maiores* als Ahnherren einer ungebrochenen Traditionslinie republikanischer Herrschaftsausübung schafft einen Bezugsrahmen, aus dem die nachfolgenden Generationen Legitimation ziehen können.

in Kap. 2.1). Die sich für jeden Bürger stellende politische Sinnfrage, die Frage also, warum ich mich für dieses System engagieren sollte, beantwortet sich im Sinne des postnationalsozialistischen Narrativs mit der Losung: »Nie wieder!« Die politische Ordnung Deutschlands verdankt nach dieser Lesart ihre Legitimität zuerst und vor allem der Verhinderung neuerlicher Verbrechen gegen die Menschlichkeit, begangen unter dem Signum von Rassismus und Nationalismus. Ob dieses Begründungsschema, das sich allein aus dem bewussten Bruch mit der verbrecherischen Vergangenheit speist, hinreichend ist für ein positives Wir-Gefühl, für Solidarität und bürgerschaftliches Engagement, sollte indes infrage gestellt werden. Ohne einen komplementären Bezug auf die Tradition der deutschen Kulturnation, die großen Vordenker der Aufklärung, wie Kant und Leibniz, und den literarischen Genius von Goethe und Schiller kann eine derartige Erzählung weder die motivationale Kraft anderer nationaler Narrative entfalten noch ihre Vereinigungsfunktion erfüllen. Wie umkämpft das deutsche Narrativ seit der Nachkriegszeit ist, zeigt sich nicht zuletzt am »Historikerstreit« von 1986, der zwischen den Lagern um Ernst Nolte und Jürgen Habermas ausgetragen wurde und neben der Frage eines »Schlussstrichs« unter die NS-Geschichte auch die Zukunft der politischen Kultur der Bundesrepublik in den Fokus rückte.[408] Trotz prominenter Beteiligung und medialer Aufmerksamkeit gelangte die Kontroverse indes zu keiner befriedigenden Konklusion, ganz zu schweigen von der Schaffung eines gesamtgesellschaftlichen Wertekonsenses. In dem Kontext liegt es nahe, dass auch das aktuelle Erstarken rechtspopulistischer Strömungen in der Bundesrepublik seine Wurzeln – zumindest teilweise – in der ungelösten Frage nach dem positiven Gehalt der deutschen Nationalerzählung hat.

Der *dritte* Punkt besagt schließlich, dass das Narrativ von allen Beteiligten *pausenlos begründet, verteidigt, gepflegt, weiterentwickelt und symbolisch (eventuell auch sakral) aufgeladen werden muss.* Gegner und Feinde der herrschenden Akteure fordern es beständig heraus, indem sie ihre eigenen Narrative bzw. Interpretationen erzählen und das Begründungswissen ihrer Kontrahenten in Zweifel ziehen. Blickt man in

408 Zur Übersicht siehe Maier, Charles S. (1992): Die Gegenwart der Vergangenheit. Geschichte und nationale Identität der Deutschen, Frankfurt a. M.: Campus und Kailitz, Steffen (Hg.) (2008): Die Gegenwart der Vergangenheit, Wiesbaden: VS Verlag.

die jüngere Vergangenheit, kommen einem z. B. die Propagandaschlachten des Kalten Krieges in den Sinn, in dem nicht nur ökonomische Systeme, Geheimdienste und Militärs, sondern vor allem die großen politischen Erzähler und Sinnstifter um die Vorherrschaft über den Globus rangen. Diese Konfrontationen hatten denn auch einen bezeichnenden manichäischen Zug, durch den die Streitfragen hinter den narrativen Herausforderungen – Kapitalismus oder Planwirtschaft? Demokratie oder Kommunismus? Wettbewerb oder sozialistisches Leistungsprinzip? – auf ein simples Gut-Böse-Schema verengt wurden. Ein ähnlich simplifizierendes Konfrontationsbild von Makronarrativen bietet heutzutage die immer wieder beschworene Kollision von Abendland und Orient, von Christentum und Islam, welche von Extremisten auf beiden Seiten genutzt wird, um die Legitimation moderater, nonkonfrontativer Macht-Haber in Zweifel zu ziehen.

Aufgrund der steten legitimatorischen Infragestellung von Herrschaft durch Gegennarrative zählt die Untermauerung politischer Erzählungen zu den wichtigsten Führungsaufgaben im Machtfeld der Politik. Daher wollen wir einen Blick auf die *Quellen* werfen, aus denen sich jedes politische Narrativ speist. Hierbei lassen sich vier Grundlagen ausmachen, die einander in unterschiedlicher Stärke bedingen: Die *erste Quelle* umfasst die *eigenen politischen Erfahrungen in maximal drei Generationen.* Der geteilte Erlebnis- und Erinnerungshorizont dieser generationalen Kohorten wird abgesteckt durch Schlüsselerlebnisse, die entweder selbst erfahren wurden oder durch die mündliche Tradierung von Zeitzeugen gegenwärtig sind. Wir wollen den Begriff der »politischen Erfahrung« bewusst weit fassen: Er bezieht sich nicht nur auf formal-politische Prozesse, sondern auch auf symbolpolitisch relevante Ereignisse. Bezogen auf die deutsche Gegenwart umfasst er z. B. neben dem »Wirtschaftswunder« der 1950er und 1960er Jahre, dem Fall der Berliner Mauer im November 1989 und der Flüchtlingskrise von 2015 auch das fußballerische »Wunder von Bern« von 1954 und den Flug des Kosmonauten Sigmund Jähn im Jahre 1978. All diese Geschehnisse stellen – insofern sie den Mitgliedern des Gemeinwesens kontinuierlich präsent sind und eine herausragende diskursive Rolle spielen – zentrale Ressourcen für das Narrativ dar. Machtakteure können und müssen auf sie rekurrieren, wenn sie ihre Erzählungen im politischen Alltagsdiskurs und in der praktischen Wirklichkeit der Bürger verankern wollen. Narrative, die ihre Motive einzig und allein aus der weit zurückliegenden Vergangenheit beziehen, laufen Gefahr, antiquiert und verstaubt zu wirken; sie büßen ihre Bindungswirkung ein, weil sie nicht den Eindruck vermitteln, etwas mit unserer Gegenwart zu tun zu haben.

Umgekehrt gilt jedoch auch, dass geschichtsvergessene politische Narrative nicht diejenige historische Kontinuität und narrative Kohäsion gewährleisten können, die zu den Kernfunktionen der großen Erzählungen gehören. Dies führt uns zur *zweiten Quelle*, dem *Kollektivgedächtnis und der Erinnerungskultur* der gesamten politischen Gemeinschaft. Auch wenn Überschneidungen mit dem direkten Erlebnishorizont der bereits erwähnten generationalen Kohorten bestehen, steht im Fokus des Kollektivgedächtnisses diejenige Vergangenheit des Gemeinwesens, die von ihren lebenden Mitgliedern nicht mehr unmittelbar erfahren wurde.[409] Das Gros der Geschichte der politischen Gemeinwesen ist seinen Mitgliedern nur durch das Schrifttum, durch Kunst- und Bauwerke und, in geringerem Maße, durch Fotografien und Ton- und Filmaufnahmen präsent. Gleichwohl ist die ›Erinnerung‹ an diese Geschehnisse – nicht verstanden als mentale Vergegenwärtigung eigener, subjektiver Erlebnisse, sondern als Exegese interpretationsbedürftiger Zeugnisse der Vergangenheit (siehe Kap. 2.1) – entscheidend. Sie erlaubt es, in MacIntyres Worten, die Gemeinschaft als ein die Generationen und Jahrhunderte verbindendes Projekt zu begreifen, dessen Wesen und Wert sich nicht in seiner bloßen Gegenwärtigkeit und in der Summe seiner lebenden Mitglieder erschöpft. Das durch die kontinuierliche Interpretation vergangener Zeugnisse am Leben erhaltene Kollektivgedächtnis ist es, das die Rede von kulturellen Traditionen, von moralischen Verpflichtungen gegenüber den Ahnen, von geschichtlicher Schuld und historischer Errungenschaft erst möglich macht. Die dergestalt interpretierte Vergangenheit ist jedoch, wie die Kulturwissenschaftlerin Aleida Assmann in ihrem Buch *Geschichte im Gedächtnis* festhält, weder eine reine Projektionsfläche gegenwärtiger (Macht-)Interessen noch eine autonome, von der Gegenwart losgelöste Sphäre: »Die Vergangenheit ist ein Spiegel, in

409 Dies betrifft in Deutschland in zunehmendem Maße auch das Thema der nationalsozialistischen Verbrechen, insofern die allermeisten Zeitzeugen, die diese Geschehnisse noch als Erwachsene miterleben konnten, inzwischen verstorben sind. Dieser Umstand verdeutlicht, dass politische Schlüsselerlebnisse aus dem Erlebnishorizont der Menschen nach und nach in das Kollektivgedächtnis des Gemeinwesens sedimentieren.

dem wir uns über den Augenblick hinaus wahrnehmen und das, was wir das Selbst nennen, in immer neuen Anläufen zusammensetzen. Dieser Spiegel kann heroisieren und einem das eigene Bild in doppelter Größe zurückwerfen, er kann aber auch negative und beschämende Züge hervorheben. Obwohl die Vergangenheit keinen autonomen ontologischen Status hat und auf unsere Hinwendung zu ihr angewiesen ist, ist sie weit mehr als eine abhängige Variable unserer Bedürfnisse und Neigungen. Sie übersteigt individuelle und kollektive Zugriffe; sie kann nicht monopolisiert, nicht abschließend bewertet […] werden.«[410]

Dieser Umstand – die Nichtmonopolisierbarkeit der Vergangenheit und die Notwendigkeit ihrer kontinuierlichen Neubewertung und Befragung – tut dem immensen Machtpotenzial des kollektiven Gedächtnisses keinen Abbruch. Die Sprengkraft des historischen Erinnerns wird deutlich am Beispiel der *Schlacht vom Amselfeld*, dem national-historischen Mythos der Serben:[411] Am 28. Juni 1389 traf auf der kosovarischen Ebene unweit von Pristina das auf den Balkan vordringende Heer des osmanischen Sultans Murat I. auf die christlich-orthodoxen Verteidiger des serbischen Fürsten Lazar. Nach einer langen Schlacht, in deren Verlauf beide Heerführer ihr Leben ließen, hatten sich die Armeen gegenseitig aufgerieben. Das militärische Patt änderte nichts daran, dass die Osmanen in den kommenden Jahren den Balkan unterwerfen konnten.

So weit die kargen Fakten. Schon im 14. Jahrhundert setzte die Legendenbildung ein: Die gefallenen serbischen Kämpfer hätten sich nach der Schlacht in Amseln verwandelt – als Zeugnis ihres Opfertodes zur Verteidigung der Christenheit. Hier liegt die Geburtsstunde des politischen Narrativs Serbiens als einer Gemeinschaft, die als Verteidigerin des Okzidents gegen den Orient angetreten ist und deren Merkmal der Kampfeswille gegen übermächtige Feinde ist. Die Bühne dieser großen Erzählung ist seither das Kosovo geblieben, das erklärte »Herzland« des serbischen Volkes. Ebendieses Narrativ wurde über 600 Jahre später durch den Präsidenten der jugoslawischen Teilrepublik Serbien, Slobodan Milošević, aufgegriffen – einerseits, um den Sonderstatus Serbiens

410 Assmann, Aleida (2007): Geschichte im Gedächtnis. Von der individuellen Erfahrung zur öffentlichen Inszenierung, München: C.H. Beck, S. 10.

411 Vgl. Polonyi, Carl (2011): Heil und Zerstörung: Nationale Mythen und Krieg am Beispiel Jugoslawiens 1980–2004, Berlin: BWV Berliner Wissenschafts-Verlag, S. 25–67.

als eigenständige, durch Titos Staatenbund unterdrückte Nation zu untermauern, andererseits, um einen Herrschaftsanspruch über das Kosovo zu begründen. Miloševićs Strategie erwies sich mittelfristig als extrem erfolgreich. Die nationalistische Erzählung und ihre realpolitischen Implikate fanden bei seinen Landsleuten begeisterten Anklang. Sie setzten den Startschuss für die Auflösung Jugoslawiens und Serbiens Griff nach der Vormacht in Südosteuropa. Die langfristigen Folgen sind bekannt: Die militärische Eskalation zwischen den Teilrepubliken endete schließlich mit einer von der NATO erzwungenen Kapitulation Serbiens und mit der Unabhängigkeit des Kosovo. Es wäre verfehlt, den Amselfeldmythos an den Anfang der Ursachenkette des Jugoslawienkrieges zu stellen; eine solche Lesart ist der multikausalen Konfliktlage unangemessen. Gleichwohl macht die Episode klar, was für ein effektiver und destruktiver Katalysator das Kollektivgedächtnis sein kann, wenn es geschickt politisch bespielt wird.

Jenseits der unmittelbaren und der durch das Kollektivgedächtnis überlieferten politischen Erfahrungen besteht die *dritte Quelle* in der *Analyse akademisch-wissenschaftlicher Erkenntnisse zur Begründung des Narrativs.* Aus dieser Quelle entspringen einerseits die großen staatshistorischen Untersuchungen durch Autoren vom Schlage eines Theodor Mommsens, Oswald Spenglers oder Ernest Gellners, die mit geschichtswissenschaftlichen Methoden die Genese und Entwicklung der Gemeinwesen nachzeichnen, und andererseits die herausragenden staatstheoretischen Schriften, die ihren Niederschlag in den Verfassungen, Rechtsordnungen und Wertesystemen gefunden haben. Um einer allzu großen historiografischen Schlagseite unserer Diskussion des Begründungswissens und der politischen Narrative vorzubeugen, wollen wir uns im Folgenden auf die letzteren konzentrieren. Wer sich zu der Einschätzung verleiten lässt, dass die Staatstheorie und politische Philosophie ein rein universitäres Unterfangen ohne realpolitische Auswirkungen auf die großen Nationalerzählungen der Geschichte ist, dem sei ein Gang in das Pariser Pantheon empfohlen. Dort in der Krypta, in Gesellschaft literarischer Größen wie Voltaire und Victor Hugo, liegt die Ruhestätte Rousseaus – und wer genau hinschaut, der bemerkt eine stilisierte Hand, die, um eine entzündete Fackel geballt, langsam den Sargdeckel beiseitezuschieben scheint. Die Metaphorik der symbolpolitischen Inszenierung ist unmissverständlich: Im Gedächtnis Frankreichs ist der zu Lebzeiten stets kränkliche Schweizer Philosoph vital wie eh und je, bereit den kommenden Generationen den Weg zu leuchten oder das Feuer der Revolution erneut zu entfachen. Die Französische Revolution als Geburtsstunde des eingangs diskutierten Narrativs der *Grande Nation* ist ohne Rousseaus *Contrat Social* ebenso wenig denkbar wie beispielsweise die US-amerikanische Erzählung ohne die von Alexander Hamilton, John Jay und James Madison verfassten *Federalist Papers*.[412] Beide können als intellektuelle Gründungsdokumente der Selbst- und Weltverständnisse der französischen bzw. der amerikanischen Nation eingestuft werden. Dort, wo Rousseau hingegen für republikanische Einheit, Gemeinwillen und absolute Volksherrschaft warb, da stritten die US-amerikanischen Gründerväter für Föderalismus, repräsentative Demokratie und Gewaltenteilung. Beide argumentativen Stoßrichtungen haben bis zum heutigen Tag nicht nur die intellektuellen Debatten ihrer Gemeinwesen geprägt, ja dominiert, sondern auch deren institutionelle Ordnung. Sie sind die staatstheoretischen Prüfsteine, an denen sich die politischen Eliten der Gegenwart nach wie vor abarbeiten.

Wer nach einer vergleichbaren intellektuellen Gründungsschrift für das – wie bereits erwähnt – durch Brüche und Kontroversen überlagerte deutsche Narrativ sucht, der wird wahrscheinlich am ehesten fündig in den *Grundlinien der Philosophie des Rechts* von Hegel.[413] Ungeachtet aller Kontroversen über seine ideengeschichtliche Bedeutung kann der Stuttgarter Denker als *der* preußische Staatsphilosoph schlechthin eingestuft werden. Seine politischen Schriften, die allesamt um die Kernidee kreisen, das Prinzip der Willensfreiheit mit der Notwendigkeit politischer Ordnung nicht nur zu versöhnen, sondern untrennbar zu verquicken, kumulieren im monarchischen Verwaltungs- und Ständestaat als finaler Verwirklichung des historischen Telos des deutschen Volkes. Bemerkenswert ist Hegels antirevolutionärer Zug, der nicht auf eine Änderung bestehender Verhältnisse zugunsten eines idealen Fernziels hinausläuft, sondern zur Anerkennung der gegebenen Ordnung aufruft. Das

412 Vgl. Rousseau ([1762] 1977) und Madison, James, Hamilton, Alexander & Jay, John (2002): The Federalist Papers, hg. von Richard Beeman, New York: Penguin. Freilich war der Einfluss dieser politischen Vordenker keinesfalls auf Frankreich bzw. die USA allein beschränkt. Wie Sylvain Fort festhält, wurde z. B. Rousseaus Œuvre bereits im 18. Jahrhundert von den deutschen Aufklärern intensiv, aber auch kontrovers rezipiert; vgl. Fort, Sylvain (2002): Les Lumières francaises en Allemagne, Paris: Presses Universitaires de France.

413 Vgl. Hegel, Georg W. F. ([1821] 1995).

menschliche Streben nach Vervollkommnung, so können wir Hegel lesen, ist im Machtfeld des Politischen ohnehin nicht zu erreichen – zu groß sind die Notwendigkeiten für Kompromisse, zu heterogen die konkurrierenden Interessenformationen, zu unberechenbar die äußere Weltgeschichte. Es lässt sich vielmehr erst in der Sphäre der Innerlichkeit, in der Kunst, Religion und schließlich in der Philosophie einlösen. Freilich ist diese erstaunlich pragmatische und realpolitische Denkungsart, die nach Hegel von Hunderttausenden Juristen, Verwaltungsbeamten, Politikern und Akademikern intensiv rezipiert wurde, in Deutschland nicht unwidersprochen geblieben. Wir können die nachfolgenden Schriften deutscher Staatstheoretiker, allen voran jene der Marxisten und der Frankfurter Schule, durchaus als vehemente Widerlegungsversuche lesen. Aber dieser Umstand untermauert eher den Status der hegelschen *Grundlinien* als intellektuelles Kerndokument des deutschen politischen Narrativs, an dem sich die folgenden Generationen abgekämpft haben.

Wir wollen die Diskussion der wissenschaftlich-akademischen Quelle damit auf sich beruhen lassen und uns der *vierten* und letzten Quelle zuwenden: dem *religiös-sakralen Element*. Dass Religionen bei der Grundlegung politischer Narrative in allen – oder doch den allermeisten – Gemeinwesen eine Schlüsselrolle einnehmen, ist evident. Wie Böckenförde in seinem Essay *Politische Theorie und politische Theologie* konstatiert, haben sie diese Funktion unter den Menschen jahrtausendelang konkurrenzlos innegehabt.[414] Hierfür gibt es drei zentrale Gründe: Erstens ist – ideengeschichtlich betrachtet – »das staatsrechtliche Denken der Theologie entronnen«,[415] denn »[a]lle prägnanten Begriffe der modernen [und auch der vormodernen, Anm. der Autoren] Staatslehre sind säkularisierte theologische Begriffe«.[416] Anders gesagt: Weil das Denken über Legitimität geschichtlich stets mit dem religiösen und insbesondere dem theologischen Denken verquickt war, bilden sakrale Denkschemata einen nicht negierbaren, wenn auch nicht immer reflektierten Wesenskern des politischen Begründungswissens. Das heißt keinesfalls, dass alle nar-

414 Vgl. Böckenförde, Wolfgang (1983): Politische Theorie und politische Theologie. Bemerkungen zu ihrem wechselseitigen Verhältnis, in: Taubes, Jacob (Hg.): Religionstheorie und politische Theorie. Bd. 1: Der Fürst dieser Welt. Carl Schmitt und die Folgen, München: Wilhelm Fink Verlag, S. 16–25; S. 16.

415 Ebd. S. 18.

416 Schmitt, Carl (1934): Politische Theologie. Vier Kapitel zur Lehre von der Souveränität, Duncker & Humblot: München, S. 49.

rativen Rechtfertigungen politischer Macht stets explizit oder implizit auf die Annahme einer Gottheit verwiesen sind, wohl aber, dass ihre Begriffe und vor allem Logiken stets einen sakralen Stammbaum haben.

Zweitens bieten, wie in unserer Diskussion des religiösen Machtfelds festgehalten haben (vgl. Kap. 2.3), Religionen sowohl ein kohärentes Welt- und Selbstbild als auch ethische Orientierung für Herrscher und Beherrschte gleichermaßen.[417] Den Glauben an eine jenseitige, sakrale Ordnung vorausgesetzt, lässt sich keine bessere Rechtfertigung für eine diesseitige, profane Ordnung denken als die einfache Losung: »Deus vult« – »Gott will es so«. Die Gottgewolltheit des politischen Systems und seines Gangs durch die Geschichte zieht sich als roter Faden durch die Begründungslogiken der Herrschaftssysteme: von den assyrischen Priesterkönigen über die chinesischen Gottkaiser und die europäischen, absolutistischen Monarchen von Gottes Gnaden bis hin zum selbst ernannten Kalifen des terroristischen Islamischen Staats, Abu Bakr al-Baghdadi. Freilich läuft beileibe nicht jede religiös grundierte, politische Erzählung auf eine theokratische Herrschaft hinaus. Auch demokratisch autorisierte Herrscher rekurrieren zur Herrschaftslegitimation und zur Schaffung eines narrativen Bedeutungsrahmens auf religiöse Motive – sei es, indem sie auf den gottgegebenen Exzeptionalismus ihrer Nation und deren Sendungsbewusstsein rekurrieren, wie die neokonservative Regierung unter US-Präsident George W. Bush, oder, indem sie die gemeinsamen christlichen Werte zum Bindeglied der europäischen Nationen erklären, wie der ehemalige französische Präsident Nicolas Sarkozy. Geteilte Glaubensgrundsätze schaffen mithin einen ebenso starken Zusammenhalt und ein Wir-Gefühl unter den Menschen wie eine geteilte Historie, und entsprechend flankieren sie die geschichtlichen Quellen des politischen Narrativs durch einen übergeschichtlichen Horizont der Normen und der Bedeutungen.

417 Treffend festgehalten hat dies Böckenförde (1983: S. 19) in Bezug auf den christlichen Glauben: »Die christliche Religion ist nicht nur Gottes-Verehrung in Form eines Kults, sie hat darüber hinaus zu ihrem Inhalt eine in nahezu alle Lebensbereiche ausgreifende Lebenslehre mit normativem Akzent sowie eine Interpretation der umgebenden Lebenswirklichkeit der Menschen (›Welt‹). Das führt aus sich selbst zu Aussagen/Lehren, die die Ordnungen des politischen Zusammenlebens, deren Status […] Aufgaben und Kompetenzbereich sowie Legitimation betreffen.«

Drittens sollten wir nicht außer Acht lassen, dass Religionen – ebenso wie politische Narrative – selbst den Charakter großer Erzählungen haben. In der Regel sind sie nicht statisch, sondern eschatologisch. Sie erzählen eine Heils- und Weltgeschichte mit klar definiertem Anfangspunkt (der Schöpfung) und Endpunkt (dem Weltgericht).[418] So stand z. B. die Gründung der muslimischen *Umma*, der politischen Gemeinschaft der Gläubigen unter dem Propheten Mohammed, unter den Vorzeichen der Nahheilserwartung – des unmittelbar bevorstehenden Weltgerichts, bei dem die Frommen belohnt und die Sünder bestraft würden. Entsprechende Motive und politische Prophezeiungen finden sich indes bereits im alten Ägypten des zweiten Jahrtausends vor Christus.[419] Die Verortung der Gemeinwesen auf dem Zeitstrahl einer ebenso theologisch wie machtstrategisch zu deutenden Heilsgeschichte erlaubt es, sämtliche politischen Ereignisse – Kriege mit anderen Staaten, interne Unruhen, aber auch wirtschaftliche, wissenschaftliche und kulturelle Erfolge – in einen religiösen Erklärungszusammenhang zu setzen. Auf diese Weise lassen sich Staatskrisen als göttliche Prüfungen deuten, die es durchzustehen gilt, militärische Konflikte als vorherbestimmte Abwehrkämpfe gegen Heiden und Apostaten, und schließlich kann die Kontinuität einer dynastischen Herrscherreihe oder einer politischen Elite als Erfüllung eines großen göttlichen Planes interpretiert werden.

Kritische Leser könnten an dieser Stelle einwenden, dass gewiss nicht alle großen politischen Erzählungen auf diese sakrale, eschatologische Komponente verwiesen sind – und in der Tat haben wir ja bereits mehrfach auf das atheistisch-laizistische Narrativ der *Grande Nation* verwie-

---

418 Bemerkenswerterweise finden sich eschatologische Elemente nicht nur in den mosaisch-monotheistischen Religionen (Judentum, Christentum, Islam), sondern z. B. auch im Buddhismus, im Hinduismus, Zoroastrismus sowie in der altslawischen Religion; für eine Übersicht siehe Walls, Jerry L. (Hg.) (2008): The Oxford Handbook of Eschatology, Oxford/New York: Oxford University Press. Das theologische Standardwerk zur christlichen Eschatologie ist nach wie vor Taubes, Jacob ([1947] 2007): Abendländische Eschatologie, München: Matthes & Seitz.

419 Vgl. Assmann, Jan (1983): Königsdogma und Heilserwartung. Politische und kultische Chaosbeschreibungen in ägyptischen Texten, in: David Hellholm (Hg.): Apocalypticism in the Mediterranean World and the Near East, Tübingen: Mohr Siebeck, S. 345–377.

sen.[420] Allerdings ist diese Komponente (oder zumindest ihre Logik und ihre Motive) viel verbreiteter, als es zunächst den Anschein erwecken könnte. Das zeigt sich ausgerechnet an den politischen Narrativen der sozialistisch-kommunistischen Staaten im 20. Jahrhundert: Der ideologische Kern dieser Narrative, der Marxismus-Leninismus, weist durch seine Vorhersage (oder Prophezeiung) einer klassenlosen Gesellschaft am Ende des historischen Kampfes zwischen Arbeitern und Kapitalisten alle Merkmale einer klassischen Heilsgeschichte auf. Verwunderlich ist das im Grunde nicht, wenn man bedenkt, dass Marx' Verständnis der Geschichte als teleologischer Prozess, der durch einen notwendigen Stufengang historischer Epochen hindurchgehen muss, unmittelbar durch Hegel inspiriert ist. Und dieser stand wiederum mit beiden Beinen fest auf dem Boden des Christentums.

Damit sind alle Quellen des politischen Narrativs und zugleich die wichtigsten Fundamente des Begründungswissens benannt. Die naheliegende Frage, wie sich ein einzelner Akteur dieser Quellen konkret zu bedienen hat, um in einem spezifischen Gemeinwesen seine Machtstellung legitimatorisch zu untermauern, ist damit freilich noch nicht beantwortet. Diese Frage ist allerdings kontextuell spezifisch und vor dem Hintergrund der narrativen Ressourcen der jeweiligen Gemeinwesen zu klären, sodass sich hier keine universelle Antwort geben lässt. Zudem spielt dieser Punkt, wie schon mehrfach angemerkt, in den Bereich der politischen Führungs- und Strategiefragen hinein und kann nicht losgelöst von diesen diskutiert werden. Dies führt uns denn auch zu der zweiten großen Form des Herrschaftswissens: dem Führungswissen.

Der erste und nächstliegende Schlüsselbegriff, der mit dem Kernkonzept des Führungswissens verknüpft ist, ist derjenige der *politischen*

420 So ganz wollten allerdings auch die französischen Revolutionäre nicht von der Religion lassen: Parallel zur erzwungenen Entchristianisierung wurde auf Betreiben Robespierres ein »Culte de l'Être suprême« (deutsch: Kult des höchsten Wesens) eingeführt, in dessen Zentrum die Verehrung der Allegorie der Vernunft stand. Allerdings scheiterte dieser Versuch, einen liturgischen Hybrid aus Aufklärungspathos und quasisakraler Inszenierung zu schaffen, am mangelnden Interesse der Bevölkerung und wurde nach dem Ende der Jakobinerherrschaft zügig ad acta gelegt; vgl. Culoma, Michael (2010): La religion civile de Rousseau à Robespierre, Paris: L'Harmattan.

Strategie.[421] Der Begriff der Strategie ist ein definitorischer ›Dauerbrenner‹. Seine Bestimmung ist unter Experten ebenso umstritten wie die uns inzwischen sattsam bekannten Begriffe der Macht, des Politischen und des Gemeinwohls. Dennoch können wir uns dem Strategiebegriff definitorisch annähern, und zwar durch Abgrenzung vom verwandten Begriff der *Taktik*. Sowohl Taktiken als auch Strategien sind geistige Konstrukte bzw. Handlungsanweisungen, die Akteure bewusst zur Erreichung ihrer Ziele in Konkurrenzsituationen einsetzen – sei es beim Schachspiel, auf dem Schlachtfeld, beim Marketing oder in der politischen Arena. Der Unterschied ist, dass Taktiken stets situationsbezogen bzw. auf den aktuellen Zeitpunkt hin orientiert sind. Sie legen fest, wie Akteure agieren und reagieren, wenn sie sich einer spezifischen Situation (z. B. einem Gefecht hinter feindlichen Linien oder einer hitzigen politischen Debatte mit kritischen Diskussionspartnern) ausgesetzt sehen. Strategien sind stets situationsübergreifend. Sie steuern nicht das Verhalten des Akteurs in einem konkreten Handlungskontext, sondern legen u. a. fest, welche Situationen der Akteur schafft, mit welchen Gegnern er Auseinandersetzungen sucht bzw. mit welchen nicht und welche Verbündeten er gewinnt, um seine Ziele effizient und effektiv zu realisieren. Das Auftreten unvorhergesehener Ereignisse, die den Interessen des Akteurs zuwiderlaufen, ist ein Anzeichen für strategisches Versagen, aber kein Indiz einer falschen Taktik. Wir können uns diese Unterscheidung an einem militärischen Beispiel verdeutlichen: Es ist eine taktische Frage, ob die Entscheidung der Mittelmächte während des ersten Weltkriegs richtig war, bei der zwölften Isonzoschlacht im Oktober 1917 zum Gegenangriff auf die Entente überzugehen.[422] Es ist eine strategische Frage, ob ihre Entscheidung, überhaupt die Isonzofront aufzubauen und damit einen Stellungskrieg gegen Italien zu wagen, zielführend war.[423] Bei der

---

421 Vgl. Raschke, Joachim & Tils, Ralf (2008): Politische Strategie, in: Forschungsjournal NSB 21 (1), S. 11–24 und Raschke, Joachim & Tils, Ralf (2011): Politik braucht Strategie – Taktik hat sie genug, Frankfurt a. M./New York: Campus.

422 Die Antwort lautet ja. Der Gegenangriff der österreichischen und deutschen Armeen führte zum Zusammenbruch der italienischen Verteidiger. Am Kriegsverlauf bzw. an der sich abzeichnenden Niederlage der Mittelmächte änderte das freilich nichts mehr.

423 Die Antwort lautet nein. Die insgesamt zwölf Isonzoschlachten auf dem Territorium des heutigen Sloweniens sind ein dramatisches Zeugnis für das strategische Versagen der Obersten Heeresleitungen. Sie banden nicht nur erhebliche

ersten Frage geht es um die Erreichung eines lokalen, situativen Ziels: den Gewinn einer Schlacht. Bei der zweiten Frage geht es hingegen um die Erreichung eines globalen, situationsübergreifenden Ziels: den Gewinn des ersten Weltkriegs.[424]

Anhand dieser Unterscheidung lassen sich Strategien mit Joachim Raschke und Ralf Tils wie folgt definieren: »Strategien sind [...] alle erfolgsorientierten Konstrukte, die auf situationsübergreifenden Ziel-Mittel-Umwelt-Kalkulationen beruhen.«[425] Diese Definition gilt universell, egal ob wir uns im Bereich des Sports, der Ökonomie, der Kriegsführung oder der Politik bewegen. Was eine erfolgreiche politische Strategie *ausmacht* und aus welchen *Komponenten* sie besteht, ist allerdings eine weitere Frage. Zu diesem Themenkomplex haben Raschke und Tils in ihrem Aufsatz *Politische Strategie* und in einer gleichnamigen Monografie bereits wichtige Fundamente gelegt.[426] Diese wollen wir als einen Startpunkt nehmen und sie zu einer eigenständigen, durch praktische und theoretische Einsichten angereicherten Systematik weiterentwickeln. Nach unserer Kernthese hat eine erfolgreiche politische Strategie vier Komponenten: strategische Grundlagen, strategische Fähigkeiten, Strategiebildung und Strategiesteuerung.

Truppenkontingente, ohne nennenswerte Geländegewinne zu erzielen, sondern kosteten auch unzählige Menschenleben und führten zu steigender Kriegsmüdigkeit.

424 Die Entscheidung, ob ein spezifisches Handlungskonstrukt in den Bereich der Taktik oder der Strategie eingeordnet werden muss, ist freilich nicht immer leicht. Das hat allerdings nichts mit der Vagheit unserer Begriffe, sondern mit den unterschiedlichen Aufladungen und Verwendungskontexten zu tun. Konkret geht es darum, ob wir einen Entscheidungsrahmen als singuläre Situation oder als situationsübergreifende Ereignisfolge begreifen und entsprechend agieren wollen. Dies ist keine primär theoretische, sondern eine genuin praktische Frage. Denn der Maßstab hierfür ist letzten Endes immer Erfolg und Misserfolg. Für eine vertiefte Diskussion siehe auch Strachen, Hew (2005): The Lost Meaning of Strategy, in: Survival 47 (3), S. 33–54.

425 Raschke & Tils (2008): S. 12.

426 Ebd. sowie Raschke, Joachim & Tils, Ralf (2007): Politische Strategie. Eine Grundlegung, Wiesbaden: VS Verlag.

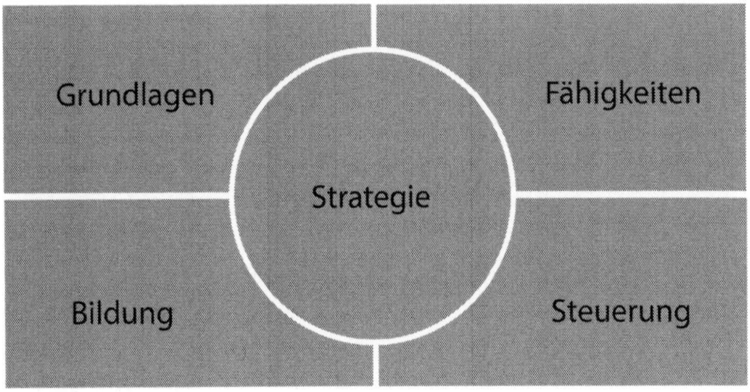

Abbildung 7: Komponenten erfolgreicher politischer Strategie

Die *Grundlagen* der politischen Strategie bestehen in der Aneignung einer spezialisierten Sichtweise auf die soziale Welt, die Foucault treffend als »Gouvernementalität« bezeichnet – ein Neologismus, der die Begriffe »herrschen« (gouverner) und »Denkweise« (mentalité) verknüpft.[427] Wer über Gouvernementalität verfügt, hat einerseits das Phänomen der Macht in seinen verschiedenen Prinzipien, Formen, Feldern und Legitimitätsbedingungen systematisch durchdrungen (vgl. Kap. 1.2 bis 2.4) – sei es durch politische Erfahrung, theoretische Reflexion oder, idealerweise, durch Kombination von beidem. Und er hat andererseits ein leistungsfähiges, politisches Orientierungsschema entwickelt. Letzteres, so lässt sich mit Raschke & Tils ergänzen, ist ein »empirisch gestütztes Modell, das vom Ausgangspunkt der Orientierungsgrößen strategischer Akteure […] weitergedacht und systematisiert worden ist.«[428] Wie der Ausdruck des »Modells« nahelegt, ist dieses Orientierungsschema keine Eins-zu-eins-Abbildung der politischen Wirklichkeit, sondern eine Abstraktion. Es bündelt die zentralen Parameter des Politischen: Zeithorizonte von Politikentscheidungen und Prozessen, Politikfelder, Themen, Organisationen, Personen, Symbole und Öffentlichkeit.[429]

427 Vgl. Lemke, Thomas (2001): The birth of bio-politics: Michel Foucault's lectures at the College de France on neo-liberal governmentality, in: Economy and Society 30 (2), S. 190–207.

428 Ebd.: S. 15.

429 Vgl. Raschke & Tils (2007): S. 162.

Durch die Kombination von Machtdurchdringung und Orientierungsschema kann der strategische Akteur die soziale Wirklichkeit rastern, Wichtiges von Unwichtigem trennen und einen Überblick über das Entscheidungsumfeld gewinnen. An dieser Stelle wollen wir einem möglichen Missverständnis vorbeugen: Die Gouvernementalität ist keine kognitive *déformation professionnelle*, infolge derer Akteure ihre Umwelt, andere Personen, Institutionen und Themen nur noch im Kontext erfolgsorientierter Zweck-Mittel-Relationen wahrnehmen würden. Stattdessen handelt es sich um ein spezifisches Mindset, das jeder einzelne durch Kultivierung politischer Fähigkeiten und Kenntnisbereiche – Foucault spricht hier auch von den »Techniken des Selbst« –[430] erwerben und gezielt einsetzen kann. Die strategische Systematisierungs- und Orientierungsleistung der Gouvernementalität lässt sich am besten durch einen Vergleich verdeutlichen. Wenn ein botanischer Laie mit einem promovierten Forstwissenschaftler einen Wald durchstreift, so sieht ersterer vor allem eines: viele Bäume. Letzterer sieht hingegen nicht nur Fichten, Föhren, Kiefern und Eschen, sondern auch ökologische Probleme, Bewirtschaftungspotenziale und landschaftliche Entwicklungen. Die Sinnesdaten sind bei beiden Personen gleich, aber die aus diesen Daten gezogenen Rückschlüsse unterscheiden sich dramatisch. Analog hierzu nimmt der politikstrategische Laie das politische Machtfeld vorwiegend als verwirrende Gemengelage von Politikern, Parteien und Talkshowrunden wahr. Wer indes über eine kultivierte Gouvernementalität verfügt, erblickt ein differenziertes Mehrebenensystem, welches durch formelle und informelle Beziehungen zwischen Entscheidungsträgern, Stakeholdern, Institutionen und Themen konstituiert wird und dessen Funktion um die Legitimation, Allokation und Ausübung von Macht kreist. Er erkennt die Machtpotenzen konkurrierender und alliierter Akteure, identifiziert Chancen und Risiken. Diese Sichtweise ist es, die eine erfolgreiche Strategieentwicklung und -umsetzung möglich macht.

Die zweite Komponente ist die der *Strategiefähigkeit*. Sie beschreibt das Vermögen des Machtakteurs, strategische Entscheidungen effektiv und effizient umzusetzen – und zwar unter realen Bedingungen politischer Konkurrenz, in denen andere Protagonisten konfligierende politische Strategien verfolgen. Dieses Vermögen fußt auf sieben Faktoren

430 Vgl. Foucault, Michel (1993): Der Gebrauch der Lüste. Sexualität und Wahrheit 2, Frankfurt a. M.: Suhrkamp, S. 18.

oder, wie wir im Folgenden auch sagen werden, strategischen Potenzen. Als Faustregel können wir festhalten: Je größer die strategischen Potenzen des Akteurs, desto größer seine Strategiefähigkeit und damit seine Aussicht auf erfolgreiche Implementierung einer Strategie.

Entscheidend ist hierbei erstens der Grad der *Organisationsfähigkeit*, also der Fähigkeit, klare strategische Ziele festzulegen und korrespondierende Entscheidungen zu fällen. Dies setzt einerseits die institutionelle Etablierung einer Entscheidungshierarchie voraus, in der interne Machtbefugnisse, Führungsaufgaben, Verantwortlichkeiten und Kontrollfunktionen definiert und mit bestimmten Rollen bzw. Ämtern verknüpft werden. Andererseits setzt es die Klärung der politischen Richtungsfrage voraus. Das bedeutet, wie Raschke und Tils treffend zusammenfassen, für die Interessenformation des Machtakteurs »einen inhaltlichen Korridor festzulegen – durch Themen, Positionen und Symbole«.[431] Letztere schaffen ein gemeinsames Politikverständnis und interne Kohärenz. Die Relevanz beider Aspekte ist unmittelbar evident: Ohne politische Führung ist ein strategischer Akteur handlungsunfähig, ohne klare politische Richtung ist er ziellos.

Während die Organisationsfähigkeit eine akteursinterne strategische Potenz darstellt, bezieht sich der zweite Faktor, die *Mobilisierungsfähigkeit*, auf das Verhältnis des Akteurs zu seinem strategischen Umfeld. Politische Mobilisierung ist eine Kommunikations- und Aktionsform, mit der Organisationen des politischen Machtfelds wie Parteien, Verbände, Unternehmen, NGOs, Gewerkschaften und Kirchen unterschiedlichste Personengruppen (Wähler, Mitglieder, Kunden, Gläubige, Patienten etc.) zur Durchsetzung ihrer strategischen Interessen aktivieren können. Sie funktioniert also als gesellschaftlicher Katalysator, bei dem »die Mobilisierten ihre Stimme und ihr Gesicht der Organisation zur Verfügung stellen sowie für ihre Ziele aktiv werden.«[432] Kerninstrument der politischen Mobilisierung ist die Kampagne.[433] Da die unterschiedlichsten Akteure mit verschiedensten Anliegen Kampagnen führen und das Kon-

431 Raschke & Tils (2008): S. 18.

432 Speth, Rudolf (2013): Verbände und Grassroots-Campaigning, in: Ders. (Hg.): Grassroots-Campaigning, Wiesbaden: VS Verlag, S. 43–59; S. 43.

433 Vgl. Althaus, Marco (Hg.) (2001): Kampagne! Neue Strategien für Wahlkampf, PR und Lobbying, Münster: LIT und Althaus, Marco (Hg.) (2007): Kampagne! 3 Neue Strategien im Grassroots Lobbying für Unternehmen und Verbände, Münster: LIT.

zept zudem sowohl in der Werbung als auch in der politischen Kommunikation Verwendung findet, ist eine trennscharfe Funktionsbestimmung notwendig: Kampagnen zielen auf die (Wieder-)Wahl eines Kanzlers, den Boykott von Produkten oder Firmen, die Verabschiedung oder Zurücknahme von Gesetzen und Verordnungen, die Unterstützung oder Ablehnung von Infrastrukturprojekten etc. Ulrike Röttger bietet mit ihrer inzwischen klassischen Definition eine gute Orientierung: Kampagnen sind ihr zufolge »dramaturgisch angelegte, thematisch begrenzte, zeitlich befristete kommunikative Strategien zur Erzeugung öffentlicher Aufmerksamkeit [...], die auf ein Set unterschiedlicher kommunikativer Instrumente und Techniken – werbliche Mittel, marketingspezifische Instrumente und klassische PR-Maßnahmen – zurückgreifen. Aufmerksamkeit zu wecken ist das Minimalziel von Kampagnen aller Art. Ziel ist darüber hinaus, Vertrauen in die Glaubwürdigkeit der Organisation und Zustimmung zu den eigenen Intentionen oder aber Anschlusshandeln zu erzeugen«.[434] Aus dieser dichten Beschreibung wird deutlich, dass überzeugende Kampagnen bzw. die Fähigkeit zur Mobilisierung nicht nur einen plausiblen und fesselnden, politischen Diskurs – mit Anfangspunkt, Klimax und Endpunkt sowie kontinuierlichem Spannungsbogen – benötigen, sondern auch ein Methodenset, das sich aus Medien und Journalismus speist. Flankiert werden diese Instrumente durch eine Ressource, die wir in Kap. 2.3 bereits erörtert haben: Datenmacht. Da erfolgreiches Campaigning ohne detaillierte Kenntnisse der jeweiligen Zielgruppe und ihrer Interessen heute undenkbar ist, steht und fällt politische Mobilisierung nicht zuletzt mit dem effektiven Einsatz von Instrumenten wie Data-Mining und Data-Targeting. Durch eine algorithmenbasierte Datenanalyse lassen sich nicht nur Zielgruppenpräferenzen präzise bestimmen, sondern zudem eine maßgeschneiderte Ansprache und Motivation entwickeln: einerseits durch zielgerichtete Dialogkommunikation auf Plattformen, in sozialen Netzwerken und durch E-Mails, andererseits aber auch durch klassische analoge Instrumente wie personalisierte Briefe oder Besuche vor Ort. Die strategische Potenz der Mobilisierungsfähigkeit fußt somit auf einer Kombination aus dramaturgischem Esprit, kommunikativem Rüstzeug, technologischem Know-how

434 Röttger, Ulrike (2009): Campaigns (f)or a better world?, in: Dies. (Hg.): PR-Kampagnen. Über die Inszenierung von Öffentlichkeit, 4. überarbeitete und erweiterte Auflage, Wiesbaden: VS Verlag, S. 9–26, S. 9.

und einem straff geführten Kampagnenmanagement. Gerade letzteres ist in seiner Bedeutung für den Erfolg kaum zu überschätzen. Dies wird idealtypisch an den USA deutlich, wo das Management von Wahlkampagnen beinahe militärische Organisationsstrukturen aufweist. Die große, von US-Campaignern perfektionierte Kunst besteht darin, eine komplett organisierte Top-down-Kampagne zu entwickeln, die gleichwohl von den Bürgern als motivierende Grassroots-Aktion wahrgenommen wird.

Auch die dritte strategische Potenz, die *Netzwerkfähigkeit*, bezieht sich auf das Verhältnis zwischen Machtakteur und Umwelt. Allerdings geht es hier konkret um die Fähigkeit, Bündnisse mit anderen Organisationen und Interessenformationen zu schmieden, um die Reichweite des eigenen Anliegens zu verstärken oder eine höhere Glaubhaftigkeit zu erzielen. Politische Netzwerke dieses Typs können nur dann etabliert werden, wenn eine hinreichende Schnittmenge zwischen den potenziellen Verbündeten existiert: So besteht z. B. eine weit größere thematische Überlappung und ein entsprechend größeres Allianzpotenzial zwischen Umweltschutzorganisationen wie NABU, BUND und WWF als zwischen der Automobilindustrie und dem Bund Deutscher Radfahrer oder gar zwischen den Globalisierungskritikern von Attac und dem Bundesverband der Deutschen Industrie (BDI).

Neben geteilten Themen und Zielen sind aber nicht zuletzt auch gemeinsame Habitus und Praktiken sowie ein gemeinsamer Deutungshorizont des Gemeinwohls (vgl. Kap. 2.4) ausschlaggebend für die Formierung handlungsfähiger, dauerhafter Allianzen.[435] Beispielhaft hierfür ist die Entwicklung des Verhältnisses der katholischen Kirche zu den Gewerkschaften vom ausgehenden 19. bis ins 21. Jahrhundert. Zur Zeit des »Arbeiterpapstes« Leo XIII., der 1891 mit *Rerum Novarum* (deutsch: Von den neuen Dingen) die einflussreichste politische Enzyklika der jüngeren Geschichte verfasste, standen katholische Kirche und Arbeiterschaft in politischen Kernfragen überraschend oft Seite an Seite.[436] Leos Partei-

435 Vgl. hierzu auch Beamish, Thomas D. & Luebbers, Amy J. (2009): Alliance-Building Across Social Movements: Bridging Difference in a Peace and Justice Coalition, in: Social Problems 56 (4) S. 647–676.

436 Vgl. Leo XIII. (1891): Rundschreiben, erlassen von unserem heiligsten Vater Leo XIII., durch göttliche Vorsehung Papst, über die Arbeiterfrage. Rerum Novarum, München: Herder.

nahme zu Themen wie Lohngerechtigkeit und Arbeitnehmerschutz traf bei Arbeiterführern auf große Zustimmung; und diese ließen wiederum keinen Zweifel an ihrer Unterstützung für das theologisch-sittliche Programm des Papstes. Mit der Hinwendung der Gewerkschaften zum atheistischen Sozialismus und der parallelen »Entweltlichung« der katholischen Kirche, also dem bewussten Rückzug aus der direkten Politikgestaltung, erodierte diese Allianz jedoch zusehends. Dieser Umstand erscheint umso bemerkenswerter, wenn man bedenkt, dass Kernthemen der katholischen Soziallehre, wie die Solidarität mit unterprivilegierten Gesellschaftsschichten oder das Subsidiaritätsprinzip, noch immer hochgradig anschlussfähig an den gewerkschaftlichen Diskurs sind. Er verdeutlicht aber, dass thematische Konvergenz für die Allianzbildung nicht ausreichend ist, wenn ein (zumindest) basaler Wertekonsens unter den Machtakteuren unmöglich wird.

Politische Allianzen – zwischen Parteien, Unternehmen, NGOs, Kirchen oder anderen Organisationen – sind hochwirksame Instrumente der politischen Strategie. Allerdings muss ihre Formierung auch tatsächlich auf das strategische Ziel hin orientiert sein bzw. diesem korrespondieren. Hierfür sind zwei Bewertungsdimensionen entscheidend: Qualität und Quantität. Geht es um das Erreichen eines hochfokussierten Ziels mit einem kleinen, spezialisierten Kreis von Entscheidungsträgern und Akteuren sowie einer geringen öffentlichen Aufmerksamkeit – wie etwa die Novellierung einer Arzneimittelrichtlinie –, dann ist ein Bündnis mit wenigen, hochkompetenten Partnern vorzugswürdig. Denn hier stehen der Austausch von Informationen, die Bündelung von Expertise und die fachliche Reputation im Vordergrund. Anders sieht es bei einem breiten strategischen Ziel aus, das nicht nur zahlreiche Machtfelder und Interessenformationen betrifft, sondern auch ein immenses öffentliches Mobilisierungspotenzial birgt, wie z. B. dem Abschluss der Transatlantic Trade and Investment Partnership (TTIP) zwischen der EU und den USA. Der Abschluss scheiterte maßgeblich daran, dass die Unterstützer es versäumt hatten, eine breite Allianz aufzustellen, die verschiedenste Organisationen und Gesellschaftsschichten integrierte und so die Gemeinwohldienlichkeit des Anliegens unterstrich. Stattdessen verfestigte sich in den europäischen Teilöffentlichkeiten der Eindruck einer abgeschirmten kleinen Clique politischer Entscheidungsträger, die am (vermeintlichen) Volkswillen vorbeiregierten. Umgekehrt gelang es den TTIP-Gegnern, eine EU-weite Koalition von Globalisierungsgegnern, Umweltschützern und Tierschützern, aber auch von Rechts- und Linkspopulisten zu schmieden und mit einfachen Slogans wie »TTIP tötet« oder »Tango gegen TTIP« eine Protestwelle enormen Ausmaßes loszutreten.[437] Die schiere Menge der Stimmen und die Emotionalisierung des Themas machten den Rekurs auf inhaltliche Expertise und auf die Reputation von Fachleuten faktisch nutzlos; der Glaubwürdigkeitsfalle war nicht mehr zu entkommen.

Die diskutierten Fälle machen zweierlei deutlich: Erstens sind, trotz aller Unterschiede, die Potenzen der Mobilisierung und der Netzwerkfähigkeit in der Praxis oftmals eng verquickt; zweitens ist der Faktor der Öffentlichkeit bei Allianzbildungen stets als strategisches Risiko bzw. als Chance mitzudenken und zu evaluieren. Freilich sind die hier angerissenen Fälle – die Novellierung einer singulären Richtlinie auf der einen Seite und der Abschluss eines Freihandelsabkommens auf der anderen Seite – im gewissen Sinne Extrembeispiele für politisch-strategische Ziele. In den meisten Fällen ist für die Bildung eines zielorientierten Netzwerks weder allein Quantität noch allein Qualität entscheidend, sondern vielmehr eine Balance zwischen beiden Bewertungsdimensionen. Daher können wir festhalten, dass die Potenz der Netzwerkfähigkeit nicht nur auf dem Vermögen zur Schnittmengenbildung (in Bezug auf Themen, Praktiken, Habitus) beruht, sondern auch auf der Urteilskraft, um das avisierte Bündnis in puncto Qualität und Quantität auszutarieren.

Gleichwohl ist die beste Allianz strategisch wirkungslos, wenn ihre Mitglieder nicht in der Lage sind, Kernbotschaften glaubwürdig und mit nachhaltigem Effekt an die Adressaten zu kommunizieren. Diese Herausforderung führt uns zur vierten strategischen Potenz: der *Vermittlungsfähigkeit*. Hierbei handelt es sich um das Vermögen, diejenigen Anliegen, Interessen und Meinungen, welche für die strategische Zielerreichung relevant sind, an andere Personen und Institutionen zu vermitteln. Wir tun gut daran, den Ausdruck des »Vermittelns« beim Wort zu nehmen: Er bezeichnet nicht allein das Verständlichmachen einer Botschaft, also ihre Übersetzung in die Sprache des Adressaten, sondern auch eine Überzeugungsleistung. Wer ein Anliegen erfolgreich vermittelt, stellt im Dialog eine ebenso rationale wie empathische Verbindung

437 Für einen guten Überblick siehe Bauer, Matthias (2016): The Political Power of Evoking Fear: The Shining Example of Germany's Anti-TTIP Campaign Movement, in: European View 15 (2), S. 193–212.

her – er wird als vertrauenswürdiger, hörenswerter Kommunikationspartner anerkannt. Hierfür sind zwei Faktoren ausschlaggebend, die auf den ersten Blick im Konflikt stehen: Wahrhaftigkeit und rhetorische Finesse.

Wahrhaftig zu sein, bedeutet nicht, dass unsere Aussagen über allen Zweifel erhaben und stets wahr sein müssen. Eine derartige Anforderung ist in erkenntnistheoretischer Hinsicht viel zu anspruchsvoll, weil sie eine infinite Kaskade von Metawissen voraussetzt und dem Vermittler der Botschaft unrealistisch hohe Hürden zur Selbstprüfung auferlegt. Wahrhaftigkeit bedeutet vielmehr, dass sich Aussagen und praktisches Tun decken, dass also Diskurs und Praxis konvergieren müssen. Machtakteure, bei denen Diskurs und Praxis in keiner Weise übereinstimmen, werden von ihren Adressaten entweder als erratisch oder als bigott wahrgenommen. Sie sind unglaubwürdig. Und selbst wenn ihre Argumente überzeugend sind, werden sie mit diesen in der Regel auf Ablehnung stoßen.[438]

Wie verheerend diese Divergenz von Sagen und Tun für die Erreichung strategischer Ziele sein kann, zeigt sich z. B. an der verfehlten »Remain«-Kampagne des ehemaligen britischen Premiers David Cameron für den Verbleib seines Landes in der EU.[439] Cameron hatte seinen politischen Aufstieg nicht nur einer schneidenden Agitation gegen die Brüsseler Institutionen und gegen Arbeitsmigranten aus EU-Nachbarländern zu verdanken, sondern auch der Ankündigung, die Briten über einen Austritt aus der Union abstimmen zu lassen. Als das Referendum angesetzt war, setzte sich der Premier gleichwohl für einen Verbleib seines Landes in der EU ein – mit dem bekannten Ergebnis. Die Krux ist, dass ein Politiker, der alles dafür getan hat, um bei seinen Wählern Aversionen gegen die EU zu schüren, nicht glaubwürdig für diesen Verbund bzw. für einen Verbleib in ihm werben kann. Eine derartige Vermittlung

438 An dieser Stelle ergibt sich eine enge Verbindung zwischen der strategischen Potenz der Vermittlungsfähigkeit und dem dritten Format des Herrschaftswissens, dem Begründungswissen: So ist Wahrhaftigkeit, wie wir unten aufzeigen werden, eine notwendige Voraussetzung der Rechtfertigungsstruktur von Macht im politischen System.

439 Für eine ebenso fesselnde wie informative Aufarbeitung dieses Themas siehe Politico vom 25.6.2016: »How Cameron Blew It«, http://www.politico.eu/article/how-david-cameron-lost-brexit-eu-referendum-prime-minister-campaign-remain-boris-craig-oliver-jim-messina-obama/.

ist nicht wahrhaftig und somit kaum Erfolg versprechend. Ein ähnliches Bild bietet der Wahlkampf der US-Präsidentschaftskandidatin Hillary Clinton. Die demokratische Politikerin, die seit Jahrzehnten intensive Beziehungen zum US-Finanzsektor pflegte und allein 2015 über 20 Millionen Dollar an Spenden von Hedgefonds, Banken und Versicherungsgesellschaften bezogen hatte,[440] hatte versucht, auf das kapitalismuskritische Narrativ ihres parteiinternen Gegners Bernie Sanders aufzusatteln. Sie hatte zum Sturm auf die Wall Street aufgerufen. Durch diese allzu augenfällige Divergenz von Diskurs und Praxis verlor Clinton linksorientierte Jungwähler und wirtschaftsliberale Wählerschichten gleichermaßen – und letzten Endes die Wahl.

Politikzyniker könnten an dieser Stelle einwenden, dass Wahrhaftigkeit nur dann ein entscheidender Faktor der Vermittlungsfähigkeit ist, wenn der Machtakteur nicht in der Lage ist, die Diskrepanz zwischen seinen Aussagen und seinen Handlungen hinreichend geschickt zu verschleiern. Diesen Einwand sollte man ernst nehmen. Hierzu ist zweierlei zu sagen: *Erstens* sind Verschleierung und Geheimhaltung selbstverständlich Teil jeder politischen Strategie. Diese Tatsache ergibt sich bereits aus der zu Anfang festgehaltenen intrinsischen Verbindung zwischen Wissen und Macht. Ein Vorsprung in Bezug auf Herrschaftswissen bedeutet einen klaren Machtvorteil, und dieser wiederum erhöht die strategischen Erfolgsaussichten signifikant. Daher ist es ein strategischer Imperativ, seinen Rivalen, Kritikern und potenziellen Gegnern Informationen vorzuenthalten und diese über die eigenen Fähigkeiten und Ziele im Unklaren zu lassen. *Zweitens* hat die Fähigkeit zur Verschleierung jedoch praktische Grenzen, und zwar ganz gleich wie sehr ein Machtakteur sie perfektioniert hat: Je größer die Diskrepanz zwischen Diskurs und Praxis ist, desto leichter lässt sich diese identifizieren bzw. desto schwerer ist sie zu verschleiern. Zudem ist aus einem weiteren Grund Vorsicht geboten: Der globale, digital vernetzte Kommunikationsraum unserer Gegenwart bietet ein größeres investigatives Potenzial als jemals zuvor in der Weltgeschichte. Daran ändern auch die aktuellen Debatten über Fake News nichts. Aufgrund des exponentiell gestiegenen Risikos, als erratisch oder als bigott, kurzum als nicht wahrhaftig enttarnt zu werden, kann eine derartige Verschleierungstaktik zumindest dauerhaft nicht Erfolg versprechend sein.

440 Vgl. Washington Post vom 4.2.2016.

Der zweite Faktor der Vermittlungsfähigkeit, die Rhetorik, steht nur scheinbar im Widerstreit mit dem Prinzip der Wahrhaftigkeit. Der Eindruck dieses Konflikts verdankt sich einer konzeptionellen Engführung – einerseits des Begriffs der Vermittlung, andererseits der Rhetorik. Prominente Kritiker, darunter geistesgeschichtliche Größen wie Platon, Goethe und Bismarck, stempeln die Rhetorik gern als Technik des versierten Überredens, nicht aber des Überzeugens ab und geißeln sie als Werkzeug von Demagogen und Volksverführern; der Königsberger Aufklärer Kant sprach gar von einer »hinterlistigen Kunst«.[441] Dieses niederschmetternde Verdikt ist nach unserer Einschätzung jedoch ein Zerrbild der großen Tradition der politischen Rhetorik, die – wenn sie verantwortungsvoll und wohlverstanden eingesetzt wird – um drei große Leitprinzipien kreist: Logos, Pathos, Ethos.[442] Echte Rhetorik spricht die Leidenschaften des Zuhörers ebenso an wie seine Vernunft und Urteilskraft, und sie reflektiert die oben angesprochene Wahrhaftigkeit und Integrität des Redners. Hinter diesem Dreiklang steht eine ebenso einfache wie einleuchtende anthropologische Grundannahme: Der Mensch ist als politisches Geschöpf, als Zoon politikon, niemals nur vernunft- oder gefühlsgesteuert, und er ist weder allein durch egoistische noch durch altruistische Gründe motiviert. Vielmehr erscheint er als von verschiedensten Impulsen und Beweggründen durchzogenes Lebewesen. Diese muss die politische Vermittlung, wenn sie erfolgreich sein soll, allesamt ansprechen.

Diese Einschätzung spricht denn auch gegen ein überzogen intellektualistisches und elitäres Bild der politischen Vermittlung, wie wir es aus der Frankfurter Schule, insbesondere der habermasschen Diskursethik, kennen.[443] Diese postuliert in nuce, dass die Vermittlung politischer Inhalte allein streng rational und leidenschaftslos zu erfolgen habe, weil jedes andere Vorgehen manipulativ und der Wahrheit abträglich sei. Nun

441 Kant, Immanuel ([1790] 1989): Kritik der Urteilskraft, Frankfurt a. M.: Suhrkamp, S. 267.

442 Vgl. Aristoteles (1999): Rhetorik, übers. von Gernot Krapinger, Stuttgart: Reclam und Cicero (1986): De oratore: Über den Redner, hg. und übers. von Harald Merklin, Reclam.

443 Vgl. Habermas ([1981] 2011). Siehe hierzu kritisch Zimmermann, Rainer (2011): Das Strategiebuch: 72 Grundfiguren strategischen Handelns für Wirtschaft, Politik, Kommunikation, Design, Architektur und Alltag, Frankfurt a. M.: Campus.

lässt sich darüber streiten, ob Politik tatsächlich analog zu einem Universitätsseminar oder einem Gerichtsprozess zu sehen und als ein primär auf Wahrheitsfindung ausgerichteter Prozess einzustufen ist (siehe hierzu kritisch Kap. 2.4); erhebliche Zweifel scheinen angebracht. Aber all das tut letzten Endes nichts zur Sache. Habermas' diskursethisches Modell politischer Vermittlung ist praxisuntauglich und damit bestenfalls als theoretische Denkübung interessant. Erinnern wir uns daran, dass die Potenz der Vermittlungsfähigkeit Teil eines politisch-strategischen Gesamtkomplexes ist und also in einer Situation zum Tragen kommt, in der strategische Akteure um Macht konkurrieren. In einem derartigen Szenario ist der Verzicht auf Rhetorik zugunsten eines streng rationalen und leidenschaftslosen Argumentationsstils ein beispielloser Wettbewerbsnachteil. Kurz gesagt: Weil Rhetorik die Kunst ist, Zuhörer gleichermaßen zu überzeugen und zu begeistern, und weil jeder Machtakteur, der dieses Werkzeug nicht nutzt, politischen Einfluss einbüßt, ist das diskursethische Modell aus machttheoretischer Perspektive irrational.[444] Entsprechend ist die von uns vorgeschlagene Verbindung von Wahrhaftigkeit und Rhetorik nicht nur fundiert in der historisch bewährten Tradition von Vordenkern wie Aristoteles und Cicero, sondern auch pragmatisch begründet.

Komplementär zur Vermittlungsfähigkeit kommt eine weitere Potenz zum Tragen, die ebenfalls eng mit dem Begriff der Öffentlichkeit verknüpft ist: der *Ruhm*. Wer ruhmreich ist, genießt eine spezifische Form öffentlicher Aufmerksamkeit, die ihn von anderen Akteuren abhebt und in die Lage versetzt, kraft seines Ansehens strategischen Einfluss auf das politische Machtfeld zu nehmen. Sein Wort hat Gewicht, sein Handeln inspiriert Menschen, sein Name ist in aller Munde. Nun ist Ruhm – insbesondere politischer Ruhm – nicht mit Aufmerksamkeit sui generis gleichzusetzen.[445] Social-Media-Persönlichkeiten, Youtuber

444 Diese Erkenntnis findet sich bezeichnenderweise auch in der neueren deliberativen Demokratietheorie wieder, die ein weit offeneres und konstruktiveres Verhältnis zur politischen Rhetorik entwickelt hat, siehe u. a. Dryzek (2000) und Mansbridge, Jane et al. (2012): A Systemic Approach to Deliberative Democracy, in: Parkinson, John & Mansbridge, Jane (Hg.): Deliberative Systems, Cambridge: Cambridge University Press, S. 1–26.

445 Vgl. hierzu auch Franck, Georg (1998): Ökonomie der Aufmerksamkeit. Ein Entwurf, München: Hanser. Franck klassifiziert Ruhm als eine eigenständige Form der Aufmerksamkeit neben Prestige, Prominenz und Reputation.

und Popstars mögen auf digitalen Plattformen Millionen von Followern haben und erheblichen ökonomischen Einfluss genießen, etwa durch Produktempfehlungen. Sie sind, in der Diktion des Marketings, hocheffektive Influencer. Aber dieser Einfluss lässt sich nicht in politikstrategische Potenz ummünzen. Der Grund ist, dass selbst ihre Follower diesen Personen in der Regel keine politischen Fähigkeiten zusprechen, sondern z. B. künstlerische Brillanz oder ein herausragendes Gespür für Mode und Trends. Hier liegt nach unserer Einschätzung die *differentia specifica*: Ruhm besteht im Erringen öffentlicher Aufmerksamkeit, kombiniert mit dem Zuspruch von Herrschaftskompetenz, Herrschaftswissen und Macht. Nicht grundlos denkt man bei dem Wort »Ruhm« zuerst an Persönlichkeiten wie Alexander den Großen, Cäsar, Napoleon oder Winston Churchill. Sie alle haben weltgeschichtliche Bekanntheit erlangt, und zwar *als* herausragende Machtstrategen.[446] Diese Auflistung macht zugleich deutlich, dass Ruhm nicht notwendigerweise mit einem guten Leumund oder allseitiger Wertschätzung verknüpft ist. Autokraten wie Vladimir Putin mögen, insbesondere in der westlichen Welt, weit eher gefürchtet als geschätzt sein. Aber ihrem Ruhm tut das keinen Abbruch. Selbst der größte Kremlkritiker würde keine Sekunde lang zögern, den russischen Präsidenten als politisches Ausnahmetalent einzustufen und als Person, auf deren Worten und Taten die Blicke der Welt ruhen.

Nun ist es eine Frage, wie Ruhm als strategische Potenz zu definieren ist, und eine ganz andere, auf welchen Grundlagen er beruht und wie er erlangt wird. Eine allgemeine Anleitung, um zu Ruhm zu gelangen, gibt es nicht – zu groß sind die historischen, soziologischen und kulturellen Unterschiede zwischen den politischen Gemeinwesen, zu entscheidend sind Faktoren wie Persönlichkeit und Esprit, die sich nicht beeinflussen lassen. Anstelle von hinreichenden Bedingungen lassen sich also nur eine Reihe von begünstigenden Voraussetzungen anführen: Geburt, Geld, Leistung, symbolisches Geschick.

446 Ein anschauliches Beispiel für einen Entscheidungsträger, der sich zwar großer politischer Aufmerksamkeit erfreute, dem aber der Zuspruch politischer Fähigkeiten versagt blieb, ist der ehemalige französische Präsident François Hollande. Durch seine privaten Eskapaden, sein ungeschicktes politisches Taktieren und seine gescheiterten Reformen war Hollande während seiner Amtszeit zwar durchweg in den Schlagzeilen, aber eben als »unrühmliches« Beispiel für einen Staatenlenker. Dieser Umstand schlug sich denn auch in Hollandes geringer machtstrategischer Potenz nieder.

Wer in einer wohlhabenden Nation als Teil der Ober- oder Mittelschicht aufwächst, hat weit größere Aussichten darauf, seine Herrschaftskompetenz und sein Herrschaftswissen ins Licht der Aufmerksamkeit zu rücken als jemand aus den Slums von Nairobi oder Kalkutta. Es ist eine ernüchternde, aber bezeichnende Tatsache, dass sich das Gros der ruhmreichen Machtakteure der Geschichte seit jeher aus den ressourcenstarken Staaten und Klassen rekrutiert. Monetäre Mittel sind wie der richtige Geburtsort zwar gleichsam kein Garant für die Erlangung von Ruhm. Aber sie sind mitentscheidend im gesellschaftlichen Kampf um Aufmerksamkeit. Die Medienwissenschaftler Georg Franck und Jörg Bernardy unterstreichen die Einsicht, dass Aufmerksamkeit – insbesondere in modernen Mediengesellschaften – ein hoch begehrtes und extrem knappes Gut ist, um das immer mehr Akteure mit immer größerem Kapitalaufwand konkurrieren.[447] Konsumenten oszillieren ständig zwischen unzähligen Publikationen, Nachrichtensendungen, Websites, Feeds, Newslettern etc. Wer sich in diesem Kampf dauerhaft durchsetzen will, muss in seine öffentliche und mediale Präsenz investieren; sonst verliert er schlagartig die Beachtung seines Publikums. Der Aspekt der Leistung ist in diesem Kontext von entscheidender inhaltlicher Bedeutung: Er speist das Narrativ des Ruhms. Nur wenn der Machtakteur tatsächlich politische Verdienste erworben hat – sei es durch den Gewinn eines Krieges, die Reformierung eines Staates, die Wiederbelebung der Volkswirtschaft oder die Versöhnung verfeindeter Volksgruppen –, hat seine Selbstinszenierung auch politische Substanz. Fraglos haben es im Verlauf der Geschichte auch Scharlatane und Aufschneider immer wieder zu Ruhm gebracht. Aber substanzloser Ruhm ist fragil. Im oben bereits angesprochenen digital vernetzten Kommunikationsraum unserer Gegenwart läuft er jederzeit Gefahr, als Schimäre entlarvt zu werden. Die letzte und vielleicht wichtigste Voraussetzung ist das symbolische Geschick. Damit Aufmerksamkeit die Qualität von Ruhm annehmen kann, muss sie symbolpolitisch aufgeladen werden. Unter welchen Bedingungen sich die Blicke der Öffentlichkeit auf eine Person richten, lässt sich durch Gesten, Metaphern und Zeichen steuern. Zu denken ist etwa an Willy Brandts spontanen Kniefall vor dem Ehrenmal für die Toten des Warschauer Ghettos 1970 oder an den Händedruck von Helmut Kohl

447 Vgl. Franck (1998): S. 49f. und Bernardy, Jörg (2014): Aufmerksamkeit als Kapital: Formen des mentalen Kapitalismus, Marbug: Tectum.

und François Mitterrand bei Verdun 1984. Aber einer der großen historischen Meister der symbolischen Inszenierung ist fraglos Napoleon Bonaparte. Im Bestreben, seine Machtstellung im republikanischen Frankreich auszubauen, initiierte der korsische Stratege 1798 die Invasion Ägyptens.[448] Rein militärisch betrachtet, war die Expedition wenig erfolgreich, aber dieser Umstand spielte für die öffentliche Bewertung nicht die geringste Rolle: Napoleon, der sich von zahlreichen Chronisten begleiten ließ, gründete auf seiner Mission nicht nur das Kairoer Institut d'Égypte und legte die Grundlage für die moderne Altertumsforschung, sondern er reformierte zudem die ägyptische Verwaltung, ließ das gesamte Land kartografieren, rottete die Beulenpest aus und führte den Buchdruck ein. Kurzum: Napoleon nutzte die Militärexpedition als Bühne, um sich dem heimischen Publikum und der ganzen Welt als Förderer der Wissenschaften und Künste, als Reformator und als ›Nation Builder‹ zu präsentieren. Bei seiner Rückkehr nach Paris wurde er von riesigen Menschenmassen begeistert gefeiert. Fünf Jahre später war er Kaiser.

Der sechste Faktor der Strategiefähigkeit, den wir erörtern wollen, ist die *finanzielle Potenz*. Dieser Faktor ist bei der Diskussion der übrigen Potenzen bereits angeklungen. Daher können wir unsere Diskussion kurzhalten. Offenkundig hängt die Fähigkeit eines Machtakteurs, strategische Entscheidungen effektiv und effizient umzusetzen, letztendlich stets auch von seinen finanziellen Mitteln ab. Alle vorangegangenen Faktoren – Organisationsfähigkeit, Mobilisierungsfähigkeit, Netzwerkfähigkeit, Vermittlungsfähigkeit und selbst Ruhm – setzen die Verfügung über monetäre Ressourcen bereits voraus. Gutes und zuverlässiges Personal muss bezahlt werden, Kampagnen müssen finanziert werden, und dasselbe gilt natürlich auch für die technologischen und kommunikativen Instrumente sowie für die erforderliche Infrastruktur.

Finanzielle Potenz ist für Strategiefähigkeit notwendig. Aber das bedeutet weder, dass sie hinreichend ist, noch, dass jeder Machtakteur für die Verfolgung seiner strategischen Ziele äquivalente Ressourcen benötigt. Der erste Punkt ist augenfällig. Wenn ein Akteur etwa durch ungeschicktes Agieren einen nachhaltigen Reputationsschaden erlitten hat, so lässt sich dieser strategische Nachteil auch durch die teuersten Kam-

448 Vgl. Cole, Juan R. (2008): Napoleon's Egypt: Invading the Middle East, New York: Palgrave Macmillan und Burleigh, Nina (2007): Mirage: Napoleon's Scientists and the Unveiling of Egypt, New York: Harper Collins.

pagnen oft nicht kompensieren. Ein eindringliches Beispiel bietet der globale Abgasskandal der deutschen Automobilindustrie in den Jahren 2016 und 2017, bei dem Automobilkonzerne durch illegale Abschalteinrichtungen die Emissionswerte ihrer Dieselfahrzeuge verschleiert hatten. Die Aufdeckung dieses Vorgehens führte zu einer bis heute nachwirkenden Krise des Dieselsektors, die selbst milliardenschwere, global agierende Unternehmen nicht mehr kontrollieren können.[449]

Der zweite Punkt bedarf einer gewissen Erklärungsleistung: Akteure des politischen Machtfelds, deren strategische Ziele nach weit geteilter öffentlicher Einschätzung eine hohe altruistische Qualität haben, wie etwa Umweltschützer, Menschenrechtler oder Entwicklungshelfer, verfügen über eine strategische Ressource, die man in Anlehnung an Bourdieu als moralisches Kapital bezeichnen kann (siehe auch Kap. 2.3).[450] Ihr Anliegen ist qua Inhalt anschlussfähig an die ethischen Grundüberzeugungen breiter Gesellschaftsschichten. Moralisches Kapital bietet einen strategischen Wettbewerbsvorteil gegenüber Akteuren, deren Ziele nicht als gleichermaßen altruistisch wahrgenommen werden – und vor allem kompensiert es finanzielles Kapital bis zu einem gewissen Grade. Es ist z. B. leichter und daher weniger kostenintensiv, Personen für ein Anliegen zu gewinnen, dem sie aus ethischer Überzeugung ohnehin explizit oder implizit zustimmen, als für eines, von dem sie erst überzeugt werden müssen. Überspitzt gesagt: Menschenrechte verkaufen sich besser als Atomkraft. Mehr noch: Für Akteure, deren strategische Ziele untrennbar mit einem moralischen Narrativ verknüpft sind, erweisen sich erhebliche finanzielle Ressourcen im Einzelfalle sogar als Last, weil sie den Eindruck der Überlegenheit oder Käuflichkeit erwecken können. Trotz allem bleibt jedoch der Grundsatz bestehen, dass auch Machtakteure

449 Vgl. Bowens, Luc (2016): The Ethics of Dieselgate, in: Midwest Studies in Philosophy 40 (1), S. 262–283.

450 Es geht hierbei nicht um die Frage, wie altruistisch oder ethisch hochstehend die Ziele der oben genannten Interessengruppen im Einzelnen sind. Entscheidend ist vielmehr, dass diese in der Regel als altruistisch und daher moralisch begründet *wahrgenommen* werden. Dieser Umstand genügt nach unserer Einschätzung, um über moralisches Kapital zu verfügen. Zur Strategieberatung von NGOs siehe auch Miller, Constanze & Meier, Dominik (2001): Humanitäre Mission. Strategische Politikberatung für Nonprofit-Organisationen. In: Althaus, Marco (Hg.): Kampagne. Neue Marschrouten politischer Strategie für Wahlkampf, PR und Lobbying, Münster: Lit, S. 183–197.

ohne finanzielle Potenz die übrigen strategischen Potenzen nicht ausbilden können, und zwar aus den oben genannten Gründen. Wir haben es also nicht mit einer *Ob*-Frage, sondern mit einer *Wieviel*-Frage zu tun. Finanzielle Potenz bleibt die Conditio sine qua non der Strategiefähigkeit.

Die siebte und letzte strategische Potenz ist die *Opferbereitschaft*. Dieser auf den ersten Blick martialisch anmutende Ausdruck meint nichts anderes als den Willen des Machtakteurs und seiner Unterstützer, bei der Verfolgung des strategischen Ziels Entbehrungen in Kauf zu nehmen und Risiken (auch für das eigene Wohlergehen) einzugehen. Die Entwicklung, Implementierung und Steuerung einer politischen Strategie ist niemals ein risikofreies oder müheloses Projekt. Strategien kosten Zeit, Geld, Nerven und vor allem Kraft. Die Unwägbarkeiten des Machtfeldes bringen zwangsläufig auch Rückschläge mit sich. Sie können mit dem Verlust von Geld, Prestige, Freundschaften und – im Falle von Strategien, welche die etablierte Ordnung herausfordern (z. B. Revolutionen oder organisierter ziviler Ungehorsam gegen Diktaturen) – sogar von Leib und Leben einhergehen. Akteure, die nicht oder nicht hinreichend motiviert sind, diese Risiken einzugehen und auch zu tragen, sind opferbereiten Akteuren klar unterlegen. Um diesen Punkt zu unterstreichen, müssen wir nicht an historische Ausnahmepersönlichkeiten wie den indischen Staatsmann Mahatma Gandhi erinnern, der bereit war, für seine Strategie eines pazifistischen Aufstands gegen das britische Empire die Unversehrtheit des eigenen Körpers zu opfern.[451] Es genügt, sich den langen und extrem anstrengenden Arbeitsalltag eines deutschen Spitzenpolitikers – gerade in Wahlkampfzeiten – vor Augen zu führen, um zu verstehen, was Opferbereitschaft in Hinblick auf politische Strategien bedeuten kann.

451 Wir sprechen hier im Übrigen ganz bewusst von einer pazifistischen *Strategie* – und nicht von einer philosophischen Grundhaltung – Gandhis. Der indische Revolutionär setzte den gewaltlosen Widerstand gezielt als strategisches Mittel gegen die Kolonialtruppen ein, um so der Weltöffentlichkeit die ›Barbarei‹ der Okkupatoren deutlich vor Augen zu führen. In Bezug auf den späteren Konflikt mit Pakistan favorisierte Gandhi klar die militärische Gegenoption; vgl. Tønnesson, Øyvind (1999): Mahatma Gandhi, the Missing Laureate, https://www.nobelprize.org/nobel_prizes/themes/peace/gandhi/index.html und Freedman, Lawrence (2013): Strategy: A History, Oxford/New York: Oxford University Press, S. 247.

An dieser Stelle wollen wir die Diskussion der Strategiefähigkeit abschließen und uns der dritten Komponente der politischen Strategie zuwenden: der *Strategiebildung*. Erfolgreiche Strategiebildung beruht, wie Raschke und Tils in einer interessanten mathematischen Analogie festhalten, auf korrekten Kalkulationen.[452] Im weitesten Sinne sind solche Kalkulationen Vorteilsberechnungen. Durch sie definiert der Akteur seine situationsübergreifenden Ziele in Hinblick auf verfügbare Mittel bzw. eigene Machtressourcen, Systembedingungen sowie Machtressourcen politischer Gegner und leitet daraus Handlungsschritte ab. Kurzum: Der Akteur spielt die verschiedenen kausalen Pfade, die zu seinem Ziel führen können, durch und wählt den, der sich durch die optimale Relation zwischen Erfolgswahrscheinlichkeit und erwartetem Aufwand auszeichnet. Idealziel ist die Identifizierung eines Pfades mit maximaler Effektivität und Effizienz, also größtmöglicher Aussicht auf Erfolg unter kleinstmöglichem Einsatz von Ressourcen. An dieser Stelle zeigt sich indes, dass Raschkes und Tils' mathematische Analogie an ihre Grenzen gelangt: Denn anders als Rechenoperationen, die auf universellen Axiomen beruhen, sind strategische Kalkulationen keine logischen Schlüsse, sondern probabilistische Denkoperationen, die auf Erfahrungswissen beruhen.[453] Sie haben die allgemeine Form: Unter den empirisch begründeten Annahmen, dass ich die Ressource *r* mobilisieren kann, das politische Umfeld der Entwicklung *e* folgt und der politische Gegner die Handlung *h* durchführt, besteht eine Wahrscheinlichkeit von *x* %, dass ich mein Ziel *z* erreiche. Kalkulationen zeichnen sich, weil sie künftige Handlungen und Ereignisse antizipieren, durch ein Risiko der Unabwägbarkeit aus. Dieses ist umso größer, je weiter der Zeithorizont der Strategie und je höher die Anzahl der Variablen und Konstanten ist.

452 Vgl. Rasche, Joachim & Tils, Ralf (2011): S. 113.

453 Präzise gesagt: Mathematische Berechnungen sind apriorisch, sie gründen nicht in Erfahrungswissen, sondern – wenn wir Kant folgen – in reiner Vernunft. Politikstrategische Kalkulationen sind aposteriorisch, sie haben ihre Grundlage und Rechtfertigung in unserem Erfahrungswissen über die Welt.

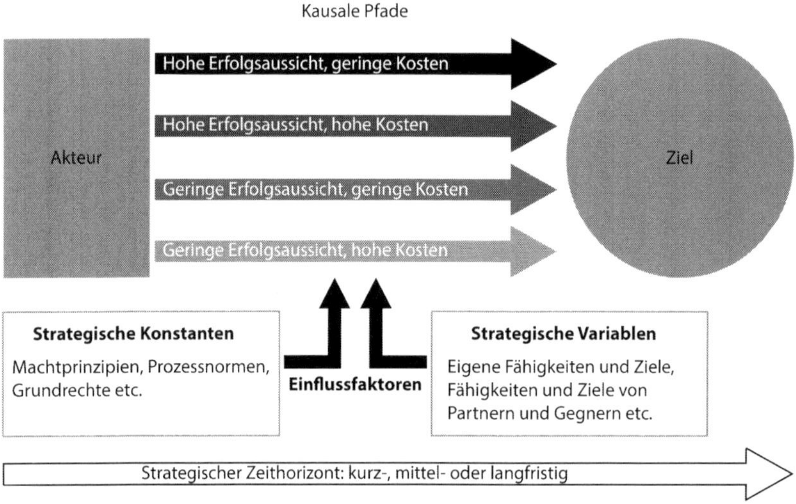

Abbildung 8: Strategische Kalkulationen

Um es noch einmal auf den Punkt zu bringen: Wer eine strategische Kalkulation durchführt, nimmt *(a)* eine Abwägung zwischen strategischem Ziel und verfügbaren Machtmitteln vor, prognostiziert *(b)* das zukünftige Verhalten politischer Gegner und Verbündeter sowie strategierelevante Ereignisse und politische Entwicklungen und *(c)* rekurriert hierbei auf seine vergangenen Erfahrungen über das politische Machtfeld, seine Akteure, Prozesse und Beschränkungen, um so *(d)* den idealen Kausalpfad zum Ziel zu identifizieren. Bereits diese hochverdichtete Rekapitulation macht deutlich, dass die Strategiebildung ein überaus komplexer Prozess ist.

Auch wenn die Einflussfaktoren für die Strategiebildung im Einzelfall extrem zahlreich und schwer überblickbar sein können, lassen sie sich dennoch anhand einiger weniger Kategorien systematisieren und so handhabbar machen. Als ersten Schritt können wir das gesamte Spektrum in *zwei Basiskategorien* unterteilen: strategische Konstanten und strategische Variablen.

Als *Konstanten* wollen wir all diejenigen Faktoren bezeichnen, die nur extrem schwer veränderlich sind – weil es sich entweder um stabile, kulturübergreifende Prinzipien handelt oder um habituell fest verankerte Handlungsmuster der jeweiligen Gemeinwesen.[454] Hierzu zählen neben basalen ökonomischen Gesetzen, wie etwa jenem, dass eine hohe Nachfrage bei geringem Angebot zur Preissteigerung führt, auch die universellen Prinzipien der Macht und anthropologische Konstanten, wie die Verletzungsoffenheit des Menschen.

Des Weiteren lassen sich unter diese Kategorie – in abgeschwächter Form – auch die Verfassungs- und Verfahrensnormen des Gemeinwesens rubrizieren, in dem die Strategie implementiert werden soll. Hierunter fallen also u. a. politische und zivile Grundrechte, Wahlsysteme, Formen der horizontalen und vertikalen Gewaltenteilung und die Einbindung in supranationale Institutionen wie die EU oder das Commonwealth of Nations. Diese Normen beschreiben die formellen Spielregeln des Wettstreits um politische Macht und demarkieren die Grenzen des legalen und legitimen Einsatzes der strategischen Machtressourcen. Ein *caveat* ist natürlich angebracht, weil diese Regeln nicht universell, sondern historisch kontingent sind und durchaus von Menschen verändert oder abgeschafft werden können. Aber – und dieser Punkt ist hier entscheidend – sie sind durch extrem anspruchsvolle prozessuale Hürden geschützt (z. B. Zweidrittelmehrheitsklauseln in beiden deutschen Kammern) und tief verwurzelte Elemente der jeweiligen politischen Praktiken. Daher zielen Strategien selten auf Verfassungs- und Verfahrensnormen selbst ab (bzw. auf deren Änderung), sondern bewegen sich im Rahmen dieser Normen.

Diese Feststellung lässt sich generalisieren: Konstanten der Strategiebildung sind aufgrund ihrer Langlebigkeit und minimalen Veränderlichkeit zwar Einflussfaktoren, die bei Kalkulationen berücksichtigt werden müssen – aber meist nicht Gegenstand bzw. Ziel der Strategie. Die praktische Konsequenz dieser Feststellung ist erstens, dass Machtakteure wissen müssen, welche Konstanten für ihr strategisches Ziel relevant sind und welche nicht. Zweitens müssen sie einschätzen können, wie sich die Konstanten auf den idealen Kausalpfad auswirken und welche

454 Unser Konzept strategischer Konstanten ist inspiriert durch den historiografischen Kernbegriff der *longue durée*, den Fernand Braudel als einer der wichtigsten Vertreter der *Annales-Schule* in die Geschichtswissenschaft eingeführt hat, vgl. Braudel, Fernand ([1958 (1992): Die lange Dauer, in: Ders. Schriften zur Geschichte Bd. 1: Gesellschaft und Zeitstrukturen, übers. von Gerda Kurz & Siglinde Summerer, Stuttgart: Klett-Cotta, S. 49–87.

Wechselwirkungen zwischen ihnen bestehen. Drittens ist es praktisch nicht erforderlich, Konstanten über den zeitlichen Verlauf der Strategieumsetzung und -steuerung hinweg zu beobachten und zu evaluieren. Der Grund hierfür ist ihre erwartbare Stabilität: Wer einmal alle Konstanten seiner Strategie identifiziert und in die Zweck-Mittel-Umwelt-Berechnung aufgenommen hat, kann sich für die verbleibende Zeit den strategischen Variablen widmen.

Unter die Kategorie strategischer *Variablen* fallen alle Faktoren, die dezidiert veränderlich sind – sei es durch gezieltes Handeln, durch Naturereignisse oder als nicht intendierte Folge unkoordinierten Kollektivverhaltens.[455] Hier eine erschöpfende Katalogisierung vorzunehmen, ergibt keinen Sinn: Zu vielfältig sind die Faktoren; auf Erfolg und Kosten politischer Strategien können sich Sportereignisse ebenso auswirken wie das Wetter, internationale Konflikte, private Skandale oder der plötzliche Tod wichtiger Entscheidungsträger. Wir können nur einen klassifikatorischen Überblick geben, der die Orientierung erleichtert.

Erstens können wir die strategischen Variablen unterscheiden, die *unmittelbar dem strategiebildenden Akteur selbst zuzurechnen sind*: seine Strategiefähigkeit und sein strategisches Ziel. Offenkundig müssen Akteure bei der Strategiebildung eigene Potenzen mitberücksichtigen, realistisch einschätzen und gegebenenfalls ergänzen. Wer über starke Netzwerk- und Vermittlungsfähigkeit verfügt, aber weder Ruhm noch große finanzielle Potenz besitzt, ist gut beraten, entweder einen entsprechenden Verbündeten zu suchen oder diese Potenzen selbst aufzustocken. Das strategische Ziel selbst als Variable einzustufen, bedeutet, dass Akteure bei der Strategiebildung darüber reflektieren müssen, ob ihre Zielsetzung in Hinblick auf eigene Fähigkeiten und Ressourcen realistisch ist, angepasst oder gar aufgegeben werden muss. Klassische Fragen sind hier: Kann ich das Ziel überhaupt verfolgen, ohne meine Vermittlungsfähigkeit aufzugeben, sprich mich unglaubwürdig zu machen? Habe ich eine ausreichende Organisationsfähigkeit, um ein komplexes Ziel mit weitem Zeithorizont zu realisieren, oder muss ich mich auf ein einfache-

455 Klassische Beispiele für Variablen, die durch Naturereignisse (Regen, Überflutungen, Dürren, Erdbeben, Vulkanausbrüche etc.) verändert werden können, sind Ernten oder Besucherzahlen in touristischen Reisezielen. Exemplarisch für Variablen, die sich infolge nicht koordinierten Kollektivverhaltens ändern können, sind etwa der Verkehrsfluss oder Preise von Spekulationsobjekten.

res, kurzfristigeres Ziel konzentrieren? Ist die Verfolgung meines Ziels der Aufrechterhaltung bestehender Bündnisse zu- oder abträglich? Steht mein Ziel *x* in Konflikt mit meinem Ziel *y*, und wenn ja, welche Prioritätsordnung besteht zwischen ihnen? Die Liste ließe sich ohne Weiteres ergänzen, aber wir wollen es bei diesem Abriss belassen.

Zweitens können wir all diejenigen Faktoren zusammenfassen, die den Bereich politischer Verbündeter betreffen. Dies sind: *Anzahl, Strategiefähigkeiten und Ziele der Partner*. Offenkundig kann der strategiebildende Akteur alle diese Variablen nur mittelbar beeinflussen, aber sie sind unmittelbar relevant für die eigene Zielentwicklung und für die korrespondierende Mittelwahl. Wie bereits bei unserer Diskussion der Netzwerkfähigkeit angeklungen, ist z. B. das Verhältnis zwischen Quantität und Qualität eines politischen Bündnisses essenziell für die strategische Kalkulation. Aber auch Ziele und Präferenzordnungen von Partnern sind ausschlaggebend. Beispielhaft hierfür ist eines der kontroversesten Bauprojekte der jüngeren deutschen Geschichte: der Brückenbau durch das UNESCO-geschützte Dresdner Elbtal. Der sächsischen Landesregierung, die den Bau entschieden befürwortete und vorantrieb, stand eine Allianz von radikalen Umweltschützern und moderaten Bürgerinitiativen entgegen. Beide Partner dieser Allianz waren sich einig in ihrer Ablehnung des Brückenbaus. Aber während lokale Vertreter von BUND und NABU kategorisch jedwede Form der Elbquerung zurückwiesen, verständigten sich die Bürgerinitiativen im Konfliktverlauf auf eine Elbuntertunnelung als Alternative zum Brückenbau. Dieser interne Dissens führte nach Bekanntwerden zu einer derart massiven Schwächung des Anti-Brücken-Lagers, dass die Landesregierung ihr Projekt durchsetzen konnte und die Unterstützung von weiten Teilen der Dresdner Bevölkerung gewann.

Die *dritte* Klasse strategischer Variablen umfasst die *Anzahl, Strategiefähigkeiten und Ziele politischer Gegner*. All diese Variablen haben massiven Einfluss auf die strategische Kalkulation, und zwar sowohl was die Zieldefinition als auch die Wahl strategischer Mittel und Bündnispartner anbetrifft. Wer es z. B. mit politischen Gegnern zu tun hat, deren strategische Ziele den eigenen diametral entgegenstehen und die sich durch eine hohe Strategiefähigkeit auszeichnen, tut im Zweifelsfalle gut daran, seine Ziele zu modifizieren und einige seiner Gegner zu Verbündeten zu machen.

Ein legendäres Beispiel für diese Form der Kalkulation bietet der französische Staatsmann und Bischof Charles-Maurice de Talleyrand-Périgord, dessen Wirken sich von 1780 bis 1838 erstreckte und damit fünf Regierungsumbrüche umspannte.[456] Seine Laufbahn begann er als Generalagent der königstreuen französischen Kirche und Abgeordneter zu den Generalständen (Klerus, Adel, Dritter Stand). Während der Umbrüche von 1789 löste sich Talleyrand jedoch von der monarchistischen Orientierung des Klerus, die angesichts des Niedergangs des *Ancien R*égime keine Aussicht auf Erfolg mehr hatte. Stattdessen suchte er den Schulterschluss mit gemäßigten Revolutionären wie Mirabeau und sprach sich, dem Geist der Zeit folgend, für eine Verstaatlichung des Kirchenbesitzes aus. Dabei blieb er gleichwohl stets den Kerninteressen des liberalen Klerus an einem Fortbestand der Kirche im Rahmen einer französischen Zivilverfassung treu. Talleyrands Fähigkeit, strategische Bündnisse zu schmieden und veränderte Machtverhältnisse in die eigenen Kalkulationen einzubeziehen, reichte so weit, dass er selbst Jakobiner wie Danton zu seinen Unterstützern zählen konnte. Diese Fähigkeit führte auch dazu, dass der Staatsmann nach Ende des jakobinischen Terrors zunächst unter dem Direktorium diente, dann unter dem Kaiserreich und schließlich im postnapoleonischen Frankreich. Talleyrands Flexibilität hat ihm unter Zeitgenossen den Ruf eines Wendehalses eingebracht, Napoleon selbst betitelte ihn als einen Haufen »Scheiße in Seidenstrümpfen«.[457] Aber diese Einschätzung ändert nichts daran, dass sein Wirken geradezu prototypisch für eine Strategiebildung ist, die sich mit maximaler Effizienz und Effektivität an den Machtkapazitäten politischer Antagonisten orientiert und strategische Ziele als flexible Größe begreift.

Die *vierte* und letzte Variablenklasse umfasst all jene veränderlichen Faktoren, die den erweiterten Kontext der Strategieentwicklung und -umsetzung bilden und die sich somit nicht den vorangegangenen drei Klassen zuordnen lassen. Im Folgenden wollen wir daher von *Kontextvaria-*

456 Vgl. Willms, Johannes (2011): Talleyrand: Virtuose der Macht 1754–1838, München: C.H. Beck, Schell, Eric (2010): Le bréviaire de Talleyrand, Paris: Horay und natürlich Orieux, Jean (1972): Talleyrand. Die unverstandene Sphinx, Frankfurt: Societäts-Verlag.

457 Vgl. Die Welt vom 5.9.2011, https://www.welt.de/kultur/history/article13558791/Ein-Haufen-Scheisse-in-Seidenstruempfen.html.

blen reden.[458] Diese Rubrik umfasst Faktoren wie die öffentliche Meinung, nationale und internationale Makroentwicklungen (Kriege, Revolutionen, Friedensschlüsse), Naturereignisse und technische Desaster (Überschwemmungen, Dürren, Nuklearkatastrophen), die bereits angesprochenen Konsequenzen nicht koordinierten Kollektivverhaltens (Immobilienblasen, Baissen, Massenpaniken) und technologische Innovationen (Buchdruck, Schießpulver, Internet). Alle diese Faktoren können sich sowohl positiv als auch negativ auf den strategischen Erfolg auswirken, aber sie sind – mit begrenzter Ausnahme der öffentlichen Meinung – in der Regel kaum prognostizierbar und nur schwer beeinflussbar. Die Kernschmelze des Reaktors von Fukushima im Jahre 2011 erwies sich z. B. als strategischer Wendepunkt für den Erfolg der Antiatomkraftbewegung. Unter dem Eindruck dieses schweren Störfalls ging der bereits geringe Anteil der Kernkraftbefürworter in Deutschland binnen weniger Wochen von 34 % auf 26 % zurück, während der Anteil der Kernkraftgegner von 64 % auf 72 % anstieg.[459] Der politische Kontext hatte sich dergestalt verändert, dass das strategische Ziel, Atomausstieg und Energiewende, mit größtmöglicher öffentlicher Unterstützung umzusetzen war.

Angesichts der nur geringen Prognostizierbarkeit und Beeinflussbarkeit von Kontextvariablen bei gleichzeitiger Wirkmächtigkeit lassen sich zwei strategische Grundsätze für Kalkulationen festhalten: *ausnutzen* und *wappnen*. Erfolgreiche Kalkulationen müssen einerseits flexibel genug sein, um unvorhergesehene Kontextvariablen (wie die angesprochene Kernschmelze von Fukushima) als strategische Chancen identifizieren und ausnutzen zu können. Und sie müssen andererseits vorausschauend und robust genug konzipiert sein, damit sich etwaige Risiken durch Kontextvariablen abwenden oder zumindest abfedern lassen.

Zusammenfassend können wir festhalten, dass Machtakteure bei der Strategiebildung sowohl politische Konstanten (Machtprinzipien, ökonomische Gesetze, Verfahrensnormen etc.) als auch vier Klassen von Variablen (eigene Ziele und Potenzen, Ziele und Potenzen von Verbünde-

458 Die Variablen bezeichnen Prognosewissenschaftler mitunter auch als »Wild Cards«, siehe Steinmüller, Angela & Karlheinz (2004): Wild Cards. Wenn das Unwahrscheinliche eintritt. Zweite Auflage, Hamburg: Murmann.

459 Vgl. WIN-Gallup International (2011): Impact of Japan Earthquake on Views about Nuclear Energy, http://www.webcitation.org/5y691sqVO?url=http://www.gallup.com.pk/JapanSurvey2011/PressReleaseJapan.pdf.

ten und Gegnern, Kontextvariablen etc.) berücksichtigen müssen. Angesichts dieser kalkulatorischen Komplexität nimmt es nicht wunder, dass Raschke und Tils Strategiebildung als »große kognitive und kreative Herausforderung« einstufen.[460] Wir tun gut daran, beide Aspekte dieser Herausforderung, also den kognitiven und den kreativen, klar zu unterscheiden. Einerseits bedeutet die Entwicklung einer zielführenden und effizienten Strategie einen immensen informationalen Aufwand, und sie bringt zudem das Erfordernis mit sich, die gesammelten Informationen zu systematisieren und – im Falle von Variablen – kontinuierlich auf Aktualität zu überprüfen. Andererseits müssen wir uns vergegenwärtigen, dass die Verwertung ebendieser Informationen in Form von Zweck-Mittel-Umwelt-Kalkulationen ein Prozess ist, der nicht nur mit Induktion und Reflexion zu tun hat, sondern auch mit Intuition. Wer sich bei der Entwicklung von Strategien stets an Handlungsschemata orientiert, die in der Vergangenheit erfolgreich waren, wird mittelfristig genauso Schiffbruch erleiden wie der, der von einer übermäßig intellektualistischen Sicht des politischen Machtfelds ausgeht. Erfolgreiche Kalkulationen sind immer auch eine Frage des Bauchgefühls, der Herrschaftskompetenz, der politischen *téchne* (siehe Kap. 2.5.1). Ohne die viel beschworene Fähigkeit, »Neues und Riskantes zu wagen«, die sich aus der intuitiven Vertrautheit mit politischer Macht speist, bleibt politische Strategie berechenbar, uninnovativ und damit – letzten Endes – erfolglos. Bemerkenswert ist also, dass gerade bei einem Kernelement politischer Strategie *epistémé* und *téchne* einander überlappen: Einerseits tritt der Akteur bei der Strategiebildung einen bewussten Schritt aus dem konkreten Handlungskontext zurück, um auf Grundlage seines Herrschaftswissens über Ziele, Mittel und Erfolgsbedingungen zu reflektieren. Andererseits muss sich der finale Entschluss zur strategischen Entscheidung gleichwohl aus dem Vermögen der Herrschaftskompetenz speisen, mithin als kreativer Impuls dem strategischen Gedankengebäude erst Leben einhauchen.

Damit wollen wir uns dem vierten und letzten Baustein der politischen Strategie zuwenden: der *strategischen Steuerung*. Als Leitprinzip können wir festhalten: Strategien sind keine Selbstläufer; ihre Verwirklichung kann nur durch zielgerichtete praktische Umsetzung erfolgen, die sich dynamisch den Anforderungen der jeweiligen Handlungskon-

460 Raschke & Tils (2008): S. 19.

texte anpasst.[461] Strategien sind zwar situationsübergreifende Konstrukte – ihre Realisierung erfolgt allerdings notwendigerweise über Sequenzen von Handlungssituationen, die entweder wie geplant verlaufen oder aber durch unvorhergesehene Ereignisse oder Aktionen anderer Protagonisten des politischen Feldes (Verbündete, Gegner, neutrale Akteure) geprägt werden.

Dieser Umstand bringt zwei Implikate mit sich: *Erstens* hat die strategische Steuerung stets eine *taktische* Komponente, insofern sie das »nutzenorientierte Eingehen auf Besonderheiten der Situation, die durch das – gröbere – Raster strategischer Orientierung fallen«, erfordert.[462] Kurzum: Weil sich die Steuerung einer politischen Strategie nie bis ins letzte Detail vorab planen lässt, benötigt der Akteur neben einem strategischen Verständnis des Feldes zudem ein taktisches Gespür für die spezifischen Erfordernisse der Einzelsituationen und die Fähigkeit, diese kurzfristig in seinem Handeln zu berücksichtigen. Auch dieses taktische Gespür ist letztendlich Bestandteil der zu Beginn unserer Strategiediskussion eingeführten Gouvernementalität. Es erwächst – analog zum Strategieverständnis – aus der Durchdringung des politischen Machtfelds sowie seiner Prinzipien und aus der Reflexion über seine Praktiken, Habitus und Deutungshorizonte.

Zweitens erfordert strategische Steuerung eine kontinuierliche Überprüfung des Verhältnisses zwischen dem strategischen Plan und der tatsächlichen Lage. Wer Strategien blind implementiert, ist nicht nur berechenbar. Er ist zudem außerstande, auf neue strategische Herausforderungen – wie etwa eine dramatische Veränderung von Kontextvariablen, die Abwendung vermeintlich loyaler Verbündeter oder einen plötzlichen Einbruch der eigenen Machtressourcen – angemessen zu reagieren. Was eine adäquate Reaktion auszeichnet, ist abhängig von der Schwere der strategischen Herausforderung: So halten Raschke und Tils fest, dass »[m]oderate Abänderungen der Strategie […] erforderlich [werden], wenn sich das erarbeitete Konzept erkennbar von den realpolitischen

461 Raschke & Tils (2011: S. 190) bezeichnen strategische Steuerung daher auch als »dynamische Navigation«. Diese nautische Metapher ist durchaus treffend: Einerseits stellt sie den Bezug zu einem handlungsanleitenden Plan bzw. einer strategischen Karte her. Andererseits macht sie deutlich, dass sich der Navigator an die veränderlichen, volatilen Gegebenheiten seines Terrains anpassen und gegebenenfalls die geplante Route anpassen muss.

462 Ebd. S. 191.

Umweltentwicklungen löst. [...] Überraschende Interventionen und veränderte Konstellationen können den Strategieakteuren *modifizierende Adaptionen* abfordern, ohne dass damit gleich eine ›neue‹ Strategie entsteht.«[463] Haben sich die strategischen Variablen im Verlauf der Strategieimplementierung freilich so verändert, dass eine effiziente und effektive Erreichung der avisierten Ziele nicht mehr möglich ist, dann ist es mit einer bloßen Modifikation nicht mehr getan. An diesem Punkt ist für Raschke und Tils der Zeitpunkt für eine *Revision* der Strategie gekommen, also für eine »Korrektur zentraler Bausteine des strategischen Konzepts«,[464] inklusive einer Neujustierung von Zielen und Mitteln sowie einer Repositionierung innerhalb des Machtfelds. Erstaunlicherweise bleibt in dieser Auflistung eine dritte Option ausgespart, die gleichwohl diskutierenswert ist: die *Aufgabe der Strategie*. Wenn sich im Zuge der praktischen Umsetzung herausstellt, dass eine Strategie fundamental verfehlt ist – entweder weil bei ihrer Konzipierung Machtressourcen oder Ziele politischer Gegner unberücksichtigt geblieben sind oder weil sich der Realisierungskontext unvorhersehbar gewandelt hat –, kann es durchaus rational sein, ein strategisches Projekt aufzugeben. Die Gründe liegen auf der Hand: Ein Kampf auf verlorenem Posten schadet nicht nur unnötig der finanziellen Potenz des Machtakteurs, sondern belastet auch andere Potenzen wie Ruhm, Vermittlungsfähigkeit und Netzwerkfähigkeit. Denn wer wider besseres Wissen an einer zum Scheitern verurteilten Strategie festhält, büßt nicht nur das Vertrauen seiner Verbündeten ein, sondern auch seine Glaubwürdigkeit bei der künftigen Vermittlung strategischer Anliegen. Freilich erfordert das Eingeständnis des strategischen Scheiterns vom Machtakteur neben der Fähigkeit zur Reflexion über eigene Fehler vor allem eines: Mut.[465] Dann allerdings bie-

463 Ebd. S. 194, unsere Hv.

464 Ebd.

465 Aus Samuel Becketts Novelle Worstward Ho (1984, New York: Grove Press) stammt der viel zitierte Satz: »Ever tried. Ever failed. No matter. Try again. Fail again. Fail better.« Dieses Zitat ist inzwischen zum Mantra einer neuen Strömung in der Debatte um unternehmerische und politische Führung geworden, die auf die positive Seite des Scheiterns als Katalysator von Innovation, Wachstum und strategischer Neuerung abstellt. Einen exzellenten Einstieg bietet Danner, John & Coopersmith, Mark (2015): The Other »F« Word. How Smart Leaders, Teams, and Entrepreneurs Put Failure to Work, Hoboken: Wiley.

tet sich die Chance für eine grundlegende Verbesserung der eigenen Strategiefähigkeiten und für die Kultivierung der Gouvernementalität.

Doch auch bei erfolgreicher Durchführung einer Strategie, die zudem ohne adaptive Modifikationen oder grundlegende Modifikationen auskommt, bleibt ein finales Element der strategischen Steuerung bestehen: die *retrospektive Evaluation*. Die bewertende Einschätzung der abgeschlossenen Strategie – Was wurde erreicht? Mit welchem Aufwand? Was hat funktioniert und was nicht? etc. – dient nicht nur der Erfolgsversicherung gegenüber Verbündeten und der eigenen Interessenformation. Sie hat vor allem die Funktion, die strategischen Grundlagen zu stärken, Strategiefähigkeiten zu verbessern bzw. mögliche Defizite zu revidieren und Vorteile auszubauen und schließlich die künftige Strategieentwicklung zu perfektionieren. Die retrospektive Evaluation setzt damit eine Kaskade strategischer Verbesserungen in Gang, die auf alle Aspekte der erfolgreichen politischen Strategie durchschlägt und eine reziproke Optimierung der jeweiligen Komponenten initiiert. Ab diesem Punkt sollte klar geworden sein, dass die von uns unterschiedenen vier Komponenten – strategische Grundlagen, strategische Fähigkeiten, Strategieentwicklung und Strategiesteuerung – nicht strikt separierbar sind, sondern dynamische Aspekte eines holistischen Gesamtkomplexes bilden. Politische Strategie als zentralen Aspekt des Herrschaftswissens zu verstehen, bedeutet somit auch, alle Komponenten simultan im Blick zu haben und ihre Interdependenz zu berücksichtigen.

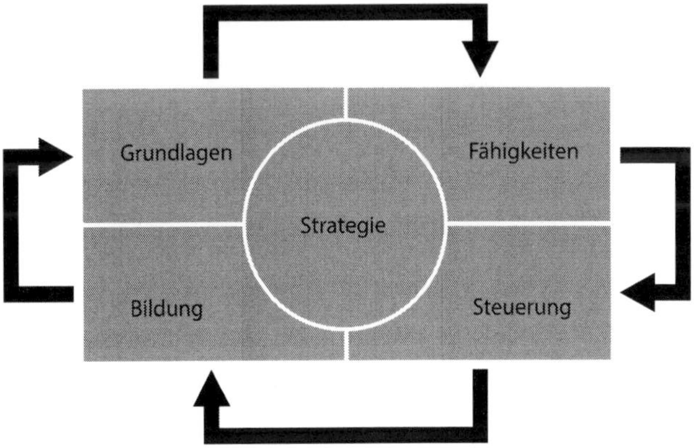

Abbildung 9: Interdependenz der Komponenten politischer Strategie

Die immense Bedeutung der politischen Strategie für das Führungswissen rechtfertigt fraglos die umfassende Diskussion, die wir diesem Schwerpunkt gewidmet haben. An dieser Stelle wollen wir das Thema jedoch abschließen. Führungswissen erschöpft sich nämlich nicht in Strategiewissen. Wenn Entscheidungsträger politische Strategien erfolgreich konzipieren und umsetzen wollen, sind sie innerhalb ihres Machtapparats auf motivierte, loyale und in ihren jeweiligen Fachbereichen kompetente Mitarbeiter oder Untergebene angewiesen. Motivation und Loyalität zu bestimmen und auf deren Grundlage Positionen und Kompetenzen zu verteilen, ist schwierig genug, aber mit Erfahrung und gesundem Menschenverstand noch zu bewältigen. Die wahre Krux ist, auf den ersten Blick, die inhaltliche Fachkompetenz. Hier entsteht augenscheinlich ein Problem, das wir das *Experten-Paradoxon* nennen wollen.[466] Dieses Paradoxon hat zwei Teile. *Erstens*: Bei der konkreten Meinungsbildung und Entscheidungsfindung ist politisches Führungspersonal auf Empfehlungen von Fachexperten (Gesundheit, Finanzen, Militär, Infrastruktur, Bildung etc.) angewiesen, weil es selbst nicht über das entsprechende Fachwissen verfügt bzw. weil die Aneignung solchen Wissens zu zeitintensiv ist. *Zweitens*: Weil das Führungspersonal nicht über das entsprechende Fachwissen verfügt, ist es, *eo ipso*, nur bedingt in der Lage, tatsächliche Experten von Schaumschlägern oder Personen mit Halbwissen zu unterscheiden. Kurzum: Der Mangel an inhaltlicher Expertise macht die Hinwendung zu tatsächlichen Experten zwar erforderlich, aber er macht sie zugleich unmöglich bzw. wenigstens zu einem Vabanquespiel.[467] Wenn dieses Paradoxon zuträfe, käme dies einer »Katastrophe« des Führungswissens gleich. Die Frage lautet also, ob es so etwas wie *Metaexpertise* geben kann, und wenn ja, worin sie besteht. Wenn Metaexpertise existiert, ist sie neben dem Strategiewissen die zweite Säule des Führungswissens.

In seinem klugen, praxisnahen Aufsatz *Experts: Which Ones Should You Trust?* nimmt der Erkenntnistheoretiker Alvin Goldman den Kampf

466 Vgl. Hardwig, John (1985), Epistemic dependence, in: Journal of Philosophy 88, S. 693–708.

467 Dieses Paradoxon klingt freilich bereits bei Weber ([1922] 1976) an. Weber beharrt einerseits darauf, dass der moderne Verwaltungsstaat vor allem vom Wissensvorsprung seiner hoch spezialisierten Beamten profitiert; aber er gesteht andererseits bereitwillig zu, dass deren Selektion ein extrem anspruchsvoller und fehleranfälliger Prozess ist.

mit dem Experten-Paradoxon auf.[468] Seine Ergebnisse sind für unsere Diskussion unmittelbar relevant. Goldmans These besagt, dass auch fachliche Laien eine wohlinformierte Auswahl zwischen mutmaßlichen Experten treffen können, wenn sie eine Reihe von Heuristiken und Erkenntniskriterien berücksichtigen. Die *erste* Maßnahme besteht darin, potenzielle Befangenheiten oder Bias (Vorurteile und Ressentiments, eine eigene Agenda, individuelle Vorteile, die aus bestimmten Politikentscheidungen resultieren etc.) bei mutmaßlichen Experten zu identifizieren; dies gilt insbesondere dann, wenn eine Reihe von Personen Anspruch auf Expertise erheben und konträr entgegengesetzte Einschätzungen einer Sachlage abgeben. Goldman fasst den Grundsatz pragmatisch zusammen: »If two people give contradictory reports, and exactly one of them has a good reason to lie, the relative credibility of the former is seriously compromised.«[469] Das *zweite* Kriterium bezieht sich auf die Erfolgsbilanz (»track record«) der mutmaßlichen Experten. Dieses Vorgehen ist letztendlich ein induktiver Schluss: Je besser die bisherigen Ergebnisse des mutmaßlichen Experten (seien es nun erfolgreiche Beratungen bei vergangenen Strategieentwicklungen, konzise und allseitig anerkannte Gutachten oder zutreffende Prognosen), desto größer die Wahrscheinlichkeit, dass die Person auch in Zukunft die richtigen Ratschläge und Antworten parat haben wird. Das *dritte* Kriterium ist vielleicht das nächstliegende. Es beruht darauf, die informierte Meinung anderer Experten einzuholen, denen man Vertrauen schenkt – entweder weil man mit ihnen erfolgreich zusammengearbeitet hat oder weil sie die ersten zwei oben genannten Kriterien erfüllen.

Keine dieser Heuristiken ist erfolgsgarantierend, aber ihre Befolgung gewährleistet, dass Entscheidungsträger Metaexpertise gewinnen können, ohne selbst zu Experten werden zu müssen. Auch hier ist allerdings ein weiterer Faktor ausschlaggebend, der schwierig auf den Punkt zu bringen ist, aber sich mit dem Schlüsselbegriff der Menschenkenntnis noch am besten umreißen lässt. Erfahrene Entscheidungsträger, die das

468 Vgl. Goldman, Alvin (2001): Experts: Which Ones Should You Trust?, in: Philosophy and Phenomenological Research 63, S. 85–111. Für eine Anwendung von Goldmans Ergebnissen auf die politische Theorie siehe Blum, Christian & Zuber, Christina I. (2016): Liquid Democracy: Potentials, problems, and perspectives, in: Journal of Political Philosophy 24 (2), S. 162–182; S. 12f.

469 Goldman (2001): S. 104.

Spiel um politische Macht routiniert beherrschen, sind oft in der Lage, Bullshitting im Sinne Frankfurts (siehe Kap. 2.4) zuverlässig zu erkennen, weil sie es während ihrer langen Laufbahn oft genug erlebt haben. Diese Fähigkeit ist freilich keine epistemische, sondern ein intuitives, habitualisiertes Vermögen. Entsprechend fällt es primär in den Bereich des ersten Machtvektors, der Herrschaftskompetenz.

Der Begriff des (bürokratischen) *Fachwissens* ist in unserer Diskussion der Metaexpertise bereits mehrfach angeklungen. Aber nun wollen wir uns dieser zentralen Form des Herrschaftswissens direkt zuwenden. Der bis zum heutigen Tage wichtigste Autor dieses Themenfeldes ist für unsere Leser inzwischen ein alter Bekannter: Max Weber. Es lohnt sich, hier ausführlicher aus Webers Klassiker *Wirtschaft und Gesellschaft* zu zitieren, um die Bedeutung des Fachwissens als Machtfaktor zu akzentuieren: »Die bureaukratische Verwaltung bedeutet: *Herrschaft kraft Wissen*: dies ist ihr spezifisch rationaler Grundcharakter. Über die durch das Fachwissen bedingte gewaltige Machtstellung hinaus hat die Bureaukratie (oder der Herr, der sich ihrer bedient), die Tendenz, ihre Macht noch weiter zu steigern durch das *Dienst*-Wissen: die durch den Dienstverkehr erworbenen oder ›aktenkundigen‹ Tatsachenkenntnisse. Der nicht nur, aber allerdings spezifisch bureaukratische Begriff des ›Amtsgeheimnisses‹ […] entstammt diesem Machtstreben.«[470]

Wenn wir diese dichte Beschreibung dekomprimieren wollen, bietet es sich an, bei der impliziten Unterscheidung zwischen Führungswissen und Fachwissen zu beginnen. Während das von uns eingehend diskutierte Führungswissen eine Form von *Wie*-Wissen darstellt – *Wie* erreicht man am besten ein strategisches Ziel? *Wie* wählt man am besten Personen für strategisch relevante Aufgaben aus? etc. –, handelt es sich beim bürokratischen Fachwissen um *Was*-Wissen, also um »Tatsachenkenntnisse« in Webers Diktion. Wer, qua Mitglied des administrativen Arms des Machtapparats, über derartiges Fachwissen verfügt, weiß en détail, *was* in einer Gesetzesnovelle zur Tabakregulierung steht, *welche* spezifischen Bauvorschriften für Eisenbahntunnel durch Meeresgewässer gelten, *was* der fiskalische Aufwand einer steuerlichen Entlastung der unteren Einkommensschichten um 5 % ist etc. Es handelt sich um dezidiert inhaltliche Kenntnisse in Bezug auf ein spezifisches Subfeld des Politischen. Das Machtpotenzial dieses Was-Wissens ergibt sich, wie We-

470 Weber ([1922] 1976): S. 120.

ber ergänzend festhält, zuallererst aus seiner »völlige[n] Unentbehrlichkeit«.[471] Staatliche Herrschaft kann – wie wir mit Popitz resümieren wollen – nur Bestand haben, wenn sie durch einen Prozess politischer Arbeitsteilung und Spezialisierung institutionalisiert wird (siehe Kap. 1.2).[472] Das bedeutet: Die Etablierung staatlicher Herrschaft bringt die Etablierung eines Typus politischer Spezialisten mit sich, die in einem eng zugeschnittenen Wissensbereich nahezu konkurrenzlose Experten werden. Weil ihre Expertise bei der Ausübung von politischer Macht unverzichtbar ist und weil sie die einzigen Personen sind, die über diese Expertise verfügen, werden sie in der Tat unentbehrlich. Anders gesagt: Die mit Führungswissen ausgestatteten politischen Generalisten – die »Herren« des Politischen, wie Weber ein wenig antiquiert schreibt – brauchen die politischen Spezialisten, und zwar nicht nur, um Strategien zu konzipieren und zu implementieren, sondern auch, um einfach nur den Machtapparat selbst am Laufen zu halten.

Brauchen die politischen Spezialisten auch die Generalisten? Genau hier liegt die Krux. Aus der politischen Gesamt- oder Makroperspektive betrachtet, sind Führungswissen und Fachwissen offenkundig aufeinander angewiesen, um politische Herrschaft im Sinne des Gemeinwohls zu gestalten. Aber wenn man politisches Führungspersonal und bürokratische Spezialisten als potenziell konkurrierende Macht- und Interessenformationen mit jeweils eigenen Habitus, Praktiken und Deutungshorizonten begreift, stellt sich die Sache anders dar.[473] In dem Falle erweist sich bürokratisches Fachwissen nämlich als eine Ressource instrumenteller Macht (siehe Kap. 2.1), die die Bürokratie gezielt gegen die politische Führung einsetzen kann. Erinnern wir uns kurz: Instrumentelle Macht besteht in der Fähigkeit, das Verhalten anderer Personen durch glaubhafte Drohungen oder Versprechen zu steuern – in diesem Falle etwa durch die Vorenthaltung der unentbehrlichen Spezialkenntnisse. Weber, dem in jeder Zeile die Begeisterung für die Effizienz und

471 Ebd. S. 128.

472 Vgl. hierzu auch aus verwaltungswissenschaftlicher Perspektive Derlien, Hans-Ulrich, Böhme, Doris & Heindl, Markus (2011): Bürokratietheorie. Einführung in eine Theorie der Verwaltung, Wiesbaden: VS Verlag, S. 88.

473 Vgl. Wieland, Josef (1994): Die Wirtschaft der Verwaltung und die Verwaltung der Wirtschaft, in: Dammann, Klaus, Grunow, Dieter & Japp, Klaus P. (Hg.): Die Verwaltung des politischen Systems, Opladen: Westdeutscher Verlag, S. 65–78; S. 75.

Leistungsfähigkeit des bürokratischen Apparats anzumerken ist, zählt dennoch zu seinen schärfsten Kritikern. Seine korrespondierende These ist als *Verselbständigungsthese* in die Literatur eingegangen.[474] Sie besagt in nuce, dass infolge der »grundlegenden Rollendifferenzierung [...] zwischen [...] den Fachbeamten, die ihre Machtbasis im Fachwissen haben und andererseits den Politikern«,[475] welche ihre Machtbasis unter anderem im Führungswissen haben, eine Drift entsteht – bis hin zum offenen Antagonismus und Machtkampf.

Verschärft wird diese Konstellation durch die im Eingangszitat von Weber angerissene Fähigkeit des verselbständigten Verwaltungsapparats, essenzielle Kenntnisse als »Dienstkenntnisse« zu klassifizieren und gegebenenfalls unter Geheimhaltung, also unter den Begriff des »Dienstgeheimnisses« zu stellen. In ihrem Standardwerk *Bürokratietheorie* haben Hans-Ulrich Derlien, Doris Böhme und Markus Heindl diese Diagnose auf den Punkt gebracht: »Insbesondere das Dienstwissen ist, wie Weber mit einem scharfen empirischen Blick und seinem Gespür für Machtverhältnisse sofort sieht, nun eine weitere Möglichkeit der Bürokratie, sich politischer Kontrolle zu entziehen und damit die Chance für eine Verselbständigung zu steigern.«[476] Gänzlich unabhängig von dieser Abschirmung des eigenen Wissens durch Geheimhaltung existiert eine weitere Methode, um bürokratische Fachkenntnisse zu monopolisieren und als Machtressource zu sichern: die Etablierung einer *Arkansprache*. In unserem Abschnitt über Macht und Symbolik (siehe Kap. 2.1) haben wir nachgezeichnet, welches Machtpotenzial die Kontrolle über symbolische Formen und Kommunikationsmodi bietet – sei es vermittels der Monopolisierung des Schrifttums durch die katholische Kirche im Mittelalter oder des Verbots bestimmter Schriftzeichen zur Unterdrückung ethnischer Minderheiten. Die bürokratische Fachsprache ist eine Variante dieser Machttechnik, insofern sie den Zugriff auf entscheidungsrelevante Informationen mit der Beherrschung eines hochtechnischen Vokabulars und, wie im Falle der Rechtswissenschaft, einer idiosynkratischen Syntax verkoppelt. Man muss nur einen Blick in einen Aktenvermerk des Finanzamts oder einen ministerialen Gesetzesentwurf werfen, um den ausgrenzenden Effekt solcher Nomenklatur zu verstehen. Ak-

474 Vgl. Derlien, Böhme & Heindl (2011): S. 86–89.

475 Ebd. S. 90.

476 Ebd. S. 92.

tentitel wie »Die umfassenden Neuregelungen der faunistischen Leistungen im HVA F-StB« sind für Fachleute nachvollziehbar, aber Laien – und das sind im Zweifelsfalle nicht nur einfache Bürger, sondern auch Führungspersonal – stellen sie vor große Verständnishürden.[477]

Natürlich hat sich Weber mit der Frage befasst, welche Maßnahmen gegen die Verselbständigung der Bürokratie und gegen den destruktiven Antagonismus zwischen Führung und Verwaltung getroffen werden können; konkret nimmt er fünf Ansätze in den Blick:[478] Die *erste* Maßnahme ist die Einführung des Kollegialprinzips, d.h. die Entscheidungsfindung im Kollegium und nicht durch eine monokratische Behördenführung.[479] Durch die Verteilung von Macht an ein Gesamtgremium gleichberechtigter Mitglieder wird ein System wechselseitiger Kontrolle etabliert, bei dem sich die Akteure idealiter gegenseitig in Schach halten. Als *zweite* Option bietet sich die Verwaltung durch Nichtfachleute an, die per definitionem keinen Wissensvorsprung gegenüber der Führungselite und also auch keine korrespondierenden Machtmittel besitzen. Als *dritte* Kontrollmöglichkeit sieht Weber Restriktionen bei der Bestimmung des Verwaltungspersonals vor – konkret etwa kurze Amtszeiten, die Möglichkeit der ständigen Abberufung oder die Ernennung durch das Los.[480] Diese drei Maßnahmen bergen freilich einen Zielkonflikt, insofern sie zwar machtbeschränkend wirken, aber gleichsam das Risiko einer erheblichen Effizienzminderung mit sich bringen – z. B. durch Blo-

477 »Faunistische Leistungen« umfassen, nebenbei gesagt, den Schutz und die Erhaltung von Tierarten, unter anderem im Kontext von Infrastrukturmaßnahmen. Entsprechend nimmt es nicht wunder, dass sie im Zusammenhang mit dem *Handbuch für die Vergabe und Ausführung von freiberuflichen Leistungen im Straßen- und Brückenbau* (HVA F-StB) des Bundesministeriums für Verkehr und digitale Infrastruktur diskutiert werden.

478 Vgl. Derlien, Böhme & Heindl (2011): S. 93f. und Stachura, Mateusz (2010): Politische Führung: Max Weber heute, in: Aus Politik und Zeitgeschichte 2–3, S. 22–27.

479 Zur Vertiefung siehe Thiele, Carmen (2008): Regeln und Verfahren der Entscheidungsfindung innerhalb von Staaten und Staatenverbindungen. Staats- und kommunalrechtliche sowie europarechtliche Untersuchungen, Berlin/Heidelberg: Springer, S. 58–65.

480 Interessanterweise erfreut sich gerade das Losverfahren in der aktuellen Debatte der politischen Theorie wieder verstärkten Interesses, vgl. etwa Alexander Guerreros einflussreichen Beitrag zu »Lottocracy« https://aeon.co/essays/forget-voting-it-s-time-to-start-choosing-our-leaders-by-lottery.

ckade der Administration oder durch Ausbreitung von Inkompetenz. Die *vierte*, naheliegende Kontrollmöglichkeit besteht schließlich in der Etablierung einer strikten Gewaltenteilung mit einer unabhängigen Justiz, *insbesondere* einer Verwaltungsgerichtsbarkeit, die Behördenentscheidungen prüfen und aufheben kann.

Der *fünfte* und entscheidende Faktor ist jedoch für Weber, und hierin lässt sich ihm fraglos zustimmen, die souveräne und verantwortungsvolle politische Führung selbst. Für ihn stehen die Idee der persönlichen Verantwortungsübernahme und das aufrichtige Vertreten potenziell unpopulärerer, aber als richtig eingesehener Positionen ebenso im Zentrum des Erfolgs wie das Charisma und die Gabe zur Inspiration. Eine Herrscherperson, die Webers berühmte Trias der Persönlichkeitsmerkmale – »Leidenschaft – Verantwortungsgefühl – Augenmaß« –in sich vereint, weckt nicht nur Loyalität innerhalb des bürokratischen Machtapparats, sondern gewinnt auch den Respekt möglicher Gegner und die Unterstützung der Bevölkerung. Dies ist freilich keine Frage des Herrschaftswissens mehr, sondern der Herrschaftskompetenz.[481] An dieser Stelle zeigt sich also ein weiteres Mal die wechselseitige Dependenz unserer Machtvektoren.

Zusammenfassend lässt sich festhalten, dass das Fachwissen im doppelten Sinne eine entscheidende Machtressource und bedeutende Form von Herrschaftswissen ist: einerseits als unverzichtbare Grundlage stabiler Herrschaft in Gestalt einer hoch spezialisierten, arbeitsteiligen Struktur machtbewehrter sozialer Positionen, andererseits als Faktor im Konkurrenzkampf zwischen politischer Führung und Administration, der durch Kontrollmechanismen und Führungsqualitäten eingehegt werden und kanalisiert werden muss.

2.5.3 Herrschaftsinstrumente und Organisation

Damit wollen wir unsere Diskussion des zweiten Machtvektors beenden und uns dem dritten und letzten Vektor zuwenden: den Herrschaftsinstrumenten. Wie wir zu Beginn von Kap. 2.5 festgehalten haben, bilden Herrschaftsinstrumente die objektive, externe Seite der politischen Machtkapazität, während Herrschaftskompetenz und -wissen die subjektive,

481 Zitiert nach Stachura (2010): S. 26.

interne Seite ausmachen. Entsprechend handelt es sich bei Herrschaftsinstrumenten um Werkzeuge der Machtausübung, -ausweitung und -konsolidierung, die ein Akteur zur Disposition haben kann, die allerdings nicht intrinsisch mit ihm verknüpft sind. Ihre Qualität und ihr Umfang sind indes ausschlaggebend dafür, wie erfolgreich er seine Kompetenz und sein Wissen überhaupt einsetzen kann. Ausgehend von dieser Begriffsbestimmung, lassen sich zwei Kategorien von Instrumenten unterscheiden: *Artefakte*, also von Menschenhand erzeugte Gegenstände, und *soziale Organisationen*.[482]

Die basalste Form von Artefakten, die seit Anbeginn der Geschichte zur Durchsetzung von Herrschaft gebraucht werden, sind *Waffen*. Angefangen von bronzezeitlichen Speeren und Streitwagen bis hin zu modernen Sturmgewehren, Nuklearsprengköpfen und Schadsoftware verbinden Waffen seit jeher die Machtformen der Aktionsmacht und der instrumentellen Macht (vgl. Kap. 2.1). Indem sie die menschliche Fähigkeit, Lebewesen – seien es nun andere Menschen oder Nutztiere – sowie Infrastruktur zu schädigen oder zu vernichten, exponentiell erhöhen, generieren sie zugleich ein Drohpotenzial gegen innere und äußere Feinde. Staatliche und mit einem Gewaltmonopol bewehrte Herrschaft kann es ohne Waffen nicht geben.[483] Gegen eine solche pazifistische Utopie spricht einerseits die Einsicht, dass nicht alle Mitglieder eines Gemeinwesens intrinsisch motiviert sind, Rechtsnormen zu befolgen, und andererseits die von Hans Morgenthau zusammengefasste Erkenntnis, dass »[i]nternational politics, like all politics, is a struggle for power. Whatever the ultimate aims of international politics, power is always the im-

482 Für einen Überblick über die instrumentellen Grundlagen politischer Macht, der zahlreiche inhaltliche Überschneidungen mit unserem Ansatz aufweist, siehe Warren, T. Camber (2014): Not by the Sword Alone: Soft Power, Mass Media, and the Production of State Sovereignty, in: International Organization 68 (1), S. 111–141; S. 113–117. Eine alternative, aber durchaus lesenswerte Übersicht findet sich in Worley, D. Robert (2015): Orchestrating the Instruments of Power: A Critical Examination of the U.S. National Security System, Lincoln: University of Nebraska Press, S. 227–241.

483 Gänzlich ungeschminkt kommt diese Einsicht in dem bekannten Mao-Zitat zum Ausdruck: »Jeder Kommunist muss diese Wahrheit begreifen: ›Die politische Macht kommt aus den Gewehrläufen.‹«, Zedong, Mao (1967): Worte des Vorsitzenden Mao Tsetung, Peking: Verlag für fremdsprachige Literatur, S. 74.

mediate aim.«[484] Solange nicht alle Bürger zu Heiligen werden und sich die multipolare Welt der um Macht konkurrierenden Staaten nicht zu einer Weltrepublik entwickelt, ist das Artefakt der Waffe ein Grundstein von Herrschaft.[485]

Aus diesem Prinzip ergibt sich zugleich die praktische Konsequenz, dass Herrscher – ganz gleich ob demokratisch gewählte Regierungen, Monarchen oder oligarchische Direktorien – die faktische Kontrolle über den Einsatz der (polizeilichen und militärischen) Waffen des Gemeinwesens innehaben müssen.[486] Ansonsten ist ihr Gewaltmonopol nach innen und ihre Selbstbehauptung nach außen nichtig. Dieser Grundsatz wird eindrucksvoll deutlich an der jüngeren Geschichte der Türkei:[487] Ganze vier Mal – in den Jahren 1960, 1971, 1980 und 1997 – hat das auf den Staatsgründer Kemal Atatürk eingeschworene Militär die demokratisch gewählten Regierungen der türkischen Republik entmachtet. Jedes Mal beriefen sich die Generäle auf den Schutz von Atatürks laizistischer Ideologie, und jedes Mal standen die am politischen Islam orientierten Regierungen der bewaffneten Intervention machtlos gegenüber. Das änderte sich erst im Juli 2016, als abermals hohe Offiziere versuchten, eine Regierung – diesmal die unter AKP-Staatspräsident Erdoğan – wegzuputschen. Diesmal gelang es der politischen Führung, den Staatsstreich

484 Morgenthau, Hans ([1948 (1978): Politics Among Nations: The Struggle for Power and Peace, New York: Alfred A. Knopf, S. 29.

485 In ihrem lesenswerten Aufsatz *Moral Saints* vertritt die Philosophin Susan Wolf zudem die provokante, aber durchaus lesenswerte These, dass eine Gesellschaft moralischer Heiliger nicht nur unrealistisch, sondern zudem auch gar nicht wünschenswert wäre, weil sie mit unseren zentralen Vorstellungen des gelingenden Lebens kollidiert; vgl. Wolf, Susan (1982): Moral Saints, in: The Journal of Philosophy 79 (8), S. 419–439. Zur Idee der Weltrepublik siehe Kant, Immanuel ([1795 (2008): Zum ewigen Frieden. Ein philosophischer Entwurf, Frankfurt a. M.: Fischer.

486 Wir schreiben einschränkend von der Kontrolle über die polizeilichen und militärischen Waffen, weil offenkundig zahlreiche Staaten – etwa die USA, die Schweiz, Kanada und auch Deutschland – den privaten Waffenbesitz zulassen und gleichwohl ein Gewaltmonopol aufrechterhalten können. Der Schlüssel liegt darin, die Verfügung über besonders schlagkräftige Waffen (vollautomatische Waffen, Raketen- und Granatwerfer etc.) sowie Waffensysteme (Panzer, Kampfflieger und -hubschrauber etc.) zu restringieren. In Deutschland ist dies u. a. durch das *Gesetz über die Kontrolle von Kriegswaffen* geregelt.

487 Vgl. Kreiser, Klaus (2012): Geschichte der Türkei: Von Atatürk bis zur Gegenwart, München: C.H. Beck.

zurückzuschlagen und in den folgenden Monaten das Militär durch Säuberungswellen entscheidend zu schwächen. Die Ereignisse von 2016 sind historisch noch lange nicht aufgearbeitet, aber dennoch lassen sich aus über 50 Jahren türkischer Putschgeschichte zwei Lehren ziehen: Erstens ist die Einschätzung verfehlt, irgendeine demokratische Regierung habe vor Erdoğans Machtantritt jemals die Herrschaft über die Türkei innegehabt. Diese lag, qua Kontrolle über die Waffen des Landes, stets beim Militär. Zweitens kommt der AKP-Riege die historische Errungenschaft zu, dem Militär das Machtinstrument der faktischen Waffenkontrolle entrissen zu haben und damit eine notwendige – wenn auch offenkundig nicht hinreichende – Bedingung für eine repräsentative Volksherrschaft etabliert zu haben.[488] Kurzum: Die AKP-Regierung hat die unverzichtbare Bedeutung dieses Herrschaftsinstruments nicht nur erkannt, sondern sich zudem erfolgreich seiner bemächtigt.

Nun stellt sich natürlich die Frage, ob sich jenseits der Faustregel »Wenn du herrschen willst, dann beherrsche die Waffen« ein weiterer praktischer Grundsatz für diese Klasse von Machtartefakten angeben lässt. Die Schule der sogenannten *Politischen Realisten* um den eingangs zitierten Staatstheoretiker Morgenthau optiert hier für den einfachen Grundsatz: Je mehr und je qualitativ höherwertig, desto besser. Demzufolge sind Herrscher stets gut beraten, aufzurüsten und die Innovation aller Waffengattungen kontinuierlich voranzutreiben, um im globalen Machtkampf und – wie wir hinzufügen wollen – im Machtkampf mit inneren Feinden des Gemeinwesens optimal gewappnet zu sein.[489] Diese

488 Von einer notwendigen, aber nicht hinreichenden Bedingung einer repräsentativen Volksherrschaft sprechen wir deshalb, weil neben der zivilen, politischen Kontrolle über die Waffen andere Kriterien wie z. B. ein fairer politischer Wettbewerb und Pressefreiheit hinzukommen müssen. Beide Anforderungen sind nach derzeitigem Stand in der Türkei nicht ausreichend erfüllt; vgl. https://freedomhouse.org/report/freedom-press/2016/turkey und Göl, Ayla (2017): The paradoxes of ›new‹ Turkey: Islam, Illiberal Democracy and Republicanism, in: International Affairs 93 (4), S. 957–966.

489 Vgl. hierzu Rohde, Christoph (2004): Hans J. Morgenthau und der weltpolitische Realismus, Wiesbaden: VS Verlag und Scheuerman, William E. (2009): Morgenthau: Realism and Beyond, Cambridge: Polity Press. Auf innenpolitischer Seite korrespondiert diesem Satz die Staatsphilosophie von Hobbes: Ihm zufolge ist es für den Herrscher rational, so viele Machtinstrumente zur Bekämpfung innerer Feinde wie möglich anzuhäufen, um das destruktive Machtstreben aller Individuen durch Angst in Schach zu halten; siehe hierzu Kap. 2.3.

Maxime, die ihre Blütezeit von Anfang bis Mitte des 20. Jahrhunderts hatte, ist in der Folgezeit oft kritisiert worden, und nicht zu Unrecht.[490] Die Aufrüstung des Staates nach außen und innen schafft, so der Einwand, nicht notwendigerweise eine verbesserte Machtstellung und mehr Sicherheit, sondern schürt vor allem wechselseitiges Misstrauen und damit das Risiko gewaltsamer Eskalationen. Im Lichte dieser Kritik erscheint die Idee einer universellen Maxime der Bewaffnung (Je mehr, desto besser!) verfehlt. Die Frage muss vielmehr stets kontextabhängig – d. h. in Hinblick auf die externe und interne Bedrohungslage und die sonstigen Machtkapazitäten des Akteurs (z. B. autoritative Macht und datensetzende Macht, siehe Kap. 2.1) – geklärt werden.

Das zweite Machtartefakt, auf das wir zu sprechen kommen wollen, sind die *Kommunikationsmittel.* Die Bedeutung dieses Herrschaftsinstruments ist in unserem Abschnitt zu Macht und Symbolik (siehe Kap. 2.1) schon ausführlich zur Sprache gekommen. Daher können wir unsere Diskussion relativ kurzhalten und uns teilweise auf die Rekapitulation des bereits Gesagten beschränken. Grundsätzlich gilt: Wer eine komplexe politische Machtaktion in Kooperation mit anderen Personen über einen längeren Zeitraum und eine größere Distanz durchführen will, ist auf Fernkommunikation und entsprechende Instrumente zur Übermittlung von Befehlen und Informationen angewiesen. Andernfalls bleibt die Machtausübung zeitlich und räumlich stark limitiert. Zudem erfordert das arbeitsteilige Positionsgefüge der Herrschaft mit seiner komplexen Zuständigkeitshierarchie zwischen politischen Spezialisten und Generalisten einen kontinuierlichen Kommunikationsfluss, um überhaupt funktionsfähig zu sein. Mittel der Fernkommunikation gehören deshalb seit der schriftlichen Hochkultur der Sumerer zu den notwendigen Grundlagen politischer Macht.

Sie müssen drei zentrale, teilweise konfligierende Qualitätsstandards erfüllen: Schnelligkeit, inhaltliche Differenzierung und Sicherheit. Das Erfordernis der Schnelligkeit ist rasch erklärt. Für eine kohärente und flexible Herrschaftsausübung innerhalb großer Territorien müssen Kommunikationsmittel zwischen räumlich weit entfernten Sendern und Empfängern einen möglichst verzögerungsfreien Austausch gewährleisten. Zwischen dem legendären Lauf des Pheidippides, der von Marathon nach

490 Siehe etwa March, James G. & Olsen, Johan P. (1989) Rediscovering Institutions: The Organizational Basis of Politics, London/New York: The Free Press.

Athen spurtete, um die Botschaft vom attischen Sieg über die Perser zu überbringen,[491] und der nanosekundenschnellen Nachrichtenübermittlung per E-Mail oder Instant Messaging liegen zweieinhalbtausend Jahre technischer Innovation – und ein exponentieller Zuwachs der Bedeutung von Kommunikationsmitteln als Machtinstrumenten. Das zweite Kriterium der inhaltlichen Differenzierung bedeutet nichts anderes, als dass die Kommunikationsmittel den informationalen Gehalt der intendierten Botschaft möglichst adäquat transportieren können. Rauch- und Feuerzeichen etwa mögen vor der Erfindung des Telegrafen in puncto Geschwindigkeit und Distanzüberbrückung immense Vorzüge gehabt haben – ihre frühe Perfektionierung erfuhren sie im Übrigen schon beim Bau der Chinesischen Mauer im fünften Jahrhundert vor Christus;[492] aber offenkundig beschränkten sie den möglichen Nachrichteninhalt drastisch. Der Konflikt zwischen Geschwindigkeit und inhaltlicher Differenzierung ist im Zeitalter digitaler Kommunikation zwar weitgehend entschärft worden, aber dafür hat durch diesen Innovationsschub das dritte Kriterium der Sicherheit dramatisch an Bedeutung und vor allem an Herausforderungen dazugewonnen. Wie wir in unserem Abschnitt zur Datenmacht (siehe Kap. 2.3) dargelegt haben, existieren im Internetzeitalter nie zuvor da gewesene Möglichkeiten, extrem große Datenmengen extrem schnell zu übermitteln. Dafür sind jedoch auch die technischen Voraussetzungen und Kapazitäten für die Datenabschöpfung durch feindliche Mächte größer denn je. Der dadurch entstehende Sicherheitsdruck auf die Kommunikationsmittel erzeugt ein praktisches Paradoxon: Wirksamer Schutz vitaler Informationen, z. B. durch Blockchains, hermetische Intranets oder abhörsichere »Krypto-Handys«, wird um den Preis eines hohen Zeitaufwands erkauft.[493] Der kommunikative Geschwindigkeitszuwachs durch die Chancen der digitalen Innovation

491 Für eine kritisch-historiografische Aufarbeitung siehe Jung, Michael (2006): Marathon und Plataiai. Zwei Perserschlachten als »lieux de memoire« im antiken Griechenland, Göttingen: Vandenhoeck & Ruprecht, S. 181–191.

492 Vgl. Turnbull, Stephen (2007): The Great Wall of China. 221 BC–AD 1644, London: Osprey Publishing, S. 14.

493 Der Ausdruck »Blockchain« bezeichnet die Speicherung und Sicherung von Daten über ein dezentrales Peer-to-Peer-Netzwerk mit unzähligen Nutzern. Durch diesen dezentralen Sicherungsmechanismus sollen die entsprechenden Daten idealiter gegen Hacks, Manipulationen und unautorisierte Kopien perfekt gesichert sein; vgl. hierzu Kiyaias, Aggelos & Panagiotakos, Giorgos (2016): Speed-

wird durch deren Risiken unmittelbar wieder infrage gestellt. Auch hier lässt sich in Bezug auf die Abwägung zwischen Geschwindigkeit und Sicherheit keine universelle Maxime aufstellen; die konkrete Entscheidung bleibt eine Frage der politischen Urteilskraft und fällt somit in die Domäne der Herrschaftskompetenz und des Herrschaftswissens.

Im Lichte der vorangegangenen Diskussion wenig überraschend, ist das dritte Machtartefakt die Überwachungstechnologie – von uns verstanden als nach außen und innen gerichtete Methoden und Instrumente zum Sammeln, Systematisieren und Auswerten herrschaftsrelevanter Informationen über Personen und Organisationen.[494] In Bezug auf äußere Mächte, wie konkurrierende Staaten, Staatenbünde, globale Unternehmen oder internationale Terrorgruppen, zielen sie auf Erkenntnisse über strategische Ziele und Machtkapazitäten sowie technologisch sensible Informationen (Stichwort Industriespionage) und dienen u. a. der Erstellung von Risikoprognosen und internationalen Konfliktszenarien. Wie wir in Kap. 2.3 erörtert haben, bescheiden sich Auslandsgeheimdienste schon lange nicht mehr mit dem Anbringen von Wanzen oder der Beschattung Verdächtiger, sondern greifen in immer größerem Maße auf die Möglichkeiten von Big Data zurück. Den Grundstein dieser sogenannten »Dataveillance« bildet die Speicherung und algorithmenbasierte Analyse weltweit verfügbarer digitalisierter Daten (IP-Adressen, E-Mails, Suchanfragen, Kreditkartenabbuchungen, Tweets etc.). Aufgrund der eingehenden Erörterung des Themas an anderer Stelle wollen wir die technologischen Perspektiven der Außenüberwachung hier jedoch nicht weiter vertiefen.

Im Bereich der Innenpolitik fungiert Überwachungstechnologie in den Worten des Soziologen James B. Rule als »means of knowing when rules are obeyed, when they are broken and most importantly who is re-

Security Tradeoffs in Blockchain Protocols, Working Paper, https://eprint.iacr.org/2015/1019.pdf.

494 Wichtig ist hierbei, sowohl Methoden – d. h. bestimmte Sozialtechniken und Organisationsmuster – als auch technologische Instrumente im Blick zu behalten. Beide zusammen konstituieren das entsprechende Herrschaftsinstrument. Vgl. hierzu den Sammelband von Mohanan, Torin (2006) (Hg.): Surveillance and Security. Technological Politics and Power in Everyday Life, New York: Routledge sowie Dandeker, Christopher (1990): Surveillance, Power and Modernity, Cambridge: Polity Press und Rule, James B. (1973): Private Lives and Public Surveillance, London: Allen Lane.

sponsible for which. […] A second element of surveillance, also indispensable, is the ability to locate and identify those responsible for misdeeds of some kind.«[495] Überwachungstechnologie dient aber nicht einfach dazu, Regelübertretungen zu überprüfen und zu sanktionieren, z. B. durch Radarfallen auf Autobahnen oder automatisierte Videoaufklärung in U-Bahnen, um so das Positionsgefüge der Herrschaft und seine Normen zu stabilisieren. Sie ist zudem, wie Michel Foucault in seinem Klassiker *Überwachen und Strafen* herausgearbeitet hat, ein überaus wirkungsvolles Mittel der Disziplinierung.[496] Die Disziplin ist in Foucaults bisweilen abstrakter Diktion »die spezifische Technik einer Macht, welche die Individuen sowohl als Objekte wie als Instrumente behandelt und einsetzt.«[497] Das bedeutet konkret, dass durch Disziplinierung die Mitglieder eines Gemeinwesens sowohl zur freiwilligen Anerkennung einer soziopolitischen Ordnung herangezogen als auch zur wechselseitigen Kontrolle motiviert werden. Hierbei gilt jedoch: »Die *Durchsetzung* der Disziplin erfordert die Einrichtung des *zwingenden Blicks*: eine Anlage, in der die Techniken des Sehens Machteffekte herbeiführen und in der umgekehrt die Zwangsmittel die Gezwungenen deutlich sichtbar machen. […] Neben der großen Technologie der Fernrohre, der Linsen, der Lichtkegel, die mit der Gründung der neuen Physik und Kosmologie Hand in Hand ging, entstanden die kleinen Techniken der vielfältigen und überkreuzten Überwachungen, der Blicke, die sehen, ohne gesehen zu werden.«[498] Die Verknüpfung zwischen Disziplin und Überwachungstechnik wird auf diesem Wege augenfällig: Durch die kontinuierliche Antizipation von Überwachung – sei es durch Maschinen oder Mitmenschen – entsteht einerseits das individuelle Bedürfnis, zu demonstrieren, dass man nichts zu verbergen hat, und andererseits der Impuls, Regelbrecher zu melden, um die eigene Konformität aktiv unter Beweis zu stellen. Foucault hat diese Mechanismen am Beispiel neuzeitlicher Straflager untersucht. Aber er betont die Spiegelung dieses Prinzips »[i]m Städtebau und bei der Errichtung von Arbeitersiedlungen, Spitälern, Asylen, Gefängnissen oder Erziehungsheimen«,[499] kurzum: überall in der

495 Rule, James (1973): S. 21f.
496 Vgl. Foucault (1991).
497 Ebd. S. 220.
498 Ebd. S. 221; unsere Hv.
499 Ebd. S. 22.

modernen Gesellschaft. Selbst der große Theoretiker der Macht hätte sich jedoch 1975, im Erscheinungsjahr der französischen Originalfassung von Überwachen und Strafen, vermutlich nicht ausmalen können, welchen Verbreitungsgrad die »Techniken der vielfältigen und überkreuzten Überwachungen« einmal erlangen würden. Über 40 Jahre später zählt Massenüberwachung auch und gerade in den liberalen Demokratien zum Standardrepertoire der Herrschaftsinstrumente. Vorreiter ist hier Großbritannien, wo nach einer Schätzung von 2013 durch die *British Security Industry Authority* bis zu 5,9 Millionen Überwachungskameras stehen; das entspräche einem Verhältnis von rund elf Personen pro Kamera.[500] Seit der Einführung des *Investigatory Powers Bill* Ende 2016 wird dieses Arsenal durch eine umfassende Digitalüberwachung flankiert, bei der u.a. jede von einem britischen Staatsbürger besuchte Website in einem Zentralarchiv gespeichert wird.[501] Trotz gravierender Eingriffe in die Persönlichkeitsrechte hat dieses Gesetz bislang kaum Widerstand erfahren; Experten wähnen es vielmehr als Vorboten für ähnliche Entwicklungen in anderen liberalen Demokratien.[502]

Das vierte und letzte Machtartefakt, auf das wir zu sprechen kommen wollen, ist das *Massenmedium*.[503] Bei dem Begriffspaar ›politische Macht und Massenmedien‹ drängt sich bei manchem Leser vielleicht die Assoziation mit totalitären Regimen und ihren Propagandamaschinen auf, das berühmt-berüchtigte KPdSU-Blatt Prawda und der NS-Volks-

500 Vgl. The Telegraph vom 10.7.2013, http://www.telegraph.co.uk/technology/10172298/One-surveillance-camera-for-every-11-people-in-Britain-says-CCTV-survey.html.

501 Vgl. The Verge vom 29.11.2016, https://www.theverge.com/2016/11/23/13718768/uk-surveillance-laws-explained-investigatory-powers-bill.

502 Vgl. Bernal, Paul (2016): Data Gathering, Surveillance and Human Rights: Recasting the Debate, in: Journal of Cyber Policy 1 (2), S. 243–264.

503 Vgl. u.a. Warren (2014), Schulz, Winfried (2012): Politische Kommunikation: Theoretische Ansätze und Ergebnisse empirischer Forschung, Dritte überarbeitete Auflage, Wiesbaden: VS Verlag, Street, John (2011): Mass Media, Politics and Democracy. Second Edition, Basingstoke: Palgrave Macmillan, Sarcinelli, Ulrich (2010): Politische Kommunikation in Deutschland: Medien und Politikvermittlung im demokratischen System, Wiesbaden: VS Verlag und Herman, Edward S. & Chomsky, Noam (2002): Manufacturing Consent. The Political Economy of the Mass Media, New York: Pantheon Books.

empfänger kommen einem in den Sinn.[504] Doch Massenmedien – ganz gleich ob Zeitungen, Radiosender, TV-Kanäle oder Social Media – sind im liberalen Rechtsstaat ebenso zentrale Herrschaftsinstrumente wie in einer Diktatur. Der Grund hierfür liegt in der Verquickung des Massenmediums mit einer essenziellen, von Popitz diskutierten Machtform, auf die wir bereits in Kap. 2.1 eingegangen sind: der autoritativen Macht. Zur Erinnerung: Anders als z. B. Aktionsmacht oder instrumentelle Macht wirkt autoritative Macht weder durch Gewalt noch durch das Setzen positiver und negativer Anreize im Kontext bestehender Präferenzen des Adressaten. Sie wirkt vielmehr durch Beeinflussung der inneren Einstellungen und Überzeugungen der Personen, mithin dadurch, dass der Autoritätsgebundene sich aus »willentliche[r] und einwilligende[r] Folgebereitschaft« den Wünschen des anderen fügt und sich auf ihn als Vorbild »fixiert«. Autoritative Macht erwächst also nicht aus Zwang oder materieller Überlegenheit, sondern aus den strategischen Potenzen der Vermittlungsfähigkeit und des Ruhms (vgl. Kap. 2.5.2). Genau an dieser Stelle kommt der politischen Kommunikation über Massenmedien eine Schlüsselfunktion zu, wie T. Camber Warren in seinem Aufsatz *Not By the Sword Alone* schreibt: »[T]he legitimacy of appeals to state loyalty must be spoken into existence, on the basis of images, narratives, and other symbols that at least some portion of the population are willing to accept as valid interpretations of their lived realities. It is through this ›alchemy‹ that political communication produces, maintains, and transforms prevailing visions of the political regime and the political community.«[505] Warrens Schlussfolgerung lässt sich als Syllogismus formulieren: Weil autoritative Macht für die Aufrechterhaltung von Herrschaft zentral ist und weil sie nur durch Kommunikation an einen möglichst großen Adressatenkreis im Gemeinwesen generiert werden kann, sind Massenmedien ein unverzichtbares Herrschaftsinstrument.

Welche politische Bedeutung dem Massenmedium seit Erfindung der Druckerpresse zukommt, wird durch eine negative Kontrastierung unmittelbar deutlich: »[T]he most basic political impact concerns the sheer reproducibility of political messages and symbols. In the absence

504 Einen exzellenten Überblick zu den Massenmedien im Totalitarismus bietet Kracauer, Siegfried (2012): Studien zu Massenmedien und Propaganda, Frankfurt a. M.: Suhrkamp.

505 Warren (2014). S. 116f.

of mass media infrastructure, political leaders and would-be leaders must physically travel to numerous small-scale venues to disseminate their political messages. In contrast, with thousands of flickering screens dotting the hinterland, or thousands of newspapers dotting city corners, each instance of state authority-making can be instantly and effortlessly reproduced for thousands of citizens.«[506] Während die rituelle und symbolische Inszenierung politischer Macht in Form von Wahlen, Paraden oder Ansprachen ohne mediale Multiplikatoren stets lokal bleibt, erreicht sie im Zeitalter der Massenmedien ein potenziell globales Publikum. Die von uns bereits vielfach betonte symbolische Machtressource wird durch mediale Katalysatoren exponentiell verstärkt.

Auch wenn die Machtlogik hinter der Verquickung von autoritativer Macht und Massenmedien universell ist, unterscheiden sich liberale Rechtsstaaten – die im Folgenden den Schwerpunkt unserer Diskussion bilden sollen – dramatisch von autoritären Regimen und Diktaturen, was Kontrolle und konkrete Nutzung dieser kommunikativen Katalysatoren anbelangt: Für letztere fungieren Massenmedien zuerst und vor allem als zentral gelenkte Sprachrohre der Propaganda ihrer Führungselite,[507] für erstere hingegen als Arenen des Wettstreits um die öffentliche Meinung.[508] In seinem Aufsatz *Re-shaping Public Affairs*, der sich mit der Interessenvermittlung in der sogenannten »Stimmungsdemokratie« befasst, hält Peter Köppl folgerichtig fest: »Im beinharten täglichen Wettbewerb um mediale Aufmerksamkeit kämpfen immer mehr Akteure mit immer elaborierteren Methoden gegeneinander.«[509] Die Me-

506 Ebd. S. 119.

507 Wobei bemerkenswert ist, dass der Großmeister totalitärer Propaganda und Massenbeeinflussung, Joseph Goebbels, kein Anhänger politischer Zwangsberieselung war: Im Zuge der Mediengleichschaltung ab 1933 rügte er vor den NS-Intendanten die allzu »energische Politisierung« des Rundfunks und forderte »eine Auflockerung der Programme«, ausgehend von der Programmatik: »Nur nicht langweilig werden. Nur keine Öde. Nur nicht die Gesinnung auf den Präsentierteller legen«, zitiert nach Frei, Norbert & Schmitz, Johannes (1988): Journalismus im Dritten Reich, München: C.H. Beck, S. 86. Hinter dieser Rücksteuerung lag die Einsicht, dass totalitäre Herrschaftsausübung die Elemente der Indoktrination stets mit denen des Entertainments kombinieren muss.

508 Vgl. Peters, Hans P. (1994): Mass Media as an Information Channel and Public Arena, in: RISK: Health, Safety & Environment 5 (3), S. 241–250; S. 245.

509 Köppl, Peter (2017): Advanced Power Lobbying. Erfolgreiche Public Affairs in Zeiten der Digitalisierung, Wien: Linde Verlag, S. 247.

tapher des Kampfes steht für ein kontinuierliches Ringen um die knappen Güter der Aufmerksamkeit und Anerkennung (siehe auch Kap. 2.5.2), welche in repräsentativen Demokratien zentrale Ressourcen für die (befristete) Erlangung von Herrschaft sind. Dieses Ringen hat sich im Zuge der digitalen Revolution und des Entstehens neuer, kontinuierlich aktualisierter Medienformen (Online-Nachrichtenportale, Tweets, Soziale Netzwerke etc.) nicht nur beschleunigt, sondern auch verkompliziert. Die Erlangung von Aufmerksamkeit und das effektive Platzieren von Botschaften werden auf diese Weise kontinuierlich anspruchsvoller, aber damit zugleich prestigeträchtiger. Vor diesem Hintergrund ist Frank Marcinkowskis folgende Einlassung durchaus nachvollziehbar: »In dem Maße, wie sich öffentliche Aufmerksamkeit zu einem gesellschaftlichen Leitwert und zur generell einsetzbaren Ressource entwickelt, werden mediale Visibilität und publizistische Resonanz von Forderungen und Positionen als gültiger Indikator ihrer Legitimität behandelt.«[510] Dennoch ist die Gleichsetzung von medialer Präsenz mit politischer Legitimität ein Kurzschluss: Legitimierter Einfluss und politischer Ruhm bestehen, wie wir in unserem Abschnitt zum Herrschaftswissen festgehalten haben, nicht im Erlangen von Aufmerksamkeit *sui generis*, sondern in Aufmerksamkeit, die mit dem Zuspruch von Herrschaftskompetenz, Herrschaftswissen und Macht verkoppelt ist. Mediale Aufmerksamkeit kann einen gänzlich unrühmlichen Ausgang haben – man denke etwa an Rudolf Scharpings notorische Pool-Fotos in der *Bunten* kurz vor dem Bundeswehreinsatz 2001 in Mazedonien oder an Christian Wulffs ›Rubikon-Rant‹ auf der Mailbox des damaligen *Bild*-Chefs Kai Diekmann 2011 anlässlich von Recherchen über seinen Privatkredit. Aufmerksamkeit ist wie das Herrschaftsinstrument der Massenmedien ein zweischneidiges Schwert, und ihre Handhabung erfordert symbolpolitisches Geschick, Machtinstinkt und – natürlich – mediale Kompetenz.

Die oben eingeführte Klassifikation des Massenmediums als Arena des Wettstreits um mediale Aufmerksamkeit birgt die Gefahr eines Missverständnisses, das wir abschließend beilegen wollen. Der Ausdruck könnte den Eindruck eines *neutralen* Austragungsortes für Deutungs-

510 Marcinkowksi, Frank (2015): Die »Medialisierung« der Politik. Veränderte Bedingungen politischer Interessenvermittlung, in: Speth, Rudolf & Anette Zimmer (Hg.): Lobby Work. Interessenvertretung als Politikgestaltung, Wiesbaden: VS Verlag, S. 71–95; S. 89.

kämpfe wecken; aber das wäre natürlich denkbar weit von der Realität entfernt. Zeitungsverlage, Social-Media-Portale und Fernsehsender verfolgen eigene politische und ökonomische Ziele. Entsprechend wirken sie in das politische Feld sowohl durch Berichterstattung und Investigation hinein als auch dadurch, dass sie bestimmten Botschaften, Personen und Institutionen ein prominentes Forum geben, es hingegen anderen verwehren. Ulrich Sarcinelli, der Doyen der deutschen Kommunikationswissenschaft, hat dieses Wechselverhältnis so griffig auf den Punkt gebracht, dass es sich lohnt, ihn ausführlicher zu zitieren: »Politik und Medien brauchen sich wechselseitig. Sie stehen sich nicht im Sinne einer Gewaltenteilung […] gegenüber […]. Ebenso wenig lässt sich von einseitiger Abhängigkeit bzw. Instrumentalisierung sprechen. Kennzeichnend für das Beziehungsgeflecht ist eine Art Symbiose, ein Tauschverhältnis. Politik braucht Publizität, verfügt kaum über eigene Kommunikationsmittel und bedient sich der Massenmedien als Plattform. […]. Die Medien ihrerseits suchen die Nähe zur Politik, weil sie an exklusiven und kontinuierlich fließenden Informationen interessiert sind.«[511] Dieses symbiotische Verhältnis im Sinne der eigenen Interessen zu gestalten, zählt bis heute zu den anspruchsvollsten strategischen Führungsaufgaben überhaupt. Mit diesem Zwischenfazit wollen wir die Diskussion der Machtartefakte abschließen und uns dem Bereich sozialer Organisationen zuwenden.

Dass neben Artefakten auch soziale Organisationen zentrale Macht- und Herrschaftsinstrumente darstellen, ist unmittelbar einleuchtend. Organisationen bündeln Wissen, Fähigkeiten und Ressourcen, schaffen Synergien, und vor allem ermöglichen sie koordinierte Aktionen Tausender – im Falle großer Streitkräfte oder Behörden gar Hunderttausender – Personen zur Verfolgung politischer Ziele. In der Hand geschickter Machtakteure lassen sie sich analog zu Machtartefakten als hochwirksame Werkzeuge der Interessendurchsetzung verwenden.[512] Vieles von dem, was über soziale Organisationen als Herrschaftsinstrumente zu sagen ist, ist bereits in unserer Diskussion der Machtartefakte gespiegelt. Wir wol-

511 Sarcinelli (2010): S. 302.

512 Diese Analogie zu Machtartefakten kommt z. B. treffend im Motto des Ministeriums für Staatssicherheit der DDR (MfS) zum Ausdruck, das sich mit großem Pathos, aber durchaus treffend als »Schild und Schwert der Partei« bezeichnete.

len es im Folgenden also bei einigen Schlaglichtern belassen.[513] Eine wichtige Kategorisierung ist jedoch vorweg erforderlich: So lässt sich zwischen *formellen* und *informellen* Organisationsformen unterscheiden. Erstere zeichnen sich durch eine offizielle, kodifizierte Regelstruktur und klare Zuständigkeitshierarchien mit entsprechender Rollen- und Aufgabenverteilung aus, letztere werden hingegen durch inoffizielle Übereinkünfte der beteiligten Personen und implizite Normen konstituiert.[514] Beide sind als Herrschaftsinstrumente allerdings gleichermaßen relevant; wir wollen mit der Diskussion der formellen Organisationsformen beginnen.

Korrespondierend zum eingangs erörterten Machtartefakt der Waffen stehen hierbei zunächst die »zwei polaren Typen von zwangsanwendenden Organisationen«,[515] das *Militär* und die *Polizei*, im Fokus.[516] Beide weisen zwar den Einsatz von bewaffneter Aktionsmacht als Wesensmerkmal auf – aber ihre funktionale Unterscheidung fußt auf der Trennung zwischen innerer und äußerer Sicherheit.[517] Polizeibehörden, die historisch betrachtet weit jünger sind als militärische Organisationen,[518]

513 Wir werden folglich diejenigen sozialen Herrschaftsinstrumente in den Blick fassen, die für alle Herrschaftsformen grundlegend sind, und diejenigen ausblenden, die mit spezifischen politischen Systemen verknüpft sind.

514 Einige soziale Organisationen, wie z. B. die sizilianische Mafia oder terroristische Gruppen, integrieren allerdings sowohl formelle als auch informelle Elemente, vgl. Gambetta, Diego (1996): The Sicilian Mafia. The Business of Private Protection, Cambridge/London: Harvard University Press. Wir werden dieses Phänomen hier jedoch nicht weiter vertiefen.

515 Geser, Hans (1996): Internationale Polizeiaktionen: Ein neues evolutionäres Entwicklungsstadium militärischer Organisationen, in: von Meyer, Georg-Maria (Hg.): Friedensengel im Kampfanzug? Zur Theorie und Praxis militärischer UN-Einsätze, Opladen: Westdeutscher Verlag, S. 45–74; S. 45.

516 Vgl. hierzu unter anderem Winter, Martin (1998): Die Polizei – autonomer Akteur oder Herrschaftsinstrument?, in: Zeitschrift für Rechtssoziologie 19 (2), S. 163–186 und Worley (2015): S. 227ff.

517 Diese Trennung ist im Übrigen ein Phänomen der Neuzeit. Sie entsteht mit der Etablierung der Westfälischen Ordnung und der Entstehung der souveränen Nationalstaaten nach dem Ende des Dreißigjährigen Krieges im Jahr 1648; vgl. hierzu Werkner, Ines-Jacqueline (2017): Militärische versus polizeiliche Gewalt. Aktuelle Entwicklungen und Folgen für internationale Friedensmissionen, Wiesbaden: VS Verlag, S. 11.

518 Wie wir in unserer Diskussion der Herrschaftskompetenz (siehe Kap. 2.5.1) dargelegt haben, kannte z. B. das Imperium Romanum noch keine Polizei, und auch

sind im weitesten Sinne für die Aufgaben der Strafverfolgung und inneren Gefahrenabwehr sowie für die Prävention von Verbrechen verantwortlich. Das Militär ist hingegen zuständig für die Abschreckung feindlicher Aggression und für die Kriegsführung. Gemäß dieser Aufgabenteilung unterscheiden sich beide Organisationen in Hinblick auf Aktionsmachtpotenzial und Bewaffnung: »Das Kontinuum der Polizeigewalt endet dort, wo jenes des Militärs beginnt, also bei der todbringenden Gewalt, die eine wachsende Zahl von Todesopfern mit sich bringt (automatisches Gewehr, Geschütz, Panzer ... bis hin zu Massenvernichtungswaffen).«[519] Anders gesagt: Der Einsatz tödlicher Aktionsmacht ist für die Polizei die *ultima ratio*, wenn alle andere Formen von Aktionsmacht unzureichend sind; für das Militär hingegen ist sie die *sola ratio*, das einzige Mittel. Freilich ist diese klare Unterscheidung zwischen Polizei und Militär, zwischen Innen und Außen, seit jeher von Machtakteuren verwischt bzw. aufgehoben worden. Zur Begründung werden hierbei meist das (vermeintliche) Ineinanderfließen innerer und äußerer Sicherheitsinteressen und eine Überlappung der Zuständigkeitsfelder angeführt. Die entsprechende Hybridform von Polizei und Militär ist das *Paramilitär*, verstanden als hoch bewaffnete Organisation, die sowohl zur Kriegsführung als auch zur Verbrechensbekämpfung ausgebildet und eingesetzt wird. Historische Beispiele sind etwa die 1917 von Wladimir Lenin gegründete *Tscheka* (kurz für: Außerordentliche Allrussische Kommission zur Bekämpfung von Konterrevolution, Spekulation und Sabotage) und die 1925 von Adolf Hitler ins Leben gerufene *Schutzstaffel* (SS), welche innerhalb des Deutschen Reiches als Terror- und Unterdrückungsorgan und an der Front als Verfügungstruppe fungierte.[520]

der politischen Ordnung des Mittelalters ist diese Organisation als eigenständiger Apparat fremd. Polizeibehörden, wie wir sie kennen, entstehen erst im 18. und 19. Jahrhundert; siehe etwa Spencer, Elaine Glovka (1985): Police-Military Relations in Prussia, 1848–1914, in: Journal of Social History 19 (2), S. 305–317.

519 Brodeur, Jean-Paul (2002): Gewalt und Polizei, in: von Heitmeyer, Wilhelm & Hagan, John (Hg.): Internationales Handbuch der Gewaltforschung, Wiesbaden: Westdeutscher Verlag, S. 259–283; S. 261.

520 Vgl. Leggett, George (1981): The Cheka. Lenin's political police, Oxford: Clarendon Press und Buchheim, Hans (1965): Die SS – das Herrschaftsinstrument, Befehl und Gehorsam, Olten: Walter Verlag. Freilich sind paramilitärische Organisationen kein Alleinstellungsmerkmal totalitärer Regime: In der EU existiert z. B. die Europäische Gendarmerietruppe (EGF), die als militärische Poli-

Polizei und Militär (sowie Paramilitär) sind aus naheliegenden Gründen essenzielle Machtinstrumente: Sie konsolidieren politische Herrschaft nach innen und außen, indem sie das Gewaltmonopol des Staates verkörpern und verwirklichen. Wie oben bereits angeklungen, bietet die organisierte Aktionsmacht ein immenses Missbrauchspotenzial, dessen Spektrum von polizeilicher Willkür bis hin zum militärisch organisierten Völkermord reicht. Aufgrund unseres deskriptiven Analysefokus (siehe Einleitung) werden wir dieses genuin ethische Thema allerdings nicht weiter vertiefen; sowohl die Friedens- und Konfliktforschung als auch die angewandte Militär- und Polizeiethik bieten hierzu jedoch eine umfassende Orientierung.[521]

Aus praktischer Sicht stellt die polizeilich und militärisch organisierte Aktionsmacht den Machtakteur vor ein potenzielles Dilemma: Einerseits ist sie für seine Herrschaftskonsolidierung unverzichtbar, und es sollte folglich in seinem Interesse sein, diese Organisationen so umfassend wie möglich zu stärken. Andererseits lehrt uns die Geschichte, dass bewaffnete Vereinigungen mit der Stärkung ihrer personellen und materiellen Kapazitäten oftmals einen Impuls zur politischen Unabhängigkeit ausbilden und sich zum ›Staat im Staate‹ entwickeln.[522] Daher erscheint es für die politische Führung nicht nur rational, organisierte Aktionsmacht streng und kontinuierlich zu restringieren, sondern auch, hochambitionierte Individuen – man denke nur an den mehrfach erwähnten Artilleriekommandanten Napoleon – von Führungspositionen fernzuhalten oder aus ihnen zu entfernen. Egal für welches Horn des Dilemmas man sich entscheidet, es bleiben negative Effekte: entweder die erhöhte Gefahr militärischer oder polizeilicher Staatsstreiche oder die verminderte Schlagkraft der jeweiligen Organisationen.[523] Dieser Ziel-

zeitruppe u. a. in Failed States Menschenrechtsschutz und Krisenmanagement betreiben soll.

521 Siehe hierzu u. a. die exzellente Monografie von McMahan, Jeff (2011): Killing in War, Oxford: Oxford University Press.

522 Vgl. Singh, Naunihal (2014): Seizing Power: The Strategic Logic of Military Coups, Baltimore: Johns Hopkins University Press.

523 Josef Stalin etwa hatte aus – durchaus begründeter – Sorge vor der unangefochtenen Machtstellung der Roten Armee in der UdSSR ab 1937 die Führungsränge des Heeres einer brutalen Säuberungswelle unterworfen. Eines seiner ersten Opfer war der begnadete Stratege Michail Nikolajewitsch Tuchatschewski, bekannt als der »rote Napoleon«. Stalins Säuberungen erwiesen sich als zweischnei-

konflikt muss freilich nicht in der geschilderten Ambiguität zutage treten. Ausgeprägte Herrschaftskompetenz und Herrschaftswissen begünstigen fraglos die Entwicklung von dauerhafter Loyalität unter den bewaffneten Kräften des Landes, und Gleiches gilt für moralische Grundsätze, wie das aus der Bundeswehr bekannte Prinzip der »Inneren Führung« und die Leitidee des Staatsbürgers in Uniform. Dessen ungeachtet bleibt das aufgezeigte Dilemma als strukturelles politisches Risiko und damit auch als permanente strategische Herausforderung bestehen.

Korrespondierend zu den Machtartefakten der Überwachungstechnologien und der Kommunikationskanäle, ist die zweite von uns diskutierte Organisationsform die des *Auslands- und Inlandsgeheimdienstes.* Die historischen Wurzeln dieser Herrschaftsinstrumente reichen beinahe ebenso weit zurück wie die des Militärs. Bereits die frühen Großreiche des Nahen und Mittleren Ostens – Ägypten, Babylonien, Assyrien und vor allem Persien – stützten ihre politische Macht auf Geheimdienste; konkret auf Feldspione, Geheimkuriere und zentral gelenkte Spitzelnetzwerke in eroberten Provinzen.[524] Der Historiker Wolfgang Krieger hält in seiner Monografie *Geschichte der Geheimdienste* fest, dass deren Aufgabenspektrum seit den antiken Frühtagen weitestgehend konstant geblieben ist:[525] Beschaffung von Informationen über Gegner (aber auch Partner und Verbündete); verdeckte Beeinflussung fremder Mächte und der eigenen Bevölkerung (Stichwort Fake News, siehe Kap. 2.3); Abschirmung des eigenen Herrschaftsapparats gegen geheimdienstliche Angrif-

diges Schwert: Einerseits vermochte er es, sich das Militär gefügig zu machen, andererseits verminderte der Blutzoll die Schlagkraft der Roten Armee im Krieg gegen Deutschland erheblich; vgl. Bullock, Alan (1992): Hitler and Stalin: Parallel Lives. 1st American ed., New York: Knopf und Reese, Roger R. (2000): The Soviet Military Experience: a History of the Soviet Army, 1917–1991. Warfare and History, London/New York: Routledge.

524 Michael Andregg spricht denn auch mit einem Augenzwinkern vom »zweitältesten Gewerbe«; Andregg, Michael (2007): Intelligence Ethics: Laying a Foundation for the Second Oldest Profession, in: Johnson, Loch K. (Hg.): Handbook of Intelligence Studies, New York: Routledge, S. 52–66.

525 Vgl. Krieger, Wolfgang (2009): Geschichte der Geheimdienste: von den Pharaonen zur CIA, München: C.H. Beck, S. 13f. Ähnlich auch: Johnson, Loch K. (1998): Secret Agencies: US Intelligence in a Hostile World, New Haven: Yale University Press, S. 3f. und Ransom, Harry H. (1980): Being Intelligent about Secret Intelligence, in: American Political Science Review 74 (1), S. 141–148.

fe und das Eindringen in gegnerische Geheimdienste (sprich Gegenspionage).

Die machtstrategische Relevanz dieses Aufgaben- und Funktionsspektrums ist, wie der Politologe Harry H. Ransom festhält, evident: »[C]ontrol of secret information provides the leverage for political power.«[526] Wer einen leistungsfähigen Geheimdienstapparat beherrscht, der hat *exklusiven* Zugang zu herrschaftsrelevanten (politischen, ökonomischen, militärischen, aber auch persönlichen) Informationen über außen- und innenpolitische Gegner und damit einen strategischen Vorteil gegenüber nicht gleichermaßen informierten Akteuren; zugleich verfügt er über Machtmittel, die aufgrund der verdeckten Arbeitsweise der Geheimdienste »weniger sichtbar sind als Polizei und Militär«.[527] Dennoch entsteht beim Einsatz von Nachrichtendiensten ein ganz ähnliches Dilemma wie jenes, das wir im Kontext der organisierten Aktionsmacht kennengelernt haben: »Intelligence agencies are simultaneously a *resource* and *liability* to nation-states. They provide essential services for the protection of the society and its citizens, but invariably become large, entrenched and secretive state bureaucracies.«[528] Weil ›Geheimniskrämerei‹, Intransparenz und die Abwehr von Außeneinflüssen zum Alltagsgeschäft der Geheimdienste zählen – und zählen müssen, wenn sie effektiv operieren sollen –, stellt sich mit besonderer Brisanz das Problem ihrer Kontrolle und Überwachung.[529]

Die meisten demokratischen Rechtsstaaten haben hierfür spezifische Aufsichts- und Sanktionsmechanismen etabliert: so etwa nachrichtendienstliche Generalinspekteure, die als Schnittstelle zwischen den zivilen Legislativ- und Exekutivorganen und den Diensten fungieren und überwachen, ob Regierungsentscheidungen auch adäquat umgesetzt wer-

526 Ransom (1980): S. 147.

527 Krieger (2009). S. 9.

528 Joffe, Alexander H. (1999): Dismantling intelligence agencies, in: Crime, Law & Social Change 32, S. 325–346; S. 325; unsere Hv.

529 Dies gilt freilich umso mehr für liberale Demokratien, und entsprechend entsteht in den Worten Ian Leighs ein »basic problem […]: how to provide for democratic control of a governmental function and institutions which are essential for the survival and flourishing of the state but which must operate to a certain extent in justifiable secrecy«, Leigh, Ian (2007): The Accountability of Security and Intelligence Agencies, in: Johnson, Loch K. (Hg.): Handbook of Intelligence Studies, New York: Routledge, S. 67–81; S. 67.

den, oder parlamentarische Institutionen mit besonderen Freigaben und Vollmachten, wie das Parlamentarische Kontrollgremium (PKGr) des Deutschen Bundestags oder das United States House Permanent Select Committee on Intelligence (HPSCI) des US-Repräsentantenhauses.

Totalitäre und autoritäre Systeme wählen oftmals einen anderen Weg, der sich am ehesten als ein System der geheimdienstlichen Checks and Balances bezeichnen lässt. Es umfasst die Etablierung miteinander konkurrierender und einander kontrollierender Parallelstrukturen. Der Irak beheimatete unter Saddam Hussein z. B. ein Dutzend Geheimdienste und Geheimpolizeien, die um die Gunst des Potentaten buhlten und sich gegenseitig zu diskreditieren versuchten; ähnlich sieht es bis zum heutigen Tage in Syrien oder in der palästinensischen Autonomieregion aus.[530] Der ehemalige BND-Mitarbeiter und Nahostkenner Wilhelm Dietl konstatiert angesichts solcher unübersichtlichen Geheimdienstlandschaften denn auch sardonisch, Ungeübte kämen beim Zählen dieser verschiedenen Organisationen längst nicht mehr mit.[531]

Kontrolle hat freilich ihren Preis – und zwar in beiden Fällen. Die Schaffung von Parallelstrukturen und das Klima von wechselseitiger Bespitzelung und Misstrauen, das aus diesen hervorgeht, sind ineffizient; das Vorgehen lähmt den Apparat. Die Einrichtung ziviler politischer Kontrollinstanzen und die Erzwingung von (zumindest selektiver) Transparenz schaffen potenzielle Sicherheitslücken und vergrößern das Risiko ›undichter Stellen‹. Auch diesen Zielkonflikt gilt es sich im Kontext der Herrschaftsinstrumente primär als kontinuierliche Herausforderung bewusst zu machen. Eine universelle Lösungsformel erscheint angesichts der zahlreichen strategischen Variablen, die für den Abwägungsprozess relevant sein können, unplausibel.

Auf eine weitere Herausforderung macht der eingangs zitierte Ransom in seinem ebenso klugen wie unterhaltsamen Aufsatz *Being Intelligent about Secret Intelligence* aus der späten Hochphase des Kalten Krieges aufmerksam: »[I]ntelligence systems tend to report what they think the political leadership wants to hear«.[532] Neben seiner jahrzehntelangen

530 Einen bisweilen reißerischen, aber dennoch hochinformativen Einblick bietet hier: Dietl, Wilhelm (2007): Schattenarmeen: Die Geheimdienste der islamischen Welt, St. Pölten: Residenz Verlag.

531 Vgl. Dietl (2007).

532 Ransom (1980). S. 147.

Erfahrung als US-Sicherheitsexperte liefert der Autor keine empirischen Belege für diese provokante These.[533] Aber das eklatante Unvermögen der westlichen Geheimdienste, in den 1980ern den Zusammenbruch des Ostblocks zu prognostizieren, kann zumindest als anekdotische Evidenz herhalten. In jedem Falle rückt das skizzierte Risiko die Bedeutung einer spezifischen Form von Führungswissen ins Zentrum, die wir in Kap. 2.5.2 eingehender diskutiert haben: die Metaexpertise. Die effektive Führung geheimdienstlicher Herrschaftsinstrumente erfordert die Fähigkeit, Personal auszuwählen und zu leiten, das nicht nur loyal und vertrauenswürdig ist, sondern zudem die Bereitschaft hat, etablierte politische Narrative – im Falle des Kalten Krieges etwa die Kontinuität eines Kampfes zweier stabiler ideologischer Blöcke – kritisch zu hinterfragen und durch neue Informationen herauszufordern.

Die dritte herrschaftsrelevante Organisationsform ist die *Bürokratie*, hier verstanden als Sammelbegriff der staatlichen Verwaltungsapparate. Diesen Themenkomplex haben wir bereits eingehend unter dem Schlagwort des bürokratischen Fachwissens (siehe Kap. 2.5.2) diskutiert. Im Kontext der Herrschaftsinstrumente lässt sich jedoch hervorheben, dass die Verbindung von Macht und Verwaltung bereits in der Etymologie des Wortes impliziert ist. Immerhin ist »Bürokratie« ein eigenwilliges und (ursprünglich abwertendes) Kompositum aus dem französischen »bureau«, das im übertragenen Sinne für die administrative Tätigkeit steht, und dem griechischen Verb »kratein«, das sich in etwa mit »herrschen« oder »Macht ausüben« übersetzen lässt.[534] Bürokratie steht mithin für die Ausübung von Herrschaft durch und vermittels Verwaltung.

Diese Verquickung ist unmittelbar sinnfällig, insofern der öffentlichen Verwaltung die Kernaufgabe obliegt, das Positionsgefüge der Herrschaft und seine arbeitsteilige Struktur zu organisieren und die durch die politische Führung autorisierten Vorgaben und Ziele (Gesetze, Verordnungen, Haushaltsbeschlüsse, Handelsabkommen etc.) zu implementieren, zu konkretisieren und anzuwenden. Folgerichtig hält die Sozial-

533 Dies ist aber angesichts des geheimen, unter Verschluss gehaltenen Charakters entsprechender Reports auch nicht weiter verwunderlich oder Ransom anzulasten.

534 Vgl. Morstein Marx, Fritz (1959): Einführung in die Bürokratie. Eine vergleichende Untersuchung über das Beamtentum, Neuwied: Herman Luchterhand Verlag, S. 28ff.

wissenschaftlerin Renate Mayntz in ihrer Monografie *Soziologie der öffentlichen Verwaltung* fest, dass »die Verwaltung bei allen […] Herrschaftstypen der Bestandssicherung der politischen Herrschaft und der Durchsetzung ihrer Ziele dient.«[535] Mayntz ist mit ihrem Verweis auf die Universalität der Bürokratie als Herrschaftsinstrument durchaus beim Wort zu nehmen. Die »Veralltäglichung zentrierter Gebietsherrschaft«, um noch einmal das klingende Wort von Popitz aufzugreifen, ist ohne Finanz- und Steuerbehörden, Gewerbeaufsichten, Straßenbauämter, Melderegister etc. undenkbar. Dieser Grundsatz gilt zu allen Zeiten, egal ob in der Römischen Republik, im Osmanischen Reich oder in einem modernen Nationalstaat.

Ein eindrucksvolles Beispiel dafür, wie bedeutsam, aber auch kritisch der administrative Apparat für die Aufrechterhaltung und Ausweitung von Herrschaft ist, bietet die Frühphase des islamischen Kalifats unter der Abbasidendynastie im achten und neunten Jahrhundert.[536] Nach der explosionsartigen, kriegerischen Expansion unter dem Propheten Mohammed und seinen Nachfolgern erstreckte sich das muslimische Großreich von Nordafrika bis ins heutige Afghanistan. Die unbestrittene Brillanz der arabischen Eroberer auf dem Schlachtfeld stand allerdings in eklatantem Kontrast zu ihrem Unvermögen, das gewonnene Reich politisch zu steuern und zu verwalten. Die pragmatischen Kalifen wussten sich jedoch zu helfen: Sie delegierten alle administrativen Aufgaben an die – zuvor militärisch unterworfene und konvertierte – persische Bürokratenelite, deren Leiter als »Wesire« in die Geschichte eingegangen sind.[537] Diese implementierten ein »gut durchdachtes, an persische Vorbilder angelehntes Verwaltungssystem mit einzelnen Kanzleien (Diwanen), insbesondere für das Heer sowie die Finanzen und Steuern, ferner für die Post und die Provinzen […], die Staatseinnahmen […] wurden genau geregelt und verbucht«.[538] Zudem bauten sie im Abbasidenreich das Nachrichtenwesen auf und ergänzten dieses durch

535 Mayntz, Renate (1985): Soziologie der öffentlichen Verwaltung, 3. überarb. Aufl., Heidelberg: C.F. Müller, S. 42.

536 Vgl. Spuler, Bertold (1959): Die Chalifenzeit. Entstehung und Zerfall des islamischen Weltreichs, Leiden: Brill.

537 Vgl. Farazmand, Ali (2001): Learning from Ancient Persia: Administration of the Persian Achaemenid Empire, in: Ders. (Hg.): Handbook of Comparative and Development Public Administration, New York/Basel: Marcel Dekker, S. 33–60.

538 Spuler (1959): S. 55.

eine Brieftaubenpost sowie ein System von Wacht- und Signaltürmen, das in den Worten des Orientalisten Bertold Spuler »gleichzeitig als Nachrichten- und Überwachungsorgan der Zentralregierung« diente.[539] Die Abhängigkeit der arabischen politischen Führung von den persischen Verwaltungsspezialisten ging so weit, dass sich der legendäre Kalif Harun ar-Raschid zu dem verzweifelten Ausspruch genötigt sah: »Die Perser haben ein Jahrtausend geherrscht, ohne unser (der Araber) nur einen Tag lang zu bedürfen, und wir herrschen nun einige Jahrhunderte, ohne sie eine Stunde entbehren zu können.«[540] In der Tat erwies sich der Rekurs auf die persischen Bürokraten als zweischneidiges Schwert: Einerseits erlebte das Abbasidenreich unter ihnen eine beispiellose wirtschaftliche, wissenschaftliche und kulturelle Blüte, die von Kennern als goldenes Zeitalter des Islams eingestuft wird.[541] Andererseits nutzten die Verwaltungsbeamten ihre politische Unverzichtbarkeit zur sukzessiven Stärkung ihrer Stellung am Hofe von Bagdad aus – bis hin zum Punkt der faktischen Machtübernahme, an dem die Kalifen schließlich nur noch als symbolische Oberhäupter des Reiches fungierten.

Der Fall des Abbasidenreiches ist ein historisches Lehrstück für die so genannte *Verselbständigungsthese* des Soziologen Max Weber, die wir bereits diskutiert haben. Sie besagt in nuce, dass Verwaltungsspezialisten ihr Fachwissen und die korrespondierenden Organisationsstrukturen als Machtressource nutzen können, um den administrativen Apparat von der Kontrolle durch die politische Führung zu entkoppeln. Diese Verselbständigung muss nicht wie im Falle des Kalifats in die offene Usurpation einmünden. Sie kann auch (nur) zu einer Spannung innerhalb des Positionsgefüges der Herrschaft zwischen der zielsetzenden, politischen Machtformation und der umsetzenden, administrativen Machtformation führen – und damit zur Immobilisierung des politischen Sys-

539 Ebd.

540 Zitiert nach Spuler (1959): S. 55. Diese Einschätzung ist aus Sicht heutiger Historiker keinesfalls übertrieben; so schreibt etwa Ali Farazmand: »The fall of the Persian Empire to the Islamic Arabs in 651 A.D. did not result in the demise of Persian administrative excellence. [...] The Persian bureaucracy continued its long tradition with its own language and culture [...]. This happened particularly during the Abased Caliphate which was totally Persianized and under Persian control«, Farazmand (2001): S. 55.

541 Siehe z. B. Lombard, Maurice (1975): The Golden Age of Islam, New York: American Elsevier.

tems. Die in Kap. 2.5.2 skizzierten institutionellen Schutzmechanismen gegen diese Tendenzen wollen wir hier nicht wiederholen. Der entscheidende Faktor bleibt für Weber und andere Bürokratieexperten mithin die souveräne und verantwortungsvolle politische Führung.

Das letzte formal organisierte, soziale Herrschaftsinstrument, auf das wir an dieser Stelle eingehen wollen, ist das zugleich sinnfälligste: die *Partei*. Die Geschichte des Politischen ist von Anfang an auch eine Geschichte von Organisationen, die einen offenen Anspruch auf Herrschaftsausübung – und nicht nur auf Unterstützung bei der Herrschaftsausübung, wie z. B. Militär, Polizei, Geheimdienst und Verwaltung – bekunden, hierfür Legitimation und Expertise reklamieren und mit anderen Organisationen konkurrieren.

Eine frühe Erscheinungsform dieses Organisationstypus, die wir in Kap. 2.5.1 intensiv diskutiert haben, sind die Patrizierfamilien der römischen Republik. Durch ihre hierarchisch auf den *pater familias* zugeschnittene Organisationsstruktur, ihr rigoroses und am Erwerb von Herrschaftskompetenz ausgerichtetes Schulungssystem, ihr Amtsethos und ihre Verpflichtung auf das *bonum commune* verkörpern jene Dynastien bereits die entscheidenden Wesenszüge dieses Herrschaftsinstruments. Ihre Genese und ihr Erfolg verdanken sich einer basalen Logik des politischen Feldes: Der offene Anspruch auf legitimierte Herrschaft lässt sich nur in einem Verbund gleichgesinnter, loyaler, arbeitsteilig organisierter, spezialisierter Machtexperten – heute spricht man von Berufspolitikern – einlösen. Einzelkämpfer müssen an diesem Ziel ebenso scheitern wie unorganisierte Massen. Auch spätere Erscheinungsformen dieses Typus haben wir bereits kennengelernt: etwa die Adelsgeschlechter des europäischen Mittelalters oder die japanische Kriegerkaste der *bushi*. Sie alle eint der Charakter einer strukturierten und hochprofessionellen Eliteklasse, deren einziger Zweck die direkte Bestimmung des Regierungshandelns im Sinne ihrer politischen Ziele ist.

Die politische Partei unseres Sprach- und Bedeutungsverständnisses ist also letztlich nur die moderne (demokratische) Inkarnation eines historisch weit älteren Organisationstypus. Aber sie steht im Fokus unserer weiteren Analyse, da sie als Herrschaftsinstrument die politische Struktur und Kultur der gegenwärtigen Gemeinwesen prägt. Geschichtlich betrachtet, entsteht der Begriff der Partei erst im England des 18. Jahrhunderts, welches als konstitutionelle Monarchie mit einem unabhängigen Parlament unter den europäischen Nationen eine Sonderrolle einnahm.[542] Entsprechend stammt die früheste Definition aus der Feder des englischen Philosophen Edmund Burke: »Party is a body of men united for promoting by their joint endeavours the *national interest* upon some *particular principle* in which they are all agreed.«[543] Die Soziologin Jasmin Siri arbeitet die interne Spannung dieser bis heute gültigen Begriffsbestimmung präzise heraus: Die Partei ist ein »Instrument zur Durchsetzung von Partikularinteressen einerseits und [...] verantwortlich für das Gemeinwohl andererseits.«[544] Damit ist zugleich die zentrale Herausforderung für diese Organisationsform benannt. Insofern sie in einer repräsentativen Demokratie um Herrschaft auf Zeit – sprich parlamentarische Mehrheiten – kämpft, muss sie um Wählerstimmen werben und dabei sowohl den partikularen Anliegen der eigenen Interessenformation als auch der politischen Allgemeinheit Rechnung tragen. Die etymologische Wurzel des Wortes »Partei« aufgreifend, muss sie als »Pars pro Toto« fungieren. Zur Bewältigung dieser Herausforderung haben sich die politischen Parteien in den vergangenen 300 Jahren sukzessive zu hochprofessionellen Machtapparaten entwickelt. Ihre Organisationsform erfüllt eine Reihe von Kernfunktionen, die für das Ziel des Machterwerbs unverzichtbar sind: rekrutieren, indoktrinieren, spezialisieren, selektieren – herrschen. Konkret bedeutet dies, dass Parteien kontinuierlich Nachwuchs anwerben (z. B. über Jugendorganisationen), diesen durch Schulungen ideologisch festigen und mit Kenntnissen ausstatten, um aus dem Kreis der Angeworbenen die auszuwählen, die sich durch Kompetenz, Wissen, Willen und Opferbereitschaft als politisches Führungspersonal empfehlen. Dabei müssen Parteien ein stetes Spannungsverhältnis zwischen Loyalität und Konkurrenz aushalten: Einerseits sind sie nur dann schlagkräftige Anwärter auf demokratisch legitimierte Herrschaft, wenn sie geschlossen ein spezifisches Set von Werten, Interessen und Deutungshorizonten des Gemeinwohls verkörpern und dieses durch kohärente, konfliktfreie Politik verwirklichen können. Andererseits können sie nur im Wettbewerb der politischen Ideen bestehen, wenn sie über

542 Vgl. Siri, Jasmin (2012): Parteien. Zur Soziologie einer politischen Form, Wiesbaden: Springer VS, S. 33.

543 Burke, Edmund ([1770] 2002): Thoughts on the Cause of the Present Discontents, in: Susan E. Scarrow (Hg.): Perspectives on Political Parties, Basingstoke: Palgrave Macmillan, S. 37–43; S. 39; unsere Hv.

544 Siri (2012): S. 33.

das bestmögliche Führungspersonal verfügen; und dieses lässt sich nur durch internen Konkurrenzdruck und die Berücksichtigung des Leistungsprinzips in Stellung bringen.

Freilich ist das Herrschaftsinstrument der politischen Partei kein Alleinstellungsmerkmal demokratischer Systeme und auch nicht zwangsläufig mit dem Entscheidungsmechanismus freier Wahlen oder dem Parlamentarismus verknüpft. Parteiorganisationen spielten und spielen z. B. auch in sozialistischen und faschistischen Diktaturen eine zentrale Rolle, wie etwa die Kommunistische Partei Chinas, die KPdSU in der Sowjetunion oder die NSDAP im Dritten Reich. Bemerkenswerterweise ist die Funktionslogik dieses Herrschaftsinstruments auch in nicht demokratischen Systemen durchaus analog zu der von demokratischen Parteien. Dies zeigt sich eindrucksvoll an Lenins Theorie kommunistischer Parteien, die in seiner Schrift *Was tun?* zusammengefasst ist: »Und nun behaupte ich: 1. Keine einzige revolutionäre Bewegung kann ohne stabile und die Kontinuität wahrende Führerorganisation Bestand haben. 2. je breiter die Masse ist […], die die Grundlage der Bewegung bildet, um so dringender ist die Notwendigkeit einer solchen Organisation […]. 3. eine solche Organisation muß hauptsächlich aus Leuten bestehen, die sich berufsmäßig mit revolutionärer Tätigkeit befassen; […] die Menge wird diese Berufsrevolutionäre in immer größerer Anzahl hervorbringen, denn die Menge wird dann wissen, […] daß es notwendig ist, sich durch jahrelange Arbeit zu einem Berufsrevolutionär auszubilden.«[545] Bemerkenswert ist, mit welcher Kompaktheit hier die Aspekte der politischen Professionalisierung und Elitisierung mit den Funktionen der Rekrutierung, Schulung und Selektion zusammengedacht sind. Dahinter steht die Einsicht Lenins, die sich problemlos auf demokratische Staaten übertragen lässt, dass Herrschaftserwerb und Herrschaftsausübung in modernen Territorialstaaten mit Millionen von Einwohnern nur dann erfolgreich sein können, wenn sie durch einen spezialisierten Parteiapparat erfolgen, der durch Berufspolitiker geführt wird und sich durch kontinuierliche Rekrutierung neuer Eliten selbst reproduziert.

Neben den formellen Organisationen, wie Parteien, Polizei, Militär oder Verwaltung, sind *informelle Netzwerke* der zweite große Pfeiler der sozialen Herrschaftsinstrumente. Der Begriff des informellen sozialen

545 Lenin ([1902 (1989): Was tun?, in: Ders.: Ausgewählte Werke in zwei Bänden, Berlin: Dietz, S. 5–79; S. 74.

Netzwerks umspannt ein extrem weites Spektrum persönlicher Verbindungen:[546] Es reicht von bloßen Bekanntschaften, die gelegentlich aufgefrischt werden, bis hin zu festen und innigen Freundschaften; und es deckt sowohl kleinste Personengruppen als auch große, inoffizielle Vereinigungen ab. Trotz dieser Heterogenität teilen die genannten Gruppen zwei Eigenschaften, die sie als Herrschaftsinstrumente relevant machen und deretwegen sie von Bourdieu (siehe Kap. 2.3) dezidiert als *soziales Kapital* eingestuft werden.

Erstens generieren und reproduzieren sie sogenannte *Normen generalisierter Reziprozität*.[547] Das bedeutet, dass die Mitglieder Leistungen füreinander erbringen, ohne dafür unmittelbare Gegenleistungen zu erwarten, aber berechtigterweise davon ausgehen, dass sie in Zukunft äquivalente Leistungen von anderen Mitgliedern des Netzwerks erwarten können. Diese flexiblen Kooperationsbedingungen, die sich nicht in einem simplen *quid pro quo* erschöpfen, sind für die Ausübung, Konsolidierung und Ausweitung politischer Macht unverzichtbar – sei es bei der Informationsbeschaffung, der unbürokratischen Implementierung politischer Strategien, der Schaffung politischer Mehrheiten vor entscheidenden Abstimmungen, der Bildung von Allianzen oder Ad-hoc-Bündnissen und so fort. Anders gesagt: Die Bedeutung von Normen generalisierter Reziprozität ergibt sich daraus, dass politische Machtausübung hoffnungslos ineffizient wäre, wenn alle Akteure nach einem strikten ›Dienst nach Vorschrift‹-Prinzip interagierten oder ihre Kooperationsbereitschaft ausschließlich von einem unmittelbaren Nutzengewinn abhängig machten.

Die zweite relevante Eigenschaft informeller Netzwerke besteht darin, dass sie – je nach Intensität der persönlichen Verbindungen – *soziales Vertrauen* schaffen.[548] Die Mitglieder unternehmen entsprechend keine (oder nur geringe) Anstrengungen, um die Wahrhaftigkeit oder Kooperationsbereitschaft anderer Mitglieder zu überwachen oder zu überprüfen. Auf diese Weise werden konzertierte Aktionen erheblich vereinfacht und, in der Sprache der ökonomischen Theorie, weniger kostenintensiv. Soziales Vertrauen muss hierbei freilich nicht bedeuten, dass

546 Vgl. Blum (2015): S. 76f.

547 Vgl. Putnam (1993).

548 Vgl. Levi, Margaret (1996): Social and Unsocial Capital: a Review Essay of Robert Putnam's Making Democracy Work, in: Politics & Society 24 (1), S. 45–55.

sich die Mitglieder eines Netzwerks blind aufeinander verlassen können; es genügt im Zweifelsfalle, wenn eine gewisse Erwartungssicherheit über die Interessen und Motive der anderen besteht und die Gewissheit darüber, dass der Kooperationspartner zu seinem Wort steht.

Informelle Netzwerke sind – so verstanden – der ›Kitt‹, der das Positionsgefüge der Herrschaft zusammenhält. Selbst effizient konstruierte und mit einem hohen Maß an Führungswissen, Fachwissen und Begründungswissen ausgestattete Machtapparate geraten ins Stottern, wenn unter ihren Mitgliedern kein soziales Vertrauen herrscht und keine Normen generalisierter Reziprozität in Kraft sind. Ihre Pflege und Kultivierung ist denn auch weniger eine Frage der *epistémé* und der rationalen strategischen Planung, sondern vielmehr der *téchne*, der intuitiven Herrschaftskompetenz und des politischen Bauchgefühls. Wer soziale Netzwerke als Herrschaftsinstrumente ausbauen und einsetzen will, dem muss das Politische, wie wir zu Beginn festgehalten haben, »in Fleisch und Blut übergegangen«, also Teil des persönlichen Habitus geworden sein.

2.5.4 Die Beherrschung der Machtvektoren: homo consultandus und homo consultans

Jetzt, da der letzte Baustein der Machtvektoren gesetzt ist, stehen diese in der Gesamtschau vor uns. Der Blick aus der Vogelperspektive erbringt zwei zentrale Erkenntnisse: *Erstens* sind die drei Ressourcen – Herrschaftskompetenz, Herrschaftswissen, Herrschaftsinstrumente – in der Tat *komplementäre und erst gemeinsam hinreichende* Grundlagen politischer Macht. Politische *epistémé* und politische *téchne* ergänzen einander in unzähligen Bereichen, von der abstrakten Strategieentwicklung bis hin zur konkreten Steuerung von Herrschaftsinstrumenten wie Geheimdiensten oder Verwaltungen. Erst wenn intuitive Politikbeherrschung mit Führungs-, Fach- und Begründungswissen in der durch Artefakte und Organisationen vergegenständlichten Machtarchitektur vereint ist, wird eine zielgerichtete Interessendurchsetzung auch gegen den Widerstand anderer möglich. Die vielfach aufgezeigten Interdependenzen der drei großen Ressourcen bestätigen unsere Ausgangshypothese, diese zuallererst als Vektoren der Macht zu klassifizieren.

Zweitens sollte deutlich geworden sein, dass die Beherrschung der Machtvektoren, also der gezielte Aufbau und Einsatz der essenziellen

Ressourcen der Machtpolitik und der politischen Macht, eine außerordentlich *anspruchsvolle und komplexe Herausforderung* ist. Habitualisierte politische Kompetenz muss durch einen zeitintensiven praktischen Lernprozess erworben werden – idealerweise von klein auf und unter Anleitung durch versierte Multitalente der Macht. Das *tirocinium fori*, das in Kap. 2.5.1 eingehender geschilderte Politikpraktikum der jungen römischen Senatselite, mag seit der Antike ohne Beispiel oder gleichwertige Nachahmung geblieben sein, aber es repräsentiert dennoch bis heute den Premiumstandard für den Erwerb von Herrschaftskompetenz. Herrschaftswissen wiederum erfordert, selbst wenn wir den Fokus für den Augenblick nur auf die strategischen Führungskenntnisse legen wollen, nicht nur einen immensen Informationsstand über zielrelevante politische Konstanten und Variablen, sondern auch die Fähigkeit, diese kreativ zu einem Handlungsschema zu synthetisieren. Der erfolgreiche Einsatz von sozialen Machtwerkzeugen wie Militär und Polizei und der korrespondierenden Technologien verlangt schließlich ein ausgeprägtes Gespür für die Balance zwischen organisationaler Schlagkraft und politischer Steuerungsfähigkeit. Die Kombination der Vektoren scheint somit einer geradezu herkulischen Aufgabe gleichzukommen.

Die Erkenntnis dieser dreifachen Herausforderung ist freilich nicht ganz neu. Sie findet sich implizit bereits in der Antike, wie wir mit dem Philosophen Peter Sloterdijk festhalten können.[549] Im kleinen, aber ungemein kompetitiven Athener Politikkosmos des perikleischen Zeitalters entsteht ein klares Verständnis für den enormen »Performanzdruck«, unter dem der Machtakteur steht – und somit auch für seine »Ergänzungsbedürftigkeit«.[550] Sloterdijk hält konsequent fest: »Schon die antike Stadtkultur hatte erkannt, dass es keinen urbanen Leistungsträger gibt, der sich auf seinem Feld allein und unberaten betätigen könnte. Sobald jemand in einer ausdifferenzierten Kultur aus der Menge heraustritt und in eine Leistungsfunktion einrückt, muss er unweigerlich jemanden neben sich haben, der ihn bei seinen Tätigkeiten beratend, moderierend und motivierend unterstützt.«[551] Im Klartext: Die Beherrschung der Machtvektoren wird aufgrund ihrer Komplexität und Zeitintensität in der Po-

549 Vgl. Sloterdijk, Peter (2017): Konsultanten sind die Künstler der Enthemmung, in: Neue Zürcher Zeitung vom 18.2.2017.

550 Ebd.

551 Ebd.

lis als Gegenstand der Beratung durch spezialisierte Dienstleister erkannt. Und dieser Schritt ist in einer zunehmend arbeitsteiligen politischen Struktur unmittelbar sinnfällig: Anstatt die Herausforderungen politischer Macht alleine zu schultern, sucht der attische Politiker Rat und Wissen bei einem Akteur, der selbst (prima facie) keine Machtambitionen hegt – dem Berater.

Es ist dies die Geburtsstunde zweier historischer Archetypen, deren Wechselverhältnis sich von nun an als roter Faden durch die Geschichte ziehen wird: des *homo consultandus* (des zu beratenden Menschen) und des *homo consultans* (des beratenden Menschen).[552] Indem der Machtakteur den Gebrauch politischer Macht als Herausforderung begreift und hierbei Kenntnislücken oder Kompetenzdefizite – sprich Beratungsbedarf – einräumt, wird er zum homo consultandus. Dadurch entsteht gleichsam eine Nische im politischen Kosmos, die durch einen Akteur besetzt wird, der das entsprechende Know-how gegen Entgelt als Serviceleistung erbringt: durch den homo consultans. Diese Funktion wird in der antiken Polis zunächst von einer Berufsgruppe übernommen, die durch Platons Dialoge einen denkbar schlechten Ruf erworben hat, den *Sophisten* (deutsch: die Weisen).[553] Während ihre Rivalen, die Philosophen (deutsch: die Weisheitsliebenden), die Erforschung von Logos und Praxis als zweckfreies (wohlgemerkt, nicht zweckloses) und akademisches Unterfangen betreiben, stehen die Sophisten laut Sloterdijk für das »Paradigma der wirkungsbewussten Vernunft«. Das bedeutet konkret, dass sie ihre rhetorischen, didaktischen und logischen Fähigkeiten in den »Dienst einer streitlustigen urbanen Klientel« stellen, die in der Polis um Macht und Einfluss ringt. Den Sophisten folgend, sind weitere historische Inkarnationen des homo consultans z. B. die großen mittel-

552 Sloterdijk (2017) bezeichnet dieses Wechselverhältnis als einen »Bipolarismus der Leistungsrollen« und hebt damit die wechselseitige Abhängigkeit beider Archetypen hervor: Der homo consultandus braucht den Berater aufgrund seiner Expertise in Hinblick auf die Vektoren der Macht; der homo consultans braucht den Machtakteur als Arbeitgeber.

553 Um sich zu vergegenwärtigen, wie schlecht die Sophisten in der abendländischen Kultur beleumundet sind, muss man sich nur erinnern, mit welchen Worten Heinrich Faust den Mephisto schilt: »Du bist und bleibst ein Lügner, ein Sophiste.« Freilich entgegnet der schlagfertige Teufel hierauf mit der bekannten Wendung »Ja, wenn man's nicht ein bisschen tiefer wüsste«; Goethe, Johann W. ([1808] 1992): Faust. Der Tragödie erster Teil, Stuttgart: Reclam, S. 88.

alterlichen Königsberater, wie etwa Alkuin am Hofe Karls des Großen, oder die neuzeitlichen Geheimräte. Die idealtypische Verkörperung des homo consultans ist für Sloterdijk allerdings der uns wohlbekannte Machiavelli, dessen Überlegungen zu den Grundlagen politischer Macht wir zu Beginn von Kap. 2.5 als einen Grundstein unserer eigenen Systematik der Machtvektoren herangezogen haben. Bemerkenswert an Machiavellis Schriften ist aus Sloterdijks Sicht die Verquickung von theoretischer Reflexion und anwendungsbezogener politischer Beratung. Entsprechend hält er fest, dass man »in den Schriften des großen Florentiners [...] die Professionalisierung der ratgebenden Vernunft exemplarisch studieren« kann.[554]

Seit den Tagen Machiavellis hat sich diese Professionalisierung der Machtberatung konstant fortentwickelt.[555] Unsere modernen Gemeinwesen zeichnen sich durch einen Consulting-Kosmos unterschiedlichster Dienstleister aus, die die Akteure des politischen Felds – Regierungen, Unternehmen, Verbände, NGOs, Parteien, Kirchen, Gewerkschaften etc. – dabei beraten, wie das Nullsummenspiel um politische Macht zu spielen ist. Dennoch sind die Grundprinzipien der Beratung, so unsere These, universell und seit der Antike dieselben geblieben. Sie müssen es sein, weil sie an den großen Machtvektoren, die gleichsam universell und global einheitlich sind, ansetzen. Entsprechend umfassen sie *erstens* die Befähigung zur Herrschaftskompetenz durch Training und praktische Schulungen, *zweitens* die Gewinnung, Systematisierung und Verdichtung von relevanten Informationen zur Entwicklung von Herrschaftswissen und *drittens* die Anleitung zur Gestaltung des politischen Feldes vermittels der verschiedenen Herrschaftsinstrumente. Die Konkretisierung dieser kategorischen Logik muss gleichwohl den soziokulturellen Kontexten und Gesetzmäßigkeiten der jeweiligen Gemeinwesen Rechnung tragen. Zielgerichtete Beratung ist immer beides: an universellen Leitsätzen der politischen Macht orientiert und kontextsensitiv für die spezifischen Anwendungsverhältnisse der Macht. Diese Leitsätze werden wir im dritten und letzten Kapitel konkret entwickeln und damit zugleich unsere prak-

554 Sloterdijk (2017).

555 Vgl. Althaus, Marco & Meier, Dominik (Hg.) (2004): Politikberatung: Praxis und Grenzen, Berlin: LIT und Meier, Dominik & Miller, Constanze (2005): Die neue Politikberatergeneration in Berlin und Brüssel, in: Kreyher, Volker J. (Hg.): Handbuch Politisches Marketing, Baden-Baden: Nomos, S. 412–426.

tische Theorie der Macht in einen anwendungsbezogenen Leitfaden überführen.

3 Die Praxis der Macht

Im letzten Kapitel haben wir die Formen, Felder, Legitimitätsbedingungen und Ressourcen der Macht diskutiert – mit besonderem Augenmerk auf die Sphäre des Politischen, die über gemeinschaftliche Handlungsnormen in alle anderen Machtfelder hineinwirkt. In dieser Sphäre bilden die Ressourcen der Macht eine Trias interdependenter Bedingungen. Daher sprechen wir auch von den Machtvektoren des Politischen: Herrschaftskompetenz, Herrschaftswissen, Herrschaftsinstrumente. Erwerb und Einsatz dieser Ressourcen ist für die Protagonisten des politischen Feldes unverzichtbar, um im Nullsummenspiel um Macht konkurrenzfähig zu sein. Dies gilt zu allen Zeiten und für alle Akteure – für Spitzenpolitiker ebenso wie für Unternehmenslenker, Gewerkschafts- und Verbandspräsidenten, Kirchenführer und zivilgesellschaftliche Vordenker. Die Herausforderung besteht freilich darin, die Vektoren politischer Macht auch zu beherrschen. Diese Aufgabe ist hochkomplex, mental wie physisch anstrengend und voraussetzungsreich. Sie ist für die Machtakteure – Personen und Organisationen gleichermaßen – im Alleingang kaum zu bewältigen.

An diesem Punkt der Machtlogik treten zwei Archetypen des politischen Feldes auf den Plan: der *homo consultandus* und der *homo consultans*, der zu beratende Macht-Haber und der beratende Macht-Experte. Der homo consultans unterstützt beim Erwerb und Einsatz von Macht, ohne selbst unmittelbar nach ihr zu streben. Er ist Politikberater, Campaigner, Kommunikationsexperte, Interessenvermittler, Cheforganisator und Vertrauensperson. Das dritte und letzte Kapitel unseres Buches ist ihm gewidmet. Wir diskutieren und beschreiben, wie politische Beratung in der Praxis funktioniert – sowohl in Hinblick auf die universellen Gesetze der Macht, die wir in den letzten Kapiteln skizziert haben, als auch unter Berücksichtigung der konkreten, politisch-soziokulturellen Spezifika der jeweiligen Gemeinwesen. Gute Beratung verbindet *Universalität* und *Kontingenz*. Sie fußt auf der Einsicht in die strukturell-globale Einheitlichkeit ihres Gegenstands, und sie ist sensitiv gegenüber den spezifischen Interessen des Klienten und seinem politischen Umfeld.

Dieses Thema bringt konsequenterweise eine höhere Konkretionsstufe als in den vorangegangenen Kapiteln mit sich. Weil wir die Praxis der Beratung im täglichen Ringen um politische Macht in den Blick fassen, werden wir nicht nur zu den konkreten Fragen des politischen Alltagsgeschäfts vordringen, sondern wir werden auch auf die zahlreichen Subfelder des Politischen (Finanz-, Innen-, Infrastrukturpolitik etc.) mit ihren spezifischen Binnenlogiken sowie auf die verschiedenen Akteursgruppen (Parteien, Medien, Gewerkschaften, Verbände, Unternehmen, NGOs etc.) eingehen. Mit dieser höheren Konkretionsstufe geht zugleich ein engerer Fokus einher: Wir konzentrieren uns einzig und allein auf die *repräsentative Demokratie des 21. Jahrhunderts*. Für diesen Fokus auf einen Systemtypus in einer Epoche gibt es zwei zentrale Gründe. Erstens ließe sich natürlich auch ein politischer Beratungsansatz für Einparteienstaaten oder moderne Theokratien entwickeln, aber von diesen Regimen trennen uns nicht nur der Kulturkreis und die soziokulturelle Ausgangslage, sondern auch unser eigenes politisches Ethos und unsere Verpflichtung gegenüber dem demokratischen Gemeinwohl (siehe Kap. 2.4). Kurzum: Wir sind weder ausgewiesene Macht-Experten für derartige Systeme noch teilen wir ihre ethisch-politischen Grundsätze. Zweitens haben politische Praktiker in allen Epochen Leitfäden für den Erwerb sowie die Ausübung, Legitimierung und den Erhalt politischer Macht aufgestellt: so etwa der Sophist Thrasymachos und der Lehrmeister Konfuzius in der Antike, die Königsberater Alkuin und Ignatius von Loyola im Mittelalter und schließlich die großen politischen Doyens der Renaissance, Niccolò Machiavelli und Thomas Morus.[556] Diese Beratungsansät-

556 Die Rekonstruktion der Entwicklung und Wandlung des homo consultans durch die verschiedenen weltgeschichtlichen Epochen ist fraglos eine überaus reizvolle und wichtige Aufgabe, der wir hier jedoch nicht nachgehen können. Nach unserer Kenntnis hat sich bislang kein Autor an diesem Thema versucht. Einen inspirierenden Essay zu dem Thema bietet, wie bereits ausgeführt, Sloterdijk (2017); siehe auch unser Kap. 2.5.4. Zur Einschätzung, wonach der in Platons *Politeia* erwähnte Thrasymachos der erste professionelle Politikberater der abendländischen Geschichte ist, siehe Abramson, Jeffrey B. (2009): The Owl of Minerva, Cambridge/London: Harvard University Press, S. 28f.

ze politisch und ideengeschichtlich zu durchdringen, wäre verdienstvoll. Aber uns geht es in Kap. 3 nicht um eine historische Perspektive auf die Praxis der Beratung und die Entwicklung und Wandlung des homo consultans, sondern um die politische Gestaltung des Hier und Jetzt. Daher werden wir, wie bisher, stets auf Einsichten aus der Geschichte des politischen Denkens rekurrieren – aber nur mehr in Hinblick auf ihre Bedeutung für unsere Gegenwart.

Unsere Darstellung der Beratungspraxis geht von einer existenziellen Grundannahme aus, die wir als *anthropologisch-politischen Realismus* bezeichnen wollen. Der Mensch ist zwar ein Zoon politikon und ein Techniker, also ein soziales und kreatives Geschöpf, das seine politische und natürliche Umwelt – in die er unvermittelt geworfen ist – durch Innovation und Kooperation autonom mitgestalten kann (Siehe Kap. 1.3 und 2.1). Aber er ist, wie der Politologe Joseph Schumpeter festhält, im Durchschnitt weder politisch hochgebildet noch mit einem natürlichen Machtinstinkt oder einem Gemeinwohl-Kompass ausgestattet; erinnern wir uns an seine bekannte, bereits in Kap. 2.4 zitierte Aussage: »So fällt der typische Bürger auf eine tiefere Stufe der gedanklichen Leistung, sobald er das politische Gebiet betritt. Er argumentiert und analysiert auf eine Art und Weise, die er innerhalb der Sphäre seiner wirklichen Interessen bereitwillig als infantil anerkennen würde. Er wird wieder zum Primitiven. Sein Denken wird assoziativ und affektmäßig.«[557] Schumpeter und andere Autoren, wie etwa der Demokratietheoretiker Jason Brennan, machen dem Menschen daraus keinen Vorwurf.[558] Auch wir wollen an dieser Stelle keine Bewertung vornehmen oder den mahnenden Zeigefinger heben, sondern uns auf die Beschreibung der politischen Wirklichkeit konzentrieren. Die Vorstellung, alle Mitglieder des Gemeinwesens müssten jede freie Minute auf die Kultivierung staatsbürgerlicher Kompetenzen verwenden und bei jeder politischen Entwicklung auf dem aktuellen Stand sein, überschätzt die Bedeutung des Politischen für ein gelingendes Leben dramatisch. Sie unterschätzt zudem den Wert anderer Lebensprojekte und Aufgaben und bürdet dem Menschen eine unverhältnismäßige Last auf. Politik ist ein extrem komplexes Macht- und

557 Schumpeter ([1947] 2005): S. 416.

558 Vgl. Brennan, Jason (2016): Against Democracy, Princeton: Princeton University Press, S. 3–6.

Gesellschaftsfeld, das – wie andere Felder auch – dem Prinzip der Arbeitsteilung und Spezialisierung unterliegt.

Der homo consultans tritt in diesem Feld als hoch qualifizierter Begleiter und Vermittler an, um Komplexität zu reduzieren, Zusammenhänge verständlich zu machen, praktische Handlungsanleitungen zu geben und politische Inhalte auch und gerade für Laien verständlich zu machen. Ein zentraler Bestandteil seines Funktionsspektrums ist, wie wir noch en détail sehen werden, daher die Rolle eines Übersetzers zwischen dem politischen Feld und anderen Machtfeldern. Nur wenn die Grundannahme des anthropologischen Realismus im Selbstverständnis des homo consultans reflektiert wird, kann dieser seiner Aufgabe als Macht-*Berater*, also als an den Anforderungen und Voraussetzungen seines Klienten orientierter Dienstleister, gerecht werden.

Damit ist die Programmatik und Zielsetzung dieses Kapitels bereits angerissen. Im Folgenden wollen wir ein *Curriculum* des homo consultans für die repräsentative Demokratie des 21. Jahrhunderts skizzieren. Dieses Curriculum ist Ergebnis von zwei Jahrzehnten politischer Beratungserfahrung und einer kontinuierlichen, durch die Lektüre von Klassikern und politikwissenschaftlicher Gegenwartsliteratur angereicherten Reflexion über die Grundlagen, Strategien und Techniken der Macht. Es soll ebenso als Praxishandbuch für den angehenden Berater dienen wie als Anregung für den erfahrenen Macht-Experten, der mit dem Rüstzeug des homo consultans bereits bestens vertraut ist. Wir nennen dieses Curriculum *Power Leadership*. Es umfasst die universellen Grundsätze der Machtberatung für alle Bereiche demokratischer Politikgestaltung – von Regierungen und staatlichen Institutionen über Parteien bis hin zur wirtschaftlichen und zivilgesellschaftlichen Interessenvertretung. Natürlich unterscheiden sich die konkreten Beratungsschwerpunkte je nachdem, ob der homo consultans politischen Amts- und Mandatsträgern oder Interessenvertretern zur Seite steht. Entsprechend umfasst das Power Leadership zwei spezialisierte Disziplinen: *Political Leadership* und *Lobbying Leadership*. Wir werden in unseren Ausführungen immer wieder auf diese Distinktion zu sprechen kommen, aber nicht unser Hauptaugenmerk auf sie legen; es ist unser Anspruch, mit dem folgenden Curriculum die Grundlagen für jedes Einsatzfeld des politischen Machtberaters zu legen. Unsere Leitfrage für dieses Kapitel lautet daher: Was macht den Erfolg des Machtberaters in der politischen Gegenwart aus – und was sind seine Wissensfundamente, Aufgaben, Werkzeuge, Verantwortlichkeiten und Bildungswege?

Wir tun gut daran, die Herausforderung der Gegenwart für das Power-Leadership-Curriculum ernst zu nehmen. In einer globalisierten Welt, die geprägt ist durch internationale Vernetzung (UN- und WTO-Abkommen, Investitionspartnerschaften, weltumspannende digitale Nachrichten- und Informationssysteme etc.) und supranationale Gesetzgebung und Rechtsprechung (EU-Richtlinien, EuGH-Urteile etc.), sind die Interessen von Machtakteuren nicht mehr auf ein einziges Gemeinwesen beschränkt. Erfolgreicher Einfluss setzt in zunehmendem Maße die strategische Positionierung des Akteurs in diesem globalen und durch regulatorischen Komplexitätszuwachs charakterisierten Organisationszusammenhang voraus. Daher muss der homo consultans in seiner Beratungstätigkeit sowohl die politischen Systeme und Kulturen verschiedenster Gemeinwesen als auch deren Abhängigkeitsbeziehungen mitberücksichtigen. Er bewegt sich mithin in einem Spannungsfeld zwischen den um Macht konkurrierenden Hauptstädten einerseits und supranationalen bzw. internationalen Institutionen, wie der Europäischen Kommission oder dem Internationalen Währungsfonds, andererseits. Das Ideal des homo consultans ist also die Synthese aus einem Generalisten, der mit der universellen Machtlogik und dem globalen Spielfeld um Einfluss vertraut ist, und einem Spezialisten, der die Binnenlogiken spezifischer Gemeinwesen, politischer Subfelder und Akteursgruppen kennt.

3.1 Das Macht-Schach-Modell

Wir wollen dieses Ideal durch eine Analogie mit Leben füllen. In Kap. 1 haben wir das Ringen um (politische) Macht als Nullsummenspiel charakterisiert, also als Konkurrenzspiel mit konstanter Summe, bei dem jeder Gewinn eines Spielers immer den Verlust eines anderen Spielers bedeutet. Wir können diese Spielanalogie jedoch durch ein Modell noch weiter konkretisieren: Im Kern handelt es sich beim politischen Wettstreit um *Macht-Schach* – und es ist die Aufgabe des homo consultans, seinem Klienten, dem homo consultandus, mit einer klugen Spielführung zum Sieg zu verhelfen. Wie die Politik ist das Schachspiel eine Auseinandersetzung, in deren Zentrum die Dominanz durch geschickte Positionierung von Akteuren mit unterschiedlicher Schlagkraft und verschiedenen Fähigkeitsprofilen (Bauern, Türme, Springer etc.) sowie die Antizipation gegnerischer Züge stehen. Wie kaum ein anderes Spiel integriert Schach dabei strategische und taktische Elemente. Über Sieg und Niederlage entscheiden sowohl die Rechentiefe bei der Vorausplanung eigener und gegnerischer Züge als auch die Ausnutzung unvorhergesehener Fehler.[559] Die Verwandtschaft zwischen Politik und Schach geht so weit, dass bereits im Mittelalter der Adel im »Spiel der Könige« unterwiesen wurde, um seine Herrschaftskompetenz zu schulen (siehe Kap. 2.5.1). Seitdem hat das Schachspiel eine soziale und kulturelle Räume umspannende Machttradition als Trainingseinheit begründet.[560] Aufgrund dieser Parallelen sind auch die zentralen Voraussetzungen und Herausforderungen für ein erfolgreiches Spiel des Macht-Schachs analog zu denen des strategisch-taktischen Gesellschaftsspiels:[561]

(1) Das Brett verstehen

Ein Verständnis für das Brett zu entwickeln, bedeutet zuerst und vor allem, den formalen Regelkanon und die Mechanismen des Spiels zu ver-

559 Das einzige, global verbreitete Spiel, das es in dieser Hinsicht mit dem Schach aufnehmen kann, ist das chinesische Go, welches sich durch einen noch größeren Variantenreichtum von Stellungen auszeichnet; für eine Einführung vgl. Scheid, Bernhard (1992): Die Richtung der Steine. Konzepte des Go-Spiels im kulturellen Vergleich, in: Japanstudien 3 (1), S. 301–314.

560 Bis heute preisen Ökonomen und Militärs, aber auch Psychologen und Pädagogen das Schachspiel als ideales Instrument, um Planungsfähigkeit, Führungsstärke, Opferbereitschaft, Stressresistenz, Empathie und Kreativität zu stärken. Siehe Smith, Roger (2010): The Long History of Gaming in Military Training, in: Simulation and Gaming 41 (1), S. 6–19, Dixit, Avinash K. & Nalebuff Barry J. (1993): Thinking Strategically. The Competitive Edge in Business, Politics, and Everyday Life, New York: W. W. Norton & Company, S. 41–45 und Hunt, Samuel J. & Cangemi, Joseph (2014): Want to Improve Your Leadership Skills? Play Chess!, in: Education 134 (3), S. 359–368; S. 361.

561 Damit soll freilich nicht gesagt sein, dass jeder exzellente Schachspieler auch gleichsam das Zeug zu einem hervorragenden politischen Berater hat – et vice versa. Die strukturelle Ähnlichkeit zwischen dem Macht-Schach und dem ›Spiel der Könige‹ bedeutet noch lange keine inhaltliche Äquivalenz. Es geht uns daher nicht darum, das Power-Leadership-Curriculum aus dem Schachspiel abzuleiten, sondern nur darum, es entsprechend zu modellieren.

innerlichen: Spielziel, Anfangsaufstellung, Zugregeln der Figuren, Standardmanöver (im Schach z. B. Gabelung, Fesselung, Abzug, Rochade). Kurzum: Wer das Brett verstanden hat, kennt das Spektrum aller möglichen und unmöglichen Aktionen; er kennt das Terrain und die Truppen. Damit sind die notwendigen Grundbedingungen geschaffen, um allererst am Spiel teilnehmen zu können.

Bezogen auf das Modell des Macht-Schachs umfasst dieses Regel- und Mechanismenverständnis *erstens* den Überblick über die institutionelle Struktur der politischen Arena sowie über die Kompetenz- und Zuständigkeitsverteilung zwischen den Institutionen. In Deutschland ist dies etwa die föderale Verfassungsordnung mit Bikameralismus, horizontaler und vertikaler Gewaltenteilung und Mehrparteiensystem, in der die Aushandlung von Interessen weitgehend korporatistisch verläuft, also durch einen konzertierten Austausch von Wissen, Positionen und Problemlösungsansätzen zwischen Politikern, Interessenvertretern und Behörden. Diese korporatistische Struktur steht z. B. in starkem Kontrast zum politischen System der USA, das sich durch einen extrem kompetitiven und pluralisierten Widerstreit der Interessen auszeichnet.

Zweitens fällt unter das Verständnis des Bretts die Internalisierung der konkreten Entscheidungsregeln und -prozesse der Legislative, Exekutive, Judikative und der Verwaltung auf den verschiedenen Systemebenen. Ein europapolitisches Beispiel ist das Gesetzgebungsverfahren im Trilog zwischen der Kommission, dem Rat der EU und dem Europäischen Parlament sowie die Komitologie, also die Implementierung von EU-Rechtsakten durch ein feinjustiertes System von Verwaltungs- und Expertenausschüssen.

Den *dritten* Punkt machen die spezifischen Gesetze und Verordnungen aus, die die Grenzen und Möglichkeiten der Durchsetzung von Interessen und der Machtausübung festlegen. Damit ist ein weites Spektrum von Rechtsnormen umrissen, das sich von fundamentalen Prinzipien, wie der Meinungs- und Koalitionsfreiheit, bis hin zu hochspezifischen Regeln, wie der Hausausweisregelung für Lobbyisten im Bundestag, erstreckt.

Der *vierte* und letzte Faktor ist die politische Kultur und Sprache, also sowohl das Ethos des Machtkampfes und das politische Narrativ als auch die ungeschriebenen Regeln und Vokabeln des Diskurses. Die politische Sprache unterliegt der Anforderung, sowohl für alle Protagonisten der politischen Sphäre verständlich sein zu müssen als auch der juristischen, fachlichen Legitimitätsprüfung standzuhalten.

Diese vier Aspekte müssen idealerweise jedem Spieler des Macht-Schachs zur zweiten Natur werden; sie müssen Teil seiner Herrschaftskompetenz werden. All diesen Faktoren ist gemein, dass sie weitgehend fix sind. Es handelt sich mithin um die in Kap. 2.5.2 eingeführten strategischen Konstanten. Genau wie die Zug- und Aufstellungsregeln sowie Standardmanöver im Spiel der Könige legen sie fest, welche Aktionen im Macht-Schach möglich sind und wer sie unter welchen Bedingungen ausführen kann. Damit ist freilich noch nichts darüber ausgesagt, welche Züge ein Akteur, sei es nun einerseits eine Behörde, eine Firma, ein Verband, eine zivilgesellschaftliche Vereinigung oder andererseits ein Minister, ein CEO, ein Hauptgeschäftsführer oder ein NGO-Chef, durchführen sollte.

(2) Die Positionen lesen

Schach ist ein Spiel der Positionen. Sieg und Niederlage hängen einzig und allein davon ab, ob etwa ein König in der sicheren Deckung seiner Bauernphalanx steht, eine Dame gedeckt wird oder ein Bauer auf dem ungehinderten Weg zur Grundlinie des Gegners ist. Anfänger nehmen die Gemengelage der Figuren auf dem Brett als unübersichtliches Wirrwarr wahr; sie können zwar Auskunft darüber geben, welche Figur wohin ziehen kann, aber das strategisch-taktische Potenzial einer komplexen Stellung und das Kräfteverhältnis auf dem Brett verschließen sich ihnen. Profis hingegen sind in der Lage, die Bedrohungen oder Chancen, die sich aus einer beliebigen Konfiguration von Positionen ergeben, sehr präzise zu bewerten – bis hin zu strategischen Aussagen wie »Matt in zehn Zügen!«.

Analog hierzu gilt: Wer Macht-Schach erfolgreich spielen will, muss politische Positionierungen und Stellungen ›lesen‹, sprich interpretieren und evaluieren können. Das bedeutet, nicht nur zu wissen, welche anderen Machtakteure für die Erreichung des eigenen politischen Ziels (die Regulierung eines Dienstleistungssektors, die Novellierung eines Gesetzes, die Durchführung eines Bauvorhabens etc.) relevant sind, sondern auch, was ihre Agenden und Motive sind, wer (potenzielle) Gegner und Verbündete sind und – vor allem – in welcher Relation diese zueinander stehen. Diese Informationen sind erforderlich, um die Kräfteverhältnisse in politischen Themenfeldern zu entschlüsseln und Entwicklungstendenzen und Trends zu bestimmen. Entsprechend umfasst die Fähigkeit, Positionen zu lesen, ein umfassendes und hoch spezialisiertes Wissensspektrum, etwa darüber, ob eine Landesregierung enge Kontakte zum staatlichen Lotteriewesen unterhält und daher um jeden Preis gewillt ist, die öffentliche Verfügungsgewalt über Wettspiele zu erhalten, ob ein Innenminister unter hohem innerparteilichen Druck steht, härter gegen illegale Einwanderung vorzugehen, obwohl dies gar nicht seinen persönlichen Präferenzen entspricht, ob eine Umweltorganisation eine Verschärfung des Verbraucherschutzes unterstützt, um ihre Gestaltungsmacht gegenüber Konkurrenten auszubauen und so fort.

Diesen positionalen Faktoren ist gemein, dass sie nicht fix sind; sie fallen unter die Kategorie der in Kap. 2.5.2 eingeführten strategischen Variablen. Es handelt sich also nicht um die Rahmenbedingungen des Macht-Schachs, sondern um das Ergebnis von Aktionen einer spezifischen Partie. Analog zur Metapher des großen Gesellschaftsspiels ließe sich von Schachkompositionen sprechen, also von bestimmten Stellungen, mit denen der Spieler konfrontiert ist und die nach einer Lösung verlangen.[562] Die zielorientierte Analyse und Bewertung solcher Stellungen ist Voraussetzung dafür, eine erfolgreiche Strategie zu entwickeln.

(3) Die Partieführung übernehmen

Schach ist kein Spiel theoretischer Kontemplation und Reflexion. Es ist ein Spiel von Angriff und Verteidigung, alles dreht sich letztlich um die Frage der Dominanz des Feldes. Das tiefste Spielverständnis und die beste Positionsanalyse sind also nutzlos, wenn sie nicht in eine siegreiche Partieführung oder – zumindest – in die Erzwingung eines Patts einmünden. Die Partieführung zu übernehmen, bedeutet, dem Gegner durch eigene Züge zuvorzukommen, ihn mit offensiven Aktionen zur Reaktion zu zwingen, seine Strategie und Taktik zu stören und zu zerstören. All das gelingt nur, wenn der Spieler neben Rechentiefe und Spielverständnis über Nervenstärke, Kreativität, Mut und Opferbereitschaft

562 Vgl. Ehn, Michael & Kastner, Hugo (2013): Schachkompositionen, Hannover: Humboldt.

verfügt; wer zu lange zögert, der verliert die Initiative und schließlich das Spiel.

Diese Tugenden finden sich ausnahmslos im Macht-Schach wieder. Sie sind Voraussetzung dafür, im Ringen um Einfluss die eigenen Interessen auch gegen den Widerstand anderer Akteure durchzusetzen und die Deutungshoheit über das Gemeinwohl zu erlangen. Dieser Grundsatz gilt für alle Spieler, ganz gleich ob politische Institutionen, privatwirtschaftliche Akteure oder zivilgesellschaftliche Organisationen. Im Macht-Schach der repräsentativen Demokratie die Partieführung zu übernehmen, bedeutet, durch konkrete Maßnahmen erfolgreich und langfristig auf den kollektiven Entscheidungs- und Willensbildungsprozess einzuwirken – zum Beispiel Mehrheiten bei parlamentarischen Abstimmungen zu organisieren, die Agenda eines Bundestagsausschusses mitzubestimmen, im richtigen Zeitpunkt einen Artikel in einem politischen Leitmedium zu platzieren, die Zusammensetzung eines einflussreichen Expertengremiums zu steuern, durch maßgeschneidertes Campaigning Zielgruppen für ein Thema zu mobilisieren, stabile Allianzen mit ressourcenstarken Verbündeten zu schmieden und so fort. All diese Instrumente, die nicht einmal annäherungsweise das Gesamtspektrum politischer Einflussnahmen abdecken, sind spezifische Züge des Macht-Schachs. Zur erfolgreichen Partieführung gehört nicht nur, diese Instrumente zu beherrschen, sondern auch zu wissen, welches Instrument für welche Phase der Gesamtstrategie (in der Schachterminologie: Eröffnung, Mittelspiel oder Endspiel) geeignet ist und wie sie zur Erreichung des Spielziels koordiniert werden müssen. Dies ist der Punkt, an dem Spielverständnis und Positionsanalyse in einem kreativen Gestaltungsakt zusammenfließen müssen – der Punkt, an dem Machtpolitik tatsächlich gemacht wird.

Aus diesen Herausforderungen des Macht-Schach-Modells – Verständnis des Bretts, Lesen der Positionen, Partieführung – ergeben sich unmittelbar das Aufgabenspektrum des Politikberaters und die drei Leitideen und Aspekte des Power-Leadership-Curriculums: *Befähigen, Verdichten, Gestalten*. Der homo consultans muss seinen Klienten, den homo consultandus, erstens dazu befähigen, das Brett des Macht-Schachs zu verstehen und dessen Regeln und Mechanismen als Herrschaftskompetenzen zu internalisieren. Er muss zweitens alle relevanten Informationen über die konkrete Partie (oder Partien) seines Klienten zu einer Positionsanalyse verdichten, um die Grundlage für eine Erfolg versprechende, durch Herrschaftswissen gestützte Strategie zu legen. Und er muss drittens mit seinem Klienten durch die aktive Mitgestaltung des politischen Raumes und den Einsatz geeigneter politischer Instrumente die Partieführung im Macht-Schach übernehmen. Diese Kurzfassung des Power-Leadership-Ansatzes legt eine streng getrennte und eindeutige Zuordnung zwischen den drei Hauptaufgaben des Beraters und den entsprechenden Herausforderungen des Macht-Schachs bzw. den in Kap. 2.5 eingeführten Machtvektoren nahe. Die politische Realität und die alltägliche Beratungspraxis sind natürlich nicht so konturenscharf. Die Trias von Befähigen, Verdichten und Gestalten bildet – ebenso wie ihre Äquivalente – eine Gesamtheit: Erfahrungen aus der Politikgestaltung wirken zurück auf Positionsanalysen und auf die Internalisierung des Systems. Nicht umsonst sprechen wir von *einem* Beratungsansatz mit drei Aspekten. Die Interdependenz gilt es im Hinterkopf zu behalten, wenn wir die drei Leitideen von Power Leadership ausführen. Im Folgenden wollen wir konkret darlegen, was es heißt, im Wettstreit um politische Macht zu befähigen, zu verdichten und zu gestalten.

3.2 Befähigen

Befähigung ist der Grundstein für die Bewährung im Wettstreit um politische Macht und für die Durchsetzung politischer Interessen gegen den Widerstand anderer Interessengruppen. Im Zentrum stehen der Erwerb und das Verständnis von *politischer Logik* und *politischer Sprache* sowie eines *politischen Ethos* durch den Machtakteur, wobei der Begriff des Machtakteurs sowohl die Einzelperson als auch ihre Organisation umfasst (siehe Kap. 3.1). Befähigen bedeutet für den homo consultans also, Menschen und Institutionen fit zu machen für das Macht-Schach, ihnen ein Spielverständnis zu vermitteln, das den Regelkanon umfasst, aber über ein bloßes Auswendiglernen formaler Gesetze und Normen hinausgeht. Das finale Ziel der Befähigung ist die Entwicklung eines politisch-strategischen Denkschemas und einer entsprechenden Handlungsroutine (siehe Kap. 2.3 und 2.5.1 sowie unsere Ausführungen zur Gouvernementalität in Kap. 2.5.2). Für diese verantwortungsvollen Aufgaben benötigt der Berater nicht nur ein vielfältiges Set von Instrumenten und Techniken, sondern auch Empathie für den Klienten und eine realistische Einschätzung seiner Fähigkeiten. Im Folgenden werden wir zuerst das Themen- und Aufgabenspektrum skizzieren, das mit dem Leitbegriff der Befähigung verbunden ist, um dann die konkreten Werkzeuge und Techniken der Befähigung in den Blick zu fassen.

3.2.1 Politische Logik

Das Schlagwort der »politischen Logik« könnte auf manche Leser abstrakt und trocken wirken und Assoziationen mit mathematischer Deduktion, formaler Modellierung oder Syllogistik wecken. Wir verwenden den Ausdruck der Logik jedoch wie bisher in seiner ursprünglichen, weiten Bedeutung als Sammelbegriff der fundamentalen Mechanismen, Gesetzmäßigkeiten und Funktionsweisen eines spezifischen Themenfeldes, hier: der Politik in der repräsentativen Demokratie des 21. Jahrhunderts. Die politische Logik gliedert sich in vier Bausteine: Systemlogik, Entscheidungslogik, Organisationslogik und Kommunikationslogik.

Die *Systemlogik* gibt die Antwort auf eine einfache und grundlegende Frage: *Wie funktioniert das politische System eines Staates oder einer Staatengemeinschaft eigentlich?* Entsprechend umfasst sie *erstens* die durch die Verfassung oder völkerrechtliche Grundlagenverträge, wie z. B. das deutsche Grundgesetz oder den Vertrag von Lissabon, festgelegte Institutionenordnung (Regierungen, Parlamente, Gerichte, Behörden etc.) auf nationaler bzw. supranationaler, regionaler und kommunaler Ebene sowie die Kompetenzverteilung und Gewaltenverschränkung zwischen den Institutionen. Dies sind die großen Stellschrauben, mit denen die Machtverhältnisse zwischen Exekutive, Legislative, Judikative und Administrationen justiert werden. Sie legen fest, ob das politische System den Charakter einer parlamentarischen oder präsidentiellen Demokratie hat, ob politische Entscheidungen durch ein mächtiges, interventionistisches Verfassungsgericht kontrolliert werden oder nicht, ob die regionalen Einheiten eines Staates viel oder wenig Autonomie genießen, ob die Bevölkerung durch direktdemokratische Instrumente unmittelbar an der Gesetzgebung beteiligt ist oder ob diese ausschließlich in den Händen gewählter Repräsentanten liegt etc. Kurzum: Die institutionelle Grundstruktur des politischen Systems legt fest, *wer* über *was* entscheidet und *wem* er dafür Rechenschaft schuldet. Es handelt sich mithin um die in Kap. 1.2 eingeführten popitzschen Positionsgefüge der Herrschaft.

Zweitens umfasst die Systemlogik die formellen und informellen Verfahren innerhalb dieser institutionellen Ordnungsstruktur, wie z. B. den Entstehungsprozess eines Gesetzes vom ersten Entwurf über die Durchgänge und Lesungen in den zuständigen Kammern bis hin zur Ausfertigung und Verkündung oder die Quoren und Einleitungsbedingungen für ein Volksbegehren. Gerade hier lohnt es sich, zwischen dem nominellen Prozedere und dem De-facto-Verfahren zu unterscheiden: So entscheidet z. B. der Deutsche Bundestag mit parlamentarischer Mehrheit über die Verabschiedung von Gesetzen – und ist damit nominell der Gesetzgeber der Bundesrepublik –, aber de facto entspringt nur eine sehr geringe Anzahl von Entwürfen aus der Mitte der Abgeordneten. Das Gros wird vielmehr von den Fachreferenten der Ministerien entwickelt (oft unter Hinzuziehung der Länderbürokratien, um einen reibungslosen Durchlauf im Bundesrat zu sichern), dann dem Kabinett vorgelegt und erst nach einer internen Konsensbildung an das Parlament zur Diskussion im Plenum weitergeleitet.[563] Ganz anders sieht dies etwa in den USA aus, wo »[j]eder Kongressabgeordnete, jeder Senator […] ein eigener Politikunternehmer mit einem großen Mitarbeiterstab [ist], mit dessen Hilfe er gesetzgeberische Initiativen ergreift und sich auf die Detailarbeit in den Ausschüssen vorbereitet.«[564] Solche zentralen Unterschiede, die in Winfried Steffanis klassischer Typologie der Parlamente (Redeparlament, Arbeitsparlament, redendes Arbeitsparlament) abgebildet sind,[565] lassen sich über die formelle Verfassungsordnung allein nicht erschließen. Sie sind Teil der gelebten und tradierten politischen Praxis, aber genau darum mindestens ebenso wichtig wie die formale Institutionenordnung.

Der *dritte* Aspekt der Systemlogik lässt sich am besten als Systemziel bezeichnen; er steht für das grundlegende, historisch bedingte Leitprinzip hinter der jeweiligen Institutionen- und Verfahrensordnung. Das Systemziel gibt die Antwort auf die *Warum*-Frage des politischen Systems, d. h. warum es genau so aufgebaut ist und nicht anders. In Deutsch-

563 Vgl. Meier, Dominik (2017b): Germany, in: Bitonti, Alberto & Harris, Phil (Hg.): Lobbying in Europe, London: Palgrave Macmillan, S. 159–170.

564 Schüttemeyer, Suzanne S. (2007): Die Logik der parlamentarischen Demokratie, in: Informationen zur politischen Bildung (295), S. 4–15; S. 10.

565 Vgl. Steffani, Winfried (1979): Parlamentarische und präsidentielle Demokratie. Strukturelle Aspekte westlicher Demokratien, Opladen: Westdeutscher Verlag.

land ist dies z. B. die aus den Erfahrungen mit dem Nationalsozialismus sowie dem Scheitern der Weimarer Verfassung gewonnene Staatsidee, die politische Macht weder in den Händen eines einzelnen Amtsträgers zu versammeln noch sie so zu fragmentieren, dass die Handlungsunfähigkeit droht. Diese Doppelvorgabe ist der Schlüssel zum Verständnis der föderalen Grundstruktur der Bundesrepublik und der Funktionsweise ihrer Institutionen- und Verfahrensordnung. Im Vergleich hierzu besteht das US-amerikanische Systemziel darin, die Machtausübung bundesstaatlicher Institutionen so weit wie möglich in Zaum zu halten und die Bevölkerung vor staatlichen Interventionen und großen ideologischen Politikprogrammen zu schützen – auch um den Preis einer Lahmlegung des Apparats. Das Blockadepotenzial ist hier dezidiert gewollt und in die Institutionen- und Verfahrensordnung eingebaut.

Ein tiefes Verständnis der Systemlogik ist für das Macht-Schach unverzichtbar. Indem die Logik des Systems bestimmt, wie im politischen System Macht verteilt ist und wie sie ausgeübt wird, legt sie die *Ansatzpunkte* und *Kanäle* für die Durchsetzung von Interessen fest. Die Regeln der jeweiligen Variante des Macht-Schachs beruhen auf der jeweils eigenen Systemlogik. Beispielhaft gesagt: Für eine präsidentielle, zentralstaatliche Demokratie wie die Fünfte Republik Frankeichs, in der die Befugnisse der Nationalversammlung im Verhältnis zu denen des Staatsoberhaupts extrem beschränkt sind, gelten andere Zug- und Aufstellungsregeln als für eine parlamentarische, föderalistische Demokratie wie etwa die österreichische. Während in der Fünften Republik die entscheidenden politischen Kämpfe in Paris – genauer: im Élysée-Palast – ausgetragen werden und sich die Machtformationen in konzentrischen Kreisen um den Präsidenten formieren, ist das österreichische Spielfeld dezentral und durch die Konkurrenz zwischen Bund und Ländern geprägt. Wer diese Differenzen zwischen den Systemlogiken der Gemeinwesen nicht kennt, der hat keine Chance, am Macht-Schach teilzunehmen; ihr Verständnis ist Grundvoraussetzung dafür, um überhaupt sinnvolle Züge durchführen und Entscheidungen herbeiführen zu können.

Der zweite, eng mit der Systemlogik verzahnte Baustein politischer Logik ist die *Entscheidungslogik*. Sie gibt Antwort auf die Anschlussfrage: *Nach welchen Grundsätzen wird im Machtfeld der repräsentativen Demokratie entschieden?* Im Zentrum steht hier jedoch nicht die Kenntnis der Mehrheitsregel bei parlamentarischen Abstimmungen oder der Supermajoritätsregel im Rat der EU – beides sind Elemente der Systemlogik –, sondern der Begründungs- und Rechtfertigungsstrukturen des politischen Entscheidens.

Wir können uns diesen Baustein am besten anhand eines Vergleichs zwischen Ökonomie und Politik verdeutlichen. In Wirtschaftsunternehmen zielen die Entscheidungen von Firmenchefs beispielsweise unmittelbar auf die Effizienzsteigerung der Produktion, die Erschließung neuer Kundenkreise und Märkte oder auf die optimierte Zusammenarbeit der Unternehmenssparten – aber der fundamentale, einheitsstiftende Zweck bleibt dabei immer die Steigerung des Gewinns bzw. bei Aktiengesellschaften die Erhöhung des Börsenkurses.[566] Der Profit ist das Finalziel der Privatwirtschaft, aus dem alle anderen Ziele abgeleitet sind. Politische Entscheidungen in Demokratien sind hingegen stets auf das Finalziel des Gemeinwohls, genauer seinen Schutz und seine Förderung, ausgerichtet (siehe Kap. 2.4). Die verschiedensten Maßnahmen politischer Entscheidungsträger (Gesetze, Verordnungen, Richtlinien, internationale Abkommen, institutionelle Reformen etc.) erscheinen in ihren Funktionen zwar heterogen, insofern sie sich z. B. auf die Bekämpfung der Arbeitslosigkeit, die Erhöhung der inneren Sicherheit, den Schutz der Umwelt oder die Verbesserung des Bildungsniveaus richten – aber das zugrunde liegende Rechtfertigungsprinzip ist dasselbe: das Wohl des Gemeinwesens als eines Ganzen. Alle Entscheidungen stehen unter dem Begründungsdruck, auszuweisen, dass ihre unmittelbaren Ziele auf effektive und effiziente Weise mit diesem Finalziel verknüpft sind.[567]

Daraus ergeben sich zwei wesentliche Konsequenzen für die politische Entscheidungslogik: *Erstens* dürfen politische Entscheidungen nicht den Eindruck erwecken, nur den Wünschen einer partikularen Interessengruppe oder gar nur eines einzelnen Akteurs zu dienen. Wer im de-

566 Dies gilt im Übrigen auch für die meisten unternehmerischen Maßnahmen im Bereich der sogenannten Corporate Social Responsibility (CSR). Zahlreiche Studien weisen darauf hin, dass die öffentlichkeitswirksame Durchführung sozialer oder ökologischer Projekte durch Unternehmen mittelfristig zur Profitsteigerung führt und nicht zuletzt auch genau deswegen zusehends Teil der Unternehmensphilosophie von Großkonzernen wird; vgl. hierzu den viel zitierten Aufsatz von Orlitzky, Marc, Schmidt, Frank L. & Rynes, Sara (2003): Corporate Social and Financial Performance: A Meta-Analysis, in: Organization Studies 24 (3), S. 402–441.

567 Über die Funktion des Gemeinwohls als einheitsstiftendes Prinzip der politischen Rechtfertigung siehe Blum (2015): S. 26.

mokratischen Macht-Schach im (begründeten) Verdacht steht, nur Klientelpolitik oder Nepotismus zu betreiben, der hat keine Aussicht auf eine erfolgreiche Partieführung. Daher ist keineswegs erstaunlich, dass sich erstens alle Interessenformationen des politischen Machtfelds stets und mit großem Pathos das Gemeinwohl auf ihre Fahnen schreiben[568] und dass sie zweitens in öffentlichen Debatten regelmäßig versuchen, ihren Gegnern die Verfolgung von Partikularinteressen zuzuschreiben. Wie verheerend diese Kritik sein kann, zeigte sich etwa beim Ausscheiden der FDP aus dem deutschen Parlament nach den Bundestagswahlen im Jahr 2013. Die Freien Demokraten hatten den Vorwurf nicht abschütteln können, eine »Mövenpick-Partei« zu sein, der es einzig und allein um die Belange von Hoteliers, Apothekern und Steuerberatern gehe.[569] Dieser Grundsatz gilt freilich nicht nur für Parteien. Er betrifft z. B. auch Unternehmen, wenn sie als politische Machtakteure handeln und auf Politikgestaltung Einfluss nehmen. Wirtschaftslobbying ohne glaubwürdigen Gemeinwohlbezug ist heute kaum mehr vermittlungsfähig. Die Schlussfolgerung aus diesem Spezifikum politischer Entscheidungslogik ist also nicht der Rekurs auf das Gemeinwohl sui generis, sondern der überzeugende Rekurs – die glaubhafte Orientierung an den Interessen der Allgemeinheit und nicht (nur) an den Präferenzen einer partikularen gesellschaftlichen Formation. Dieser Umstand – die Anerkennung der Notwendigkeit, in der Politik Interessen zu bündeln und über gesellschaftliche Gräben hinweg zu verbinden – erklärt z. B. auch, warum in Parlamenten zwar nach der Mehrheitsregel entschieden wird, in der eigentlichen Ausschussarbeit jedoch oft auf parteiübergreifende Konsense hingearbeitet wird. Auch hier liegt ein Gemeinwohlprinzip zugrunde, welches wir in Kap. 3.2.3 als Bestandteil des politischen Ethos noch einmal vertieft diskutieren werden.

Die *zweite* Konsequenz besteht darin, dass Entscheidungen nicht dauerhaft gegen die Stimmung in der Bevölkerung gefällt werden können. Das Prinzip der demokratischen Volkssouveränität billigt den Bürgern einen hohen Gestaltungsspielraum bei der Bestimmung des Gemeinwohls zu. In repräsentativen Systemen wird die politische Entscheidungshoheit zwar über Wahlen an gewählte Volksvertreter delegiert, aber

568 Vgl. etwa Neidhardt (2002) und Blum (2015): S. 7ff.

569 Vgl. Lindner, Christian (2017): Schattenjahre: Die Rückkehr des politischen Liberalismus, Stuttgart: Klett-Cotta, S. 85.

diese bleiben als politische Sachwalter gleichwohl dem Volkssouverän gegenüber verantwortlich. Daher gebietet es die politische Entscheidungslogik, Ängste und Sorgen der Bürger ernst zu nehmen und diesen entweder durch eine bessere Politikvermittlung oder durch substanzielle Kurskorrekturen Rechnung zu tragen. Politik, die dieses Erfordernis der Entscheidungslogik nicht ernst nimmt, ist technokratisch. Sie ist beseelt von einem elitären Selbstverständnis und dem Glauben, das Gemeinwohl grundsätzlich besser zu verstehen als der gemeine Bürger; und sie mündet oft in Politikverdrossenheit und Vertrauensverlust. Ein besonders drastisches Beispiel für technokratische Politik bietet der sukzessive Machtzuwachs der Europäischen Zentralbank (EZB) im Verlauf der Eurokrise ab 2010 sowie die Einrichtung des einflussreichen, aber von demokratischer Kontrolle weitgehend unabhängigen Europäischen Stabilitätsmechanismus (ESM): Um einen Währungskollaps zu verhindern, wurden beide Institutionen autorisiert, in die Haushaltspolitik der Mitgliedsstaaten einzugreifen (über Bondaufkäufe und an Sparauflagen geknüpfte Kredite) und so das Budgetrecht der nationalen Parlamente auszuhöhlen. Der Effekt ist, wie der Politologe Wolfgang Merkel ernüchtert festhält, »eine demütigende Entmündigung demokratischer Selbstbestimmung«.[570] Dies gilt insbesondere für die finanziell abhängigen Schuldnerländer: »[F]ormale Institutionen der Demokratie wie Wahlen, Parlamente oder Regierungen verkommen in den Schuldnerländern zu bloßen Fassaden, die Politik wird außerhalb der betroffenen Staaten getroffen.«[571] Dieser Politikstil dürfte mit ursächlich dafür sein, dass der Anteil der Bürger, welche der EU ihr Vertrauen schenken, seit Jahren unter der Fünfzigprozenthürde liegt.[572]

Der dritte Baustein, die *Organisationslogik*, ist eng mit der System- und Entscheidungslogik verzahnt. Das Themenspektrum der Organisationslogik lässt sich, wie schon zuvor, zu einer Frage verdichten: *Wie sind*

570 Merkel, Wolfgang (2013): Ein technokratisches Europa ist nicht überlebensfähig, in: Cicero vom 8.4.2013. Siehe hierzu jedoch auch weniger kritisch Selmayr, Martin (2015): Europäische Zentralbank, in: Weidenfeld, Werner & Wessels, Wolfgang (Hg.): Jahrbuch der europäischen Integration 2015, Baden-Baden: Nomos, S. 113–126.

571 Ebd.

572 Vgl. hierzu das Standard Eurobarometer http://ec.europa.eu/commfrontoffice/publicopinion/index.cfm/Survey/getSurveyDetail/instruments/STANDARD/surveyKy/2142.

politische Organisationen faktisch strukturiert? Während die Systemlogik das Ordnungsverhältnis der Institutionen zueinander beschreibt und die Entscheidungslogik spezifiziert, nach welchen Begründungsprinzipien diese gemeinsam handeln, beschreibt die Organisationslogik die Innenperspektive der Akteure. Diese umfasst einerseits die formale, hierarchische Struktur der Organe und Positionen und der korrespondierenden Zuständigkeiten sowie die Verhaltensregeln der Mitglieder und die Vorschriften zum Arbeitsablauf und andererseits die informellen Mechanismen der Entscheidungsfindung, der programmatischen Orientierung und der Allokation von Ressourcen und Ämtern. Beide Aspekte legen das Aktionsspektrum der Organisationen fest. Sie bestimmen, welche internen Prozesse diese durchlaufen müssen, um im Macht-Schach spezifische Manöver durchführen zu können, und welche strategischen Potenzen sie mobilisieren können. Entsprechend ist die Kenntnis der Organisationslogik notwendig, um ein Verständnis für die jeweiligen Zugregeln der Akteure – und damit ihre strategisch-taktischen Optionen – zu entwickeln.

Die formellen Aspekte der Organisationslogik finden ihren Niederschlag in den Grundlagentexten der Organisationen. Dazu gehört die Geschäftsordnung des Deutschen Bundestags ebenso wie die Statuten der politischen Parteien und die Satzungen der Verbände und Gewerkschaften. All diese Regelwerke legen mit einer für den Laien teilweise erstaunlichen Akribie fest, wie Sitzungen einberufen, Beschlüsse gefasst und Protokolle geführt werden und wie Personen in Ämter gewählt oder von diesen wieder abberufen werden. Die Durchdringung der formellen Organisationslogik ist eine herausfordernde Aufgabe, die nicht zuletzt Detailkenntnisse von Organigrammen und Strukturplänen erforderlich macht, so z. B. von der Entscheidungshierarchie in einer Bundesverwaltungsbehörde vom Minister über die Staatssekretäre bis hin zum einzelnen Referatsleiter. Die informellen Aspekte der Organisationslogik sind im Vergleich hierzu deutlich schwerer zu fixieren, weil sie nicht auf dem Papier stehen, sondern durch inoffizielle Gesprächsrunden, gemeinsame Wertüberzeugungen oder implizite Übereinkünfte in den Organisationen konstituiert werden. Sie können nur aus der langjährigen erstpersönlichen Erfahrung und durch Interaktion erschlossen werden.

Der letzte Baustein der politischen Logik ist die *Kommunikationslogik*. Hier steht die Frage nach der Vermittlung von Inhalten und Positionen im Vordergrund: *Wie wird was im Machtfeld der Politik kommuni-*

ziert? Die Kommunikationslogik zu verstehen und zu durchdringen, bedeutet, sowohl das Spektrum der kommunikativen Kanäle zu kennen als auch zu wissen, welchen Mechanismen diese Kanäle gehorchen und was ihre Chancen und Risiken sind. Diese Kenntnisse sind für das Macht-Schach zentral, weil in der repräsentativen Demokratie die Machtausübung stets mit einer kommunikativen Ex-ante-Begründungspflicht oder einer Ex-post-Rechenschaftspflicht verknüpft ist. Alle demokratischen Systeme – ganz gleich ob präsidentielle oder parlamentarische, zentralistische oder föderalistische – unterscheiden sich von Diktaturen dadurch, dass Herrschaft in einem öffentlichen Diskursraum vollzogen wird. In diesem Raum werden die Bürger als vollwertige Kommunikationspartner, also als Nehmer und Geber von Gründen anerkannt. Die damit einhergehende Pflicht zur Kommunikationsbereitschaft erstreckt sich nicht nur auf Regierungen, Parteien und Vertreter von Justiz und Verwaltung. Sie betrifft alle Akteure des politischen Kosmos, d. h. privatwirtschaftliche Global Player ebenso wie Kirchenvertreter und Chefaktivisten von Umweltorganisationen. Wer sein Handeln nicht vermitteln kann oder will, setzt sich dem Verdacht aus, dass seine Interessen öffentlicher Kritik nicht standhalten können und mit dem Gemeinwohl unvereinbar sind. Daher ist der entscheidende Punkt nicht etwa, *ob* Machtakteure zur Durchsetzung ihrer Interessen kommunikativ agieren sollen, sondern nur, *zu welchem Zeitpunkt* und *mit welchen Mitteln und Argumenten* sie dies tun müssen. An dieser Stelle ergeben sich zentrale Überschneidungen mit dem zweiten Schwerpunktthema der Befähigung: der politischen Sprache. Da wir diese im Anschluss vertieft erörtern werden, beschränken wir uns hier nur auf die Grundstruktur der Kommunikationslogik, deren Kanäle und Paradigmenwechsel.

Die politische Kommunikation hat infolge der digitalen Revolution in den vergangenen Jahren weitreichende und tief greifende Transformationsprozesse durchlaufen (vgl. unsere Ausführungen zu Datenmacht und Massenmedien in Kap. 2.3.2 bzw. 2.5.3). Daher zählt dieses Themenfeld in der aktuellen Debatte zu den meistdiskutierten Aspekten der politischen Logik.[573] Die Kommunikationslogik der Demokratien des 21. Jahrhunderts wird durch eine maßgebliche Dichotomie geprägt: *analog versus digital.* Bis in die 1990er hinein waren politische Kommunikation

573 Für einen exzellenten Überblick über Herausforderungen und Chancen der Digitalisierung für die politische Kommunikation siehe Köppl (2017).

und analoge Kommunikation bedeutungsäquivalent: Wer Inhalte vermitteln wollte (Wahlprogramme, gewerkschaftliche Forderungen zur Industriepolitik, Boykottaufrufe, Solidaritätsappelle für Flüchtlinge), verteilte Flugblätter, druckte Plakate, schaltete Radiospots, platzierte Artikel in Zeitungen, terminierte TV-Interviews oder veranstaltete Pressekonferenzen. Politische Kommunikation fand in einem übersichtlichen Medienkosmos mit klar definierten Nachrichtenzyklen, einer zahlenmäßig begrenzten und professionell ausgebildeten Gruppe journalistischer Gatekeeper und einem insgesamt relativ geringen Interaktionspotenzial zwischen Adressaten und Sendern statt.

Diese Parameter sind im Zeitalter der sozialen Medien, wie Twitter, Facebook, Reddit, WeChat oder Instagram, der global vernetzten 24/7-Nachrichtenplattformen und natürlich der digitalen Kommunikationstechnologie des Instant Messaging und der E-Mail-Korrespondenz obsolet. Das bedeutet freilich nicht, dass z. B. Zeitungen, Zeitschriften, Radio und das klassische Fernsehen ihre Bedeutung gänzlich eingebüßt hätten; sie haben jedoch ihre Gatekeeper-Funktion verloren. Bislang ist nur gewiss, dass die Zeiten der *rein* analogen politischen Kommunikationskultur unwiederbringlich vorbei sind. Der neue kommunikative Kosmos ist jedoch fluid und durch kontinuierliche technologische Disruptionen geprägt. Zuverlässige Prognosen erweisen sich angesichts immer rasanter werdender Innovationszyklen als extrem schwierig. Peter Köppl bringt den digitalen Paradigmenwechsel der Kommunikationskultur konzis auf den Punkt: »Gesellschaft und Politik, Medien und Kommunikation unterliegen einem ständigen Wandel […]. Die User-Raten von Social-Media-Diensten explodieren, die Durchdringung der Bevölkerung mit Smartphones und Tablets steigt kontinuierlich und ein Leben, ohne permanent online zu sein, ist bereits in vielen Gesellschaftsbereichen kaum mehr vorstellbar […] Jede Person mit Smartphone und Internet ist heute ein Medienunternehmer, wodurch die Bereitschaft zur unmittelbaren Artikulation von Anliegen, Interessen, Beschwerden und Bedenken exponentiell gestiegen ist. Durch aktives Nutzen von sozialen und digitalen Medien ist heute jedes normale Unternehmen grundsätzlich ein Medienunternehmen. Macht- und Kommunikationsmonopole erodieren dadurch sukzessive«.[574]

574 Köppl (2017): S. 1.

Die Effekte der Digitalisierung auf die politische Kommunikationskultur lassen sich in drei Punkten zusammenfassen: *Erstens* ist die Anzahl der Kommunikatoren exponentiell gestiegen. Aufgrund der geringen technischen und logistischen Hürden kann jeder Bürger und jede noch so kleine Interessengruppe am digitalen Diskurs partizipieren und nicht nur potenziell ein Millionenpublikum, sondern auch einflussreiche Entscheidungsträger erreichen; dafür genügt bereits die Einrichtung eines Twitter-Accounts, eines Facebook-Profils oder ein Klick auf die Kommentarspalten von Nachrichten-Websites wie Spiegel Online oder NewYorkTimes.Com. Vorreiter dieser Entwicklung sind vor allem die lateinamerikanischen Demokratien (z. B. Argentinien und Ecuador), wo sich Staatsoberhäupter über Tweets kontinuierlich regelrechte Wortgefechte und Debatten mit Wählern liefern.[575] *Zweitens* hat sich das Tempo der politischen Kommunikation extrem beschleunigt. In Zeiten, in denen das Gros der Bevölkerung über Smartphones jederzeit mit dem Internet verbunden ist und für ein Posting oder das Versenden eines Kommentars nur Sekundenbruchteile benötigt, stehen auch politische Machtakteure unter dem Druck, die Taktung ihrer Botschaften, Argumente und Erwiderungen stetig zu erhöhen, wenn sie nicht in die Defensive geraten oder – schlimmer noch – in kommunikativer Bedeutungslosigkeit versinken wollen. Damit eng verbunden ist der *dritte* Effekt: ein dramatischer Anstieg der Gesamtmenge kommunikativer Inhalte. Dieser quantitative Zuwachs geht allerdings nicht mit einem korrespondierenden qualitativen Zuwachs einher. Die Kombination aus höherer Taktzahl und ständig steigender Senderzahl birgt vielmehr die sehr reale Gefahr einer zunehmenden Inhaltsleere einerseits und einer Verbreitung unbewiesener Tatsachenbehauptungen, der sogenannten Fake News, andererseits. Hinzu kommt das Element einer stetig wachsenden Meinungsvolatilität. Politische Social-Media-Trends, wie z. B. das auf die Journalistin Laura Himmelreich zurückgehende #aufschrei zum Thema sexueller Belästigung, erlangen oft plötzlich und für sehr kurze Zeit nationale Aufmerksamkeit und Zustimmung, nur um dann ebenso

575 Vgl. Gimlet Media (2015): Favor Atender, https://gimletmedia.com/episode/25-favor-atender/.

schnell und ohne nachhaltige Auswirkungen wieder im kommunikativen Orkus zu verschwinden.[576]

Auf dieser Basis lässt sich die große Herausforderung der politischen Kommunikationslogik in der Demokratie des 21. Jahrhunderts auf den Punkt bringen. Es gilt, sowohl mit den eigenen Botschaften zur avisierten Zielgruppe durchzudringen, anstatt in der Masse der sekündlichen News Alerts und Pop-ups unterzugehen, als auch aus der Gesamtmenge der Meinungen und Informationen diejenigen effizient herauszufiltern, die für die eigenen Interessen relevant sind. Eine Grundregel des politischen Macht-Schachs besteht hierbei darin, nicht selbst der Versuchung der Inhaltsleere oder der fabrizierten Wahrheiten zu erliegen. Im digitalen ebenso wie im traditionellen, analogen Kommunikationskosmos gilt seit jeher ein Grundsatz, auf den wir im Abschnitt zur politischen Sprache und zum Politischen noch einmal en détail zurückkommen werden: Lügen haben kurze Beine. Wie wir in unserem Abschnitt zur strategischen Potenz der Vermittlungsfähigkeit in Kap. 2.5.2 ausführlich dargelegt haben, überzeugt man in der Politik durch Argumente und durch klare Sprache. Wer kontinuierlich auf Unwahrheiten und Bullshit setzt (siehe Kap. 2.4), der wird über kurz oder lang enttarnt und im politischen Diskursraum nicht mehr ernst genommen. Diese Einsichten müssen sich auch in der politischen Sprache der Macht-Schach-Spieler niederschlagen.

576 Unter dem Hashtag #aufschrei teilten im Jahr 2013 Tausende deutscher Frauen über Twitter ihre Erfahrungen mit sexueller Belästigung. Auslöser war ein Artikel der Journalistin Laura Himmelreich im Stern über eine als übergriffig erlebte Begegnung mit dem FDP-Politiker Rainer Brüderle. Das Phänomen blieb weitgehend auf den deutschsprachigen Raum beschränkt und ebbte nach einer Reihe von Talkshowrunden und Zeitungsartikeln ab. Eine weit größere Wirkung entfaltete das Hashtag #metoo. Es wurde im Oktober 2017 durch die US-Schauspielerin Alyssa Milano populär gemacht, um auf Vergewaltigungsvorwürfe gegen den Filmproduzenten Harvey Weinstein aufmerksam zu machen und die Alltäglichkeit sexueller Gewalt gegen Frauen in den Fokus der Öffentlichkeit zu rücken. Seitdem ist das Hashtag von Millionen von Nutzern in sozialen Medien aufgegriffen worden und hat eine weltweite Debatte entfacht.

3.2.2 Politische Sprache

Die politische Sprache hat bei vielen Menschen einen ebenso schlechten Ruf wie das Spiel des Macht-Schachs, dessen Teil sie ist. Selbst politische Entscheidungsträger kokettieren immer wieder mit diesem Klischee. Dem einstigen Regierungschef der Sowjetunion, Nikita Chruschtschow, wird etwa der Satz zugeschrieben: »Politiker sind überall gleich. Sie versprechen sogar dann, eine Brücke zu bauen, wenn es gar keinen Fluss gibt.«[577] Bei allem Respekt vor Chruschtschows Selbstironie bleibt sein Ausspruch dennoch ein Zerrbild: Wenn politische Sprache – und damit ist natürlich nicht nur die Sprache von Politikern gemeint, sondern von allen Protagonisten des politischen Machtfelds – tatsächlich nur auf luftige Versprechungen, vage Behauptungen, Lügen oder leere Phrasen hinausliefe, würde jedes politische System Gefahr laufen, zu implodieren. Dies gilt umso mehr für die Demokratie. Demokratische Legitimität und Stabilität beruhen darauf, dass die an der Willensbildung direkt oder indirekt beteiligten Akteure – staatliche Institutionen, Parteien, wirtschaftliche und zivilgesellschaftliche Interessengruppen, wissenschaftliche Einrichtungen etc. – ihre Positionen und Interpretationen des Gemeinwohls auf eine klare, überprüfbare und konsistente Weise öffentlich vertreten. Wenn diese normative und funktionale Vorgabe ständig verfehlt würde, würde binnen kürzester Zeit ein derart massiver Vertrauensverlust gegenüber System und Eliten einsetzen, dass die kollektiv autorisierten Normen nicht mehr das Papier wert wären, auf dem sie geschrieben stehen. Die Realität ist also komplexer, und es ist ein zentrales Aufgabenfeld der politischen Befähigung, diese Realität nachvollziehbar und beherrschbar zu machen. Daher werden wir im Folgenden die entscheidenden Anforderungen an die Sprache im demokratischen Wettstreit der Interessen skizzieren.

Die politische Sprache ist ebenso wie die juristische Fachsprache, die Wirtschaftssprache, die verschiedenen Wissenschaftssprachen oder auch die Sprache des Fußballs ein linguistisches Feld mit eigenen *Vokabeln* und *Gesetzen*.[578] Die Übersetzung politischer Aussagen in eine andere

577 Zitiert nach Köhler, Peter (2005): Die schönsten Zitate der Politiker, Baden-Baden: Humboldt, S. 242.

578 Mit dem Sprachphilosophen und Logiker Ludwig Wittgenstein ließe sich auch von einem »Sprachspiel« reden; vgl. Wittgenstein, Ludwig (2003): Philosophi-

Sprache, et vice versa, ist nicht nur essenziell, um einen kommunikativen Austausch zwischen den Machtfeldern des Gemeinwesens – so etwa Ökonomie, Religion, Wissenschaft und Kultur – zu etablieren (siehe Kap. 2.3). Sie ist zudem häufig extrem anspruchsvoll. Wer den speziellen Vokabelschatz und Regelkanon der politischen Sprache nicht beherrscht, der wird im politischen Diskurs entweder nicht verstanden oder, was mitunter noch schlimmer ist, missverstanden.

Wie Vazrik Bazil in seinem Aufsatz *Politische Sprache: Zeichen und Zunge der Macht* festhält, gliedert sich ihr Vokabular in drei Kategorien: »erstens das Institutionsvokabular (z. B. ›Bundestag‹, ›Ministerpräsident‹, ›Regierungskoalition‹ [sowie u. a. ›Referentenentwurf‹ und ›Anhörung‹, Anm. der Autoren]), zweitens das Interaktionsvokabular, das politische Interaktionen oder sprachliche Handlungen bezeichnet (z. B. ›Skandal‹, ›Beschluss‹, ›Kompromiss‹ oder ›fordern‹, ›zustimmen‹, ›diskutieren‹) und schließlich das Ressortvokabular, welches die Fachsprache der jeweiligen Sachressorts umfasst«.[579] Letzteres beinhaltet z. B. die Termini technici der Digital- und Wirtschaftspolitik, wie Industrie 4.0 und Open Access, oder finanzpolitische Fachausdrücke, wie Liquiditätssteuerung, Mengeneingriffe oder Fiskalstimuli. Dieses Vokabular zu beherrschen, bedeutet, seine Denotation und Konnotation zu kennen – zu wissen, worauf sich die Ausdrücke beziehen und welche Assoziationen mit ihnen verknüpft sind. Es bedeutet zudem, die zahlreichen Abkürzungen zu verstehen, mit denen Entscheidungsträger täglich operieren, um Zeit zu sparen und Nichteingeweihte vom Diskurs auszuschließen (siehe unsere Ausführung zur bürokratischen Fachsprache als Machttechnik in Kap. 2.5.2). Wer z. B. nicht weiß, dass die Kürzel MPK, KMK und BLK für »Ministerpräsidentenkonferenz«, »Kultusministerkonferenz« und »Bund-Länder-Kommission« stehen, wird Schwierigkeiten haben, Dokumente zur politischen Koordination der deutschen Bundesländer überhaupt nur zu lesen.

---

sche Untersuchungen, Frankfurt a. M.: Suhrkamp, S. 16. Die wittgensteinsche Spielmetapher, die den spezialisierten Sprachgebrauch mit einem praktischen Spielziel verknüpft (in der Politik z. B. die Ausübung und Legitimierung von Herrschaft), fügt sich in unsere Analogie der Politik als strategisch-taktisches Macht-Schach.

579 Bazil, Vazrik (2010): Politische Sprache: Zeichen und Zunge der Macht, in: Aus Politik und Zeitgeschichte (8), S. 3–6; S. 3.

Die korrespondierenden Regeln der politischen Sprache lassen sich anhand ihrer drei Hauptaspekte bzw. Ebenen bestimmen: *Inhalt, Vermittlung, Formalisierbarkeit.* Im demokratischen Wettstreit setzt sich nicht immer derjenige durch, der die besten Ideen und Begründungen auf seiner Seite hat; aber derjenige, der keine stichhaltigen Argumente hat, verliert über kurz oder lang mit Sicherheit. Der stets fragile und kurzfristige Erfolg politischer Scharlatane und Schaumschläger tut der Richtigkeit dieses Grundsatzes keinen Abbruch. Er verweist bereits auf den zentralen Inhalt politischer Sprache: Argumente. Warum gerade Argumente für den Gehalt der politischen Sprache ausschlaggebend sind, wird klar, wenn wir uns die Funktion dieser Sprachform noch einmal vergegenwärtigen: Sie soll nicht nur begeistern und mobilisieren, sondern auch überzeugen. Sie soll also das bereits in Kap. 1.3 diskutierte menschliche Grundstreben nach Sinn und Rechtfertigung, nach Orientierung und Begründung stillen. Ebendiese Lücke können nur Argumente füllen, weil nur sie den Menschen als rationales politisches Subjekt – als Geber und Nehmer von Gründen – fordern und ernst nehmen. Argumente werden im politischen Diskurs kontinuierlich eingefordert, hinterfragt, verworfen, reformuliert, und zwar von Gegnern, Alliierten, Medien und Öffentlichkeit gleichermaßen. Wenn Führungskräfte aus Politik, Wirtschaft oder Zivilgesellschaft keine Argumente haben, dann haben sie faktisch nichts zu sagen.

Argumente sind notwendig für eine überzeugende politische Sprache. Sie sind allerdings noch lange nicht hinreichend. Denn nicht alle Argumente sind gute Argumente. Offenkundig müssen wir bei der Erörterung der Gütekriterien von Argumenten die materielle, inhaltliche Seite außen vor lassen. Was z. B. einem arbeitsmarktpolitischen oder einem klimapolitischen Argument inhaltliche Plausibilität verleiht, ist eine Frage, die in die Domäne von Volkswirtschaftlern bzw. von Meteorologen fällt. Wir konzentrieren uns hier auf die formale Seite. Die entsprechenden Gütekriterien haben wir bereits in Kap. 2.4 im Rahmen unserer Diskussion der Legitimitätskriterien politischer Macht eingeführt; wir können also auf Erreichtes rekurrieren: *Erstens* dürfen die Argumente nicht auf wissentlichen Falschinformationen basieren oder Adressaten durch Auslassung relevanter Fakten in die Irre führen. *Zweitens* dürfen sie kein Bullshit im Sinne Harry G. Frankfurts sein, also nicht durch sinnlose Wortkaskaden Bedeutung vorspiegeln, wo in Wahrheit keine ist. *Drittens* müssen sie von den Personen oder Organisationen, die sie vorbringen, nach bestem Wissen auf logische Konsistenz, sachliche Plausibilität, Falsifizierbarkeit und Nachvollziehbarkeit geprüft werden. Diese drei Maßgaben sind im Kontext der politischen Sprache nicht primär ethische Pflichten; diese handeln wir in Kap. 3.2.3 in Hinblick auf das Ethos des Politischen ab. Es handelt sich stattdessen vorrangig um Klugheitsregeln des politischen Diskurses. Wer etwa die genannten Sorgfaltspflichten missachtet (Prüfung auf Konsistenz etc.) und als Politiker unhaltbare Wirtschaftsprognosen abgibt, als Führungskraft eines Chemiekonzerns wider besseres Wissen ein Pflanzenschutzmittel als umweltverträglich einstuft oder als Verbandsvertreter gegen alle medizinische Evidenz an der gesundheitlichen Unbedenklichkeit von Tabakwaren festhält, macht sich nicht nur für eine gewisse Zeit unglaubwürdig. Im schlimmsten Falle werden Reputations- und Vertrauensschäden verursacht, die, wie im Falle der Zigarettenindustrie, bis heute nachwirken und für verheerendste Gegenreaktionen sorgen. Ganz ähnlich verhält es sich mit den Geboten ›Du sollst nicht lügen‹ und ›Du sollst keinen Bullshit reden‹. Beide Formen von Pseudoargumenten sind mit derart hohen Risiken bei der Aufdeckung verbunden, dass ihr Einsatz kein valider Zug im Macht-Schach ist.

Der hohe Stellenwert des Arguments impliziert allerdings keinesfalls, dass politische Sprache nicht *emotionalisieren* dürfte. Im Gegenteil: Überzeugende Rhetorik spricht die Leidenschaften des Zuhörers ebenso an wie seine Vernunft und Urteilskraft (siehe auch unsere Diskussion über Rhetorik und Vermittlungsfähigkeit in Kap. 2.5.2). Sie polarisiert und provoziert, sie rüttelt auf und sie reißt mit – aber sie besänftigt auch und befriedet. Ohne eine emotionale Komponente, die entweder an den Gemütszustand der Adressaten anschließt oder ihn aktiv herausfordert, wird die politische Sprache (und damit auch ihre argumentative Seite) schlagartig technokratisch und einschläfernd.[580] Die Herausforderung ist in diesem Kontext eine dreifache: die eigene Position mit formal und inhaltlich plausiblen Argumenten zu stützen, durch gezielte und adressatengerechte Emotionalisierung den Adressaten bei seinen Lei-

580 Vgl. hierzu den bemerkenswert zeitlosen Aufsatz von Holger Bonus (1981): Information und Emotion in der Politikberatung: Zur politischen Umsetzung eines wirtschaftstheoretischen Konzepts, in: Diskussionsbeiträge, Serie B: Finanzwissenschaftliche Arbeitspapiere, Fakultät für Wirtschaftswissenschaften und Statistik, Universität Konstanz, 16, S. 1–24.

denschaften zu packen und schließlich beide Elemente – Logos und Pathos – im Inhalt der politischen Sprache zu verbinden.

Die zweite Ebene, die Vermittlung, betrifft die Art und Weise, wie die Argumente an den Adressatenkreis kommuniziert werden müssen, um ihre Überzeugungskraft auszuschöpfen, d. h. um sowohl rationale Einsicht als auch empathisches Einvernehmen herzustellen. Jede Form sprachlicher Vermittlung ist erstens entweder *mündlich* (Rede, Interview, öffentliche Debatte, informelles Gespräch etc.) oder *schriftlich* (Fachbuch, Zeitungsartikel, Positionspapier, Dossier, E-Mail, Instant Message etc.).[581] Beide Grundformen bzw. ihre konkreten Formate haben spezifische Vor- und Nachteile. Komplexe Argumente lassen sich nicht nur schlecht in einem Tweet zusammenfassen; stichpunktartige Positionspapiere sind zwar kompakt und übersichtlich, aber rufen selten emotionale Begeisterungsstürme hervor; Interviews bergen die Gefahr, Fragen aufzuwerfen, die der Machtakteur überhaupt nicht ansprechen wollte und so weiter.[582] Zweitens bewegt sich das Vokabular sprachlicher Vermittlungen auf einem Kontinuum zwischen *Fachdiskurs* (komplexe Sätze, Fremdwörter) und *Laiendiskurs* (einfache Sätze, keinerlei Fremdwörter). Dass der publikumsgerechte Einsatz von Vokabular und die Balance zwischen Fach- und Alltagssprache entscheidend sind, leuchtet unmittelbar ein. Wenn z. B. ein Bauträger im Rahmen eines Bürgerdialogs über ein Infrastrukturprojekt das Publikum mit Fachbegriffen zu Planfeststellungsverfahren und Raumordnungsplänen bombardiert, wird dies nicht für Verständnis und Zustimmung sorgen, sondern für Verwirrung und Entfremdung. Wer hingegen als politischer Experte einer Rechtsausschussanhörung zum Thema Kriminalprävention geladen wird, ist gut beraten, das ressortspezifische Vokabular (Rückfalldelinquenz, Vorhersagevalidität, falsche Positive und Negative etc.) zu verwenden, um an die Komplexität des Fachdiskurses und an die methodologischen Voraussetzun-

581 Es ist eine interessante Frage, ob beispielsweise auch Mimik und Gestik (z. B. der erhobene Zeigefinger, der Salut oder demonstratives Augenrollen und Stirnrunzeln, aber auch Winston Churchills ›Victory-V‹ oder Angela Merkels ›Raute‹) im weiteren Sinne sprachliche Ausdrucksformen sind. Wir wollen dieses Thema hier nicht vertiefen. Fest steht in jedem Falle, dass Mimik und Gestik einen wesentlichen Teil der Machtsymbolik ausmachen und daher oftmals in einer bewussten Inszenierung politische Sprechakte begleiten; siehe hierzu Kap. 2.2.

582 Eine gute Einführung bietet hier z. B. Girnth, Heiko (2002): Sprache und Sprachverwendung in der Politik, Hamburg: De Gruyter, S. 83ff.

gen der Gesprächspartner anzuschließen. Kurzum: Für die Vermittlungsfähigkeit politischer Sprache ist eine optimale Positionierung in Hinblick auf beide Achsen entscheidend.

Diese hängt von vier Faktoren ab. Der erste ist der *Status des Senders* bzw. Kommunikators: Welche Position bekleidet er? Wo steht er im politischen Raum? Welche sprachlichen Konventionen und Regeln sind mit seiner Funktion verknüpft? Es steht z. B. weder einem Vorsitzenden des Bundesverfassungsgerichts noch einem Bundespräsidenten an, bei Reden und Vorträgen in Stammtischjargon zu verfallen. Bestimmte Politikvokabeln sind mit der Amtswürde und politischen Stellung dieser Positionen unvereinbar.

Der zweite Faktor ist der *Status und die Rolle des bzw. der Adressaten*: Handelt es sich um Teilnehmer an einem politischen Fachdiskurs oder um politische Laien? Ist die angesprochene Gruppe groß oder klein, heterogen oder homogen? Ein zentrales Merkmal der Ansprache von Staatsoberhäuptern und Regierungschefs an die Gesamtheit ihrer Bürger sind z. B. bildhafte Vergleiche, kurze Sätze, Wiederholungen, einprägsame Slogans und der Verzicht auf Fremdwörter. Diese Form sprachlicher Vermittlung gewährleistet nicht nur ein Verständlichmachen der Botschaften für eine maximal große Zahl von Personen ohne politische Vorbildung. Sie bewältigt zudem das Problem geringer Aufmerksamkeitsspannen durch Redundanz und Prägnanz.

Der dritte Faktor ist die *Komplexität des Inhalts*: Sind die Argumente logisch anspruchsvoll oder simpel? Ist ihr Verständnis fachlich voraussetzungsvoll oder voraussetzungslos? Der Sachverständigenrat zur Begutachtung der gesamtwirtschaftlichen Entwicklung, das Gremium der sogenannten »fünf Wirtschaftsweisen«, steht beispielsweise vor der Herausforderung, hochkomplexe wirtschaftspolitische Themen sowohl für die Öffentlichkeit als auch für Experten aufzubereiten. Er bewältigt dieses Problem, indem er seine Gutachten in einen allgemein verständlichen, durch Stichworte akzentuierten Kurzteil (»Kräftiger Aufschwung 2017«, »steigende Risiken im Finanzsystem«, »Stabilität für den Euro-Raum« etc.) und einen Fachteil untergliedert.[583]

583 Vgl. Der Sachverständigenrat zur Begutachtung der gesamtwirtschaftlichen Entwicklung (2017): Für eine zukunftsorientierte Wirtschaftspolitik. Jahresgutachten, https://www.sachverstaendigenrat-wirtschaft.de/fileadmin/dateiablage/gutachten/jg201718/JG2017-18_gesamt_Website.pdf.

Der vierte und letzte Faktor ist schließlich die *Beziehung zwischen Sender und Adressat* in der konkreten Situation: Ist die Beziehung formell oder informell? Stehen beide in einem hierarchischen oder in einem gleichberechtigten Verhältnis? Handelt es sich um Verbündete oder Gegner? So folgt etwa die Vermittlung zwischen einem Verbandsvertreter und einer Gruppe von Bundestagsabgeordneten, die sich untereinander seit Jahren kennen und zudem per Du sind, kategorisch anderen Gesetzmäßigkeiten als zwischen einem neu ernannten Regierungssprecher und einer Schar kritischer Journalisten.

Die richtige Vermittlungsstrategie ist – um eine mathematische Analogie zu gebrauchen – eine Funktion der vier Faktoren Sender- und Empfängerstatus, Gehaltskomplexität und Beziehung. Die Abwägung dieser vier Faktoren gegeneinander kann allerdings weder schematisch noch nach einer Formel gelöst werden; es handelt sich vielmehr um eine Frage der politischen Kompetenz, die durch kontinuierliche Praxis sowie durch Training und Coaching erworben wird (siehe Kap. 2.5.1 und 3.2.3). Auch dies ist Teil der politischen Befähigung.

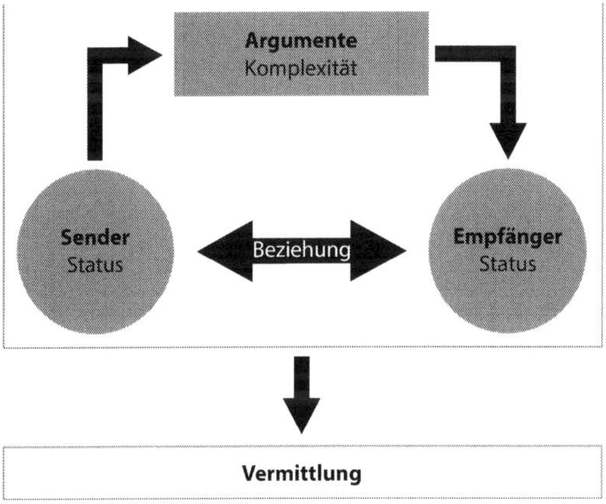

Abbildung 10: Faktoren der politischen Vermittlung

Der dritte Hauptaspekt der politischen Sprache ist schließlich ihre Formalisierbarkeit. Hier liegt ein zentraler Unterschied zu einer Reihe anderer Sprachformen von bedeutenden Machtfeldern, wie z. B. der Sprache der Religion oder der Kultur. Politische Sprechakte – und damit sind sowohl mündliche als auch schriftliche Texte gemeint – müssen in die formale Diktion der Juristerei und der Verwaltung übersetzt bzw. auf diese reduziert werden können. Allerdings steht hierbei das Suffix der Formalisier*barkeit* im Zentrum: Nicht jeder politische Satz muss den formalen, juristisch-administrativen Sprachanforderungen genügen; das wäre seiner allgemeinen Verständlichkeit und Vermittelbarkeit sogar extrem abträglich. Aber sein Bedeutungsgehalt und die korrespondierenden Argumente müssen mit den entsprechenden Spezialsprachen kompatibel sein. Hierfür gibt es einen entscheidenden Grund: Das Prinzip des Politischen ist die Autorisierung und Durchsetzung kollektiv verbindlicher Handlungsnormen sowie das Setzen von Legitimitätsstandards (siehe Kap. 2.3.3). Weil politische Akteure die Regeln des sozialen Miteinanders festlegen und dabei mitunter tiefe Eingriffe in das Leben der Bürger und in die verschiedensten Organisationen – vom globalen Softwarekonzern bis zum mittelhessischen Bienenzüchterverband – vornehmen, muss ihr Handeln einer juristischen, fachlichen Legalitäts- und Legitimitätsprüfung standhalten können. Dieses Erfordernis reicht bis hin zur abstrakten und konkreten Normenkontrolle durch die Verfassungsgerichtsbarkeit.

In Hinblick auf die Beherrschung der politischen Sprache impliziert das Kriterium der Formalisierbarkeit zuerst und vor allem ein adäquates Grundverständnis der juristischen Nomenklatur und ihres Verhältnisses zur Politikgestaltung. Das bedeutet weder, dass die Machtberater oder ihre Klienten eine juristische Ausbildung durchlaufen müssen, noch, dass sie Politik allein aus einer rechtlichen Dimension zu bewerten haben. Die Jurisprudenz ist eine Hilfswissenschaft der Politik, nicht umgekehrt. Im Fokus steht vielmehr die praktische Einsicht, dass in der politischen Sprache die juristische Dimension stets mitbedacht und als möglicher Komplexitäts- und Risikofaktor, mithin als Beratungsgegenstand, einkalkuliert werden muss.

3.2.3 Politisches Ethos

Der Erwerb des politischen Ethos ist das dritte Aufgabenfeld der Befähigung. Es vervollständigt das Grundverständnis des Macht-Schachs (das ›Brett‹), indem es die politische Logik und Sprache durch diejenigen Verantwortungen und Pflichten ergänzt, denen Machtakteur und

Machtberater – homo consultandus und homo consultans – gleichermaßen unterworfen sind. Wenn wir von politischem Ethos sprechen, dann meinen wir damit weder die bloße Gesetzestreue noch die Political Correctness. Erstere setzen wir voraus. Die Befolgung der Gesetze des liberalen Rechtsstaats ist essenziell, um am demokratischen Macht-Schach teilzunehmen. Sie bedarf an dieser Stelle keiner weiteren Begründung oder Ausführung. Letztere hat für uns hingegen nichts mit Ethik zu tun. Political Correctness ist eine sprachliche Machttechnik, mit der Interessenformationen Einfluss auf das akzeptierte Vokabular der politischen Sprache nehmen und Deutungshoheit über das Gemeinwohl beanspruchen. Über die Auswirkungen der Political Correctness und ihrer Sprachgebote und -verbote auf den öffentlichen Diskurs ließe sich viel sagen und trefflich streiten; wir wollen das Thema jedoch auf sich beruhen lassen.[584] Unter politischem Ethos verstehen wir stattdessen die ungeschriebenen, aber stets implizit vorausgesetzten Werte und Handlungsnormen, auf die alle *Akteure* des demokratischen Macht-Schachs – also Personen und Organisationen – verpflichtet sind. Sie bilden das Gegenstück zu den Legitimitätsbedingungen der *Institutionen*, die wir in Kap. 2.4 diskutiert haben.

Das so verstandene politische Ethos beruht auf drei Grundwerten bzw. Tugenden: Wahrhaftigkeit, Vertrauenswürdigkeit, Gemeinwohlorientierung. Diese Werte sind kein (reiner) Selbstzweck. Sie sind Voraussetzung dafür, dass Machtakteure ihre politischen Positionen glaubwürdig vermitteln, dauerhafte Allianzen schmieden und verschiedenste Personengruppen zur Durchsetzung ihrer strategischen Interessen mobilisieren können. Es handelt sich mithin um die normativen Vorbedingungen des fairen und effizienten demokratischen Wettstreits, auf die der Rechtsstaat zwar angewiesen ist, die er aber – um noch einmal auf das bereits zitierte Diktum Ernst-Wolfgang Böckenfördes zurückzukommen – »selbst nicht garantieren kann«.[585] Diese Garantie muss von den Protagonisten des politischen Machtfelds selbst übernommen werden. Sie ist Bestandteil der gelebten demokratischen Kultur, und sie kann nur durch kontinuierliche Ausübung, Tradierung, Reflexion und nicht zuletzt auch durch freiwillige Selbstkontrolle erhalten werden.

584 Siehe jedoch z. B. Braun, Johann (2015): Die offene Gesellschaft und ihre Grenzen, in: Rechtstheorie 46 (2), S. 151–177.

585 Böckenförde (1967): S. 93; siehe hierzu Kap. 2.4.

Der erste Grundwert, die *Wahrhaftigkeit*, verlangt von Machtakteuren und Machtberatern nicht, über jeden Zweifel erhaben zu sein. Irrtümer sind menschlich. Wenn sie rational reflektiert werden, bieten sie sogar eine wichtige Chance zur Verbesserung der eigenen Strategiefähigkeit (siehe unsere Diskussion des strategischen Scheiterns in Kap. 2.5.2). Wahrhaftig zu sein bedeutet vielmehr, dass sich die politischen Aussagen und das politische Handeln von Personen bzw. Organisationen decken müssen. Das Prinzip der Wahrhaftigkeit ist die Konvergenz von Diskurs und Praxis im Macht-Schach. Die Relevanz dieses Werts wird dort besonders augenfällig, wo er mit Füßen getreten wird: in der Bigotterie. Ein eindringliches Beispiel der jüngeren Vergangenheit bietet die Verwüstung des Hamburger Schanzenviertels durch Linksautonome im Juli 2017.[586] Tausende Aktivisten hatten anlässlich des G20-Gipfels in Hamburg den Stadtteil gebrandschatzt und dabei mit Selbstverständlichkeit Begriffe wie Frieden und Gerechtigkeit auf dem Schild geführt. Das Auseinanderklaffen zwischen dem Anspruch der Aktivisten auf moralische Überlegenheit gegenüber den Gipfelteilnehmern und ihrem tatsächlichen Tun führte zu massiven Solidaritätseinbußen der linken Szene, und zwar nicht nur in der Hansestadt.[587] Die Schlussfolgerung ist einfach: Mit dem Molotowcocktail in der Hand kann man nicht für Pazifismus werben – wer Geschäfte plündert, kann keine globale Solidarität predigen. Freilich ist dieser Mangel an Wahrhaftigkeit keine politische Seltenheit und er ist auch kein Spezifikum der linken Szene. Seine Effekte sind indes verheerend: Politikverdrossenheit, Zynismus und Apathie. Wer davon ausgehen muss, dass politische Akteure stets das eine sagen, um dann das andere zu tun, der wendet sich letzten Endes von der Politik ab. Wahrhaftigkeit schafft demgegenüber Glaubwürdigkeit und Erwartungssicherheit: Die Adressaten politischer Kommunikation können sich darauf verlassen, dass der Entscheidungsträger seinen Worten tatsächlich die angekündigten Taten folgen lassen wird.

586 Vgl. Meier, Dominik (2017c): Für politische Wahrhaftigkeit. Ein Debattenbeitrag, erschienen mit einigen Änderungen unter dem Titel »Linke Vandalen« im Handelsblatt vom 18.7.2017, http://www.miller-meier.de/debatte/wahrhaftigkeit/.

587 Vgl. Spiegel Online vom 11.7.2017, http://www.spiegel.de/panorama/gesellschaft/hamburg-g20-randale-spalten-die-betroffenen-viertel-a-1157208.html.

In den Bedeutungskreis der Wahrhaftigkeit fällt auch der eng verwandte Grundsatz der Aufrichtigkeit. Dieser ist für die Beratung und Politikgestaltung gleichermaßen von immenser Bedeutung. Wenn etwa ein Berater erkennt, dass sein Klient vor einem schweren strategischen Fehler steht, ihm diese Erkenntnis jedoch verschweigt (z. B. um keinen Unmut auf sich zu ziehen), wird er seiner Verantwortung und seinem Ethos nicht gerecht. Der Grundsatz der Aufrichtigkeit – die eigene wohlbegründete Meinung auch auf die Gefahr von Kritik und Widerstand hin zu äußern – bedeutet nicht, dass der homo consultans den homo consultandus bevormunden oder ihm die Entscheidung abnehmen dürfte. Er bleibt stets nur der Berater und Dienstleister des homo consultandus, eines Akteurs mit eigenen Zielen und Interessen. Diese doppelte und potenziell konfliktreiche Aufgabe ist am besten als Gratwanderung zwischen Aufstand und Demut beschrieben. Ebendiese Gratwanderung müssen z. B. auch Abgeordnete und Verbandsvertreter beschreiten. Beide Akteursgruppen haben ein Mandat, um stellvertretend für ihre Wähler bzw. ihre Mitglieder und in deren Interesse Politik zu gestalten. Hierbei stehen sie in der Pflicht, ihren politischen Auftraggebern nicht nur unangenehme Wahrheiten zu sagen, sondern sogar – zumindest temporär – gegen deren aktuelle Meinungen zu handeln, wenn ein langfristiges Politikziel dies erfordert. Zugleich bleiben sie ihren Auftraggebern jedoch Rechenschaft schuldig. Wenn sie es kontinuierlich versäumen, deren Sorgen, Wünsche und Überzeugungen ernst zu nehmen, handeln sie faktisch nicht mehr als deren Repräsentanten.

Das zweite Grundprinzip, die *Vertrauenswürdigkeit*, ist dann erfüllt, wenn die Positionen und Handlungen des Akteurs über die Zeit hinweg kohärent und stabil sind. Anschaulich und polemisch zugespitzt gesagt: Wer sich heute als Umweltpolitiker für Emissionsreduktion und Klimaschutz einsetzt, um morgen als Berater eines Braunkohlekonzerns einzusteigen und schließlich übermorgen für einen Solarstromproduzenten tätig zu werden, ist nicht vertrauenswürdig. Wenn man einen solchen Akteur politisch unterstützt, tut man dies stets auf die Gefahr hin, dass dieser seinen Standpunkt jederzeit und unvermittelt ändern kann.

Es ist in dem Zusammenhang wichtig, den Unterschied von Wahrhaftigkeit und Vertrauenswürdigkeit im Auge zu behalten. Wer nicht wahrhaftig ist, kann über einen längeren Zeitraum durchaus kontinuierlich dieselbe Position vertreten – entscheidend ist nur, dass er diese Position nie oder selten praktisch umsetzt. Wer nicht vertrauenswürdig ist, kann durchaus immer das tun, was er sagt; das Problem ist nur, dass er seine Positionen immer wieder wechselt. Kurzum: Nicht wahrhaftige Personen sind bigott, nicht vertrauenswürdige Personen sind prinzipienlos. Das bedeutet freilich nicht, dass ein Akteur seine Positionen im Laufe seiner politischen Biografie nie ändern dürfte. Niemand könnte z. B. dem ehemaligen Innenminister Otto Schily, der sich nach und nach vom linksradikalen RAF-Sympathisanten zum Law-and-Order-Politiker gewandelt hat, vorwerfen, sein Werdegang untergrabe seine Vertrauenswürdigkeit. Schilys Gesinnungswandel ist Ergebnis eines sukzessiven, jahrelangen Entwicklungsprozesses, für den es überzeugende Gründe gibt. Ähnlich sieht es bei dem ehemaligen US-Sicherheitsberater Colin Powell aus, der die Weltbühne als überzeugter Interventionist und Mitglied der neokonservativen Bush-Regierung betrat und – nach den Erfahrungen des Irakkrieges und des sogenannten »War on Terror« – als Kriegsgegner und Unterstützer der Demokraten wieder verließ. Ein Mangel an Vertrauenswürdigkeit liegt genau dann vor, wenn es für solche grundlegenden Änderungen politischer Positionen gerade keine überzeugenden inhaltlichen Gründe gibt und wenn diese Positionswechsel nicht sukzessive, sondern schlagartig geschehen.

Vertrauenswürdigkeit ist für den politischen Erfolg und für die Integrität des gesamten demokratischen Wettstreits ebenso entscheidend wie Wahrhaftigkeit. Wem es an Vertrauenswürdigkeit mangelt, der kann weder stabile und nachhaltige Bündnisse schmieden noch Bürger dauerhaft für seine Ziele mobilisieren, glaubwürdige Botschaften vermitteln oder überhaupt langfristige politische Strategien entwickeln und umsetzen. Allein Vertrauenswürdigkeit schafft Konstanz und Planbarkeit im politischen Macht-Schach.

Das dritte und letzte Prinzip des politischen Ethos ist die *Gemeinwohlorientierung*. Bei der Bestimmung dieses Grundwerts können wir auf die Ergebnisse von Kap. 2.4 rekurrieren, wo wir den Leitbegriff des Gemeinwohls ausführlich diskutiert haben. Gemeinwohlorientierung ist keine Verpflichtung gegenüber einem – vermeintlich – objektiven moralischen Gut, welches unabhängig von den faktischen Interessen der Bevölkerung bestünde, oder gegenüber einer Liste universeller Politikziele (z. B. Vollbeschäftigung, Kulturförderung, Ausländerintegration, soziale Gleichheit). Solche sogenannten substanzialistischen oder materialen Konzepte, welche den Gehalt des Gemeinwohls *ex ante* festlegen, sind mit der Interessenpluralität liberaler Gesellschaften und mit der Ergebnisoffenheit demokratischer Willensbildung unvereinbar. Was das Wohl eines Gemeinwesens ausmacht, lässt sich nur *ex post* sagen – also in Hinblick auf das stets provisorische Ergebnis des demokratischen Wettstreits der Ideen, welcher durch die Verfahrensnormen, die politische Kultur und die Deutungshorizonte der Interessenformationen eingehegt und begrenzt wird.

Wenn aber das Gemeinwohl keine objektive, inhaltlich vorbestimmte Größe ist, woran sollen sich Machtakteur und Machtberater dann orientieren? Was ist der Fixpunkt der Gemeinwohlorientierung? Die Antwort auf diese schwierige und selten thematisierte Frage hat zwei komplementäre Teile: *Erstens* erfordert Gemeinwohlorientierung die bedingungslose Achtung und Verteidigung geschriebener und ungeschriebener demokratischer Verfahrensnormen und Prinzipien. Weil das Gemeinwohl der demokratischen Entscheidung nicht vorausgeht, sondern aus ihr hervorgeht, kann nur demokratische Politikgestaltung gemeinwohldienlich sein. Neben einer Reihe offenkundiger Gebote und Verbote (Anerkennung von Wahlergebnissen, keine Bestechung von Mandatsträgern, keine Einschüchterung der Opposition, Respekt vor der Pressefreiheit etc.) umfasst dies auch den Schutz der demokratischen Grundordnung. Wer z. B. Bürgern aufgrund von Hautfarbe, Herkunft oder Religion politische Rechte abspricht, der ist kein demokratischer Gegner, den man als Konkurrenten im Wettstreit der Ideen anerkennen muss, sondern ein Feind der Demokratie. Feinden schuldet man keine Diskussionen und argumentativen Auseinandersetzungen; sie müssen mit allen Mitteln des Rechtsstaats bekämpft werden. Dies ist das Prinzip der wehrhaften Demokratie.

Der *zweite* Teil der Antwort bezieht sich auf das Adjektiv »gemein« als Bestandteil des Kompositums »Gemeinwohl« . Das Gemeinwohl ist das Wohl des Gemeinwesens als eines Ganzen, nicht das Wohl einer einzelnen und politisch siegreichen Interessenformation.[588] Diesem inklu-

588 Siehe hierzu Claus Offes (2001) grundlegenden Aufsatz »Wessen Wohl ist das Gemeinwohl?« Die Einsicht, dass das Gemeinwohl das Wohl des Gemeinwesens als eines Ganzen ist und nicht das einer bloßen Teilgruppe, ist im Grunde jedoch nur der Startschuss für eine Reihe weiterer Problemstellungen: Ist das so verstandene Gemeinwesen identisch mit der Gesamtmenge aller seiner Mitglieder? Wenn ja, sind dann nur Pareto-optimale Entscheidungen gemeinwohldienlich? (vgl. hierzu die Position von Neidhardt 2002) Wenn nein – und das ist die näherliegende Antwort –, wie soll das Gemeinwesen dann bestimmt werden?

siven und die Gesamtgesellschaft umspannenden Charakter des Leitbegriffs müssen alle Machtakteure und Interessengruppen bei der Artikulation ihrer Anliegen Rechnung tragen. Hier steht der homo consultans in der Pflicht, seinem Klienten die immense Bedeutung des Gemeinwohlbezugs für die Interessenvertretung zu verdeutlichen. Am Gemeinwohl orientiert zu sein, bedeutet, bei der Entwicklung politischer Ziele die berechtigten und potenziell konfligierenden Interessen anderer Gesellschaftsgruppen mit zu reflektieren und die eigene Position im Lichte guter Gründe zu revidieren. Der Gegenbegriff zu dieser Facette der Gemeinwohlorientierung ist der egoistische Partikularismus. Egoistische Politikgestaltung, die rücksichtslose Verfolgung von Partikularinteressen auf Kosten anderer, ist mit dem Gemeinwohl unvereinbar.

Diese ungeschriebene Grundnorm unserer Demokratie kommt im staatsmännischen Gestus neu gewählter Regierungschefs regelmäßig zum Ausdruck: So erklärte Angela Merkel nach ihrem Wahlsieg im September 2009, dass sie »die Kanzlerin aller Deutschen« – und nicht nur der CDU-Wähler – sein wolle.[589] Derselbe Gestus findet sich auch in Stellungnahmen zivilgesellschaftlicher und wirtschaftlicher Interessengruppen zu politisch umkämpften Themen. Umweltlobbyisten, wie Greenpeace oder WWF, insistieren z. B. darauf, dass die sukzessive Umstellung der Stromversorgung auf erneuerbare Quellen nicht nur die Umwelt schone, sondern auch gut für die Wirtschaft sei, indem sie Jobs schaffe und Deutschlands Marktführerschaft in Zukunftstechnologien ausbaue.[590] Arzneimittel- und Medizintechnikhersteller stellen wiederum stets darauf ab, dass ihre wirtschaftlichen Interessen an der Zulassung bestimmter Produkte und das Gemeinwohlziel der Volksgesundheit zusammenfielen. In all diesen und ähnlichen Fällen besteht die Herausforderung freilich darin, derartige Aussagen nicht als bloße Lippenbekenntnisse zu vertreten, sondern als aufrichtige Absichtserklärungen. Die damit einhergehende Frage, wie viel Kompromiss die Gemeinwohlorientierung erfordert und wie viel Bereitschaft, die eigenen Interessen kritisch zu

Diese Fragen harren noch ihrer Beantwortung durch die politische Theorie. Wir können sie an dieser Stelle jedoch nicht weiter vertiefen.

589 Hamburger Abendblatt vom 28.9.2009.

590 Vgl. https://www.greenpeace.de/themen/energiewende/energiewende-mit-plan und http://www.wwf.de/themen-projekte/klima-energie/energiepolitik/energiewende/.

hinterfragen und zu modifizieren, ist seit jeher ein Zankapfel der demokratischen Praxis und Theorie.[591] Auch wir maßen uns nicht an, hier eine abschließende Antwort zu geben, sondern belassen es bei dem skizzierten Problemanriss.

In jedem Falle dürfte die Bedeutung der Gemeinwohlorientierung für die erfolgreiche Partieführung im Macht-Schach deutlich geworden sein. Das Macht-Schach ist zwar ein Spiel, das um die Durchsetzung politischer Interessen durch geschickte Positionierung und Strategiebildung kreist – aber diese Interessen müssen erstens mit den demokratischen Spielregeln übereinstimmen und zweitens anschlussfähig an andere Interessen (sprich nicht rein egoistisch) sein. Andernfalls droht der Ausschluss aus dem Spiel oder aber der verheerende Vorwurf des Klientelismus und der Interessenpolitik (siehe Kap. 3.2.1). Wie schon bei den anderen Grundwerten des politischen Ethos, der Wahrhaftigkeit und der Vertrauenswürdigkeit, ist die Gemeinwohlorientierung nicht nur ein Gebot der Ethik, sondern auch der politischen Vernunft.

3.2.4 Die Werkzeuge und Techniken der Befähigung

Mit der politischen Logik, der politischen Sprache und dem politischen Ethos sind die zentralen Aufgabenfelder der Befähigung skizziert. Wenn der Akteur diese drei Elemente des Macht-Schachs internalisiert hat, hat er das ›Brett‹ verstanden. Er beherrscht die Mechanismen und Zugregeln des politischen Spiels. Damit steht allerdings noch die Frage aus, mit welchen *Werkzeugen* und *Techniken* der homo consultans seinem Klienten, dem homo consultandus, ein solches Denkschema und die entsprechenden Kompetenzen vermitteln kann. Diesen essenziellen Baustein des Power-Leadership-Curriculums wollen wir nun darlegen.

Das Rüstzeug des Befähigens hat drei Aspekte: Training und Coaching, Organisationsberatung, Navigation.

Die Begriffe *Training* und *Coaching* werden in unserer Alltagssprache oft zusammengewürfelt. Der Grund hierfür ist, dass beide Aufgaben (egal ob im Sport, in der Wirtschaft oder Politik) meist von ein und derselben Person ausgeübt werden. Dennoch lohnt eine klare Unterscheidung. Zur Veranschaulichung wollen wir einen Blick auf den Fußball

591 Einen exzellenten Einstieg in diese Materie bieten Mansbridge et al. (2012).

werfen. Hier bezeichnen Trainingseinheiten diejenigen Intervalle *zwischen* den einzelnen Partien, in denen Fußballer unter Anleitung ihre Fitness trainieren, Standards und Spielzüge üben, Partieaufzeichnungen auf Fehler und Chancen hin begutachten und so fort. Das Coaching hingegen erfolgt *während* des Spiels von der bekannten Coachingzone am Spielfeldrand aus; dort erteilt der Fußballlehrer (um einmal das verwirrende Wort vom Trainer zu vermeiden) in Echtzeit Anweisungen, gibt einzelnen Fußballern Feedback und Spielkritik, nimmt taktische Änderungen vor, wechselt aus und feuert an.

In der politischen Machtberatung verhält es sich ganz ähnlich. Beim Training bereitet der Machtberater den Klienten auf seinen Einsatz in der politischen Arena vor. Er vermittelt erstens ein fundamentales Verständnis für die politische Logik des Gemeinwesens (System-, Entscheidungs-, Organisations- und Kommunikationslogik), seine Institutionen und Mechanismen. Da hier der Erwerb von praktischer Kompetenz und nicht von theoretischen Kenntnissen im Mittelpunkt steht, hat diese Vermittlung in der Regel ein interaktives (und kein dozierendes) Format. In Workshops oder bei Planspielen diskutieren Berater und Klient die detaillierte Struktur von Gesetzgebungsprozessen, die Implementierung von EU-Richtlinien oder den Ablauf einer Ministerpräsidentenkonferenz. Zweitens umfasst das Training den Erwerb von Kommunikationsfähigkeit, die Beherrschung der politischen Sprache in Wort und Schrift. Dieser Aspekt des Befähigens deckt ein breites Themen- und Methodenspektrum ab. Er reicht von der Verinnerlichung der zentralen Abkürzungen des Politikbetriebs über die Anredeformeln der verschiedenen Ämter (»Hochverehrter Herr Bundespräsident«, »Sehr geehrte Frau Parlamentarische Staatssekretärin« etc.) und den Aufbau politischer Textsorten (Dossiers, Abkommen, Gesetze, Verordnungen etc.) bis hin zum rhetorischen Sprachtraining vor Kameras. Und er umfasst zudem die in Kap. 3.2.2 angesprochene Übersetzungsleistung zwischen der Sprache der Politik und z. B. der Sprache der Wirtschaft oder der Wissenschaft. Der dritte Aspekt des Trainings besteht darin, sowohl ein Verständnis für das politische Ethos als auch für das Narrativ des Gemeinwesens und seine Wertordnung zu schaffen. Letzteres stellt den homo consultans in Hinblick auf internationale Klienten, wie globale Mischkonzerne oder ausländische Handelsorganisationen, vor entscheidende Herausforderungen. Diese Machtakteure operieren in Dutzenden Staaten, ohne notwendigerweise mit deren kulturellen Spezifika vertraut zu sein (z. B. mit der Relevanz des Datenschutzes für die deutsche Politik oder mit der Bedeutung persönlicher Bindung für politische und wirtschaftliche Beziehungen in China). Hier kommt zur Übersetzeraufgabe des homo consultans zudem die eines kulturellen Vermittlers hinzu.

Das Coaching wird wiederum durch die permanente Begleitung des homo consultandus während seiner politisch relevanten Aktivitäten nach *innen* und nach *außen* umgesetzt. Erstere umfassen etwa Strategiebesprechungen mit dem Aufsichtsrat des eigenen Konzerns oder der Führungsebene des Verbandes, aber auch z. B. interne Professionalisierungs- und Reorganisierungsmaßnahmen einer NGO. Letztere decken ein breites Spektrum der Außenkommunikation ab – von öffentlichen Stellungnahmen über Auftritte auf Fachkonferenzen bis hin zu Einzelgesprächen mit Entscheidungsträgern. Der Machtberater steht seinem Klienten kontinuierlich für Feedback zu Positionspapieren, Korrespondenzen oder Reden zur Seite. Er ist bei zentralen Gesprächen präsent – nicht um als Einflüsterer aus dem Hintergrund zu wirken, sondern um die Fähigkeiten des Auftraggebers *in actu* einzuschätzen und das weitere Training an dessen Auftreten und Vermittlungsfähigkeiten auszurichten. Nicht zuletzt kommt dem homo consultans auch die Aufgabe zu, seinen Klienten bei politischen Veranstaltungen (Parlamentarischen Abenden, Fachkonferenzen, Parteitagen, Festen etc.) mit den maßgeblichen Akteuren sowie ihren Zielen und Interessen, Machtressourcen und Besonderheiten bekannt zu machen. Der Machtberater agiert als Mentor und Lotse für das politische Feld.

Während Training und Coaching darauf abzielen, individuelle Personen (oder kleinere Gruppen) für das Macht-Schach fit zu machen, steht im Fokus der *Organisationsberatung* die Optimierung institutioneller Strukturen. Natürlich unterscheiden sich Ausgestaltung und Schwerpunkte der Organisationsberatung je nachdem, welche Zielrichtung des Power Leadership – Political Leadership oder Lobbying Leadership – im Fokus der Beratung steht. Bei Ministerien und anderen Behörden umfasst diese z. B. die Entwicklung und Implementierung zeit- und ressourcensparender Hierarchien oder Bearbeitungsabläufe, um eine erhöhte Responsivität gegenüber Herausforderungen und Krisen zu ermöglichen. Bei Parteien zielt politische Organisationsberatung z. B. auf den Aufbau einer Kampagnenzentrale (eines so genannten »War Rooms«), um für den nächsten Wahlkampf gerüstet zu sein und Botschaften erfolgreich und nachhaltig an die Wähler zu kommunizieren. Bei privatwirtschaftlichen Akteuren steht die Einrichtung oder Optimierung von Interessenvertretungsstrukturen im Zentrum, um die Auswirkungen von Regulierungsvorhaben auf das Business Development einzuschätzen, Ansprechpartner für Entscheidungsträger zu bestimmen und Kritik aus der Politik aufzunehmen. Trotz dieser unterschiedlichen Schwerpunkte hat die politische Organisationsberatung stets dasselbe Grundziel: die Schaffung von Teams, Entscheidungs-, Kommunikations- und Kooperationsstrukturen und Arbeitsrhythmen, mit denen der Akteur sowohl nach innen als auch nach außen effektiv und effizient agieren sowie politische Strategien zielgerichtet entwickeln und umsetzen kann.

Erfolgreiche Organisationsberatung verlangt vom homo consultans nicht nur einen klaren analytischen Blick für den *Istzustand* der Organisation auf dem Papier (Struktur- und Stellenpläne, Flowcharts von Arbeits- und Informationsprozessen etc.) und für deren strategische Potenzen (Organisations-, Mobilisierungs-, Netzwerk- und Vermittlungsfähigkeit, Ruhm, finanzielle Ressourcen und Opferbereitschaft; siehe Kap. 2.5.2). Sie erfordert auch Sensibilität für interne Machtverhältnisse, Rivalitäten, wechselseitige Sympathien und Animositäten und die Stimmungslage. Der ausgefeilteste Restrukturierungsplan ist nichts wert, wenn er an der gekränkten Eitelkeit eines langjährigen Verbandsvorstands scheitert, am Selbstverständnis der Mitgliederbasis einer NGO oder am Unwillen eines bürokratischen Personalstamms, bewährte Arbeitsmethoden über Bord zu werfen. Diesen Herausforderungen kann sich der homo consultans nicht durch politisches Know-how und inhaltliche Expertise stellen; er ist auf Empathie und Menschenkenntnis, also auf People Skills, angewiesen und nicht zuletzt auch auf eine realistische Einschätzung seiner eigenen Grenzen. Hier tritt die in Kap. 3.2.3 hervorgehobene Gratwanderung zwischen Aufstand und Demut zutage: Der Machtberater steht in der Pflicht, dem Klienten organisationale Defizite schonungslos (und zugleich mit Augenmaß und Pietät) vor Augen zu halten und Lösungsvorschläge aufzuzeigen; er kann dem Machtakteur aber nicht die Verantwortung und die Entscheidung abnehmen, diese Defizite einzusehen und die Lösungen zu akzeptieren.

Der dritte Aspekt, die *Navigation*, ist bereits in unserem Vergleich des Machtberaters mit einem politischen Lotsen angeklungen. Lotsen sind mit einem Gewässer so gut vertraut, dass sie dem Kapitän einen sicheren Kurs oder, besser noch, mehrere alternative Kurse zum Zielhafen – vorbei an Untiefen, Sturmgebieten und Strudeln – aufzeigen können. Analog hierzu bedeutet die Herausforderung der Navigation für den homo consultans, *erstens* seinem Klienten die *strukturellen* Risiken und Chancen des politischen Systems in Hinblick auf dessen Ziele deutlich zu machen und *zweitens* aufzuzeigen, welche *Pfade* durch dieses System zu seinen Zielen hinführen können und mit welchen Herausforderungen diese Pfade verbunden sind. Diese Orientierungsleistung über die strategischen Konstanten des Macht-Schachs ist insbesondere (aber nicht nur) für international agierende Klienten relevant, insofern diese mitunter weit von der Systemlogik und dem politischen Alltagsgeschäft des Gemeinwesens entfernt sind und ihre politische Positionierung als Bestandteil einer globalen, staatsübergreifenden Strategie verstehen. In diesen Aufgabenbereich fällt u. a. die konkrete, anwendungsorientierte Klärung zentraler Fragen aus der politischen Systemlogik, etwa: Welche Entscheidungsmacht haben regionale und nationale Regierungen in Bezug auf ein Politikfeld, das für den Akteur bedeutsam ist? Welches Verhältnis besteht zwischen der EU-Entscheidungsebene und den Regierungen der Mitgliedsstaaten – und welche Schritte müssen auf einzelstaatlicher Ebene unternommen werden, um Einfluss in der EU zu gewinnen? Welche institutionellen Etappen durchläuft ein relevantes Gesetz vom Entwurf bis zur Verkündung – und welche Einflusskanäle gibt es auf diesen Etappen? Vor allem aber: Was sind die Auswirkungen dieser strukturellen Spezifika auf die Interessen des Akteurs? Die Verwandtschaft mit dem bereits angesprochenen Training ist augenfällig. Während letzteres jedoch auf die Entwicklung eines politischen Mindsets aufseiten des Klienten abzielt, geht es bei der Navigation darum, dieses Mindset zur Orientierung im Machtfeld einzusetzen. Sichere Navigation baut auf einem erfolgreichen Training auf.

Navigation als Beratungsaufgabe ist zudem nicht zu verwechseln mit der Strategieentwicklung. Letztere ist die Identifikation des idealen Kausalpfads (maximale Erfolgsaussicht, minimale Kosten) zu einem spezifischen und klar definierten strategischen Ziel unter Berücksichtigung des strategischen Umfelds, sprich Zeithorizont, Variablen und Konstanten (siehe Kap. 2.5.2); sie fällt in den Bereich des Verdichtens (siehe Kap. 3.3). Navigation ist damit sowohl die Vorbedingung für erfolgreiche Strategieentwicklung als auch für die Organisation und Koordination. Indem sie das politische Terrain und seine institutionellen, prozessualen Pfade absteckt, legt sie die Grundlagen dafür, dass Machtberater und Machtakteur eine politische Strategie entwickeln und praktisch umsetzen können. Hierfür ist allerdings noch ein weiterer Baustein unverzichtbar: die Erfassung und Analyse von Informationen über politische, juristische und gesamtgesellschaftliche Entwicklungen und Themen sowie über Akteure, welche für die Interessen des Klienten relevant sind. Dieses Kernelement werden wir im folgenden Kapitel unter dem zweiten großen Leitbegriff des Power Leadership – dem Verdichten – ausführlicher beschreiben.

3.3 Verdichten

Im vorangegangenen Kapitel haben wir unter dem Leitbegriff des Befähigens skizziert, welche Voraussetzungen für ein Verständnis des ›Bretts‹ im Macht-Schach bestehen. Dort steht die Internalisierung der strategischen Konstanten des politischen Gesamtfeldes im Zentrum: politische Logik, politische Sprache, politisches Ethos. Nun wenden wir uns unter dem Leitbegriff des Verdichtens der Positionsanalyse im Macht-Schach zu. Um Spielstrategien zu entwickeln und die Partieführung zu übernehmen, muss der Machtakteur konkrete Konstellationen auf dem ›Brett‹ verstehen und in Hinblick auf eigene Ziele bewerten können. Solche Konstellationen lassen sich jeweils einem politischen Teilbereich oder mehreren Teilbereichen – wir sprechen hier auch von einer *Arena* – des gesamten Feldes zuordnen (z. B. Verkehrs- und Infrastrukturpolitik, Gesundheits- und Digitalpolitik).[592] Diese bestehen aus vier Hauptelementen: *erstens*, politische Akteure bzw. Stakeholder sowie deren Interessen und Kräfteverhältnisse; *zweitens*, politische Themen und Streitpunkte

---

592 Eine kurze Anmerkung zur Begrifflichkeit: Wir verstehen unter einer *Arena* den konkreten politischen Aktionsraum, in dem sich ein Machtakteur bewegt. In diesem Aktionsraum können sich zahlreiche *Politikfelder* bzw. *politische Teilbereiche* (Verbraucherpolitik, Steuerpolitik, Jugendschutzpolitik, Gesundheitspolitik etc.) überschneiden. Je vielfältiger die Ziele des Machtakteurs und je größer sein Handlungsspektrum sind, desto größer ist in der Regel auch die Anzahl der relevanten Politikfelder. Für einen digitalen Technologiekonzern ist etwa nicht nur das Feld der Wirtschaftspolitik relevant, sondern auch das der Infrastrukturpolitik (z. B. in Hinblick auf den Breitbandausbau) und der Forschungspolitik (z. B. in Bezug auf die kooperative Entwicklung von künstlicher Intelligenz). Sich erfolgreich in seiner Arena zu positionieren, bedeutet daher, alle relevanten Politikfelder strategisch und taktisch klug zu bespielen.

zwischen Akteuren; *drittens*, spezifische Gesetze, Verordnungen, Standards etc. der politischen Arena; *viertens*, Reformprojekte, Entwicklungen und Trends in dieser politischen Arena.

Diese vier Elemente machen die *strategischen Variablen* des Macht-Schachs aus, also diejenigen Faktoren, die sich – anders als die Grundregeln – im Verlaufe einer Partie stets ändern können. Ziel der Verdichtung ist also ein kontinuierlich aktualisierter, kondensierter Wissensstand der jeweiligen politischen Arena, der dem Machtakteur eine eigenständige Lageeinschätzung und Strategiebildung ermöglicht. Für den homo consultans bedeutet dies nicht nur, seinen Klienten über alle relevanten politischen und gesellschaftlichen Entwicklungen schnell, kompakt und verständlich zu informieren; die reine Informationsbeschaffung und -vermittlung bildet lediglich den ersten Baustein bzw. die erste Teilphase des Verdichtens. Ohne eine sukzessive Filterung, Einordnung und (probabilistische) Bewertung haben politische Informationen geringen strategischen Wert. Im Folgenden werden wir unser Vier-Phasen-Modell der politischen Positionsanalyse skizzieren. Dieses Modell kumuliert in der Entwicklung eines politischen Maßnahmenplans. Es bildet damit das Scharnier zwischen den beiden Leitprinzipien der politischen Befähigung und politischen Gestaltung.

3.3.1 Das Vier-Phasen-Modell

Das Vier-Phasen-Modell bildet die Arbeits- und Beratungsschritte der Positionsanalyse idealtypisch ab. Mit jeder Phase geht eine analytische Anreicherung politischer Daten einher – beginnend mit der ›Rohmasse‹, den reinen Informationen, und endend mit der strategischen Einschätzung und Handlungsempfehlung.

Phase (1) Monitoring und Intelligence

Die erste Phase der politischen Positionsanalyse steht unter der Leitfrage: *Was musst du wissen?* Diese Frage ist in Bezug auf die politische Arena des Akteurs – insbesondere im Kontext des exponentiellen Datenanstiegs durch die Digitalisierung (siehe Kap. 2.3.2 und 3.2.2) – keineswegs banal. In Zeiten von 24-Stunden-Nachrichtenzyklen gehen minütlich

Tausende Agenturmeldungen, Pressemitteilungen, Nachrichtenbeiträge, Kommentare, Tweets, Social-Media-Postings, Newsletters und Videos mit potenzieller politischer Relevanz durchs Netz. Hinzu kommen parlamentarische Drucksachen, Gerichtsurteile, Gutachten von Behörden, Stiftungen und NGOs, wissenschaftliche Publikationen und natürlich die mündliche Kommunikation in persönlichen (Fach-)Gesprächen, Diskussionsrunden und Vorträgen. Kurz gesagt: Zu jedem politischen Teilbereich – ganz gleich ob Verbraucherschutz, Finanzen oder Landwirtschaft – existiert eine enorme Rohmasse von Informationen, und zwar sowohl mutmaßliche Fakten als auch Bewertungen.

Die erste Aufgabe des homo consultans besteht darin, aus dem informationalen Politikkosmos kontinuierlich diejenigen Informationen zu beschaffen, die für die spezifische Arena seines Klienten einschlägig sind. Bei dieser Form selektiver Informationsbeschaffung handelt es sich um politisches *Monitoring*. Die Frage der technischen Umsetzung des Monitorings werden wir im folgenden Abschnitt (siehe Kap. 3.2.2) diskutieren, wo wir auf Werkzeuge und Techniken der Verdichtung zu sprechen kommen; hier konzentrieren wir uns auf die Kernfunktionen der Informationsbeschaffung. Zielführendes Monitoring ist an den vier Hauptelementen politischer Konstellationen (Akteuren, Themen, Regulierungen, Entwicklungen) ausgerichtet und folgt entsprechend einer Reihe von Leitfragen: Welche Aktivitäten, Aussagen und Kontroversen prägen die zuvor selektierte politische Arena – und von wem stammen sie? Welche politischen Stichtage, Termine und Veranstaltungen stehen an (z. B. Wahlen, Ausschussanhörungen, Fachtagungen, parlamentarische Abstimmungen etc.) – und wer wird dort präsent sein? Was sind die aktuellen Statistiken und Erhebungen über die Arena (z. B. Arbeitslosenzahlen, Stand der Breitbandverfügbarkeit, Zustimmung zur EU, Verbreitung von Adipositas unter Jugendlichen)? Welche konkreten Gesetzgebungsvorhaben bestehen – und was ist ihr Status? Und so fort.

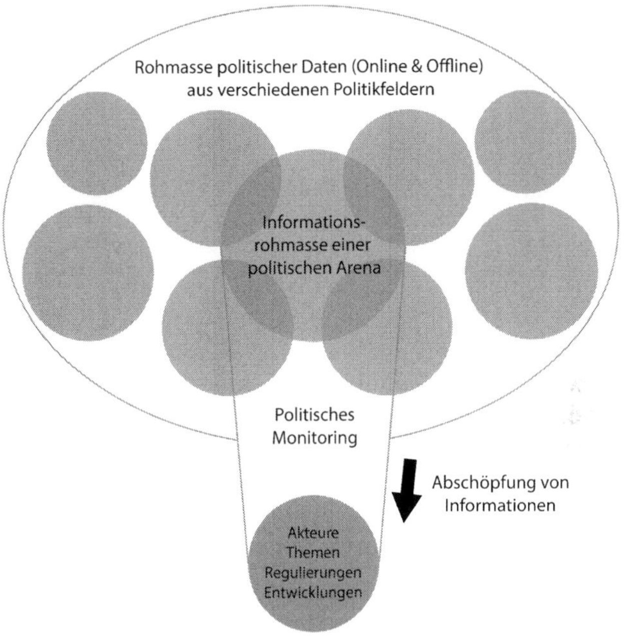

Abbildung 11: Politisches Monitoring als Selektionsprozess

Diese umfassende Form der Daten- und Informationsabschöpfung über öffentliche Quellen, professionelle Datenbanken und persönliche Kontakte ist für den homo consultans essenziell, um ein möglichst detailliertes Bild der Arena zu gewinnen und keine potenziell bedeutsamen oder brisanten Informationen zu übersehen. Diese informationale Rohmasse bietet an sich betrachtet für den Klienten aber nur einen begrenzten strategischen Mehrwert. Dieser entsteht maßgeblich durch die erste Analysestufe: *Intelligence*.

Mit dem Schlagwort der Intelligence verbindet sich die Filterung und Priorisierung der gesammelten Informationen in Hinblick auf deren Relevanz für den homo consultandus.

Die Relevanz von Informationen ist *erstens* eine Frage ihrer Validität: Bloße Gerüchte (z. B. über Reformvorhaben, Demission von Amtsträgern, Skandale etc.), die anonym über Social-Media-Kanäle gestreut werden, haben für die Intelligence-Aufbereitung eine deutlich geringere Bedeutung als Fakten, die von mehr als einer zuverlässigen Quelle bestätigt werden.

Relevanz hängt *zweitens* vom Machtstatus der Akteure ab. So ist z. B. die Stellungnahme des CDU-Ortsvereinsvorsitzenden einer mittelhessischen Kleinstadt über mutmaßliche Risiken von Genmais für einen Hersteller transgener Getreidesorten weit weniger folgenschwer als ein entsprechendes Kommuniqué des nationalen Landwirtschaftsministers.

Der *dritte* Relevanzfaktor ist die Auswirkung des Informationsgehalts auf die Interessen des Machtakteurs: Tangiert der Sachverhalt dessen Ziele nur peripher– oder hat er so fundamentale Auswirkungen, dass eine Zielrevision erforderlich sein kann? Exemplarisch für den letzteren Fall ist die Ankündigung des New Yorker Gouverneurs, Andrew Cuomo, ab dem Herbst 2017 den Konsum von E-Zigaretten in Gaststätten und Bars genauso zu verbieten wie den von herkömmlichen Zigaretten.[593] Diese regulatorische Information hat – auch angesichts ihrer Signalwirkung für andere US-Städte – etwa immenses Gewicht für Tabakkonzerne, die derzeit eine Produktdiversifizierung durchlaufen und ihr Business Development langfristig planen müssen.

Bei den hier gewählten Relevanzkriterien ergibt sich eine logische prioritäre Abstufung – Validität der Information, Machtstatus der Akteure, Auswirkung der Information auf Interessen der Machthaber. Beispielsweise hat eine Information einen geringen Wert, wenn sie zwar machtvolle Akteure erwähnt und mögliche Auswirkungen auf Interessen der Machthaber hat, aber ihre Quelle unseriös ist. Informationen ohne einen soliden Qualitätswert können bereits durch den ersten Relevanzfilter aussortiert werden.

593 Vgl. New York Times vom 23.10.2017, https://www.nytimes.com/2017/10/23/nyregion/new-york-bans-vaping-ecigs-bars-restaurants.html.

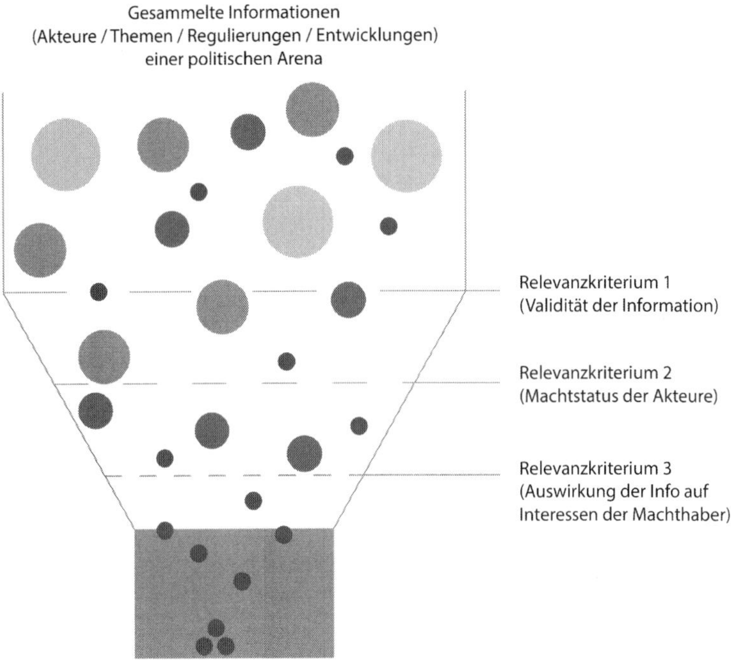

Abbildung 12: Filterung als erste Stufe der Intelligence

Ausgehend von diesen Relevanzkriterien erfolgt bei der Filterung – als erster Stufe der Intelligence-Aufbereitung – die Abscheidung einer vergleichsweise kleinen Anzahl relevanter Informationen von den irrelevanten Informationen. Kurzum: Durch das Filtern wird der Analysefokus auf eine spezifische Menge von Informationen gerichtet, die anschließend zum Gegenstand vertiefter Systematisierung und Bewertung werden. Dieser Prozess erfordert vom Machtberater nicht nur Routine bei der zügigen Verarbeitung großer Datenmengen, sondern auch die Fähigkeit, Daten präzise und klientenspezifisch entsprechend den Relevanzkriterien zu analysieren.

An diese Trennung der sprichwörtlichen Spreu vom Weizen schließt sich die Priorisierung als zweite Stufe der Intelligence-Aufbereitung an. Angelehnt an die sogenannte Eisenhower-Matrix strukturiert diese Methode nicht nur die Daten, sondern dient außerdem als Grundlage der anschließenden Beratungsaktivitäten. Hierbei werden alle herausgefilterten Informationen einer Arena nach Dringlichkeit und Tragweite bewertet. Die Dringlichkeit einer Information bemisst sich daran, wie schnell der Berater reagieren muss; es handelt sich um eine zeitliche Bewertung und Einordnung der Information. Die Komponente der Tragweite zielt hingegen auf den Inhalt der Information an sich bzw. auf deren politische Auswirkungen ab.

Die Bewertung und Einsortierung der gefilterten Informationen ergibt eine vierteilige Ordnungsstruktur, an deren Spitze eine kleine Zahl prioritärer Informationen steht und an die sich eine große Menge nachrangiger bzw. weniger dringlicher Informationen anschließt.

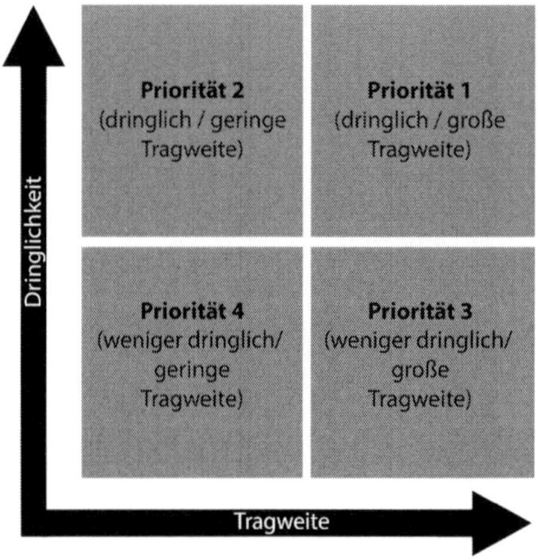

Abbildung 13: Priorisierung als zweite Stufe der Intelligence

Diese kontinuierlich aktualisierten und hierarchisch geordneten Informationen sind einerseits entscheidend dafür, dass Machtberater und Klient ständig über den neuesten Kenntnisstand der Arena verfügen und in der Lage sind, auf kurzfristige Herausforderungen taktisch angemessen zu reagieren; die entsprechende Funktion von Monitoring und Intelligence bezeichnet man oft auch als Frühwarnsystem. Und sie sind andererseits unverzichtbar für die langfristige politische Positionierung und Strategiebildung. Konkret bilden sie die Grundlage bzw. den Ausgangspunkt für die zweite Phase der politischen Positionsanalyse.

Phase (2) Arena-Analyse, Stakeholder-Identifikation und Themen-Identifikation

Die zweite Phase folgt der Leitfrage: *Wo stehst du?* Hier steht die präzise Kartierung des politischen Aktionsfelds, in dem sich der Machtakteur bewegt, im Zentrum – und zwar in Hinblick auf legislative und administrative Rahmenbedingungen, Akteure bzw. Stakeholder aus Politik, Verwaltung, Wirtschaft und Zivilgesellschaft, die Einfluss auf die mediale Debatte und die Politik ausüben, und diskursbeherrschende Themen und Streitpunkte. In dieser Phase werden die zuvor gefilterten und priorisierten Informationen zu einem dreidimensionalen, politischen Lagebild verdichtet, in welchem der Klient verortet werden kann. Die drei Kernfunktionen dieser Phase – Arena-Analyse, Stakeholder-Identifikation und Themen-Identifikation – sind keine getrennten Prozesse, sondern einander ergänzende und interdependente Aspekte der Lagebild-Erstellung.

Der Begriff der *Arena-Analyse* wird in der politischen Machtberatung oft schillernd gebraucht und zur Bezeichnung unterschiedlichster – oft sehr weit gefasster – Untersuchungen des gesellschaftspolitischen Akteursumfelds herangezogen.[594] Wir gebrauchen das Konzept in einem engeren, konkreteren Sinne: Es beschreibt *erstens* die rechtsverbindlichen Vorschriften (Gesetze, Durchführungsverordnungen, Richtlinien) und Prozessordnungen auf nationaler und supranationaler Ebene, die den Handlungsspielraum der Akteure im entsprechenden Politikbereich bzw. den verschiedenen Politikbereichen festlegen, *zweitens* die relevanten internationalen Verträge, Übereinkommen und Protokolle (z. B. die Klimarahmenkonvention der UN oder das Tabakschmuggelprotokoll der WHO) und *drittens* freiwillige Standards und Konventionen (z. B. die IT-Standards des Europäischen Komitees für Normung CEN oder die Deutschen Industrienormen der DIN). Diese drei Kategorien legen das formale Regel- und Entscheidungssystem einer spezifischen Arena fest; es handelt sich also um das politikfeldspezifische Äquivalent zur gesamtpolitischen Systemlogik (siehe Kap. 3.2.1).

Entsprechend erfasst eine Arena-Analyse z. B. in Hinblick auf inhaltlich breit aufgestellte Natur- und Umweltschutzorganisationen, wie etwa NABU oder den BUND, die wichtigsten Regelungsbereiche des Bundesnaturschutzgesetzes (von den Bestimmungen zur Land- und Forstwirt-

594 Für einen Überblick siehe Köppl (2017): S. 46ff.

schaft bis hin zu Kriterien für Planfeststellungsverfahren) sowie die Vorgaben des Erneuerbare-Energien-Gesetzes, aber auch die Bestimmungen des Chemikalienrechts, des Immissionsschutzes und der Abfallwirtschaft. Diese Systematik wird ergänzt durch die jeweiligen gesetzgeberischen Zuständigkeiten und Entscheidungsregeln für Novellierungen und Reformen. Eine leistungsstarke Arena-Analyse deckt also das gesamte Interessen- und Aktionsspektrum des Klienten ab, indem sie Regeln, Normen, Standards etc. aller einschlägigen Politikfelder (hier: Umwelt-, Agrar-, Energie- und Infrastrukturpolitik) zu einem Gesamtbild bzw. einer politischen Karte verdichtet. Eine solche Analyse kombiniert idealerweise politische Expertise hinsichtlich der Genese und des Zwecks der entsprechenden Vorschriften mit juristischem Sachverstand über die rechtliche Auslegung.

Die *Stakeholder-Identifikation* ist kein zeitlich nachgelagerter Prozess (wie z. B. Filterung und Intelligence im Verhältnis zum Monitoring), sondern findet parallel zur Arena-Analyse statt. Im Kern handelt es sich um die Auflistung aller relevanten Akteure (d. h. Organisationen und Personen), die mit der Arena des Akteurs konkrete Interessen verbinden und dort auf die Politikgestaltung direkt oder indirekt Einfluss nehmen können. In der Sprache des Macht-Schach-Modells handelt es sich also um alle Figuren, welche in ihrer Positionierung zueinander die konkrete Spielstellung bzw. Konstellation ausmachen. Die Kenntnis dieser Akteure ist für die Positionsanalyse ebenso entscheidend wie die des Regel- und Entscheidungssystems der Arena: Sie bilden die Gesamtmenge faktischer oder potenzieller Verbündeter und Gegner sowie neutraler Entscheidungsträger; es handelt sich um die Organisationen und Personen, die der Machtakteur durch stichhaltige Argumente von seinen Zielen überzeugen muss, denen er mit einer schlagkräftigen Kommunikationsstrategie entgegentreten muss oder von denen er sich durch Alleinstellungsmerkmale abgrenzen muss. Die reine Identifikation der Stakeholder ist allerdings noch keine Evaluation ihrer strategischen Potenzen und Ziele; letztere ist Gegenstand der dritten Phase und fällt unter das Schlagwort des Stakeholder-Mappings.

Die Stakeholder-Identifikation gliedert sich klassischerweise in folgende Kategorien: staatliche Akteure (z. B. Regierungsmitglieder, Abgeordnete, Bundesbehörden etc.); Verbände und andere Körperschaften des öffentlichen Rechts (z. B. berufsständische Selbstverwaltungen, Kirchen, Gewerkschaften); NGOs sowie gemeinnützige Vereine und Stiftungen; und schließlich Unternehmen. Wie umfangreich die Ausfüllung dieser Kategorien erfolgt, hängt maßgeblich von der Arena des Machtakteurs und dessen Zielen ab. So sind z. B. für die politische Positionierung eines in Deutschland aktiven und umsatzstarken Spirituosenproduzenten, der sich gegen Werbeverbote oder erhöhte Verbrauchssteuern positionieren will, zahlreiche Stakeholder aus den Feldern der Sucht- und Gesundheitspolitik sowie mitgliederstarke Berufsverbände und kapitalstarke Konkurrenten relevant. Auf staatlicher Ebene handelt es sich z. B. um die Sucht- und Drogenbeauftragte der Bundesregierung, die Bundeszentrale für gesundheitliche Aufklärung (BZgA) sowie die Drogenberichterstatter der Bundestagsfraktionen. Auf Verbands- und Körperschaftsebene sind der Deutsche Ärztetag und die gesetzlichen Krankenkassen, aber auch z. B. der Deutsche Brauer-Bund einschlägig. In der Kategorie gemeinnütziger Organisationen stehen u. a. die Deutsche Hauptstelle für Suchtfragen (DHS) und der Verbraucherzentrale Bundesverband (vzbv) im Fokus. Und auf der Ebene der privatwirtschaftlichen Akteure rücken schließlich die Global Player der Bier- und Spirituosenbranche in den Blick.

Die *Themen-Identifikation* ist das finale Element der zweiten Analysephase. Sie zielt darauf ab, diejenigen Themen und korrespondierenden Thesen und Argumente zu ermitteln, welche den politischen Diskurs der Arena beherrschen oder das Potenzial haben, ihn in Zukunft entscheidend zu prägen. Diese Klasse von Diskussions- und Streitpunkten bezeichnet man in der Politikwissenschaft und in der politischen Machtberatung auch als *Policy Issues*. Policy Issues können den Anstoß für grundlegende Gesetzesreformen geben oder langwierige Lagerkämpfe und Blockaden hervorrufen, sie können die öffentliche Meinung gegen Machtakteure aufwiegeln oder auf deren Seite bringen. Vor allem aber bilden sie ein Set von politischen Inhalten, zu dem jeder Protagonist der Arena Position beziehen muss, wenn er erfolgreich an der Politikgestaltung teilnehmen will. Diese Policy Issues sind in hohem Maße spezifisch für die jeweiligen Politikfelder. In Hinblick auf den bedeutenden Bereich der Digitalpolitik sind solche Schlüsselthemen z. B. Cybersicherheit und Datenschutz, E-Government und E-Learning sowie die sogenannte Industrie 4.0, also die Vernetzung von industriellen Herstellungs- und Logistikprozessen durch digitale Kommunikationstechnik.

Die Policy Issues einer Arena zu kennen, ist für den homo consultans aus drei Gründen notwendig: *Erstens* bestimmen sie den inhaltlichen Spielraum, in dem dieser die eigenen Interessen geltend machen kann. Wenn seine Ziele an die dominanten Schlüsselthemen nicht anschlussfähig sind bzw. nicht als Lösungsansätze oder Antworten auf entsprechende Problemstellungen formuliert werden können, läuft der Akteur Gefahr, weder zu Entscheidungsträgern noch zur Öffentlichkeit durchzudringen. *Zweitens* stellen Policy Issues aufgrund ihres Mobilisierungs- und Aufmerksamkeitspotenzials entscheidende Chancen- und Risikofaktoren der Arena dar. Thematische Dauerbrenner des Lebensmitteldiskurses, wie Nachhaltigkeit oder Fair Trade, haben sich seit ihrem rasanten Bedeutungszuwachs in den 2000ern z. B. als große strategische Herausforderungen für globale Nahrungsmittelkonzerne, wie Nestlé oder General Mills, erwiesen. *Drittens* bildet die Themen-Identifikation die Grundlage für den Machtakteur, um sein politisches Alleinstellungsmerkmal, seinen *Unique Selling Point* (USP), zu definieren. Der politische USP eines Machtakteurs ist beispielsweise die singuläre Fähigkeit, für ein Policy Issue eine innovative und plausible Lösung parat zu haben, oder eine Reputation als glaubwürdige Organisation, die sich anders als ihre Konkurrenz seit Jahren zuverlässig für bestimmte Kernthemen starkmacht (siehe hierzu auch Kap. 3.2.3). Der USP der Sozialdemokraten unter Gerhard Schröder bestand z. B. darin, dass diese mit der Agenda 2010 als einzige Partei in den frühen 2000ern ein glaubhaftes Reformkonzept für die Herausforderungen des deutschen Sozialsystems und Arbeitsmarkts vorzuweisen hatten. Das Alleinstellungsmerkmal der katholischen Kirche als Machtakteur ist hingegen z. B. ihre konkurrenzlose organisatorische Stabilität sowie die Konstanz ihres Werte- und Überzeugungskanons in Hinblick auf moralisch-politische Grundsatzfragen. Letzten Endes hängt die USP-Definition sowohl von den zentralen Themen der politischen Arena als auch von den spezifischen strategischen Potenzen bzw. Stärken und Schwächen des Machtakteurs ab. Nur dann, wenn beide Aspekte in der Positionsanalyse synthetisiert werden, lässt sich ein überzeugendes Alleinstellungsmerkmal bestimmen.

Die Kernelemente der zweiten Phase politischer Verdichtung – Arena-Analyse, Stakeholder-Identifikation, Themen-Identifikation – gewährleisten zusammen eine Einordnung und Systematisierung aller relevanten Informationen in Form einer Karte der politischen Arena. Diese bildet das Fundament für eine strategisch-probabilistische Einschätzung der Position des Machtakteurs und mündet damit in die dritte Phase ein.

Phase (3) Stakeholder-Mapping, Netzwerkanalyse, Risk Assessment, Szenarioanalyse

Die dritte Phase ist an der Leitfrage *Was kann dir helfen, und was kann dir passieren?* ausgerichtet. Ziel ist es, die Chancen und Risiken des zuvor skizzierten strategischen Umfelds für den homo consultandus und seine Ziele zu bestimmen, und zwar in Bezug auf drei Kernaspekte: Stärken und Schwächen (potenzieller) Verbündeter und Gegner, eigene strategische Potenziale und Defizite, mögliche Entwicklungsszenarien der gesamten politischen Arena. Sobald wir von Stärken, Schwächen, Chancen, Bedrohungen etc. sprechen, verlassen wir die deskriptive Analyse – die für die vorherigen Phasen kennzeichnend war – und begeben uns in den Bereich der Prognostik und Probabilistik. Damit ist die letzte Vorstufe zur Strategiebildung im Sinne einer wahrscheinlichkeitsbasierten Zweck-Mittel-Umwelt-Kalkulation erreicht (zur Bedeutung der Probabilistik für die politische Strategie und die Machtausübung siehe Kap. 1.1 und 2.5.2). Die dritte Phase evaluiert also alle zuvor gesammelten und systematisierten Informationen unter dem Gesichtspunkt, mit welchen Zügen und Gegenzügen der Spieler in seiner Macht-Schach-Partie rechnen muss, durch welche Manöver er besonders verwundbar ist und aus welchen er einen Vorteil ziehen kann.

Unter das Schlagwort des *Stakeholder-Mappings* fallen zwei Aufgabenblöcke. Der *erste* umfasst die ordinale Skalierung der anderen Akteure in Hinblick auf deren Einfluss in der Arena (von sehr groß bis sehr gering) sowie ihre Haltung zum homo consultandus bzw. seinen Interessen (von sehr positiv bis sehr negativ).

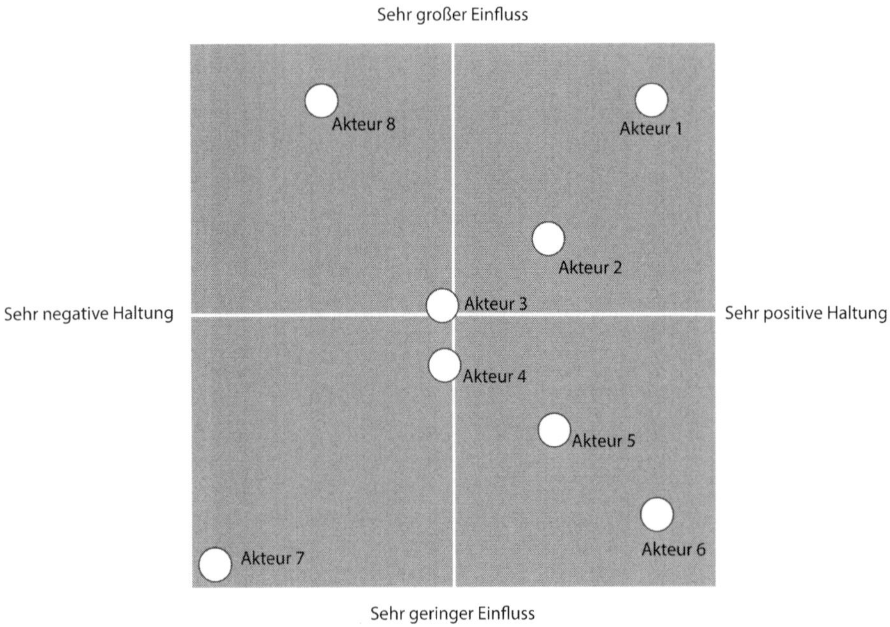

Abbildung 14: Skalierung der Akteure

Je nach konkreter Konstellation ergeben sich aus diesem Analyseschritt bis zu *sechs Klassen*: starke und schwache (potenzielle) Verbündete, starke und schwache (potenzielle) Gegner, starke und schwache neutrale Akteure. Diese zweidimensionale Skalierung ist insofern bedeutend für die strategische Positionierung, als sie sowohl Aussagen darüber erlaubt, wer für den homo consultandus bei der Realisierung seiner Ziele nützlich und wer ihm gefährlich werden kann, als auch bereits entscheidende Schritte des politischen Maßnahmenplans vorprägt. So ist es z. B. in der Regel kaum lohnenswert, eine Konterstrategie gegen eine Organisation zu entwickeln, die den eigenen Zielen zwar diametral entgegensteht, aber kaum strategische Potenzen hat, um ihre Interessen gegen Widerstände durchzusetzen. Mächtige neutrale Akteure sind wiederum insofern strategisch relevant, als beide Seiten – also Gegner und Verbündete – ein Interesse daran haben, diese entweder auf ihre Seite zu ziehen oder zumindest nicht gegen sich aufzubringen. Bei besonders starken Gegnern stellt sich wiederum die Frage, ob ihnen am besten offensiv oder defensiv zu begegnen ist oder ob der homo consultandus gut beraten ist, die Konfrontation möglichst ganz zu meiden.

Diese Skalierung bietet zwar eine Kartografie der objektiven Machtverhältnisse, aber was sie nicht abbildet, sind die Interdependenzen und Verflechtungen der Stakeholder. Diese sind jedoch offenkundig ebenfalls strategisch relevant: Wenn z. B. der Geschäftsführer eines – für sich besehen – ressourcenschwachen Branchenverbandes enge Verbindungen zum Führungsstab einer mächtigen administrativen Institution unterhält, wird dieser als politischer Verbündeter schlagartig bedeutsam. Der zweite Aufgabenblock des Stakeholder-Mappings ist folglich die *Netzwerkanalyse*. Sie zeichnet Querverbindungen zwischen und innerhalb der relevanten Organisationen nach und erlaubt es, die Bedeutung von Schnittstellen und Multiplikatoren zu erkennen, die – notwendigerweise – durch die zweidimensionale Skalierung nicht erfasst werden. Solche Verbindungen haben sowohl den Charakter formeller und informeller institutioneller Verflechtungen (z. B. im Falle des stetigen personellen Austauschs zwischen der Bundesärztekammer und dem Marburger Bund oder der losen politischen Allianz zwischen der IG Metall und der SPD) als auch den persönlicher Bindungen und Freundschaften, die mitunter sogar konträr zu den politischen Loyalitäten verlaufen können.

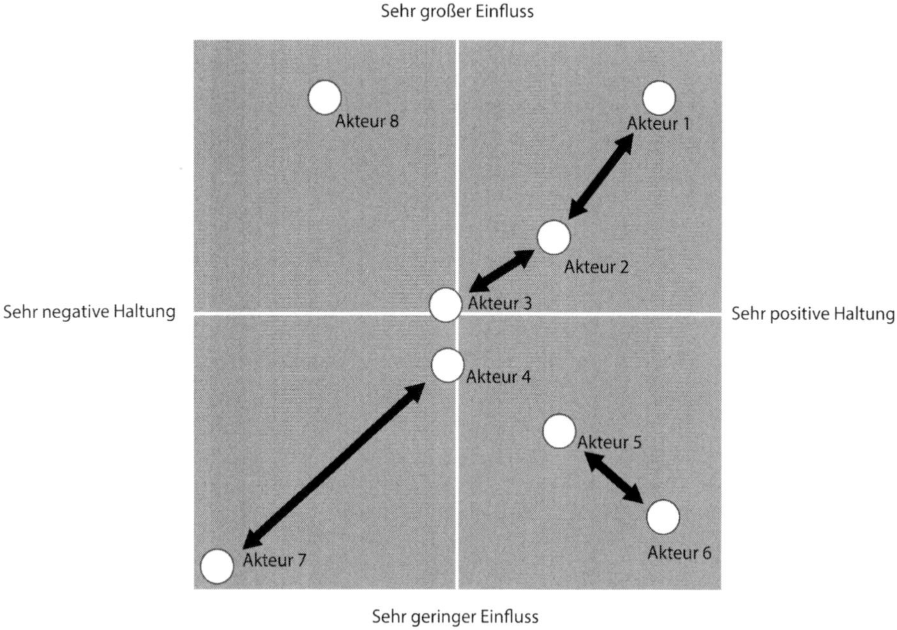

Abbildung 15: Netzwerkanalyse

Netzwerke dieses Typs sind nicht nur als unabhängige strategische Variable relevant. Insofern der Machtakteur im Zuge der Strategieentwicklung und -umsetzung selbst politische Verbindungen schaffen und intensivieren kann – und zwar nicht nur *mit* anderen Akteuren, sondern auch *zwischen* ihnen –, wird die Netzwerkbildung zum möglichen strategischen Mittel der Interessendurchsetzung. Entscheidend für diesen Aspekt des Stakeholder-Mappings ist also nicht nur die Frage, zwischen welchen Akteuren es welche Formen von Verbindungen gibt, sondern auch, wo es bislang keine Netzwerke gibt und aus welchem Grund. Je nach Art und Umfang der Arena und Anzahl der Akteure können sich verschiedene Netzwerkanalysen in puncto Detailgrad und Beschreibungsdichte stark unterscheiden und weit über die schematische Darstellung in Abbildung 15 hinausgehen. Der Maßstab bleibt jedoch auch hier die Reduktion von Komplexität und die Herstellung von strategischer Orientierung in Hinblick auf Chancen und Risiken. Hier steht der homo consultans in der Pflicht, seinen Klienten weder durch grafisch ansprechende, aber unübersichtliche Diagramme zu überfordern noch durch unzulässige Vereinfachungen in die Irre zu führen.

Mit dem Schlagwort des *Risk Assessment* verbinden sich ebenfalls zwei Kernfunktionen: einerseits die Bestimmung interner Stärken und Schwächen des homo consultandus, d. h. seiner strategischen Potenzen und Defizite, andererseits die Evaluierung externer Chancen und Bedrohungen mittels einer Wahrscheinlichkeitsanalyse von politischen Szenarien (z. B. Gesetzgebungsprozesse, öffentliche Diskurse, Wahlen), welche für seine Ziele positive oder negative Effekte haben. So hat z. B. die Veränderung regulativer Rahmenbedingungen einen massiven Einfluss auf die Unternehmensentwicklung von Firmen. Exemplarisch hierfür ist der Niedergang der deutschen Solarindustrie nach der drastischen Beschneidung der Fotovoltaikbezuschussung ab 2012 und der Weigerung der Bundesregierung, einen Förderwettstreit mit China einzugehen. Die zwei Aspekte des Risk Assessment sind keinesfalls streng getrennt. Die externe Analyse baut in entscheidender Hinsicht auf einer vorherigen Durchdringung der internen Akteursperspektive auf.

Das *interne* Risk Assessment verbindet den Prozess der Verdichtung und Positionsanalyse mit einem zentralen Baustein der Befähigung: der Organisationsberatung (siehe Kap. 3.2.4). Die Klärung der Frage, wie gut oder schlecht der homo consultandus in seiner Arena aufgestellt ist, setzt aufseiten des homo consultans bereits eine detaillierte Vertrautheit mit der Organisationsstruktur, den Arbeitsabläufen und insbesondere mit dem strategischen Potenzial seines Klienten voraus. Dessen Stärken und Schwächen lassen sich anhand der in Kap. 2.5.2 eingeführten Kategorien strategischer Potenzen systematisieren; hierbei gilt als Faustregel: Jede im Vergleich zu den anderen Akteuren der politischen Arena überdurchschnittlich ausgeprägte Potenz ist eine Stärke, und jede unterdurchschnittlich ausgeprägte Potenz ist eine Schwäche.[595]

595 Der Vergleich mit den Durchschnittswerten der strategischen Akteurspotenzen einer Arena ist entscheidend: Stärken und Schwächen sind *relationale* Kategorien, d. h. ein Akteur ist immer stark oder schwach im Verhältnis zu einer variablen Menge anderer Akteure. Er ist nie in einem absoluten bzw. nicht relativen Sinne stark oder schwach.

Wir unterscheiden sieben strategische Potenzen (und korrespondierende Stärken bzw. Schwächen):

1. *Organisationsfähigkeit*: die Fähigkeit, klare strategische Ziele festzulegen und korrespondierende Entscheidungen zu fällen
2. *Mobilisierungsfähigkeit*: die Fähigkeit, unterschiedliche Personengruppen (Wähler, Mitglieder, Kunden, Gläubige, Patienten etc.) zur Durchsetzung strategischer Interessen zu aktivieren
3. *Netzwerkfähigkeit*: die Fähigkeit, Bündnisse mit anderen Akteuren zu schmieden, um die Reichweite des eigenen Anliegens zu verstärken und/oder eine höhere Glaubwürdigkeit zu erzielen
4. *Vermittlungsfähigkeit*: die Fähigkeit, diejenigen Anliegen, die für die eigenen Ziele relevant sind, zielgruppengerecht und überzeugend an Personen und Organisationen zu kommunizieren
5. *Ruhm*: öffentliche Aufmerksamkeit, kombiniert mit dem Zuspruch von ausgewiesener Herrschaftskompetenz, Herrschaftswissen und Macht
6. *Finanzielle Potenz*: monetäre Ressourcen für Personal, Infrastruktur, Kampagnen etc.
7. *Opferbereitschaft*: die Motivation, bei der Verfolgung der strategischen Ziele Entbehrungen in Kauf zu nehmen und Risiken einzugehen

Die Herausforderung für den Machtberater besteht darin, die Stärken und Schwächen seines Klienten in Hinblick auf diese sieben Kategorien nicht nur zu identifizieren, sondern vor allem in Bezug zu dessen strategischem Umfeld zu setzen. *Externe* Chancen und Bedrohungen – also das, was dem homo consultandus helfen kann, und das, was ihm passieren kann – sind keine rein exogenen Faktoren, die ihm einfach ›widerfahren‹. Sie entstehen aus dem Aufeinandertreffen der Stärken und Schwächen des Machtakteurs mit den Elementen (Themen, Akteuren, Trends etc.) seines Handlungsfeldes. So stellt z. B. ein Diskurs, der durch stark moralisierte Policy Issues geprägt ist (z. B. Drogen- oder Glücksspielpolitik), vor allem dann eine strategische Bedrohung dar, wenn der homo consultandus über wenig Vermittlungsfähigkeit verfügt bzw. unfähig ist, seine Position mit glaubwürdigen Argumenten zu untermauern. Der Schweregrad anderer Risikofaktoren, wie z. B. einer breiten Allianz gut vernetzter und kapitalstarker Gegner, hängt wiederum stark davon ab, ob die Netzwerkfähigkeit und die finanzielle Potenz des homo consultandus überdurchschnittlich ausgeprägt sind oder nicht. Und in manchen strategischen Kontexten können sich sogar vermeintliche Schwächen als Chance entpuppen et vice versa. Der nach unserer Taxonomie wenig ruhmreiche – sprich politisch unerfahrene und bisher ohne größere Leistungen gebliebene – österreichische Politiker Sebastian Kurz von der Österreichischen Volkspartei (ÖVP) konnte sich z. B. deshalb 2017 als Kanzlerkandidat gegen seinen Rivalen, Christian Kern von der Sozialdemokratischen Partei Österreichs (SPÖ), durchsetzen, weil er in einem von Elitenskepsis geprägten Klima als »Newcomer« und »unbeschriebenes Blatt« wahrgenommen wurde.

Kurzum, für die Einschätzung der akteursspezifischen Chancen und Bedrohungen muss der Machtberater erstens seinen Klienten sowie dessen Interessen, Stärken und Schwächen genauestens kennen, zweitens ihn im Kontext seiner politischen Arena bzw. ihres Regelsystems und ihrer Policy Issues verorten und drittens ihn in seinem machtstrategischen Verhältnis zu den anderen Spielern und Netzwerken einstufen.

Diese Kenntnisse bilden zugleich die Voraussetzung für eine präzise *Szenarioanalyse*. Eine Szenarioanalyse ist im Kern eine prognostische Aussage über politische und/oder wirtschaftliche, mediale, kulturelle Entwicklungen in einer Arena und über deren erwartbare Auswirkungen auf die Interessen des homo consultandus und die der anderen Akteure. Sie umfasst drei Elemente: eine Bestandsaufnahme des status quo, mindestens zwei alternative und einander ausschließende Szenarien, inklusive Eintrittswahrscheinlichkeiten und wahrscheinlichen Effekten, und einen Zeitrahmen für die Prognose. Jede Szenarioanalyse macht also drei Voraussagen: erstens über die Wahrscheinlichkeit, mit der ein bestimmtes Szenario eintritt, zweitens über die Wahrscheinlichkeit, dass das Szenario – wenn es eintritt – Auswirkungen eines bestimmten Typs hat, und drittens darüber, dass das Szenario – wenn es eintritt – innerhalb eines spezifizierten Zeitraums eintritt. Diese Analyse lässt sich auf ein breites Themenspektrum anwenden, und zwar von Parlamentswahlen und deren Auswirkungen auf Politik, Wirtschaft und Zivilgesellschaft über Branchenentwicklungen in Bezug auf die Konzentration oder Diffusion von Marktmacht bis hin zu einzelnen legislativen Reformprojekten.

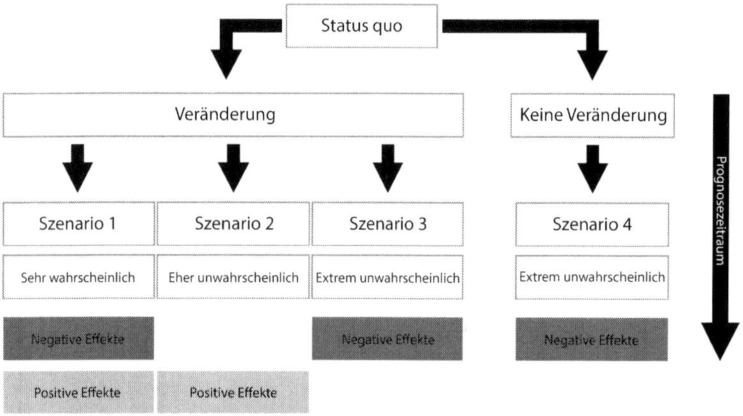

Abbildung 16: Szenarioanalyse

Die Relevanz von Szenarioanalysen für die strategische Positionierung hat eine *passive* und eine *aktive* Dimension. Erstere besteht darin, dass der homo consultandus in die Lage versetzt wird, sich prospektiv gegen Beeinträchtigungen seiner Interessen zu wappnen (Koalitionsverhandlungen mit schwierigen Partnern, Verschärfung der Konkurrenz in einem umkämpften Marktsegment, höhere Steuern auf bestimmte Dienstleistungen etc.) oder Chancen (wirtschaftsfreundlicherer Kurs einer neuen Regierung, Entstehung neuer Märkte, erhöhte öffentliche Aufmerksamkeit für Belange von NGOs etc.) optimal zu nutzen. Kurzum: Sobald der Klient ermessen kann, welche Entwicklungen innerhalb eines klar demarkierten Zeitrahmens wahrscheinlich sind – und welche nicht –, kann er besser einschätzen, wie er auf diese *reagieren* muss.

Die aktive Dimension besteht hingegen darin, dass der Klient erstens gezielter auf Entwicklungen in seiner Arena einwirken und diese im Sinne seiner Interessen mitgestalten kann. Ein strategisches Risiko ist kein naturgesetzliches Phänomen, das nur passive Reaktionen zulässt. Sobald es identifiziert ist, kann der homo consultandus einschätzen, ob – und wenn ja, wie – es reduziert werden kann, sprich, wie er *agieren* muss. Die Szenarioanalyse prägt also die aktiven Schritte der politischen Strategie (Gespräche mit Entscheidungsträgern und Stakeholdern, Entwickeln und Steuern von Themen etc.) vor. Zweitens generiert sie Erkenntnisse darüber, wie der homo consultandus seine Ressourcen in Hinblick auf erreichbare und nicht erreichbare Ziele effizienter einsetzen kann. Erbringt die Analyse das Resultat, dass von genau zwei Szenarien eines extrem unwahrscheinlich ist, kann der Machtakteur das Gros seiner Ressourcen darauf verwenden, das wahrscheinlichere Szenario zu beeinflussen bzw. sich auf dessen Auswirkungen einzustellen. Wenn z. B. eine EU-Verordnung, die für eine Branche einen hohen logistischen Aufwand bedeutet, von der Mehrheit der Staaten bereits massiv unterstützt wird, ist es für den Branchenverband evtl. nutzenrational, nicht mehr direkt gegen diese zu lobbyieren. Stattdessen kann es sinnvoller sein, die Kräfte auf eine ressourcenschonende Umsetzung der Norm zu fokussieren und weitere regulatorische Verschärfungen zu antizipieren.

Alle diese Vorzüge entfalten Szenarioanalysen allerdings nur, wenn sie *valide* sind, d. h. wenn sie auf einem methodisch und inhaltlich soliden Fundament stehen. Das bedeutet nicht, dass sie exakte Prozentzahlen oder gar deterministische Aussagen (wenn Ereignis *x* eintritt, tritt notwendig auch Ereignis *y* ein) produzieren müssen; für beides ist das politische Machtfeld zu komplex und zeichnet sich durch zu viele nicht prognostizierbare Unwägbarkeiten, sogenannte »Wild Cards«, aus (siehe Kap. 2.5.2). Stattdessen ist das Ziel eine signifikant überdurchschnittliche Trefferquote bei der Vorhersage politischer Szenarien. Mit anderen Worten: Die Analyse des politischen Machtexperten ist nur dann etwas wert, wenn sie langfristig und deutlich über dem Niveau interessierter Laien liegt und durch belastbare Evidenzen gestützt wird.

Hierfür muss der homo consultans eine Reihe von Bedingungen und Gütekriterien berücksichtigen. Bevor er darangehen kann, konkrete Wahrscheinlichkeitsprognosen für Entwicklungsszenarien aufzustellen, muss er *erstens* sicherstellen, dass seine Analyse überhaupt alle plausiblen Szenarien erfasst. Einer der größten Treppenwitze der geopolitischen Prognostik ist die Unfähigkeit der westlichen Machtberater, Politologen, Militärstrategen und Geheimdienstler, in den 1980ern den Zusammenbruch der UdSSR vorherzusagen.[596] Das Problem war nicht etwa, dass sie den Kollaps des Riesenreiches für unwahrscheinlich hielten – sie hatten das Ereignis nicht einmal ›auf dem Schirm‹ und wiesen ihm folglich keinen Wahrscheinlichkeitswert zu. Das Konstruieren plausibler Szenarien ist mithin ein kreativer Akt, der dem Machtberater nicht nur detail-

596 Vgl. Silver, Nate (2012): The Signal and the Noise: Why Most Predictions Fail – but Some Don't, New York: Penguin Books.

lierte Kenntnisse der Arena und ihrer Akteure abverlangt, sondern auch das sogenannte »Out of the Box Thinking« – also die Fähigkeit, gewohnte Denkmuster, Vorerwartungen, Klischees etc. zu hinterfragen und das strategische Umfeld des Klienten unvoreingenommen zu bewerten.

Zweitens muss er nicht nur den Istzustand der politischen Arena kennen, sondern auch ihre Geschichte. Wer z. B. die machtpolitische Marginalisierung der FPD im Kabinett Merkel II von 2009 bis 2013 und die einhergehenden Kränkungen und Vertrauensverluste in Erinnerung hatte, dürfte vom Scheitern der sogenannten Jamaika-Sondierungen zwischen Christdemokraten, Liberalen und Grünen nach der Bundestagswahl 2017 in Deutschland weniger überrascht gewesen sein als manch anderer. Die Vertrautheit mit der bisherigen Entwicklung der Arena ist auch deshalb unverzichtbar, weil sie das Aufstellen von Parallelen bzw. die Herleitung von Gesetzmäßigkeiten erlaubt. Die meisten politischen und/oder ökonomischen Szenarien sind keinesfalls einzigartig, sondern Variationen bestimmter Grundtypen, mit denen sich der homo consultandus vertraut machen muss.

Drittens muss der Machtberater nicht nur die relevanten strategischen Konstanten (politische Logik, Verfahrensregeln etc.) und Variablen (strategische Potenzen, Interessen, Policy Issues etc.) kennen, sondern diese auch probabilistisch bewerten können. Der homo consultans muss z. B. einschätzen können, ob die Drohung eines Ministerpräsidenten, einen gemeinsamen Staatsvertrag der deutschen Bundesländer nicht zu ratifizieren, falls seine Forderungen zum Vertragsinhalt unerfüllt bleiben, glaubhaft oder nur ein Bluff ist. Diese Fähigkeit hängt von politischer Erfahrung, Menschenkenntnis und von einem tiefer gehenden Verständnis der Ökonomie des Drohens und Versprechens ab (siehe unsere Diskussion instrumenteller Macht in Kap. 2.1).

Der *vierte* Punkt besteht schließlich darin, dass der homo consultans die zeitliche Dimension seiner Voraussagen mitberücksichtigen muss. Grundsätzlich gilt: Je länger der Zeitraum, für den Szenarioprognosen aufgestellt werden, desto höher die Wahrscheinlichkeit für Fehler. Der Statistiker und Wahlforscher Nate Silver nennt diesen kritischen Zeitfaktor »scenario uncertainty«.[597] Diese Unsicherheit verstärkt sich zudem mit einer steigenden Anzahl von Akteuren und kontroversen Policy Issues. Gerade bei Arenen, die an der Schnittstelle zahlreicher, he-

597 Vgl. Silver (2012): S. 392.

terogener Politikfelder platziert sind und von verschiedensten Protagonisten bespielt werden, erweisen sich extrem langfristige Prognosen (z. B. über einen Zeitraum von mehr als 15 Jahren) häufig als Vabanquespiel. Gerade Global Player mit Zehntausenden oder gar Hunderttausenden von Angestellten und Budgets in Milliardenhöhe haben ein besonderes Interesse an langfristigen Prognosen, weil ihre schiere Größe ein schnelles taktisches Agieren und Reagieren erschwert; hier ist es am homo consultans, die Gratwanderung zwischen Aufstand und Demut anzutreten (siehe Kap. 3.2.3) und nicht nur die Potenziale, sondern auch die Limitierungen politischer Szenarioanalysen hervorzuheben.

Phase (4) Strategiebildung

Die Entwicklung einer politischen Strategie bildet den Abschluss des Vier-Phasen-Modells und den Kumulationspunkt der vorangegangenen Phasen der Positionsanalyse: Hier werden alle gefilterten, systematisierten und probabilistisch evaluierten Informationen zu einem konkreten Maßnahmenplan verdichtet.

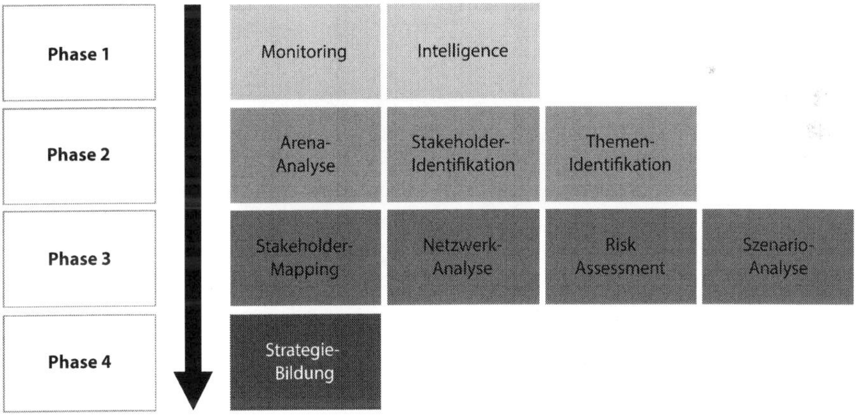

Abbildung 17: Vier-Phasen-Modell

Der Fokus der vierten Phase liegt auf der konkreten Handlungsempfehlung durch den homo consultans. Daher steht sie unter einer praktischen

Leitfrage: *Was sollst du tun?* Hiermit ist freilich nicht (primär) die Empfehlung einer singulären und situativen – sprich taktischen – Aktion gemeint, sondern die eines situationsübergreifenden Handlungskalküls. Dieses Kalkül definiert ein mittel- bis langfristiges politisches Ziel (z. B. Wiederwahl als Kanzlerin, Reformierung der Bund-Länder-Kompetenzen, Einführung einer neuen, koordinierten Primärversorgung von Patienten, Legalisierung von Marihuana als Genussmittel); und es bestimmt unter Berücksichtigung von aktuellen Monitoring- und Intelligence-Ergebnissen sowie von Informationen und probabilistischen Evaluationen zur politischen Arena (sowie zu den eigenen Potenzen, Stakeholdern, Themen und Szenarien) den kosten- und nutzenoptimierten Kausalpfad zu diesem Ziel. Die Zielbestimmung und die Pfadbestimmung machen gemeinsam die Strategie aus. An diesem Punkt wird das zuvor erworbene politische Wissen durch eine planvolle, effektive und effiziente Politikgestaltung umgesetzt.

In Kap. 2.5 haben wir unser Strategiekonzept von den strategischen Grundlagen und Fähigkeiten über die Strategieentwicklung bis hin zur Strategiesteuerung bereits umfassend erörtert. Die zentrale Herausforderung besteht darin, ein Ziel zu definieren, das in Hinblick auf die eigenen bzw. umweltrelativen Potenzen realistisch ist, und einen präzisen Zeitplan mit spezifischen, aber anpassungsfähigen Etappen sowie eine klare und effiziente Entscheidungshierarchie festzulegen. Jede politische Strategie ist eine geplante Machtausübung – sie legt fest, wer was wann mit welchen Mitteln gegen welche Widerstände erreichen soll und wie mit Unwägbarkeiten bei der Zielerreichung umzugehen ist. Um Redundanzen gegenüber Kap. 2.5 zu vermeiden, wollen wir unsere allgemeine Diskussion der Strategie als Machttechnik kurzhalten. Stattdessen konzentrieren wir uns auf die essenziellen *Komponenten* der politischen Strategie: Allianzbildung, Themensteuerung und Dialogführung. Diese Grundelemente bilden die DNS jedes Maßnahmenplans. Die Unterschiede zwischen einzelnen Plänen bestehen allein in ihrer Kombinatorik und konkreten Ausführung.

Wer in der politischen Arena ein Ziel erreichen will, ist immer auf Verbündete angewiesen, um strategische Defizite (z. B. mangelnde finanzielle Potenz, Mobilisierungs- oder Organisationsfähigkeit) zu kompensieren und die Reichweite des eigenen Anliegens durch Erschließung zusätzlicher Adressatenkreise oder Netzwerke zu erhöhen. Zudem gilt: Wer nicht aktiv Bündnispartner sucht, läuft Gefahr, in seiner politischen Arena isoliert zu werden, und zwar sowohl in Hinblick auf die Informationsgewinnung als auch in Bezug auf die Politikgestaltung. Daher ist die *Allianzbildung* ein Kernelement jedes politischen Maßnahmenplans, unabhängig vom konkreten Ziel oder von der Machtstellung des homo consultandus. Die sukzessive Bildung von Ad-hoc-Bündnissen, welche auf die konkrete Zielerreichung beschränkt sind, oder von langfristigen Netzwerken macht oft einen Anfangspunkt der Strategieentwicklung aus. Hier werden inhaltliche Überschneidungspunkte mit den Interessen anderer Personen und Organisationen abgesteckt, Synergien in Hinblick auf Know-how und Expertise ausgemacht und Risiken aus den strategischen Defiziten potenzieller Partner (z. B. problematische Reputation, viele Gegner in der Arena, mangelnde Vertrauenswürdigkeit) identifiziert und bewertet. Ausgehend hiervon werden Kontakte intensiviert, Kooperationsstrukturen aufgebaut und gemeinsame Steuerungsmechanismen für die Allianzen implementiert. Alle diese Schritte setzen also sowohl eine präzise Arena- und Netzwerkanalyse als auch ein entsprechendes Stakeholder-Mapping voraus. Entscheidend für die Strategieentwicklung ist in diesem Kontext die Einsicht, dass politische Allianzen keine Selbstläufer sind: Persönliche Beziehungen, der Grundstein jeder stabilen Allianz, müssen gepflegt werden; der Werte- und Interessenkonsens der Kooperationspartner muss kontinuierlich überprüft und erhalten werden. Andernfalls geht jede noch so gut geplante Strategie am Zielkonflikt der Akteure zugrunde.

Während die Allianzbildung darauf abzielt, die akteurrelative Platzierung in der Arena zu optimieren (d. h. die Stellung im Verhältnis zu anderen Figuren im Macht-Schach auszubauen), geht es bei der *Themensteuerung* darum, sich in Hinblick auf dominante Policy Issues oder zukünftige Herausforderungen zu positionieren, zielgruppengerechte Botschaften zu entwickeln und Schlüsselthemen auf die politische Agenda zu setzen und im medialen Diskurs zu verankern. Das gezielte Platzieren neuer Themen und die damit einhergehende Generierung von Aufmerksamkeit bezeichnet man in diesem Zusammenhang oft als *Agenda Setting*, das Aufgreifen von bereits diskursprägenden Themen zur Verfolgung der eigenen Kommunikationsziele hingegen als *Agenda Surfing*.[598]

598 Vgl. Brettschneider, Frank (2014): Massenmedien und Wählerverhalten, in: Falter, Jürgen W. & Schoen, Harald (Hg.): Handbuch Wahlforschung, Wiesbaden: Springer VS, S. 625–657.

Während das Agenda Setting einen längerfristigen Planungsprozess erfordert, in dem nicht zuletzt auch die Responsivität des Zielpublikums gegenüber verschiedenen potenziellen Botschaften ermittelt werden muss (z.B. durch quantitative oder qualitative Studien oder Fokusgruppen), braucht es für erfolgreiches Agenda Surfing vor allem ein gutes Gespür für den richtigen Zeitpunkt, um auf ein Thema aufzuspringen, und die taktische Flexibilität, um schnell zu reagieren, bevor die sprichwörtliche ›Welle‹ öffentlicher Aufmerksamkeit bereits wieder abgeflaut ist.

Die strategische Relevanz der Themensteuerung ergibt sich daraus, dass die Ausübung von Macht in Demokratien mit einer argumentativen Rechtfertigungspflicht verknüpft ist (siehe Kap. 2.4 und Kap. 3.2.2). Wer für seine politischen Ziele keine plausible Begründung angeben und keine Verbindung zwischen den eigenen Präferenzen und dem Gemeinwohl herstellen kann, der erfährt mit seiner Strategie weder öffentliche Akzeptanz noch Unterstützung durch andere Akteure. Themensteuerung bedeutet gleichwohl nicht, Botschaften zu entwickeln, die ausnahmslos für alle Protagonisten des Machtfeldes zustimmungsfähig sind. Eine derartige Vorgabe wäre in unseren pluralistischen Gesellschaften vollkommen unrealistisch.

Stattdessen müssen plausible Botschaften *erstens* glaubwürdig sein, d.h. in überzeugender Weise zum Profil des homo consultandus, seinen Werten, Überzeugungen und seiner Geschichte passen. Ein mittelständischer Zigarren- und Zigarilloproduzent kann sich z.B. in seiner politischen Positionierungsstrategie auf glaubwürdige Weise als Vertreter einer schützenswerten Manufakturtradition und gehobenen Genusskultur präsentieren. Für einen globalen Zigarettenhersteller scheidet eine solche Botschaft indes aus.

Zweitens müssen die Botschaften den USP des Klienten mit den vorherrschenden Policy Issues der Arena verknüpfen. Strategische Themensteuerung ist sensitiv gegenüber den Sorgen, Hoffnungen, Ängsten und Erwartungen der Mitglieder des Gemeinwesens in den jeweiligen Politikfeldern, und sie fußt auf einem klaren Bewusstsein für die Stärken und Schwächen des homo consultandus. Ein negatives Beispiel ist die kommunikationsstrategische Planung des SPD-Bundestagswahlkampfes 2017: Ein Alleinstellungsmerkmal des sozialdemokratischen Kanzlerkandidaten, Martin Schulz, war z.B. seine europapolitische Expertise als langjähriger Präsident des Europäischen Parlaments. Anstatt aus diesem USP Kapital zu schlagen und daraus die europapolitische Relevanz von Policy Issues wie Migration und innere Sicherheit abzuleiten, wurde Schulz‹ EU-Vergangenheit zugunsten seines Amtes als ›Bürgermeister von Würselen‹ außer Acht gelassen. Damit ging den Sozialdemokraten ein wichtiges Abgrenzungsmerkmal zur CDU verloren.

Das *dritte* Kriterium besteht darin, dass die Botschaft adressatengerecht sein muss. Wie wir in Kap. 3.2.2 hervorgehoben haben, müssen die kommunizierten politischen Positionen nicht nur an die Interessen des Adressaten anknüpfen, sondern vor allem auch an dessen Sprache und fachliche Vorkenntnisse. So ist beispielsweise mit der Arzneimittelzulassung von Schmerzmedikamenten notwendigerweise ein komplexer Evaluations- und Verwaltungsprozess verbunden, den Pharmaunternehmen durchlaufen müssen. Gerade die Integration von Patientenvereinigungen und Selbsthilfegruppen in diese zentralen Prozesse erfordert eine immense Vereinfachung und Fokussierung auf die Kerninhalte.

Neben diesen drei inhaltlichen Aspekten hat die Themensteuerung eine entscheidende formale Seite – und zwar die Frage, über welche Kanäle und mit welchen Formaten die Botschaften an ihre Adressaten kommuniziert werden sollen. In unserem Abschnitt zur Kommunikationslogik in Kap. 3.2.1 sind wir im Detail auf die Erfordernisse politischer Vermittlung und die Dichotomie analoger und digitaler Kanäle eingegangen; entsprechend können wir uns an dieser Stelle kurzfassen. Wir haben festgehalten, dass der kommunikative Kosmos im Zuge der Digitalisierung pluraler, schnelllebiger, volatiler und inhaltsleerer geworden ist. Diese Trends machen die Themensetzung und -vermittlung anspruchsvoller und die Strategiebildung komplexer. Die Herausforderung besteht darin, Aufmerksamkeit und Interesse an den eigenen Policy Issues nicht nur zu generieren, sondern auch zu erhalten. Hierfür gibt es kein strategisches Patentrezept. Allerdings können wir festhalten, dass digitale und analoge Medien bei dieser Aufgabe keine exklusiven, sondern komplementäre Instrumente sind. Insbesondere breit aufgestellte Kommunikationsstrategien, die sich nicht an einen engen Adressatenkreis, sondern an vielfältige Stakeholder richten, müssen sowohl Online- als auch Offline-Kanäle nutzen. Eine einseitig digitale oder analoge Stoßrichtung geht nicht nur an bestimmten generationalen Kohorten und Schichten vorbei; sie kann zudem rasch den fatalen Eindruck erwecken, dass der homo consultandus die entsprechenden Personenkreise bewusst ausschließt.

Die Auswahl und das Design kommunikativer Formate sind gleichermaßen bedeutsame Entscheidungen im Rahmen der Themensteuerung. Der richtige Launch-Zeitpunkt einer Kampagnen-Website und deren intuitive Bedienbarkeit können genauso über Erfolg und Misserfolg einer Strategie entscheiden wie die grafische Gestaltung einer Broschüre oder die argumentative Plausibilität und Recherchequalität eines Positionspapiers. Strategieentwicklung heißt hier also, Botschaften, Kanäle und Formate in Hinblick auf Adressaten, Policy Issues und USP des homo consultandus in einem kohärenten Gesamtentwurf zu vereinen.

Das dritte Grundelement der Strategieentwicklung, die *Dialogführung*, besteht in der zielführenden Planung von Gesprächen und Diskussionen mit den relevanten Akteuren der Arena. Wie bei der Allianzbildung und der Themensteuerung handelt es sich um einen universellen Baustein der Strategie: Politikgestaltung lebt nicht nur von schlagkräftigen Allianzen und adressatengerecht aufbereiteten Themen, sondern stets auch vom persönlichen Austausch – sei es auf parlamentarischen Abenden, bei Podiumsdiskussionen, Bürgerforen oder bei Einzelgesprächen. Durch diesen Austausch können nicht nur Vertrauen und Empathie aufgebaut werden; mehr als jede andere Kommunikationsform fördert der Dialog ein wechselseitiges Verständnis für die Interessen und Ziele des anderen. Somit dient die Dialogführung sowohl dazu, persönliche Überzeugungsarbeit für die eigenen Ziele zu leisten und Informationen zu übermitteln, als auch dazu, die legitimen Belange des Gesprächspartners zu reflektieren und in die eigene Strategiebildung aufzunehmen.

Die Art und Anzahl der Gesprächspartner und die Gestaltung der Dialoge unterscheiden sich signifikant je nach strategischem Ziel. Wenn etwa ein mittelständisches Unternehmerbündnis auf den Bau einer Straßenbahnhaltestelle in seinem Gewerbegebiet hinwirkt, dann umfasst die Dialogplanung vorrangig Gespräche mit lokalen Akteuren: von Bürgerinitiativen, die ein angrenzendes Wohngebiet aufwerten wollen, über Bezirksbürgermeister und Mitglieder der Bezirksverordnetenversammlungen bis hin zu den zuständigen Verkehrsbetrieben. Idealerweise konsolidieren sich diese Dialoge sukzessive in Form regelmäßiger Stammtische oder Koordinationstage, über die wiederum Einfluss auf höhere politische Entscheidungsebenen ausgeübt werden kann. Im Vergleich hierzu steigen globale Konzerne allein kraft ihres wirtschaftlichen Status und ihres Einflusses bereits auf einer höheren Entscheidungsebene in die Dialogführung ein. Unabhängig von Fragen der Macht und des Status gilt jedoch für alle Dialogformen: Je umfassender der homo consultandus über seine Gesprächspartner (bzw. deren Zuständigkeiten, Interessen, Überzeugungen, Fähigkeiten und Zeitplanung) informiert ist, desto größer ist die Chance auf die erfolgreiche Vermittlung strategisch relevanter Positionen. Diese Feststellung mag auf den ersten Blick allzu sinnfällig anmuten, aber sie unterstreicht die immense Bedeutung der Intelligence-Leistungen für die Strategie; ohne ein belastbares informationales Fundament kommt die Dialogführung einem Blindflug gleich. Da der Machtberater bei der Strategieentwicklung vorab planen muss, wer mit wem zu welchem Zeitpunkt worüber zu reden hat, muss er sowohl relevante Themen und Termine kennen als auch die Charakteristika der Gesprächspartner.

Wie eingangs erwähnt, machen Allianzbildung, Themensteuerung und Dialogführung die universelle DNS jeder politischen Strategie aus. Die Leitfrage der Strategiebildung – *Was sollst du tun?* – beantwortet sich also immer in Hinblick auf diese drei Elemente. Der Machtberater steht in diesem Kontext vor der dreifachen Herausforderung der *Konkretisierung*, des *Timings* und der *Koordination*. Er muss planen: (a) mit welchen spezifischen Akteuren wann Bündnisse geschmiedet werden müssen und zu welchem Zweck; (b) welche thematisch-argumentativen Schwerpunkte in der Arena gesetzt werden und zu welchem Zeitpunkt diese über welche Kanäle vermittelt werden; (c) welche Dialoge wann mit welchem Gesprächspartner geführt werden; und er muss (d) diese Bausteine der politischen Gesamtstrategie miteinander koordinieren.

Angesichts dieses Aufgabenspektrums lohnt es, sich noch einmal die bereits in Kap. 2.5.2 zitierte Einschätzung der Strategieforscher Raschke und Tils ins Gedächtnis zu rufen: »Strategiebildung ist eine große kognitive und kreative Herausforderung, wenn man sich nicht allein auf sein Bauchgefühl verlässt.«[599] Gerade weil die Entwicklung einer politischen Strategie ein kreativer Akt ist, lässt sich zur Bewältigung dieser Herausforderung keine schematische Anleitung geben. Jede Strategie basiert zwar auf denselben Elementen, aber ist dennoch ein Unikat. Ihre Entwicklung verlangt nach Erfahrung und Kompetenz, nach Herrschaftswissen und nach einer eingehenden Vertrautheit mit den Instrumenten politischer Einflussnahme – also nach der Beherrschung der drei gro-

599 Vgl. Raschke & Tils (2008): S. 19.

ßen Machtvektoren, die wir in Kap. 2 diskutiert haben. Aus der Skizze des Vier-Phasen-Modells sollte mithin deutlich geworden sein, dass für jede geplante politische Machtausübung ein profunder Informations- und Wissensstand über Akteure, Themen, Arenen etc. unverzichtbar ist. Wenn die drei Fragen – *Was musst du wissen? Wo stehst du? Was kann dir helfen, und was kann dir passieren*? – plausibel beantwortet sind, dann sind bereits entscheidende Voraussetzungen erfüllt, um auch auf die praktische Strategiefrage – *Was sollst du tun?* – eine überzeugende Antwort zu geben.

3.3.2 Die Werkzeuge und Techniken der Verdichtung

Wie wir gesehen haben, deckt das Verdichten als ein Leitprinzip des Power-Leadership-Curriculums drei thematische Schwerpunkte ab: Information, Analyse, Strategie. So unterschiedlich wie diese Schwerpunkte sind auch die hierfür einschlägigen Methoden des homo consultans. Die meisten von ihnen sind in unserer Beschreibung des Vier-Phasen-Modells bereits explizit oder implizit zur Sprache gekommen. Wir wollen das Rüstzeug des Machtberaters hier noch einmal in aller Kürze bündeln und systematisieren.

Die reine Informationsbeschaffung stellte für den politischen Machtberater lange Zeit eine der zeitaufwendigsten und mühsamsten Herausforderungen dar. Noch bis in die 2000er-Jahre hinein lief diese Aufgabe auf das tägliche manuelle Sichten Hunderter Nachrichtenmeldungen, Pressemitteilungen, Referentenentwürfe und Gerichtsurteile hinaus. Hier hat erst in den vergangenen Jahren die digitale Revolution in Gestalt von *Web Crawlern*, welche mittels Text Mining, Social Media Mining und anderen spezialisierten Suchformen das Internet durchforsten, für einen Paradigmenwechsel gesorgt (siehe hierzu auch unsere Diskussion von Datenmacht in Kap. 2.3.2). Effektiv eingesetzte Monitoring-Software und intelligente Bots können sekundenschnell das Gros der arenarelevanten Informationen aus News-Seiten, Institutionen- und Firmen-Homepages, Online-Ausgaben von Fachmagazinen etc. auslesen und damit ein Output generieren, für den ein Machtberater Stunden benötigen würde. Auf Politik ausgerichtete Crawler müssen allerdings eine Wahrscheinlichkeit von über 98 % bei der Indexierung relevanter Websites aufweisen, wenn sichergestellt sein soll, dass der homo consultans tatsächlich auf dem aktuellen Sachstand der jeweiligen Arena ist. Zudem sind insbesondere bei Monitoring-Leistungen, die sich auf verschiedene Nationen erstrecken, linguistische Probleme zu lösen. So entspricht z. B. die deutsche Sprache in Hinblick auf Syntax und Grammatik nicht den Verknüpfungen des Englischen – von weiter entfernten Sprachen wie dem Chinesischen oder Arabischen ganz zu schweigen.

Der Einsatz dieses unverzichtbaren digitalen Werkzeugs der Verdichtung, welches in der Regel mit professionellen Datenbanken über politische Institutionen und Akteure kombiniert wird, verlangt vom homo consultans ein ganz neues Fähigkeitsprofil: Anstelle von Fleißarbeit bei der Informationsbeschaffung sind zunehmend digitales Knowhow und ein tiefes Verständnis für politische Sprache und Semantik gefragt. Denn der beste Software-Agent ist nur genauso leistungsfähig wie die Suchwörter (inklusive Synonymen, Slangwörtern und Andeutungen) und die Suchstrings, mit denen er programmiert und gefüttert wird.

Trotz dieses rasanten informationalen Paradigmenwechsels lassen sich die eigentlichen Intelligence- und Analyseleistungen (bislang) nicht an computerisierte Algorithmen auslagern. Hier kommt dem Machtberater die Schlüsselfunktion zu, die gesammelten politischen Informationen zu priorisieren und einzuordnen und z. B. in Form von *Policy Alerts* zu tagesaktuellen Themen, *täglichen Updates* oder *wöchentlichen und monatlichen Reports* für den homo consultandus aufzubereiten. Die Qualität dieser Intelligence-Leistungen bemisst sich nicht zuletzt daran, mit welcher Urteilskraft der Machtberater die Relevanz und Validität von Informationen einschätzen kann und wie gut er in der Lage ist, sie auf eine für den Klienten nachvollziehbare Weise zu strukturieren und zu kondensieren. Idealiter erhält der homo consultandus jene Informationen komprimiert, die erstens sein politisches Hintergrundwissen auffrischen, zweitens konkrete Aktivitäten auslösen können und drittens die Grundlage für die (Neu-)Ausrichtung der strategischen Positionierung in der Arena sowie zu Personen und Inhalten bilden.

Im Vergleich hierzu sind die zentralen Werkzeuge der politischen Analyse – von der Arena und ihren Stakeholdern bis hin zu vollständigen Szenarien – dem *Methodenset des Projektmanagements* entlehnt. Insofern es im Kern stets darum geht, die Position des homo consultandus im Verhältnis zu seinem strategischen Umfeld zu bestimmen, sind zahlreiche aus der Management-Literatur entlehnte Instrumente wie die SWOT-Tabelle, das Stakeholder Issue Interrelation Diagram und andere Management-Tools einschlägig.[600] Wir wollen es in unserer Darstellung bei zwei Schlaglichtern belassen: Die klassische *SWOT-Analyse* kann genutzt werden, um den Istzustand der politischen Positionierung des Klienten zu ermitteln. Interne Stärken und Schwächen und externe Bedrohungen und Chancen (SWOT steht für Strengths, Weaknesses, Opportunities, Threats) in der politischen Arena werden aufgezeigt; hierzu zählen mögliche Gesetzesänderungen und regulatorische Initiativen ebenso wie die Produkt- oder Servicepalette eines Konzerns.

Abbildung 18: SWOT-Matrix

Ein *Stakeholder Issue Interrelationship Diagram* rekonstruiert demgegenüber die Einstellungen der anderen einflussreichen Akteure zu den diskursbeherrschenden Themen der Arena; es handelt sich also um ein Analysewerkzeug, welches die Elemente des Stakeholder-Mappings mit denen der Themen-Identifikation kombiniert und zu einem anschaulichen, strategischen Lagebild verdichtet. Auf diese Weise illustriert es einerseits die relative Bedeutung der Policy Issues und andererseits die Verbindungen, potenziellen Synergien und Konfliktpotenziale zwischen den Protagonisten des Machtfelds. Das Diagramm bietet dem homo consultans eine

600 Zur Vertiefung siehe u. a. Bryson, John M. (2004): What To Do When Stakeholders Matter. Stakeholder Identification and Analysis Techniques, in: Public Management Review 6 (1), S. 21–53 und Bourne, Lynda & Walker, Derek H. (2004): Advancing Project Management in Learning Organizations, in: The Learning Organization 11 (3), S. 226–243.

Orientierung darüber, zu welchen Inhalten er Position beziehen muss und wie seine politische Arena jenseits der bloßen Machtverhältnisse und Netzwerke der Akteure strukturiert ist.

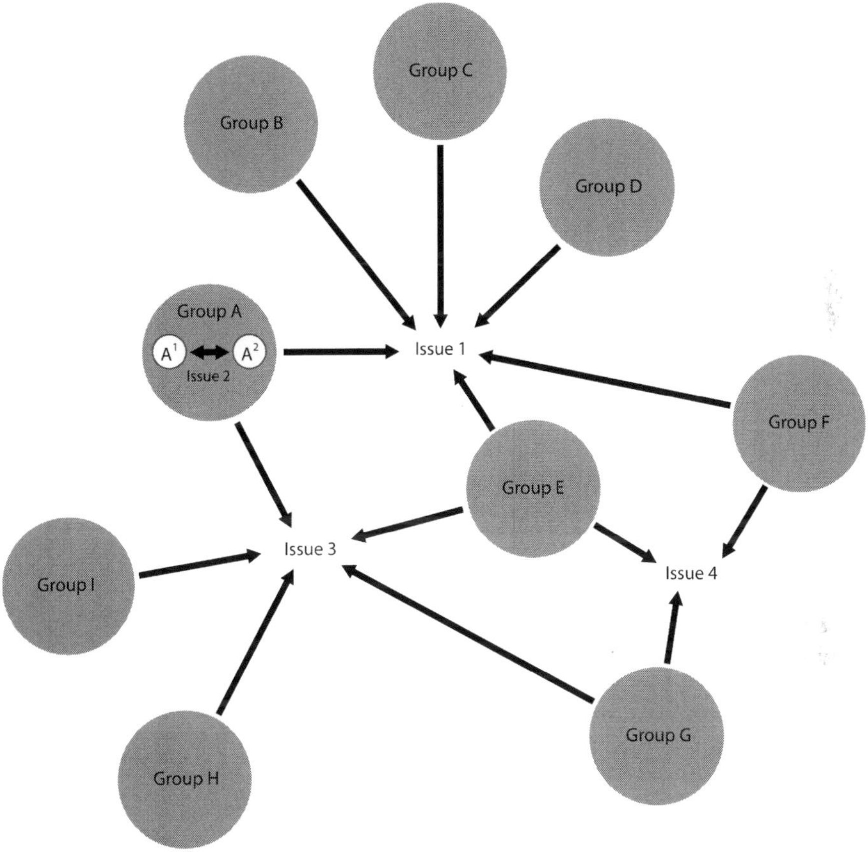

Abbildung 19: Stakeholder Issue Interrelation Diagram, nach Bryant, J. (2003): S. 196

Diese und ähnliche Analysewerkzeuge dienen maßgeblich dazu, Grundlagen für die politische Strategieentwicklung zu schaffen. Während der homo consultans politische Analysen und Bewertungen als ›Vorarbeiten‹ oft in Eigenregie durchführt und nur die essenziellen Resultate und

Einschätzungen an den homo consultandus kommuniziert, ist die Entwicklung der eigentlichen Strategie immer ein gemeinschaftliches Unterfangen von Machtakteur und Machtberater. Das Beratungsinstrument der Wahl ist hier der *Strategieworkshop*. Das interaktive und in der Regel mehrstündige Workshop- oder Dialogformat ist aus mehreren Gründen unverzichtbar: erstens, weil es beiden Seiten erlaubt, strategische Zielvorstellungen abzustimmen; zweitens, weil es Gelegenheit bietet, die Innen- und Außenperspektive auf die Potenziale und Defizite des Machtakteurs zu vergleichen; und drittens, weil es die Voraussetzungen für einen Aktionsplan schafft, der von homo consultandus und homo consultans einvernehmlich befürwortet wird. Eine zentrale Herausforderung für den Machtberater ist auch hier die viel beschworene Gratwanderung zwischen Aufstand und Demut: Strategien, die auf dem Reißbrett des homo consultans perfekt aussehen, aber bei seinem Klienten nur für ungläubiges Stirnrunzeln sorgen – etwa weil sie nicht sein politisches Selbstverständnis reflektieren, einen radikalen Bruch mit bedeutenden Traditionen darstellen oder einfach zu komplex und technisch daherkommen –, sind letztlich nicht praxistauglich. Dasselbe gilt für Ansätze, die zwar alle Präferenzen des homo consultandus abbilden und exakt zu seiner politischen Ideologie oder Firmenphilosophie passen, aber weder durch ein stichhaltiges Risk Assessment noch durch eine realistische Arena-Analyse gedeckt sind. Hier ist es am Machtberater, durch Professionalität und Empathie eine strategische Übereinkunft herzustellen.

Die Strategieentwicklung ist die Brücke zwischen politischer Informations- und Wissensverdichtung einerseits und konkreter Politikgestaltung andererseits. Erst wenn die Strategie durch taktisch versierte, motivierte und effizient agierende Personen und Organisationen implementiert wird, kann der homo consultandus die Partieführung im Macht-Schach übernehmen. Vom großen deutschen Fußballtrainer Alfred Preißler ist eine überaus treffende Variation eines alten Faust-Zitats überliefert: »Grau is' alle Theorie – entscheidend is' auf'm Platz.«[601] Im folgenden Abschnitt begeben wir uns deshalb direkt auf den politischen Kampfplatz. Wir klären das Leitprinzip des politischen Gestaltens und die organisatorische Praxis der Machtausübung.

601 Westdeutsche Allgemeine Zeitung vom 7.4.2015.

3.4 Gestalten

Das politische Gestalten, die konkrete Machtausübung im Feld der Politik durch Interaktion mit Organisationen und Personen, ist der eigentliche Lackmustest für die vorangegangene Befähigung und Verdichtung. Nur wenn die ersten beiden Elemente des Power-Leadership-Ansatzes wirksam umgesetzt wurden, können homo consultandus und homo consultans gemeinsam die Partieführung im Macht-Schach übernehmen. Dies gilt für beide Formen des Ansatzes – Political Leadership und Lobbying Leadership – gleichermaßen. Was erfolgreiches Gestalten konkret bedeutet, hängt allein von der Zieldefinition des Machtakteurs ab: die Wiederwahl in ein Amt, das Organisieren einer Abstimmungsmehrheit, die Novellierung einer Richtlinie, die Abwehr einer regulatorischen Verschärfung, die Legalisierung eines Produkts, die Subventionierung einer Industriesparte oder die Implementierung eines neuen Business-Development-Kalküls. *Geplante Politikgestaltung ist immer die Ereignishaftmachung einer Machtstrategie durch den zielführenden Einsatz der Power-Leadership-Werkzeuge.*

Damit ist die entscheidende Stoßrichtung vorgegeben: Insofern es bei der politischen Gestaltung ›allein‹ um die praktische Implementierung einer Strategie und das Organisieren und Koordinieren der relevanten Handlungsschritte geht, werden wir in diesem Abschnitt das Leitprinzip des Gestaltens mit seinen Instrumenten, Methoden und Techniken in aller Kürze und en bloc beschreiben. Die essenziellen Werkzeuge des Gestaltens sind bereits ausführlich in Kap. 3.2 und 3.3 zur Sprache gekommen. Ihr Umfang ist letztendlich schlank und minimalistisch. Er lässt sich der Übersicht halber noch einmal tabellarisch zusammenfassen:

Teamaufstellung	Koordination
Aufgabenverteilung und Festlegung einer Entscheidungshierarchie innerhalb des strategischen Projektteams	Erstellung eines Zeitplans für das strategische Projekt und Verwaltung der relevanten Terminkalender
Politische Gespräche und Formate	**Stakeholderdialoge**
Kontaktaufnahme zu Entscheidung strägern und Organisation von Gesprächsformaten (Roundtables, Podiumsdiskussionen, One-on-Ones, Parlamentarische Abende, Breakfast Debates etc.)	Kontaktaufnahme zu relevanten Anspruchsgruppen und Organisation eines Austauschs über Positionen, Interessen und Perspektiven
Allianzbildung	**Campaigning und Mobilisierung**
Aktive Formierung von Partnerschaften im vorpolitischen und politischen Raum (Ad-hoc-Bündnis, dauerhafte Allianz, Gründung eines Verbands etc.)	Adressatengerechte Entwicklung, Adressierung und Steuerung politischer Kernbotschaften über alle relevanten Kommunikationskanäle (online, offline)

Abbildung 20: Werkzeuge des politischen Gestaltens

An diesem Set von Werkzeugen wird bereits deutlich, dass der Machtberater in der Gestaltungsphase zahlreiche Managementfunktionen parallel ausführt: Er agiert als *Projekt-, Event-, Kommunikations- und Kundenmanager*. Jede dieser Rollen bringt ihre eigenen Aufgaben und Verantwortlichkeiten mit sich. Bei der Ausübung all dieser Funktionen sind Sensibilität für Machtverhältnisse, Diskretion und nicht zuletzt soziales Gespür gefordert, so etwa bei der Frage, mit welchem Duktus ein Gesprächspartner anzureden ist.

Die Projektsteuerung durch Aufstellung eines Teams und Koordination zwischen homo consultandus und homo consultans umfasst die klassischen Aufgabenbereiche des Projekt- und Kundenmanagements. Hier ist vom Machtberater sowohl die Fähigkeit zur Personalführung und zur Definition solider, stabiler und klarer Arbeitspakete als auch ein gewissenhaftes Zeit- und Terminmanagement gefragt. Im täglichen Arbeitsprozess müssen regelmäßige Telefon- oder Videokonferenzen mit dem Klienten (und gegebenenfalls seinen Partnern) organisiert werden, um den Umsetzungsstand der Strategie sowie akute, taktische und organisatorische Handlungsanforderungen zu besprechen. Der Machtberater bzw. sein Projektteam bereiten die Agenden vor und stimmen diese ab, moderieren die Konferenzen und fassen die Ergebnisse dann im Nachgang zusammen. Hinzu kommt z. B. auch die Planung und Vorbereitung interner Meetings und Workshops. Hier muss nicht nur die inhaltliche, sondern gerade auch die organisatorische Seite professionell und sensibel ausgeführt werden: von der Tagesordnung und der Anfahrtsbeschreibung über die Bereitstellung technischer Infrastruktur (Beamer, Laserpointer, WiFi-Verbindung etc.) bis hin zum Catering.

In diesem Bereich treten zahlreiche operative Herausforderungen auf, die Nervenstärke und Routine verlangen: schlechte Erreichbarkeit der Gesprächspartner, Terminüberschneidungen und -verschiebungen, kurzfristige Planänderungen oder banale technische Probleme, wie der Ausfall der Konferenzsoftware. Ausgeprägter und gravierender sind diese Herausforderungen deshalb, da die beteiligten Personen meist in ihren Organisationen auf einer hohen Hierarchieebene agieren und nur über wenig Zeit verfügen. Entsprechend steht der homo consultans bei der Ausübung seiner koordinativen Aufgaben unter einem doppelten Druck: Er muss die knappe Zeit des eigenen Teams und die seines Klienten maximal effizient nutzen.

Die Rolle eines Veranstaltungsmanagers im politischen Feld kommt hingegen bei der Planung und Durchführung politischer Gesprächsformate – sowohl mit staatlichen Entscheidungsträgern als auch mit Stakeholdern aus Wirtschaft, Zivilgesellschaft, Wissenschaft und Kultur – zum Tragen. Das Organisieren eines solchen Events (z. B. eines Parlamentarischen Frühstücks, einer Benefizveranstaltung oder einer mehrtägigen Fachkonferenz) ist ein hochpolitischer Akt: Wer wird eingeladen? Wer sitzt wo? In welcher Reihenfolge werden die Personen vorgestellt? Welche Hintergrundinformationen sind vorab bereitzustellen? Welche Inhalte werden wie präsentiert? Diese praktischen Fragen müssen in Hinblick auf die Ergebnisse der Intelligence-Aufbereitung, des Stakeholder-Mappings, der Netzwerkanalyse und weiterer Instrumente des Verdichtens (siehe Kap. 3.3.1) geklärt werden. Nur dann, wenn Verdichtung und Gestaltung reibungslos verzahnt sind, kann eine Veranstaltung auch zum Erfolg werden.

Das politische Eventmanagement erschöpft sich aber nicht in der richtigen Zusammenstellung von Gästen und Gesprächspartnern und in der Pflege und Aktualisierung der entsprechenden Einladungsverteiler. Bereits die Terminwahl erweist sich mitunter als herausfordernd: Einerseits gilt es, die Rhythmen des politischen Betriebs (Sitzungswochen der Parlamente, EU-Ratssitzungen etc.) und politische Großereignisse (Wahlen, Koalitionsverhandlungen, Volksabstimmungen, G20-Gipfel etc.) einzuplanen; andererseits muss die extreme Veranstaltungsdichte während dieser Hochphasen des Betriebs berücksichtigt werden. So finden z. B. während der Sitzungswochen des Bundestags rund 700 Abendveranstaltungen mit politischem Bezug statt, und zwar pro Tag. Entsprechend muss der homo consultans bei Veranstaltungen meist mit sehr hohen No-Show-Raten rechnen und umgehen können. Hinzu kommt immer wieder die Kurzfristigkeit der Absagen von Keynote-Speakern, prominenten Gästen oder Fachexperten. Um solche Ausfälle zu kompensieren – etwa durch nachträgliche Einladung neuer Teilnehmer oder durch Überzeugungsarbeit bei Unentschlossenen –, ist oft hundertfaches Telefonieren erforderlich. Wer nicht in der Lage ist, unter Zeitdruck sowohl konziliant als auch bestimmt zu bleiben, ist für die Aufgabe des Machtberaters ungeeignet.

Sowohl bei der Allianzbildung als auch bei der Kampagnenführung sind wiederum insbesondere die Kompetenzen des Machtberaters als Kommunikationsmanager und Kommunikator gefragt. In beiden Fällen steht die Vermittlung von Inhalten und Themen sowie das nachhaltige Schaffen von Vertrauen, Glaubwürdigkeit und Aufmerksamkeit im Vordergrund. Die Anbahnung politischer Bündnisse fordert kommunikatives Geschick, Empathie und die Fähigkeit, das präsentische Wissen über die Kontaktperson zur Herstellung einer gemeinsamen Basis zu nutzen; letztere kann im geteilten Problembewusstsein für bestimmte drängende politische Fragen bestehen, aber auch in persönlichen Gemeinsamkeiten, wie in einer Begeisterung für Craft Beer oder Literatur. Bei der Allianzbildung ist zudem die Festlegung der Initiatorenschaft von herausragender Bedeutung sowie die Entscheidung darüber, ob es sich um eine offene oder geschlossene Initiative handeln soll. Der Erfolg oder Misserfolg politischer Bündnisse hängt zu über 80 % von deren Aufbau bzw. der Klärung solcher Fragen ab.

Die politische Mobilisierung über Kampagnen erfordert wiederum eine hohe Sensibilität für die permanenten Veränderungen des Kommunikationsumfelds. Gerade weil Kampagnen nicht linear abspielbar und planbar sind, muss der Machtberater während der Gestaltungsphase kontinuierlich den Finger am Puls des Diskurses haben und auf neue Parameter kreativ und spontan reagieren können.

Mit dem kommunikativen Tätigkeitsschwerpunkt verbinden sich zudem eine Reihe praktischer Herausforderungen. So ist es z. B. eine Sache, politische Botschaften im Rahmen der Strategieentwicklung in abstracto festzulegen; aber es ist eine ganz andere, diese durch konkrete Formulierungen (in Briefen, E-Mails, Broschüren, Positionspapieren, Zeitungsartikeln, Social-Media-Postings, Redemanuskripten etc.) mit Leben zu füllen. Hier müssen alle Lektionen aus dem Bereich der politischen Sprache (siehe Kap. 3.2.2) zur Anwendung kommen, und zwar – in Fällen von Krisenkommunikation oder bei extrem kurzfristig anberaumten Politikentscheidungen – mitunter binnen weniger Minuten: Ist die Botschaft adressatengerecht, und trifft sie den richtigen Ton? Ist sie verständlich? Bringt sie alle wichtigen Punkte zum Ausdruck? Hebt sie sich von den zahllosen in der Arena kommunizierten Botschaften durch ein Alleinstellungsmerkmal ab?

Selbst wenn sämtliche Anforderungen erfüllt sind, gilt es zu berücksichtigen, dass gerade die Kommunikation in Richtung Politik und Verwaltung unter einer massiven Flaschenhalsproblematik leidet. Rund 40 % aller an zentrale Entscheidungsträger gerichteten Dokumente gehen auf dem Weg verloren bzw. erreichen den Adressaten nicht. E-Mails fallen dem Screening durch Mitarbeiter zum Opfer, Postsendungen wandern ungelesen in den Papierkorb, Unterlagen werden falsch einsortiert oder abgelegt etc. Und selbst wer mit seiner Kommunikation durchdringt, muss sich insbesondere bei staatlichen Einrichtungen und Behörden auf extrem lange Bearbeitungszeiten einstellen. Infolge starrer Linienorganisation und einer komplexen Aktenvermerksstruktur geht ein einziger Vorgang innerhalb eines Ministeriums mitunter durch 100 Hände; und auf jeder Etappe besteht das reale Risiko, dass er permanent liegen bleibt. In diesem Zusammenhang braucht es eine hohe Frustrationstoleranz und die Beharrlichkeit, immer wieder nachzuhaken.

Der Flaschenhalsproblematik auf der Adressatenseite korrespondiert auf der Absenderseite das Problem eines kommunikativen Überangebots. Die schiere Dichte von Thinktanks, Stiftungen, Agenturen, Kanzleien, Politikberatungen etc. in den nationalen Hauptstädten führt zu einem massiven und hoch beschleunigten Wettbewerb um Aufmerksamkeit, dem sich der homo consultandus täglich stellen muss (siehe auch unsere Diskussion des Kampfes um kommunikative Anerkennung in Kap. 2.5.2 und 3.2.1). In seiner Studie *Kommerzielles Lobbying und Public Affairs-Management* von 2017 ermittelt Andreas Schieder, dass allein im politischen Dienstleistungssektor in Berlin (Agenturen, Beratungsunternehmen, Einzelberater, Rechtsanwaltskanzleien, ›andere Dienstleister‹) über 10.000 Personen beschäftigt sind.[602] Diese Zahl umfasst weder Interessenvertreter von Konzernen noch den ebenfalls zahlenstarken Non-Profit-Sektor sowie Verbände oder ähnliche Protagonisten der korporatistischen Interessenvermittlung. In Washington wiederum tummeln sich nach aktuellen Schätzungen zwischen 23.000 und 40.000 professionelle Interessenvertreter.[603] Diese Konkurrenzsituation verstärkt die Relevanz des in Kap. 3.3.1 thematisierten inhaltlichen USP, welchen der homo consultans und der homo consultandus gemeinsam herausarbeiten und vermitteln müssen. Wenn dies nicht gelingt, scheitert das Gestalten allein am Gesetz der großen Zahl.

Politisches Gestalten ist aber nicht nur die technische und organisatorische Umsetzungsseite der Befähigung und Verdichtung. Wie wir in Kap. 2.5.2 hervorgehoben haben, müssen Erfahrungen aus der Praxis (Resonanz auf eine Veranstaltung, Mobilisierungserfolg oder -misserfolg einer Kampagne, regulatorischer Einfluss eines Positionspapiers, Nachhaltigkeit einer internen Restrukturierung etc.) kontinuierlich reflektiert und evaluiert werden: Was wurde erreicht und wann? Mit welchem Aufwand? Was hat funktioniert und was nicht? etc. Die Beantwortung dieser Fragen dient nicht nur der Erfolgsversicherung gegenüber dem homo consultandus und seinen Verbündeten. Sie hat vor allem die Funktion, das Verständnis des ›Bretts‹ im Macht-Schach sowie die politische Positionsanalyse weiter zu verbessern, strategische Potenzen zu stärken bzw. Defizite zu beheben und schließlich die künftige Strategieentwicklung zu optimieren.

Gestalten ist also immer auch ein Lernprozess, dessen Ergebnisse in die Perfektionierung der ersten beiden Leitprinzipien einfließen. Entsprechend bilden die Prinzipien des Power-Leadership-Curriculums – Befähigen, Verdichten, Gestalten – keine chronologische Ordnung, son-

602 Vgl. Schieder, Andreas (2017): Kommerzielles Lobbying und Public Affairs-Management, Wiesbaden: Springer VS, S. 514.

603 Vgl. Thomas, Herschel F. & LaPira, Timothy M. (2017): How Many Lobbyists Are in Washington? Shadow Lobbying and the Gray Market for Policy Advocacy, in: Interest Groups & Advocacy 6 (3), S. 199–214.

dern einen Komplex interdependenter Faktoren. Die Erfolgsevaluation, welche die praktische Gestaltung an vorgelagerte Fragen zu Coaching, Training, Monitoring, Intelligence, Stakeholder-Mapping etc. zurückbindet, hat freilich nicht den Charakter einer quantitativen Studie. Politischer Einfluss lässt sich kaum über exakte und replizierbare Daten abbilden. Daher sind quantitative Erhebungen zur Strategieumsetzung (Anzahl politischer Formate pro Quartal, Treffen mit Stakeholdern, Rückmeldungen auf Briefe etc.) bestenfalls unaussagekräftig und schlimmstenfalls irreführend. Aus diesen Gründen liegt der Fokus auf der qualitativen Ergebnismessung. Der Machtberater zählt seinem Klienten z. B. nicht auf, wie viele Gespräche er mit Abgeordneten geführt hat, sondern erläutert, wie die Gespräche inhaltlich auf die übergeordnete Strategie der Interessenvertretung gewirkt haben. An diesem Punkt kollidieren bisweilen die Arbeitsmethoden von Berater und Klient – insbesondere bei Firmen, die es gewohnt sind, Fortschritte über Key Performance Indicators (d. h. Kennzahlen wie Ausgaben, Umsätze, Leads oder Click-Raten) zu messen. Auch hier kommt der Machtberater nicht umhin, die Gratwanderung zwischen Aufstand und Demut anzutreten. Er muss einerseits die Erfolgskriterien seines Klienten in der eigenen Arbeit reflektieren, und er muss ihm andererseits die Besonderheiten des politischen Felds – insbesondere die fehlende Quantifizierbarkeit von Einfluss – verdeutlichen. Nur wenn diese Vermittlung gelingt, können die Erfahrungen aus der Gestaltung zur nachhaltigen Optimierung der gemeinsamen Machtstrategie von homo consultandus und homo consultans herangezogen werden.

3.5 Global Governmental Relations

Jetzt, da die drei Leitprinzipien – Befähigen, Verdichten, Gestalten – ausgeführt sind, wollen wir auf ein Kernthema zurückkommen, das schon zu Beginn von Kap. 3 angeklungen ist und uns seitdem implizit begleitet hat: die Herausforderung für das Power-Leadership-Curriculum durch die Globalisierung. Das 21. Jahrhundert ist eine Epoche der internationalen Vernetzung – sowohl auf politischer als auch auf wirtschaftlicher, informationaler und technologischer Ebene – und der supranationalen Gesetzgebung und Rechtsprechung, etwa durch die EU. Auf einem derartigen Spielbrett können sich die politischen und wirtschaftlichen Interessen des homo consultandus häufig nicht mehr nur auf ein singuläres Gemeinwesen beschränken. Allseitige transnationale Interdependenzen führen dazu, dass innerstaatliche Geschehnisse (Regierungswechsel, Koalitionsverhandlungen, Reformprojekte, Volksentscheide etc.) oftmals umgehende Effekte für den strategischen, politischen und ökonomischen Handlungsspielraum in anderen Staaten haben.

Nicht immer sind diese Auswirkungen so dramatisch wie bei der Brexit-Entscheidung im Juni 2016, als ein nationales Plebiszit auf einen Schlag die Haushaltsplanungen, innen- und außenpolitischen Weichenstellungen und – vor allem – die volkswirtschaftlichen Entwicklungen von 27 anderen Staaten massiv beeinflusste. Aber das Votum der britischen Bevölkerung für den Austritt aus der EU und sein kaskadenartiger Einfluss auf alle Politikfelder sind paradigmatisch für ein Handlungsumfeld, das immer mehr einem Mikado-Spiel gleicht: Es ist, übertragen gesprochen, fast unmöglich, ein Stäbchen zu bewegen, ohne Dutzende andere in Schwingung zu bringen.

Dies hat zwei entscheidende Konsequenzen für den Machtberater und seinen Klienten. Wenn beide erstens in einem einzelnen Gemeinwesen *A* Einfluss auf die Politikgestaltung nehmen wollen, um ein Ziel *p* zu erreichen, müssen sie mitberücksichtigen bzw. prognostizieren, welche Auswirkungen ihr Handeln auf die Politik in den anderen Gemeinwesen *B*, *C*, *D* und/oder in der supranationalen Institution *E* haben wird. Diese Problematik stellt sich in hohem Maße für globale Firmen, die in Dutzenden Staaten Produkte herstellen, Dienstleistungen anbieten oder Dependancen unterhalten und dort entsprechende strategische Ziele verfolgen. Zweitens gilt: Wenn der homo consultandus und der homo consultans in einem Gemeinwesen *A* Einfluss auf die Politikgestaltung nehmen wollen, dann besteht – aufgrund allseitiger Vernetzung – die Möglichkeit, dies auch indirekt über die Gemeinwesen *B*, *C*, *D* und/oder die supranationale Institution *E* zu tun. Die Globalisierung des Handlungsumfelds bietet für Machtakteure also sowohl Risiken als auch Chancen: Risiken deshalb, weil ein einziger Akt der Einflussnahme im nationalen Kontext eines Einzelstaates unbeabsichtigte negative Folgen in Hinblick auf andere Staaten haben kann; Chancen deshalb, weil internationale Verflechtungen und supranationale Institutionalisierungen neue Formen der mittelbaren Einflussnahme erschließen können, falls der Machtakteur hierfür eine adäquate Strategie entwickeln kann.

All diese Aufgaben fallen in einen Bereich des Power-Leadership-Curriculums, den wir *Global Governmental Relations* (GGR) nennen. GGR bezeichnet die Entwicklung, Implementierung und kontinuierliche Koordinierung einer politischen Strategie, die sich spezifisch an den Herausforderungen und Chancen eines globalen Handlungsfelds orientiert und die optimale Positionierung des homo consultandus in einer inter- und supranational vernetzten Arena anstrebt. GGR-Strategien zeichnen sich durch drei Kernmerkmale aus:

1. ein strategisches politisches Ziel, das nicht auf einen singulären Staat beschränkt ist, sondern sich auf mehrere, in relevanter Hinsicht vernetzte Staaten bezieht (z. B. EU-Mitglieder, ASEAN-Mitglieder, G20-Nationen, Staaten mit den wichtigsten Niederlassungen einer internationalen Firma)
2. einen Verbund nationaler und/oder regionaler Teams, welche die Strategie vor Ort implementieren und in Kontakt mit dortigen Entscheidungsträgern und Stakeholdern stehen
3. eine zentrale strategische Leitstelle, welche die Arbeit der Teams koordiniert, die Strategieumsetzung kontrolliert bzw. Nachsteuerungen anordnet, in ständigem Kontakt zum homo consultandus steht und hierbei kontinuierlich eine kulturelle Balance zwischen den Akteuren sicherstellt

Die koordinierte politische Strategie, die sich mit dem Schlagwort GGR verbindet, ist mehr als eine bloße Summe nationaler Einzelstrategien verschiedener lokaler Machtberater. Es handelt sich vielmehr um einen singulären strategischen Entwurf aus einem Guss, der die politischen Interessen des Klienten staatenübergreifend, aber durch spezifische, national oder regional angepasste Maßnahmen realisiert und dabei die Interdependenzen zwischen den staatlichen Akteuren berücksichtigt. Ein solches Vorgehen bietet eine Reihe von *Vorzügen*: Erstens können nur durch GGR-Strategien globale Herausforderungen bzw. aus inter- und supranationalen Politikverflechtungen entstehende Probleme gelöst werden (z. B. die wirtschaftliche Bewältigung des Brexit, die Gestaltung multinationaler Handelsbeziehungen, die Restrukturierung eines globalen Unternehmens an verschiedenen Standorten, aber auch die Bekämpfung des Klimawandels oder die Linderung humanitärer Fluchtursachen).

Zweitens schont dieser Ansatz die Machtressourcen des homo consultandus, indem er Synergien freisetzt. Eine Vermittlungsstrategie, die den internationalen Rollout einer digitalen Sicherheitstechnologie begleitet, profitiert z. B. davon, in den Zielländern Kooperationsmöglichkeiten und Interkompatibilitäten zwischen den Apparaten der nationalen Sicherheitsbehörden – und damit auch Chancen auf Effizienzsteigerungen – zu verdeutlichen. Eine global tätige karitative Organisation zieht aus einem GGR-Ansatz wiederum u. a. den Nutzen, nationale Best Practices (z. B. beim Lobbying um politische Unterstützung oder beim Fundraising) auf andere Staaten zu übertragen.

Drittens verhindert ein GGR-Ansatz Missverständnisse innerhalb der globalen Organisation eines Machtakteurs und federt Antagonismen zwischen dessen nationalen Zweigstellen ab. Dieser Aspekt ist z. B. für alle Unternehmen hoch relevant, die verschiedene Produktkomponenten an Standorten mit unterschiedlichen regulatorischen Rahmenbedingungen herstellen und auf eine reibungslose Koordination unbedingt angewiesen sind.

Und nicht zuletzt ist dieser Ansatz auch für die Bewältigung des bereits intensiv diskutierten Problemkomplexes der Fake News unverzichtbar (siehe Kap. 2.3.2, 2.4 und 3.2.1). Dieser bildet eine doppelte Herausforderung: Erstens steht der homo consultandus vor der Frage, wie er auf Desinformations- und Verleumdungskampagnen politischer oder wirtschaftlicher Gegner über internationale soziale Medien, Nachrichtenseiten oder mittels Social Bots reagieren soll; zweitens muss er selbst mit Fake-News-Vorwürfen von Kritikern umgehen können, die im Feld der Politik oft mit Selbstverständlichkeit die alleinige Wahrheit für sich beanspruchen.[604] Gerade der zweite Punkt wird meist wenig beachtet bzw. unter der naiven Perspektive betrachtet, es gäbe im Politischen – im Bereich der Werte, Normen, Konventionen – nur objektive, nackte Tatsachen (siehe hierzu unsere kritische Diskussion eines objektiven Gemeinwohlbegriffs in Kap. 2.4). Diesen beiden Herausforderungen muss sich jeder Akteur zwangsläufig im globalen, digitalen Kommunikationsraum stellen, insofern das Schlagwort der Fake News wie kaum ein an-

604 Siehe hierzu Meier, Dominik (2016a): »Postfaktisch« als Kampfbegriff – wie ein Modewort die Demokratie untergräbt, http://www.miller-meier.de/debatte/postfaktisch-als-kampfbegriff/ und News Aktuell (2017): Die große Falle: Was das Phänomen Fake News für Kommunikation und PR bedeutet, Whitepaper 6.

deres für grenzüberschreitende Macht- und Deutungskämpfe und die Involvierung multinationaler Protagonisten und Technologien steht.

Für den homo consultans sind mit dem GGR-Ansatz eine Reihe von zentralen *Voraussetzungen* verbunden. Die erste und wichtigste ist die Anerkennung der in Kap. 1 und 2 ausführlich beschriebenen Einsicht, wonach die allgemeine Logik von Macht und Politik überall dieselbe ist. Das gilt für die fundamentalen Machtprinzipien (Omnipräsenz, Machbarkeit von Macht, natürliches Streben nach Macht etc.) ebenso wie für die Charakterisierung des Machtkampfes als Nullsummenspiel, die politischen Ressourcen (Wissen, Kompetenz, Instrumente), die Grundbausteine der Strategie (Grundlagen, Fähigkeiten, Bildung, Steuerung), die Relevanz des Gemeinwohls als universelles Legitimationsprinzip oder die essenziellen Techniken der Einflussnahme. Es gibt keine politische Arena, die sich nicht anhand dieser Grundbegriffe erschließen lässt.

Was sich von Gemeinwesen zu Gemeinwesen und von Kulturkreis zu Kulturkreis jedoch unterscheidet, sind die Anforderungen an die Adaptierung und Kontextualisierung dieser global einheitlichen Grundlogik, sprich die spezifischen politischen Systemlogiken der Gemeinwesen, ihre Organisationslogiken, ihre politischen Ethiken und Narrative etc. Diese Unterschiede erschöpfen sich nicht im Institutionendesign von Legislative, Exekutive, Judikative und Administration (siehe Kap. 3.2.1). Sie umfassen z. B. auch fundamentale Differenzen beim Verständnis von politischer oder wirtschaftlicher Verantwortung, bei der Definition von Vergehen wie Korruption und Vorteilsnahme oder bei der Gestaltung des Verhältnisses von Arbeit und Privatleben. In ihrer Monografie *The Culture Map: Breaking Through the Invisible Boundaries of Global Business* von 2014 vergleicht die Management-Expertin Erin Meyer die Arbeits- und Organisationskulturen von 30 Staaten.[605] Dabei zeichnet sie anhand von wenigen Leitfragen ein hochdifferenziertes Bild transnationaler Gemeinsamkeiten und Unterschiede: Beruht das Vertrauen zwischen Personen auf persönlicher Bekanntschaft oder auf erfolgreicher gemeinsamer Arbeit? Wird Feedback für Erfolg und Misserfolg direkt kommuniziert oder indirekt und diskret? Werden kollektive Entscheidungen konsensual oder hierarchisch gefällt? Handhabt man Zeitplanung und Termingestaltung flexibel oder strikt? Und so fort.

605 Vgl. Meyer, Erin (2014): The Culture Map: Breaking Through the Invisible Boundaries of Global Business, New York: Public Affairs.

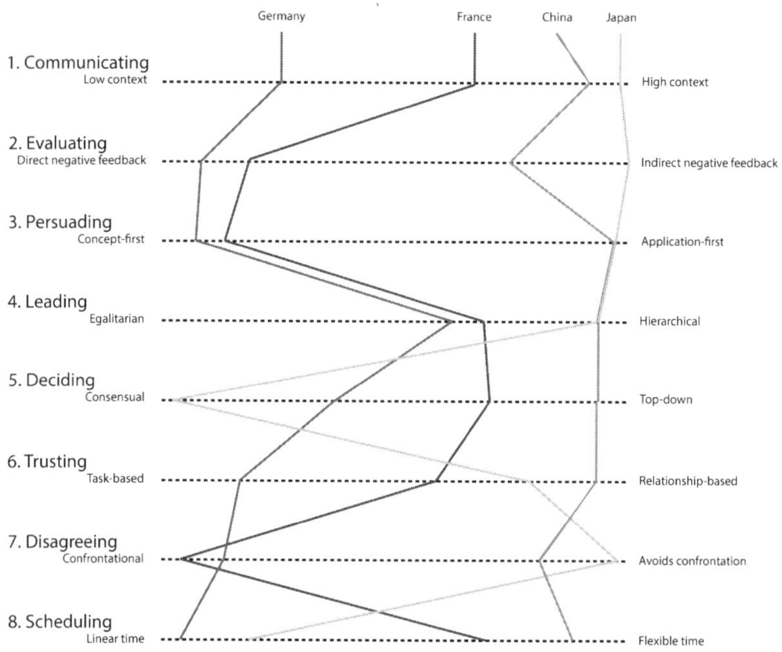

Abbildung 21: Organisations- und Arbeitskulturen im Vergleich[606]

Für den Machtberater sind solche Kenntnisse essenziell, wenn er eine globale Strategie umsetzen will. Wer die deutsche und schweizerische Wertschätzung für Pünktlichkeit nicht kennt, den großen Respekt vor dem Alter in Ländern wie Kenia und Namibia oder den Stellenwert des Small Talks im angelsächsischen Kulturraum, wird mit GGR-Projekten schnell Schiffbruch erleiden. Zu Beginn von Kap. 3 haben wir festgehalten, dass gute Beratung immer Universalität und Kontingenz verbindet. Dieser Grundsatz gilt in besonderem Maße für diesen Aspekt des Power-Leadership-Curriculums: Der Machtberater steht vor der Herausforderung, weder blindlings ein abstraktes Handlungsschema in allen nationalen Kontexten zu implementieren noch sich ausschließlich den lokalen Binnenlogiken seiner verschiedenen Einsatzfelder zu unterwerfen.

606 Meyer, Erin (2016): Mapping out Cultural Differences on Teams, http://erinmeyer.com/2016/01/mapping-out-cultural-differences-on-teams/.

Eine weitere Voraussetzung, die sich in diesem Zusammenhang auftut, betrifft den Bereich der *Compliance*. Mit diesem betriebswirtschaftlichen Begriff ist die Einhaltung nationaler und internationaler Gesetze sowie freiwilliger Ethikkodizes und Verhaltensstandards durch Firmen, Verbände, NGOs, Institutionen und andere Akteure des politischen Felds umschrieben.[607] Die durch Selbstverpflichtung eingeführten Regelwerke spezifizieren z. B. für Unternehmen und deren Dienstleister Verhaltensanforderungen zur Gewährleistung von Datenschutz, zur Bekämpfung von Sexismus und Rassismus oder zur Vermeidung von Korruption und Interessenkonflikten. Für den homo consultans, welcher qua Berater des homo consultandus an solche (zumeist Hunderte Seiten umfassende) Compliance-Standards gebunden ist, können sich hier praktische Konflikte mit der politischen Kultur bestimmter Gemeinwesen ergeben. Was gemessen am kulturellen Selbstverständnis der politischen Elite eines Landes mitunter ein bloßer Austausch von Gastgeschenken oder Gefälligkeiten ist, wird nach dem Regelwerk vieler Großkonzerne oft als Bestechung eingestuft. Verkompliziert wird diese Konstellation dadurch, dass Compliance-Standards nicht nur vom Machtberater selbst eine strenge Regelkonformität verlangen, sondern diesen meistens auch für das Verhalten von Subunternehmern (z. B. nationalen Teams oder Mitarbeitern, die der homo consultans beauftragt hat) haftbar machen. Für den Machtberater bedeutet dies, dass er mit den regulatorischen Bedingungen und Gepflogenheiten seiner nationalen Einsatzfelder ebenso gut vertraut sein muss wie mit den freiwilligen Verhaltensrichtlinien seines Klienten sowie dem Ethos und den Arbeitspraktiken der verschiedenen Teams.

Die *Durchführungsseite* der GGR reflektiert die Herausforderungen eines durch inter- und supranationale Vernetzungen stetig komplexer werdenden Handlungsumfelds. Das Fundament des Erfolgs ist die bereits zur Sprache gekommene Arbeitsteilung zwischen nationalen und/oder regionalen Teams auf der einen Seite und einer strategischen Leitstelle auf der anderen Seite. Die Notwendigkeit des Einsatzes spezialisierter Teams ergibt sich daraus, dass eine effektive und effiziente Politikgestaltung eine immense Vertrautheit mit den geschriebenen und

607 Zur Einführung siehe Hauschka, Christoph E. (2007): Corporate Compliance – Handbuch der Haftungsvermeidung im Unternehmen, München: Verlag C.H. Beck.

ungeschriebenen Regeln, Konventionen und Werten der relevanten Gemeinwesen voraussetzt. Diese Vertrautheit erwächst in aller Regel allein aus nationaler Zugehörigkeit. Anschaulicher gesagt: Nur ein französischer Machtberater kann in Frankreich einen Klienten erfolgreich bei der Durchsetzung seiner Interessen unterstützen, nur ein russischer Machtberater in Russland und so fort. Die strategische Leitstelle erfüllt demgegenüber die essenzielle Funktion, die Aktivitäten der Teams zu koordinieren und zu kontrollieren sowie für den homo consultandus als permanenter, direkter Ansprechpartner zur Verfügung zu stehen; sie fungiert als Gelenkstelle und beiderseitige Vermittlungsinstanz zwischen dem Klienten und den einzelnen Teams. Daher müssen ihre Mitglieder einerseits einen adäquaten Überblick über die Herausforderungen und Machtressourcen in allen für die GGR-Strategie relevanten Staaten haben (der freilich nicht die Detailtiefe der spezialisierten Teams erreichen kann und muss). Und andererseits müssen sie die in Kap. 3.4 diskutierten Projektmanagement- und Führungsfähigkeiten routiniert beherrschen und in der Lage sein, in verschiedensten Zeitzonen effizient und effektiv zu arbeiten.

Die GGR-spezifischen Anforderungen an die Durchführungsseite betreffen aber nicht allein den organisatorischen Aufbau der Arbeitsgruppe des homo consultans. Sie schlagen sich zudem in den Kriterien des Coachings und Trainings für den homo consultandus und in der Navigation nieder. Den Klienten zur erfolgreichen Positionierung in einem globalisierten Handlungsfeld zu befähigen, heißt nicht nur, ihn mit den Systemlogiken der relevanten Nationen und supranationalen Institutionen vertraut zu machen, sondern auch, ihn durch die Machtverhältnisse, Konkurrenzen und Interdependenzen der Akteure zu navigieren. In Hinblick auf das politische Feld der EU umfasst dies z. B. umfassende Kenntnisse der Machtblöcke (deutsch-französisches Tandem, Visegrád-Staaten, Craiova-Gruppe, NORDEFCO etc.), der europäischen Teilöffentlichkeiten, der Rivalitäten unter den Hauptstädten sowie zwischen den Mitgliedsstaaten und Brüssel und nicht zuletzt auch der europäischen Sprachpolitiken auf nationaler und subnationaler Ebene.

Die Verdichtung (bzw. Priorisierung, Systematisierung und Evaluierung) von Informationen sowie die Themensteuerung und die Strategieentwicklung müssen gleichsam an die Anforderung der GGR angepasst werden. Dass etwa auf globaler Ebene ein ungleich höherer informationaler und analytischer Aufwand für die Durchführung des Vier-

Phasen-Modells (siehe Kap. 3.3.1) anfällt als auf einzelstaatlicher Ebene, ist unmittelbar evident. Allein die Zusammenführung verschiedensprachiger Monitoring- und Intelligence-Befunde stellt in diesem Kontext eine bedeutende Herausforderung dar; dasselbe gilt für Szenarioanalysen.

Wir wollen uns an dieser Stelle jedoch nicht in Detailfragen der technologischen Umsetzung verstricken. Stattdessen werfen wir ein Schlaglicht auf die substanzielle, inhaltliche Anforderung der GGR-Strategiebildung und -umsetzung: das einheitliche Messaging. Von einer kohärenten und konsistenten GGR-Strategie lässt sich dann und nur dann sprechen, wenn die verschiedenen, einzelstaatlichen Aktivitäten des homo consultans und seiner Teams durch eine inhaltliche Klammer zusammengehalten werden. Diese Klammer kann in einer einfachen, universalen Botschaft bestehen, die auf dem USP des homo consultandus fußt und in allen politischen Diskursen der relevanten Gemeinwesen anschlussfähig ist, so etwa der singulären Innovationskraft des homo consultandus in einem technologischen Sektor, seiner Vertrauenswürdigkeit bei der Interaktion mit Stakeholdern, seiner ethischen Vorbildfunktion, seinem glaubwürdigen Einsatz zur Verbesserung der Lebensqualität seiner Kunden oder der umfassenden Gewährleistung von Sicherheit bei der Durchführung finanzieller Transaktionen. Oder sie kann akzentuieren, dass alle Staaten, die im Fokus der GGR-Strategie stehen, wichtige und einander ergänzende Beiträge zu einem bedeutenden Gesamtprojekt leisten, das sie vereint. Ein immenses Potenzial hierfür bergen beispielsweise Konzerne wie die Airbus Group, Boeing oder BAE Systems, welche die Komponenten ihrer Luft- und Raumfahrzeuge (Kabinen, Turbinen, Tragflächen, Navigationssoftware etc.) an Standorten in verschiedenen Ländern fertigen und somit das Prinzip nationaler Arbeitsteilung und Kooperation als Grundlage ihres Geschäftsmodells bereits voraussetzen. Nicht umsonst lautet etwa ein Mission Statement von Airbus: »European Unity«.[608]

Der GGR-Ansatz kann seine Vorzüge – die Bewältigung globaler bzw. inter- und supranationaler Herausforderungen, die Entwicklung von Synergien und die Verhinderung von Antagonismen – nur entfalten, wenn er auch in den relevanten Staaten als *eine* Strategie wahrge-

608 Siehe auch Forbes vom 27.2.2016, https://www.forbes.com/sites/shelliekarabell/2016/02/27/why-airbus-is-a-model-for-european-unity/#347b0a2b5838.

nommen wird und wenn seine Schlüsselthemen und Argumente über nationale Grenzen hinweg von Entscheidungsträgern und Öffentlichkeiten gleichermaßen *geteilt* werden. Wie wir in Kap. 2.4 und 3.2.3 festgehalten haben, ist die politische Position des Machtakteurs stets nur dann vermittlungsfähig, wenn sich ein Bezug zwischen seinen Zielen und Interessen auf der einen Seite und dem Gemeinwohl des Staates auf der anderen Seite herstellen lässt. Die essenzielle Herausforderung besteht darin, diesen universal gültigen Grundsatz im Rahmen einer GGR-Strategie auf die inter- und supranationale Arena zu übertragen und dort organisatorisch umzusetzen. Für diese hoch anspruchsvolle Zielvorgabe gibt es kein Patentrezept; aber die letzten Kapitel sollten dennoch die wesentlichen Vorbedingungen und Leitprinzipien, aber auch Fallstricke deutlich gemacht haben.

Die globale Machtberatung ist zweifellos eines der wichtigsten und durch den größten Leistungs- und Innovationsdruck charakterisierten Arbeitsfelder des homo consultandus überhaupt. Es bedarf daher weder hellseherischer Fähigkeiten noch ausgefeilter Prognosen, um vorherzusagen, dass diese in Zukunft die erfahrenen Routiniers und auch die Novizen der Branche weltweit noch mehr als jetzt herausfordern wird.

3.6 Schlussbemerkungen

Mit diesem Ausblick auf das inter- und supranationale Einsatzfeld des homo consultans ist unser Buch an seinem Schlusspunkt angelangt. Das soll freilich nicht heißen, dass es zu diesem ebenso fesselnden wie herausfordernden Thema nichts mehr zu sagen gäbe. Ganz im Gegenteil: *Logiken der Macht* ist nur eine Stimme in einem polyphonen, interdisziplinären Diskurs über die Ausübung und Legitimation von Macht in unserer globalisierten Gegenwart. Diese vitale und kontinuierlich fortschreitende Debatte lebt wie kaum eine andere vom steten Austausch zwischen Beratern, Wissenschaftlern, Juristen, Ökonomen, Unternehmern und politischen Entscheidungsträgern, aber auch zwischen Nationen, Staaten und Kulturen. Das Phänomen der Macht lässt sich in seiner Vielgestaltigkeit und Wandelbarkeit nie ein für alle Mal auf den Begriff bringen. Jede Abhandlung bleibt eine Momentaufnahme – und so auch diese. In drei aufeinander aufbauenden Kapiteln über *das Wesen der Macht*, *die Konkretionen der Macht* und *die Praxis der Macht* haben wir ein weites Themenfeld durchmessen und kartiert: von der allgemeinen Begriffsbestimmung der Macht und ihren universellen, anthropologischen Grundprinzipien über ihre konkreten Formen, Felder und Ressourcen bis hin zum Power-Leadership-Curriculum für die repräsentative Demokratie des 21. Jahrhunderts.

Zwei Grundsätze haben uns dabei von der ersten bis zur letzten Seite geleitet – sie machen das Alleinstellungsmerkmal unserer Arbeit aus: Der erste Grundsatz ist die Ansprache von Praktikern und Theoretikern der Macht gleichermaßen und die Überwindung ihrer Gegensätze. Wer die fundamentalen Konzepte von Macht und Entscheidung konsequent durchdenkt, der gelangt notwendigerweise zur Alltäglichkeit der politischen Praxis; alles andere wäre ein willkürlicher Abbruch der Analyse. Diese Praxis kann jedoch nur derjenige verstehen und gestalten, der die spezifischen Techniken der Herrschaft und Einflussnahme, mithin die Elemente von Befähigen, Verdichten und Gestalten, verinnerlicht hat. Umgekehrt gilt: Wer das Rüstzeug des Machtberaters systematisieren und beherrschen will, der muss sich den Logiken der Macht und ihren universellen Gesetzmäßigkeiten stellen; ansonsten bleibt das Curriculum ein bloßes Sammelsurium ohne methodologisches Fundament. All dies bedeutet freilich nicht, dass jeder Machttheoretiker zum Praktiker werden müsste und jeder Machtpraktiker zum Theoretiker. Aber unsere *Logiken der Macht* zeigen gleichwohl, dass sich beide Seiten optimal ergänzen. Von einem vertieften Dialog können sie also nur profitieren.

Zweitens ist unsere Monografie ein Plädoyer für einen ehrlichen, ungeschminkten, schonungslosen Blick auf die Macht selbst. Um das Phänomen der Macht rankt sich eine beispiellose Mythenbildung. Manchen gilt sie als Grundübel unserer Gesellschaft, anderen als unbestimmbare, unkontrollierbare Kraft, die sich jedem rationalen Zugriff entzieht. Der Traum einer herrschaftsfreien Gesellschaft, in der keiner Macht über irgendjemanden hat, begleitet seit jeher unsere sozialen Diskurse – nicht selten als utopisches Grundrauschen einer fundamentalen Politikkritik. Wir haben uns bemüht, mit diesen Legenden und Missverständnissen aufzuräumen. Macht ist nicht obskur, sondern klar definierbar und identifizierbar. Sie ist weder sui generis schlecht noch gut, sondern gewinnt ihre ethische Valenz einzig und allein aus ihrem Verhältnis zum Gemeinwohl. Sie ist keine unkontrollierbare Naturgewalt, sondern lässt sich über die Ressourcen, Strategeme und Techniken der Macht gezielt einsetzen, erwerben und ausweiten. Und schließlich ist sie kein soziales Phänomen, das sich nach Belieben an- und ausschalten ließe. Das Nullsummenspiel um Macht ist eine conditio humana. Solange es Menschen gibt, werden sie in den Feldern der Politik, der Ökonomie oder der Religion um Einfluss konkurrieren – aus Freiheitsdrang, Notwendigkeit, Idealismus, Nervenkitzel oder Lust am Spiel. Wer aus diesem Spiel ausscheiden will, tut dies um den hohen Preis einer Auflösung seiner sozialen Bindungen und einer Hinwendung zu Weltentsagung und Mystik. Alle anderen sind gut darin beraten, mit der Macht leben und umgehen zu lernen. Für sie haben wir dieses Buch geschrieben.

Was unsere Leser mit diesen Überlegungen, Methoden und Werkzeugen der Macht anfangen, das wollen und müssen wir ihnen überlassen. *Logiken der Macht* ist kein Leitfaden zur Ethik der Macht, sondern eine Abhandlung, der es um das praktische und theoretische Verstehen ihres Gegenstands zu tun ist. Aus unserer eigenen Position, die fest auf dem Boden des demokratischen Rechtsstaates verwurzelt ist, haben wir keinen Hehl gemacht. Unser Wunschpublikum sind keine Anhänger des autoritären Staates, des Populismus oder der Technokratie, sondern jene pragmatischen Idealisten, die gegen allen Defätismus am Prinzip der Volkssouveränität festhalten. Unsere Demokratie verdient verantwortungsvolle Entscheidungsträger, Berater und Interessenvertreter, die nicht vor der Macht zurückschrecken, sondern sie als kreatives Potenzial zur Verwirklichung des Gemeinwohls begreifen. Macht ist stets das, was man aus ihr macht.

4 Literatur

4.1 Fachliteratur

Abramson, Jeffrey B. (2009): The Owl of Minerva, Cambridge/London: Harvard University Press.

Agamben, Giorgio (2002): Homo sacer. Die souveräne Macht und das nackte Leben, Frankfurt a. M.: Suhrkamp.

Al-Baghdadi, Ahmad M. (1981): The political thought of Abu Al-Hassan Al-Mawardi, Thesis Presented for the Degree of Doctor of Philosophy, University of Edinburgh, URL: https://www.era.lib.ed.ac.uk/handle/1842/7414, zuletzt abgerufen am 21.12.2017.

Al-Farabi (2009): Die Prinzipien der Ansichten der Bewohner der vortrefflichen Stadt, übers. von Cleophea Ferrari, Stuttgart: Reclam.

Allen, Amy (1999): The Power of Feminist Theory: Domination, Resistance, Solidarity.
Boulder, Colo.: Westview.

Allen, Amy (2016): Feminist Perspectives on Power, in: Edward N. Zalta (Hg.): Stanford Encyclopedia of Philosophy, The Metaphysics Research Lab, URL: http://plato.stanford.edu/entries/feminist-power/, zuletzt abgerufen am 21.12.2017.

al-Mawardi, Abu al-Hasan (1996): Al-Ahkam as-Sultaniyya. The Ordinances of Government, übers. von Wafaa H. Wahba, Reading: Garnet.

Althaus, Marco (2007) (Hg.): Kampagne! 3: Neue Strategien im Grassroots Lobbying für Unternehmen und Verbände, Berlin: Lit Verlag.

Althaus, Marco (Hg.) (2001): Kampagne! Neue Strategien für Wahlkampf, PR und Lobbying, Münster: LIT.

Alvarez, Maria (2016): Reasons for Action: Justification, Motivation, Explanation, in: Edward N. Zalta (Hg.): Stanford Encyclopedia of Philosophy, URL: https://plato.stanford.edu/entries/reasons-just-vs-expl/, zuletzt abgerufen am 21.12.2017.

Anderheiden, Michael (2006): Gemeinwohl in Republik und Union, Tübingen: Mohr Siebeck.

Anderson, Benedict (1994): Imagined Communities. Reflections on the Origins and Spread of Nationalism, London/New York: Verso.

Andregg, Michael (2007): Intelligence Ethics: Laying a Foundation for the Second Oldest Profession, in: Loch K. Johnson (Hg.): Handbook of Intelligence Studies, New York: Routledge, S. 52–66.

Andres, Jan, Geisthövel, Alexa & Schwengelbeck, Matthias (Hg.) (2005): Die Sinnlichkeit der Macht. Herrschaft und Repräsentation seit der frühen Neuzeit, Frankfurt/New York: Campus.

Angermüller, Johannes (2005): Macht und Subjekt. Gesellschaftstheoretische Anstöße im Anschluss an Foucault, Althusser und Lacan, in: Michael Schultze, Jörg Meyer, Dietmar Fricke, Britta Krause (Hg.): Diskurse der Gewalt – Gewalt der Diskurse, Frankfurt a. M.: Lang, S. 73–84.

Arendt, Hannah ([1964] 2006): Wahrheit und Politik, in: Hannah Arendt und Patrizia Nanz über Wahrheit und Politik, Berlin: Wagenbach, S. 7–62.

Arendt, Hannah (1970): Macht und Gewalt, München: Piper.

Aristoteles ([1638] 1971): Politik, übers. und hg. von Olof Gigon, Zürich/München: Artemis Verlag.

Aristoteles (1999): Rhetorik, Übers. und hg. von Gernot Krapinger. Reclam, Stuttgart.

Ashrati, Mustafa (2008): Islamic Banking. Wertvorstellungen, Finanzprodukte, Potenziale, Frankfurt a. M.: Frankfurt School Verlag.

Assmann, Aleida (2007): Geschichte im Gedächtnis. Von der individuellen Erfahrung zur öffentlichen Inszenierung, München: C.H. Beck.

Assmann, Jan (1983): Königsdogma und Heilserwartung. Politische und kultische Chaosbeschreibungen in ägyptischen Texten, in: David Hellholm (Hg.): Apocalypticism in the Mediterranean World and the Near East, Tübingen: Mohr Siebeck, S. 345–377.

Assmann, Jan (1988): Kollektives Gedächtnis und kulturelle Identität, in: Jan Assmann & Tonio Hölscher (Hg.): Kultur und Gedächtnis, Frankfurt am Main: Suhrkamp, S. 9–19.

Assmann, Jan (2013): Das kulturelle Gedächtnis. Schrift, Erinnerung und politische Identität in frühen Hochkulturen, 7. Auflage, München: Beck.

Bacon, Francis ([1620] 1902): Novum Organonon, New York: P.F. Collier.

Ballestrem, Karl (1983): Vertragstheoretische Ansätze in der politischen Philosophie, in: Zeitschrift für Politik 30 (1), S. 1–17.

Bando, Shojun (1973): Jesus Christus und Amida. Zu Karl Barths Verständnis des Buddhismus vom Reinen Land, in: Yagi Seiichi & Ulrich Luz (Hg.): Gott in Japan: Anstöße zum Gespräch mit japanischen Philosophen, Theologen, Schriftstellern, München: Kaiser, S. 72–93.

Barlösius, Eva (2004): Kämpfe um soziale Ungleichheit. Machttheoretische Perspektiven, Wiesbaden: VS Verlag.

Barry, Brian (1989): Democracy and Power, Oxford: Clarendon Press.

Baruch, Marc O. (2000): Das Vichy-Regime, Stuttgart: Reclam.

Bauer, Matthias (2016): The Political Power of Evoking Fear: The Shining Example of Germany's Anti-TTIP Campaign Movement, in: European View 15 (2), S. 193–212.

Bauer, Wolfgang (2001): Geschichte der chinesischen Philosophie. Konfuzianismus, Daoismus, Buddhismus, München: C.H. Beck.

Bazil, Vazrik (2010): Politische Sprache: Zeichen und Zunge der Macht, in: Aus Politik und Zeitgeschichte (8), S. 3–6.

Beamish, Thomas D. & Luebbers, Amy J. (2009): Alliance-Building Across Social Movements: Bridging Difference in a Peace and Justice Coalition, in: Social Problems 56 (4), S. 647–676.

Becker, Ralf, Bermes, Christian & Leonardy, Heinz (Hg.) (2007): Die Bildung der Gesellschaft: Schelers Sozialphilosophie im Kontext, Würzburg: Königshausen & Neumann.

Beckett, Samuel (1984): Worstward Ho, New York: Grove Press.

Beetham, David (1974): Max Weber and the Theory of Modern Politics, London: George Allen & Unwin.

Benhabib, Seyla (1996): Toward a deliberative model of democratic legitimacy, in: Seyla Benh (Hg.): Democracy and difference: Contesting the boundaries of the political, Princeton: Princeton University Press, S. 67–94.

Berlin, Isiah (1969): Two Concepts of Liberty, Oxford: Oxford University Press, in: Ders. (Hg.): Four Essays on Liberty, Oxford: Oxford University Press.

Bernal, Paul (2016): Data Gathering, Surveillance and Human Rights: Recasting the Debate, in: Journal of Cyber Policy 1 (2), S. 243–264.

Bernardy, Jörg (2014): Aufmerksamkeit als Kapital: Formen des mentalen Kapitalismus, Marburg: Tectum.

Bettini, Maurizio (1992): Familie und Verwandtschaft im antiken Rom, Frankfurt a. M.: Campus.

Blau, Robert (1965): Exchange and Power in Social Life, New York: Wiley.

Blösel, Wolfgang (2015): Die römische Republik, München: C.H. Beck.

Blum, Christian & Zuber, Christina I. (2016): Liquid Democracy: Potentials, problems, and perspectives, in: Journal of Political Philosophy 24 (2), S. 162–182.

Blum, Christian (2010a) »Eine sehr bemerkenswerte Veränderung«: zur Bedeutung der aliénation totale in Rousseaus Contrat Social für die kontraktualistische Begründung staatlicher Autorität, in: a.r.t.e.s. Jahrbuch 2010, S. 98–103.

Blum, Christian (2010b): Dilemmas Between the General and Particular Will – a Hegelian Analysis, in: Ignacia Falgueras, Juan A. García & Juan J. Padidal (Hg.): Yo y tiempo: la antropología filosófica de G.W.F. Hegel, Malaga: Contrastes, S: 231–239.

Blum, Christian (2011): Solidarität als universelle Grundlage nationaler Staatlichkeit: Zur Aktualität von Ibn Khalduns Muqaddima, in: Claudia Bickmann & Markus Wirtz (Hg.): Absolutheit und Kontingenz, Norhausen: Traugitt Bautz, S. 115–132.

Blum, Christian (2012): Determining the Common Good: a (Re-) Constructive Critique of the Proceduralist Paradigm, in: Phenomenology and Mind 3, S. 176–188.

Blum, Christian (2014): Why the Epistemic Justification of Deliberative Democracy Fails, in: Andre S. Campos & José G. André (Hg.): Challenges to Democratic Participation: Antipolitics, Deliberative Democracy, and Pluralism, Lanham: Lexington Books.

Blum, Christian (2015): Die Bestimmung des Gemeinwohls, Berlin: De Gruyter.

Blumenberg, Hans [1966] (1988): Die Legitimität der Neuzeit, Frankfurt a. M.: Suhrkamp

Böckenförde, Ernst-Wolfgang (1967): Die Entstehung des Staates als Vorgang der Säkularisation, in: Säkularisation und Utopie. Ebracher Studien, Ernst Forsthoff zum 65. Geburtstag, Stuttgart/Berlin/Köln/Mainz, S. 75–94.

Böckenförde, Ernst-Wolfgang (1983): Politische Theorie und politische Theologie. Bemerkungen zu ihrem wechselseitigen Verhältnis, in: Jacob Taubes (Hg.): Religionstheorie und politische Theorie. Bd.1: Der Fürst dieser Welt. Carl Schmitt und die Folgen, München: Wilhelm Fink Verlag, S. 16–25.

Böckenförde, Ernst-Wolfgang (2011): Europa und die Türkei, in: Ders., Wissenschaft – Politik – Verfassungsrecht, Frankfurt a. M.: Suhrkamp, S. 289f.

Bohlken, Eike (2011): Die Verantwortung der Eliten: Eine Theorie der Gemeinwohlpflichten, Frankfurt/New York: Campus.

Böhm von Bawerk, Eugen (1914): Macht oder ökonomisches Gesetz?, in: Zeitschrift für Volkswirtschaft, Sozialpolitik und Verwaltung 23, S. 205–271.

Bourdieu, Pierre (1976). Entwurf einer Theorie der Praxis auf der ethnologischen Grundlage der kabylischen Gesellschaft, Frankfurt a. M.: Suhrkamp.

Bourdieu, Pierre (1987): Die feinen Unterschiede. Kritik der gesellschaftlichen Urteilskraft, übers. von Bernd Schwibs & Achim Russer, Frankfurt a. M.: Suhrkamp.

Bourdieu, Pierre (1993): Sozialer Sinn. Kritik der theoretischen Vernunft, Frankfurt a. M.: Suhrkamp.

Bourdieu, Pierre (1998): Praktische Vernunft. Zur Theorie des Handelns, Frankfurt a. M.: Suhrkamp.

Bourdieu, Pierre (2000): Das religiöse Feld. Texte zur Ökonomie des Heilsgeschehens, übers. von Andreas Pfeuffer, Konstanz: UVK, S. 15–23.

Bourdieu, Pierre (2001): Das politische Feld. Zur Kritik der politischen Vernunft, Konstanz: UVK.

Bourdieu, Pierre (2002): Die zwei Gesichter der Arbeit, Konstanz: UVK.

Bowens, Luc (2016): The Ethics of Dieselgate, in: Midwest Studies in Philosophy 40 (1), S. 262–283.

Bowering, Gerhard (2015): Introduction, in: Ders. (Hg.): Islamic Political Thought. An Introduction, Princeton/Oxford: Princeton University Press, S. 1–23.

Bracher, Karl-Dietrich (1991): Betrachtungen zum Problem der Macht, Opladen: Westdeutscher Verlag.

Braudel, Fernand ([1958] 1992): Die lange Dauer, in: Ders. (Hg.) Schriften zur Geschichte Bd. 1: Gesellschaft und Zeitstrukturen, übers. von Gerda Kurz & Siglinde Summerer, Stuttgart: Klett-Cotta, S. 49–87.

Braun, Johann (2015): Die offene Gesellschaft und ihre Grenzen, in: Rechtstheorie 46 (2), S. 151–177.

Brendecke, Arndt (2015): Von Postulaten zu Praktiken. Eine Einführung, in: Ders. (Hg.): Praktiken der frühen Neuzeit. Akteure, Handlungen, Artefakte, Köln/Weimar/Wien: Böhlau Verlag, S. 13–20.

Brennan, Jason (2016): Against Democracy, Princeton: Princeton University Press.

Brettschneider, Frank (2014): Massenmedien und Wählerverhalten, in: Falter, Jürgen W. & Schoen, Harald (Hg.): Handbuch Wahlforschung, Wiesbaden: Springer VS, S. 625–657.

Brockers, Wolfgang (2014): Karate – Essays. Norderstedt: BOD

Brodeur, Jean-Paul (2002): Gewalt und Polizei, in: Wilhelm von Heitmeyer & John Hagan (Hg.): Internationales Handbuch der Gewaltforschung, Wiesbaden: Westdeutscher Verlag, S. 259–283.

Brown, Donald E. (1991): Human Universals, New York: McGraw-Hill and Temple University Press.

Bryant, J. (2003): The Six Dilemmas of Collaboration: Inter-organisational Relationships as Drama, John Wiley and Sons, Chichester, England.

Buchheim, Hans (1965): Die SS – das Herrschaftsinstrument, Befehl und Gehorsam, Olten: Walter Verlag.

Buchstein, Hubertus (2002): »Gretchenfrage ohne klare Antwort: Ernst Fraenkels politikwissenschaftliche Gemeinwohlkonzeption«, in: Herfried Münkler & Harald Bluhm (Hg.), Gemeinwohl und Gemeinsinn, Bd. IV: Zwischen Normativität und Faktizität, Berlin: Akademie Verlag, S. 217–240.

Bullock, Alan (1992): Hitler and Stalin: Parallel Lives. 1st American ed., New York: Knopf.

Burckhardt, Jacob ([1905] 1949): Weltgeschichtliche Betrachtungen, Neske Verlag.

Burke, Edmund ([1770] 2002): Thoughts on the Cause of the Present Discontents, in: Susan E. Scarrow (Hg.): Perspectives on Political Parties, Basingstoke: Palgrave Macmillan, S. 37–43.

Burleigh, Nina (2007): Mirage: Napoleon's Scientists and the Unveiling of Egypt, New York: Harper Collins.

Burton, John (1994): An Introduction to the Hadith, Edinburgh: Edinburgh University Press.

Caplan, Bryan (2007): The Myth of the Rational Voter: Why Democracies Choose Bad Policies, Princeton: Princeton University Press.

Carter, Ian (2008): How are Power and Unfreedom Related?, in: Cécile Laborde & John W. Maynor (Hg.): Republicanism and Political Theory, Malden/Oxford: Blackwell Publishing, S. 59–82.

Čas, Johann & Peissl, Walter (2006): Datenhandel – ein Geschäft wie jedes andere?, in: Jeanette Hofmann (Hg.): Wissen und Eigentum. Geschichte, Recht und Ökonomie strafloser Güter, Bonn: Bundeszentrale für politische Bildung, S. 263–278.

Cassirer, Ernst ([1910] 2010): Substanzbegriff und Funktionsbegriff, Werkausgabe, Bd. 6, Hamburg: Felix Meiner.

Christ, Michaela (2010): Auf Entdeckungsreise. Heinrich Popitz Phänomene der Macht, in: Soziale Passagen 2 (2), S. 251–254.

Christiano, Thomas (2004): The Authority of Democracy, in: The Journal of Political Philosophy 12 (3), S. 266–290.

Christman, John (2011): The Politics of Persons: Individual Autonomy and Socio-historical Selves, Cambridge University Press.

Christmann, Gabriele et al. (2011): Vulnerabilität und Resilienz in sozio-räumlicher Perspektive. Begriffliche Klärung und theoretischer Rahmen, Working Paper, Erkner, Leibniz-Institut für Regionalentwicklung und Strukturplanung, URL: https://leibniz-irs.de/fileadmin/pure_files/ws/files/462364/wp_vulnerability.pdf, zuletzt abgerufen am 23.1.2017

Cicero (1986): De oratore: Über den Redner, hg. und übers. von Harald Merklin, Reclam.

Cicero, Quintus Tullius (2009): Commentariolum petitionis, hg. und übers. von Günter Laser, Darmstadt: Wissenschaftliche Buchgesellschaft.

Clausen, Jens (2006): Die ›Natur des Menschen‹: Geworden und gemacht. Anthropologische Überlegungen zum Enhancement, in: Zeitschrift für medizinische Ethik 52, S. 391–401.

Clegg, Stuart (1989): Frameworks of Power, London: Sage Publications.

Clinton, Hillary (2003): Living History, New York: Simon & Schuster.

Cole, Juan R. (2008): Napoleon's Egypt: Invading the Middle East, New York: Palgrave Macmillan.

Condorcet, Marie J. (2011): Ausgewählte Schriften zu Wahlen und Abstimmungen, hg. und übers. von Joachim Behnke, Carolin Stange & Reinhard Zintl, Tübingen: Mohr Siebeck.

Conolly, William E. (1993): The Terms of Political Discourse, Princeton: Princeton University Press.

Crisp, Roger (2013): ›Well-Being‹, in: Edward N. Zalta (Hg.): Stanford Encyclopedia of Philosophy, URL: http://plato.stanford.edu/entries/well-being/, zuletzt abgerufen am 21.12.2017.

Culoma, Michael (2010): La religion civile de Rousseau à Robespierre, Paris: L'Harmattan.

D'Ancona, Cristina (2013): Greek Sources in Arabic and Islamic Philosophy, in: Edward N. Zalta (Hg.): Stanford Encyclopedia of Philosophy, URL: http://plato.stanford.edu/entries/arabic-islamic-greek/, zuletzt abgerufen am 21.12.2017.

Dahl, Robert ([1968] 2002): Power, in: Mark Haugaard (Hg.): Power. A Reader, Manchester: Manchester University Press, S. 5–25.

Dahl, Robert (1957): The Concept of Power, in: Behavioral Science 2, S. 201–215.

Dal Bó, Ernesto, Dal Bó, Pedro & Snyder, Jason (2009): Political Dynasties, in: Review of Economic Studies 76 (1), S. 115–142.

Dandeker, Christopher (1990): Surveillance, Power and Modernity, Cambridge: Polity Press.

Danner, John & Coopersmith, Mark (2015): The Other »F« Word. How Smart Leaders, Teams, and Entrepreneurs Put Failure to Work, Hoboken: Wiley.

Deleuze, Gilles & Foucault, Michel (1977): Der Faden ist gerissen, übers. von Ulrich Raulff & Walter Seitter, Berlin: Merve Verlag.

Demandt, Alexander (2002): Zeit und Unzeit. Geschichtsphilosophische Essays, Köln/Weimar: Böhlon Verlag.

Derlien, Hans-Ulrich, Böhme, Doris & Heindl, Markus (2011): Bürokratietheorie. Einführung in eine Theorie der Verwaltung, Wiesbaden: VS Verlag.

Derrida, Jacques (2004): Die différance. Ausgewählte Texte, Stuttgart: Reclam.

Dietl, Wilhelm (2007): Schattenarmeen: Die Geheimdienste der islamischen Welt, St. Pölten: Residenz Verlag.

Dietrich, Marc & Seeliger, Martin (2013): Gangsta-Rap als ambivalente Subjektkultur, in: Psychologie und Gesellschaftskritik 37 (3/4), S. 113–135.

Dixit, Avinash K. & Nalebuff Barry J. (1993): Thinking Strategically. The Competitive Edge in Business, Politics, and Everyday Life, New York: W. W. Norton & Company.

Dörr, Michael et al. (2013): Zitate und Sprichwörter: von Unternehmern für Unternehmer, Norderstedt: Books on Demand.

Dorsey, Dale (2012): Subjectivism without Desire, in: Philosophical Review 121 (3), S. 407–442.

Dowding, Keith M. (1996): Power, Concepts in social thought, Concepts in the social sciences, Univ. of Minnesota Press.

Dryzek, John (2000): Deliberative Democracy and Beyond: Liberals, Critics, Contestation, Oxford/New York: Oxford University Press.

Durkheim, Emile ([1919] 1981): Die elementaren Formen des religiösen Lebens, übers. von Ludwig Schmidts, Frankfurt a. M.: Suhrkamp.

Dworkin, Ronald (1977): Taking Rights Seriously, Cambridge: Harvard University Press.

Eales, Richard (2002): Chess: the History of a Game, London: Hardinge Simpole.

Ehn, Michael & Kastner, Hugo (2013): Schachkompositionen, Hannover: Humboldt.

Eickelpasch, Rolf (1976): Arbeit – Interaktion – Diskurs. Zur anthropologischen Gesellschaftskritik bei Jürgen Habermas, in: Zeitschrift für Soziologie 5 (3), S. 201–214.

Eisenegger, Mark (2005): Reputation in der Mediengesellschaft. Konstitution – Issues Monitoring – Issues Management, Wiesbaden: Springer.

Ekiken, Kaibara ([1713] 2010): Regeln zur Lebenspflege, hg. und übers. Andreas Niehaus & Julian Braun, München: Iudicum.

Elias, Norbert ([1939] 1976): Über den Prozeß der Zivilisation, Frankfurt a. M.: Suhrkamp.

Elias, Norbert (1983): Die höfische Gesellschaft. Untersuchungen zur Soziologie des Königtums und der höfischen Aristokratie, Frankfurt a. M.: Suhrkamp.

Eßbach, Wolfgang (2002): Zwischen Autorität und Gewalt. Überlegungen zu den Machteffekten von Religionen. Vortrag anläßlich des DIES ACADEMICUS der Theologischen Fakultät der Universität Freiburg, URL: https://www.soziologie.uni-freiburg.de/personen/wessbach/publikation/religion, zuletzt abgerufen am 21.12.2017.

Estlund, David (2008): Democratic Authority: a Philosophical Framework, Princeton: Princeton University Press.

Fantl, Jeremy (2012). Knowledge How, in: Edward N. Zalta (Hg.): Stanford Encyclopedia of Philosophy, URL: https://plato.stanford.edu/entries/knowledge-how/, zuletzt abgerufen am 21.12.2017.

Farazmand, Ali (2001): Learning from Ancient Persia: Administration of the Persian Achaemenid Empire, in: Ders. (Hg.): Handbook of Comparative and Development Public Administration, New York/Basel: Marcel Dekker, S. 33–60.

Farwell, James P. & Rohozinski, Rafal (2011): Stuxnet and the Future of Cyber War, in: Survival 53 (1), S. 23–40.

Fink-Eitel, Hinrich (1992): Dialektik der Macht, in: Emil Angehrn et al. (Hg.): Dialektischer Negativismus. Michael Theunissen zum 60. Geburtstag, Frankfurt/M: Suhrkamp, S. 35–56.

Fiva, John H. & Smith, Daniel M. (2016): Political Dynasties and the Incumbency Advantage in Party-Centered Environment, CESifo Working Paper Series No. 5757, S. 1–46.

Flaig, Egon (1992): Den Kaiser herausfordern. Die Ursupation im römischen Reich, Frankfurt a. M./New York: Campus Verlag, S. 32–37.

Flaig, Egon (1998): War die römische Volksversammlung ein Entscheidungsorgan? Institution und soziale Praktik, in: Rainhard Blänker & Bernd Jussen (Hg.): Institution und Ereignis. Über historische Praktiken und Vorstellungen gesellschaftlichen Handelns, Göttingen: Vandenhoeck & Ruprecht, S. 49–73.

Flaig, Egon (2013): Die Mehrheitsentscheidung: Entstehung und kulturelle Dynamik, Paderborn: Ferdinand Schöningh.

Flaig, Egon (2017): Die Niederlage der politischen Vernunft. Wie wir die Errungenschaften der Aufklärung verspielen, Springe: zu Klampen.

Flaig, Egon (2017): Wie entscheidungsfähig sind Demokratien? Historische Rückbesinnung auf Gemeinwohl und politische Kohäsion, im Erscheinen

Forsthoff, Ernst (1984): Der Staat der Industriegesellschaft. Dargestellt am Beispiel der Bundesrepublik Deutschland, München: C.H. Beck.

Foucault, Michel ([1976]1983): Der Wille Zum Wissen. Sexualität und Wahrheit Bd. I, übers. von Ulrich Raulff und Walter Seiter, Frankfurt a. M.: Suhrkamp.

Foucault, Michel (1978): Dispositive der Macht, übers. von Jutta Kranz, Hans-Joachim Metzger, Ulrich Raulff, Walter Seitter und Elke Wehr, Berlin: Merve.

Foucault, Michel (1989): Die Sorge um sich. Sexualität und Wahrheit, Bd. 3, übers. von Ulrich Rauff & Walter Seitter, Frankfurt a. M.: Suhrkamp.

Foucault, Michel (1991): Überwachen und Strafen. Die Geburt des Gefängnisses, 9. Aufl., übers. von Walter Seitter, Frankfurt a. M.: Suhrkamp.

Foucault, Michel (1993): Der Gebrauch der Lüste. Sexualität und Wahrheit 2, Frankfurt a. M.: Suhrkamp.

Fort, Sylvain (2002): Les Lumières francaises en Allemagne. Le cas Schiller, Paris: Presses Universitaires de France

Fraenkel, Ernst (1991): Deutschland und die westlichen Demokratien, Frankfurt a. M.: Suhrkamp.

Franck, Georg (1998): Ökonomie der Aufmerksamkeit. Ein Entwurf, München: Hanser.

Frankfurt, Harry G. (2005): On Bullshit, Princeton: Princeton University Press.

Franks, Benjamin & Wilson, Matthew (Hg.) (2010): Anarchism and Moral Philosophy, Basingstoke: Palgrave.

Freedman, Lawrence (2013): Strategy: A History, Oxford/New York: Oxford University Press.

Frei, Norbert & Schmitz, Johannes (1988): Journalismus im Dritten Reich, München: C.H. Beck.

Freud, Sigmund ([1923] 2013): Das Ich und das Es, hg.: Lothar Bayer, Stuttgart: Reclam.

Furniss, Richard & Snyder, Edgar (1955): An Introduction to American Foreign Policy, New York: Rhinehart.

Gahlen, Bernhard et al. (1972): Volkswirtschaftslehre. Eine problemorientierte Einführung, München: Wilhelm Goldmann Verlag.

Gallopín, Gilberto C. (2006): Linkages Between Vulnerability, Resilience, and Adaptive Capacities, in: Global Environmental Change 16 (3), S. 293–303.

Gambetta, Diego (1996): The Sicilian Mafia. The Business of Private Protection, Cambridge/London: Harvard University Press.

Gebhardt, Winfried (1993) (Hg.): Charisma. Theorie – Religion – Politik, Berlin/New York: De Gruyter.

Gehlen, Arnold ([1940] 2009): Der Mensch. Seine Natur und seine Stellung in der Welt. Junker und Dünnhaupt, Berlin.

Geldsetzer, Lutz & Han-Ding, Hong (1998): Grundlagen der chinesischen Philosophie, Stuttgart: Reclam.

Geser, Hans (1996): Internationale Polizeiaktionen: Ein neues evolutionäres Entwicklungsstadium militärischer Organisationen, in: Georg-Maria von Meyer (Hg.): Friedensengel im Kampfanzug? Zur Theorie und Praxis militärischer UN-Einsätze, Opladen: Westdeutscher Verlag, S. 45–74.

Giddens, Anthony, (1988): Die Konstitution der Gesellschaft. Grundzüge einer Theorie der Strukturierung, Frankfurt a. M./New York: Campus.

Gierer, Alfred (2001): Ibn Khaldun on Solidarity (»Asabiyah«) – Modern Science on Cooperativeness and Empathy: a Comparison, in: Philosophia Naturalis 38 (1), S. 91–104.

Girard, René (1988): Der Sündenbock, Zürich: Brenzinger.

Girnth, Heiko (2002): Sprache und Sprachverwendung in der Politik, Hamburg: De Gruyter.

Goethe, Johann W. ([1808] 1992): Faust: Der Tragödie erster Teil, Stuttgart: Reclam.

Göl, Ayla (2017): The paradoxes of ›new‹ Turkey: Islam, Illiberal Democracy and Republicanism, in: International Affairs 93 (4), S. 957–966.

Goldman, Alvin (2001): Experts: Which Ones Should You Trust?, in: Philosophy and Phenomenological Research 63, S. 85–111.

Griffin, James (1986): Well-Being, its Meaning, Measurement, and Moral Importance, Oxford/New York: Oxford University Press.

Guerrero, Alexander (2014): »The Lottocracy«, URL: https://aeon.co/essays/forget-voting-it-s-time-to-start-choosing-our-leaders-by-lottery, zuletzt abgerufen am 21.12.2017.

Gutmann, Amy & Thompson, Dennis (2004): Why Deliberative Democracy?, Princeton/Oxford: Princeton University Press.

Habermas, Jürgen ([1981] 2011): Theorie des kommunikativen Handelns, Frankfurt a. M.: Suhrkamp.

Habermas, Jürgen (1958): Anthropologie, in: Alwin Diemer & Ivo Frenzel (Hg.): Philosophie, Frankfurt a. M.: Fischer, S. 18–35.

Hamilton, Peter (2015): Knowledge and Social Structure, London/New York: Routledge.

Han, Byung-Chul (2005): Was ist Macht?, Ditzingen: Reclam.

Hanak, Tibor (1987): Heinrich Popitz Phänomene der Macht (Rezension), in: Philosophischer Literaturanzeiger 40 (4), S. 372–375.

Hardwig, John (1985): Epistemic dependence, in: Journal of Philosophy, 88, S. 693–708.

Hartmann, Wilfried (2007): Der Investiturstreit. 3. Auflage, München: Oldenbourg.

Haucap, Justus & Kehder, Christiane (2013): Suchmaschinen zwischen Wettbewerb und Monopol: Der Fall Google«, in: R. Dewenter, J. Haucap & C. Kehder (Hg.): Wettbewerb und Regulierung in Medien, Politik und Märkten: Festschrift für Jörn Kruse zum 65. Geburtstag, Nomos-Verlag: Baden-Baden, S. 115–154.

Haugaard, Mark (2010): Power: A »Family Resemblance« Concept, in: European Journal of Cultural Studies, 13 (4), S. 419–438.

Hayek, Friedrich A. (1939): Freedom and the Economic System, Chicago: Chicago University Press.

Hegel, Georg W. F. ([1821] 1995): Grundlinien der Philosophie des Rechts, Hamburg: Meiner.

Hegel, Georg W. F. ([1832] 2008): Wissenschaft der Logik. Erster Teil. Die Objektive Logik. Erster Band. Die Lehre vom Sein, Hamburg: Meiner.

Hegelich, Simon & Janetzko, Dietmar (2016): Are social Bots on Twitter Political Actors? Empirical Evidence from a Ukrainian Social Botnet, in: Proceedings of the Tenth International AAAI Conference on Web and Social Media, S. 579–582.

Hegelich, Simon (2016): Invasion der Meinungs-Roboter, in: Analysen und Argumente 221, S. 1–9.

Heidegger, Martin (1953): Die Frage nach der Technik, in: Ders. Gesamtausgabe. Band 7, Frankfurt a. M.: Viktorio Klostermann, S. 5–36.

Herman, Edward S. & Chomsky, Noam (2002): Manufacturing Consent. The Political Economy of the Mass Media, New York: Pantheon Books.

Herodot (2002): Historien, Bd. 1, hg. von Kai Brodersen, übers. von Christine Ley-Hutton, Stuttgart: Reclam.

Hess, Stephen (2016): America's Political Dynasties: From Adams to Clinton, Washington: Brookings Institution Press.

Hillebrandt, Frank (1999): Die Habitus-Feld-Theorie als Beitrag zur Mikro-Makro-Problematik in der Soziologie – aus der Sicht des Feldbegriffs, in: Working Papers zur Modellierung sozialer Organisationsformen in der Sozionik, URL: https://www.tuhh.de/tbg/Deutsch/Projekte/Sozionik2/WP2.pdf, zuletzt abgerufen am 21.12.2017.

Himmelmann, Gerhard (2016): Demokratie lernen: als Lebens-, Gesellschafts- und Herrschaftsform, Schwalbach: Wochenschau Verlag.

Hiriyanna, Mysore ([1949] 2005): The Essentials of Indian Philosophy, New Delhi: Shri Jainendra Press, S. 53–56.

Hitzler, Ronald, Honer, Anne & Maeder Christoph (1996): Expertenwissen, Opladen: Westdeutscher Verlag.

Hobbes, Thomas ([1651] 2008): Leviathan, New York: Cosimo Classics.

Hochkeppel, Willy (1984): War Epikur ein Epikureer? Aktuelle Weisheitslehren der Antike. München: dtv.

Hochschild, Jennifer L. (1996): Facing up to the American Dream. Race, Class, and the Soul of the Nation, Princeton: Princeton University Press.

Höfler, Otto (1961): Siegfried, Arminius und die Symbolik, Heidelberg: Winter.

Hondrich, Karl O. (1978): Theorie der Herrschaft, Frankfurt a. M.: Suhrkamp.

Honig, Bonnie (2009): Emergency Politics: Paradox, Law, Democracy, Princeton: Princeton University Press.

Honneth, Axel (2010): Kampf um Anerkennung: Zur moralischen Grammatik sozialer Konflikte, Frankfurt a. M.: Suhrkamp.

Hu, Margaret (2014): Small Data Surveillance v. Big Data Cybersurveillance, in: Pepperdine Law Review 42 (4), S. 773–844.

Hübner, Kurt (2011): Glaube und Denken. Dimensionen der Wirklichkeit. 2. durchgesehene Auflage, Tübingen: Mohr Siebeck.

Hunt, Samuel J. & Cangemi, Joseph (2014): Want to Improve Your Leadership Skills? Play Chess!, in: Education 134 (3), S. 359–368.

Iber, Christian (1990): Metaphysik absoluter Relationalität. Eine Studie zu den beiden ersten Kapiteln von Hegels Wesenslogik, Berlin/New York: DeGruyter.

Imbusch, Peter (2007): Macht: Dimensionen und Perspektiven eines Phänomens, in: Klaus-Dieter Altmeppen, Thomas Hanitzsch & Carsten Schlüter (Hg.): Journalismustheorie: Next Generation. Soziologische Grundlegung und theoretische Innovation, Wiesbaden: Springer, S. 359–419.

Imbusch, Peter (2010): Macht – Herrschaft – Autorität, in: H. Korte & B. Schäfers (Hg.): Grundbegriffe der Soziologie, 10. Auflage, Wiesbaden: Springer, S. 166–173.

Imbusch, Peter (2012): Macht und Herrschaft in der wissenschaftlichen Kontroverse‹, in: Ders. (Hg.): Macht und Herrschaft. Sozialwissenschaftliche Theorien und Konzeptionen, Wiesbaden: Springer, S. 9–35.

Inhetveen, Katharina (2008): Macht, in: Nina Baur et al. (Hg.): Handbuch Soziologie, Wiesbaden: VS Verlag, S. 253–272.

Innerarity, Daniel (2013): Demokratie des Wissens, Bielefeld: Transcript.

Ischinger, Wolfgang (2017): Sicherheitspolitik: Regeln für den Cyberraum, in: Abolhassam, Ferri (Hg.): Security Einfach Machen: IT-Sicherheit als Sprungbrett für die Digitalisierung, Wiesbaden: Springer, S. 13–21.

Ishii, Shiro ([1991] 2011): Zur Krieger-Terminologie des mittelalterlichen Japans: Samurai, Kenin, Kerai und Bushi, in: Hans-Peter Marutschke (Hg.): Beiträge zur japanischen Verfassungsgeschichte, Köln: Carl Heymans Verlag, S. 13–24.

Jaeggi, Rahel & Loick, Daniel (2013): Marx' Aktualitäten. Zur Einleitung, in: Rahel Jaeggi & Daniel Loick (Hg.): Nach Marx. Philosophie, Kritik, Praktik, Frankfurt a. M.: Suhrkamp, S. 9–24.

Janks, Hilary (2010): Literacy and Power, London/New York: Routledge.

Janosch, Meike & Schomaker, Rahel (2008): Wasser im Nahen Osten und Afrika. Wege aus der Krise, Münster/New York: Waxmann.

Jansen, Marius (Hg.) (2008): Warrior Rule in Japan, Cambridge: Cambridge University Press.

Joffe, Alexander H. (1999): Dismantling intelligence agencies, in: Crime, Law & Social Change 32, S. 325–346.

Johnson, Loch K. (1998): Secret Agencies: US Intelligence in a Hostile World, New Haven: Yale University Press.

Jung, Michael (2006): Marathon und Plataiai. Zwei Perserschlachten als »lieux de memoire« im antiken Griechenland, Göttingen: Vandenhoeck & Ruprecht.

Kailitz, Steffen (Hg.) (2008): Die Gegenwart der Vergangenheit, Wiesbaden: VS Verlag.

Kant, Immanuel ([1785] 1989): Grundlegung zur Metaphysik der Sitten, Frankfurt a. M.: Suhrkamp.

Kant, Immanuel ([1795] 2008): Zum ewigen Frieden. Ein philosophischer Entwurf, Frankfurt a. M.: Fischer.

Karabell, Zachary (2003): Parting the Desert. The Creation of the Suez Canal, New York/Toronto: Knopf.

Kasten, Brigitte (1997): Königssöhne und Königsherrschaft. Untersuchungen zur Teilhabe am Reich in der Merowinger- und Karolingerzeit, Hannover: Hahnsche Buchhandlung.

Kaufman, Whitley (2007): Karma, Rebirth, and the Problem of Evil: a Reply to Critics, in: Philosophy East and West 57 (4), S. 559–560.

Keese, Christoph (2016): Silicon Germany. Wie wir die digitale Transformation schaffen, München: Albert Knaus Verlag.

Keller, Johannes (2004): Römische Interessengeschichte. Eine Studie zu Interessenvertretung, Interessenkonflikten und Konfliktlösung in der römischen Republik des 2. Jahrhunderts v. Chr. Dissertation, URL: https://edoc.ub.uni-muenchen.de/5172/1/keller_johannes.pdf, zuletzt abgerufen am 21.12.2017.

Kern, Walter & Oeing-Hanhoff, L. (1980): Dialektik Und Trinität in der Religionsphilosophie Hegels: Ein Beitrag Zur Diskussion mit L. Oeing-Hanhoff, Zeitschrift Für Katholische Theologie 102 (2), S. 129–155.

Kershaw, Ian (1987): The Hitler Myth. Image and Reality in the Third Reich, Oxford: Oxford University Press.

Khagram, Sanjeev (2009): Dams and Development. Transnational Struggles for Water and Power, Ithaca/London: Cornell University Press.

Khaldun, Ibn (2011): Die Muqaddima: Betrachtungen zur Weltgeschichte, übers. von Alma Giese, München: C.H. Beck.

Kielmansegg, Peter (1977): Volkssouveränität: eine Untersuchung der Bedingungen demokratischer Legitimität, Stuttgart: Klett.

King, Winston L. (1993): Zen and the Way of the Sword: Arming the Samurai Psyche, New York: Oxford University Press.

Kirner, Guido O. (2001): Polis und Gemeinwohl. Zum Gemeinwohlbegriff in Athen vom 6. bis 4. Jahrhundert v. Chr., in: Herfried Münkler & Harald Bluhm (Hg.): Gemeinwohl und Gemeinsinn. Band I, Historische Semantiken politischer Leitbegriffe, Berlin: Akademie Verlag, S. 31–63.

Kiyaias, Aggelos & Panagiotakos, Giorgos (2016): Speed-Security Tradeoffs in Blockchain Protocols, Working Paper, URL: https://eprint.iacr.org/2015/1019.pdf, zuletzt abgerufen am 21.12.2017.

Klausnitzer, Rudi (2013): Das Ende des Zufalls: Wie Big Data uns und unser Leben vorhersagbar macht, Salzburg: Ecowin.

Kluth, Heinz (1957): Sozialprestige und sozialer Status, Stuttgart: Ferdinand Enke Verlag.

Kneer, Georg (1998): Die Analytik der Macht bei Michel Foucault, in: Peter Imbusch (Hg.): Macht und Herrschaft. Sozialwissenschaftliche Konzeptionen und Theorien, Wiesbaden: Springer VS, S. 265–283.

Köhler, Peter (2005): Die schönsten Zitate der Politiker, Baden-Baden: Humboldt.

Konfuzius (2005): Lun Yu, übers. von Richard Wilhelm, München: C.H. Beck.

Kopp, Bernhard (1968): Die marxistische Theorie vom Überbau und Unterbau und ihre nicht-marxistischen Abwandlungen, in: Zeitschrift für philosophische Forschung 22 (4), S. 575–597.

Köppl, Peter (2017): Advanced Power Lobbying. Erfolgreiche Public Affairs in Zeiten der Digitalisierung, Wien: Linde Verlag.

Köppl, Peter (im Erscheinen): Re-shaping Public Affairs: technische Innovationen, politische Veränderung und internationale Vergemeinschaftung verändern sukzessive Wirkungsweisen und Erscheinungsbild professioneller Public Affairs, in: Political Science Applied.

Korpi, Walter (1983): The Democratic Class Struggle, Boston: Routledge & Kegan.

Kracauer, Siegfried (2012): Studien zu Massenmedien und Propaganda, Frankfurt a. M.: Suhrkamp.

Krais, Beate & Gebauer, Gunter (2002): Habitus, Bielefeld: transcript.

Kreiser, Klaus (2012): Geschichte der Türkei: Von Atatürk bis zur Gegenwart, München: C.H. Beck.

Krieckhaus, Andreas (2006): Senatorische Familien und ihre patriae, Hamburg: Verlag Dr. Kovač.

Krieger, Wolfgang (2009): Geschichte der Geheimdienste: von den Pharaonen zur CIA, München: C.H. Beck.

Krugman, Paul & Wells, Robin (2015): Economics. Fourth Edition, New York: Worth Publishers.

Kuch, Hannes (2013): Herr und Knecht. Anerkennung und symbolische Macht im Anschluss an Hegel, Frankfurt a. M.: Campus.

Kuhn, Dieter (2014): Ostasien bis 1800. Neue Fischer Weltgeschichte, Bd. 13, Berlin: Fischer Verlag.

Küpper, Willi & Felsch, Anke (2005): Organisation, Macht und Ökonomie, Opladen: Westdeutscher Verlag.

Kurz, Constanze (2009): Gewissensbisse. Ethische Probleme der Informatik: Biometrie, Datenschutz, geistiges Eigentum, Bielefeld: Transcript.

Langer-Kaneko, Christiane (1986): Das reine Land. Zur Begegnung von Amida-Buddhismus und Christentum, Leiden: Brill.

Laotse (2005): Tao Teking: Das Buch vom Sinn und Leben, übers. von Richard Wilhelm, München: C.H. Beck.

Lausberg, Michael (2012): Bakunins Philosophie des kollektiven Anarchismus, Münster: Unrast.

Leggett, George (1981): The Cheka. Lenin's political police, Oxford: Clarendon Press.

Leigh, Ian (2007): The Accountability of Security and Intelligence Agencies, in: Loch K. Johnson (Hg.): Handbook of Intelligence Studies, New York: Routledge, S. 67–81S.

Lemke, Thomas (2001): The birth of bio-politics: Michel Foucault's lectures at the College de France on neo-liberal governmentality, in: Economy and Society 30 (2), S. 190–207.

Lenin ([1902] 1989): Was tun?, in: Ders.: Ausgewählte Werke in zwei Bänden, Berlin: Dietz, S. 5–79.

Leo XIII. (1891): Rundschreiben, erlassen von unserem heiligsten Vater Leo XIII., durch göttliche Vorsehung Papst, über die Arbeiterfrage. Rerum Novarum, München: Herder.

Levi, Margaret (1996): Social and Unsocial Capital: a Review Essay of Robert Putnam's Making Democracy Work, in: Politics & Society 24 (1), S. 45–55.

Libicki, Martin C. (2009): Cyberdeterrence and Cyberwar, Santa Monica: Rand.

Lindner, Christian (2017): Schattenjahre: Die Rückkehr des politischen Liberalismus, Stuttgart: Klett-Cotta.

List, Christian & Goodin, Robert (2001): Epistemic Democracy: Generalizing the Condorcet Jury Theorem, in: Journal of Political Philosophy 9 (3), S. 277–306.

Locke, John ([1689] 1977): Zwei Abhandlungen über die Regierung, übers. von Hans Jörn Hoffmann, hg. und einl. von Walter Euchner, Frankfurt a. M.: Suhrkamp.

Löhmann, Reinhard (1990): Der Stalinmythos: Studien zur Sozialgeschichte des Personenkultes in der Sowjetunion (1929–1935), Münster: Lit.

Lombard, Maurice (1975): The Golden Age of Islam, New York: American Elsevier.

Luhmann, Niklas ([1975] 2003): Macht, Stuttgart: UTB.

Luhmann, Niklas (1987): Soziologische Aufklärung 4. Beiträge zur funktionalen Differenzierung der Gesellschaft, Opladen: Westdeutscher Verlag.

Lukes, Steven (1974): Power. A Radical View, London: MacMillan Press.

Luz, Ulrich (2002): Das Evangelium nach Matthäus, Neukirchen-Vluyn: Benziger/Neukirchener.

Lyon, David (2016): Snowden, everyday practices and digital futures, in: Tugba Basaran et al. (Hg.): International Political Sociology, London/New York: Routledge, S. 254–271.

Macintyre, Alasdair (1993): Ist Patriotismus eine Tugend?, übers. von Rainer Forst, in: Axel Honneth (Hg.): Kommunitarismus: eine Debatte über die moralischen Grundlagen moderner Gesellschaften, Frankfurt a. M./New York: Campus, S. 84–102.

Mackie, Gerry (2003): Democracy Defended, Cambridge: Cambridge University Press.

Madison, James, Hamilton, Alexander & Jay, John (2002): The Federalist Papers, hg. Von Richard Beeman, New York: Penguin.

Maier, Charles S. (1992): Die Gegenwart der Vergangenheit. Geschichte und nationale Identität der Deutschen, Frankfurt a. M.: Campus.

Mann, Michael (1986): The Sources of Social Power. Volume 1. A History of Power from the Beginning to A.D. 1760, Cambridge: Cambridge University Press.

Mann, Michael (1990): Geschichte der Macht I, übers. von Hanne Herkommer, Frankfurt a.M: Campus.

Mansbridge, Jane et al. (2012): A Systemic Approach to Deliberative Democracy, in: Parkinson, John & Mansbridge, Jane (Hg.): Deliberative Systems, Cambridge: Cambridge University Press, S. 1–26.

March, James G. & Olsen, Johan P. (1989) Rediscovering Institutions: The Organizational Basis of Politics, London/New York: The Free Press.

Marcinkowksi, Frank (2015): Die »Medialisierung« der Politik. Veränderte Bedingungen politischer Interessenvermittlung, in: Rudolf Speth & Anette Zimmer (Hg.): Lobby Work. Interessenvertretung als Politikgestaltung, Wiesbaden: VS Verlag, S. 71–95.

Marples, Nicola M., Kelly, David J. & Thomas, Robert J. (2005): Perspective: The Evolution of Warning Colors is Not Paradoxical, in: Evolution 59 (5), S. 933–940.

Marshall, Robert (1993): Storm from the East. From Ghengis Khan to Khubilai Khan, Berkeley: University of California Press, S. 90–117.

Mass, Jeffrey P. (1975): Warrior Government in Early Mediaeval Japan: Study of the Kamakura Bakufu, Shugo and Jito, New Haven/London: Yale University Press.

Maull, Hanns W. (2006): Nationale Interessen! Aber was sind sie?, in: Internationale Politik 61 (10), S. 62–76.

Mayer, Frederick W. (2014): Narrative Politics: Stories and Collective Action, Oxford: Oxford University Press.

Mayntz, Renate (1985): Soziologie der öffentlichen Verwaltung, 3. überarb. Aufl., Heidelberg: C.F. Müller.

McMahan, Jeff (2011): Killing in War, Oxford: Oxford University Press.

Meier, Dominik (2017a): Das Gemeinwohl: Ein Blick aus der politischen Praxis, in: INDES Zeitschrift für Politik und Gesellschaft (4), S. 153–159.

Meier, Dominik (2017b): Germany, in: Bitonti, Alberto & Harris, Phil (Hg.): Lobbying in Europe, London: Palgrave MacMillan, S. 159–170.

Meier, Mischa, Patzek, Barbara & Wiesehöfer, Josef (2004): Dei-okes, König der Meder: Eine Herodot-Episode in ihren Kontexten, Stuttgart: Franz Steiner Verlag.

Meinecke, Friedrich (1929): Die Idee der Staatsräson in der neueren Geschichte, Berlin/München: Oldenbourg.

Miller, Constanze & Meier, Dominik (2001): Humanitäre Mission. Strategische Politikberatung für Nonprofit-Organisationen. In: Althaus, Marco (Hg.): Kampagne. Neue Marschrouten politischer Strategie für Wahlkampf, PR und Lobbying, Münster: Lit, S. 183–197.

Miller, Fred (2011): Aristotle's Political Theory, in: Edward N. Zalta (Hg.): Stanford Encyclopedia of Philosophy, URL: http://plato.stanford.edu/entries/aristotle-politics/, zuletzt abgerufen am 21.12.2017.

Miller, Gary J. (2005): The Political Evolution of Principal-Agent Models, in: Annual Review of Political Science 8, S. 203–225.

Mises, Ludwig (1927): Liberalismus, Jena: Verlag von Gustav Fischer.

Mohanan, Torin (Hg.) (2006): Surveillance and Security. Technological Politics and Power in Everyday Life, New York: Routledge.

Morar, Tulsi (2006): The South African's Educational System's Evolution to Curriculum 2005, in: Jayja Erneast & David Treagust (Hg.): Education Reform in Societies in Transition. International Perspectives, Rotterdam: Sense Publishers, S. 245–258.

Morgenthau, Hans ([1948] 1978): Politics Among Nations: The Struggle for Power and Peace, New York: Alfred A. Knopf.

Mori, Massimo (1993): Glück und Autonomie. Die deutsche Debatte über den Eudämonismus zwischen Aufklärung und Idealismus, in: Studia Leibnitiana 25 (1), S. 27–51.

Morlok, Martin (2008): Einführung in die Thematik, in: Martin Morlok, Ulrich von Alemann & Heike Mertin (Hg.): Gemeinwohl und politische Parteien, Baden-Baden: Nomos, S. 9–21.

Morstein Marx, Fritz (1959): Einführung in die Bürokratie. Eine vergleichende Untersuchung über das Beamtentum, Neuwied: Herman Luchterhand Verlag.

Mouffe, Chantal (1993): The Return of the Political, London/New York: Verso.

Mulgan, Richard (1974): Aristotle's Doctrine That Man Is a Political Animal, in: Hermes 102 (3), S. 438–445.

Müller-Jentsch, Walther (2014): Macht als Ressource von Organisationen, in: Monica Budowski & Michael Nollert (Hg.): Private Macht im Wohlfahrtsstaat: Akteure und Institutionen, Zürich: Seismo, S. 14–29.

Münkler, Herfried & Bluhm, Harald (Hg.) (2001): Gemeinwohl und Gemeinsinn. Band I, Historische Semantiken politischer Leitbegriffe, Berlin: Akademie Verlag.

Münkler, Herfried (2009): Die Deutschen und ihre Mythen, Berlin: Rowohlt.

Mussel, Gerhard (1999): Volkswirtschaftslehre. Eine Einführung, 2. Auflage, Frankfurt a. M./New York: Campus.

Nagel, Thomas (1987): What Does It All Mean?, New York/Oxford: Oxford University Press.

Nambara, Minoru (1960): Die Idee des absoluten Nichts in der deutschen Mystik und seine Entsprechungen im Buddhismus, in: Archiv für Begriffsgeschichte 6, S. 143–227.

Neidhardt, Friedhelm (2002): »Öffentlichkeit und Gemeinwohl. Gemeinwohlrhetorik in Pressekommentaren«, in: Herfried Münkler & Harald Bluhm (Hg.): Gemeinwohl und Gemeinsinn, Bd. II: Rhetoriken und Perspektiven sozial-moralischer Orientierung, Berlin: Akademie Verlag, S. 157–177.

Neumann, Reiner (2012): Die Macht der Macht, München: Hanser.

Newman, Saul (2004): The Place of Power in Political Discourse, in: International Political Science Review 25 (2), S. 139–157.

Newton-Fisher, Nicholas E. (2004): Hierarchy and Social Status in Budongo Chimpanzees, in: Primates 54, S. 81–87.

Nickel, Rainer (Hg.) (2009): Stoa und Stoiker. Auswahl der Fragmente und Zeugnisse. Zwei Bände. Griechisch – Lateinisch – Deutsch, Düsseldorf: Artemis und Winkler Verlag.

Niehaus, Andreas (2013): ›So gibt es nichts Schändlicheres, als illiterat zu sein‹ – zur Literalität der Kriegerklasse im frühmodernen Japan, in: Gesine Boesken & Uta Schaffers (Hg.): Lektüren ›bilden‹: Lesen – Bildung – Vermittlung, Münster: Lit Verlag, S. 199–216.

Nietzsche, Friedrich ([1844–1845] 1999): Nachgelassene Fragmente, hg. von Giorgio Colli & Mazzino Montinari, Berlin: DeGruyter.

Nippel, Wolfgang (1988): Aufruhr und ›Polizei‹ in der römischen Republik, Stuttgart: Klett-Cotta.

Nora, Pierre (1998): Zwischen Geschichte und Gedächtnis, Frankfurt a. M.: Fischer.

Nowak, Werner (1973): Das »gemeinnützige Unternehmen« als Instrument der Wohnungspolitik, Berlin: Duncker & Humblot.

Nozick, Robert ([1976] 2006): Anarchie, Staat, Utopia, übers. von Hermann Vetter, München: Olzog.

O'Flynn, Ian (2010): Deliberating About the Public Interest, in: Res Publica 16, S. 299–315.

Oberreuter, Heinrich (1977): Notstand und Demokratie: Vom monarchischen Obrigkeits- zum demokratischen Rechtsstaat, München: Verlag Ernst Vogel.

Offe, Claus (2001): Wessen Wohl ist das Gemeinwohl?, in: Lutz Wingert & Klaus Günther (Hg.): Die Öffentlichkeit der Vernunft und die Vernunft der Öffentlichkeit. Festschrift für Jürgen Habermas, Frankfurt a. M.: Suhrkamp, S. 459–488.

Offe, Claus (2003): Herausforderungen der Demokratie. Zur Integrations- und Leistungsfähigkeit politischer Institutionen, Frankfurt a. M.: Campus Verlag.

Organski, Abramo F. (1963): World Politics, New York: Alfred A. Knopf Inc. Abramo.

Orlitzky, Marc, Schmidt, Frank L. & Rynes, Sara (2003): Corporate Social and Financial Performance: A Meta-Analysis, in: Organization Studies 24 (3), S. 402–441.

Ostheim, Tobias & Schmidt, Manfred G. (2007): Die Machtressourcentheorie, in: Manfred G. Schmidt (Hg.): Der Wohlfahrtsstaat: Eine Einführung in den historischen und internationalen Vergleich, Wiesbaden: VS Verlag, S. 40–50.

Pansardi, Pamela (2012): Power to and power over: two distinct concepts of power?, Journal of Political Power 5 (1), S. 73–89.

Papadis, Dimitris (2006): Is Man by Nature a Political and Good Animal, According to Aristotle?, in: Phronimon 7 (1), S. 21–33.

Parry, Richard (2014): Episteme and Techne, in: Edward N. Zalta (Hg.): Stanford Encyclopedia of Philosophy, URL: https://plato.stanford.edu/entries/episteme-techne/, zuletzt abgerufen am 21.12.2017.

Paulus, Nikolaus ([1922] 2000): Geschichte des Ablasses im Mittelalter. Vom Ursprunge bis zur Mitte des 14. Jahrhunderts, Darmstadt: Wissenschaftliche Buchgesellschaft.

Paulus, Nikolaus ([1923] 2000): Geschichte des Ablasses am Ausgang des Mittelalters, Darmstadt: Wissenschaftliche Buchgesellschaft.

Pecknold, Chad C. (2010): Christianity and Politics: A Brief Guide to the History, Eugene: Cascade Books.

Perez, Louis G. (1998): The History of Japan, Westport/London: Greenwood Press.

Perroux, François (1950): The Domination Effect and Modern Economic Theory, in: Social Research 17 (2), S. 188–206.

Peters, Hans P. (1994): Mass Media as an Information Channel and Public Arena, in: RISK: Health, Safety & Environment 5(3), S. 241–250.

Petesch, Donald A. (1989): A Spy in the Enemy's Country. The Emergence of Modern Black Literature, Iowa: University of Iowa Press.

Pieper, Dietmar & Saltzwedel, Johannes (Hg.) (2016): Rom: Aufstieg einer antiken Weltmacht, München: Random House.

Pitkin, Hanna F. (1967): The concept of representation, Berkeley and L.A.: University of California Press.

Platon (1982): Der Staat, hg. und übers. von Karl Vretska, Stuttgart: Reclam.

Platon (1990): Nomoi, hg. von Gunther Eigler, übers. von Klaus Schöpsdau, Darmstadt: Wissenschaftliche Buchgesellschaft.

Plehwe, Kerstin (2008): Von der Botschaft zur Bewegung: Die 10 Erfolgsstrategien des Barack Obama, Hamburg: Hanseatic Lighthouse.

Plehwe, Kerstin (Hg.) (2010): Die Dialog-Revolution. Aufbruch in ein neues Zeitalter der Kommunikation, Hamburg: Hanseatic Lighthouse.

Plessner, Helmuth (1965): Die Stufen des Organischen und der Mensch, Berlin: DeGruyter.

Poggi, Gianfranco (1988): Phänomene der Macht: Autoritat-Herrschaft-Gewalt-Technik (Rezension), in: Contemporary Sociology 17 (4), S. 664–556.

Poggi, Gianfranco (2001): Forms of Power, Cambridge: Polity Press.

Pohlenz, Max (1992): Die Stoa. Geschichte einer geistigen Bewegung, 7. Auflage, Göttingen: Vandenhoeck & Ruprecht.

Polletta, Francesca (2011): Storytelling in Politics, in: Contexts 7 (4), S. 26–31.

Polonyi, Carl (2011): Heil und Zerstörung: Nationale Mythen und Krieg am Beispiel Jugoslawiens 1980–2004, Berlin: BWV Berliner Wissenschafts-Verlag, S. 25–67.

Popitz, Heinrich (1992): Phänomene der Macht, 2. Auflage, Tübingen: Mohr Siebeck.

Popper, Karl R. (1989): Falsifizierbarkeit, zwei Bedeutungen von, in: Helmut Seiffert & Gerard Radnitzky (Hg.): Handlexikon zur Wissenschaftstheorie, München: Ehrenwirth, S. 82–86.

Pörtner, Peter & Heise, Jens (1995): Die Philosophie Japans. Von den Anfängen bis zur Gegenwart, Stuttgart: Alfred Kröner Verlag.

Preiser, Erich (1971): Power, Property, and the Distribution of Income«, in: Kurt W. Rothschild (Hg.): Power in Economics, Harmondsworth: Penguin, S. 119–140.

Putnam, Robert D. (1993): Making Democracy Work: Civic Traditions in Modern Italy, Princeton: Princeton University Press.

Quante, Michael & Schweikard, David (2016): Max-Handbuch: Leben – Werk – Wirkung, Stuttgart: J. B. Metzler Verlag.

Quante, Michael (2010): After Hegel. The Realization of Philosophy Through Action, in: Dean Moyar (Hg.): Routledge Companion to 19th Century Philosophy, London: Routledge, S. 197–237.

Quante, Michael (Hg.) (2009): Karl Marx. Ökonomisch-Philosophische Manuskripte. Kommentar von Michael Quante, Frankfurt a. M: Suhrkamp Verlag.

Rahner, Karl (1984): Grundkurs des Glaubens. Einführung in den Begriff des Christentums, Freiburg: Herder.

Ransom, Harry H. (1980): Being Intelligent about Secret Intelligence, in: American Political Science Review 74 (1), S. 141–148.

Rapaczynski, Andrzej (1996): The Roles of the State and the Market in Establishing Property Rights, in: The Journal of Economic Perspectives 10 (2), S. 87–103.

Raschke, Joachim & Tils, Ralf (2007): Politische Strategie. Eine Grundlegung, Wiesbaden: VS Verlag.

Raschke, Joachim & Tils, Ralf (2008): Politische Strategie, in: Forschungsjournal NSB 21 (1), S. 11–24.

Raschke, Joachim & Tils, Ralf (2011): Politik braucht Strategie – Taktik hat sie genug, Frankfurt a. M./New York: Campus.

Rawls, John ([1971] 1979): Eine Theorie der Gerechtigkeit, Frankfurt a. M.: Suhrkamp.

Reese, Roger R. (2000): The Soviet Military Experience: a History of the Soviet Army, 1917–1991. Warfare and History, London/New York: Routledge.

Richards, Neill M. & King, Jonathan H. (2014): Big Data Ethics, in: Wake Forest Law Review, S. 394–422.

Rigby, T. H. (1978): Stalinism and the Mono-Organisational Society, in: Robert Tucker (Hg.): Stalinism: Essays in Sociological Interpretation, New York: Norton, S. 53–76.

Ringgren, Helmer (1972): On the Islamic Theory of the State, in: Scripta Instituti Donneriani Aboensis 6, S. 103–108.

Roetz, Heiner & Schleichert, Hubert (2009): Klassische chinesische Philosophie. Eine Einführung, Frankfurt a. M.: Klostermann.

Rogall, Holger (2006): Volkswirtschaftslehre für Sozialwissenschaftler. Eine Einführung, Wiesbaden: VS Verlag.

Rohde, Christoph (2004): Hans J. Morgenthau und der weltpolitische Realismus, Wiesbaden: VS Verlag.

Röhl, Klaus F. (2010): Die Macht der Symbole, in: Michelle Cottier, Josef Estermann & Michael Wrang (Hg.): Wie wirkt Recht?, Baden-Baden: Nomos Verlag, S. 267–299.

Rönneper, Joachim (Hg.) (2010): Vor meiner Haustür. »Stolpersteine« von Gunter Demnig. Ein Begleitbuch, Gelsenkirchen: Arachne-Verlag.

Röttger, Ulrike (2009): Campaigns (f)or a better world?, in: Dies. (Hg.): PR-Kampagnen. Über die Inszenierung von Öffentlichkeit, 4. überarbeitete und erweiterte Auflage, Wiesbaden: VS Verlag, S. 9–26.

Roughley, Neill (2005): Was heißt ›menschliche Natur‹? Begriffliche Differenzierungen und normative Ansatzpunkte, in: K. Bayertz (Hg.): Die menschliche Natur. Welchen und wieviel Wert hat sie?, Paderborn: Mentis, S. 133–156.

Rousseau, Jean-Jacques ([1755] 1998): Abhandlung über den Ursprung und die Grundlagen der Ungleichheit unter den Menschen, hg. und übers. von Philipp Rippel, Ditzingen: Reclam.

Rousseau, Jean-Jacques ([1762] 1977): Vom Gesellschaftsvertrag oder Prinzipien des Staatsrechtes, übers. von Has Brockard, Stuttgart: Reclam.

Rousseau, Jean-Jacques ([1762] 2011): Vom Gesellschaftsvertrag oder Prinzipien des Staatsrechtes, Stuttgart: Reclam.

Rule, James B. (1973): Private Lives and Public Surveillance, London: Allen Lane.

Saar, Martin (2010): Power and Critique, in: Journal of Power 3 (1), S. 7–20.

Sandretto, René (2009): François Perroux, a precursor of the current analyses of power, in: The Journal of World Economic Review, 5 (1), S. 57–68.

Sanger, David A. (2012): Confront and Conceal: Obama's Secret Wars and Surprising Use of American Power, New York: Crown Publishers.

Sarcinelli, Ulrich (2010): Politische Kommunikation in Deutschland: Medien und Politikvermittlung im demokratischen System, Wiesbaden: VS Verlag.

Sartre, Jean-Paul ([1945] 2000): Der Existenzialismus ist ein Humanismus, übers. von Werner Bökenkamp et al., Berlin: Rowohlt.

Schäfer, Rainer (2014): Was Freiheit zu Recht macht. Manuale des Politischen, Berlin/Boston: DeGruyter.

Scheid, Bernhard (1992): Die Richtung der Steine. Konzepte des Go-Spiels im kulturellen Vergleich, in: Japanstudien 3 (1), S. 301–314.

Scheidel, Walter (Hg.) (2015): State Power in Ancient China & Rome, Oxford/New York: Oxford University Press.

Scheiner, Jens J. (2004): Vom Gelben Flicken zum Judenstern? Genese und Applikation von Judenabzeichen im Islam und christlichen Europa (849–1941), Frankfurt a. M.: Peter Lang.

Scheler, Max ([1926] 2008): Die Wissensformen und die Gesellschaft, Bonn: Bouvier Verlag.

Scheler, Max (1980): Die Wissensformen und die Gesellschaft, 3. Aufl., Bern/München: Francke Verlag.

Schell, Eric (2010): Le bréviaire de Talleyrand, Paris: Horay.

Scheu, Johannes (2008): Wenn das Innen zum Außen wird – Soziologische Fragen an Giogio Agamben, in: Soziale Systeme 14 (2), S. 294–307.

Scheuerman, William E. (2009): Morgenthau: Realism and Beyond, Cambridge: Polity Press.

Schlinkert, Dirk (1996): Ordo Senatorius und Nobilitas. Die Konstitution des Senatsadels in der Spätantike, Stuttgart: Franz Steiner Verlag.

Schmitt, Carl ([1932] 1991): Der Begriff des Politischen, Duncker & Humblot: Berlin.

Schmitt, Carl ([1963] 1992): Theorie des Partisanen. Zwischenbemerkung zum Begriff des Politischen, Berlin: Duncker & Humblot.

Schmitt, Carl (1934): Politische Theologie. Vier Kapitel zur Lehre von der Souveränität, Duncker & Humblot: München.

Schmitt, Carl (1985): Politische Theologie. Vier Kapitel zur Lehre von der Souveränität, Berlin: Duncker & Humblot.

Schnädelbach, Herbert (2009): »Religion« und »Glaube«, in: Zeitschrift für Didaktik der Philosophie und Ethik 1, S. 2–6.

Schölderle, Thomas (2002): Das Prinzip der Macht, Berlin/Cambridge: Galda + Wilch Verlag, S. 70–120.

Scholz, Peter (2011): Den Vätern folgen. Sozialisation und Erziehung der republikanischen Senatsaristokratie, Berlin: Verlag Antike.

Schubert, Glendon (1960): The Public Interest: a Critique of the Theory of a Political Concept, Glencoe: Free Press of Glencoe.

Schulz, Winfried (2012): Politische Kommunikation: Theoretische Ansätze und Ergebnisse empirischer Forschung, Dritte überarbeitete Auflage, Wiesbaden: VS Verlag.

Schumpeter, Joseph A. ([1947] 2005): Kapitalismus, Sozialismus und Demokratie, Stuttgart: UTB.

Schüttemeyer, Suzanne S. (2007): Die Logik der parlamentarischen Demokratie, in: Informationen zur politischen Bildung (295), S. 4–15.

Schwab, Klaus (2017): The Fourth Industrial Revolution, Köln: World Economic Forum.

Schwarzkopf, Stefan (2005): Die »Neue Mitte«. Oder: Wahlkampf als Produkteinführung. Die Bedeutung der Begriffsarbeit für den sozialdemokratischen Machtwechsel in Deutschland 1998, in: Rainer Gries & Wolfgang Schmale (Hg.): Kultur der Propaganda, Bochum: Verlag Dr. Dieter Winkler, S. 211–250.

Schwentker, Wolfgang (2008): Die Samurai, München: C.H. Beck.

Schwingel, Markus (1993): Analytik der Kämpfe. Macht und Herrschaft in der Soziologie Bourdieus, Hamburg: Argument-Verlag.

Scott, John (2001): Power, Cambridge: Polity Press.

Selmayr, Martin (2015): Europäische Zentralbank, in: Weidenfeld, Werner & Wessels, Wolfgang (Hg.): Jahrbuch der europäischen Integration 2015, Baden-Baden: Nomos, S. 113–126.

Siebenrock, Roman A. (2004): »Transzendentale Offenbarung«: Bedeutungsanalyse eines Begriffs im Spätwerk Rahners als Beispiel methodisch geleiteter Rahnerforschung, in: Zeitschrift für katholische Theologie 126 (1/2), S. 33–46.

Siep, Ludwig (2014): Anerkennung als Prinzip der praktischen Philosophie. Untersuchungen zu Hegels Jenaer Philosophie des Geistes, Hamburg: Meiner.

Silver, Nate (2012): The Signal and the Noise: Why Most Predictions Fail – but Some Don't, New York: Penguin Books.

Singh, Naunihal (2014): Seizing Power: The Strategic Logic of Military Coups, Baltimore: Johns Hopkins University Press.

Siri, Jasmin (2012): Parteien. Zur Soziologie einer politischen Form, Wiesbaden: Springer VS.

Skaperdas, Stergios (2008): Anarchy, in: Donald A. Wittman & Barry R Weingast (Hg.): The Oxford Handbook of Political Economy, S. 881–898.

Smith, Adam ([1776] 2012): An Inquiry into the Nature and Causes of the Wealth of Nations, London: W. Strahan.

Smith, Roger (2010): The Long History of Gaming in Military Training, in: Simulation and Gaming 41 (1), S. 6–19.

Soeffner, Hans-Georg & Tänzler, Dirk (2007): Figurative Politik. Prolegomena zu einer Kultursoziologie politischen Handelns, in: Dies. (Hg.): Figurative Politik. Zur Performanz der Macht in der modernen Gesellschaft, Opladen: Verlag Leske + Budrich, S. 17–33.

Sofsky, Wolfgang & Paris, Rainer (1994): Figurationen sozialer Macht. Autorität – Stellvertretung – Koalition, Frankfurt a.M: Suhrkamp.

Spencer, Elaine G. (1985): Police-Military Relations in Prussia, 1848–1914, in: Journal of Social History 19 (2), S. 305–317.

Speth, Rudolf (2010): Grassroots Campaigning, in: Olaf Hoffjann & Roland Stahl (Hg.): Handbuch Verbandskommunikation, Wiesbaden: VS Verlag, S. 317–332.

Speth, Rudolf (2013): Verbände und Grassroots-Campaigning, in: Ders. (Hg.): Grassroots-Campaigning, Wiesbaden: VS Verlag, S. 43–59.

Spinner, Helmut F. (1994): Die Wissensordnung, Opladen: Leske + Budrich.

Spuler, Bertold (1959): Die Chalifenzeit. Entstehung und Zerfall des islamischen Weltreichs, Leiden: Brill.

Stachura, Mateusz (2010): Politische Führung: Max Weber heute, in: Aus Politik und Zeitgeschichte 2–3, S. 22–27.

Stagl, Justin (2003): Anthropologische Universalien. Zur Geltung allgemeiner Aussagen über die ›menschliche Natur‹, in: Joachim Fischer & Hans Joas (Hg.): Kunst, Macht und Institution. Studien zur philosophischen Anthropologie, soziologischen Theorie und Kultursoziologie der Moderne, Frankfurt a. M./New York: Campus, S. 145–160.

Stagl, Justin (2009): Zur menschlichen Natur. Bekenntnisse eines Essentialisten, in: Paragrana Internationale Zeitschrift für Historische Anthropologie 17 (2), S. 44–55.

Steffani, Winfried (1979): Parlamentarische und präsidentielle Demokratie. Strukturelle Aspekte westlicher Demokratien, Opladen: Westdeutscher Verlag.

Stehr, Nico & Adolf, Marian (2015): Ist Wissen Macht?, Weilerswist: Velbrück Wissenschaft.

Steiner, Jürg (2012): The Foundations of Deliberative Democracy. Empirical Research and Normative Implications, Cambridge: Cambridge University Press.

Stetter, Stephen (2004): Cross-Pillar Politics: Functional Unity and Institutional Fragmentation of EU Foreign Policies, in: Journal of European Public Policy 11 (4), S. 720–739.

Stocker, Michael (1992): Plural and Conflicting Values, Oxford: Clarendon Press.

Stoellger, Philipp (2008): Einleitung: Sprachen der Macht zwischen potentia, impotentia und potentia passiva, in: Ders. (Hg.): Sprachen der Macht, Würzburg: Königshausen & Neumann, S. 1–34.

Stolleis, Michael (1974): Gemeinwohlformeln im nationalsozialistischen Recht, Berlin: Schweitzer.

Strachen, Hew (2005): The Lost Meaning of Strategy, in: Survival 47 (3), S. 33–54.

Street, John (2011): Mass Media, Politics and Democracy. Second Edition, Basingstoke: Palgrave Macmillan.

Stulberg, Adam N. (2015): Out of Gas? Russia, Ukraine, Europe, and the Changing Geopolitics of Gas, in: Problems of Post-Communism 62 (2), S. 112–130.

Sumner, Leonard W. (1996): Welfare, Happiness and Ethics, Oxford: Oxford University Press.

Tacitus (2013): Annalen, übers. von Walther Sontheimer, Stuttgart: Reclam.

Tajfel, Henri (1981): Human Groups and Social Categories, Cambridge: Cambridge University Press.

Taubes, Jacob [1947] (2007): Abendländische Eschatologie, München: Matthes & Seitz.

Taureck, Bernhard (1983): Die Zukunft der Macht. Ein philosophisch-politischer Essay, Würzburg: Königshausen & Neumann.

Taylor, Charles (1989): Sources of the Self: The Making of the Modern Identity, Cambridge: Cambridge University Press.

Taylor, Mark C. (2007): After God, Chicago: University of Chicago Press.

Thiele, Carmen (2008): Regeln und Verfahren der Entscheidungsfindung innerhalb von Staaten und Staatenverbindungen. Staats- und kommunalrechtliche sowie europarechtliche Untersuchungen, Berlin/Heidelberg: Springer.

Thukydides (2000): Der Peloponnesische Krieg, hg. und übers. von Helmuth Vretska & Werner Rinner, Stuttgart: Reclam.

Turnbull, Stephen (1996): The Samurai: a Military History, London/New York: Routledge.

Turnbull, Stephen (2007): The Great Wall of China. 221 BC–AD 1644, London: Osprey Publishing.

Turner, Ralph & Killian, Lewis M (1959): Collective Behavior, Englewood Cliffs: Prentice-Hall.

Uhde, Bernhard (2009): Religionen als Denkmöglichkeiten. Skizzen zur Logik der Weltreligionen, in: Zeitschrift für Didiaktik der Philosophie und Ethik 1, S. 7–16.

Unseld, Florian (2010): Die Kommerzialisierung personenbezogener Daten, München: Herbert Utz Verlag.

Urlacher, Brian R. (2016): International Relations as Negotiations, New York: Routledge.

Vale, Malcolm (2001): The Princely Court, Oxford/New York: Oxford University Press.

van Ackeren, Marcel (2006): Heraklit: Vielfalt und Einheit seiner Philosophie, Bern: Peter Lang.

Vavova, Katia (2014): Moral Disagreement and Moral Skepticism, in: Philosophical Perspectives 28 (1), S. 302–333.

Veyne, Paul (1992): Brot und Spiele. Gesellschaftliche Macht und politische Herrschaft in der Antike, übers. von Klaus Laermann & Hans R. Brittnacher, Frankfurt a. M./New York: Campus.

Veyne, Paul (1981): Der Eisberg der Geschichte. Foucault revolutioniert die Historie, übers. von Karin Tholen-Struthoff, Berlin: Merve Verlag.

Vickers, John (2014): The Problem of Induction, in: Edward N. Zalta (Hg.): The Stanford Encyclopedia of Philosophy, URL: http://plato.stanford.edu/entries/induction-problem/, zuletzt abgerufen am 21.12.2017.

Vierkant, Alfred (1959): Handwörterbuch der Soziologie, Stuttgart: Enke Verlag.

Villa, Paula-Irene (2011): Symbolische Gewalt und ihr Scheitern. Eine Annäherung zwischen Butler und Bourdieu, in: Österreichische Zeitschrift für Soziologie 36 (4), S. 51–69.

Volk, Konrad (Hg.) (2015): Erzählungen aus dem Land Sumer, Wiesbaden: Harrassowitz Verlag.

von Aquin, Thomas ([1265] 2008): Über die Herrschaft der Fürsten, übers. v. Friedrich Schreyvogl, Stuttgart: Reclam.

von Brück, Michael & Lai, Whalen (2000): Buddhismus und Christentum: Geschichte, Konfrontation, Dialog, München: C.H. Beck.

Waas, Lothar (2007): Gemeinwohl – a posteri oder a apriori? Ein Blick in die politische Ideengeschichte in politischer Absicht, in: Nils C. Bandelow & Wilhelm Bleek (Hg.): Einzelinteressen und kollektives Handeln in modernen Demokratien, Wiesbaden: VS Verlag, S. 239–258.

Wagner, Claudia at al. (2012): When social bots attack: Modeling susceptibility of users in online social networks, in: Proceedings of the WWW'12 Workshop on Making Sense of Microposts, S. 41–18.

Walls, Jerry L. (Hg.) (2008): The Oxford Handbook of Eschatology, Oxford/New York: Oxford University Press.

Walter, Anton J. (1960): Schriftentwicklung unter dem Einfluß von Diktatoren, in: Mitteilungen des Instituts für Österreichische Geschichtsforschung 68, S. 337–361.

Walworth, Arthur (1946): Black Ships Off Japan: the Story of Commodore Perry's Expedition, New York: Alfred A. Knopf.

Warren, T. Camber (2014): Not by the Sword Alone: Soft Power, Mass Media, and the Production of State Sovereignty, in: International Organization 68 (1), S. 111–141.

Weber, Max ([1921] 1972): Wirtschaft und Gesellschaft, 5. Auflage, Tübingen: Mohr Siebeck.

Weingart, Peter & Lentsch, Justus (2008): Wissen, Beraten, Entscheiden, Weilerswist: Velbrück Wissenschaft Spinner.

Welwei, Karl-Wilhelm (2007): Sparta. Aufstieg und Fall einer antiken Großmacht, Stuttgart: Klett-Cotta.

Werkner, Ines-Jacqueline (2017): Militärische versus polizeiliche Gewalt. Aktuelle Entwicklungen und Folgen für internationale Friedensmissionen, Wiesbaden: VS Verlag.

Wieland, Josef (1994): Die Wirtschaft der Verwaltung und die Verwaltung der Wirtschaft, in: Klaus Dammann, Dieter Grunow& Klaus P. Japp (Hg.): Die Verwaltung des politischen Systems, Opladen: Westdeutscher Verlag, S. 65–78.

Willms, Johannes (2011): Talleyrand: Virtuose der Macht 1754–1838, München: C.H. Beck.

Winter, Martin (1998): Die Polizei – autonomer Akteur oder Herrschaftsinstrument?, in: Zeitschrift für Rechtssoziologie 19 (2), S. 163–186.

Wittgenstein, Ludwig (2003): Philosophische Untersuchungen, Frankfurt a. M.: Suhrkamp.

Wolf, Susan (1982): Moral Saints, in: The Journal of Philosophy 79 (8), S. 419–439.

Wong, David (2013): Chinese Ethics, in: Edward N. Zalta (Hg.): Stanford Encyclopedia of Philosophy, URL: http://plato.stanford.edu/entries/ethics-chinese/, zuletzt abgerufen am 21.12.2017.

Woolley, James C. (2016): Automating Power: Social Bots Interfere in Global Politics, in: First Monday 21 (4), URL: http://firstmonday.org/ojs/index.php/fm/article/view/6161/5300, zuletzt abgerufen am 21.12.2017.

Worley, D. Robert (2015): Orchestrating the Instruments of Power: A Critical Examination of the U.S. National Security System, Lincoln: University of Nebraska Press, S. 227–241.

Würger-Donitza, Wolfgang (2010): Grundlegung einer negativen Anthropologie, Bd. 2. Die Macht und das Böse, Würzburg: Königshausen & Neumann.

Yamamoto, Tsunetomo (2002): Hagakure. Der Weg des Samurai, übers. Kenzo Fukai, München: Droemer Knaur.

Young, Iris M. (1990): Justice and the Politics of Difference, Princeton: Princeton University Press.

Yu, Jiyuan (2005): Confucius' Relational Self and Aristotle's Political Animal, in: History of Philosophy Quarterly 22 (4), S. 281–300.

Zaman, Muhammad Q. (2006): The Ulama of Contemporary Islam and their Conceptions of the Common Good«, in: Armando Salvatore & Dale F. Eickelman (Hg.): Public Islam and the Common Good, Boston u. Leiden: Brill, S. 129–155.

Zedong, Mao (1967): Worte des Vorsitzenden Mao Tsetung, Peking: Verlag für fremdsprachige Literatur.

Zhang, Ellen (2010): Community, the Common Good, and Public Healthcare, Confucianism and its Relevance to Contemporary China, in: Public Health Ethics 3 (3), S. 259–266.

Zimmermann, Rainer (2011): Das Strategiebuch: 72 Grundfiguren strategischen Handelns für Wirtschaft, Politik, Kommunikation, Design, Architektur und Alltag, Frankfurt a. M.: Campus.

Zinn, Karl G. (1986): Arbeit, Konsum, Akkumulation. Versuch einer integralen Kapitalismusanalyse von Keynes u. Marx, Hamburg: VSA-Verlag.

Zwengel, Almut (2012): Goffman und die Macht, in: Peter Imbusch (Hg.): Macht und Herrschaft. Sozialwissenschaftliche Theorien und Konzeptionen, 2. Auflage, Wiesbaden: Springer, S. 287–301.

Zygulski Jr., Zdzislaw (1984): Armour as a Symbolic Form, in: Waffen- und Kostümkunde 26 (2), S. 77–96.

4.2 Sonstige Quellen

Bild, 27.9.2015, URL: http://www.bild.de/sport/fussball/leroy-sane/schalke-feiert-torheld-sane-42697996.bild.html, zuletzt aufgerufen am 26.1.2018.

CIO (2015): »Daten: Das Öl des 21. Jahrhunderts: Big Data wirtschaftlich sinnvoll einsetzen« von Christoph Höinghaus, URL: http://www.cio.de/a/big-data-wirtschaftlich-sinnvoll-einsetzen,3246278, zuletzt angerufen am 21.12.2017.

Das Magazin (2016): »Ich habe nur gezeigt, dass es die Bombe gibt« von Hannes Grassegger und Mikael Krogerus, URL: https://www.dasmagazin.ch/2016/12/03/ich-habe-nur-gezeigt-dass-es-die-bombe-gibt/, zuletzt abgerufen am 21.12.2017.

Deutscher Rat für Public Relations (2016): DRPR-Verfahren 05/2016: Beschwerdeausschuss Politik. Change.org und Abgeordnetenwatch.de, URL: http://drpr-online.de/wp-content/uploads/2017/04/DRPR-Ratsbeschluss_Fall-05–2016.pdf, zuletzt abgerufen am 15.2.2018.

Die Welt (2011): »Ein Haufen Scheiße in Seidenstrümpfen« von Alexander Gauland, URL: https://www.welt.de/kultur/history/article13558791/Ein-Haufen-Scheisse-in-Seidenstruempfen.html, zuletzt abgerufen am 21.12.2017.

Die Zeit (2013): »Überwachung: Big Data hilft den Geheimdiensten« von Torsten Kleinz, URL: http://www.zeit.de/digital/datenschutz/2013-06/tempora-geheimdienst-big-data-analyse/komplettansicht, zuletzt abgerufen am 21.12.2017.

Die Zeit, 5.7.2016.

European External Action Service (2015): »Joint Comprehensive Plan of Action«, URL: http://www.eeas.europa.eu/statements-eeas/docs/iran_agreement/iran_joint-comprehensive-plan-of-action_en.pdf, zuletzt abgerufen am 21.12.2017.

Forbes Magazin (2010): »Most Powerful People 2010«, URL: https://www.forbes.com/lists/2011/20/powerful-people_2010.html, zuletzt abgerufen am 22.1.2018.

Forbes Magazin, 16.2.2012.

Freedom House (2016): »Turkey«, URL: https://freedomhouse.org/report/freedom-press/2016/turkey, zuletzt abgerufen am 21.12.2017.

Gallup International Association (2011): »Japan Earthquake Jolts Global Views On Nuclear Energy«, URL: http://www.webcitation.org/5y691sqVO?url=http://www.gallup.com.pk/JapanSurvey2011/PressReleaseJapan.pdf, zuletzt abgerufen am 22.1.2018.

Gimlet Media (2015): Favor Atender, https://gimletmedia.com/episode/25-favor-atender/, zuletzt abgerufen am 20.1.2017.

GlobalSecurity.org, Iraqi Intelligence Agencies, URL: http://www.globalsecurity.org/intell/world/iraq/, zuletzt abgerufen am 21.12.2017.

Hamburger Abendblatt, 28.9.2009.

Internet World Stats (2016), »Internet Users in the World«, URL: http://www.internetworldstats.com/stats.htm, zuletzt abgerufen am 21.12.2017.

Issue Media Group (2014): »The legacy of Blue CRUSH« von Erinn Figg, URL: http://www.highgroundnews.com/features/Blue-Crush031214.aspx, zuletzt abgerufen am 21.12.2017.

Konbini (2016): Why You Should Think Twice Before Signing A Change.org Petition, URL: http://www.konbini.com/en/lifestyle/change-org-data-mining/, zuletzt abgerufen am 15.2.2018.

L'Espresso (2016): Così Change.org vende le nostre email, URL: http://espresso.repubblica.it/attualita/2016/07/15/news/da-un-euro-e-cinquanta-a-85-centesimi-come-change-org-vende-le-nostre-email-1.277479, zuletzt abgerufen am 15.2.2018.

Meier, Dominik (2016a): »Postfaktisch« als Kampfbegriff – wie ein Modewort die Demokratie untergräbt, http://www.miller-meier.de/debatte/postfaktisch-als-kampfbegriff/

Meier, Dominik (2016b): Eine klaffende Wunde im Verfassungsstaat, URL: http://www.miller-meier.de/debatte/eine-klaffende-wunde-im-verfassungsstaat/, zuletzt abgerufen am 21.12.2017.

Meier, Dominik (2017c): Für politische Wahrhaftigkeit. Ein Debattenbeitrag, erschienen mit einigen Änderungen unter dem Titel »Linke Vandalen« im Handelsblatt vom 18.7.2017, http://www.miller-meier.de/debatte/wahrhaftigkeit/, zuletzt abgerufen am 21.12.2017.

Meyer, Erin (2016): Mapping out Cultural Differences on Teams, http://erinmeyer.com/2016/01/mapping-out-cultural-differences-on-teams/.

Meyer, Erin (2014): The Culture Map: Breaking Through the Invisible Boundaries of Global Business, New York: Public Affairs.

Netzwerk Datenschutzexpertise (2015): »Datenschutzrechtliche Bewertung des Internet-Beteiligungsportals Change.org« von Tilo Weichert, URL: http://www.netzwerk-datenschutzexpertise.de/dokument/datenschutzrechtliche-bewertung-des-internet-beteiligungsportals-changeorg, zuletzt abgerufen am 21.12.2017.

Neue Zürcher Zeitung (2017): »Konsultanten sind die Künstler der Enthemmung« von Peter Sloterdijk, URL: https://www.nzz.ch/feuilleton/sloterdijk-konsultanten-sind-die-kuenstler-der-enthemmung-ld.146325, zuletzt abgerufen am 21.12.2017.

New York Times, 23.10.2017, Vgl. New York Times vom 23.10.2017, https://www.nytimes.com/2017/10/23/nyregion/new-york-bans-vaping-ecigs-bars-restaurants.html, zuletzt abgerufen am 30.1.2018.

News Aktuell (2017): Die große Falle: Was das Phänomen Fake News für Kommunikation und PR bedeutet, Whitepaper 6.

Nobelprize.org Peace Editor (1999): »Mahatma Gandhi, the Missing Laureate« von Øyvind Tønnesson, URL: https://www.nobelprize.org/nobel prizes/themes/peace/gandhi/index.html, zuletzt abgerufen am 21.12.2017.

Politico (2016): »How Cameron Blew It« von Tom McTague, Alex Spence and Edward-Isaac Dovere, URL: http://www.politico.eu/article/how-david-cameron-lost-brexit-eu-referendum-prime-minister-campaign-remain-boris-craig-oliver-jim-messina-obama/, zuletzt abgerufen am 21.12.2017.

Sachverständigenrat zur Begutachtung der gesamtwirtschaftlichen Entwicklung (2017): Für eine zukunftsorientierte Wirtschaftspolitik. Jahresgutachten, URL: https://www.sachverstaendigenrat-wirtschaft.de/fileadmin/dateiablage/gutachten/jg201718/JG2017-18_gesamt_Website.pdf, zuletzt abgerufen am 21.12.2017.

Spiegel Online (2017), »Krawalle beim G20-Gipfel: Jeder hat die Fotos für sein Lieblingsvorurteil bekommen« von Eva Horn, URL: http://www.spiegel.de/panorama/gesellschaft/hamburg-g20-randale-spalten-die-betroffenen-viertel-a-1157208.html, zuletzt abgerufen am 21.12.2017.

Standard Eurobarometer, http://ec.europa.eu/commfrontoffice/publicopinion/index.cfm/Survey/getSurveyDetail/instruments/STANDARD/surveyKy/2142, zuletzt abgerufen am 21.12.2017.

Stern (2016): »Big Brother Awards 2016: »Change.org« – eine Weltverbesserer-Plattform als gierige Datenkrake« von Daniel Bakir, URL: http://www.stern.de/wirtschaft/news/big-brother-awards--change-org-als-datenkrake-ausgezeichnet-6807950.html, zuletzt abgerufen am 21.12.2017.

Süddeutsche Zeitung, 8.1.2017.

Swipe Toolkit »Data Calculator«, URL: http://archive.turbulence.org/Works/swipe/calculator.html, zuletzt abgerufen am 21.12.2017.

The Economist (2014), »Islamic finance: Big interest, no interest«, URL: http://www.economist.com/news/finance-and-economics/21617014-market-islamic-financial-products-growing-fast-big-interest-no-interest, zuletzt abgerufen am 21.12.2017.

The Telegraph (2013): »One surveillance camera for every 11 people in Britain, says CCTV survey« von David Barrett, URL: http://www.telegraph.co.uk/technology/10172298/One-surveillance-camera-for-every-11-people-in-Britain-says-CCTV-survey.html, zuletzt abgerufen am 21.12.2017.

The Verge (2016): »The UK now wields unprecedented surveillance powers — here's what it means« von James Vincent, URL: https://www.theverge.com/2016/11/23/13718768/uk-surveillance-laws-explained-investigatory-powers-bill, zuletzt abgerufen am 21.12.2017.

Time (2013): »Political Dynasties Return« von Zeke Miller, URL: http://content.time.com/time/subscriber/article/0,33009,2148168-3,00.html, zuletzt abgerufen am 21.12.2017.

Transparency International, URL: www.transparency.org.

Washington Post (2016): »Hillary Clinton, blind to her own greed, makes another blunder« von Jennifer Rubin, URL: https://www.washingtonpost.com/blogs/right-turn/wp/2016/02/04/hillary-clinton-blind-to-her-own-greed-makes-another-blunder/?utm_term=.2605df8f25ad, zuletzt abgerufen am 22.1.2018.

Washington Times, 3.7.2017.

WIN-Gallup International (2011): Impact of Japan Earthquake on Views about Nuclear Energy, http://www.webcitation.org/5y691sqVO?url=http://www.gallup.com.pk/JapanSurvey2011/PressReleaseJapan.pdf, zuletzt abgerufen am 31.1.2018.

5 Index

5.1 Sachindex

N

O

T

U

V

5.2 Personenindex

Danksagung

Dieses Buch wäre niemals möglich gewesen ohne den langjährigen und inspirierenden Dialog und unzählige bereichernde Diskussionen über Macht und Politik mit Constanze Miller. Zudem haben wir bei der Abfassung dieser Abhandlung immens vom Austausch mit Freunden, Kollegen, Kunden, Geschäftspartnern und zahlreichen Entscheidungsträgern aus Politik, Wirtschaft, Zivilgesellschaft und Wissenschaft profitiert. Zu viele Menschen haben in Diskussionen, Vorträgen und Publikationen wichtige Impulse für *Logiken der Macht* gesetzt, als dass es möglich wäre, sie alle namentlich zu erwähnen. Ein besonderer Dank gebührt jedoch allen Mitarbeitern von Miller & Meier Consulting, insbesondere Julian Jaursch für entscheidende Vorarbeiten zum dritten Kapitel und Martin Alves für die grafische Gestaltung der Abbildungen. Zu Dank verpflichtet sind wir zudem Fabian Klein für das gründliche Lektorat sowie Christina Schmidt und Thomas Wasmer von Tectum für die verlegerische Betreuung bis zur Drucklegung.

Dominik Meier ist Inhaber und Geschäftsführer der 1997 mit Constanze Miller gegründeten strategischen Politikberatung Miller & Meier Consulting. Seit Gründung der Deutschen Gesellschaft für Politikberatung e.V. (de'ge'pol) im Jahr 2002 ist Dominik Meier deren Vorsitzender. Dominik Meier ist zudem Vice President der Public Affairs Community of Europe (PACE), Mitglied im Beirat von Transparency International Deutschland e.V. sowie im Beirat des Travel Industry Clubs e.V. und Redaktionsmitglied des Online-Journals „Political Science Applied".

Schwerpunkte seiner Arbeit sind strategische Positionierungsberatung und Lobbying Leadership™ sowie Fragen der Ethik, Transparenz und Qualitätssicherung in der Politikberatung. Zu diesen Themenfeldern hält er regelmäßig Vorträge und veröffentlicht Beiträge in Tageszeiten, Fachzeitschriften und Sammelbänden.

Dr. Christian Blum befasst sich mit Macht aus wissenschaftlicher und praktischer Perspektive. Während seines Studiums der Philosophie, Politologie und Islamwissenschaft in Köln und Boston schrieb er unter anderem für die Westdeutsche Allgemeine Zeitung und die Süddeutsche Zeitung. Im Anschluss promovierte er in politischer Theorie über das Gemeinwohl (2015 De Gruyter) und arbeitete als wissenschaftlicher Mitarbeiter am Ethikzentrum der Universität zu Köln sowie als Thyssen Research Fellow an der Rutgers University.

Als Consultant bei Miller & Meier Consulting berät er internationale Firmen bei der politischen Strategieentwicklung und Positionierung. Er ist Managing Director der Public Affairs Community of Europe (PACE) in Deutschland sowie Fachdozent der Studienstiftung des Deutschen Volkes. Christian Blum publiziert in internationalen wissenschaftlichen Fachmedien zu aktuellen politischen Themen.